Gramática Houaiss da Língua Portuguesa

Gramática Houaiss da Língua Portuguesa

José Carlos de Azeredo

PubliFolha HOUAISS

Instituto Antônio Houaiss

Coordenação editorial
Rodrigo Villar

Projeto gráfico e editoração eletrônica
Susan Johnson

Revisão
Isabel Newlands

Elaboração do índice
Vera Lúcia Coelho Villar

Publifolha

Editor-assistente
Rodrigo Villela

Coordenação de produção gráfica
Soraia Pauli Scarpa

Assistente de produção gráfica
Mariana Metidieri

Capa
Rita da Costa Aguiar

Revisão
Marcia Menin

Dados Internacionais de Catalogação na Publicação (CIP)
(Câmara Brasileira do Livro, SP, Brasil)

Azeredo, José Carlos de
Gramática Houaiss da Língua Portuguesa / José Carlos de Azeredo. – São Paulo : Publifolha, 2008.

ISBN 978-85-7402-939-9

1. Português – Gramática – Estudo e ensino. I. Título.

08-11945 CDD-469.507

Índice para catálogo sistemático:
1. Gramática : Português : Estudo e ensino 469.507
2. Língua portuguesa : Gramática : Estudo e ensino 469.507

Direitos desta edição reservados à:
Publifolha – Divisão de Publicações
da Empresa Folha da Manhã S.A.
Al. Barão de Limeira, 401, 6° andar,
Campos Elíseos, CEP 01202-900, São Paulo, SP
Tel.: (11) 3224-2186/2187/2197
Fax: (11) 3224-2163

Sob licença de:
Paracatu Editora
R. Voluntários da Pátria, 89, sala 702,
Botafogo, CEP 22270-000,
Rio de Janeiro, RJ
Tel.: (21) 2246-3688
Fax: (21) 2535-3457

SUMÁRIO

NOTA PRELIMINAR

Esta obra está dividida em oito partes. A primeira reúne três textos, nos quais se revelam as motivações e os propósitos do autor, e é dada uma breve notícia sobre a história do estudo da gramática no Brasil. A segunda – intitulada *Uma forma de conhecimento, de expressão e de comunicação* – reúne quatro capítulos, que tratam da natureza da linguagem humana, de sua relação com o conhecimento e de alguns conceitos relativos à interlocução e à construção dos textos. A terceira parte – intitulada *Conceitos básicos da descrição gramatical* – soma dois capítulos. O objetivo central desta parte é delimitar o alcance da gramática, caracterizá-la como um conhecimento que todo usuário tem de sua língua e, naturalmente, fornecer uma síntese dos conceitos que permeiam a análise. A quarta parte – intitulada *Morfologia flexional e sintaxe* – é o miolo mesmo da obra, desdobrado em nove capítulos em que se detalham temas como as classes e variações morfossintáticas das palavras, a oração e sua estrutura, a estrutura dos sintagmas e seu funcionamento na construção do enunciado e do texto, os mecanismos de coordenação e de subordinação. A quinta parte restringe-se ao enfoque da organização sonora da língua, apresentada em suas linhas básicas no capítulo intitulado *Fonética e fonologia*. A sexta parte – intitulada *O léxico: formação e significação das palavras* – abarca cinco capítulos. Esta parte é dedicada aos aspectos formais e semânticos do léxico da língua, um subsistema em expansão contínua, formado basicamente por substantivos, adjetivos e verbos, bem como pelos advérbios 'em -mente'. A sétima parte – intitulada *A língua e seus usos expressivos* – é formada de um só capítulo – *Estilística* –, que recobre conceitos de estilo, figuras de linguagem e alguns aspectos relacionados ao rendimento expressivo das escolhas linguísticas, tendo em vista variados fins da comunicação verbal. A oitava e última parte é formada por apêndices (*Pontuação*, *Crase* e *Português brasileiro*).

AGRADECIMENTOS

A escrita e a conclusão deste trabalho não teriam sido possíveis sem o incentivo, a torcida e o discurso – paralelo ou incorporado – de vários colegas e amigos. A importância e o papel da maioria dessas vozes paralelas se disseminam por estas páginas, na troca de um verbo, na posição de um capítulo, na oportunidade de um título. Abro espaço aqui, porém, confiante no assentimento de todos, para o registro nominal de alguns dos que assumiram tarefas mais específicas. Os capítulos 19 e 22 foram redigidos em parceria: o primeiro, sobre as relações semânticas no léxico, com Lúcia Deborah de Salles Cunha; o segundo, sobre os aspectos estilísticos da linguagem, com Francisco de Assis Moura Sobreira. Sou grato também a Odirce Corrêa da Costa Cid, com quem mantive longa e fecunda interlocução durante a montagem do sumário e a redação dos dois primeiros capítulos; a Maria Cristina Lírio Gurgel e Maria Lilia Simões de Oliveira, que leram a primeira versão do quarto capítulo e fizeram ponderações preciosas; e a Denise Salim Santos e Irineu E. Jones Corrêa, dos quais recebi sugestões decisivas para a versão final dos capítulos sobre forma e sentido no léxico e sobre expressividade na linguagem. As falhas que persistem nas páginas que compartilhamos são, obviamente, de minha exclusiva responsabilidade.

Registro ainda meu agradecimento à FAPERJ (Fundação de Amparo à Pesquisa do Rio de Janeiro) pela bolsa de pesquisa (Prociência/UERJ) concedida no triênio que se estendeu de agosto de 2005 a julho de 2008. Boa parte desta obra foi escrita neste período e a construção dos capítulos sobre o verbo deve muito à investigação que então pude realizar. Por fim, digo – e escrevo – meu reconhecimento especial a minha mulher – Maria Auxiliadora – e a meus filhos – Gisele, Flávia e Guilherme –, pela compreensão com as muitas horas em que sacrifiquei o convívio com eles à companhia silenciosa dos livros e da tela de um computador.

PRIMEIRA PARTE

I – APRESENTAÇÃO

O objeto desta gramática é a variedade padrão escrita do português em uso no Brasil. Identificamos assim um conjunto sistemático de formas e construções da língua portuguesa empregadas razoavelmente em comum por escritores / jornalistas / autores brasileiros, desde a segunda metade do século XIX até os dias atuais, em obras literárias, técnicas, científicas e ensaísticas em geral, assim como na maior parte dos textos impressos nos principais jornais e revistas dos grandes centros urbanos contemporâneos. A fixação do início deste período não é arbitrária; é na segunda metade do século XIX, no contexto histórico do Romantismo, que ganha força o debate sobre a identidade da expressão literária brasileira (ver texto em apêndice), que nos séculos anteriores tinha sido uma réplica do padrão lusitano.

Ainda que do ponto de vista estritamente linguístico se trate de 'uma variedade da língua entre outras', importa reconhecer que ela se distingue das demais por sua condição de 'modelo de uso' de âmbito nacional e, em virtude dessa condição, por ser uma competência basicamente adquirida pela intervenção da escola e pela via da leitura.

É certo que muitos usuários da língua portuguesa pertencentes à ampla comunidade culta – e sobretudo os detentores de um conhecimento especializado sobre os assuntos de uma gramática – terão opiniões diferentes sobre a representatividade da amostra de fatos reunida nesta obra e sobre a análise que nela se empreende. Será uma reação natural, porque, nessa matéria, jamais houve consenso – entre dois indivíduos sequer – sobre todos os aspectos da língua.

Nosso objetivo vai um pouco além da aferição de um uso e sua descrição. Enfatizando sempre o dom da palavra como traço singular da espécie humana, empenhamo-nos em refletir sobre o funcionamento da linguagem verbal no seu tríplice papel (a) de forma de organização do conhecimento (conceptualização e categorização da experiência do mundo), (b) de meio de codificação do conhecimento em enunciados/textos (expressão) e (c) de forma de atuação interpessoal (comunicação). A gramática não é evidentemente o único, mas é o mais sólido suporte dos papéis explicitados nos itens 'a' e 'b'.

Diga-se ainda que esta obra não poderia deixar de ser resultado da atividade de seu autor como professor de Língua Portuguesa em duas universidades públicas – ao longo de 26 anos na Faculdade de Letras da UFRJ, desde que ali se formou em 1970; e a partir de 1997 no Instituto de Letras da UERJ, onde ainda trabalha. Em nossa opinião, a formação de um professor é construída mediante a soma de pelo menos três coisas: o que lhe ensinam, o que ele passa a saber em virtude de seu empenho e curiosidade, e, principalmente, o que aprendeu no ato de tentar ensinar. Esta gramática expressa, no conjunto de sua concepção, a formação de seu autor assim construída.

Pelo menos cinco fatores nortearam o planejamento e a redação final deste trabalho:

a) a análise e o ensino do português escrito no Brasil ao longo do último século estão amparados numa tradição descritiva que obviamente precisa ser revista, mas nunca ignorada;
b) continuam a ser indevidamente estigmatizadas como 'erros gramaticais' muitas formas e construções regularmente empregadas em textos formais de circulação pública em território brasileiro escritos em português;
c) a maioria dos compêndios escolares disponíveis já reconhece a língua de jornais, revistas e obras não literárias como expressão do uso padrão, mas ainda se revela tímida para a renovação conceitual e descritiva;
d) algumas vertentes da linguística contemporânea, muito influentes nos meios acadêmicos brasileiros, colocam a atividade discursiva – e o texto em que ela se materializa – no centro das preocupações dos pesquisadores; e
e) consequentemente, a tradicional unidade máxima da análise – a oração – perdeu este *status* e passou a ser descrita no contexto maior de sua ocorrência.

Respaldados nessas premissas, buscamos com a presente proposta um ponto de equilíbrio entre a tradição e a renovação, seja na ordenação e articulação dos assuntos, seja nos conceitos teóricos e descritivos, seja ainda na seleção dos exemplos. O enfoque adotado é essencialmente descritivo, sem prejuízo, contudo, de considerações de ordem normativa, sempre que oportunas, tendo em vista a vocação desta obra para ser também uma fonte de informações sistematizadas sobre o português padrão do Brasil. Por isso, fazemos o registro da oscilação de usos correntes no *corpus*, deixando a escolha a critério do leitor/usuário que busca a informação.

Perfilhamos o ponto de vista de que a atividade comunicativa por meio da palavra é sempre um acontecimento sociocultural, e que as formas da linguagem empregadas para cada fim são parte fundamental do respectivo acontecimento, seja na comunicação face a face típica da conversa, seja na comunicação a distância, como a que se pratica por meio da escrita. Nosso objetivo, repetimos, vai, desse modo, um pouco além da aferição de um uso e sua descrição. Para tanto, detivemo-nos muitas vezes na explicitação do percurso do raciocínio; adotamos aqui e ali uma metalinguagem não convencional; realizamos, justificando-as, algumas inovações descritivas, e, como não podia deixar de ser, buscamos na filosofia da linguagem e na psicologia cognitiva alguns fundamentos do enfoque dado à natureza simbólica da linguagem.

Coerentemente com essa opção, o sistema gramatical da língua é tratado como um meio de organizar sentidos, tanto do ponto de vista de quem fala/escreve, quanto de quem ouve/lê. Assim, o painel de unidades, regras e construções é diagnosticado no papel de recursos da organização do significado, o que vale dizer, em suas funções textuais. Os exemplos são majoritariamente derivados do uso culto corrente do português do Brasil, especialmente em sua modalidade escrita. Buscamos uma abordagem não dogmática em que, vale repetir, se explicita o percurso mesmo do raciocínio analítico. Buscamos o tom da exposição oral sem afetação de oralidade, de sorte que o texto seja acessível ao leitor médio e que esse leitor, convidado a participar da construção do raciocínio, se sinta estimulado a tirar suas próprias conclusões mediante a observação dos fatos da língua.

As considerações que acabamos de fazer ajudam a desenhar o perfil do público a que esta gramática se destina: usuários da língua portuguesa em geral, cuja formação requeira, por motivos socioculturais diversos, competência produtiva (expressar) e receptiva (compreender) na modalidade escrita padrão.

Ninguém há de acreditar, porém, que esta competência seja uma soma de preceitos para uma suposta 'arte do uso correto da língua'. A língua é a soma de todas as suas possibilidades de expressão, e só existe nas variedades de uso que a concretizam como meio de intercompreensão de seus falantes. Em outro lugar, ponderamos que "todo uso tem sua faixa de vigência, vitalidade e funcionalidade; o que varia é a amplitude de cada uma"[1]. Não resta dúvida de que é por essa amplitude que se mede a importância do domínio da variedade padrão da língua.

---

[1] AZEREDO [2007: 27-28].

A APTIDÃO PARA A LEITURA DE TEXTOS VARIADOS, COM FINALIDADE ESTRITAMENTE INFORMATIVA OU COM OBJETIVOS PROFISSIONAIS, MORAIS, ESTÉTICOS OU DE LAZER, ASSIM COMO A CAPACIDADE PARA CONCEBER UM TEXTO ADEQUADO A SEUS FINS – E PORTANTO NO GÊNERO APROPRIADO E PENSADAMENTE URDIDO NOS ASPECTOS GRAMATICAIS E LEXICAIS – FAZEM PARTE DA FORMAÇÃO PLENA DE QUALQUER CIDADÃO PERTENCENTE A SOCIEDADES COMPLEXAS, E SÃO UMA CONDIÇÃO PARA O DESENVOLVIMENTO CONTÍNUO DO POTENCIAL INTELECTUAL E CULTURAL DE QUALQUER PESSOA.

Por outro lado, essa formação não se dá de modo meramente receptivo. Ela requer uma relação crítica de cada um de nós com suas fontes de informação e de formação. Requer capacidade de julgamento, de discernimento e de seleção. Para tanto, é indispensável explorar e desenvolver a sensibilidade à natureza da linguagem e ao seu funcionamento na interação dos homens, fazendo da palavra um objeto de permanente atenção, estudo e reflexão.

II – A GRAMÁTICA E SEU ESTUDO

Os sinais sonoros ou gráficos com que se materializam nossos discursos veiculam sentidos que elaboramos durante o processo de falar/escrever e ouvir/ler. Como tudo o mais que constitui nossa herança cultural e plasma nossa identidade histórica e social, estes sinais – manifestação da língua que falamos/escrevemos – são uma propriedade coletiva extraordinariamente maleável e adaptável às circunstâncias comunicativas, aos interesses dos indivíduos e aos caprichos do tempo e da história. Conhecê-los para fins interativos é um requisito da vida em sociedade, mas descobrir e explicitar como são e a que leis estão sujeitos em seu funcionamento é tarefa adicional, nem sempre de efeitos práticos evidentes, mas pertinente à aventura histórica do homem em busca do autoconhecimento.

Entre os objetivos do estudo da linguagem está, portanto, a descoberta dos mecanismos e procedimentos que utilizamos tanto para produzir os sinais sonoros e gráficos que constituem nossos discursos quanto para atribuir-lhes sentido. Uma parte desses mecanismos e procedimentos recebe o nome de **gramática**, tanto na acepção de 'conhecimento intuitivo e prático da língua' que qualquer usuário possui, quanto na acepção de descrição formal desse conhecimento mediante uma terminologia especializada (ver 6.4).

Ao estudarmos uma língua com o objetivo de explicitar sua **gramática** na segunda acepção acima – isto é, como descrição formal do conhecimento socialmente construído –, baseamo-nos necessariamente em um modelo teórico. Como é impossível ter acesso ao processamento da linguagem no cérebro das pessoas, este modelo constitui, na verdade, uma *hipótese* sobre como essa língua se organiza estruturalmente para tornar possíveis a expressão e a compreensão de sentidos. O modelo teórico que se adota para descrever o português compreende, por exemplo, a ideia de classes de palavras, como **adjetivo**, **verbo** e **preposição**; as noções funcionais de **sujeito** e **objeto**; a oposição entre **pretérito perfeito** e **pretérito imperfeito**; os conceitos de **sílaba tônica** e **sílaba átona**; a distinção entre **frase declarativa** e **frase imperativa**, entre diversos outros conceitos.

Nenhum modelo pode ser rígido, mas sempre precisa ser concebido como uma forma homogênea e coerente. Diferentemente, entretanto, do modelo coerente e homogêneo em que o estudioso se baseia para descrevê-la, a língua se apresenta, na realidade de seu uso concreto, como algo dinâmico e flutuante, só parcialmente redutível ao modelo de que estamos falando. Enquanto as categorias e regras que constituem o modelo de descrição nos parecem reconhecíveis como dados discretos e bem distintos entre si, os fatos reais do uso efetivo da língua parecem muitas vezes resistir a uma rotulação precisa e bem-sucedida.

Por que isso acontece? Uma resposta possível é a seguinte: por ser ao mesmo tempo um meio de expressão de todos os conteúdos que a mente humana pode conceber e um meio de comunicação desses conteúdos nas mais diversas situações e para os mais variados fins, a língua tem a natureza de um sistema extraordinariamente versátil e adaptável, que se pode resumir numa palavra: criatividade. Ao apontarmos a criatividade como um traço essencial da linguagem, não estamos nos referindo apenas ao potencial expressivo explorado pelos artistas da palavra – como os poetas, os cronistas, os romancistas, os publicitários, os grandes oradores. A criatividade linguística é inerente ao conhecimento da língua, pois seus usuários não são meros repetidores de frases prontas. Embora se reconheça que a rotina de nossos atos diários propicia a repetição de expressões verbais, a verdade é que os conteúdos que a mente humana está apta a processar são ilimitados: tanto produzimos e compreendemos frases banais como

- Feche a porta, por favor!
- Parece que vai chover.

quanto enunciados insólitos como

- Meu vizinho sueco cria um jacaré que se põe a rezar toda vez que ouve a Pastoral de Beethoven.
- Descansando na Polinésia, a única coisa que perturbava o sono de Napoleão era o temor de que as tartarugas desovassem no seu famoso chapéu.

ou poéticos como

- "soprando este bambu / só tiro / o que lhe deu o vento" [LEMINSKI, 2001: 56].
- "Não faz mal que amanheça devagar, / as flores não têm pressa nem os frutos: / sabem que a vagareza dos minutos / adoça mais o outono por chegar." [CAMPOS, 2003: 103]

O grande desafio assumido pelos que se ocupam cientificamente do estudo da linguagem verbal é esclarecer como os seres humanos estabelecem correspondências entre sequências sonoras e sentidos. As respostas variam, mas há pelo menos dois mil anos as hipóteses diversas e as diferentes explicações não foram suficientes para alterar a seguinte convicção:

AS LÍNGUAS SÃO FORMAS ALTAMENTE ORGANIZADAS DE ELABORAÇÃO, EXPRESSÃO E COMUNICAÇÃO DE UM ELENCO INFINITO DE CONTEÚDOS MEDIANTE O EMPREGO DE UNIDADES DE SOM E DE SIGNIFICADO QUE SE ARTICULAM SEGUNDO REGRAS E PROCEDIMENTOS COMBINATÓRIOS DE ESTABILIDADE RELATIVA, MAS NECESSARIAMENTE FINITOS.

A história dos estudos gramaticais é, também, a história da insatisfação dos estudiosos da linguagem com os modelos descritivos construídos por eles. Toda verdade é provisória – esta é, talvez, a única certeza que fica quando observamos a maneira pela qual o conhecimento humano é construído no curso da história. Não pode ser diferente quando o assunto é a linguagem: nenhum modelo de análise, por mais refinado e complexo que seja, consegue abarcar toda a sua complexidade. Desta constatação derivam necessariamente dois postulados: (a) uma análise abrangente do funcionamento da língua sempre dependerá da conciliação de conceitos emprestados a diferentes perspectivas teóricas; (b) qualquer modelo descritivo tem limitações; portanto, é natural que encaremos qualquer análise como um corpo de afirmações sujeito a reformulação.

III – A GRAMÁTICA NO BRASIL: SUBSÍDIOS HISTÓRICOS

Quando se fala em gramática, geralmente se pensa em um conjunto de ensinamentos sobre a maneira correta de falar e escrever uma língua, ou em um livro que contenha esses ensinamentos (ver em 6.4 as concepções de gramática). Trata-se de uma imagem construída ao longo de pelo menos vinte séculos, desde que os gregos – e, continuando-os, os romanos – conceituaram gramática como a arte do uso correto da língua, segundo a prática dos 'bons autores' (*gramática* é palavra de origem grega, e se liga a *grammata* [letras e sons]). Esta história abriga um extenso capítulo escrito a partir do final do século XV e recheado de episódios decisivos no curso dos séculos XVI e XVII, quando se consolida o perfil das gramáticas normativas das línguas europeias modernas[2].

O sentimento que desde a antiguidade animava os autores de gramáticas era o de que a língua alcança, na obra dos poetas e dos oradores/prosadores, uma forma de beleza e perfeição que precisa não só ser protegida e preservada, mas imitada pelas novas gerações de usuários. Tivemos, assim, de um lado, a **gramática**, como prescrição de um modelo de língua e, de outro, complementando-a, a **retórica**, como um conjunto de preceitos para tornar a palavra um meio de convencimento, de persuasão e de sedução.

O estudo da linguagem humana assumiu o caráter de uma verdadeira ciência no curso do século XIX sob o rótulo de Gramática Histórico-Comparativa e como tal contou com muitos adeptos no Brasil. Os estudos gramaticais então realizados entre nós beneficiavam-se dessa reorientação científica, mas nem por isso abandonaram as motivações normativas de sua origem greco-romana. Com efeito, as décadas finais do século XIX e as iniciais do século XX foram cenário da produção de inúmeras gramáticas[3].

---

[2] Para detalhes, ver PADLEY, G. A. "A norma na tradição dos gramáticos". In: BAGNO [2001: 55-95]. Ver especialmente toda a primeira parte de NEVES [2002].

[3] São atores notáveis dessa história: Júlio Ribeiro, Manuel Pacheco Jr., Lameira de Andrade, Maximino Maciel, Manuel Said Ali, João Ribeiro, Sousa da Silveira, Mário Pereira de Souza Lima e Eduardo Carlos Pereira, entre outros. Para detalhes, ver CÂMARA JR. [1972: 197-232], ELIA [1975: 117-176], NARO [1976: 67-114], ORLANDI, Eni P. e GUIMARÃES, Eduardo. "Formação de um espaço de produção linguística: a gramática no Brasil". In: ORLANDI [2001: 21-38].

Alguns de seus primeiros autores eram homens de grande erudição, os quais estavam atualizados com a ciência linguística de seu tempo e punham esse saber e um certo sentimento de orgulho nacional a serviço do conhecimento da língua e de seu ensino. Era como se a proclamação da República, coroando o processo da autonomia política e cultural desencadeado ao longo do século XIX, propiciasse à nação a definitiva legitimidade para construir seu futuro e ratificar, sem sentimento de vassalagem, um padrão de uso literário 'à altura da melhor tradição da língua'. Esta expressão vai aqui entre aspas para deixar claro que traduz o sentimento da corrente mais conservadora do tempo, a qual, movida por um ideal purista de língua, defendia um modelo de escrita padrão uniforme entre Brasil e Portugal (ver, sobre essa questão, texto em apêndice intitulado "Português brasileiro: um tema e alguma polêmica"). Uma proposta consistente de renovação da expressão escrita para a literatura brasileira só terá lugar com o Movimento Modernista de 1922, inspirando um debate recorrente ao longo do século passado sobre a identidade da língua padrão do Brasil e seu lugar no conjunto da sociedade brasileira. Em que fontes ela é reconhecida, como sistematizá-la e como proceder para ensiná-la às novas gerações eram – e ainda são – algumas das questões levantadas.

Como conceito técnico da moderna ciência da linguagem, **gramática** refere-se ao sistema de regras que permite aos falantes de uma língua construir e compreender suas frases[4]. Ninguém aprende a falar uma língua sem adquirir sua gramática. Ela está presente no modo de pronunciar as palavras, na ordem em que estas ocorrem na frase, nas variações de forma a que estão sujeitas quando se combinam para a expressão de algum significado em uma situação interlocutiva. Uma língua só é uma forma de comunicação porque seus falantes conhecem e empregam – mesmo sem estar conscientes disso – as mesmas regras para construir frases e atribuir-lhes significado. Este sistema de regras é a gramática.

No curso dos anos 1960, a Linguística, que já havia revolucionado a compreensão da estrutura e funcionamento da linguagem humana nas universidades europeias e americanas, se tornou disciplina obrigatória nos cursos de Letras no Brasil. Desde então, a produção de conhecimento sobre a língua portuguesa, em seus múltiplos aspectos, tem crescido num ritmo alucinante entre nós, como se comprova nos bancos de teses dos centros de pesquisa do país e nos *sites* de órgãos de fomento como o CNPq.

[4] Este é o conceito geralmente adotado pelos linguistas gerativistas. Para uma visão comparativa de conceitos, ver TRAVAGLIA [1995], especialmente o terceiro capítulo; POSSENTI [2003], especialmente a segunda parte.

Entre nós, o pioneiro dessa renovação foi Joaquim Mattoso Câmara Jr. nos anos 1950-1960. As descrições que empreendeu dos subsistemas fonológico e flexional do português, reunidas nos volumes *Problemas de Linguística Descritiva* e *Estrutura da Língua Portuguesa*, este publicado postumamente, não foram superadas, passados quase quarenta anos, por nenhuma proposta posterior. O rigor dessas análises não chegou, porém, ao terreno da sintaxe, que, em compensação, ganharia destaque nos anos 1970-1980, período em que um expressivo segmento do pensamento linguístico nacional é guiado pela teoria da gramática gerativa[5].

A produção de compêndios de gramática destinados ao ensino secundário (ou médio) prossegue ao longo do século XX. Algumas dessas obras lograriam sucessivas edições, como a *Gramática Expositiva* (em 1942 tinha alcançado a 59ª edição), de Eduardo Carlos Pereira, e a popularíssima *Gramática Metódica da Língua Portuguesa*, de Napoleão Mendes de Almeida, encarnação exemplar do normativismo gramatical ultraconservador e intransigente. Outras duas obras sempre lembradas, antes pela consistência teórica e pela modernidade das análises que empreenderam, são a *Gramática Expositiva* (1937), de Mário Pereira de Souza Lima, e a *Gramática Secundária* (também dos anos 1930), de Manuel Said Ali. Em 1957, Carlos Henrique da Rocha Lima publica sua *Gramática Normativa*, que seria refundida a partir da 17ª edição em 1972 e que é, até hoje, referência dos que cultuam um padrão de linguagem mais conservador.

Em 1958 entra em vigor a Nomenclatura Gramatical Brasileira. Escritas em consonância com a nova terminologia, duas obras avultam no período subsequente: a *Moderna Gramática Portuguesa*, de Evanildo Bechara (1961), e a *Gramática do Português Contemporâneo*, de Celso Cunha (1970). A Celso Cunha caberia ainda a tarefa de escrever uma *Gramática da Língua Portuguesa* para a Fundação Nacional do Material Escolar (FENAME). A *Gramática do Português Contemporâneo* passou a se chamar *Nova Gramática do Português Contemporâneo* em meados dos anos 1980, quando, em coautoria com o filólogo português Luis Filipe Lindley Cintra, a obra teve edição simultânea no Brasil e em Portugal. A *Moderna Gramática* de Evanildo Bechara alcançou a 37ª edição em 1999, em versão ampliada e renovada nos fundamentos teóricos.

A consolidação de uma política de pesquisa nos anos 1970-1980 e a expansão dos programas de pós-graduação em Letras e Linguística pelo país afora tiveram um impacto monumental na produção de análises sobre o funcionamento e a estrutura da linguagem. Nos últimos vinte anos, a atividade de pesquisa deu novas guinadas e se diversificou de forma estonteante, nem

[5] São representativos dessa tendência e dessa fase os trabalhos de PONTES [1973], PERINI [1976], LEMLE [1984] e LOBATO [1986].

sempre, porém, de forma benéfica, devido a uma certa pressa em abandonar alguma ideia mal assimilada em proveito da última novidade. Os linguistas prosseguiam em suas investigações, publicando análises sobre temas de sintaxe, morfologia e fonologia, mas ainda não parecia chegado o momento de alguém produzir uma síntese com abrangência análoga à das chamadas gramáticas tradicionais. Com isso, aprofundava-se o abismo que habitualmente separa a produção de conhecimento no espaço da academia e a elaboração de obras para atender ao mercado do ensino. A bem da justiça, registre-se que os pesquisadores não podem ser responsabilizados por este estado de coisas; é sabido que as novidades científicas sempre precisam de um tempo de amadurecimento para dar frutos na renovação do trabalho escolar.

O desafio de propor uma primeira síntese foi enfrentado pelo professor Mário Perini, da UFMG, que em 1995 publicou sua *Gramática Descritiva do Português*[6]. Doze anos antes, em Portugal, onde os professores também se engajavam em um projeto de renovação, o mais significativo esforço de síntese, segundo creio, resultou numa obra cuja primeira ediçao data de 1983, a *Gramática da Língua Portuguesa*, da autoria de quatro linguistas: Maria Helena Mira Mateus, Ana Maria Brito, Inês Silva Duarte e Isabel Hub Faria[7].

Trata-se de duas propostas com perfis teóricos e metodológicos bem distintos, mas igualmente de alto nível. A gramática das autoras portuguesas ampara-se fundamentalmente no modelo gerativo, e requer do leitor razoável familiaridade com alguns de seus conceitos teóricos e com os respectivos procedimentos analíticos. Por sua vez, a gramática do professor Mário Perini é antes uma revisão crítica, autoexplicativa, do modelo descritivo vigente no ensino escolar, a qual o obriga a estender-se na problematização e justificativa das análises e a criar uma terminologia bastante peculiar.

Creio que estas duas obras alcançaram com maestria o objetivo de propor procedimentos de análise do mecanismo gramatical do português padrão, conforme as variantes europeia e brasileira. Nenhuma das duas, contudo, baseia a descrição apresentada em *corpus* recolhido para tal fim. As autoras portuguesas não chegam a dar qualquer informação sobre este aspecto metodológico; e Mário Perini, embora expresse com toda a clareza o que entende por língua padrão e a identifique na variedade escrita de jornais e revistas das capitais brasileiras, parece ter optado por um exemplário de sua própria autoria.

Entre nós, a primeira análise moderna e abrangente dos aspectos mórficos e sintáticos do padrão escrito apurado em *corpus* de uso real não necessariamente literário foi levada a cabo por Maria Helena de Moura Neves.

---

[6] PERINI [1995]. O modelo de descrição sintática adotado nesta obra já tinha sido delineado em um trabalho surgido seis anos antes: *Sintaxe Portuguesa: Metodologia e Funções* (1989).

[7] MATEUS [1983]. A obra chegou à 5ª edição, revista e aumentada, em 2003, pela Editorial Caminho, de Lisboa.

Sua *Gramática de Usos do Português* descreve as categorias linguísticas segundo "seu comportamento na unidade maior – o texto –, que é a real unidade de função"[8].

Por outro lado, a investigação dos usos falados do português do Brasil vem produzindo uma massa monumental de dados e um conjunto expressivo de estudos. Boa parte deles, realizados por pesquisadores brasileiros de grande prestígio, se acha reunida em oito volumes, publicados no âmbito do Projeto Gramática do Português Falado, coordenado pelo professor Ataliba Teixeira de Castilho. A abrangência de seu *corpus* e o espírito renovador de suas análises fazem da *Gramática do Português Falado* a mais consistente referência da renovação dos estudos descritivos da língua portuguesa tal como a falam brasileiros considerados cultos.

Cabe ainda ressaltar o influxo das abordagens do texto e do discurso. A este respeito, destaque-se a contribuição pioneira de Othon Moacyr Garcia, cuja *Comunicação em Prosa Moderna* (vinte e cinco edições desde 1967) apontou o rumo de uma autêntica abordagem da língua em função de sua concretização textual. As contribuições mais modernas começam a surgir, no Brasil, já no miolo dos anos 1970, provavelmente por influência da obra de Émile Benveniste[9], e se inspiram na seguinte premissa: o fundamento da linguagem é a significação, e esta só se constitui plenamente na atividade comunicativa, em circunstâncias determinadas, sob a forma de enunciados. O **texto** torna-se um conceito-chave, e o tradicional *status* da **oração** (união de sujeito e predicado), como unidade máxima da análise sistemática da língua, fica seriamente abalado. Entram em cena os conceitos de *atos de fala* e *modalidade*, *polifonia* e *intertexto*, *coesão* e *coerência*, entre muitos outros.

O português falado e escrito no Brasil tem sido, portanto, objeto de pesquisa intensa e contínua. Também produtivo e diversificado, conforme várias correntes de pensamento, vem sendo o esforço de pesquisadores e docentes em geral no sentido de divulgar esse conhecimento e integrá-lo à formação e à prática didática dos professores de português nos diferentes níveis de ensino. Que as repercussões desse esforço na política de ensino da língua materna e nos instrumentos da ação pedagógica ainda sejam tímidas é uma situação que se lamenta e deve ser contundentemente posta em destaque. São vários os fatores que contribuem para este estado de coisas, sobretudo relacionados à deficiência da formação profissional, motivada crucialmente pelo desestímulo à atividade de magistério.

8 NEVES [2000: 15].

9 *Problèmes de Linguistique Générale*. Paris: Gallimard, 1966 (Tradução brasileira: *Problemas de Linguística Geral*. 4ª ed. São Paulo: Pontes, 1995). Ver também os ensaios "Sémiologie de la Langue" (Semiotica, 1969), "Le Langage et l'Expérience Humaine" (DIOGÈNE, 1965) e "L'appareil Formel de l'Énonciation" (LANGAGES, 1970) reunidos posteriormente em *Problèmes de Linguistique Générale, 2*. Paris: Gallimard, 1974. (Tradução brasileira: *Problemas de Linguística Geral II*. São Paulo: Pontes, 1989).

SEGUNDA PARTE

UMA FORMA DE CONHECIMENTO, DE EXPRESSÃO E DE COMUNICAÇÃO

PRIMEIRO CAPÍTULO: NA FRONTEIRA DO UNIVERSO HUMANO

1.1 ATRIBUIÇÃO E TROCA DE SIGNIFICADOS

Os cinco sentidos do homem ajudam-no a tomar conhecimento de tudo o que acontece à sua volta, seja um ruído, uma lâmpada acesa, um odor. Qualquer coisa pode atuar sobre ele como um estímulo capaz de provocar uma associação significativa. Ou seja, o homem e o meio vivem em contínua interação: o mundo à sua volta é sempre uma 'situação' a que ele pode atribuir significado.

A atribuição de significado é o fundamento da orientação humana em qualquer situação. O que significa, por exemplo, um par de sapatos? Na sapateira, ao lado de outros pares ou mesmo de outras espécies de calçado, é uma propriedade à disposição de seu dono para usos diversos: ir ao trabalho, a um passeio etc. Na vitrine da sapataria, é um objeto à venda; no acervo de um museu, seguramente é uma peça de valor histórico não mais destinada ao uso, mas transformada em objeto de apreciação.

A ATRIBUIÇÃO DE SIGNIFICADO É, PORTANTO, UM ATO COMPLEXO QUE PÕE EM JOGO UM OU MAIS SUJEITOS, UMA SITUAÇÃO OU UM CENÁRIO, E UM SISTEMA DE REFERÊNCIAS QUE ESSE(S) SUJEITO(S) TRAZ(EM) NA MEMÓRIA. O ATO DE ATRIBUIR SIGNIFICADO É SEMPRE UM ATO DE RECONHECIMENTO, UM ATO PELO QUAL ENCAIXAMOS O OBJETO DE NOSSA ATENÇÃO EM UM SISTEMA DE REFERÊNCIAS NO QUAL ELE PASSA A TER FUNÇÃO E... SENTIDO. NADA, PORTANTO, 'SIGNIFICA' POR SI SÓ.

A atribuição e a troca de significados são o fundamento da vida em sociedade. É claro que a atividade cooperativa – e o processo comunicativo que ela implica – estão presentes em qualquer espécie de organização social, seja ela constituída por pessoas, morcegos ou formigas. Ursos e hienas, entre outros animais, demarcam os respectivos territórios para prevenir invasores; o alerta da presença de predadores é item de comunicação rotineiro no comportamento de aves e macacos, que emitem ruídos específicos com esse objetivo; e as abelhas – exemplo sempre lembrado pelos especialistas em comunicação animal e até por muitos linguistas – comunicam eficazmente a direção e a distância de uma fonte de néctar mediante um sofisticado ritual de movimentos.

Tudo faz crer, porém, que o elenco de mensagens produzidas/expressas por abelhas, hienas, pássaros ou golfinhos é limitado às demandas do *habitat* natural de cada espécie, e ordinariamente relacionadas com o instinto de sobrevivência, preservação e reprodução. O que quer que possamos chamar de comunicação animal é uma atividade sempre integrada ao espaço em que acontece e no qual se esgota. Como não transcendem o espaço imediato em que são produzidos, esses sinais da comunicação animal jamais podem ser substituídos por outros segundo algum critério de comodidade ou eficiência. A comunicação animal não se realiza como transmissão de mensagens em cadeia. No caso específico das abelhas, em tudo e por tudo exemplar, somente aquela que localizou a fonte de néctar e voou quilômetros pode 'passar a informação' às outras. A abelha não escolhe os movimentos que executa; a velocidade e a frequência desses movimentos, embora significativas, são, na verdade, determinadas pelo estado do corpinho da abelha, mais ou menos cansado segundo a extensão do percurso[10].

Uma extraordinária diversidade de sons é generalizadamente empregada no universo animal. Entre aqueles cuja funcionalidade comunicativa mais tem despertado a curiosidade dos cientistas estão os produzidos por golfinhos, baleias e gorilas, mas não foram encontradas nesses sinais características equivalentes às da fala humana, como a dupla articulação (cf. quinto capítulo). Só o homem organiza a substância sonora produzida por seu aparelho vocal em unidades separáveis e recombináveis, que a experiência escolar nos ensinou a chamar de fonemas, sílabas, vocábulos, frases.

Por outro lado, a simples observação da realidade também nos ensina que o ser humano é o mais imperfeito e o mais dependente dos seres vivos. Cabritos, girafas e bezerros são capazes de pôr-se de pé e, mesmo tropegamente, caminhar depois de alguns minutos de nascidos. Tartarugas marinhas disparam em direção ao mar assim que rompem a casca do ovo. Vários pássaros estão aptos a voar com poucas semanas de vida à luz do sol. Com alguns meses, leopardos e ursos já aprenderam a caçar e não dependem mais dos pais para comer. Desde que deixa o ventre materno, porém, o homem precisa normalmente de dez a doze meses para caminhar sozinho. Aos dois anos de idade, provavelmente morreria de fome se tivesse de *ir à luta* em busca do alimento.

---

[10] Sobre as relações entre a linguagem humana e as formas de comunicação animal, ver "Comunicação animal e linguagem humana". In: BENVENISTE [1995: 60-67]. Para detalhes sobre diversos sistemas de comunicação animal, ver "Animal communication systems". In: AKMAJIAN et alii [1979].

A vida, em qualquer de suas manifestações, pressupõe, no entanto, uma complexa rede de interdependências. O melhor exemplo disso é a cadeia alimentar. Nada é autônomo para viver. Toda vida é uma busca e uma doação. O ser humano é parte da extraordinária cadeia energética que constitui a vida na face da terra. Biologicamente falando, ele é apenas um ser vivo entre todos os outros. Nem superior nem inferior, nem mais nem menos importante. Entretanto, ele só assume o comando da própria sobrevivência depois de um longo processo de maturação fisiológica, mental e psicológica.

Essa lentidão deveria deixá-lo em desvantagem, mas a realidade prova o contrário. Ele foi o único animal capaz de se afastar da natureza para tornar-se algo mais do que uma parte dela. É esse afastamento que nos dá a chave para compreender o que o torna diferente de todos os outros. Separando-se, ele pôde observar a natureza, percebê-la na sua exuberante totalidade, deixar-se desafiar por seus mistérios e tentar desvendá-los

O primeiro efeito desse afastamento tem um preço alto: a consciência da imperfeição. Para superá-la, ele imita seu Criador. Criando pela imitação, ele supera os próprios limites. Concebe o arco e dá à flecha maior ímpeto e velocidade; abate animais e protege-se com sua pele; inventando a roda, empresta pernas aos objetos. Embora representem um nível bem primário de afastamento, o arco, a pele e a roda são manifestações de um dom que ele irá explorar ao longo de sua aventura sobre a terra a fim de transformar todo espaço, por mais hostil que seja, em um lugar onde possa viver, criar e transmitir às gerações o legado de sua presença e de seu trabalho.

1.2 PALAVRAS E INSTRUMENTOS

Assim é o homem. Cabe-nos agora perguntar se a palavra desempenha em nossa vida um papel semelhante ao desses artefatos e instrumentos. O próprio termo *língua* autoriza esta associação, já que a língua – músculo sensitivo do paladar – é o principal instrumento de transformação e multiplicação dos sons vocais. Seria, portanto, a palavra uma espécie de utensílio, como a roda ou o arco? Um tipo de ferramenta, como o serrote? As ferramentas, os utensílios valem pela utilidade que têm. E essa utilidade determina a forma que apresentam. Quando se trata de ferramentas e utensílios, forma e função são inseparáveis.

Será que, também na natureza, a aparência, a anatomia, a forma dos seres estão a serviço da função que eles desempenham no conjunto da vida? A resposta não é simples. Documentários sobre plantas, insetos, pássaros, peixes costumam nos deslumbrar com uma extraordinária diversidade de formas e cores. Leigos, quase sempre admiramos o espetáculo sem encontrar para ele outra explicação além da criatividade caprichosa e incontrolável da natureza. Leigos, preferimos acreditar que a natureza nos oferece, muitas vezes, sessões de puro exibicionismo, atribuindo a ela uma intenção que é, contudo e de fato, exclusivamente nossa. É por isso que compomos jardins, montamos aquários, engaiolamos pássaros.

Os especialistas garantem, todavia, que, na natureza, todas as formas e cores se justificam pela função a que servem: locomoção, comunicação, nutrição, defesa, ataque, atração, reprodução etc. A evolução das espécies é pródiga em exemplos de órgãos que se desenvolveram ou se modificaram anatomicamente para atender às novas exigências do meio. A eventual perda progressiva da função de um órgão, tornando-o inútil para as demandas adaptativas do meio, resulta ordinariamente em sua atrofia e consequente absorção pelo conjunto do corpo.

Se o universo humano fosse regido exclusivamente pelas leis da biologia, tudo se passaria desse mesmo modo. Acontece que o homem não espera que a natureza o modifique para adaptá-lo às exigências do meio; ele adapta o meio aos seus propósitos e necessidades. A lâmina de um serrote lembra muitos objetos naturais, como a fieira de dentes de um tubarão ou as bordas das folhas de certas plantas. São formas parecidas que servem a funções semelhantes. Mas só o serrote é um utensílio, uma ferramenta, porque é obra do homem.

Mas voltemos à palavra. As ferramentas, os utensílios valem pela utilidade que têm. E qual é a utilidade da palavra? 'As palavras', diria alguém movido tão só pelo senso prático, 'servem para pôr nomes nas coisas: sapato, peixe, estrela'. Algumas palavras até imitam o que nomeiam: *ovo*, por exemplo. Em qualquer direção que se olhe a palavra ou o objeto, a gente vê a mesma forma, a mesma coisa. Alguém mais detalhista diria provavelmente que a palavra não põe nome só nos objetos que alcançamos pelos sentidos, mas ainda, e principalmente, em um rol eclético de entidades e noções que parecem ganhar nitidez no nosso entendimento somente quando são nomeadas: *alegria*, *medo*, *alívio*, *beleza*, *vergonha*, *justiça*. Munidas das palavras – que tomaram o lugar das coisas, entidades e noções –, as pessoas transformam o conjunto de suas experiências e saberes em conteúdos comunicáveis, passíveis de troca. Expressões como *Bom dia!*, *Por favor.*, *Parabéns!*, *Obrigado.*, *Valeu.*, *Que pena!* certamente não têm a natureza material das ferramentas, mas desempenham papéis análogos aos das ferramentas, visto que por meio delas modificamos ou criamos situações e atingimos objetivos.

A PALAVRA TEM, PORTANTO, PELO MENOS DUAS UTILIDADES: A DE 'DAR NOME' AOS CONTEÚDOS DA CONSCIÊNCIA – FUNÇÃO QUE A IDENTIFICA COMO AUTÊNTICO SÍMBOLO (OU SIGNO, COMO PREFEREM OS LINGUISTAS) – E A DE VIABILIZAR A TROCA DE INFORMAÇÕES, SENTIMENTOS E IDEIAS ENTRE AS PESSOAS – PROPRIEDADE QUE ELA PARTILHA COM OS SINAIS EM GERAL.

Tudo isso é verdade, é muito óbvio, mas não é suficiente para oferecer uma resposta à pergunta: que forma – ou formas – a palavra precisa ter para servir a tais funções?

Lembremos inicialmente que em um aspecto fundamental palavras e ferramentas são bem diferentes: a relação entre a forma que apresentam e a utilidade ou função que têm.

Já dissemos que a forma das ferramentas é determinada pela função – ou funções – a que se destinam. Em se tratando de palavras, a realidade é outra. Palavras são sinais cuja função é 'dar corpo' a significados; no corpo de uma palavra, o significado circula da minha boca (que a pronuncia) para o seu ouvido (que a escuta), da minha mão (que a escreve) para o seu olho (que a lê).

Até que ponto o corpo de uma palavra, isto é, a sequência de sons que a constitui, é condicionado pelo seu sentido? Não é difícil identificar essa relação em palavras como *zunzum*, *sussurrar*, *ziguezague*, *tique-taque*. Por outro lado, não é raro que a face sonora de alguma palavra nos sugira um significado muito diferente do que os dicionários lhe dão, como revela a seguinte passagem de uma crônica de Luis Fernando Verissimo: "Certas palavras dão a impressão de que voam ao sair da boca. 'Sílfide', por exemplo. Diga 'sílfide' e fique vendo suas evoluções no ar, como as de uma borboleta"[11]. Mas tanto esta forma quanto aquelas estão longe de representar a natureza das palavras em geral e, em particular, dos enunciados que construímos com elas.

A regra geral para a associação entre o corpo sonoro de uma palavra e o que ela significa é a convenção, o acordo espontâneo, só episodicamente questionado, graças ao qual os membros de uma sociedade se servem das palavras para se comunicarem entre si (ver 5.2).

No entanto, temos de considerar um outro fator decisivo na associação entre as formas da linguagem e os conteúdos que elas expressam. Refiro-me à hipótese de que o sentido global de um enunciado ou de um texto possa ser descrito como a soma dos significados particulares das partes que o constituem.

[11] Apud HENRIQUES [2007a: 126].

Com efeito, parece óbvio que uma frase como *Esta firma reconstruirá a ponte em duas semanas* expressa um sentido que decorre, se não totalmente, pelo menos parcialmente da soma dos significados das oito palavras que entram em sua composição. Dizemos 'parcialmente', porque não teríamos significado algum se, ainda mantendo as mesmas palavras, as dispuséssemos numa ordem aleatória, como em *Esta em ponte a reconstruirá semanas firma duas*. Claro que podemos ter variações: *Em duas semanas, esta firma reconstruirá a ponte*, *A ponte, esta firma reconstruirá em duas semanas*, *Esta firma em duas semanas reconstruirá a ponte*. A ordem *possível* de cada variante não é uma simples ordem das palavras, mas uma ordem de constituintes às vezes maiores que as palavras: [*Esta firma*] [*reconstruirá*] [*a ponte*] [*em duas semanas*].

Podemos, portanto, dizer que a construção do enunciado e do texto manifesta na ordem de seus constituintes não é aleatória ou convencional: ela reflete a organização do conteúdo em termos do recorte interno das porções de sentido e da relevância de cada uma no significado global (ver 12.2)

Esta constatação não quer dizer que o sentido de um texto, mesmo sob a forma do mais simples enunciado, possa ser inteiramente apreendido com base nos constituintes que o estruturam. O significado do todo não é mero resultado da combinação dos significados particulares de suas partes. Os enunciados – e os textos – não são portadores absolutos de significados únicos e estáveis, mas partes constitutivas de eventos comunicativos que se desenrolam sob coordenadas sociais, culturais e históricas. É nesta condição que qualquer texto – seja uma simples saudação, seja uma longa narrativa de peripécias – promove o encontro de duas subjetividades: a de seu autor e a de seu destinatário, ouvinte ou leitor (cf. quarto capítulo).

1.3 PALAVRAS E ESPELHOS

As questões focalizadas acima evocam uma reflexão mais básica e profunda. Seriam as palavras e frases que proferimos um espelho do que se passa em nossa mente? Não é simples responder a esta pergunta, porque, na verdade, só temos clareza do que pensamos quando pomos nossas ideias em palavras, ainda que estas palavras não cheguem a ser vocalizadas. De uma coisa, porém, temos certeza: a palavra é o mais completo e versátil instrumento das relações humanas. Sua presença na vida cotidiana é tão constante, e seu emprego na interação social aparentemente tão espontâneo e natural, que a maioria das pessoas não vê nela nada de especial. Todos reconhecem que as palavras são símbolos, mas em geral as encaram como simples nomes das coisas, recursos usuais com que rotulamos ideias, entidades, objetos para comunicarmos, uns aos outros, o que percebemos, queremos, sabemos, sentimos, pensamos. Repetimos: tudo muito natural.

A naturalidade com que as pessoas se comunicam cotidianamente em sua língua materna leva-as a crer que falam e trocam ideias graças à mesma aptidão e destreza motora que lhes permitem respirar, mastigar ou engolir. Estes atos, é claro, decorrem de impulsos biológicos e se realizam mediante uma combinação de movimentos fisiológicos, que só se alteram por uma exigência ou acomodação orgânica natural. A linguagem segue outra ordem de estímulos – os quais têm de ser procurados no universo social – e se integra numa outra ordem de fenômenos: a dos fenômenos culturais, portanto aprendidos. A mais clara prova disso está na aprendizagem da escrita, que nada tem de espontânea.

Leigos mas práticos, somos quase sempre tentados a tratar as palavras como se pertencessem a um estoque guardado na memória, como uma lista de etiquetas distintas e independentes que aplicamos às entidades do mundo real e do mundo imaginário. Segundo este ponto de vista, cada vez que precisamos mencionar alguma coisa ou exprimir alguma ideia, buscamos naquela lista as palavras ou etiquetas apropriadas e as combinamos umas com as outras conforme um ordenamento lógico que seria um reflexo da maneira como a própria realidade e o pensamento que a apreende estão construídos.

Esta crença deriva, na verdade, de uma outra, mais ampla porém menos óbvia: a de que o mundo a que nossas palavras fazem referência se acha organizado como uma estrutura autônoma e separada da linguagem, como um 'conjunto de coisas, fatos, sensações' prontos para receber a respectiva etiqueta. De acordo com essa crença, os conteúdos do nosso pensamento seriam apenas reflexos do mundo e nossa linguagem não passaria de um simples meio de pôr rótulos nesses reflexos ou de propiciar sinais para eles.

A comparação com ferramentas ou instrumentos não faz justiça à complexidade da linguagem. Por sua vez, a metáfora do espelho é ainda menos adequada, já que reduz a linguagem a uma entidade estática, a um decalque do mundo de objetos e fenômenos externos à consciência ou, mesmo embalados pela consciência, capazes de ser concebidos independentemente da palavra.

O mundo da natureza, bem o sabemos, está organizado em si de uma certa maneira. Ele constitui uma realidade dinâmica, regida por leis próprias, que as chamadas ciências naturais procuram desvendar: a textura e durabilidade dos materiais, a serventia recíproca de seus elementos, os dispositivos de sobrevivência e de adaptação, o ciclo da vida etc. Mas este mundo e a língua que o traduz em palavras e enunciados/textos significativos não se relacionam como uma coisa e o seu substituto.

A LINGUAGEM NÃO RETRATA O MUNDO, SIMPLESMENTE PORQUE O MUNDO EXPRESSO PELA LINGUAGEM NÃO É UM MUNDO DE SERES E OBJETOS, MAS UM MUNDO DE SIGNIFICADOS. SE A LINGUAGEM FOSSE UM RETRATO DO MUNDO, A FICÇÃO E A MENTIRA SERIAM IMPOSSÍVEIS.

Por outro lado, o que quer que reconheçamos como sendo o mundo captado pelos sentidos é uma realidade múltipla e inesgotável, que não cabe inteira dentro da língua que falamos e nem mesmo dentro das linguagens dos cientistas[12]. Ou seja: por mais que enumeremos tudo o que vemos, por mais que enunciemos tudo o que percebemos, jamais conseguimos esgotar o conjunto das experiências do mundo passíveis de nomeação, pois sempre se pode especificar mais o objeto de nossa atenção, acrescentando algum detalhe, ignorado pelo leigo mas apreendido pelo especialista, preterido pelo jardineiro, mas relevante para o amante de flores.

As coisas se passam assim porque toda percepção é finita, por mais que seu alcance varie entre os seres animados segundo a estrutura biológica de cada um (as baleias captam sons que o ouvido humano não alcança; as águias veem de longa distância detalhes que a visão humana, nas mesmas condições, só percebe por meio de instrumentos; ursos polares machos farejam uma fêmea a quilômetros de distância). É fato bem sabido que o ser humano sempre encontrou meios de superar suas limitações físicas e biológicas. As múltiplas formas dessa superação fazem parte da cultura, dimensão da existência que só os homens conhecem e na qual ingressam graças à capacidade de se relacionar simbolicamente com o mundo, criando e recriando sem limite as próprias condições de vida.

Na dimensão da cultura, o homem detém uma bagagem de conhecimentos/informações (competência enciclopédica) e atua comunicativamente segundo papéis que assume no meio social e graças aos instrumentos interativos pertinentes (competência sociocomunicativa). Estas duas espécies de competência são balizadoras da ação humana: a competência enciclopédica embasa os conteúdos comunicáveis e inteligíveis, e a competência sociocomunicativa é que provê os recursos de uma interação social bem-sucedida.

---

[12] "Toda a significação se dirige para a realidade, que o sujeito que maneja os sinais conhece e faz conhecer a outros. Mas a variedade sem limites do mundo do real – do mundo das *res*, de tudo o que é susceptível de se tornar objeto de conhecimento – pode ser cognitivamente apreendida, e logo significativamente manifestada, sob diversas perspectivas, não ilimitadas em número e essência como os objetos a captar, mas pelo contrário bem limitadas e mais ou menos claramente definidas, de modo a permitir a sua apreensão ordenada e inteligível." CARVALHO [1967: 198-199].

1.4 UMA FORMA DE CONCEBER, DE DESIGNAR E DE PREDICAR

Detalhemos um pouco mais a concepção de linguagem como forma de conhecimento. Para tanto, imaginemos a seguinte situação: um professor leva seus alunos para um passeio científico, escolhe um trecho de vegetação como objeto de observação e coleta de dados, e pede ao grupo que faça uma lista dos seres e coisas que vá vendo ou descobrindo. É bem provável que essa lista venha a conter referência a terra, plantas, flores, borboletas, aranhas, formigas, lagartas – coisas que podem estar presentes no objeto de observação escolhido. Imaginemos agora que, feita a lista, os alunos sejam orientados a fazer comentários sobre o que viram, mencionando o estado desses seres e coisas e o que acontece com eles. Alguns desses comentários poderão ser declarações do tipo: (a) *A terra é preta*, (b) *Tem uma roseira vermelha que está cheia de botões*, (c) *Essa plantinha aqui tem cheiro de limão*, (d) *Uma pequena aranha está construindo a teia nesta roseira amarela*, (e) *As formigas estão carregando uma borboletinha morta*.

O conjunto dos elementos que formam aquele trecho de vegetação e dos pequenos animais que o habitam ou o visitam é uma realidade concreta que pode ser comprovada por qualquer pessoa. É claro que está tudo lá, que aquele trecho de vegetação e seus vários componentes constituem uma *parte do mundo* independente de nosso testemunho, de nosso conhecimento e de qualquer juízo que façamos a respeito dele.

Vamos supor agora que alguém dê um nome àquele segmento de vegetação, algo como 'jardim'. Nomeada, essa *parte do mundo* assume um *status* simbólico: o que era apenas 'um objeto do mundo dos sentidos' se torna 'um objeto de meu conhecimento' e assunto possível de minhas conversas.

AS 'COISAS DO MUNDO', REAL OU IMAGINÁRIO, SÓ SE TORNAM 'OBJETOS DE NOSSO CONHECIMENTO' QUANDO ADQUIREM O STATUS DE 'CONCEITOS', OU SEJA, QUANDO SÃO APREENDIDAS NAS MALHAS DE UM SISTEMA SIMBÓLICO, COMO A 'LÍNGUA' QUE FALAMOS.

Voltemos aos itens do trecho de vegetação, seus aspectos e os respectivos comentários. Os itens presentes nele são designados por meio de **expressões referenciais** que os categorizam como objetos (*as formigas*, *essa plantinha*) e os comentários são realizados por meio de **expressões predicadoras** que os inserem, também mediante categorizações, em eventos ou situações (*devoraram*, *parece*). A seleção de uns e outros, bem como os referidos comentários, podem variar bastante segundo as motivações e o perfil de cada observador. É bem sabido que cada pessoa traz dentro de si uma 'experiência de mundo' e uma predisposição cognitivo-perceptiva que balizam suas expectativas e seus interesses[13]. Cada ser humano detém uma diferente soma de informações sobre o mundo (conhecimento enciclopédico), e a motivação comunicativa com que cada um de nós toma parte em um evento ou situação é necessariamente influenciada por tal condição. O jardineiro, o funcionário que zela pelo jardim, uma criança de sete anos de idade, um biólogo, um pintor de paisagens ou o turista padrão não prestam atenção nas mesmas coisas, e tampouco 'percebem' exatamente as mesmas coisas, quando observam o jardim.

Insistamos, pois, em um ponto: graças à elaboração e articulação de expressões referenciais e expressões predicadoras, a experiência humana dos objetos do mundo torna-se uma 'experiência interpretada'.

1.5 UMA FORMA COMPARTILHADA DE CONHECIMENTO

A LÍNGUA É UMA FORMA DE CONHECER E DE ORGANIZAR OS CONTEÚDOS QUE OS INDIVÍDUOS COMUNICAM ENTRE SI.

Sua função como mediadora das relações do homem com seus semelhantes e com o mundo que eles co-habitam é bem óbvia e ratifica a analogia entre palavras e ferramentas. O que não é tão óbvio, porém, é a extraordinária quantidade e sutileza dessas relações, o que exige da linguagem uma versatilidade, uma maleabilidade que excede de forma extraordinária as características das ferramentas.

Na verdade, o mundo que nos cerca, o que sentimos, pensamos ou imaginamos não circula entre os homens e se transfere de um indivíduo a outro senão pelo filtro da palavra, que não é um condutor neutro de conteúdos, mas um gerador e modelador de sentidos. Nos termos de uma concepção ainda ingênua, embora mais refinada do que a da linguagem como espelho, pode-se pensar a linguagem como uma espécie de mapa que se coloca entre o homem e o mundo.

Um mapa fornece uma visão redutora e esquemática do território a ser percorrido, demarcando o que importa ver, conhecer e comunicar, tanto no que diz respeito ao contorno das coisas como às relações entre elas. Assim como o mapa define os limites de um território e o organiza esquematica-

[13] "Na enxurrada de informações que chega à retina, o cérebro seleciona – consciente ou não – apenas aquela que é mais importante ou que interessa mais, e concentra aí toda a atenção, transformando o olho numa poderosa teleobjetiva." KUBRUSLY [1984: 69-70]. Uma ilustração eloquente desse fato está na diferença entre dois modos possíveis de anunciar o resultado da decisão de um título olímpico: *A equipe brasileira ganhou a medalha de prata* e *A equipe brasileira perdeu a medalha de ouro*.

mente para quem o percorre, a língua revela o mundo como uma estrutura dotada de significados compartilhados por seus falantes, recortando o universo de nossas experiências e percepções em porções de sentido cujo reconhecimento e distinção a comunidade a que pertencemos considera relevantes. A metáfora do mapa faz justiça à natureza esquematizadora e categorizante da língua, mas padece dos outros dois inconvenientes da metáfora do espelho: é estática e implica que o objeto significado e revelado existe por si, pronto para receber os respectivos rótulos.

A LÍNGUA É UMA FORMA SOCIALMENTE ADQUIRIDA DE CONFERIR SENTIDO ÀS NOSSAS EXPERIÊNCIAS DO MUNDO E DE TORNAR ESSAS EXPERIÊNCIAS ASSUNTO DE NOSSOS ATOS DE COMUNICAÇÃO.

Graças à língua, o homem liberta-se das circunstâncias imediatas, o 'aqui e agora', e expande para o passado e o futuro o cenário em que se passam os episódios de sua vida. Ou seja: graças à língua, o homem nomeia ou evoca seres não presentes na situação de fala; reporta-se a situações e experiências passadas, revive-as e provoca em seu ouvinte ou leitor sensações análogas às que experimentou; projeta experiências futuras ou cria seres que compõem cenários imaginários e participam de acontecimentos imaginários.

Graças à língua, os conteúdos expressos em nossos enunciados não precisam, portanto, ser reflexos de dados presentes na situação comunicativa, mas sempre hão de ser conceitos potencialmente significativos, aptos a compor enunciados/textos que podem ser produzidos em lugares e épocas distintos do espaço e tempo em que as coisas relatadas ou referidas ocorreram.

PELA LÍNGUA O HOMEM EXERCE UM PODER DE SIGNIFICAÇÃO QUE TRANSCENDE A FUNÇÃO DE NOMEAR OS DADOS 'OBJETIVOS' DE SUA EXPERIÊNCIA COTIDIANA: O PAPEL DA LINGUAGEM NA EXPRESSÃO DE 'CONCEITOS POTENCIALMENTE SIGNIFICATIVOS' TORNA O SER HUMANO CAPAZ DE CRIAR OS UNIVERSOS DE SENTIDO QUE CIRCULAM NA SOCIEDADE SOB A FORMA DE ENUNCIADOS/TEXTOS.

Pode ser um recado, uma notícia, um relatório – expressões de fatos reais –, mas também pode ser uma obra de ficção, como as fábulas e os romances, uma prece – expressão da espiritualidade e da fé –, ou um tratado filosófico sobre a liberdade ou o amor.

A língua é parte da capacidade simbólica exclusiva do ser humano, dom que o provê de um sétimo sentido (o rótulo 'sexto sentido' está reservado para a intuição). Este sétimo sentido resume todos os outros e a eles se sobrepõe em um universo de conhecimento e significado a que só se tem acesso através do símbolo, da imagem, da palavra. Esse universo de conhecimento e significado se expressa ordinariamente numa diversidade de domínios – a cujo conjunto damos o nome genérico de cultura – segundo o modelo de organização convencionalmente adotado pela sociedade: *senso comum*, *ciência*, *religião*, *política*, *folclore*, *direito*, *jornalismo*, *literatura*, *humor*, *artes*, *técnicas* etc.

Neste amplo espaço dominado pela utilização de símbolos, a palavra tem lugar de destaque pela versatilidade e universalidade de suas funções. A linguagem verbal é o mais abrangente, elaborado e adaptável recurso de criação, assimilação, circulação e transmissão de representações do conjunto de nossas experiências da realidade. Mais que isso, ela é o próprio espaço simbólico que torna possíveis essas representações. Sua diversidade de formas e de usos não é, portanto, um fenômeno periférico e acidental nas relações humanas: ela é a própria expressão dessas relações.

A versatilidade da palavra é a face externa da versatilidade da mente humana – essa espécie de 'central de processamento' de toda a nossa vida interior, responsável por nossa capacidade de atribuir sentido ao que se passa conosco e de dar respostas ao ambiente em que vivemos.

A comunicação de qualquer parcela de nosso conhecimento das coisas sempre se realiza de um certo ponto de vista, mesmo que esse lugar seja de natureza estritamente topográfica. Assim, uma mesma árvore ganha *status* de um objeto diferente

a) se a observo do alto, vendo sua copa fechada como um grande bojo verde;
b) se a vejo como um objeto erguido a partir de um tronco enraizado no chão; ou
c) se a percebo no momento em que me alojo em uma de suas ramificações, recolhido à sombra de sua folhagem.

São percepções diferentes, que implicam diferentes testemunhos pela palavra. Do mesmo modo, posso me referir a uma transação comercial entre duas pessoas dizendo algo como *João vendeu um relógio a Paulo* ou *Paulo comprou um relógio a João*. O resultado de uma partida de futebol entre um time gaúcho e um carioca pode ser enunciado como *Grêmio arranca empate no Maracanã* ou *Flamengo cede empate no Maracanã*. A escolha de qualquer desses enunciados revela uma diferente conceptualização: como uma ação de João ou como uma ação de Paulo; como um êxito do Grêmio ou como uma debilidade do Flamengo. E é obviamente motivada pelo ponto de vista. Para um jornal gaúcho, o tópico discursivo é o Grêmio, e é dele que o enunciado parte. Por sua vez, o verbo *arrancar* conota garra, o verbo *ceder* carrega um juízo de decepção. São pontos de vista reveladores do envolvimento afetivo do enunciador com a situação relatada. Chamemos a esse conjunto de fatores o **contexto cognitivo da enunciação**.

Além do ponto de vista, é também por meio da palavra que se define o tom do relacionamento entre as pessoas – direto ou dissimulado, cerimonioso ou informal, autoritário ou cooperativo – e se configura o **contexto sociocomunicativo da enunciação** em que elas interagem. Com efeito, esse contexto não é um dado real 'externo e objetivo', mas uma construção mental dos interlocutores, cuja participação no processo comunicativo, atravessado muitas vezes por uma dinâmica imprevisível, se manifesta como papéis sociais. É com referência a estes papéis que ajuizamos a relevância de uma informação ou de um comentário, a oportunidade ou pertinência de um assunto, a adequação e funcionalidade das formas de expressão com que construímos nossos discursos. Em suma, "para o animal, o mundo é fundamentalmente o que os sentidos lhe oferecem; para o homem, o que lhe dizem as palavras ditadas pela história"[14].

---

[14] PINILLOS DIAZ, José Luis. "Comunicación, Lenguaje y Pensamiento". In: CASTRO GUBELLS et alii. [1974: 139-155].

SEGUNDO CAPÍTULO: O CONHECIMENTO DA LÍNGUA

2.1 A FALA – TRAÇO EXCLUSIVO DO SER HUMANO

A função mais evidente de qualquer língua é tornar possível a comunicação entre pelo menos duas pessoas por meio de sons vocais. A posse da língua materna parece resultar de um processo desencadeado naturalmente, como uma habilidade motora entre outras. A fala seria simplesmente um dom natural do homem, um traço que o particulariza no reino animal, tanto quanto o dom de voar distingue os pássaros. Eis a voz do senso comum: o homem nasceu para falar.

Mas as coisas não são exatamente assim. A semelhança entre homens e pássaros consiste em que cada espécie dispõe de um equipamento biológico nato específico para o desenvolvimento do respectivo 'dom'. Mas para por aí: o voo inaugural do pássaro é apenas uma questão de tempo e de maturação biológica, óssea e muscular. A fala também depende de maturação biológica e de tempo, mas só pode surgir quando é estimulada pelo meio social onde os outros também falam. Uma língua é como é por causa de seu caráter simbólico e interacional: ela incorpora a cultura no homem à medida que o incorpora ao meio sociocultural.

2.2 LÍNGUA, SITUAÇÃO E SIGNIFICAÇÃO

A língua é um bem coletivo, e a interação social, sua principal razão de ser. O que cada pessoa sente, sabe, imagina, quer, sonha é uma experiência individual, subjetiva e única. Por mais que seja um bem coletivo, porém, a língua que falamos não repassa tal experiência, na sua integridade e complexidade, a um interlocutor; ela reprocessa essa experiência, reorganizando-a nos termos de um código coletivo de representação e comunicação. Suas formas são como moedas, que circulam como meio de trocas. Assim como as moedas são portadoras de valor, as palavras são portadoras de sentidos. Tanto o valor quanto o sentido precisam ser compartilhados, ou a troca não pode acontecer. Esse 'denominador comum' é a garantia da intercompreensão e persiste por força de uma espécie de acordo tácito entre os falantes da língua.

Consideremos uma frase como

- O marceneiro fabricou a mesa com peças de uma construção demolida.

O significado de *marceneiro* cobre um referente de existência objetiva inconfundível, a que corresponde a seguinte definição: profissional que se dedica ao ofício de construir móveis e artefatos de madeira em geral. Pode-se dizer que ele é o mesmo em qualquer situação e em qualquer frase. No entanto, *mesa*, *construção* e *peça* são palavras de significação mais abrangente e variável, como se pode comprovar em qualquer bom dicionário. O uso dessas palavras em relação a um certo domínio de conhecimento limita, porém, essa variação: como estamos falando do ofício de marcenaria, fica claro que, na frase em questão, *mesa* designa um objeto feito de madeira e constituído de uma superfície plana apoiada sobre *pés*; *construção* se refere com certeza a algo como uma casa com partes feitas de madeira, e *peças* denota essas partes.

A INTERAÇÃO DAS PESSOAS, COM VISTA À TROCA DE CONTEÚDOS E À RESPECTIVA PRODUÇÃO DE SENTIDO, REQUER, PORTANTO, ANTES DE QUALQUER COISA, QUE HAJA ENTRE ELAS UM ACORDO OU ENTROSAMENTO SOBRE A REPRESENTAÇÃO QUE FAZEM DO EVENTO EM QUE ESTÃO TOMANDO PARTE. ESTE ACORDO É DECISIVO PARA UMA DEFINIÇÃO DOS LIMITES DA SIGNIFICAÇÃO QUE ATRIBUEM ÀS PALAVRAS E EXPRESSÕES QUE EMPREGAM[16].

Este acordo ou entrosamento sustenta-se na premissa de que o sentido das formas é razoavelmente estável, que não vive mudando ao sabor de cada evento, mas ao mesmo tempo adapta-se a ele dentro de uma margem de compreensão compartilhada pelos interlocutores. Esta estabilidade do sentido confere às formas uma importância central na geração de compreensões pertinentes à situação comunicativa. Afinal, a experiência do mundo é um acontecimento individual; e cada experiência que vivenciamos, um fato único. Por isso, nossas frases não podem ser retratos fiéis da singularidade de cada experiência, mas formulações esquemáticas que desencadeiam em nosso interlocutor compreensões possíveis ou plausíveis na situação.

Podemos tornar mais clara esta formulação com um episódio fictício. Vou à casa de um amigo. Sei que ele tem dois cachorros ferozes. Eu me aproximo do portão e toco a campainha. Os cachorros começam a latir, mas pelo circuito interno de voz eu me identifico e ele me dá um recado: *Empurre o*

[15] Este requisito corresponde ao que se chama 'enquadre interativo'. Um mesmo palavrão pode ser proferido como um insulto ou um elogio malicioso. A diferença depende do enquadre interativo. (Cf. TANNEN, Deborah e WALLAT, Cyntia. "Enquadres interativos e esquemas de conhecimento em interação". In: RIBEIRO e GARCEZ [2002: 183-214]).

portão; os cachorros estão presos. O enunciado é claro e me informa o que eu preciso saber. Entendo o recado e faço o que tem de ser feito.

A eficiência deste enunciado resulta de um complexo conjunto de fatores conjugados. Nele mobiliza-se todo o sistema da interação humana por meio da linguagem verbal, tudo o que faz dela a forma mais amplamente usada pelos seres humanos para a comunicação. Destaquemos alguns desses fatores:

a) esse enunciado integra um breve episódio – ou um *evento* – que envolve dois atores (enunciador e destinatário) numa interlocução. Podemos facilmente imaginar o cenário que o torna possível como peça comunicativa, assim como temos uma ideia muito clara de como o episódio – e o evento que o contém – podem se desenrolar: a aproximação do visitante, sua entrada no quintal, os cumprimentos, as palavrinhas afetuosas etc.;
b) as palavras proferidas pelo enunciador – e as frases constituídas por elas – significam 'a mesma coisa' para ele, para o destinatário e, seguramente, para quaisquer outras pessoas que participassem desse episódio;
c) a primeira frase funciona como um comando (não é uma pergunta nem uma exclamação) e a segunda como uma declaração que confere credibilidade ao comando;
d) o comando, no entanto, diz algo mais que não está explícito: ele é, também, uma permissão para o visitante entrar.

Examinemos mais de perto cada um desses fatores, começando pelo fator 'a'. A condição típica da comunicação humana é a que se dá na situação face a face, envolvendo pelo menos dois atores: um enunciador e um destinatário. É graças a ela que cada ser humano aprende a falar e desenvolve suas habilidades comunicativas básicas. Todo ato de fala assim caracterizado desenrola-se numa situação e é motivado pelos mais variados fatores ou circunstâncias socioculturais, em que os interlocutores desempenham o que chamamos de 'papéis sociocomunicativos'. Acrescentemos que, no relacionamento face a face, a altura e a velocidade da voz, a entoação, os gestos e as variações da fisionomia são decisivos para os efeitos de significação que nossas palavras são capazes de produzir. Quando dirijo a palavra a alguém ou quando alguém se dirige a mim pela palavra, um complexo conjunto de dados entram em ação: quem é essa pessoa, que tipo de relacionamento possibilita nossa aproximação, que assuntos podem ou devem ser tratados etc. Todos esses dados compõem o que chamamos um **contexto sociocomunicativo**, no qual se definem as coordenadas da interação verbal. Seguimos essas coordenadas para tomar decisões sobre a forma adequada de expressão. Podemos resumir o fator 'a' da seguinte maneira:

TODO ATO DE LINGUAGEM PRATICADO POR SERES HUMANOS PRESSUPÕE – OU PROJETA – UMA SITUAÇÃO SOCIOCOMUNICATIVA.

Atentemos agora para o fator 'b'. Ele enuncia um pré-requisito da intercompreensão, mas passa ao largo de um fato bem conhecido: que muitas palavras têm mais de um sentido. O próprio verbo *empurrar* expressa outra informação em ***Empurre*** *o carro; ele só pega no tranco*. Por sua vez, *preso* quer dizer uma coisa quando se refere a cachorros, outra quando se refere a indivíduos privados da liberdade numa penitenciária, e outra ainda quando se refere à situação de alguém metido em um engarrafamento de trânsito. O fator 'b' nos dá a seguinte lição:

AS PALAVRAS NÃO SIGNIFICAM SOZINHAS; SUA CAPACIDADE DE EXPRIMIR UM SIGNIFICADO COMUM AOS INTERLOCUTORES NÃO DEPENDE SÓ DELAS, MAS TAMBÉM DAS COMBINAÇÕES QUE AS ENVOLVEM E DO CONTEXTO SITUACIONAL EM QUE SÃO UTILIZADAS.

Fixemo-nos agora no fator 'c'. Ao produzir uma mensagem verbal, o enunciador sempre se coloca numa posição diante de seu interlocutor; ele tem um propósito e emprega a forma de expressão que lhe parece adequada para atingi-lo. Uma pergunta ou uma exclamação certamente não faria o interlocutor entrar. O comando (frase imperativa) foi a alternativa eficiente. Por outro lado, o enunciador está ciente de que seu interlocutor tem motivos para cautela, e acrescenta ao comando uma informação que neutraliza esses motivos. De nada valeria acrescentar algo como 'ele está sem o cadeado' ou 'ele está só encostado'. Tiramos daqui uma importantíssima lição sobre a elaboração dos enunciados:

O TEXTO APRESENTA A FORMA QUE CONVÉM À INTENÇÃO DE QUEM O ENUNCIA E REÚNE AS INFORMAÇÕES RELEVANTES PARA ESSA INTENÇÃO.

Cuidemos agora do fator 'd'. *Empurrar* é uma palavra que significa atos com diferentes intenções, como já vimos. O que queremos mostrar agora é que o interlocutor compreende perfeitamente o recado; não só modifica a posição do portão (sentido explícito do comando), mas ainda se sente autorizado a penetrar no quintal (sentido subentendido). Outro detalhe interessante é que, na situação, o ato de *empurrar* fará o portão abrir, significado que o verbo não expressa mas pode fazer entender. Com efeito, o portão impedia a entrada; logo, só podia estar fechado. O mesmo comando poderia ser dado no caso de o portão estar aberto e seria uma instrução para fechá-lo. O fator 'd' nos dá outra lição sobre o funcionamento da linguagem:

A SITUAÇÃO COMUNICATIVA PODE TER INFLUÊNCIA DECISIVA NA INTERPRETAÇÃO DOS SENTIDOS.

O exemplo comentado nos deixa concluir que as frases que enunciamos não reproduzem os pormenores e a irrepetível singularidade das situações ou estados de coisas do mundo que servem de assunto aos nossos discursos. A língua que falamos é um sistema de formas e construções coletivamente disponíveis e coletivamente significativas. Nossos atos comunicativos, por sua vez, são, antes de mais nada, episódios da vida social, e as palavras e frases que empregamos só produzem sentido quando integradas nesses episódios, conforme procuramos deixar claro na análise do par de frases acima.

2.3 CONHECIMENTO DA LÍNGUA COMO CONHECIMENTO SOCIOCULTURAL

A linguagem articulada em sons vocais é uma propriedade exclusiva das sociedades humanas, onde toma a forma de línguas aprendidas. Estas não são meros meios de comunicação – a qual existe em muitas outras espécies –, mas, principalmente, formas de conhecimento do mundo como significação e de expressão de valores culturais e hábitos comportamentais intrínsecos à respectiva sociedade.

À MEDIDA QUE APRENDE SUA LÍNGUA MATERNA, TODO INDIVÍDUO APRENDE COM ELA UMA FORMA DE CONHECER O MUNDO E DE SE RELACIONAR SOCIALMENTE.

Toda comunidade formada por seres humanos, por menor que seja e por mais simples que sejam seus hábitos de vida, se define, entre outras coisas, pelo compartilhamento de um universo de referências (no nosso exemplo, a existência de portões e o uso de cães como recurso de segurança em certas residências), de onde seus membros tiram o conteúdo de todas as suas práticas comunicativas rotineiras ou eventuais.

A língua que falam não só está a serviço dessa função fundamental, como a desempenha com absoluta eficiência, na medida em que tudo o que pertence ao universo sociocultural da comunidade pode ser dito e compreendido por meio dessa língua. À luz desse ponto de vista por assim dizer antropológico, o que significa 'conhecer uma língua'? Significa tão somente estar apto a servir-se dela para tomar parte na rotina social da comunidade.

Também é verdade, porém, que nenhuma comunidade, por menor que seja, é cem por cento homogênea: seus membros se distinguem pelos papéis que desempenham, pelas tarefas que lhes são destinadas ou que eles assumem por livre escolha. A uns e outras podem corresponder habilidades comunicativas e competências verbais específicas. Como nem todos os membros desempenham as mesmas tarefas e funções, fica claro que as habilidades comunicativas inerentes a cada tarefa ou função não fazem parte do conhecimento de todos.

Nas sociedades democráticas e socialmente justas, qualquer indivíduo pode aspirar a desempenhar qualquer função e executar qualquer tarefa; a única condição é que se prepare para isso, adquirindo, entre outras coisas, as técnicas da função e, dependendo da tarefa, as habilidades verbais apropriadas. O conhecimento da língua sempre abrange, portanto, uma representação da vida dos homens em sociedade. Em termos ideais, conhecer uma língua significa ser capaz de servir-se dela para executar, com desembaraço e êxito, as múltiplas tarefas comunicativas inerentes ao convívio social.

A atividade intelectual e cognitiva de que depende a interação humana por meio da palavra é universal na espécie e obedece a processos independentes desta ou daquela língua. Já nossos universos de referência e a respectiva simbolização/verbalização nos particularizam como membros de grupos, classes, comunidades, sociedades. No seio desses universos, interiorizamos o mundo por meio de conceptualizações simbólicas, somos protagonistas de eventos de variada espécie, tornamo-nos seres sociais, humanizamo-nos enfim.

O mais versátil repositório dessas conceptualizações é a língua que falamos, e esta é um corpo complexo de formas, regras e estratégias de interação. Resumindo, é certo afirmar que a linguagem humana é um fenômeno de natureza múltipla, no qual interagem fatores biológicos, psicológicos, afetivos, culturais, sociais e formais.

A LÍNGUA É UMA FORMA DE CONHECIMENTO E UM MEIO DE CONSTRUIR, ESTABELECER, MANTER E MODIFICAR RELAÇÕES COM OS OUTROS. POR ISSO MESMO, UMA MESMA PESSOA É CAPAZ DE UTILIZAR DIFERENTES 'ESTILOS' OU REGISTROS DE LÍNGUA, CONFORME O CONTEXTO OU AS FINALIDADES DA COMUNICAÇÃO: QUANDO SE DIRIGE A UM ADULTO OU QUANDO FALA A UMA CRIANÇA, QUANDO FALA A PESSOAS REUNIDAS EM UM AUDITÓRIO OU QUANDO CONVERSA DE MODO DESCONTRAÍDO NUMA RODA DE AMIGOS, QUANDO ESCREVE UMA CARTA DE CANDIDATO A UM EMPREGO OU QUANDO COMPARECE PARA UMA ENTREVISTA COM ESSE MESMO OBJETIVO, QUANDO RELATA UM ACONTECIMENTO OU QUANDO DÁ UM CONSELHO A ALGUÉM.

O conhecimento que as pessoas têm de sua língua materna integra em uma só e ampla competência as formas, as construções e o discernimento para utilizá-las/reconhecê-las em função das características do evento comunicativo em curso e dos efeitos de sentido pretendidos/pertinentes.

Por outro lado, a aparente naturalidade do uso cotidiano da palavra para a comunicação imediata camufla a complexidade e o potencial da língua: tem-se a impressão de que as situações cotidianas se repetem sem novidade, e que podemos lidar com elas valendo-nos de fórmulas já conhecidas, praticamente prontas, num entrosamento perfeito entre a rotina da realidade e a rotina de nossos discursos. Neste caso, a língua atua fortemente como uma forma de conhecimento que estabiliza nossas percepções naquilo que podemos chamar de *senso comum*.

Mas há outras dimensões do uso da palavra, onde o mundo não está pronto mas precisa ser criado, onde as frases e os sentidos não estão disponíveis como produtos nas gôndolas e prateleiras do supermercado, mas, pelo contrário, precisam ser elaborados. Esta é a dimensão em que se movimentam todos aqueles que têm desafios pela frente, que precisam ir além da realidade já construída e aparente, buscando, sob a superfície confortavelmente constante da fala de todos os dias, as pistas, as brechas, os atalhos que nos dão acesso a territórios e objetos que aguçam nossa percepção, renovam nossas emoções e estendem nossos horizontes de compreensão e de comunicação. É nessa dimensão que a palavra assume o caráter de uma sofisticada tecnologia a ser adquirida e dominada.

As experiências de vida de toda ordem (no cotidiano, nos grupos de interesse comum, no contato com outras culturas e com outros estilos de vida) e a convivência com textos de variada espécie (crônicas, lendas, receitas, reportagens, poemas) e encontrados em fontes variadas (livros, enciclopédias, jornais, revistas, *sites*) contribuem significativamente para a construção de nossa competência enciclopédica (o conjunto de tudo o que sabemos), mas só a observação desses discursos/textos como objetos elaborados com palavras e a reflexão sobre as condições, os mecanismos e procedimentos dessa elaboração permitem que se trave com a palavra uma relação mais tensa e quase sempre desafiadora, a qual resulta na recriação e ampliação dos recursos da linguagem – vocabulário, construções sintáticas, alternativas estilísticas – e numa compreensão enriquecedora do fenômeno verbal.

O título desta seção – conhecimento da língua como conhecimento sociocultural – se revela, em grande medida, redundante: conhecer uma língua é, necessariamente, saber servir-se dela, compreendê-la e vivenciá-la como expressão da vida em sociedade, com sua diversidade, sua complexidade, suas convenções, seus ritos, suas crenças, seus valores.

EM RESUMO, PODEMOS DIZER QUE O HOMEM VIVE DENTRO DO MUNDO COMO CORPO, MAS O MUNDO VIVE DENTRO DO HOMEM COMO PALAVRA.

2.4 CONHECIMENTO DA LÍNGUA COMO CONHECIMENTO DE UM SISTEMA

Dissemos na seção precedente que a língua que falamos é um corpo complexo de formas, regras e estratégias de interação. Estes aspectos serão tratados detalhadamente ao longo desta gramática. Por ora, adiantaremos alguns pontos relativos ao conhecimento da língua como uma estrutura.

A língua se torna um objeto material pronunciável e audível graças aos sons vocais; na escrita, sua materialidade é conferida pelas letras e pelos sinais diacríticos e de pontuação. Cada língua utiliza uma determinada porção de sons vocais, combinando-os segundo regras que permitem algumas sequências e impedem outras, e contrastando esses sons de modo que por meio deles as palavras se distingam entre si (*ca**l**o* / *ca**r**o*, ***c**alo* / ***g**alo*, *c**a**lo* / *c**o**lo*, *cal**o*** / *cal**a***). É a função distintiva que faz deles unidades integradas no sistema da língua. Combinando-os em sequências reguladas pelo sistema obtêm-se as palavras possíveis. Tanto o elenco de sons funcionais como as regras que determinam suas combinações possíveis para a obtenção das palavras fazem parte do conhecimento que os falantes nativos têm de sua língua.

Voltemos agora ao enunciado que comentamos anteriormente. Ele é divisível em partes tradicionalmente conhecidas como palavras, e estas pertencem a determinadas classes, segundo as formas que podem assumir e as posições que podem ocupar: *empurre* + *o* + *portão* + *os* + *cachorros* + *estão* + *presos*.

A mais óbvia verdade a respeito das palavras é que boa parte delas serve para nomear o mundo com seus seres, objetos e situações: *empurrar*, *portão*, *cachorro*, *preso*. De acordo com esta função das palavras, distinguimos diferentes ações (*empurrar* / *afastar* / *abrir* / *encostar*); diferentes objetos (*portão* / *porta* / *janela*), diferentes animais (*cachorro* / *gato* / *cabrito*); diferentes situações (*preso* / *solto*). O conjunto das palavras que expressam esse tipo de significado constitui o **léxico** da língua (cf. 6.5.2). As palavras lexicais pertencem basicamente a três grandes classes: **verbos** (*empurrar*, *abrir*, *afastar*, *encostar*), **substantivos** (*portão*, *porta*, *janela*, *cachorro*, *gato*, *cabrito*) e **adjetivos** (*preso*, *solto*).

Sobraram as palavras 'o' e 'os', que nada significam no mundo das designações. Independentemente, porém, da diferença entre estas duas espécies, cada uma dessas palavras reúne um conjunto de informações:

a) em *empurre* há, além do significado mesmo do verbo (compare-o com *abra*, *afaste*, *encoste*, que significam outras ações), as noções de *ordem* (compare com *empurro*, que expressaria uma mera declaração), de número *singular* (refere-se a uma pessoa só: compare com *empurrem*), e de *segunda pessoa* (*você*, e não *eu* ou *nós*);

b) em *o/os* as noções de *definido* (compare com *um portão*), de gênero *masculino* (compare com *a porta* / *as cachorras*) e de *número* (compare com *os portões* / *o cachorro*);

c) em *estão* a noção de tempo *presente* (compare com *estavam* / *estarão*), de número *plural* (compare com *está*) e de *terceira pessoa* (compare com *estamos* / *estás*).

O número das formas lexicais é ilimitado, porque não há limite para o rol de coisas e situações do mundo que precisamos nomear. Ao situá-las em classes, porém, indicamos que elas estão sujeitas às propriedades características da respectiva classe.

PÔR OS OBJETOS QUE COMPÕEM NOSSA EXPERIÊNCIA DO MUNDO EM CLASSES OU CATEGORIAS É A ÚNICA MANEIRA DE 'ARRUMAR' AS COISAS PARA QUE POSSAMOS, DE FATO, MEMORIZÁ-LAS E FAZER DELAS ASSUNTO DE NOSSOS ATOS DE COMUNICAÇÃO.

A noção de 'classe de palavra' é o conceito-chave de nosso conhecimento da língua como um sistema. É assim que o verbo varia para expressar tempo e pessoa (*estão* / *estamos* / *estavam*), o substantivo apresenta um gênero (o *portão* / a *porta*) e varia para a expressão de número (*o cachorro* / *os cachorros* / *a cachorra* / *as cachorras*), características que ele repassa ao adjetivo que o acompanha (*preso* / *presos* / *presa* / *presas*).

Os conteúdos mencionados acima e as formas que os expressam mediante variações da palavra fazem parte da **morfologia** da língua portuguesa.

Também por pertencer a classes, as palavras ocupam certas posições nas construções em que tomam parte (*empurre o portão*, mas não *portão empurre o*). Essas construções expressam significados mais complexos, levando as palavras a exprimir relações de sentido que elas não exprimem fora da construção, como *agente* e *paciente* em *Pedro* [agente] *empurrou o portão* [paciente]. Chamamos **sintaxe** ao sistema de regras que determinam como as palavras são combinadas para a formação de unidades de significado maiores que elas.

As formas do léxico só participam da construção dos enunciados ao serem submetidas às regras da morfologia e da sintaxe, cuja combinação constitui uma das acepções do termo **gramática**.

TERCEIRO CAPÍTULO: VARIAÇÃO, MUDANÇA E UNIDADE DA LÍNGUA

3.1 LINGUAGEM E MUDANÇA: SINCRONIA E DIACRONIA

Toda língua sofre alterações ao longo do tempo. Já houve uma época em que as línguas eram comparadas a seres vivos, que nasciam, cresciam, davam frutos, envelheciam e morriam. Expressões correntes como 'língua-mãe' e 'língua morta' são vestígios desta concepção. Outra ideia muito difundida no passado, também hoje superada, é que as línguas 'evoluem para um estado de perfeição', ilustrado na maneira como a praticam seus grandes oradores e poetas, e que, atingido este estágio, elas precisam ser defendidas 'da corrupção daqueles que a utilizam mal', e, portanto, de toda mudança que as afaste daquele ideal de perfeição. Sabemos hoje que, no papel de meios correntes de expressão e de comunicação, todas as variedades de uma língua são dotadas de estrutura complexa em qualquer fase de sua existência histórica, funcionalmente adequadas aos objetivos interacionais de seus usuários, e permanentemente adaptáveis às novas necessidades de expressão da comunidade.

A mudança na língua é causada por fatores diversos, mas é certo que nenhum deles opera independentemente e que, para que atuem e produzam seus efeitos, é indispensável uma condição: que a língua esteja em uso e integrada no cotidiano dos que a falam. Uma língua não muda 'de vez em quando', mas continuamente. Algumas mudanças podem ser notadas em curtos períodos, como o surgimento de certas palavras e o desuso de outras; mas mudanças coletivas de pronúncia e de construções gramaticais são bem mais lentas e praticamente imperceptíveis ao longo da vida de uma pessoa. As mudanças linguísticas só nos parecem evidentes quando comparamos formas de épocas distintas: no século XIII, escrevia-se – e seguramente também se falava – *migo* (português atual *comigo*), *fremosa* (port. atual *formosa*) *perderán* (port. atual *perderão*), *giolho* (port. atual *joelho*) *a mar* (port. atual *o mar*). Verbos como *ter*, *ver* e *pôr*, que atualmente não possuem vogal temática no infinitivo, tinham-na explícita na Idade Média: *teer*, *veer*, *poer*.

Mudanças significativas, capazes de transformar sensivelmente a fisionomia de uma língua, atingem a fala de toda a comunidade, a qual, por isso, experimenta em cada etapa da história a sensação de que todos os seus membros partilham os mesmos hábitos linguísticos. Noutras palavras, os membros da comunidade linguística entendem-se e comunicam-se porque participam de um mesmo 'estado de língua' estruturado numa dada **sincronia**.

A história interna de uma língua – ou melhor, sua **diacronia** – pode, assim, ser explicada como uma sucessão de 'estados da língua', uma passagem ininterrupta de uma sincronia a outra. A mudança, embora imperceptível, é incessante, o que é o mesmo que dizer que, na realidade, o 'estado de língua' – isto é, a captação de sua estrutura numa sincronia – é tão somente um ponto de vista em que nos colocamos para analisar ou descrever a língua.

3.2 UNIDADE E VARIEDADE DA LÍNGUA: O USO PADRÃO

Para melhor caracterizar o conceito que vamos apresentar nesta seção, faremos uma comparação entre a língua e a música. Imaginemos uma canção qualquer que já tenha sido interpretada por três diferentes cantores ou conjuntos musicais. Por maiores que sejam as diferenças entre as três interpretações, sempre seremos capazes de reconhecer nelas a *mesma* canção. Vamos chamar de **A** ao conjunto de características estruturais que permitem reconhecer nas três interpretações a *mesma* canção, e de **An** (isto é, **A1**, **A2**, **A3**) cada uma das interpretações. Agora vamos imaginar que a interpretação **A2** se torne uma espécie de modelo de interpretação copiado por vários outros cantores ou conjuntos musicais, de maneira que ao ouvi-los possamos facilmente dizer que esses novos intérpretes estão repetindo uma interpretação anterior, que por alguma razão, não necessariamente musical, se tornou a preferida deles. **A2** é agora algo mais do que **A1** e **A3**; **A2** tornou-se uma interpretação *padrão*. De tal sorte que muitas pessoas passam a considerar **A2** a forma ideal de **A**. Vamos batizar esta nova concepção de **A2** como **Ap** (p = padrão). Isto não impede, é claro, que outros intérpretes inovem na maneira de executar ou cantar a canção, realizando com as novas interpretações novas variantes de **An** (**A4**, **A5**, **A6**...), dentre as quais algumas poderão ser obras de boa qualidade estética.

3.3 SISTEMA, USO E NORMA

Se tivermos a precaução de não tomar ao pé da letra a presente comparação entre a música e a língua, ou mais especificamente, entre a estruturação das notas que definem uma dada obra musical e uma língua particular – pois esta tem uma natureza extraordinariamente mais complexa que a primeira – podemos dizer que as observações feitas acima se aplicam, no geral, à linguagem.

Uma língua é um sistema abstrato reconhecível nos muitos usos, orais ou escritos, que seus falantes fazem dela. Os indivíduos concretizam esse sistema, seja como enunciadores, seja como destinatários, nas múltiplas situações de uso. Por isso, o uso da língua é, em princípio, um **ato individual**. Mesmo individuais, porém, esses atos são normalmente acontecimentos intersubjetivos, visto que se realizam na e para a comunicação entre indivíduos ou sujeitos, que precisam, para compreender-se, estar 'de acordo' sobre o que significam os sinais que estão usando.

Esse 'estar de acordo' refere-se à dimensão social e histórica da língua: *social* porque pertence a todos, e *histórica* porque é transmitida de geração a geração, através do tempo. O fato de pertencer a todos exerce sobre o uso uma pressão padronizadora, cujo efeito é a semelhança ou mesmo a identidade de uso entre os membros da mesma comunidade. Esse modo coletivo de usar a língua constitui uma ***norma***, isto é, um

CONJUNTO DE REALIZAÇÕES FONÉTICAS, MORFOLÓGICAS, LEXICAIS E SINTÁTICAS PRODUZIDO E ADOTADO MEDIANTE UM ACORDO TÁCITO PELOS MEMBROS DA COMUNIDADE.

Temos aí, portanto, três conceitos:

a) a língua como estrutura abstrata, uma espécie de denominador comum de todos os seus usos: o ***sistema***;

b) o ato concreto de falar/ouvir ou escrever/ler a língua: o ***uso***; e

c) a soma dos usos histórica e socialmente consagrados numa comunidade e adotados como um padrão que se repete: a ***norma***.

Voltando à nossa comparação inicial, podemos, resguardadas as devidas diferenças, dizer que o sistema corresponde a **A**, o discurso a **An** e a norma a **Ap**.

3.4 AS VÁRIAS NORMAS E A VARIEDADE PADRÃO

Essas normas podem ser características do uso de toda uma região – *normas regionais* –, do uso de diferentes classes socioeconômicas – *normas sociais* –, dos usos em família – *normas familiares* –, dos usos típicos de certas profissões – *normas profissionais* –, dos usos das gerações – *normas etárias* – etc. O importante na conceituação de norma são o seu caráter coletivo e sua condição de 'modelo de uso', que os membros da comunidade seguem, por escolha ou por força da herança sócio-histórica. Isto não significa que a norma é rígida e invariável; o sistema oferece aos usuários da língua meios de renová-la. É verdade, no entanto, que essa renovação é lenta, pois as forças sociais de conservação são mais poderosas do que as iniciativas individuais de estilização.

O que chamamos de língua comum ou língua padrão, dialeto regional ou dialeto social não corresponde, porém, a uma entidade homogênea e estável, de limites por si mesmos definidos, integrada na vida social à espera de que o pesquisador a encontre e a revele. Estes limites são concebidos no domínio da teoria, a fim de que o pesquisador disponha de um guia, de um roteiro de investigação. Se esses limites são em geral fluidos, também é verdade que os falantes nativos da língua têm intuições que os habilitam a reconhecer, na fala de outro usuário dessa língua, traços característicos de outra região – dialeto geográfico – ou de outro segmento social – dialeto social. Entre os dados que norteiam a pesquisa estão essas intuições e as atitudes relativamente à linguagem baseadas nessas mesmas intuições. De um modo geral, seja por influência da escola – no caso de indivíduos escolarizados – seja por certos condicionamentos sociológicos, os usuários da língua constroem alguma imagem sobre a forma mais conveniente ou mais correta de utilizar a língua, seja na pronúncia das palavras, seja na seleção do vocabulário, seja ainda nos meios de expressar suas combinações na frase.

Portanto, quando falamos em 'língua portuguesa' como uma entidade familiar a brasileiros e portugueses, e comum a milhões de pessoas em quatro Continentes, estamos, na verdade, referindo-nos a uma grande abstração. Em um ensaio lúcido e teoricamente atualíssimo, Mário de Andrade ponderava que "A língua, no seu sentido, digamos, abstrato, é uma propriedade de todo o grupo social que a emprega. Mas isto é uma mera abstração, essa língua não existe. O tempo, os acidentes regionais, as profissões se encarregam de transformar essa língua abstrata numa quantidade de linguagens concretas diversas"[16]. De fato, só tomamos conhecimento de uma língua através de seus usos, manifestação mais límpida de sua natureza essencialmente instrumental na vida das pessoas. Se uma língua só existe em seus usos, concluímos que suas formas se legitimam no simples fato de existirem e de tornarem possíveis a expressão individual e a comunicação no seio de um grupo social.

Repetimos que, ao escrever esta obra, procuramos traçar um perfil da modalidade padrão escrita contemporânea do português do Brasil[17]. Esse padrão não é um corpo de limites rígidos nem, tampouco, um conjunto uniforme de meios de expressão. Consideremos, por exemplo, as seguintes formas ou construções empregadas por muitos brasileiros:

- Nós *voltemo*(*s*) da praia tarde.
- *A gente voltamo*(*s*) da praia tarde.

---

[16] ANDRADE [1972: 207-208].

[17] Para uma discussão dos conceitos de norma e padrão, bem como para uma visão histórica do tema no Brasil, ver CUNHA [1985] e FARACO [2008].

- Mais uma *perca*, você sai do jogo.
- Ele comeu um pão com *mortandela*.
- Se ela *propor* esse acordo, eu aceito.

São formas que pertencem à língua como um todo, mas não estão incluídas no 'modelo de uso' referido acima. Pelo menos por enquanto[18], as formas padrão correspondentes são:

- Nós *voltamos* da praia tarde.
- A gente *voltou* da praia tarde.
- Mais uma *perda*, você sai do jogo.
- Ele comeu um pão com *mortadela*.
- Se ela *propuser* esse acordo, eu aceito.

Por outro lado, as seguintes construções emparelhadas

- Eles assistiram o jogo pela televisão / Eles assistiram ao jogo pela televisão.
- Naquela época, importava-se todas essas mercadorias / Naquela época, importavam-se todas essas mercadorias.
- Deixem ele entrar / Deixem-no entrar.
- Não sai agora daí, porque está chovendo muito / Não saia agora daí, porque está chovendo muito.

são consideradas variantes no mesmo padrão geral; o que as distingue é algum fator ligado ao contexto de uso, como o grau de formalismo ou a finalidade do texto em processo. Minha intuição é que as formas emparelhadas nos dois primeiros pares são permutáveis no mesmo nível de linguagem; já nos pares seguintes, a forma à esquerda é corrente na fala espontânea (registro informal) e a forma à direita pertence a um discurso mais tenso e elaborado (registro formal). Ou seja, a variedade padrão é elástica e comporta usos alternativos.

O que dizer, por exemplo, das escolhas feitas pelo autor do seguinte fragmento inicial de uma crônica?

> Aquele carro que invadiu um supermercado arrastando até a esposa do motorista me lembrou a minha, cada vez mais distante, infância. Morei

---

[19] Todos sabemos que as línguas apresentam variações sociais, regionais, estilísticas etc. e que, justamente por causa dessas variações, estão sujeitas a mudanças que alteram a fisionomia delas no decorrer do tempo. A história de qualquer língua com tradição escrita é repleta de exemplos de formas que perderam o *status* de padrão e foram substituídas por outras. Só um autor arcaizante escreveria hoje deste modo: "... os selvagens eram havidos em conta *de* brutos, estranhos ao grêmio da humanidade, e efetivamente eram tratados como tais, sendo mister para rebater estas estranhas e odiosas pretensões, que por bula do papa fossem eles declarados verdadeiramente descendentes de Adão e Eva, e com igual direito aos foros dos mais homens". [LISBOA, 1976: 158].

> naquela área quando era menino. Na época chamávamos o Largo do Marrão, em Niterói, de "Largo do Marrom". Nunca conheci um sujeito marrom que fosse dono do largo, mas era assim que as crianças chamavam o largo. Bem no lugar daquele mercado tinha um cinema decadente chamado Mandaro. Para atrair fregueses, passava dois filmes de segunda a quarta e mais dois de quinta a domingo. O sujeito entrava às duas e só saía às seis da tarde. Eu e meus irmãos vivíamos lá. Bastava economizar no lanche e voltar a pé da escola pra juntar o suficiente pro ingresso. Tinha semana em que assistíamos a quatro filmes. Tudo lixo. O mais *trash* de todos foi "A volta do espadachim de um braço só". Juro que alguém filmou isso. E eu assisti! [PAIVA, Cláudio. Revista *O Globo*, 15/6/2008]

O discurso é informal, como convém à natureza do texto. O vocabulário é de domínio corrente e tipicamente coloquial: o verbo *ter* com sentido de *existir*, o substantivo *sujeito* significando *pessoa*, *cidadão*, a contração *pro* por *para o*. Mas uma construção parece não acompanhar essa informalidade: (Tinha) "semana em que assistíamos a quatro filmes". As preposições *em* e *a* foram empregadas conforme o modelo conservador de uso padrão: a primeira precedendo um pronome relativo, a segunda introduzindo o complemento do verbo *assistir*. O cronista poderia até ter optado por algo como "Tinha semana que a gente assistia quatro filmes" – forma que obviamente também faz parte de sua competência gramatical –, mas preferiu a outra construção – que ele adquiriu nos bancos escolares –, e o fez sem prejuízo da naturalidade do texto. Tudo se encaixa bem nele. É o conjunto da peça que importa.

> CABE A CADA USUÁRIO DA LÍNGUA AVALIAR O CONTEXTO DE USO E ESCOLHER A FORMA DE EXPRESSÃO MAIS APROPRIADA. AFINAL, PARALELAMENTE À SUA CONDIÇÃO DE SISTEMA DE UNIDADES E REGRAS COMBINATÓRIAS, A LÍNGUA É EXPRESSÃO DA IMAGEM QUE OS INTERLOCUTORES FAZEM DA SITUAÇÃO SOCIAL EM QUE SE ENCONTRAM – OU SEJA, UMA FORMA DE COMPORTAMENTO –, E COMO TAL REQUER DE SEUS USUÁRIOS DISCERNIMENTO PARA ADEQUAR AS FORMAS QUE EMPREGAM À SITUAÇÃO E À FINALIDADE DO ATO COMUNICATIVO. É NISSO QUE CONSISTE A COMPETÊNCIA VERBAL DE UM CIDADÃO.

QUARTO CAPÍTULO: LINGUAGEM, DISCURSO E TEXTO

4.1 FUNÇÕES DA LINGUAGEM I: CONHECER E COMUNICAR

Discorrendo sobre a língua no primeiro capítulo, enfatizamos seu papel como forma de conhecimento, e em 1.4 referimo-nos especificamente às operações de referenciação (recorte das coisas de que falamos, ou objetos de conhecimento) e de predicação (expressão, situada no tempo, do que se passa com essas coisas), essenciais à expressão verbal de um raciocínio. Temos nesta propriedade das línguas uma de suas funções fundamentais, a que o linguista britânico M.A.K. Halliday chamou *função ideativa*, *experiencial* ou *cognoscitiva*.

É verdade que nem todo conhecimento humano depende da língua ou de qualquer outra espécie de recurso simbólico; boa parte do que constitui nossa competência para a vida e nos provê de talentos específicos decorre de um programa biológico inato destinado à adaptação ao meio e à sobrevivência. Insistimos, contudo, em que é por meio de seu equipamento simbólico – que inclui a língua – que o ser humano organiza o conhecimento para efeito de expressão pessoal e de trocas comunicativas entre os de sua espécie. Além de organizar o conhecimento como um bem socialmente compartilhado ou compartilhável (*função ideativa*, *experiencial* ou *cognoscitiva*), a língua dá o tom da interação social na medida em que é basicamente por meio dela que construímos, estabelecemos, mantemos e modificamos relações com nossos semelhantes. É o que acontece nos atos de 'pedir', 'perguntar', 'sugerir', 'aconselhar', 'insinuar', 'comprometer-se', 'desculpar-se' etc., integrantes do que o mesmo M.A.K. Halliday chamou *função interpessoal*.

Por força da vida familiar e da convivência em espaços diversos da rotina diária, das atribuições profissionais e das escolhas culturais, das práticas de lazer e dos rituais de toda sorte (solenidades, celebrações), o fluxo da vida em sociedade geralmente requer dos seres humanos – ou pelo menos lhes propicia – a participação constante em atividades comunicativas. A palavra pode estar presente em todas elas, em umas desempenhando papéis periféricos ou suplementares, em outras ocupando posição central, mas constituindo em qualquer caso um modo de transformar experiências subjetivas do mundo em significados socialmente compartilhados através do discurso.

Que diferença há, por exemplo, no uso da linguagem verbal nas seguintes situações:

a) conversa de duas pessoas que ficam lado a lado pela primeira vez no trajeto de uma condução,
b) conversa entre o médico e o paciente durante uma consulta,
c) transmissão radiofônica de uma partida de futebol,
d) escrita de uma obra de ficção – um conto, por exemplo?

Podemos dizer que em 'a' a função social do discurso se sobrepõe a qualquer outra. Neste caso, o silêncio das pessoas é aceito como normal, e o ato de falar para se dirigir ao outro – ou, como se diz popularmente, 'puxar conversa' – tende a ser visto como um sinal de apreço pela convivência social. O assunto brota do acaso, é escolhido aleatoriamente e, por mais que possa tornar-se algo de vivo interesse dos interlocutores, pode alterar-se sem aviso ao sabor das circunstâncias. Esta é a mais genuína função do discurso, pois é ele que, nessa situação, cria ou, pelo menos, modifica o acontecimento social.

Em 'b' e 'c', o discurso está atrelado a fatos e situações que lhe são externos, de sorte que há um acordo entre os interlocutores sobre a premeditação e especificidade do conteúdo. É por meio da interlocução que o médico recolhe os primeiros dados para um diagnóstico do que aflige seu paciente; é por meio do relato do locutor esportivo que seu ouvinte toma conhecimento do desenrolar da partida de futebol. O discurso tem em ambos os eventos um papel claramente instrumental, pois o foco da atividade comunicativa está no conteúdo passado por meio dela. Em 'd', por fim, a escolha do assunto tem motivação estritamente pessoal, ordinariamente ocorre à revelia do leitor, e o discurso opera em outro patamar.

Se em 'a' o discurso é antes um meio de socialização e vai criando – mais do que intermediando – o evento social, em 'b' e 'c' ele é um instrumento de entendimento sobre assunto inerente ao evento comunicativo (uma consulta médica, uma partida de futebol), e em 'd' o discurso se apresenta como objeto autônomo e independente de seu criador; é a partir dele – sem qualquer consideração da situação 'aqui e agora' em que é gerado – que, pelo ato da leitura, se realiza o processo comunicativo.

Nas situações 'a' e 'b' o discurso se desenrola como interlocução e em 'c' e 'd' como alocução (ver 4.5.1). A interlocução em 'a' é simétrica, uma vez que não há diferença de papéis sociais entre os interlocutores, e em larga medida o discurso aí produzido não tem desdobramento além da situação interativa; já em 'b' a interlocução é assimétrica, pois são distintos os papéis do paciente e do médico, cabendo a este maior controle sobre o rumo do discurso em nome de um objetivo que necessariamente vai além da situação interativa: o restabelecimento da saúde do paciente. O controle do rumo do discurso é absoluto em 'c' e 'd', mas a semelhança entre os dois para aí.

Em todas essas situações os interlocutores exercitam o que Halliday chama *função textual* da linguagem, que consiste no emprego de recursos da língua para combinar ou encadear palavras e frases em unidades de significado discursivamente relevantes: os textos.

4.2 FUNÇÕES DA LINGUAGEM II: COMPONENTES DO PROCESSO COMUNICATIVO

A expressão 'funções da linguagem' tornou-se muito difundida nos meios escolares brasileiros nos anos 1960-1970 em virtude da incorporação, pelas instruções oficiais para o ensino de Língua Portuguesa, do modelo de análise proposto pelo linguista russo Roman Jakobson, baseado nos conceitos da Teoria da Comunicação. As 'funções' de Jakobson referem-se ao realce particular que cada um dos componentes do processo da comunicação recebe no enunciado: o *assunto*, o *emissor*, o *destinatário*, o *código*, a *mensagem* e o *contato*. Daí a distinção de seis funções:

a) *função informativa*, em que se destaca o conteúdo ou assunto;
b) *função emotiva*, que dá vazão aos sentimentos e singularidades afetivas do emissor;
c) *função conativa*, que realça a interlocução, explicitando a participação do destinatário;
d) *função fática*, que elege o meio de contato utilizado como objeto da atenção;
e) *função metalinguística*, que coloca em evidência o código de comunicação; e
f) *função poética*, que transfere para a organização mesma da mensagem a atenção dos interlocutores.

Usamos ordinariamente a língua para a comunicação de conteúdos de consciência. É nisso que consiste a *função informativa*. São exemplos típicos desse uso o ato de dar ou receber um recado, o ato de descrever uma paisagem, o ato de contar uma história. A função informativa está em toda parte e em todos os atos de linguagem, pois não existe ato verbal desprovido de informação. Costuma-se, entretanto, considerar que certos usos da língua, como o dos noticiários, o da redação das leis, o dos ensaios, são particularmente representativos da função informativa, por se presumir que, sendo impessoais, neles prevalece o conteúdo a ser comunicado. A função informativa tem na frase declarativa (ver 4.3.2) seu meio mais típico de expressão.

A *função emotiva* é a que predomina nas frases com que um 'eu enunciador' exprime o próprio estado emocional, como nas reações de surpresa, encantamento, ódio, impaciência, decepção, euforia etc. A função emotiva da linguagem tem nas frases exclamativas (ver 4.3.2) seu meio mais típico de expressão.

A *função conativa* é própria dos enunciados com que o emissor elege o destinatário como principal fator do processo de comunicação, agindo discursivamente sobre ele, como nas perguntas, nos conselhos, nas ordens. A função conativa perpassa o nosso quotidiano, já que boa parte de nossos atos de linguagem se destina a produzir comportamentos dos nossos interlocutores. Um dos domínios técnicos mais propícios ao exercício da função conativa da linguagem é a publicidade, cujo alvo é o cliente ou o consumidor.

A *função fática* está presente nos atos comunicativos cuja finalidade pode ser

a) testar a existência ou não de contato durante o processo de comunicação (como o *alô* dito ao telefone e as minifrases típicas da conversação como *Sabe?*, *Né / Não é?*),
b) manter um ambiente de relacionamento afetiva ou socialmente favorável (como as saudações em geral e a comunicação verbal da mãe com o bebê).

Na *função metalinguística*, muito comum no discurso quotidiano, o usuário toma o próprio código de comunicação para assunto: é a função presente no ato de falar sobre a linguagem, como perguntar sobre o significado de uma palavra ou comentar as preferências linguísticas de uma pessoa. Graças à função metalinguística podemos elaborar dicionários, conceituar classes de palavras, formular regras de acentuação e de concordância verbal.

Finalmente, entende-se por *função poética* a utilização da língua para produzir mensagens que se impõem à atenção do interlocutor pela forma como estão construídas: é o que acontece com vários *slogans* publicitários e, de modo particular, com o chamado discurso poético (ex.: "As folhas enchem de ff as vogais do vento") [QUINTANA, 2005: 169].

Estas seis funções discriminadas por R. Jakobson correspondem, portanto, a opções do enunciador de acordo com o fator eleito como foco do processo comunicativo. Por isso mesmo, segundo Jakobson, um enunciado caracteriza-se pelo *predomínio* de uma função sobre as demais. Não se pode pensar assim, contudo, em relação às funções de M.A.K. Halliday discriminadas na seção precedente. A análise de Halliday não implica a possibilidade de predomínio de qualquer função sobre as outras; as três são necessariamente interligadas e simultâneas em qualquer ato de discurso.

4.3 OS ATOS DE FALA E A FRASE

Na percepção das pessoas em geral, a utilidade da língua como instrumento de intercâmbio de informações e de relacionamento humano e interpessoal é seguramente a face mais evidente da linguagem. Verbos como *perguntar*, *aconselhar*, *cumprimentar*, *prometer*, *ordenar*, *pedir* e *responder* referem-se, especificamente, a essa função das línguas. Por outro lado, os atos de agir e reagir por meio da palavra não expressam somente conceptualizações das entidades do mundo, mas ainda atitudes subjetivas de quem fala/escreve, como *certeza*, *suposição*, *desejo*, *desconfiança*, *desalento*, *curiosidade*, *surpresa* etc.

Na comunicação oral, essas nuances são ordinariamente marcadas pela entoação. Frequentemente evitamos afirmar categoricamente alguma coisa e abrandamos a certeza de nossos enunciados com expressões do tipo *acho que...*, *é possível que...*; ou damos a entender que aquele pensamento não é nosso, que vem de outra fonte, e dizemos *eu soube que...*, *algo me diz que...*, *segundo Fulano*, *segundo Beltrano...* etc. Ou ainda, voltando-nos sobre o próprio discurso, realizamos retificações e ratificações movidos pela necessidade de clareza e entremeamos o texto com expressões do tipo *como eu estava dizendo*, *pensando bem*, *ou melhor* etc. Ao lado das 'categorias da representação', temos também, portanto, os 'modos – ou categorias – de enunciação'[19].

Ou seja, as pessoas dirigem a palavra umas às outras movidas por algum propósito: pedir ou dar uma informação, fazer um convite, dirigir uma saudação, prometer algo, dar uma ordem, agradecer um favor, expressar uma censura ou um elogio, desculpar-se, iniciar, continuar ou encerrar uma conversa etc. Este comportamento verbal, com que expressamos alguma intenção comunicativa, é o que se chama um **ato de fala**, e a menor unidade linguística que o realiza discursivamente constitui uma **frase**. A lista desses atos é numerosa, mas é possível, com base em certos critérios, propor tipologias tanto para eles quanto para as frases, como veremos nas secções seguintes.

---

[19] A distinção entre essas duas ordens de categorias tem o inconveniente de sugerir que a organização das ideias é algo separado de sua formulação no ato de comunicar. Claro que não pensamos assim. Não temos acesso ao significado senão quando ele se manifesta por meio dos recursos simbólicos de que fazem parte as formas linguísticas, e estas só ganham registro nos dicionários, nas gramáticas e nos manuais de estilo e retórica depois que figuram em textos e servem à comunicação. As categorias enunciativas também são representações, e toda representação corresponde a um significado comum aos interlocutores. O que aqui estamos designando 'categorias enunciativas' são aqueles conteúdos ostensivamente relacionados com o ato de dirigir a palavra a alguém ou de reconhecer a intenção com que alguém nos dirige a palavra.

4.3.1 Frase de situação e frase elíptica

Na comunicação falada circunstancial típica, em que os interlocutores se acham em interação face a face, as frases tendem à fragmentação, tornando-se formalmente incompletas, sem que, entretanto, a compreensão fique prejudicada: a troca dos turnos de fala (a vez de cada interlocutor no diálogo), o contexto global da fala dos interlocutores e a situação em que estes se acham fornecem pistas para o preenchimento dos vazios próprios dos enunciados incompletos.

Por outro lado, no discurso de um locutor único, que o produz para um destinatário que apenas o recebe, a organização gramatical das frases é mais rígida, já que o enunciador, assumindo unilateralmente a responsabilidade pela seleção e encadeamento dos conteúdos na construção do texto, vai tomando nesse percurso precauções que garantam o sucesso da comunicação.

As duas condições de discurso mencionadas acima (ver 4.5.1) estão na raiz de duas ordens de enunciados tradicionalmente reconhecidas pelos gramáticos: numa ordem acham-se as **frases de situação** e as **frases elípticas**, em outra, as frases formalmente completas ou **períodos** (ver 6.6). Pode-se dizer que estas duas ordens representam graus extremos de aderência das frases ao contexto em que ocorrem. Em um polo, mais aderentes ao contexto situacional, figuram as frases de situação e as frases elípticas; no outro, ficam as frases formalmente completas ou períodos, que, em teoria, são internamente dotadas das partes necessárias à sua compreensão. Frases de situação e frases elípticas empregam-se ordinariamente na conversa. Na sua forma mais sintética e aderente à situação, as frases de situação assumem a forma de **interjeições** (ver 4.3.5).

4.3.2 Modalidades declarativa, exclamativa, interrogativa, imperativa e optativa

A tipologia mais tradicional e abrangente distingue três espécies fundamentais – ou modalidades – de frases, segundo a finalidade de quem fala/escreve: declarativas, interrogativas e imperativas[20]. *A esmagadora maioria das frases que figuram neste texto são frases declarativas*, inclusive esta em itálico, que acabamos de produzir. A estas três espécies fundamentais acrescentam-se comumente outras duas: exclamativas e optativas.

Esta distinção baseia-se em traços formais tipificadores das frases, como entoação, seleção lexical e ordem das palavras. As seguintes frases são exemplos típicos dessa diferença:

---

[20] Não deixa de ser surpreendente o fato de que a maioria das línguas apresenta três tipos básicos de frases com funções e recursos de expressão muito semelhantes. Trata-se das frases declarativa, interrogativa e imperativa SHOPEN [2002: 160].

- Ele desperdiçava seu talento musical numa bandinha (frase declarativa).
- Onde ele desperdiçava seu talento musical? (frase interrogativa);
- Não desperdice seu talento musical numa bandinha (frase imperativa).
- Quanto talento musical ele está desperdiçando numa bandinha! (frase exclamativa).
- Tomara que ele não desperdice tanto talento numa bandinha! (frase optativa, com que se expressa um desejo).

Se tivermos em mente seus usos típicos, certamente diremos que as frases interrogativas e as imperativas implicam a existência de um interlocutor, a quem a mensagem dessas frases é dirigida. Por sua vez, no emprego de frases declarativas, exclamativas e optativas dá-se a conhecer um conteúdo de consciência sem necessariamente fornecer qualquer pista do suposto destinatário do ato verbal.

O lugar conferido ao interlocutor pode opor de forma radical as frases exclamativas e as imperativas. As primeiras são usuais nos atos de expressão em que o enunciador, perplexo ou embevecido diante de alguma situação, fala de si para si; as segundas se caracterizam pela presença regular de formas verbais referentes à pessoa do interlocutor (*você* / *tu* / *vocês* / *vós*).

Sabe-se, por outro lado, que é possível combinar dois valores na mesma frase. Diante de um fato insólito na seção de perdidos e guardados de uma estação de trem, uma pessoa pode fazer de si própria o destinatário de uma pergunta, e produzir uma interrogação exclamativa: *Quem poderia perder um par de dentaduras?!* Fazemos pedidos por meio de perguntas (*Pode me emprestar sua caneta?*), ou damos ordens por meio de declarações (*Você vai devolver agora o dinheiro que pegou emprestado*).

4.3.3 Atos de fala

É óbvio que a tradicional classificação das frases em cinco padrões está muito longe de esgotar o rol de atitudes ou intenções da pessoa que fala. Cada modalidade se desdobra em um variado leque de possibilidades: 'declarar' é simplesmente manifestar pela palavra um conteúdo de consciência; 'perguntar' é colocar o interlocutor no papel de fornecedor de uma informação; *pedir* / *ordenar* consiste em comprometer o interlocutor com uma ação futura, imediata ou não. Certas declarações, perguntas e ordens podem ser expressas sucintamente, por meio de interjeições: *Oba!* (declaração de alegria, felicidade), *Hem?* (pergunta de quem não entendeu o que ouviu), *Psiu!* (ato de chamar alguém ou pedido de silêncio). As interjeições, porém, são necessariamente empregadas apenas para a comunicação face a face, e como quase sempre ocorrem sozinhas, à margem das construções sintáticas, não contribuem para expressar analiticamente um dado conteúdo.

Qualquer enunciado um pouco mais elaborado se constrói, contudo, por meio de uma combinação de formas necessariamente sujeita à sintaxe da língua. É o que acontece quando nos servimos de declarações para fazer perguntas ou dar ordens (cf. *Gostaria de saber se o médico já chegou* – declaração que equivale a uma pergunta –, *Convém vocês irem embora* – declaração que equivale a uma ordem). A pista para a interpretação adequada de cada um desses enunciados é justamente o verbo inicial: *Gostaria de saber* indica um pedido de informação, como nas perguntas; *Convém* indica uma orientação à ação de outrem, como nos pedidos e ordens.

Pelas razões expostas acima, é necessário distinguir a *modalidade enunciativa* – ou tipo de frase – e a *força ilocutória* – ou propósito comunicativo – que ela expressa. O enunciado *Convém vocês irem embora* é uma declaração segundo a modalidade enunciativa, mas tem a força ilocutória de um comando/conselho/sugestão. A força ilocutória do enunciado está sujeita a nuances ou variações de gradação. Variando a energia da voz e a duração da enunciação, *Convém vocês irem embora* pode ser proferido como ameaça, aviso, conselho, pedido ou sugestão.

O tipo de frase é reconhecido por critérios gramaticais objetivamente demonstráveis, uma vez que está associado à entoação melódica e, muitas vezes, à presença e à ordem de certas palavras; por sua vez, o propósito comunicativo nem sempre pode ser reconhecido por critérios estritamente linguísticos, pois pertence à ordem do discurso. Ou seja, o propósito comunicativo envolve algumas variáveis das condições sociocomunicativas, como o perfil dos interlocutores e a representação que estes fazem do assunto e/ou evento em que estão envolvidos, aspectos que dizem respeito à **pragmática**[21]. Só desta perspectiva podemos saber se uma frase como 'Este anel é de ouro maciço', ainda que proferida em tom impessoal, é uma avaliação técnica (se dita pelo ourives que examina a peça) ou um argumento comercial (se dita pelo vendedor na joalheria).

O ato de fala é, portanto, a unidade comunicativa por excelência. Por meio dele um enunciador converte em discurso uma intenção, de sorte que a frase que o realiza é ao mesmo tempo um modo de dizer e um modo de agir, de que são exemplos típicos os atos de despedir-se (*Até amanhã!*, *A gente se vê!*), de desculpar-se (*Sinto muito!*, *Foi mal!*) e de agradecer

[21] A pragmática é o estudo dos fatores responsáveis pela interpretação dos enunciados no seu contexto de uso. Para um detalhamento do objeto e dos conceitos-chave da pragmática, ver PINTO [1994]; MUSSALIM e BENTES [2000: 47-68]; SILVA [2005]; FARIA et alii [1996: 383-419].

(*Muito obrigado!*, *Valeu!*). Segundo John Searle[22], há basicamente cinco espécies de atos de fala: *atos assertivos*, *atos diretivos*, *atos compromissivos*, *atos expressivos* e *declarações*.

4.3.4 A frase de situação e o vocativo

Existem na língua recursos diversos para indicar que estamos dirigindo a palavra a um interlocutor ou destinatário: *Atenção!*, *Com licença!*, *Entrem!*, *Retornar!*, *Alto!*, *Caro amigo!*, *Prezados senhores!*, *Majestade!*, *Seu sem-vergonha!*, *Por favor!*, *Psiu!*, *Já pra dentro!*, *Alô!*, *Hem?*, *Prontinho!*, *Por favor!*.

A enunciação de qualquer desses segmentos se realiza obrigatoriamente mediante uma modulação da voz – ou entoação – que sinaliza a intenção com que são proferidos: alerta, convite, saudação, apelo, repreensão, chamamento, ordem etc.

A combinação de itens léxicos e entoação dá conta do estado mental ou afetivo do enunciador. *Já pra dentro!* é sempre proferido em tom enérgico e contundente, revelando uma relação de dominação/autoridade do enunciador sobre o destinatário. *Prontinho*, por sua vez, é um modo gentil e informal pelo qual, geralmente nas relações comerciais, alguém enuncia a conclusão da prestação de um serviço. *Caro amigo! / Prezados senhores! / Majestade!* são fórmulas cordiais de saudação usadas para dar início a uma mensagem dirigida, respectivamente, a um conhecido, a diretores de uma instituição e ao rei ou à rainha.

Todos esses enunciados constituem frases de situação. Podemos distribuí-las em quatro grupos, segundo a natureza formal de seus elementos léxicos:

a) formas que nomeiam a ação que o enunciador espera de seu interlocutor: *Entrem! / Retornar!*,
b) formas que nomeiam o próprio interlocutor ou lhe concedem um tratamento: *Meu caro Vinicius! / Prezados senhores! / Majestade!*,
c) interjeições apelativas: *Alô! / Psiu! / Hem?*,
d) expressões heterogêneas: *Alto! / Atenção! / Com licença! / Seu sem-vergonha! / Por favor! / Já pra dentro! / Prontinho!*.

Atendidos certos requisitos pragmáticos, os elementos do grupo 'b' podem ser combinados com as expressões dos outros grupos: *Entrem, prezados senhores! / Com licença, Majestade! / Alô, caro amigo!*.

Pertencendo à classe do verbo, as formas do grupo 'a' podem indicar a pessoa e o número gramaticais atribuídos à figura do interlocutor (*Entrem* [vocês]); o exemplo *Retornar* constitui um caso especial de emprego do

---

[22] "Uma taxionomia dos atos ilocucionários". In: SEARLE [1995]; FARIA, Isabel Hub. "Uso da língua, interação verbal e texto". In: MATEUS et alii [2003].

infinitivo em frase imperativa, usual nos atos de comando (normalmente praticados por chefes de pelotão, instrutores de exercícios físicos etc.).

As formas do grupo 'b' têm o papel discursivo de **vocativo**, *termo com que o enunciador identifica o interlocutor / destinatário – pessoa ou animal – quando a ele se dirige* (***Maria***, *que horas são?*, *Passa já pra dentro,* ***Sultão!***, ***Garçom***, *traz a conta, por favor.*, *O que é isso,* ***companheiro?***).

Unidade inerente à atividade interlocutiva, o vocativo não pertence à estrutura da oração. À semelhança do que se passa com as interjeições, a entoação o individualiza na cadeia da fala. É comum seu emprego isolado como frase imperativa, como no ato de chamar alguém que esteja distante (o substituto desse vocativo é a interjeição *Psiu!*) ou ausente (quando não se sabe o nome da pessoa a ser chamada, este vocativo dá lugar ao ato de 'bater palmas'), ou ainda nos atos de repreender ou saudar o interlocutor.

Isolados em frases exclamativas, alguns vocativos cristalizaram-se como locuções interjetivas (*Minha Nossa Senhora!*, *Deus do céu!*).

4.3.4.1 Atos assertivos

São aqueles que se usam para representar fatos ou situações que o interlocutor pode comprovar. Por isso, o critério de reconhecimento de um ato de fala como asserção é apurar se a predicação atribuída a um certo objeto de conhecimento lhe corresponde ou não. *As árvores florescem na primavera*, *Graciliano Ramos nasceu em Palmeira dos Índios*, *Os shoppings não abrirão neste fim de semana* são atos assertivos. A propósito de cada um se pode dizer se o respectivo conteúdo é falso ou verdadeiro.

4.3.4.2 Atos diretivos

São aqueles que dão ao interlocutor indicações para proceder de uma determinada maneira. São diretivos tanto os atos expressos com frases interrogativas e imperativas (*Quantos anos você tem?*, *Guarde esse segredo com você*), como aqueles que, visando a uma ação do interlocutor, se realizam por meio de frases declarativas iniciadas por expressões do tipo *Gostaria que...*, *Peço que...*, *Sugiro que...*, *Convém que...*, ou modalizadas por meio de certos verbos auxiliares, como a do exemplo já aqui mencionado: *Você* ***vai*** *devolver agora o dinheiro que pegou emprestado*.

4.3.4.3 Atos compromissivos

São os que revelam um compromisso/disposição do enunciador em agir ou proceder em conformidade com o conteúdo proposicional da frase. Os atos compromissivos podem ser realizados no interesse ou em prejuízo do interlocutor, daí a distinção entre promessas (*Amanhã eu lhe telefono, sem falta.*) e ameaças (*Essa ofensa não vai ficar assim!*).

4.3.4.4 Atos expressivos

Servem para verbalizar sentimentos e se praticam a propósito do pedido de desculpas, das expressões de congratulação e de condolências etc. Eles se assemelham aos atos compromissivos na medida em que o enunciador se empenha em fazer o enunciador levá-los a sério. A diferença entre um e outro é que enquanto a realização do conteúdo do ato compromissivo se situa em momento posterior ao ato mesmo de fala, a realização do conteúdo do ato expressivo se confunde com sua emissão.

4.3.4.5 Declarações

São atos por meio dos quais se cria ou se modifica um estado de coisas do mundo. Findo o julgamento, o juiz profere sua sentença: *Absolvo o réu da acusação que lhe imputam*. O menino abre a portinha da gaiola e diz ao pássaro: *Você está livre*. Nestas duas situações a frase tem o poder de mudar ou de criar uma situação: a inocência do réu/a liberdade do pássaro. Essas duas frases são declarações típicas.

4.3.5 Interjeição

Chama-se **interjeição** a espécie de *palavra que se emprega exclusivamente como frase de situação* (ver 4.3.4), realizando típicos atos de fala diretivos ou expressivos (ver 4.3.4.2 e 4.3.4.4). Elas pertencem, por sua função comunicativa, à classe dos substitutos oracionais, designação que abrange ainda os advérbios *sim* e *não*, que também perfazem atos de fala expressivos quando são empregados como forma condensada de resposta.

De acordo com a intenção de quem as enuncia, as interjeições podem ser:

a) **sintomáticas** – Traduzem estados emocionais como admiração, surpresa, desalento etc., sem implicar a participação do interlocutor (*Ui!*, *Oh!*, *Ih!*, *Epa!*, *Chi!*, *Ufa!*, *Oba!*). São formas condensadas de frases exclamativas;

b) **interativas** – Implicam a participação do interlocutor, exprimindo comandos verbais na abertura do processo interativo (*Olá!*, *Psiu!*, *Ei!*) ou atos responsivos na continuação desse processo (*Hum-hum!*, *Hem?*, *Ahn?*). Formas como *Oi!* e *Olá!* servem às duas funções mediante mudança de entoação;

c) **onomatopaicas** – Quando representam sons não linguísticos (*Pou!*, *Pá!*, *Zum!*, *Vapt-vupt!*). Não obstante a natureza exclamativa, estas interjeições são formas condensadas de declarações e chegam a ocorrer no lugar da predicação[23].

4.4 NEGAÇÃO

As frases variam quanto à polaridade, que pode ser afirmativa (*Os cachorros estão soltos*) ou negativa (*Os cachorros não estão soltos*). Estes exemplos ilustram o mecanismo sintático típico de expressão da negação em português: posicionamento da palavra 'não' imediatamente antes da forma verbal. Podemos, todavia, produzir frases em polaridade negativa por vários outros meios, como o emprego de *nem* (*Ele não leu* ***nem*** *devolveu o livro*), de pronomes indefinidos (***Nada*** *a consolava* / ***Ninguém*** *saiu da festa*), de advérbios (*Eles* ***nunca/jamais*** *tocaram nesse assunto*), de preposição (*Saiu* ***sem*** *se despedir*), de prefixos (*Fiquei* ***in****conformado*, *Esta é uma situação* ***a****normal*, *Agiu* ***des****onestamente*).

As construções de negação são frequentemente empregadas com o propósito de declarar, de forma branda ou sutil (lítotes), o conteúdo da frase afirmativa:

- *Ela não é boba* (= Ela é esperta).
- *Não tenho medo* (= Tenho coragem).

Como recurso de argumentação, é comum que uma proposição afirmativa seja realçada pelo contraste com outra, negativa, que a antecede:

- *Não vou dar minha opinião*, só vou escutar.
- *Não trabalhava por necessidade*, mas por simples prazer.

Os dois últimos exemplos diferem quanto ao que se chama o 'escopo da negação'. Na primeira, nega-se toda a proposição; na segunda, não se nega o verbo, mas tão só o adjunto adverbal *por necessidade* (cf. a versão sinônima *Trabalhava* ***não*** *por necessidade, mas por simples prazer*). Essa possibilidade de variar o escopo da negação pode deixar ambíguos os enunciados que a contêm, como se pode observar em

- Eles não brigaram por causa da herança.

O *não* pode incidir em todo o predicado (= não ocorreu briga entre eles), apenas no verbo (= a herança evitou uma briga entre eles) ou ainda apenas na expressão causal (= não foi por causa da herança que eles brigaram). Os diferentes processos de expressão da polaridade negativa serão abordados oportunamente nos capítulos dedicados à sintaxe e ao léxico.

---

[23] Adoto a classificação proposta por ALARCOS LLORACH [1994].

4.5 O TEXTO: ASPECTOS GERAIS

No curso de qualquer atividade comunicativa realizada pela palavra, podemos delimitar fragmentos que passamos a considerar unidades – ou totalidades – de sentido, a que chamamos enunciados, frases, textos. Delimitar um desses fragmentos e considerá-lo um texto depende tão só do reconhecimento de que, para os propósitos que temos em mente – seja como enunciador, seja como destinatário –, esse fragmento é uma totalidade semântica. Pode ser a totalidade da conversa ou uma parte dela, a totalidade de um conto, de uma reportagem, ou um segmento dele/dela.

Em 4.3.1-4.3.5 discorremos sobre o conceito de frase e seus tipos. Por **enunciado** entende-se

> CADA ATO REAL DE COMUNICAÇÃO VERBAL PRATICADO POR UMA PESSOA EM UMA SITUAÇÃO ÚNICA NO TEMPO E NO ESPAÇO.

O *Alô!* dito ao telefone pode ser sempre a mesma frase, mas cada vez que uma pessoa a enuncia, produz um novo enunciado.

O que nos ocupa agora, contudo, é o conceito de texto, que provisoriamente podemos definir como *qualquer segmento verbal que funcione como unidade de sentido na intercomunicação humana*. Os conceitos de enunciado e de texto apresentados aqui parecem referir-se ao mesmo objeto. Na verdade, o enunciado origina um texto, e o texto é a cristalização de um enunciado. O que se reproduz, o que se submete à análise é o texto, e nunca o enunciado. Nesta obra, entretanto, não seremos fiéis a esta distinção e algumas vezes usaremos 'enunciado' como o equivalente de 'texto'.

A definição dada acima permite que chamemos de texto tanto a interjeição aí mencionada, com que atendemos a um chamado telefônico (*Alô!*), quanto uma fábula, uma receita de bolo, um capítulo de um livro ou o conjunto da obra de um autor.

Os limites e a constituição interna de um texto baseiam-se, algumas vezes, em critérios formais. Certos textos de que nos valemos para realizar atos comunicativos padronizados, inerentes aos papéis que desempenhamos na engrenagem social, contêm marcas muito nítidas dos gêneros (ver adiante) a que pertencem: *Era uma vez* e *E foram felizes para sempre* marcam claramente o início e o fim do conto de fadas tradicional; *Aos vinte e cinco dias do mês de maio* é um típico começo de ata, e *Dê lembrança a todos* ou *Ficamos assim então* são fórmulas de encerramento de uma conversa a que geralmente se segue o afastamento dos interlocutores. Muitos dos enunciados que produzimos se ajustam a esses modelos um tanto fixos e ritualizados.

O que nos importa destacar, porém, é a extraordinária criatividade expressa na atividade discursiva que resulta nos textos novos, nos textos possíveis, nos textos com que o ser humano exercita sua capacidade de transformar experiências de mundo em objetos de conhecimento que se acrescentam à cultura de um povo pelo poder da palavra.

QUER REDUZIDOS À EXTENSÃO DE UM SIMPLES MONOSSÍLABO, QUER AMPLOS E COMPLEXOS POR CONTA DE UM GRANDE NÚMERO DE FRASES INTERCONECTADAS POR VARIADOS MODOS, OS TEXTOS – REPETIDOS OU INVENTADOS – DEVEM O QUE SÃO A UM CONJUNTO DE PROPRIEDADES QUE PODEMOS RESUMIR EM TRÊS PRINCÍPIOS BÁSICOS, QUE ATUAM DE FORMA ENTROSADA: INFORMATIVIDADE, CODIFICAÇÃO E ADEQUAÇÃO.

O princípio da *informatividade* é o que faz do texto o lugar dos conteúdos mentados por seu autor; o princípio da *codificação* diz respeito a seus aspectos tipológicos e linguísticos; e o princípio da *adequação* refere-se à relevância e eficácia das formas de linguagem em função da intenção do enunciador e da natureza do evento em curso.

4.5.1 Condição discursiva

Por **condição discursiva** entendemos o

COMPONENTE DA INTERAÇÃO VERBAL QUE REGULA O 'DIREITO À PALAVRA'.

Esse direito pode ser exercido, em termos extremos, de dois modos:

a) o enunciador 'tem a palavra' e dispõe dela como lhe convém, controlando o desenvolvimento de seu texto segundo sua vontade (**discurso alocutivo** ou **monológico**);

b) o discurso é assumido por pelo menos dois enunciadores, que se alternam e assumem nessa condição o controle do desenvolvimento do texto (**discurso interlocutivo** ou **dialogado**).

Imagine-se um encontro de pessoas que vão debater um assunto qualquer. Digamos que este encontro consiste na apresentação de uma palestra à qual se seguirá um debate, e que após o debate os participantes fazem um intervalo para um lanche. Podemos dizer que a palestra se desenrolará como discurso alocutivo (exposição controlada por um único enunciador, com unidade de assunto, apresentação de argumentos, enunciação de conclusões etc.) e que as conversas durante o lanche se desenrolarão como discurso interlocutivo, uma vez que as pessoas poderão se agrupar segundo afinidades e interesses diversos, que podem ou não estar relacionados com o tema do encontro. Podemos dizer que, além de interlocutivo, o discurso neste caso adquire também traços de espontaneidade (discurso espontâneo). Já o debate se desenrolará sob condições discursivas um pouco diferentes. A interação deixa de ser pessoal, os interlocutores ficam menos 'à vontade', sujeitos a regras mais rígidas em nome dos interesses coletivos e das circunstâncias públicas de sua atuação discursiva. Estas 'balizas disciplinadoras' conferem ao discurso sua condição de 'discurso monitorado ou planejado'. Por outro lado, a pluralidade de enunciadores e a razoável imprevisibilidade de rumo do debate lhe podem conferir traços de 'discurso espontâneo'.

Em termos amplos, o discurso alocutivo monitorado se caracteriza pela continuidade temática e por um encadeamento lógico mais rígido do raciocínio; já o discurso interlocutivo espontâneo se caracteriza pela possibilidade de mudanças imprevistas do assunto, de interrupções das frases e por indícios diversos de hesitação. Temos aqui exemplos de duas **condições discursivas** extremas e de uma condição que constitui um meio termo entre uma e outra.

O 'direito à palavra' regula, portanto, a oportunidade e a relevância da participação e intervenção verbais dos interlocutores durante o processo da comunicação. Muitas vezes esse 'direito' é instituído por uma relação de poder. Numa cerimônia de casamento, por exemplo, cabe ao celebrante – e não aos seus auxiliares ou a qualquer convidado – dizer em certo momento *Antônio de Sousa, é de sua espontânea vontade receber Ana de Jesus como sua legítima esposa?*. Em casos como este, o valor do enunciado provém, antes de mais nada, da legitimidade de quem o profere.

Nas conversas entre amigos e nos debates, cujos participantes têm as mesmas condições de fala, não é raro que duas ou mais pessoas falem ao mesmo tempo. Já nas entrevistas, o 'direito à fala' é regulado com certa rigidez, de modo que o entrevistador e o entrevistado se alternam no papel de enunciador. Seja como for, o sucesso de qualquer evento comunicativo requer que a interação de seus participantes seja regulada pelo propósito de mútuo entendimento (**cooperação**) e pelo sentido de oportunidade social e relevância informativa dos conteúdos e formas de seus discursos (**pertinência**).

São exemplos típicos de textos produzidos nas condições do discurso alocutivo monitorado: conferências e aulas em que somente o expositor tem a palavra, os discursos dos oradores, os artigos de jornais e revistas, as obras literárias. O discurso interlocutivo espontâneo se corporifica tipicamente na modalidade de conversação conhecida como bate-papo, já as entrevistas fornecem o exemplo padrão do discurso interlocutivo monitorado.

Estas duas ordens representam extremos, como dissemos, já que elas se interpenetram na atividade linguística concreta, sujeitas que estão a variáveis como a personalidade dos interlocutores, ou mesmo de apenas um deles. Além disso, mesmo considerando a situação de produção escrita, sabemos que quem escreve faz estimativas ou previsões sobre as reações de seu leitor potencial e, às vezes, simula um diálogo com ele. Por outro lado, mesmo em situações face a face não é raro que uma pessoa discorra por longo tempo sobre um assunto qualquer sem a intervenção de seu ouvinte.

Esta distinção entre discurso alocutivo e discurso interlocutivo, combinada com as modalidades 'espontâneo' e 'monitorado', nos parece mais abrangente e precisa do que a tradicional distinção entre discurso escrito e discurso falado, já que, enquanto o discurso escrito ordinariamente é produzido mediante planejamento e emendas/retificações que 'desaparecem' do texto final, o discurso falado tanto pode obedecer a um plano – como a conferência, mesmo quando não é lida – quanto transcorrer livremente, ao sabor do capricho dos interlocutores – como na conversação usual.

O penúltimo segmento deste capítulo (4.5.7) será dedicado à análise do processo de construção de dois fragmentos de discurso que chamaremos de textos segundo a caracterização proposta em 4.5. O primeiro deles exemplifica uma situação interlocutiva, o segundo uma alocução.

4.5.2 Domínio discursivo

Passemos agora a um segundo conceito, o de **domínio discursivo**, que é como chamamos

> CADA UM DOS RAMOS DO SABER E DE ATUAÇÃO SOCIALMENTE CONSAGRADOS – OU SIMPLESMENTE IDENTIFICADOS – COMO FORMAS DE CONHECER E DE DISCORRER SOBRE A EXPERIÊNCIA CULTURAL.

Há formas de composição, palavras, expressões e construções gramaticais que são próprias de certos campos de conhecimento e de atividade, e que o profissional/especialista da respectiva área ou membro da respectiva classe ou grupo utiliza quando aborda um assunto qualquer do ponto de vista desse campo ou entre seus pares.

É graças aos diversos domínios discursivos que reconhecemos as abordagens ou pontos de vista técnico, jornalístico, publicitário, administrativo, pedagógico, científico, religioso etc. dos variados conteúdos de nossos discursos. É em função do domínio discursivo que se distinguem, por exemplo, o discurso polêmico de um ensaio sobre os benefícios e os riscos do forno de micro-ondas e o discurso linear e prático do manual de instruções de sua utilização. O 'estado do tempo' é um assunto habitual de nossas conversações mais despretensiosas, mas não nos referimos a ele com a impessoalidade e as expressões que se encontram nos boletins meteorológicos, como *umidade relativa do ar*, *massa de ar frio e seco de origem polar*. O assunto é o mesmo, mas a representação verbal em cada caso é peculiar ao próprio domínio discursivo: leigo ou popular na conversação, técnico-científico no boletim meteorológico. Por isso mesmo, certas formas de composição (ver gêneros textuais em 4.5.4) são típicas de um dado domínio discursivo, como o *comercial* no domínio publicitário, a *ata* no domínio administrativo, a *sentença* no domínio jurídico, a *prece* no domínio religioso, a *receita* no domínio arte culinária.

É claro que o conceito de domínio discursivo, assim como outros conceitos desenvolvidos nesta obra, não é estanque. Pode haver maior ou menor rigidez nas fronteiras que os delimitam em função da própria dinâmica da vida social (ver 2.3) e das características da rotina do domínio. O domínio que chamamos *administração*, por exemplo, atravessa muitos outros, porque toda atividade institucional se desenvolve segundo rotinas administrativas.

4.5.3 Heterogeneidade enunciativa

Nossa condição de seres históricos, nascidos e criados numa dada cultura, faz de cada um de nós uma espécie de arquivo de imagens e modos de conhecer e de dizer pertencentes a toda a sociedade. O que quer que expressemos sempre carrega em sua formulação verbal sinais de sua vinculação cultural e histórica (geralmente, somos parte de um grande corpo social cujas representações do mundo assimilamos) e de sua contextualização social (há uma estreita relação entre nossas formas de expressão e a representação que fazemos da situação comunicativa). Assim é que nossas experiências de mundo, por mais que as consideremos íntimas e particulares, são organizadas para fins comunicativos em formas de representação compartilhadas pela comunidade, a fim de que o outro, amparado em sua própria bagagem cultural e discursiva, possa interpretar e compreender o que lhe dizemos.

Essa herança impregna nossa fala e contribui para a arquitetura de nossa personalidade. Com efeito, por muitos modos, explícitos ou dissimulados, conscientes ou inconscientes, outras falas, palavras e ideias de outros indivíduos entram no enunciado/texto através da voz daquele que o escreve ou fala.

É por isso que, por mais que um texto seja produzido por uma única pessoa, ele jamais pode ser considerado invenção radical de um cérebro inigualavelmente criativo, ou mesmo obra cem por cento homogênea, exclusiva de um só enunciador. Quando produzimos nossos enunciados/textos, ativamos, mesmo sem nos dar conta disso, nossa memória textual e procedemos a 'colagens' discursivas. Constitui-se, assim, o que se conhece como **heterogeneidade enunciativa**, responsável por fazer de nossos discursos um tecido entremeado de vozes.

Estas vozes podem vir indicadas por alguma marca textual ou incorporar-se ao tecido do discurso sem revelar pistas formais de sua presença. É comum que nos apropriemos de uma fala geral e anônima, empregando um ditado ou uma expressão cristalizada (*Em casa onde falta pão, todos reclamam e ninguém tem razão*; *Fiquei a ver navios*); que usemos aspas para esclarecer que uma frase ou expressão do texto não é nossa; que nos façamos de porta-vozes de outras pessoas usando expressões como *João me disse que...*, *Como diz o filósofo* etc., ou ainda que inscrevamos na fala/escrita comentários autorreflexivos. Mais adiante, analisando os procedimentos de incorporação do discurso, voltaremos a este assunto (ver 4.5.6.4.1).

4.5.4 Gêneros textuais[24]

Nossas necessidades comunicativas são múltiplas e os conteúdos de nossos atos verbais ilimitados. No entanto, a vida em comunidade se caracteriza pela repetição e padronização das situações interativas e pela previsibilidade dos atos verbais que realizamos nessas situações. Noutras palavras, a maior parte de nossa atividade discursiva se processa como um ritual: em situações que se repetem para o conjunto da comunidade e para cada pessoa em particular, igualamo-nos nas necessidades comuns pelo uso das mesmas frases e pela construção de textos que realizam tarefas comunicativas 'comuns'. A vida em comunidade pressupõe hábitos e práticas comuns: a originalidade absoluta da expressão é impossível quando o objetivo é fazer-se entender para conferir dinâmica à convivência sociocultural.

Eis por que produzimos textos segundo modelos social e historicamente construídos a que damos o nome de **gêneros textuais**. De certo modo, eles nos são impostos por uma espécie de convenção consagrada, inerente ao ritualismo da vida social. Em alguns casos isto é muito claro: requerimentos, atas, bulas de remédio, anúncios funerários, juramentos, receitas culinárias são gêneros textuais inerentes a atos ou eventos discursivos próprios de certos domínios[25].

---

[24] Sobre o conceito, sua história e problematização, ver BRANDÃO [1999], MEURER, BONINI e MOTTA-ROTH [2005], BAZERMAN [2006], KARKOWSKI et alii [2006].

[25] A distinção de gêneros textuais ou discursivos tem longa tradição, mas se achava há até poucas décadas circunscrita aos domínios da literatura e da retórica. Na tradição dos estudos literários, distinguem-se basicamente três gêneros: o lírico – típico da expressão do 'eu' na poesia; o épico – próprio do relato de aventuras; e o dramático – característico da encenação de conflitos por meio de diálogos. Só recentemente a linguística vem se interessando pelo estudo dos gêneros. Os modelos tradicionais de descrição do fenômeno linguístico, tanto na perspectiva estruturalista quanto na ótica da gramática gerativa, pararam na frase. A mudança do foco de análise – do sistema da língua para o evento interacional – implica a eleição de outro objeto: o texto. Concretamente, o que se impõe logo à atenção do analista é o fato de que a unidade a que chamamos 'texto' se define antes por seu papel sociointerativo do que por sua estruturação léxica e gramatical. Daí a moderna preocupação com uma tipologia dos textos em termos de gêneros segundo sua pertinência comunicativa. Uma síntese esclarecedora do assunto pode ser lida no capítulo "Texto, gêneros do discurso e ensino", da autoria de Helena Nagamine Brandão [BRANDÃO, 1999: 17-45].

Em outro texto, observei que "uma lenda e uma ata de reunião são dois gêneros textuais bem distintos, caracterizados, cada qual, por um formato que faz de cada um 'um texto próprio para um certo fim'. Por ser a face concreta de um texto, pode-se dizer que o gênero predispõe o ouvinte ou leitor para o processamento adequado do que o texto comunica. Noutras palavras, se um texto começa com a frase 'Era uma vez um rei que tinha duas filhas', reconheço logo nele um possível *conto de fadas*, e isto me predispõe ao deleite de uma trama fantasiosa com final feliz. Se, no entanto, a frase inicial for 'Seu Malaquias tinha um papagaio muito beato que não perdia uma missa', provavelmente estarei diante de uma anedota, e isto me predispõe a achar graça"[26].

As palavras existem para a expressão das ideias e não para seu aprisionamento em fôrmas; logo, os gêneros textuais não podem ser modelos rígidos: eles se alteram, se misturam, se renovam, se criam, tanto porque acompanham a contínua renovação da vida na dimensão cultural e a dinâmica interna de certas situações sociais, quanto porque respondem à variedade de fatores envolvidos no processo de comunicação verbal. A propósito, devemos nos perguntar: que influência o enunciador e o destinatário exercem sobre a produção do texto em um dado gênero? Isso depende de que se identifique a quem a mensagem interessa. Normas e regulamentos, por exemplo, são mensagens de interesse coletivo, com estrutura padronizada e impessoal, e informação objetiva e clara. Por sua vez, mensagens que interessam antes de qualquer coisa àqueles que as enunciam vêm sempre construídas mediante recursos destinados a conquistar afetivamente o destinatário. O exemplo mais óbvio disso se encontra no discurso publicitário (propaganda comercial, política, religiosa, esportiva etc.). No domínio da publicidade, o enunciador tem um produto a oferecer num mercado disputado por concorrentes. Para tanto, este produto tem de garantir, agregados a seu consumo, benefícios que os concorrentes não oferecem. E aí entram as estratégias de convencimento, de persuasão e até de sedução, gerando um entrosamento de formas discursivas capaz de produzir gêneros novos ou mesclados.

Vivemos todos divididos entre o impulso criativo com que afirmamos nossa individualidade e a necessidade de observar normas e convenções para não ficarmos à margem da vida social. É verdade que a linguagem nos impõe sua gramática, seu vocabulário, suas expressões socialmente consolidadas, suas normas de uso e seus modelos textuais. Este é o preço da vida em sociedade: sem essas convenções, nada diríamos que pudesse ser compreendido; e se não formos compreendidos, jamais poderemos revelar nossa individualidade e fazer valer nossas ideias e nossas opiniões.

[26] AZEREDO, J. C. de. "O Texto: Suas Formas e Seus Usos". In: PAULIUKONIS e WERNECK [2006].

Conhecimentos mais complexos, que ultrapassam as necessidades práticas do dia a dia, requerem novas formas de linguagem, novos mecanismos léxico-gramaticais de associação de ideias e de encadeamento do raciocínio e, especialmente, novos e mais elaborados gêneros textuais. É no manejo deles que se revela e se confirma o conhecimento efetivo de uma língua. A escolha do vocabulário adequado, o domínio dos mecanismos gramaticais da língua e o emprego dos sinais de pontuação pertinentes constituem habilidades que só se adquirem pela observação, análise e prática de gêneros textuais integrados nos eventos interacionais respectivos.

4.5.5 Modos de organização do texto[27]

Os gêneros textuais são múltiplos e teoricamente inumeráveis, mas o encadeamento das unidades de informação no interior dos textos segue padrões que variam entre uns poucos modos de organização. Tradicionalmente, distinguem-se três deles (rotulados às vezes como tipos textuais ou, em época mais remota, gêneros de composição ou de estilo): **narração**, **descrição** e **dissertação**. A narração e a descrição entram na urdidura de textos cujos conteúdos podem ser representados por meio de outras linguagens, como o cinema e a pintura. Por meio da dissertação, por sua vez, urdimos sentidos que só podem ser produzidos por palavras.

O conceito de dissertação como modo de desenvolvimento de um tema em torno do qual articulamos ideias e pontos de vista presta-se melhor à definição de um gênero textual – o ensaio. Com a evolução dos estudos textuais, outras categorias têm sido propostas. Duas delas já parecem consensuais: a **argumentação** e a **injunção**.

4.5.5.1 Narração

Chamamos **narração** à

> SEQUENCIAÇÃO PRÓPRIA DA ENUNCIAÇÃO DE FATOS QUE ENVOLVEM PERSONAGENS MOVIDOS POR CERTOS PROPÓSITOS E RESPECTIVAS AÇÕES ENCADEADAS NA LINHA DO TEMPO, SEJA POR SIMPLES SUCESSÃO CRONOLÓGICA, SEJA TAMBÉM POR RELAÇÕES DE CAUSA E EFEITO.

Nela predominam os verbos de ação. A narração é o princípio organizador predominante da fábula "O julgamento da ovelha", transcrita a seguir:

[27] Sobre o tema, ver OLIVEIRA, Helênio F. de. "Gêneros Textuais e Conceitos Afins: Teoria". In: VALENTE [2007: 79-92].

O julgamento da ovelha

Um cachorro de maus bofes acusou uma pobre ovelhinha de lhe haver furtado um osso.

– Para que furtaria eu esse osso – alegou ela – se sou herbívora e um osso para mim vale tanto quanto um pedaço de pau?

– Não quero saber de nada. Você furtou o osso e vou já levá-la aos tribunais.

E assim fez.

Queixou-se ao gavião penacho e pediu-lhe justiça. O gavião reuniu o tribunal para julgar a causa, sorteando para isso doze urubus de papo vazio.

Comparece a ovelha. Fala. Defende-se de forma cabal, com razões muito irmãs das do cordeirinho que o lobo em tempos comeu.

Mas o júri, composto de carnívoros gulosos, não quis saber de nada e deu a sentença:

– Ou entrega o osso já e já, ou condenamos você à morte!

A ré tremeu: não havia escapatória!... Osso não tinha e não podia, portanto, restituir; mas tinha a vida e ia entregá-la em pagamento do que não furtara.

Assim aconteceu. O cachorro sangrou-a, espostejou-a, reservou para si um quarto e dividiu o restante com os juízes famintos, a título de custas... [LOBATO, 1982: 419]

4.5.5.2 Descrição

Chamamos **descrição** ao

TIPO DE CONSTRUÇÃO TEXTUAL EM QUE SE ENCADEIAM OS TRAÇOS QUE SERVEM PARA CARACTERIZAR A COMPOSIÇÃO DE UM AMBIENTE, DE UM SER VIVO, DE UM OBJETO, DE UM CONCEITO, DE UM EVENTO.

Na descrição, em que predominam os verbos de situação e as expressões qualificativas em geral, o enunciador se concentra no tema do discurso e ordinariamente não faz referências a si ou ao interlocutor. O princípio organizador do texto abaixo é a descrição:

Casa da Cultura de Paraty. O sobrado, recém-restaurado, guarda a memória da cidade em uma exposição emocionante, idealizada pela cenógrafa Bia Lessa. As paredes do salão principal são forradas de fotos de personagens de Paraty. Está todo mundo lá: o pescador, a artesã, a indiazinha, a dona do alambique, o estrangeiro que veio e ficou. Alguns contam suas

> histórias de vida em depoimentos que o visitante ouve em fones. Do teto, pendem caixas de vidro com objetos do cotidiano paratiense – cestas feitas pelos índios, máscaras de carnaval. [*Marie Claire*. jul./2004, p. 30]

4.5.5.3 Argumentação

A **argumentação** consiste no

> ENCADEAMENTO DE PROPOSIÇÕES COM VISTA À DEFESA DE UMA OPINIÃO E AO CONVENCIMENTO DO INTERLOCUTOR.

São característicos deste tipo sequencial os conectivos condicionais (*se*, *caso*), concessivos ou contrastivos (*embora*, *mas*, *mesmo que*, *por outro lado*), conclusivos (*portanto*, *por isso*) etc. A argumentação é o princípio organizador do seguinte trecho:

> ***O semblante sereno de uma vaca***, *aquele ar 'bovino' e imperturbável de quem está sempre filosofando*, ***lhe é simplesmente inevitável***, *pois mesmo que pudesse querer, a vaca não poderia sorrir, nem chorar.* Sua máscara facial é rígida e inexpressiva, como a da maioria dos animais. O que se assemelha a uma paz interior, fruto de extrema sabedoria, é apenas fatalidade. Só os mamíferos superiores, em particular os primatas, são capazes de usar o rosto para manifestar emoções ou sentimentos, e esta linguagem visual atinge seu desenvolvimento máximo na espécie humana. [KUBRUSLY, 1984: 31]

Este texto está organizado mediante a articulação de uma opinião ou tese (em negrito e itálico) e uma sequência de argumentos para sustentá-la. O primeiro desses argumentos é *pois mesmo que pudesse querer, a vaca não poderia sorrir, nem chorar*.

4.5.5.4 Injunção

A **injunção** consiste no

> EMPREGO DE FORMAS DA LINGUAGEM COM QUE O ENUNCIADOR EXPLICITA SUA INTENÇÃO DE LEVAR O DESTINATÁRIO, OUVINTE OU LEITOR, A PRATICAR ATOS OU TER ATITUDES.

São comuns neste tipo sequencial as formas verbais imperativas. A injunção é o princípio organizador do seguinte trecho, extraído de uma receita culinária:

Cozinhe a abóbora com ½ litro de água e sal por uns 15 minutos, ou até ficar macia. Reserve alguns pedaços. Refogue a cebola em um pouquinho de água. Junte à cebola a abóbora e a água do cozimento. Cozinhe mais um pouco. Depois, bata no liquidificador e volte ao fogo. Junte a pimenta e a maisena dissolvida no leite e mexa até ferver. Retire do fogo, coloque o queijo cottage, a salsa, os pedaços de abóbora reservados, salpique o parmesão ralado e regue com 1 colher de azeite. Sirva imediatamente. [*O Globo*, 16/9/2007]

4.5.6 Constituição interna do texto

A codificação do texto envolve procedimentos formais/estruturais relativos à representação, distribuição e organização de seu conteúdo. Distinguiremos cinco desses procedimentos ou mecanismos:

a) sinalização,
b) estruturação da informação,
c) perspectiva,
d) transtextualização e
e) integração.

4.5.6.1 Sinalização

A **sinalização** constitui o

CONJUNTO DOS MEIOS PELOS QUAIS O LOCUTOR DESIGNA NO DISCURSO AS VARIÁVEIS DO CONTEXTO SITUACIONAL E DO CONTEXTO VERBAL (COTEXTO): O EMISSOR, O INTERLOCUTOR, O TEMPO, O ESPAÇO, O ASSUNTO.

A sinalização é uma componente da **codificação**. São recursos sinalizadores *agora* / *antes* / *depois* / *então*, *aqui* / *aí* / *ali*, *eu* / *você* / *ele*, *isto* / *isso* / *aquilo*. Também com apoio no contexto sinalizam-se as épocas em que se situa o conteúdo da frase, flexionalmente expressas através do verbo: *presente*, *passado* e *futuro*. Os instrumentos e procedimentos de sinalização serão detalhados especialmente nos capítulos em que se analisam as classes de palavras e seu funcionamento textual, com destaque para artigos, pronomes e advérbios (ver sétimo e oitavo capítulos), e as categorias de pessoa e tempo dos verbos (ver sétimo e décimo quinto capítulos).

4.5.6.2 Estruturação da informação

As informações expressas por palavras são codificadas e ordenadas nos limites do enunciado segundo um requisito fundamental: a compreensão, por parte do interlocutor, do conteúdo pretendido pelo enunciador. Para conseguir isso, o enunciador submete os conteúdos informados em um enunciado a três estratégias básicas de codificação: a **referenciação**, a **predicação** e o **balizamento**.

4.5.6.2.1 Referenciação

Ao construir o enunciado/texto, o usuário é guiado pela intenção/necessidade de tornar as entidades de que fala suficientemente inteligíveis/reconhecíveis para o interlocutor. Nas palavras de M. Tomasello, "as escolhas são determinadas em grande medida pela avaliação que o falante faz das necessidades comunicativas do ouvinte e do que ajudaria a lograr o intento comunicativo – que tipo de descrição, em que nível de detalhamento e a partir de qual ponto de vista é necessário para uma comunicação bem-sucedida e efetiva..."[28]. O recurso mais preciso nesse sentido é o emprego de um substantivo próprio (*Acabei de ler* ***Os Sertões***), o mais vago é o uso de expressões como *isso*, *um treco*, *uma parada*, *qualquer coisa* etc. (*Diga* ***qualquer coisa***). O tema da referenciação é retomado e desenvolvido nos itens 10.2 e 10.3, dedicados à construção do sintagma nominal. No seguinte exemplo transcrito do item 4.5.5.3 – *esta linguagem visual atinge seu desenvolvimento máximo na espécie humana* – são expressões referenciais 'esta linguagem visual', 'seu desenvolvimento máximo' e 'a espécie humana'.

4.5.6.2.2 Predicação

Compete à predicação informar o que se passa com as entidades referenciadas. Ao unir-se a uma expressão referenciadora, a predicação dá origem a uma proposição – ou seja, à união de um sujeito e um predicado num enunciado declarativo. Também no exemplo transcrito do item 4.5.5.3, a predicação é representada por *atinge seu desenvolvimento máximo na espécie humana*. Este assunto é retomado e desenvolvido em 8.1.

4.5.6.2.3 Balizamento

A função do balizamento é explicitar no texto as pistas indicativas do efeito de sentido pretendido pelo enunciador. O balizamento se expressa por duas estratégias principais: a **modalização**, por meio da qual o enunciador expressa atitudes e opiniões relativamente ao conteúdo proposicional; e a **hierarquização**, responsável pelo *status* ou relevância das parcelas de informação contidas no texto.

---

[28] TOMASELLO [2003: 233].

4.5.6.2.3.1 Modalização

A **modalização** diz respeito à *expressão das intenções e pontos de vista do enunciador*. É por intermédio da modalização que o enunciador inscreve no enunciado seus julgamentos e opiniões sobre o conteúdo do que diz/escreve, fornecendo ao interlocutor 'pistas' ou instruções de reconhecimento do efeito de sentido que pretende produzir. As frases 'a', 'b' e 'c' de cada grupo de exemplos abaixo diferem quanto à modalização, conforme se depreende das formas ou procedimentos em itálico, que são marcas de modalização:

1a) É *possível* que chova no Carnaval. (Suposição)
1b) É *necessário* que chova no Carnaval. (Necessidade)
1c) *Vai* chover no Carnaval. (Certeza)
2a) *Garanto* que eles foram ao cinema. (Certeza e empenho ou compromisso)
2b) *Acho* que eles foram ao cinema. (Dúvida)
2c) *Está na cara* que eles foram ao cinema. (Certeza e comprovação)
3a) *Seria conveniente* que essa porta ficasse fechada. (Sugestão)
3b) Essa porta *precisa* ficar fechada. (Obrigatoriedade / Necessidade)
3c) Deixem essa porta fechada. (Ordem com que, conforme o tom, faz-se uma exigência, um pedido, uma sugestão)
4a) Ela conhece o segredo do cofre. (Declaração que denota uma convicção pessoal do enunciador, mas que, conforme o tom, pode expressar convicção, suspeita, apreensão etc.)
4b) *Dizem que* ela conhece o segredo do cofre. (Declaração com que o enunciador abdica da convicção pessoal)
4c) *Por acaso* ela conhece o segredo do cofre? (Ceticismo)

4.5.6.2.3.2 Hierarquização

A hierarquização é responsável pela *distribuição dos conteúdos no interior dos enunciados segundo a relevância informacional atribuída a cada um*. O enunciador pode conferir às entidades referenciadas e às predicações diferentes *status*, que discriminaremos como informação dada/conhecida, informação nova, informação recuperável, informação inferível, informação implícita, informação pressuposta, tópico e foco.

4.5.6.2.3.2.1 Informação conhecida e informação nova

Um enunciado é uma unidade interlocutiva de informação, mas a totalidade dessa informação nunca é cem por cento nova para seu destinatário. Para conter cem por cento de informação nova, um enunciado precisaria ser totalmente imprevisível no contexto de sua ocorrência, a ponto de se tornar absurdo e, consequentemente, incapaz de comunicar qualquer coisa que fizesse sentido. Todos os enunciados a que atribuímos sentido estão de alguma maneira 'situados' em um contexto ou em um campo de inteligibilidade do interlocutor, apoiados em algo que este ouvinte ou leitor já conhece ou que ele pode deduzir do contexto. Por isso, as informações reunidas no sentido global de qualquer enunciado têm *status* variados para o interlocutor: *informação nova*, *informação conhecida*, *informação recuperável*, *informação inferível*, *informação pressuposta* e *informação implícita*.

O conteúdo de um texto é gerenciado pelo seu enunciador. Este gerenciamento consiste na definição do *status* de cada informação segundo as categorias discriminadas acima. É o enunciador que decide se uma informação é nova, conhecida, recuperável, inferível ou pressuposta, e em função dessa decisão, escolhe os recursos compatíveis com o respectivo *status*. O enunciador não decide sozinho, porém, sobre o *status* implícito das informações. Este pertence ao circuito da interação e é provido por fatores pragmáticos.

Uma informação é nova quando, do ponto de vista do enunciador, ela está sendo apresentada pela primeira vez ao interlocutor. Por sua vez, uma informação é dada se, de alguma maneira, ela já está integrada à memória do interlocutor.

Uma informação é tratada como conhecida em três casos principalmente:

a) se ela aponta para um dado que, a juízo do enunciador, faz parte da cultura pessoal do interlocutor (informação arquivada),
b) se ela já foi introduzida em algum ponto precedente do discurso em processo ou está disponível na situação comunicativa (informação recuperável),
c) se ela pode ser inferida de algum saber mais geral compartilhado pelos interlocutores (informação inferível).

Por sua vez, uma informação se diz implícita quando pode ser deduzida de outra graças a alguma espécie de associação, que é determinada ou, pelo menos, favorecida pelo contexto sociocomunicativo.

Tanto as informações novas quanto as dadas ou conhecidas recebem alguma espécie de codificação no texto; o que as distingue é a forma dessa codificação. Informações novas sempre estarão manifestas no texto, ao passo que informações que o interlocutor pode ignorar, prever ou recuperar receberão alguma codificação compatível com cada situação, podendo mesmo ser omitidas.

Vamos observar o seguinte texto:

- Contratei dois pintores; eles vieram esta manhã para orçar o serviço.

Contratei dois pintores é informação nova, introdutora do tema da conversa. Em *eles vieram esta manhã para orçar o serviço* temos duas ações (*vieram* e *orçar*), um agente (*eles*), uma circunstância de *tempo* relativa à primeira ação (*esta manhã*), uma relação de finalidade (*para*) e um objeto da segunda ação (*o serviço*). *Eles* significa *dois pintores* (informação recuperável); *vieram* e *orçar* são ações (predicações) atribuídas a *eles*, mas 'orçar' não possui qualquer marca de terceira pessoa do plural. Como o leitor capta corretamente a referência do pronome 'eles' e lhe atribui a ação de *orçar*? Claro: ele a recupera no contexto do enunciado.

Por sua vez, o tempo de *vieram* – passado – está explícito na forma do verbo, mas *orçar* não possui qualquer indicação morfológica de tempo. O leitor não precisa disso para saber que a ação de *orçar* é posterior à de *vir*. Ele se vale de outro fundamento, amparado na relação expressa por *para*: uma ação que cumpre a finalidade de um ato é logicamente posterior a esse ato. Se, no entanto, em lugar de *para* tivéssemos *e* – *Contratei dois pintores; eles vieram e...* –, poderíamos completar o enunciado com uma das seguintes alternativas: *orçaram / estão orçando / vão orçar*. Não podendo ser inferida do contexto, a ocasião de *orçar* teria de ser indicada na forma do próprio verbo (*orçaram*) ou de seu auxiliar (*estão*, *vão*).

Vejamos agora outras duas expressões: *esta manhã* e *o serviço*. *Esta* sinaliza uma ocasião (*manhã*) comum ao enunciador e ao destinatário (informação recuperável); já *o serviço* contém um artigo definido indicando que a ideia de *serviço* está contida (informação acessível ou inferida) na situação (*frame* / enquadre) mentalmente ativada pela declaração *Contratei dois pintores*.

Imaginemos agora que o interlocutor é a pessoa que terá de desembolsar os recursos para pagar pelo serviço; qualquer sentido que o enunciado possa desencadear em relação a isso pertencerá à ordem dos implícitos.

4.5.6.2.3.2.2 Informação implícita e informação pressuposta

Uma informação se diz pressuposta em um enunciado se ela é uma condição lógica da validade desse mesmo enunciado. Assim, ao dizer *Perdi minha carteira* – ou sua negação *Não perdi minha carteira* – a pessoa também está informando que possuía/possui uma carteira. A informação da posse da carteira é 'pressuposta'. Se isso não fosse verdade, o enunciado seria absurdo. Perguntas que focalizam uma parte do enunciado (***Quem*** *mexeu na minha gaveta?*, ***Como*** *você atravessou o rio?*) pressupõem uma declaração (*Alguém mexeu na minha gaveta*, *Você atravessou o rio*). Do ponto de vista do enunciador, trata-se de uma informação pressuposta; do ponto de vista do ouvinte, uma informação inferida. E um enunciado como *Quando você volta a trabalhar?* traz embutidos pelo menos dois pressupostos: 'você não está trabalhando neste momento' e 'você trabalhará em algum momento'.

O significado pressuposto é óbvio e, portanto, coletivamente acessível. As informações implícitas, por sua vez, pertencem à ampla esfera das condições pragmáticas do discurso e dependem de variáveis socioculturais quase sempre subjetivas. São sentidos motivados por fatores paratextuais, sentidos que os textos insinuam ou autorizam, de sorte que seus autores não podem ser responsabilizados de os ter expressado.

Na maior parte dos casos, trata-se de comportamentos ritualizados, que não deixam qualquer dúvida sobre a intenção com que se manifestam (por exemplo, a pergunta *É da casa do Paulinho?* feita ao telefone. A eventual resposta *Ele deu uma saída mas não demora* revela a percepção do sentido implícito). Outras vezes, porém, as pistas do sentido não são compartilhadas. O humor e a ironia, por exemplo, extraem sua força significativa de fatores paratextuais. Anedotas são textos cuja correta interpretação (percepção do efeito humorístico) depende quase sempre do prévio conhecimento de dados – geralmente cristalizações ideológicas ou estereótipos conceituais – compartilhados numa determinada cultura.

Outras vezes os enunciados são simples pretextos para significar mensagens subentendidas[29]. Incluem-se na conta dos subentendidos dados da competência cultural, como referências históricas, crenças, tabus etc. expressos tantas vezes por provérbios e frases feitas, assim como por certas metáforas de validade muito restrita.

4.5.6.2.3.2.3 Tópico e foco

A combinação de informação dada (*tópico*, parte inicial da frase declarativa padrão) e informação nova (*foco*, parte final da frase declarativa padrão) é um requisito fundamental da progressão temática do texto. O tópico é o ponto de partida da frase declarativa, a unidade de informação sobre a qual se faz a declaração; o foco é a informação acrescentada, a novidade do enunciado. As frases seguintes apresentam versões para a informação de um fato nas quais varia o tópico, destacado em negrito:

a) **Os manifestantes** ocuparam a praça durante cinco horas.
b) **A praça** foi ocupada pelos manifestantes durante cinco horas.
c) **Durante cinco horas**, os manifestantes ocuparam a praça.

[29] Como na historinha do garoto, interno em um colégio religioso onde só eram admitidas reclamações no interesse do próximo. Quando certa vez encontrou no prato de feijão um inseto bem conhecido, teve ímpeto de protestar, mas, lembrando-se da norma, chamou o inspetor e, apontando o prato do colega ao lado, denunciou: – O Pedrinho não ganhou barata!

Por outro lado, dispomos de recursos para subtrair ou subestimar algum conteúdo ou, ao contrário, para torná-lo o centro de atenção do interlocutor. Decisões dessa natureza podem levar o enunciador a escolher entre:

a) Maradona fez o gol da vitória argentina
b) Maradona fez o gol da vitória argentina com a mão (enunciados em frase declarativa padrão, com tópico e foco neutros)
c) Maradona fez o gol da vitória argentina COM A MÃO (foco marcado por alguma ênfase enunciativa) e
d) Foi com a mão que Maradona fez o gol da vitória argentina (foco marcado por recurso sintático: *foi... que*).

A informação *com a mão* é subtraída em 'a', simplesmente adicionada em 'b', e posta em destaque (marcação de foco) em 'c' e 'd' por meio de algum recurso especial.

Entre os procedimentos de subtração ou subestimação de informações se destacam a escolha da voz passiva do verbo em lugar da voz ativa (Cf. *A Câmara Municipal* ***afastou*** *o prefeito de suas funções* e *O prefeito* ***foi afastado*** *de suas funções*) e o emprego de nominalizações de verbos (Cf. *Os manifestantes* ***ocuparam*** *a praça durante cinco horas* e *A* ***ocupação*** *da praça durou cinco horas*). Em cada um desses pares de frases, a segunda sempre omite uma informação presente na primeira.

4.5.6.3 Perspectiva

Perspectiva é o

COMPONENTE DO TEXTO POR MEIO DO QUAL SE IDENTIFICA OU SE RECONHECE QUEM O ENUNCIA OU EM NOME DE QUEM ELE É ENUNCIADO.

A tradição descritiva sempre se referiu a duas dessas fontes: uma, de um enunciador interno, marcada formalmente pelo pronome da primeira pessoa. *eu* (perspectiva interna); e outra, sem marca formal, atribuída a um enunciador externo (perspectiva externa). Esta distinção revela, porém, muito pouco sobre a complexidade do envolvimento daquele(s) que fala(m) através de um texto.

Nas cartas entre amigos ou familiares, é comum que o autor do texto se assinale todo o tempo como 'eu'. Já em cartas comerciais encontramos frequentemente um 'nós' genérico e um tanto impessoal, às vezes acompanhado do nome da instituição, que é o enunciador intelectual. Artigos de jornal, embora assinados, são construídos da perspectiva da terceira pessoa (perspectiva externa); por sua natureza tantas vezes intimista, a crônica, por sua vez, tende para a perspectiva interna, do 'eu'.

A variedade de situações é ampla, e não é raro que, ao assumir a palavra, uma pessoa se apresse em dizer: *não falo aqui como médico, mas como amigo*. São duas perspectivas diferentes, mesmo que o locutor, falando como médico ou como amigo, se nomeie sempre como 'eu'.

A perspectiva se formaliza no texto através dos recursos de citação, que desenvolvemos mais à frente, no item 4.5.6.4.1.1.

4.5.6.4 Transtextualização

Chamamos **transtextualização** ao

> PROCESSO PELO QUAL O ENUNCIADOR CONSTRÓI SEU TEXTO (TEXTO META) MEDIANTE A INCORPORAÇÃO OU TRANSFORMAÇÃO DA TOTALIDADE OU DE PARTE DE OUTRO TEXTO (TEXTO FONTE).

Pode-se identificar preliminarmente dois procedimentos amplos de transtextualização: a **incorporação** e a **reelaboração**. Uma e outra se subdividem; a **incorporação**, em *citação* e *alusão*; e a **reelaboração** em *paráfrase*, *tradução*, *paródia*, *plágio* e *retificação*.

4.5.6.4.1 Incorporação

Chamo incorporação ao processo pelo qual, tipicamente, o texto fonte e o texto meta guardam uma relação de parte e todo, respectivamente. Seus tipos básicos, que identificamos como **citação** e **alusão**, são procedimentos de incorporação de um discurso segundo, que pode ser alheio ou do próprio enunciador.

4.5.6.4.1.1 Citação

A **citação** consiste na reprodução de um texto ou de parte dele, mediante o uso de marcas (gestuais, prosódicas, gráficas), verbos *dicendi* e/ou verbalizações (como nas expressões *segundo a Constituição*, *nas palavras do filósofo*, *conhecido como* etc.) sinalizadoras dessa reprodução, com finalidades discursivas variadas, como conferir credibilidade ao que se diz/escreve, como nos ensaios acadêmicos e teses em geral, e nas pregações religiosas de sacerdotes e pastores. Quando procede a uma citação, o enunciador deixa claro que o texto/trecho citado está sendo trazido de outra fonte e vem normalmente acompanhado da identificação de sua origem/autoria. A origem pode ser uma obra anônima (como um livro sagrado ou um texto regimental), um texto de autoria conhecida, que pode ser filosófico, literário, científico ou técnico, entre outros, ou ainda um cidadão qualquer.

A citação pode se apresentar como transposição direta do discurso citado ou como transposição adaptada deste. Na transposição direta empregam-se procedimentos gráficos como travessão, aspas (gráficas ou sinalizadas por gestos) ou recuo da margem associado a mudança do tamanho e/ou tipo de letra. Essas marcas gráficas podem ser dispensadas quando o objeto da citação é uma expressão facilmente identificada como tal e a fonte vem mencionada, como no terceiro entre os exemplos abaixo:

- "Se eu fosse rei ou prefeito teria mandado erguer-lhe uma estátua. Mas, do jeito que falava, ele pedia apenas que no seu túmulo eu escrevesse: *'Aqui jaz um homem que amou e foi amado'.*" [SANT'ANNA, 2003: 151]
- "Por mim, gostaria de dizer com o poeta Carlos Drummond de Andrade: *E como ficou chato ser moderno / Agora serei eterno.*" [MACHADO, 1999: 131]
- "O país começa a existir quando a cidade e o campo se confrontam. (...) Nesse confronto, os homens tocam, pela primeira vez, *uma zona de pele ainda intata da história*, para usar a expressão de Ortega y Gasset." [MOURÃO, Gerardo Melo. Apresentação. In: MAIA, 2002].

Sob a forma de *discurso direto*, a transposição consiste em dar a palavra ao personagem na cena enunciativa. A situação típica de uso do discurso direto é o diálogo, como na seguinte passagem transcrita de "O julgamento da ovelha" (4.5.5.1):

- "– Para que furtaria eu esse osso – alegou ela – se sou herbívora e um osso para mim vale tanto quanto um pedaço de pau?
  – Não quero saber de nada. Você furtou o osso e vou já levá-la aos tribunais."

A transposição adaptada se realiza por meio do discurso indireto e do discurso indireto livre. Nas duas passagens seguintes da mesma fábula, temos discurso indireto, em que se reproduz a fala do cachorro adaptada pela voz do narrador:

- "Um cachorro de maus bofes acusou uma pobre ovelhinha de lhe haver furtado um osso."
- "Queixou-se ao gavião penacho e pediu-lhe justiça."

O discurso indireto é textualmente assinalado por verbos ou substantivos caracterizadores de um discurso segundo, alheio ou próprio (*declarar*, *perguntar*, *segundo a Bíblia*, *nas palavras do filósofo* etc.). Têm tal função no trecho anterior os verbos *acusar*, *queixar-se* e *pedir*. As palavras efetivamente empregadas pelo personagem podem aparecer no texto do narrador precedidas por verbos como *dizer*, *perguntar*, *responder*, *ponderar* etc., chamados 'verbos *dicendi*' (*dicendi* = de dizer). Se o narrador tivesse dado à fala do cachorro acima transcrita a forma de discurso indireto, o trecho poderia ficar assim: *O cachorro* ***retrucou*** *que não queria saber de nada.* ***Dizia*** *que a ovelha tinha furtado o osso e que ia levá-la aos tribunais*.

Observemos agora o seguinte trecho da mesma fábula:

- "... não havia escapatória!... Osso não tinha e não podia, portanto, restituir; mas tinha a vida e ia entregá-la em pagamento do que não furtara."

O narrador dá prosseguimento ao relato, inserindo agora no texto os sentimentos da personagem. Trata-se de discurso do narrador para revelar conteúdos pensados pela personagem, mas sem as marcas formais do discurso indireto. Este último trecho ilustra o que se chama **discurso indireto livre**.

4.5.6.4.1.2 Alusão

A **alusão** consiste em evocar um texto ou discurso anterior (de outro gênero, de outra época, de outra cultura), para produzir, no presente, um efeito de sentido autorizado ou legitimado pelo texto/discurso evocado. Diferentemente da citação, cuja incorporação o interlocutor identifica graças às marcas, a alusão só é percebida se o texto que ela evoca faz parte da cultura do interlocutor. No conto "O Diplomático", de *Várias Histórias*, Machado de Assis alude a um texto do poeta italiano Petrarca para retratar como a timidez do personagem Rangel obstruía seu plano de fazer à jovem Joaninha uma declaração de amor:

- "O pior é que *entre a espiga e a mão, há o tal muro do poeta*, e o Rangel não era homem de saltar muros." [ASSIS, 2004: 154]

A alusão se expressa muitas vezes por meio de frases feitas que evocam situações públicas ou fatos históricos, como em *Agora, Inês é morta* – alusão a um episódio da História de Portugal.

4.5.6.4.2 Reelaboração

A **reelaboração** consiste em produzir um texto (texto meta) derivado de outro (texto fonte). A relação entre os dois é geralmente de todo e todo. Entre os modos de reelaborar um texto, cinco são bem conhecidos, como segue.

4.5.6.4.2.1 Paráfrase

A **paráfrase** consiste em refazer um texto fonte em função de seu conteúdo. É uma categoria que abrange resumos, condensações, atas, adaptações, relatórios.

4.5.6.4.2.2 Tradução

Tradução é uma variedade de reescrita de um texto, em que o texto meta é reelaborado em uma língua diferente daquela em que foi produzido o texto fonte. Tradução e paráfrase mesclam-se no gênero 'tradução adaptada', comum quando se trata de traduzir obras literárias muito extensas para o público infantil ou infanto-juvenil.

4.5.6.4.2.3 Paródia

A **paródia** é a recriação de viés crítico, com intenção cômica ou satírica. Na paródia, o texto fonte não é apenas o ponto de partida. Ele permanece entrevisto no espaço do texto recriado, sem o que se perde o efeito de sentido da paródia.

4.5.6.4.2.4 Plágio

O **plágio** consiste na apropriação ou imitação, essencialmente ilícita, de texto alheio. Pode ser parcial ou total, distinguindo-se da paráfrase e da paródia por ocultar seu processo de criação. A facilidade, criada pela internet, do acesso a textos alheios aumentou consideravelmente a prática do plágio nos meios acadêmicos.

4.5.6.4.2.5 Retificação

A **retificação** consiste no ato discursivo pelo qual o enunciador corrige ou modifica uma palavra, uma construção, uma formulação com o propósito de tornar a expressão mais precisa ou mais adequada. O alvo da retificação é normalmente um fragmento de texto, e pode ser extraído de um discurso alheio ou do discurso em processo do próprio enunciador, como nesta passagem de Nelson Rodrigues:

- "(O pintor) punha no colarinho uma gravata feérica *ou, melhor dizendo, uma gravata que era um repolho multicolorido*." [RODRIGUES, 1993: 225]

4.5.6.5 Integração

Adotamos o termo **integração** para nomear o

CONJUNTO DE PROCEDIMENTOS NECESSÁRIOS À ARTICULAÇÃO SIGNIFICATIVA DAS UNIDADES DE INFORMAÇÃO DO TEXTO EM FUNÇÃO DE SEU SIGNIFICADO GLOBAL.

Graças à integração, as frases que compõem o texto se distribuem e se concatenam a fim de realizar uma combinação aceitável/possível/plausível de conteúdos. A integração recebe o nome especial de **coerência** quando a articulação significativa depende de algum conhecimento externo ao texto – como a cultura dos interlocutores e a situação comunicativa – e recebe o nome de **coesão** quando essa articulação se baseia tão só no conhecimento ou reconhecimento das unidades presentes no texto. Se esse princípio geral é infringido, cria-se uma combinação incoerente ou, no mínimo, imperfeita de conteúdos.

4.5.6.5.1 Coerência

O conceito de coerência assim formulado fornece apenas um ponto de partida para sua operacionalização como um componente da atividade discursiva e da atribuição de sentido aos textos. Ele pressupõe uma espécie de 'normalidade' consensual do funcionamento das coisas do mundo, que, obviamente, é tão-só uma referência. A interpretabilidade dos enunciados que produzimos e ouvimos/lemos é, naturalmente, um requisito da interação bem-sucedida, mas a comunicação humana não se dá sempre sem imprevistos e sem ruídos. Para compreendermos o que nos dizem e para fazermo-nos compreender pelos que nos ouvem ou leem precisamos ajustar constantemente nossos códigos culturais e simbólicos aos de nossos interlocutores. Precisamos disso para a adequada interpretação de metáforas e metonímias, para o reconhecimento da ironia e a percepção de seus efeitos de sentido, para a leitura do discurso poético, dos textos míticos e religiosos, e para a inteligibilidade das peças humorísticas. O conceito de coerência recobre, portanto, um amplo conjunto de fatores que condicionam, direta ou indiretamente, a recepção dos textos e a eficiência com que eles cumprem o papel que lhes destinam seus autores.

4.5.6.5.2 Coerência e coesão textuais

A informação contida em um texto é distribuída e organizada em seu interior graças ao emprego de certos recursos léxicos e gramaticais. À articulação desses recursos em benefício da expressão do sentido e de sua compreensão dá-se o nome de **coesão textual**. Consideremos ainda uma vez o enunciado *Contratei dois pintores; eles vieram esta manhã para orçar o serviço*. O uso da terceira pessoa do plural, materializado no pronome *eles* e na flexão do verbo, é um recurso de coesão textual, pois é por meio dele que se conectam as partes do enunciado separadas pelo ponto-e-vírgula. Também coesiva é a expressão referencial *o serviço*, com artigo definido: a ideia de *serviço* é inferida da informação *Contratei dois pintores*.

Teríamos, todavia, um caso de incoerência se o enunciado fosse algo como: *Contratei dois pintores; **alguns** deles vieram esta manhã para **vacinar os cachorros***. Não podemos usar *alguns* para selecionar parte de um conjunto formado por apenas dois elementos; a menção de *vacinar os cachorros*, por sua vez, também é incoerente no texto, pois esta não é tarefa atribuída a pintores. A expressão formal de coesão será detalhada ao longo da descrição gramatical, segundo a especificidade de cada capítulo. Na sequência, aplicaremos alguns conceitos examinados até agora ao comentário de dois fragmentos de texto. O primeiro exemplifica um 'diálogo frustrado': um dos interlocutores procura dar um recado e o outro interpreta o enunciado que ouve segundo sua conveniência. O segundo exemplo é um texto construído por um único autor, que tem o controle de todo o seu desenvolvimento.

4.5.7 Dois exemplos

Primeiro texto

"– Pai, vó caiu na piscina.

– Tudo bem, filho.

(...)

– Escutou o que eu falei, pai?

– Escutei, e daí? Tudo bem.

– Cê não vai lá?

– Não estou com vontade de cair na piscina.

– Mas ela tá lá...

– Eu sei, você já me contou. Agora deixe seu pai fumar um cigarrinho descansado."

[*Vó caiu na piscina*. In: ANDRADE, 1987: 216]

Embora não se trate de um diálogo transcrito de um episódio real, este fragmento ilustra exemplarmente uma situação dialógica comum em que ocorre um mal-entendido ocasionado pela ambiguidade de uma expressão. É possível que, num episódio real, o menino estivesse agitado e revelasse no tom de voz e na pressa do recado a gravidade que atribuía à situação. Mas, se fosse assim, a crônica não teria o enredo que lhe dá a graça. O que nos interessa aqui é mostrar os componentes de um processo comunicativo face a face: o cenário sociocomunicativo que se desenha, os papéis assumidos pelos interlocutores e os procedimentos e escolhas de cada um para levar a cabo o respectivo projeto de sentido.

Temos um diálogo entre pai e filho. Na fala de cada personagem existem pistas que podemos utilizar para visualizar a cena. O pai está acomodado em algum lugar e o filho se aproxima para dar-lhe uma notícia. Ele responde à interpelação do filho, mas na sequência do diálogo fica claro que o menino está tentando lhe dizer uma coisa e ele está entendendo outra.

Todo o equívoco é gerado pela ambiguidade da expressão *cair na piscina*: pode ser um mergulho deliberado (interpretação do pai) ou uma queda acidental (informação do menino). As frases do menino revelam que ele está cobrando uma providência do pai (salvar a avó de um possível afogamento), mas o pai, que atribui à expressão *cair na piscina* outro sentido, revela a intenção de não agir.

Observando a sequência de frases do menino, nota-se que ele vai mudando de estratégia para alcançar seu objetivo: primeiro produz uma simples declaração (*Pai, vó caiu na piscina*), depois uma pergunta de verificação (*Escutou o que eu falei, pai?*), em seguida uma pergunta mais incisiva (*Cê não vai lá?*), e finalmente um comentário em que contesta o motivo do pai (*Não estou com vontade*) com um argumento (*Mas ela tá lá...*). A sequência de frases do pai também revela mudança de atitude, sempre com a intenção de deixar as coisas como estão, haja vista a reincidência da expressão *tudo bem*: uma simples concordância, uma confirmação, um argumento a favor de sua decisão de não se mexer do lugar em que estava, e finalmente um apelo (ou uma ordem) em prol do seu sossego.

Todo diálogo é um texto construído por pelo menos dois participantes que se revezam no papel de enunciador, e o que cada um diz tende a ser condicionado pela situação interativa ou ativado pela fala do outro. No fragmento de discurso em questão temos dois participantes. O que motiva a fala do menino é sua aflição diante da queda da avó na piscina. Esta aflição é uma experiência emocional do fato, que em sua mente é representado como uma situação de risco que precisa ser alterada. Ele leva o fato ao conhecimento do pai com a intenção de alertá-lo, mas ao fazer isso por meio de uma frase declarativa, permite ao pai interpretá-la como uma informação e não como um alerta. À mesma frase foram atribuídas diferentes forças ilocutórias segundo o ponto de vista de cada um.

Segundo texto

Quem circulava pelas ruas de Nova Iorque, no começo da década de 70, talvez tenha presenciado uma cena incomum: um respeitável senhor, já beirando os sessenta anos, trajado com muito bom gosto, parar, abaixar-se no meio do burburinho, para catar no chão, com o cuidado de quem pega uma rosa prestes a ruir, uma ponta de cigarro fumado, imunda, uma guimba nojenta. Depois, de posse do 'troféu', desaparecia outra vez em meio à multidão.

> A cena certamente se repetiu inúmeras vezes, e quem por acaso a presenciou saiba que assistia ao trabalho de um dos maiores fotógrafos de nossos tempos: Irving Penn. As pontas abandonadas, com marcas de dentes e batom, amassadas, pisadas, empoeiradas, semidestruídas, eram levadas com cuidado para o estúdio, para que não se perdesse o eventual fio de cabelo nem os grãos de poeira a elas grudados. Lá, eram fotografadas com a mesma mestria que celebrizou as fotos de Penn de moda ou publicidade. As imagens muito ampliadas, já no imenso negativo, mostravam com irritante minúcia cada farelinho daquela porcaria, sem esquecer, junto ao filtro, os símbolos e marcas dos fabricantes. Perfeição absoluta: é possível contar cada grão de pó. Imagens exuberantes, ricas, belíssimas! [KUBRUSLY, 1984: 65-7]

Estamos diante de um texto construído por um só enunciador, em que se relata e se exalta o processo criativo de um fotógrafo famoso. Para tanto, seu enunciador realça o contraste entre a banalidade e insignificância dos elementos recolhidos na rua pelo fotógrafo (pontas de cigarro) e o resultado final da transfiguração artística (imagens), altamente valorizado pelo mercado de arte. Não se trata, portanto, de uma exposição técnica, em tom formal, dirigida a especialistas. Trata-se de um texto de divulgação, destinado ao leitor comum (a coleção a que pertence a publicaçao chama-se *Primeiros passos*), o que favorece o tom cúmplice de conversa, o apelo a uma espécie de intimidade confidencial com esse leitor (*saiba que assistia*), que poderia até ter presenciado a cena descrita.

O tópico central deste texto está resumido na expressão *uma cena incomum*, que serve de complemento a *tenha presenciado*. Ela introduz uma informação nova no texto, haja vista o artigo indefinido (*uma*); por sua vez, o adjetivo (*incomum*) predispõe o leitor para o caráter surpreendente dessa informação, detalhada a seguir. O detalhamento que se segue privilegia dois outros tópicos: o fotógrafo e as pontas de cigarro. A referência a uma eventual testemunha da cena relatada (*quem por acaso a presenciou*) acrescenta ao texto um elemento periférico ao assunto, ou, conforme propusemos anteriormente, uma estratégia de criação de um 'tom de conversa' no texto. Também o ambiente histórico é apenas um pano de fundo, e todos os demais elementos citados participam de alguma maneira da representação dos três tópicos fundamentais. O quarto tópico fundamental são as fotos.

Os tópicos introduzidos no detalhamento da 'cena incomum' são apresentados mediante caracterizações que os contrastam radicalmente: *um respeitável senhor*, *já beirando os sessenta anos*, *trajado com muito bom gosto* **versus** *uma ponta de cigarro fumado, imunda, uma guimba nojenta*. Na sequência, *uma guimba nojenta* torna-se *o troféu*. Note-se a importância dessa mudança: são dois 'objetos de conhecimento' (ver 1.4 e 1.5), cada qual correspondendo a um ponto de vista diferente, um depreciativo e outro valorativo. No segundo parágrafo, o tópico já introduzido como *um respeitável senhor* é recategorizado como *um dos maiores fotógrafos de nossos tempos*. Em sua primeira identificação textual, esse tópico é apresentado pela ótica do senso comum, nos termos de uma tipificação social – *um respeitável senhor* –; na segunda identificação, contudo, ele é apresentado segundo o julgamento profissional do enunciador, também ele um fotógrafo. A referenciação restringe-se em seguida à sua extensão mínima: a individualização personificada no nome próprio (*Irving Penn*).

O segundo tópico volta à cena, minuciosamente caracterizado na sua condição de lixo, mas desta vez com forma definida e plural (cf. *as pontas* e *uma ponta*): *As pontas abandonadas, com marcas de dentes e batom, amassadas, pisadas, empoeiradas, semidestruídas*. Definida, porque já era conhecida; plural, porque a cena *certamente se repetiu inúmeras vezes*. Por fim, aparece o terceiro tópico – as imagens – que, na verdade, resulta de uma transfiguração do segundo tópico, comprovada em *Lá*, (as pontas) *eram fotografadas*.

Podemos dizer que o texto em questão nos põe a par de um episódio cujo personagem central é o fotógrafo Irving Penn. Seu enquadramento temporal está evidente desde o início (*no começo da década de 70*) e é marcado ao longo do texto pelas formas verbais, quase todas no passado: *circulava*, *desaparecia*, *repetiu*, *eram levadas*, *mostravam*. Há uns poucos verbos no tempo presente, mas eles não dizem respeito aos fatos relatados. Dois deles – *pega* e *é* – participam de afirmações válidas em qualquer ocasião; o outro – *saiba* – denota um ato simultâneo ao momento da escrita/leitura: é uma ponderação dirigida ao leitor.

Alguns textos apresentam um mapeamento temporal bastante complexo, na medida em que seja necessário estabelecer relações temporais específicas no interior deles. Tomaremos apenas um exemplo do texto que estamos comentando, visto que já justificamos o emprego do tempo presente em três de seus verbos: *pega*, *é* e *saiba*. Consideremos agora a possibilidade de enquadrar este texto no tempo presente, redigindo seu segundo parágrafo assim:

A cena certamente se *repete* inúmeras vezes, e quem por acaso a *presencie* saiba que *assiste* ao trabalho de um dos maiores fotógrafos de nossos tempos: Irving Penn. As pontas abandonadas, com marcas de dentes e batom, amassadas, pisadas, empoeiradas, semidestruídas, *são* levadas com cuidado para o estúdio, para que não se *perca* o eventual fio de cabelo nem os grãos de poeira a elas grudados. Lá, *são* fotografadas com a mesma mestria que celebrizou as fotos de Penn de moda ou publicidade. As imagens muito ampliadas, já no imenso negativo, *mostram* com irritante minúcia cada farelinho daquela porcaria, sem esquecer, junto ao filtro, os símbolos e marcas dos fabricantes.

As formas que estavam no passado passaram ao presente, com exceção de uma, *celebrizou*. É que a informação ('Penn foi um mestre em fotos de moda ou publicidade') contida no segmento em que ocorre essa forma verbal faz parte de um conhecimento mais amplo que o enunciador tem da arte de Irving Penn. Como não pertence ao episódio relatado, esta informação não está sujeita à sua temporalidade, marcada pelo tempo passado.

Resta acrescentar duas palavras sobre a rede textual, isto é, o modo pelo qual se organiza o conjunto de 'pistas e nós' léxicos e gramaticais – coesão – que encadeiam/unem as proposições no interior do texto. Eis algumas das marcas da cadeia semântica ou fluxo informacional no texto que estamos comentando:

a) o advérbio *depois*, que ordena o ato de *desaparecer* em relação aos demais atos;
b) o artigo em *a cena*, que remete esta expressão à anterior *uma cena incomum*;
c) o pronome *a* em *a presenciou*, que reitera textualmente a menção da cena; o artigo *as* em *as pontas*, também reiterativo;
d) o pronome *elas*, que retoma *as pontas* em *a* ***elas*** *grudados*;
e) o advérbio *lá*, que reitera *no estúdio*;
f) o pronome *mesma*, em *a mesma mestria*, apontando para a informação contida em *que celebrizou as fotos*;
g) a expressão *as imagens*, que informa uma decorrência lógica do fato de as pontas serem *fotografadas*;
h) a expressão *daquela porcaria*, que retoma depreciativamente *as pontas*; e
i) a expressão *ao filtro*, detalhe da extremidade dos cigarros.

Destaque-se o alcance referencial da expressão *a cena*, que engloba, além da parte reiterada, todo o detalhamento que se segue a ela.

4.6 CONCLUSÃO GERAL

Em suma, nossas percepções, sensações, intuições, ideias – tudo enfim que constitui o conteúdo de nossos enunciados/textos – só ganham um contorno claro para quem as experimenta e chegam ao conhecimento do interlocutor pelas formas da linguagem. Estas estão razoavelmente consagradas pelo uso e representam valores/sentidos compartilhados na comunidade. Mais do que reproduzir o que vai na cabeça do autor, o papel dessas formas é o de deflagrar no entendimento do leitor um conjunto de associações nas quais este leitor busca reconhecer o conteúdo que o enunciador lhe transmite. O sentido não está no texto, portanto, para ser descoberto ou resgatado; ele é produto de uma construção na qual toma parte a experiência de mundo prévia do leitor. O enunciador assume a palavra não só para exprimir um conteúdo, mas para tornar esse conteúdo compreensível e interpretável para seu interlocutor. Este se orientará pelas pistas discursivas plantadas, conscientemente ou não, na pele do texto.

Linguistas de diferentes tendências destacam esse papel das línguas, chamando-lhe *função representativa* (Bühler), *função cognoscitiva* (Herculano de Carvalho), *função ideativa* (Halliday). O próprio ato de perceber coisas e fatos não é uma experiência puramente sensorial, mas um processo interpretativo levado a cabo sob múltiplos condicionamentos histórico-culturais. À medida que se transformam em conteúdos de nossos textos, estas coisas e fatos se submetem a um processo de filtragem e modelação inerentes à capacidade cognitiva humana e vinculadas às categorias da língua em que esses mesmos textos são construídos.

Conhecer e comunicar são aptidões inerentes à organização e à continuidade da vida em grupo, seja este formado por pessoas, abelhas ou chimpanzés. Sabemos também, no entanto, que na família humana essas aptidões se apresentam bem mais complexas e potencialmente em expansão contínua. No ser humano, tanto o conhecimento quanto a comunicação são mais do que 'equipamentos e dispositivos de sobrevivência'; ambos são conteúdos possíveis da consciência e objetos passíveis de reflexão e análise.

A aptidão do conhecimento se constitui como cognição e como simbolização; e a aptidão da comunicação se constitui como língua e como discurso. Assim, podemos entender que nossos atos comunicativos realizados por meio da palavra envolvem necessariamente cinco grandes classes de competência:

a) **cognitiva** – relacionada à aptidão mental do ser humano para transformar suas experiências de mundo em objetos de conhecimento sujeitos a armazenagem e categorização;
b) **histórico-cultural** – referente à função da língua como meio de integração de seus usuários na comunidade em que compartilham conhecimentos, crenças e valores;
c) **simbólica** (léxico-gramatical) – referente ao domínio dos signos, ou seja, à capacidade de reconhecer e utilizar, graças à associação som/sentido, unidades de extensão variada, como morfemas, palavras, sintagmas, frases;

d) **textual** – relativa ao domínio dos gêneros textuais e aos respectivos modos de organização e procedimentos de construção; e
e) **interacional** – relativa ao reconhecimento e manejo da língua como forma de convívio e interação sociais.

O fator 'a', vinculado à aptidão do conhecimento, é geral e inerente ao perfil biológico da espécie humana; já os fatores 'b' a 'e', vinculados à comunicação, são particulares, pois estão associados à cultura e à vida social. Estes servem para balizar nossas escolhas na medida em que são adquiridos pelos membros da comunidade como um sistema coletivo de representações e fazem do que dizemos/escrevemos um meio de contato que viabiliza o entendimento entre dois sujeitos culturalmente constituídos e socialmente situados.

Na condição de símbolos coletivamente disponíveis, as palavras e as construções sintáticas são formas potencialmente significativas armazenadas na memória de seus usuários, mas é no ato interativo socialmente situado que os sentidos que de fato interessam são gerados/percebidos/trocados como discurso e sob a forma de textos. Neste caso, o que prevalece não é o que 'está no mundo' ou mesmo o que 'está na minha cabeça' como compreensão do mundo e conteúdo a comunicar, mas o sentido que meu interlocutor é capaz de construir com base nos símbolos – ou signos – que emprego e nos sinais com que busco roteirizar sua compreensão.

CONHECER UMA LÍNGUA É ESTAR APTO A LIDAR COM ESSES SIGNOS E COM ESSES SINAIS A FIM DE CONSTRUIR SENTIDOS POR MEIO DELES, JÁ QUE ESSA CONSTRUÇÃO É TANTO DE QUEM FALA/ESCREVE QUANTO DE QUEM OUVE/LÊ. SER USUÁRIO COMPETENTE DE UMA LÍNGUA É ESTAR APTO A RECONHECER O VALOR DE UMA ESCOLHA EM DETRIMENTO DE OUTRA E A PERCEBER O PAPEL DOS SINAIS QUE ORGANIZAM E ROTEIRIZAM O SENTIDO POR MEIO DOS ENUNCIADOS/TEXTOS. É NOS ENUNCIADOS/TEXTOS QUE OS UNIVERSOS DE EXPERIÊNCIAS PARTICULARES DOS INTERLOCUTORES – ISTO É, AS RESPECTIVAS SUBJETIVIDADES – SE ENCONTRAM, OU SEJA, SE TORNAM EXPERIÊNCIAS INTERSUBJETIVAS.

Já é longo – mas provavelmente nunca será conclusivo – o debate sobre a utilidade e os benefícios da reflexão sobre a língua no processo de aquisição de suas múltiplas formas e usos. Perguntamo-nos muitas vezes se o 'conhecimento de gramática' é um alicerce necessário de nossas habilidades de expressão e compreensão numa língua. A resposta pode ser ***não*** ou ***sim***, dependendo do que chamamos de gramática. A resposta é ***não*** quando por 'gramática' nos referimos à nomenclatura gramatical ou a alguma técnica de análise para a explicação de como a língua está estruturada e funciona (gramática explícita ou descritiva). Este é, aliás, o conceito difundido pela escola. Mas a resposta é ***sim*** se estivermos cientes de que todo uso de uma língua como meio de intercompreensão, em qualquer de suas modalidades – falada ou escrita, coloquial ou cerimoniosa – implica o emprego, conscientemente ou não, de regras gramaticais (gramática implícita ou internalizada). Ou como nos diz Carlos Franchi, "antes de ser um livro de etiquetas sociais ou um manual descritivo, a gramática é, de início, esse saber linguístico que todo falante possui, em um elevado grau de domínio e perfeição"[30]. Noutras palavras, não existe língua sem gramática, pois mesmo o mais espontâneo uso falado de uma língua se baseia no emprego de formas organizadas em um sistema de regras, ainda que a estabilidade dessas regras seja relativa.

Nossa posição é que o ensino da gramática como uma técnica de descoberta e de tomada de consciência dos recursos estruturantes dos enunciados e dos textos aguça a sensibilidade linguística do estudante, de sorte que se desenvolve nele uma espécie de discernimento e de capacidade crítica e avaliativa benéficos ao desempenho da leitura e da expressão.

[30] FRANCHI [2006: 99].

TERCEIRA PARTE

CONCEITOS BÁSICOS DA DESCRIÇÃO GRAMATICAL

Referimo-nos aqui aos sons como matéria-prima do plano da expressão, porque é como fala que qualquer língua natural é inicialmente conhecida e usada por seus falantes nativos. Em muitas culturas, os sons e ritmos da fala são representados por signos gráficos de algum sistema de escrita adquirido posteriormente.

QUINTO CAPÍTULO: A DUPLA ARTICULAÇÃO DA LINGUAGEM

5.1 EXPRESSÃO E CONTEÚDO NA LINGUAGEM

A finalidade de uma língua é permitir a troca de mensagens entre seus usuários. Mas os significados que uma pessoa pretende compartilhar com outra só podem chegar ao conhecimento desta através de alguma espécie de sinal/signo, materializado em alguma substância como gestos, cores, rabiscos numa superfície, sons. Para serem compartilhados, nossos pensamentos precisam ser proferidos[31].

Em sua realização primária e usual, toda língua se manifesta como uma cadeia de sons que veicula significados. Sons e significados constituem duas faces da linguagem, e operam na atividade comunicativa necessariamente de modo integrado[32].

Ser capaz de realizar a associação entre estas duas faces é o requisito básico no uso de uma língua viva. À face do significado, perceptível pelo mecanismo da compreensão, chamamos *primeira articulação* ou *plano do conteúdo*; à face sonora, perceptível pelo sentido da audição, chamamos *segunda articulação* ou *plano da expressão*.

5.2 SONS E SIGNIFICADOS

Os sons vocais são a matéria-prima das línguas naturais. Mas nem todos os ruídos que saem de nossa boca são constitutivos de formas da língua: pigarros, assobios e cliques (produzidos com os lábios no gesto do beijo ou com a ponta da língua contra o céu da boca) não fazem parte do sistema de sons distintivos da língua portuguesa, por mais que possam ser utilizados para a comunicação entre as pessoas: o pigarro como alerta ou censura, o assobio como forma de chamar alguém.

A substância sonora por meio da qual as unidades de sentido – palavras, enunciados – se manifestam tem uma realidade física evidente, mas não tem,

[31] CHAUÍ [1995: 151].

[32] Referimo-nos aqui aos sons como matéria-prima do plano da expressão, porque é como fala que qualquer língua natural é inicialmente conhecida e usada por seus falantes nativos. Em muitas culturas, os sons e ritmos da fala são representados por sinais gráficos em algum sistema de escrita, adquirido posteriormente.

em princípio, finalidade em si mesma[33]; sua razão de existir é, primariamente, dar corpo aos significados para torná-los acessíveis ao interlocutor. Dizemos, por isso, que, embora sejam separáveis na análise, estes dois planos da linguagem – o sensível e o mental – só funcionam de modo solidário.

Tente enunciar com a espontaneidade da fala corrente os dois curtos diálogos abaixo, a fim de observar o funcionamento solidário desses planos:

Primeiro diálogo:

A: – Onde você está?

B: – Perto da estação.

Segundo diálogo:

A: – Como você veio?

B: – Vim a pé.

Pode ter saído algo como '– ondcestá?' ['õtseš'ta] /– perdastação. ['pɛhdašta'sãu]' para o primeiro diálogo; e – comoceveio? ['kõmuse'veyu] / – vinhapé [viña'pɛ] para o segundo. As respostas mostram que o interlocutor B estabelece perfeitamente a associação entre o plano da expressão e o plano do conteúdo, graças ao reconhecimento (a) da sequência sonora como um pedido de informação e (b) de porções sonoras portadoras de significados que se somam no significado global: [õt]/[kõmu] = *onde/como*, [se]/[se] = *você/você*, [š'ta]/[veyu] = *está/veio*.

Ambos os interlocutores produzem cadeias contínuas de sons que veiculam significados. Comparando as duas cadeias de sons produzidas por A, percebemos que há nelas um segmento comum [se], no qual B reconhece uma referência a ele no papel de destinatário da pergunta. B também reconhece na cadeia sonora as unidades relativas a lugar – [õt] –, modo – [kõmu] –, estado – [š'ta] – e locomoção – [veyu]. B ainda percebe que a localização sobre a qual é indagado no primeiro diálogo se situa no tempo presente, e que a locomoção referida no segundo diálogo se situa no passado. Sua resposta é *vim* (passado) e não *venho* (presente).

Todos esses significados reconhecidos por B fazem parte do plano do conteúdo da linguagem estruturado por suas formas lexicais e gramaticais. Mas eles não são intuídos por B mediante um ato de adivinhação; cada um deles está de algum modo manifesto no plano da expressão, colado, por assim dizer, a pequenos segmentos, que transcrevemos entre colchetes, '[...]'. Cada um desses segmentos corresponde a pelo menos uma unidade no plano do conteúdo e pode ser recombinado – como o [se] dos exemplos – com outros segmentos para a produção de um sem-número de frases da língua.

---

[33] Não estamos, obviamente, tomando em consideração as onomatopeias, as rimas ou as aliterações, procedimentos que, por sua singularidade expressiva, chamam a atenção do ouvinte para a camada sonora da linguagem.

Tomemos agora o segmento [veyu]. Podemos substituir [v] por [f] e teremos [feyu], ortograficamente <feio>, [e] por [a] e teremos [vayu], ortograficamente <vaio>, do verbo *vaiar*, [u] por [a] e teremos [veya], ortograficamente <veia>.

Agora não temos unidades providas de significado, mas unidades sonoras que, permutadas entre si, originam outras palavras. Estas unidades sonoras têm função apenas distintiva, já que nenhuma delas nada significa por si. São fonemas, unidades do plano da expressão: /v/ X /f/, /e/ X /a/, /u/ X /a/.

Cada plano se organiza estruturalmente como uma forma ou sistema, constituído de unidades e de regras que as combinam. É a esta divisibilidade dos segmentos de uma língua em unidades menores capazes de várias recombinações que chamamos **articulação**. Ao plano do conteúdo chamamos primeira articulação; ao da expressão, segunda articulação.

Como usuários de uma língua, produzimos sequências de sons sem, contudo, nos darmos conta de que estamos operando com unidades e regras.

Vejamos agora, em um segmento isolado, como se distinguem as unidades desses dois planos, mediante duas divisões possíveis do vocábulo DESONESTIDADE:

a) DE - SO - NES - TI - DA - DE
b) DES - ONEST - IDADE

A divisão constante em 'a' baseou-se na possibilidade de pronunciar aquele vocábulo fazendo 'pausas naturais' nos pontos assinalados por um traço; a divisão adotada em 'b' não considera as pausas potenciais, mas o significado de cada parte: DES- (a mesma que se encontra em ***des**leal*), -ONEST- (a mesma que se encontra em ***honest**íssimo*), e -IDADE (a mesma que se encontra em *util**idade***).

Ou seja, as unidades de 'a', conhecidas como *sílabas*, também são desprovidas de significado no contexto daquele vocábulo; já as unidades de 'b', conhecidas como *morfemas*, são unidades portadoras de significado. Cada sílaba pode, por sua vez, apresentar uma estrutura complexa, como a sequência de consoante e vogal, que se representam na escrita, às vezes sem maior rigor, por meio de letras. Na língua, portanto, não há conteúdo sem expressão e vice-versa, por mais que cada plano seja estruturalmente organizado segundo regras específicas de cada um. Na realidade, esses dois planos se associam graças a uma relação necessária entre o corpo sonoro ou *significante* – a face aparente – e o *significado* – a face mental.

Esta relação tende a ser encarada como 'fato natural' pelos membros nativos da comunidade linguística. A verdade, porém, é que a associação entre o significante e o significado das formas linguísticas não se baseia em nenhuma lei da natureza, mas, tão somente, numa convenção socialmente firmada. Dá-se o nome de signo linguístico à união entre o significante e o significado. Só o caráter convencional dessa união explica o emprego de diferentes significantes para o mesmo significado, que podemos ilustrar com as diferenças regionais de uma língua ou com a própria diferença entre as línguas. Ou seja, não há nada no conceito 'abertura na parede de um edifício para deixar que entrem nele o ar e a luz' que faça do significante *janela* uma designação mais ou menos apropriada do que qualquer outra. Tanto que, em inglês, esse conceito é expresso por *window*, em espanhol por *ventana*, e em francês por *fenêtre*. Diz-se que o signo linguístico é 'arbitrário' ou imotivado, no sentido estritamente técnico de que não há qualquer associação natural ente a sequência de sons – ou significante – e o conteúdo que se expressa por meio dela – o significado.

5.3 RELAÇÕES PARADIGMÁTICAS E RELAÇÕES SINTAGMÁTICAS

Todo o item 5.2 foi desenvolvido para mostrar que a compreensão e produção de frases numa língua requer, entre outras competências, que o falante seja capaz de associar corretamente sequências sonoras e significados. Nos itens 5.1 e 5.2 referimo-nos ao plano sonoro – e correspondente forma gráfica – como *plano da expressão*, e ao plano significativo como *plano do conteúdo*.

Uma pessoa que tenha facilidade para memorizar frases de uma língua estrangeira com a respectiva pronúncia e o respectivo sentido não pode, só por isso, porém, ser considerada capaz de falar essa língua. Ela 'conhece' dados isolados, produtos 'já prontos', que ela apenas repete. Quem conhece a língua conhece as unidades constitutivas de cada plano e é capaz de combiná-las e recombiná-las, segundo suas necessidades comunicativas. Ou seja, a pessoa domina a língua não como uma 'lista de frases pré-fabricadas', mas como um *sistema articulado de unidades*.

Dizer que existem em cada plano unidades combináveis e recombináveis significa afirmar que cada plano é articulado, isto é, dotado de unidades reconhecíveis pelo seu valor ou função dentro desse plano. A articulação constitui a principal característica de um *sistema*, e é graças a essa característica que podemos dizer que a língua que falamos *é um sistema*.

Retomamos nos parágrafos acima algumas observações feitas desde o início para afinal introduzir uma distinção teórica decisiva no entendimento de um aspecto fundamental da estruturação da língua. Referimo-nos aos conceitos de **relação sintagmática** e **relação paradigmática**.

5.3.1 Relações sintagmáticas

Todos sabemos que uma língua é, antes de qualquer coisa, uma forma oral de comunicação. Quando falamos, produzimos sons que se combinam em sequência linear, um após o outro; morfemas que se sucedem na construção das palavras, e palavras que se sucedem na construção de frases. Essa linearidade da fala – e ordinariamente da escrita – é o fundamento do que se chama o eixo sintagmático da linguagem. Por isso, dizemos que as unidades assim dispostas podem formar sequências ou combinações no que chamamos uma **relação sintagmática**, como as duas sílabas de *mato* (*ma* + *to*) ou os fonemas que entram em cada sílaba (/m/a/t/u/), os morfemas que entram na formação do verbo *desmatar* (*des* + *mat* + *a* + *r*) ou as palavras que formam a frase *o lenhador desmatou o terreno* (*o* + *lenhador* + *desmatou* + *o* + *terreno*). Há, portanto, relações sintagmáticas entre fonemas, entre sílabas, entre morfemas, entre palavras. Estes exemplos nos revelam também que há em cada plano diferentes níveis estruturais, o das unidades constituintes – de nível mais baixo – e o das unidades constituídas – de nível mais alto: fonemas são constituintes de sílabas, morfemas são constituintes de palavras, palavras são constituintes de frases.

5.3.2 Relações paradigmáticas

A identificação das unidades em qualquer desses planos e nos diferentes níveis depende de dois fatores:

a) que elas possam ocorrer em outras construções em que sejam reconhecíveis como 'a mesma unidade' (ex.: o fonema /t/ é o mesmo em /matu/, /tudu/, /bater/; o sufixo *-eiro* é o mesmo em *leiteiro*, *açougueiro*, *sapateiro*), e

b) que elas sejam permutáveis por outras unidades com consequente mudança de significado. Por exemplo: o /m/ por /p/ em *mato* / *pato*, o /a/ por /i/ em *mato* / *mito*, o /t/ por /s/ em *mato* / *maço*, o /u/ por /a/ em *mato* / *mata*; o *-eiro* por *-eria* em *leit**eiro*** / *leit**eria***, o *leit-* por *sapat-* em ***leit**eiro* / ***sapat**eiro*; ou ainda as especificações singular (ausência de *-s*)/plural (presença de *-s*) em *casa* / *casas* e a oposição entre adjetivos (*homem* **alto** / *homem* **baixo**), entre verbos (*o avião* ***caiu*** / *o avião* ***pousou***), entre preposições (*ele trabalhou* ***por*** *mim* / *ele trabalhou* ***para*** *mim*), entre substantivos (*o* ***avião*** *pousou* / *o* ***helicóptero*** *pousou*), entre advérbios (*voltarei* ***cedo*** / *voltarei* ***amanhã***).

Os fatores 'a' e 'b' acima explicitados constituem as relações paradigmáticas entre as unidades da língua.

As unidades assim identificadas agrupam-se em classes chamadas **paradigmas.** O que as caracteriza é o fato de ocuparem ordinariamente a mesma posição – isto é, terem a mesma **distribuição** – e estarem em **oposição** no sistema da língua: *-eiro* e *-eria* têm a mesma distribuição, pertencem a um mesmo paradigma e opõem-se no **sistema morfológico** do português; /t/ e /s/ têm a mesma distribuição, pertencem a um mesmo paradigma e opõem-se no **sistema fonológico** do português.

5.3.3 Interdependência dos eixos paradigmático e sintagmático

O que acabamos de dizer permite concluir que as unidades só existem porque são capazes de distinguir conteúdos comunicados pela língua. Toda unidade implica a existência de pelo menos uma outra à qual aquela se opõe dentro de um paradigma e pela qual pode ser substituída para que se expresse outro sentido. A construção formal dos enunciados baseia-se, portanto, nesses dois procedimentos: a *escolha* das unidades em diferentes paradigmas e a *combinação* delas na cadeia do discurso.

Seria, porém, um erro supor que esses dois eixos são independentes entre si. Ao contrário: nenhuma escolha ocorre por acaso. Quando afirmamos que os indivíduos 'escolhem' as unidades dentro de um paradigma, não queremos dizer que o fazem com absoluta liberdade. Sempre existem condicionamentos, restrições; o que varia é a força com que eles atuam sobre os indivíduos e tornam as 'escolhas' mais ou menos previsíveis. Ao atender um telefone, uma pessoa se encontra numa situação comunicativa que torna altamente previsível o que ela pode dizer. Seja *Alô!*, *Tinturaria Paris*, *às suas ordens*, ou *Consultório médico*, *boa tarde*, seu ato verbal tem sempre o mesmo significado: um sinal para a pessoa do outro lado anunciar o que deseja. Este é um condicionamento que a situação comunicativa exerce sobre o indivíduo, ao qual chamaremos condicionamento **pragmático** (ver nota ao item 4.3.3).

Se, agora, o leitor observar como se dá o condicionamento de uma palavra sobre outra, perceberá que este condicionamento tanto pode se referir ao significado   por isso dizemos *meu gato bebeu o leite calmamente*, mas não *meu relógio bebeu a abóbora calmamente* (condicionamento **semântico**) – quanto à classe e forma das palavras – por isso dizemos *meu gato*, mas não *minha gato*, *bebeu o leite*, mas não *bebeu o calmamente* (condicionamento **gramatical**).

Vamos raciocinar agora com os fonemas. Se quisermos formar palavras possíveis em português partindo da sequência /ta/, teremos um leque imenso de opções (*talher*, *tarol*, *tábua*, *tabaréu*, *tapar*, *tatu*, *tarraxa*, *tapera*, *talismã*, *tainha*, *taipa*, *talco*, *taverna*, *tascar*, *taurino* e muitas outras formas reais ou inventadas). Se, entretanto, dissermos que /ta/ deve ocorrer na última sílaba de palavras oxítonas, o leque de possíveis combinações reduz-se significativamente a um conjunto de apenas cinco sequências: /ta/, como em *tafetá*, /taR/, como em *militar*, /taS/, como em *cartaz*, /taL/, como em *capi-*

tal, /tau/, como em *urutau* / *urutaus*, e /tai/, como em *meditai* / *meditais*. Não há possibilidade de ocorrerem sequências como /tap/, /tat/, /tab/, /tak/, / taf/, /tav/, /tad/, /tag/. O contexto 'final de sílaba' ou 'final de palavra' reduziu drasticamente as escolhas. Este condicionamento é do tipo **fonológico**.

5.4 ARBITRARIEDADE/OPACIDADE E MOTIVAÇÃO/TRANSPARÊNCIA

Voltemos agora ao assunto do item 5.2. A arbitrariedade do signo linguístico às vezes intriga os artistas da palavra. Certo poeta popular estranhava que a palavra *afogado* servisse para significar 'que/quem morreu na água'. "Por que não *aguado*?" perguntava-se o poeta. "Afogado deveria se chamar aquele que morre no *fogo*". O poeta desconhecia a origem do verbo *afogar*[34], que ele acreditava ter algo a ver com fogo. O que importa, porém, é que sua estranheza revelava uma expectativa: que o significante de um signo fosse determinado pelo seu significado, que um e outro se unissem graças a algum princípio de imitação ou iconicidade. Esta não é a percepção geral baseada no senso comum. Para a grande maioria dos usuários de uma língua, ela se revela, sobretudo, como nomenclatura de objetos e ideias, como um dispositivo que nos provê de rótulos distintos e independentes aplicáveis às entidades do mundo real e do mundo imaginário.

De fato, essa intuição da natureza da linguagem faz justiça a conceitos correspondentes a objetos, ações e qualidades em geral. Isso acontece com boa parte das palavras, mas não com todas. Qualquer usuário da língua portuguesa aprende ou aprendeu palavras como *chave* ou *capaz* independentemente do conhecimento de qualquer outra palavra, ou seja, graças a uma associação, exclusiva em cada caso, entre uma sequência de sons ou letras e o respectivo significado. Não há na forma sonora (ou gráfica) dessas palavras qualquer pista que nos conduza ao significado delas. Esta relação é opaca. Já *chaveiro* e *incapaz*, mesmo aprendidas como formas já feitas, podem ter o respectivo significado deduzido da associação com as primeiras ou com outras palavras da língua que apresentam relações análogas entre forma e sentido, como *leiteiro*, *sapateiro*, *inflexível*, *insensato*.

Dizemos que *chave* e *capaz* são formas opacas – já que são indivisíveis em partes significativas menores –, e que *chaveiro* e *incapaz* são formas transparentes. Somente nas duas últimas podemos 'entrever' o significado através da forma.

Os nossos exemplos justificariam uma separação radical entre formas opacas e formas transparentes, mas, na verdade, essa distinção não é ab-

[34] *Afogar* provém de **affocare*, forma popular de *offocare*, que por sua vez se prende à raiz de *fauces*, 'goela, garganta' (cf. *sufocar*).

soluta. Não é necessário qualquer esforço para se perceber o significado de *incapaz*; já um adjetivo como *intacto* não pode ser associado a seu contrário (não existe *tacto*), e *tato*, forma a que *intacto* se relaciona, é um substantivo. Mesmo assim, percebe-se a associação entre as duas formas, o que garante um razoável grau de transparência. Compare-se agora *intacto* com *inóspito* (= inabitável) ou *insípido* (= sem sabor). A transparência é mínima, pois poucas pessoas conseguem recuperar a associação entre *(*h*)*óspito* ou **sípido* – formas que não existem – e os nomes *hospitalidade* e *sabor*.

O vocabulário é formado, portanto, dessas duas grandes ordens de palavras: formas opacas e formas transparentes. O grau máximo de transparência das formas linguísticas é alcançado por aquelas que são produzidas mediante a aplicação de regras para combinar unidades de sentido em construções de nível mais alto ou simplesmente maiores (*incapaz* [não *capaz*], *pós-operatório* [posterior à *operação*], *utilidade* [condição do que é *útil*], *aquecedor* [que *aquece*]. Quando isso acontece, o significado da forma linguística é visto como o resultado da soma dos significados potenciais das unidades menores que a compõem e das relações que se estabelecem entre essas unidades na construção da forma maior.

5.5 UNIDADES E CONSTRUÇÕES

Somos capazes de reconhecer sequências dotadas de sentido em nossa língua materna por mais que nunca as tenhamos ouvido antes, como esta exclamação do poeta Mário Quintana: *Que imaginação depravada têm as orquídeas!*[35]

Há nesta frase algo de desconcertante; mas seguramente nada nos surpreenderia nessa outra: 'Que imaginação depravada têm esses pintores!' Esta nos 'soa normal', por mais que não possamos garantir tê-la lido ou ouvido antes. Suponhamos agora uma terceira frase: *Que imaginosidade depravada têm esses pintadores!* Esta frase também nos perturba, mas por outra razão: *imaginosidade* e *pintadores* não são formas disponíveis em nosso vocabulário de usuários nativos do português. Digamos que a exclamação do poeta nos surpreende por contrariar nosso conhecimento do mundo (sabemos que a imaginação não é um atributo das flores), ao passo que a terceira frase nos causa estranheza por contrariar nosso conhecimento da língua em uso (*imaginosidade* e *pintadores* são substitutos inesperados de *imaginação* e *pintores*).

Nosso conhecimento da língua nos permite, portanto, distinguir formas 'que estão prontas para uso' e formas que são construídas no processo

---

35 QUINTANA [2005: 172].

da fala ou da escrita. Por que, no entanto, estranhamos as formas *imaginosidade* e *pintadores* (construídas no processo da escrita), mas não estranhamos *curiosidade* e *caçadores* (disponíveis para uso em nosso vocabulário ativo)? Por que a exclamação do poeta, embora desconcertante, é encarada como uma construção normal da língua, ao passo que *imaginosidade* e *pintadores*, apesar da semelhança com *curiosidade* e *caçadores*, nos incomodam?

Parece que nosso sentimento da novidade de uma construção linguística é ordinariamente ativado ao depararmos com palavras (que classificamos como *neologismos*, *estrangeirismos*, *arcaísmos*, *regionalismos* etc.) – porque esperamos que elas sejam 'peças prontas' estocadas na memória e disponíveis em dicionários – mas não diante de frases que estejamos ouvindo ou lendo pela primeira vez.

Há uma dupla explicação para isso: a) as frases não costumam ser tratadas como objetos pré-fabricados que armazenamos na memória; se estão gramaticalmente bem estruturadas, são 'aceitas' sem problema; b) como já existem as formas *imaginação* e *pintores*, tendemos a repelir uma forma alternativa com o mesmo significado (ver o conceito de bloqueio em 17.6), mesmo que esteja gramaticalmente bem construída.

O princípio geral que acabamos de enunciar precisa, porém, ser considerado com cautela. Com efeito, utilizamos cotidianamente um sem-número de enunciados que se repetem, possivelmente em virtude da repetição e padronização das situações em que nos encontramos: saudações diversas (*Bom dia!*, *Lembranças a todos!*), pedidos de informação (*Pode me dizer as horas?*), comentários (*Por essa eu não esperava!*, mas não *Por essa eu não aguardava!*). Quer dizer: nosso conhecimento da língua abrange um amplo contingente de construções sintáticas cristalizadas ou, pelo menos, semiprontas, que não nos damos ao trabalho de elaborar no ato de falar ou de escrever. São elas que nos dão a impressão de que o uso da palavra tem a natureza de um comportamento espontâneo e até mecânico, análogo à atividade de andar ou de respirar.

Essa natureza 'pré-fabricada' de boa parte das formas que empregamos é a principal razão pela qual muitas delas não ostentam a transparência a que nos referimos em 5.4, de sorte que seus significados não podem ser explicados pela simples união dos significados das respectivas partes. É o que se passa com *cortar o ponto*, comparado a *cortar o pão*; *dar um passeio*, comparado a *dar um presente*; *correr um risco*, comparado a *correr uma lista*.

É impossível reconhecer no significado de cada expressão em itálico alguma parcela de sentido que lhe tenha sido 'acrescentada' pelo respectivo verbo. Estão em situação análoga os nomes *ouro* e *prata* nas designações *banana-ouro* e *banana-prata*. Estes casos são bem conhecidos e classificados como espécies de locução idiomática (*cortar o ponto*) ou composição lexical (*banana-ouro*).

Distinto – não diverso –, porém, é o caso de *correr uma lista*, como se comprova na relativa persistência de um aspecto do significado de 'correr' em *correr os olhos*, *correr uma maratona*, *correr a feira*. Nestas construções, o verbo revela uma pluralidade semântica (polissemia) que se enraíza num fundo comum de referência a 'movimento'. A acepção exata do verbo em cada expressão decorre da espécie de referente de seu complemento: a *lista* 'passa' de mão em mão; os *olhos* são 'direcionados' continuamente de modo a recobrir uma área examinada; a *maratona* é o evento que o atleta, um corredor, 'disputa'; a *feira* é uma extensão física que alguém, deslocando-se, 'percorre'. Deduz-se desse conjunto de expressões que o verbo não é 'provido' por si só de um leque de acepções acrescentadas à construção segundo nossas escolhas, mas, ao contrário, que cada acepção é produzida pela relação do verbo com o respectivo complemento.

5.6 GRAUS DE ESTABILIDADE DAS CONSTRUÇÕES

Voltemos ao verso de Mário Quintana, "Que imaginação depravada têm as orquídeas!". Já dissemos que esta frase só é perturbadora porque seu conteúdo contraria nosso conhecimento do mundo. Podemos construir variações para ela: *Que depravada imaginação têm as orquídeas!*, *Que depravada imaginação as orquídeas têm!* Mas essas variações têm um limite: *Que depravada têm imaginação as orquídeas!* é uma construção gramaticalmente imperfeita. E se dissermos *Que imaginação as orquídeas depravadas têm!*, modificamos o sentido da frase, já que a depravação deixa de ser da imaginação e passa a ser das orquídeas.

É óbvio, portanto, que quando construímos nossos enunciados orientamo-nos, ainda que inconscientemente, por certos princípios que determinam a possibilidade de certas combinações/sequências de unidades e impedem outras. Por outro lado, é certo que muitas construções se acham estabilizadas – ou mesmo cristalizadas – a tal ponto que ficam disponíveis para uso como unidades memorizadas. Alguns exemplos: *lista de compras*, *carro do ano*, *roupa de andar em casa*, *laço de fita*, *queijo com goiabada*, *utilidades domésticas*, *praça de alimentação*, *cama e mesa* etc.

Apesar de estáveis, estas construções são portadoras de significados que podem ser compreendidos como a união dos significados particulares de seus elementos. Há, contudo, um amplo contingente de formas cujo significado global é inexplicável pela soma dos significados privativos de seus constituintes. Estas formas são em geral locuções metafóricas ou metonímicas. São exemplos típicos dessas locuções: *tábua de salvação* (= socorro), *maré mansa* (= ócio, desocupação), *pau pra toda obra*(= pessoa prestativa e versátil), *prato cheio* (= pretexto).

Contam-se nessa ampla classe as frases feitas e os provérbios: *O tiro saiu pela culatra*; *Foi buscar lã e saiu tosquiado*; *Casa de ferreiro, espeto de pau*; *De grão em grão a galinha enche o papo*.

Todos esses casos são bem conhecidos e regularmente citados quando se aborda o tema das construções cristalizadas. São diversas as explicações ordinariamente apresentadas para o fenômeno da cristalização. Destaquemos três delas: (a) o fato de as unidades combinadas na expressão cristalizada ocorrerem juntas no discurso com alta frequência devido à tipificação sociocultural do objeto designado (*lista de compras*, *festa de aniversário*, *amigo de infância*), (b) a condensação semântica efetuada pela metáfora (*botar pilha* [= incentivar, estimular], *colher de chá* [= oportunidade concedida generosamente], *lugar ao sol* [= posição de destaque conquistada com empenho pessoal]), (c) a propensão das pessoas para comentar situações que tipificam a conduta humana (*Foi buscar lã e saiu tosquiado*; *Casa de ferreiro, espeto de pau*; *Escreveu não leu, o pau comeu*).

Produzimos e compreendemos enunciados/textos graças a uma certa dose de previsibilidade de suas formas e construções e dos sentidos que eles veiculam. Toda novidade, tudo o que contraria uma expectativa requer um esforço mental maior no ato da assimilação/compreensão. O resultado pode ser tanto o conhecimento de uma experiência nova (assimila-se um novo objeto que altera nosso conhecimento das coisas) quanto a pura e simples rejeição da novidade (descarta-se o novo objeto por conta da incompreensão ou por alguma resistência de ordem cultural, ideológica etc.).

NOSSA RELAÇÃO COM AS COISAS DO MUNDO EM GERAL E COM A LINGUAGEM EM PARTICULAR NOS PROPICIA TANTO CONTATOS REPETIDOS COM UM COTIDIANO SEM SURPRESAS, QUANTO EXPERIÊNCIAS QUE DESEQUILIBRAM NOSSO UNIVERSO DE CONHECIMENTOS E VALORES. A LÍNGUA QUE FALAMOS É FONTE DESSAS DUAS MANEIRAS DE CONHECER E DE EXISTIR. OU SEJA, PODEMOS TER COM A LINGUAGEM UM RELACIONAMENTO DE SUJEIÇÃO ÀS FÓRMULAS PRONTAS, CONTENTANDO-NOS COM A REPETIÇÃO DE UM DISCURSO APRENDIDO, OU PODEMOS ACEITAR O DESAFIO DE INVESTIGAR O FUNCIONAMENTO DESSE MESMO DISCURSO E DESCOBRIR OS MEIOS DE COLOCAR A LÍNGUA A SERVIÇO DE NOSSA CRIATIVIDADE. ESTE É UM DOS PROPÓSITOS DA REFLEXÃO SOBRE A GRAMÁTICA DA LÍNGUA, QUE PASSAREMOS A DETALHAR NOS PRÓXIMOS CAPÍTULOS.

SEXTO CAPÍTULO: UNIDADES E CATEGORIAS DA GRAMÁTICA

6.1 O TEXTO E A GRAMÁTICA

Tomemos um fragmento de texto para começar nossa reflexão sobre o lugar da gramática no conjunto da língua.

> Uma brincadeira divertida é deixar-se levar pela associação de ideias. Associação de ideias é **assim**: a gente está no devaneio, flutuando, sem querer ir a lugar algum, **aí** aparece uma ideia, **essa** ideia chama outra, **essa** outra chama uma outra e **logo** elas estão dançando, sem que a gente tente pôr ordem na bagunça. Quando os pensamentos estão livres, eles dançam. Quando têm uma obrigação a cumprir, eles marcham em ordem unida, um atrás do outro[36].

O autor se vale de duas metáforas para contrapor duas maneiras de unir entre si as ideias: a dança, que representaria um modo de livre associação dos pensamentos, e a marcha, na qual estes seriam submetidos a um plano rígido de encadeamento.

Não há dúvida de que a construção de nossos enunciados revela graus variados de compromisso com a unidade de assunto. Por outro lado, as condições comunicativas têm influência não só sobre o fluxo das ideias quanto sobre os meios pelos quais esse fluxo se materializa no texto. Na conversa espontânea, por exemplo, é comum que 'uma ideia puxe outra' e o discurso elaborado 'a várias bocas' se torne muito heterogêneo. Já tratamos dessa característica dos textos em 4.1, ao comparar quatro eventos comunicativos, e em 4.5.1, onde, referindo-nos às condições discursivas, distinguimos os estilos espontâneo e monitorado.

Entre a 'espontaneidade máxima' e o 'monitoramento máximo' do discurso existem meios termos, mas em nenhuma hipótese o discurso se torna caótico, um ajuntamento sem ordem. Para cumprir sua função, todo discurso é dotado de alguma organização, ainda quando ele é produzido a duas bocas, como numa conversa ao telefone. Com efeito, a comunicatividade

---

[36] ALVES [2005: 59].

de qualquer texto depende de alguma lógica expressa na conexão de suas partes, conferindo-lhe coerência; sem isso, não passaria de um amontoado aleatório de palavras, e consequentemente não seria um texto.

O próprio texto que estamos focalizando, embora exalte a liberdade da livre associação de ideias, é um texto construído de forma monitorada: ele é um texto sobre o modo de compor um texto. Para tornar clara sua ideia, o autor persegue uma continuidade lógica do raciocínio, pois tem 'uma obrigação a cumprir'.

Observemos detidamente a construção desse fragmento: há nele três segmentos de sentido bem delimitados e distribuídos numa sequência coerente: o primeiro vai de *Uma* até *ideias*; o segundo vai de *Associação* até *bagunça*; o terceiro compreende o restante. O segundo segmento desenvolve o primeiro, e o terceiro conclui tudo, por meio de uma espécie de tese. Fica claro que o texto foi construído 'como uma marcha' – com cada ideia ou pensamento rigorosamente atrás do outro numa progressão lógica (ver a função dos elementos destacados em negrito) – apesar de seu autor parecer desqualificar este procedimento. O *devaneio* de que ele fala é só um estado criativo; como 'efeito de sentido', o devaneio será uma construção textual executada cuidadosamente, portanto sujeita à consciência com que o autor tenta deixar a impressão de que tudo se passa no mais absoluto estado de liberdade.

Todos os elementos constitutivos do texto entram em sua construção por conta de alguma intenção de sentido e de algum fator combinatório, que, em certa medida, torna previsível ou mesmo obrigatória uma forma ou categoria em lugar de outra. A posição e a forma assumidas pelas peças do texto ficam, assim, à mercê de uma cadeia de influências e condicionamentos. Sirva-nos de exemplo o seguinte segmento: *Quando os pensamentos estão livres, eles dançam*. Temos aí duas ideias 'os pensamentos estão livres' e 'eles dançam'. O enunciador atribui à primeira o papel de uma circunstância de tempo da segunda, e expressa este sentido com o *quando*. Ele poderia ter escrito *Quando estão livres, os pensamentos dançam*, ou *Os pensamentos, quando estão livres, dançam*, ou *Os pensamentos dançam quando estão livres*, mas não **Os pensamentos estão quando livres, dançam eles*. E se escrevesse *Eles estão livres quando os pensamentos dançam*, seguramente o leitor não interpretaria *eles* como um substituto de *os pensamentos*.

Também a categoria e a forma das unidades não são livremente selecionadas: *Os pensamentos dançam* ***quando*** *estão livres* e não *os pensamentos dançam* ***sempre*** *estão livres*, ***os*** *pensamentos* e não ***o*** *pensamentos* ou ***as*** *pensamentos*, *estão livres* e não ***estamos*** *livres*, *eles dançam* e não ***elas*** *dançam* ou *eles* ***danço***. Não usamos livremente *sempre* no lugar de *quando*, *o* no lugar de *os*, *as* no de *os*, *estamos* no de *estão*, *elas* no de *eles*, *danço* no de *dançam*.

> A construção do texto está assim sujeita a fatores combinatórios que tanto especificam as categorias/classes e formas das unidades que o constituem, quanto impõem limites ao posicionamento dessas unidades. Noutras palavras, o texto se realiza por meio de uma construção formal, sem a qual o sentido seria impossível. Esta construção formal, por sua vez, baseia-se no sistema de unidades e regras combinatórias a que damos o nome de gramática, conceito que detalharemos em seguida.

6.2 GRAMÁTICA – LUGAR DAS REGULARIDADES DA LÍNGUA

A transparência das formas linguísticas (ver 5.4) é um fator de economia no funcionamento da linguagem: ela torna possíveis o acesso ao significado das palavras e a criação de novas palavras graças ao conhecimento prévio do sentido associado a cada uma de suas partes (*in+capaz*, *chave+eiro*). Trata-se de um mecanismo análogo ao que permite o reconhecimento dos números no sistema decimal: conhecemos os conteúdos de 10 algarismos e as regras combinatórias para atribuir-lhes os valores relativos como unidade, dezena, centena, milhar, milhão, bilhão... Uns e outras nos habilitam a produzir e compreender qualquer número. O conhecimento de unidades e regras combinatórias poupa a memória da sobrecarga de uma lista de signos diversos entre si.

Desse modo, a memória precisa armazenar apenas uma parte do estoque de palavras – que inclui *chave* e *capaz* –, pois a outra parte – que inclui *chaveiro* e *incapaz* – pertence a um conjunto de unidades criadas ou interpretáveis por meio de regras de formação de palavras, em que se destacam os processos de prefixação (*capaz* – *incapaz*, *fiel* – *infiel*, *ativo* – *inativo*) e sufixação (*chave* – *chaveiro*, *porta* – *porteiro*, *açougue* – *açougueiro*). Aos menores constituintes da palavra providos de significado damos o nome de **morfemas**.

Os morfemas conhecidos como prefixos (colocados antes da base) e sufixos (colocados após a base) fazem parte da construção de muitas palavras do português. Uns e outros se anexam à base da palavra, que pode ser o **radical** ou o **tema** (ver 6.9.1.3). Alguns são de uso frequente e geral (ex.: *des-* em *destravar*, *despreparado*; *-eiro* em *caloteiro*, *sapateiro*, *cajueiro*). Outros são de uso muito restrito (ex.: *dis-* em *dissociar*, *dissabor*, *disforme*; *-ície* em *planície*, *calvície*). Afixos como *des-* e *-eiro* servem mesmo para criar novas palavras, são altamente produtivos, ao passo que a ocorrência de *dis-* e *-ície* está limitada às palavras já em uso na língua.

A percepção, mesmo intuitiva, desses processos e dos significados das unidades neles envolvidas permite que, em muitos casos, adivinhemos ou vislumbremos o significado de palavras que estejamos encontrando pela primeira vez, como certos neologismos (*micreiro*, *destoalhar*). Em um nível de reflexão mais profundo, tal percepção permite que compreendamos como os significados se formam e como as palavras aparentadas pela forma tecem juntas uma rede complexa e às vezes surpreendente de significados. Ilustraremos esse fato observando um conjunto de verbos derivados de *pôr*.

Vamos começar examinando quatro dos seus derivados: *antepor*, *pospor*, *interpor* e *sobrepor*. A diferença de significados entre eles é em parte devida aos respectivos prefixos: *antepor* é 'pôr (algo) antes de (outra coisa)', *pospor* é 'pôr (algo) depois de (outra coisa)', *interpor* é 'pôr (algo) entre (duas coisas)' e *sobrepor* é 'pôr (algo) sobre (outra coisa)'. Um caso análogo é o de *repor* ('pôr novamente', formado por um prefixo (*re-*) que não corresponde a nenhuma preposição ou advérbio). É claro que as diferenças semânticas entre essas formas vai além do que se deduz do simples acréscimo do significado de cada prefixo, até porque o próprio verbo *pôr* expressa sentidos variados. Limitemo-nos, por enquanto, a reconhecer que há nesses verbos um certo grau de correspondência entre forma e significado.

O princípio da transparência das formas linguísticas se torna ainda mais evidente quando observamos segmentos maiores, a que chamamos **orações**. Na construção de uma oração (ex.: *As lagartas devoraram as folhas novas do jasmineiro*), cada forma lexical (*lagarta*, *devorar*, *folha*, *nova*, *jasmineiro*) acrescenta ao todo uma especificação qualquer de seu significado potencial (ver 2.2). As especificações gramaticais a que as unidades do léxico ficam sujeitas nos limites da oração (gênero, número, pessoa, tempo, modo, voz, determinação etc.) são da responsabilidade dos demais sistemas de categorização (ver 6.5.3-6.5.5): determinativa, combinatória e morfossintática.

O CONJUNTO DOS PROCESSOS QUE REGULAM A CORRESPONDÊNCIA ENTRE A CONSTRUÇÃO DAS FORMAS LINGUÍSTICAS E OS RESPECTIVOS SIGNIFICADOS (TRANSPARÊNCIA) CONSTITUI A GRAMÁTICA DE UMA LÍNGUA. A GRAMÁTICA É RESPONSÁVEL, PORTANTO, POR UMA PARTE DO SIGNIFICADO DOS ENUNCIADOS – AQUELE QUE RESULTA DOS MEIOS PELOS QUAIS AS UNIDADES PORTADORAS DE SIGNIFICADO SE COMBINAM PARA CONSTRUIR AS FRASES.

Suponhamos que uma dessas frases seja *A avó de Joãozinho parecia feliz quando ele a visitou*. Sua representação escrita nos revela dez unidades independentes (palavras gráficas). Cada palavra desta frase detém um certo valor semântico ou referencial que memorizamos na aprendizagem da língua. Ao enunciá-la, produzimos um 'sentido', que depende, em parte, do reconhecimento do que cada palavra designa ou significa (e que os dicionários procuram registrar). Cada palavra está, por assim dizer, arquivada na memória dos falantes como uma relação entre uma forma sonora e uma possibilidade de significado.

Outra parte do sentido daquela frase nos é dada, porém, pela gramática da língua, a saber:

a) a entoação nos revela que estamos diante de uma declaração, e não de uma pergunta;
b) por ser um verbo, *visitar* pode assumir a forma *visitou*;
c) por serem substantivos, *Joãozinho* e *avó* ocupam posições em torno do verbo *visitar*, e em relação a este verbo atuam, respectivamente, nos papéis de agente e paciente, papéis que podem ser permutados se esses substantivos mudarem de posição (*A avó visitou Joãozinho*);
d) por ser substantivo próprio, *Joãozinho* ordinariamente se mantém no singular.

Como se vê, há no enunciado um sentido que pode ser apreendido e explicitado como produto da composição dos significados ou valores referenciais das unidades lexicais e dos valores expressos pelo sistema gramatical.

Qual é o papel da gramática? Como a gramática contribui para a expressão e comunicação de conteúdos? A construção de um enunciado baseia-se em pelo menos dois fundamentos funcionalmente interligados: (a) uma motivação comunicativa e (b) a interpretação de uma experiência (ver primeiro capítulo). A interpretação da experiência é materializada em recursos formais diversos – seleção das palavras e das construções sintáticas – com que elaboramos expressões referenciais e expressões predicadoras (ver 1.4). Umas e outras, e a respectiva articulação no texto, estão por sua vez sujeitas à motivação comunicativa de seu enunciador. Ao enunciador compete, portanto, a prerrogativa de atribuir um valor semântico relacional – *agente*, *causa*, *paciente*, *instrumento*, *lugar* – (ver 6.5.4) a cada entidade de que queira falar. É o enunciador que distribui esses papéis semânticos entre os seres, coisas e entidades que tomam parte no objeto de seu discurso. Além disso, cabe-lhe ainda escolher a estratégia comunicativa (ver quarto capítulo) que, a seu juízo, levará o interlocutor ou leitor a interpretar a mensagem que lhe dirige.

O que faz, então, a gramática? Ela provê o enunciado e cada uma de suas partes das especificações categoriais (ver 6.5) necessárias tanto à verbalização da experiência interpretada (ver 1.4 e 1.5), quanto à função interacional e comunicativa pertinente (ver quarto capítulo). Estas especificações tanto revelam esse conteúdo quanto dão as pistas para o ato interpretativo do interlocutor.

A GRAMÁTICA, PORTANTO, NÃO É UMA ARMADURA QUE ENRIJECE A FRASE, MAS UM SISTEMA DE MEIOS QUE TORNA POSSÍVEIS A ELABORAÇÃO E A TROCA DE SIGNIFICADOS POR MEIO DE UMA LÍNGUA. ASSIM CONCEBIDA, A GRAMÁTICA É PARTE DO CONHECIMENTO QUE QUALQUER INDIVÍDUO TEM DE SUA LÍNGUA. UM CONHECIMENTO QUE É ATIVADO NO PROCESSO DE PRODUZIR E COMPREENDER AS FRASES/TEXTOS DESSA LÍNGUA (VER 2.3, 2.4).

Também usamos o termo gramática, porém, para designar a descrição técnica desse conhecimento. Nesta acepção, a gramática é um conjunto de conceitos e de afirmações sobre o funcionamento das línguas. E o conceito-chave da análise gramatical, tal como se pratica tradicionalmente, é a unidade conhecida como **palavra**.

6.3 LEXICOLOGIA, MORFOLOGIA, SINTAXE, MORFOSSINTAXE

A unidade léxico-gramatical que chamamos de 'palavra' é o fundamento da distinção tradicional entre **morfologia** – que analisa e explica a 'transparência' (relação motivada entre forma e sentido) das palavras; e a **sintaxe**, que analisa e explica a 'transparência' (relação motivada entre forma e sentido) das orações. A palavra é o limite entre esses dois domínios: a morfologia vai até ela, a sintaxe começa nela e termina na oração.

Ocorre, porém, que a forma da palavra também é sensível aos fenômenos sintáticos. Em *Eles estudam juntos*, temos três palavras no plural, mas somente em *Eles* o plural nos dá uma informação sobre a 'entidade do mundo', isto é, que se trata de 'mais de um elemento'; em *estudam* e *juntos* a pluralização expressa uma relação puramente gramatical, de natureza sintática – a concordância. No uso de falantes não escolarizados o normal é *Eles estuda junto*, com indicação de plural apenas no pronome. O plural de *eles* e *juntos* é expresso pelo mesmo recurso – a adição de *-s* – embora tenham motivações, ou funções semióticas, diferentes; o plural em *estudam* é expresso por um recurso privativo dos verbos (cf. *estuda* / *estudam*).

A morfologia, segundo sua conceituação tradicional, trata, portanto, de fatos que dizem respeito ora ao léxico ora à sintaxe. Ao primeiro ela auxilia com os conceitos de derivação, composição e classes de palavras (ver sexto e sétimo capítulos); à segunda, com o conceito de flexão (ver sétimo capítulo). As variações da forma da palavra devidas às condições sintáticas de seu emprego na frase dizem respeito à **morfossintaxe**. O objeto próprio da morfologia é a estrutura mórfica da palavra quando a consideramos de um ponto de vista estritamente paradigmático (ver 5.3), compreendendo os conceitos de afixo, radical, vogal temática, tema, desinência, assuntos que serão abordados no sétimo capítulo. O sistema de meios e processos empregados na formação/criação das palavras diz respeito propriamente à lexicologia, e também serão estudados nos capítulos 17, 20 e 21.

6.4 CONCEPÇÕES DE GRAMÁTICA: UNIVERSAL, LATENTE, EXPLÍCITA, TEÓRICA, DESCRITIVA, NORMATIVA

A aptidão para organizar os sons vocais – ou os gestos – com o objetivo de exprimir significados é universal na espécie humana (não há grupo humano que não fale alguma língua), e só os seres humanos podem adquirir as habilidades relacionadas a tal aptidão. Isso nada tem a ver, porém, com 'ser inteligente' no sentido corrente desta expressão, pois cães, elefantes, golfinhos e chimpanzés são reconhecidamente animais inteligentes. Só não falam porque não estão biologicamente equipados para essa função. Por outro lado, sabe-se que todas as línguas conhecidas e estudadas se servem dos mesmos princípios básicos de organização estrutural, isto é, são formadas de signos que associam significantes a significados (ver 5.2), e apresentam em cada um destes planos unidades hierarquizadas em diferentes tipos (ver 6.9) e regras combinatórias que integram classes (ver 6.9) no interior de cada tipo.

Ao conjunto de princípios organizacionais próprios da linguagem humana, e portanto inerentes a cada língua particular, chamamos **gramática geral** ou **gramática universal**. Admite-se, com efeito, a existência de uma espécie de gramática geral ou universal que se concretiza por meio de gramáticas particulares nas diferentes línguas. Ou seja, o que explica as diferenças radicais entre o português, o árabe, o tupi e o japonês é a diversidade inerente às convenções socioculturais historicamente adotadas nas diferentes comunidades de seres humanos que falam essas línguas. Por serem expressões da cognição humana, elas – e quaisquer outras línguas – são veículos eficientes de conceptualização do mundo em que aquelas sociedades vivem e das múltiplas necessidades comunicativas de seus falantes.

A existência dessa gramática universal é uma hipótese que inspira um amplo conjunto de investigações e estudos com o objetivo de produzir uma teoria geral do funcionamento das línguas, a que damos o nome de **gramática teórica**. A gramática geral é **latente**, implícita; a gramática teórica é um corpo de afirmações que hipoteticamente revela, de modo explícito, a natureza do conhecimento humano que chamamos gramática geral. A explicitação da gramática teórica é o objetivo maior da ciência da linguagem.

Podemos agora contrapor a gramática geral (e sua versão explícita, a gramática teórica) e a gramática particular, própria de cada língua. Também no domínio restrito de cada língua temos uma **gramática latente**, ou internalizada, e uma **gramática explícita**. A gramática latente corresponde ao conhecimento que cada usuário tem de uma língua específica qualquer – sua língua materna – e que o torna apto a produzir e compreender frases nessa língua. A gramática explícita é o corpo de informações e afirmações com que se busca explicitar, com base nos princípios de uma gramática teórica, o conhecimento que cada indivíduo tem de sua língua materna. A esta gramática explícita chamamos tecnicamente **gramática descritiva**.

Toda tentativa de empregar alguma teoria da linguagem para tornar explícito o conhecimento que as pessoas têm de sua língua materna faz parte da elaboração de uma gramática descritiva. Logo, se nosso objetivo é, por exemplo, descrever (isto é, explicitar por meios técnicos) certo uso da língua, precisamos de quatro coisas pelo menos: (a) delimitar um objeto de análise, (b) selecionar um *corpus*, (c) apoiar-nos numa teoria e (d) classificar as unidades e enunciar as regras de seu funcionamento.

Digamos que queiramos analisar o funcionamento das formas ele/ela/ o/a (*objeto*) no seguinte conjunto de oito frases (*corpus*):

a1 - Traz sua namorada aqui pr'a gente conhecer ela,
a2 - Traz sua namorada aqui pr'a gente conhecer;
b1 - Peguei o dinheiro e guardei ele no bolso,
b2 - Peguei o dinheiro e guardei no bolso;
c1 - Traga sua namorada aqui para nós a conhecermos,
c2 - Traz sua namorada aqui para nós conhecermos;
d1 - Peguei o dinheiro e guardei-o no bolso,
d2 - Peguei o dinheiro e guardei no bolso.

Estas frases não foram colhidas em nenhuma situação real de fala, mas é inegável que são perfeitamente aceitáveis como frases do português usado no Brasil. Todos sabemos que as frases a1, a2, b1, b2 e d2 (formalmente idêntica a b2) têm maior probabilidade de ocorrência na fala espontânea do que as restantes. Há entre elas, portanto, diferenças de grau de formalidade (ver 4.5.2) que vão do mais coloquial (a1) ao mais cerimonioso (c1). Esta diferença sociocomunicativa é muito importante e precisa ser levada em conta na metodologia. Mas vamos encurtar o caminho de nossa reflexão. O que queremos explicar é a variação entre o uso de '*ele/ela*' e de '*o/a*' e a variação entre a presença e a ausência dessas pequenas formas.

Podemos presumir, de antemão, que *ele/ela* são empregados na fala mais coloquial e que *o/a* são próprios da comunicação mais tensa e formal.

Esta hipótese, amparada em nossa intuição, pode ser facilmente comprovada. Deduziremos daí uma regra: *ele/ela/o/a* são formas que podem funcionar como complemento de verbos no português do Brasil, com a diferença de que as duas primeiras são do uso espontâneo e geral e as duas últimas mais comuns na escrita, por isso normalmente adquiridas pela via do ensino escolar. Quanto à variação entre presença e ausência, percebe-se que se trata de uma possibilidade geral na sintaxe brasileira, desde que o referente do pronome suprimido (*sua namorada* / *o dinheiro*) possa ser recuperado do contexto.

O que fizemos acima foi simplesmente, ainda que de maneira sucinta e superficialíssima, *descrever* um aspecto da sintaxe pronominal do português brasileiro.

Agora, se dissermos que o emprego de *ele/ela* como complemento deve ficar restrito às situações informais de comunicação, e que o emprego de *o/a* é o correto na comunicação neutra/formal tanto escrita quanto falada, então já não estaremos nos limitando a descrever o funcionamento da língua 'tal como ela é', mas atuando em nome de um juízo de valor com o objetivo pedagógico de controlar seu uso por critérios de adequação social. Este é o enfoque do que chamamos **gramática prescritiva** ou **normativa**, perfil predominante do ensino da língua, avassaladoramente persistente em nossa tradição escolar, e, em muitos círculos sociais, o único conceito de **gramática**.

A prescrição linguística é tarefa inerente à atividade pedagógica, mas – convém que se enfatize – não se resume ao 'ensino de gramática'. O alcance do ensino da língua com finalidade normativa compreende ainda pronúncia, ortografia, vocabulário, tipos de texto, técnicas de leitura e de construção textual etc. Enfim, um conjunto de competências e instrumentos que podemos adquirir por acréscimo a tudo o que já se aprendeu espontaneamente em toda espécie de convívio social.

A função desses 'acréscimos' é habilitar os usuários da língua para participar de um universo de bens culturais mais amplo e complexo, no qual se produz e circula uma grande massa de conteúdos e informações tanto por meios escritos quanto, embora em menor escala, por meios falados. Este é o universo da mídia em geral e da grande maioria das obras impressas. Nesse universo, as pessoas monitoram o uso da língua em nome de uma espécie de modelo caracterizado pelo "apagamento de marcas dialetais muito salientes"[37]: a língua padrão.

---

[37] FARACO, Carlos A. "Norma Padrão Brasileira: Desembaraçando Alguns Nós". In: BAGNO [2002: 42].

SUA CONDIÇÃO DE MODELO DE USO FAZ DA LÍNGUA PADRÃO UMA REFERÊNCIA IDEALMENTE HOMOGÊNEA, UMA ESPÉCIE DE REPERTÓRIO QUE INCLUI USOS DE UM ESPECTRO DE TEMPO AMPLO E FATOS QUE FREQUENTEMENTE CONFLITAM COM TENDÊNCIAS DA LÍNGUA FALADA USUAL, COMO A FLEXÃO VIR PARA O FUTURO DO SUBJUNTIVO DO VERBO VER (SE EU VIR), O GÊNERO MASCULINO PARA O SUBSTANTIVO GRAMA NA ACEPÇÃO DE UNIDADE DE PESO (DUZENTOS GRAMAS DE MANTEIGA), A FORMA PLURAL PARA O POSSESSIVO MEUS DIANTE DO SUBSTANTIVO ÓCULOS, OU A PRONÚNCIA (E RESPECTIVA GRAFIA) DE MORTADELA. A LÍNGUA PADRÃO DEVE ESTE PERFIL CONSERVADOR A UM PODEROSO ALIADO: A CODIFICAÇÃO ESCRITA. NA HISTÓRIA DE TODAS AS SOCIEDADES, A ESCRITA ATUA COMO UM INSTRUMENTO DE UNIDADE POLÍTICA E INTERCÂMBIO CULTURAL NA MEDIDA EM QUE GARANTE A PERMANÊNCIA DA MENSAGEM ATRAVÉS DO TEMPO E PROMOVE SUA DIFUSÃO NO ESPAÇO.

O tema da norma padrão envolve, porém, questões complexas quando aplicado ao uso da língua, uma vez que entram em jogo aspectos caros à condição humana, como o direito à identidade cultural e à expressão individual. Portanto, o lugar da língua (ou norma) padrão não é o de substituta de qualquer variedade conhecida e empregada pelos cidadãos, mas o de um saber a mais, uma competência adicional, necessária ou, pelo menos, útil a novas experiências culturais.

Numa palavra final sobre o assunto desta seção, deixemos claro o seguinte: qualquer gramática normativa é necessariamente também uma gramática descritiva, pois só se pode prescrever uma forma da linguagem (prescrição) se ela foi preliminarmente identificada mediante uma descrição. A rigor, uma gramática normativa não passa de uma descrição da variedade padrão da língua apresentada a seus usuários como um modelo de uso supradialetal e socialmente prestigioso.

6.5 GRAMÁTICA E LÉXICO

Em 5.1 e 5.2 discorremos sobre a dupla articulação da linguagem. De acordo com este conceito, o signo linguístico consiste na associação entre dois planos: o plano da expressão, constituído pela camada sonora da linguagem, e o plano do conteúdo, correspondente aos significados. Estes, por sua vez, são consensualmente agrupados em duas ordens, segundo a natureza da respectiva série paradigmática: significados gramaticais e significados lexicais.

Para ilustrar a distinção, consideremos que quiséssemos descrever uma cena e que, para tanto, nos fosse necessário combinar numa frase as palavras *lagoa*, *peixe*, *inseto*, *comer* e *cair*. Muito provavelmente pensaríamos a lagoa como um lugar e atribuiríamos ao peixe a ação de comer e ao inseto a de cair. Diríamos algo como *Os insetos caem na lagoa e os peixes vão comendo* ou *Os peixes comem cada inseto que cai na lagoa*. As palavras foram postas numa dada ordem e certos elementos foram acrescentados para produzir uma autêntica frase da língua. As cinco palavras com que nomeamos os dados da cena expressam significados lexicais; por sua vez, a ordem em que foram colocadas e os elementos que foram acrescentados para produzir uma frase bem construída são de natureza gramatical.

Suponhamos agora que a cena não é percebida no momento em que é enunciada. Nesse caso, ela pode corresponder a um fato lembrado (*Os peixes comiam os insetos que caíam na lagoa*) ou a um fato antevisto pelo enunciador (*Os peixes comerão os insetos que caírem na lagoa*). A diferença entre *comem*, *comiam* e *comerão*, assim como entre *caem*, *caíam* e *caírem* também é gramatical.

Provisoriamente diremos que os significados lexicais estão associados aos dados do mundo externo à linguagem; naturalmente numerosos devido à sua função de 'nomear o mundo', eles formam conjuntos extensos e potencialmente ilimitados. Os significados gramaticais, por sua vez, formam paradigmas de um número limitado de elementos e dizem respeito à organização estrutural da língua.

6.5.1 Categorias lexicais e categorias gramaticais

Retomemos uma ideia desenvolvida em 1.3 e 1.4 para reafirmar que "os enunciados com que comunicamos nossas percepções, experiências e intuições não são um 'espelho fiel' delas, mas a forma pela qual estas 'percepções, experiências e intuições' se transformam em conteúdos que podem ser objetivados e partilhados com o interlocutor". Em resumo, nossos discursos não expressam 'decalques' do mundo real ou do mundo imaginário, mas sentidos organizados graças aos materiais e recursos simbólicos constitutivos de uma língua natural. Esta é uma tarefa levada a cabo graças ao papel desempenhado pela linguagem humana na constituição e organização do conhecimento humano.

> CONSTITUIR O UNIVERSO DE NOSSAS 'PERCEPÇÕES, EXPERIÊNCIAS E INTUIÇÕES' SIGNIFICA, PORTANTO, CONCEBÊ-LO E ASSIMILÁ-LO ATRAVÉS DE UM SISTEMA SIMBÓLICO: UMA COMPLEXA TRAMA DE CATEGORIAS (OU CLASSES DE CONCEITOS) POR MEIO DAS QUAIS – E GRAÇAS ÀS QUAIS – A PERCEPÇÃO E A LINGUAGEM OPERAM, ORGANIZANDO OS SENTIDOS TROCADOS NA COMUNICAÇÃO.

Estas categorias (classes de conceitos ou operações conceituais) organizam nossas experiências do mundo em níveis diversos que vão desde esquemas de situações ou eventos amplos (uma competição esportiva, uma solenidade de formatura, um julgamento em um tribunal) até atos mais simples como o de descascar uma fruta ou apertar uma campainha à porta de uma residência. Tanto aqueles como estes se caracterizam como totalidades comportamentais.

Entre os seres humanos, não há outra forma de inserir os objetos de suas percepções nesse amplo arquivo mental que se chama 'conhecimento': os 'dados do mundo' ingressam nesse domínio sempre assimilados a esquemas, classes, categorias conceptuais. Noções como evento, estado, ação, substância, qualidade; propriedades como mineral e vegetal, natural e cultural, real e fictício, concreto e abstrato, passado e presente, singular e plural, geral e específico, profundo e superficial, erudito e popular, sagrado e mundano, correto e errado são categorias, ou seja, modos de organizar nossas experiências do mundo e de fazer delas assunto de nossos discursos.

Uma frase simples como *Uma pequena aranha está construindo a teia nesta roseira amarela* reporta um fato unitário; seus componentes são percebidos ao mesmo tempo no seu entrosamento significativo: o animal, seu tamanho, o que faz, como faz e onde o faz. Cada frase que produzimos traduz uma seleção e um recorte, e cada pessoa pode construir ou reconstituir, a partir dela, uma referência subjetiva, baseada em sua experiência particular de mundo, na qual cada coisa ganha uma espécie de 'realidade figurativa': a espécie da aranha, o volume da roseira, o trançado da teia. A frase pode evocar, para cada indivíduo, uma experiência concreta subjetiva e única, mas do ponto de vista simbólico – que é o que faz dela um enunciado da língua – a frase ostenta um sentido comum aos usuários da língua e subjacente aos preenchimentos particulares ou subjetivos de referência.

Este 'sentido comum subjacente' equivale, naturalmente, a um complexo conjunto de informações partilhadas por quem enuncia a frase e por quem a interpreta: a língua como forma coletiva de codificação do conhecimento. Estas informações se distribuem por uma variada rede de tipos, entre os quais, conforme se viu no item precedente, destacaremos dois: informações de tipo lexical, relativas aos seres, seus atributos e suas ações (o conhecimento compartilhado pelos interlocutores relativamente ao signo *aranha* e aos signos *pequeno*, *teia* e *construir* quando aplicados a aranhas), e informações de tipo gramatical, relativas à organização da frase como uma forma linguística de comunicação.

Essa forma coletiva de codificação do conhecimento permite a seus usuários reconhecer na frase um conjunto de informações pertencentes a diversas espécies de categorizações subjacentes aos atos verbais, a saber: que se trata de uma declaração, e não de uma pergunta ou de uma ordem; que o acontecimento se desenrola no momento em que o enunciador fala, e não antes ou depois desse momento; que a roseira é um objeto situado próximo ao enunciador, e não ao eventual interlocutor, entre outros aspectos.

Destacaremos a seguir quatro dessas espécies, que denominaremos (a) categorização lexical, (b) categorização determinativa, (c) categorização combinatória e (d) categorização morfossintática.

6.5.2 Categorização lexical

Esta é a função das formas que simbolizam, nomeando-os, os dados sensíveis ou intelectuais (objetos, entidades, propriedades, estados, processos, sentimentos, ideias etc.) do mundo real ou imaginário, tratados como 'objetos de conhecimento' (ver 1.4). No exemplo reapresentado no item anterior há seis dessas formas: *aranha*, *pequena*, *teia*, *construir*, *roseira*, *amarela*. Trata-se de unidades do léxico da língua, cujos significados, tipicamente arrolados no dicionário, se chamam, por isso mesmo, lexicais (por oposição aos gramaticais, que, por pertencerem à estrutura ou organização formal da língua, são descritos nas gramáticas).

As unidades lexicais correspondem fundamentalmente a três amplas categorias: (a) seres/entidades, (b) ações/processos , (c) propriedades/atributos. Em nosso exemplo, há três da categoria 'a' (*aranha*, *teia* e *roseira*), uma da categoria 'b' (*construir*) e duas da categoria 'c' (*pequena* e *amarela*). Tipicamente, as unidades da espécie 'a' se classificam como substantivos, as da espécie 'b' como verbos e as da espécie 'c' como adjetivos.

6.5.3 Categorização determinativa

Chamamos **categorização determinativa** a um amplo espectro de noções expressas pelas palavras que ordinariamente precedem o substantivo na construção dos enunciados: os *determinantes*. As noções expressas pelos determinantes formam conjuntos restritos de oposições e não se referem a entidades estáveis no 'mundo das coisas', mas a informações apreendidas na situação discursiva ou no espaço do texto. Esta característica dos determinantes só não é observada nos numerais, que, embora ocorram na mesma posição dos determinantes, têm natureza lexical e significam quantidades constantes e precisas.

Muitos desses determinantes apresentam forma variável para se adaptar ao gênero (masculino/feminino) e ao número (singular/plural) do nome que acompanham. A importância deles está, porém, nos papéis semântico-textuais que desempenham na construção da referência (ver 10.2 – 10.7) operada pelo sintagma nominal (ver 6.9.1.6.1 e todo o décimo capítulo).

Em nosso exemplo há três determinantes: *uma* (artigo indefinido), que faz da aranha, no evento relatado, uma informação que está sendo apresentada ao leitor; *a* (artigo definido), que caracteriza *teia* como um dado ativado na mente do leitor graças ao seu conhecimento do que fazem as aranhas; e *esta* (pronome demonstrativo), que localiza a roseira em relação à pessoa que fala. O emprego dos determinantes e os respectivos papéis semântico-textuais serão abordados em detalhes no décimo capítulo.

6.5.4 Categorização combinatória

As categorias combinatórias podem ser sintáticas ou semânticas. Chamam-se sintáticas as que se referem aos mecanismos formais de construção do enunciado (tradicionalmente conhecidas como *funções sintáticas*), e semânticas as que se referem às relações de sentido (também chamadas *funções semânticas* ou *temáticas*). Nos enunciados *Ana levou os sobrinhos para passear*, *Esse bolo leva uma camada de creme e outra de chocolate* e *O pugilista levou um golpe que o desacordou*, os termos *Ana*, *Esse bolo* e *O pugilista* têm a mesma função sintática (sujeito), mas diferentes funções semânticas: *Ana* é um agente que tem o processo sob seu controle; *Esse bolo* é uma entidade estática receptora da ação, e *O pugilista* é um paciente do processo.

Também expressam funções combinatórias o *para* em *para passear* (finalidade) e o *de* em *de creme* e *de chocolate* (matéria).

Voltando ao nosso exemplo, reparamos que suas unidades se articulam na expressão de um evento ou fato. O enunciador representa-o como uma atividade (*construir*) situada em um espaço (*roseira*) e na qual estão envolvidas duas entidades: a *aranha* e a *teia*. Ou seja, o evento é concebido pelo enunciador como a articulação de quatro categorias: 'ação', expressa por *construir*; 'agente', conferida à *aranha*; 'paciente', conferida à *teia*; e 'lugar', conferida à *roseira*. Chamamos 'agente', 'paciente' e 'lugar' (expresso com o *em* de *nesta*) categorias combinatórias – ou funções – semânticas porque, no contexto do enunciado, esses papéis são reconhecidos em relação ao verbo *construir*. Por outro lado, *uma pequena aranha*, *a teia* e *nesta roseira* são, respectivamente, sujeito, complemento e adjunto do verbo *construir*. Sujeito, complemento e adjunto são categorias – ou funções – sintáticas. Trata-se, em ambos os tipos, de valores sintagmáticos – ou combinatórios – que as unidades contraem no contexto da frase, na medida em que cada uma se acha na presença da outra: 'agente de', 'paciente de', 'lugar de', 'sujeito de', 'complemento de', 'adjunto de'. Vamos chamá-los, por isso, de 'categorias combinatórias'.

A descrição detalhada dos meios gramaticais de expressão das categorias combinatórias será objeto dos capítulos nono, décimo e décimo segundo.

6.5.5 Categorização morfossintática

Enquanto a categorização lexical compreende todos os significados que representam entidades, propriedades e fatos do mundo percebido ou imaginado (conceptualização ou significação externa), as categorias morfossintáticas constituem um sistema de noções estruturais obrigatórias, inerentes à organização interna da língua. Estas se caracterizam, tanto quanto as noções constitutivas da categorização determinativa, pelo elenco restrito e fechado de elementos em oposição, como os pares masculino/feminino (*um* / *uma*), ação habitual/ação progressiva (*constrói* / *está construindo*), presente/passado (*está construindo* / *estava construindo*). As categorias morfossintáticas são expressas por meio de variações da forma das unidades lexicais e dos determinantes. Diversamente das categorias relacionais – que são valores definidos no interior da frase – as categorias morfossintáticas se organizam como escolhas que se excluem e que realizamos no processamento do enunciado (relações paradigmáticas): masculino X feminino, presente X passado, contínuo X pontual, singular X plural. E assim por diante. As categorias morfossintáticas do português são: *pessoa*, *gênero*, *número*, *modo*, *tempo* e *aspecto*. A morfologia dessas categorias será descrita no sétimo capítulo, que trata das classes de palavras.

6.6 FRASE, ORAÇÃO E MATRIZ PROPOSICIONAL

Vimos no quarto capítulo que as unidades fundamentais que empregamos na comunicação interpessoal, em situações concretas e únicas, por meio de palavras, chamam-se **frases**. Perguntas, respostas, ordens, declarações, exclamações, promessas, pedidos são atos comunicativos praticados por meio de frases. Tanto a pergunta *Você aceita outro pedaço de bolo?* quanto a resposta *Sim* ou *Aceito* são frases. Para termos uma frase, é suficiente, portanto, que a unidade linguística empregada represente um ato comunicativo capaz de exprimir uma intenção ou motivação interlocutiva. Dizemos, por isso, que **a frase é a unidade fundamental do discurso**, isto é, da atividade comunicativa que se realiza por meio da palavra.

Outra coisa é a oração. Chamamos **oração** à *unidade gramatical centrada em um verbo flexionado em um dado tempo e constituída, tipicamente, de duas partes: sujeito e predicado*. Ordinariamente, a função 'sujeito' é exercida por um substantivo ou pronome substantivo, e a função 'predicado' é exercida por um verbo: *João* / *Ele* (= sujeito) *viajou* (= predicado). Uma oração é, portanto, uma construção identificada por sua forma: **é uma unidade da gramática da língua**.

Frase e oração são, portanto, conceitos de natureza diversa, baseados em critérios distintos: a frase é um meio de ação comunicativa, já a oração é uma unidade reconhecida por sua constituição formal. Nada impede, porém, que certos segmentos sejam ao mesmo tempo classificados como orações e frases. A estes segmentos damos o nome de **períodos**.

Um outro conceito útil à nossa reflexão é o de **proposição**, correntemente definida como *enunciado declarativo cujo conteúdo pode ser considerado verdadeiro ou falso*. Expressões como *a aranha*, *sua teia* e *a árvore* empregam-se tão-só para designar certos objetos de conhecimento (referentes). Para explicitar um raciocínio articulando estes 'objetos', é necessário construir uma proposição, ou seja, uma unidade de informação que podemos julgar verdadeira ou falsa: *A aranha tece sua teia na árvore*. A proposição é sempre uma declaração em que se associam uma expressão referencial no papel de sujeito e um comentário no papel de predicado. Logo, ordens e perguntas não são proposições.

Empregaremos o termo **matriz proposicional** para identificar um nível mais abstrato de representação do conteúdo da proposição. A matriz proposicional reúne as noções essenciais à estrutura conceitual (referenciação + predicação) da oração, representadas por palavras da língua, mas é desprovida de tempo. Enunciados, ou orações, como *A aranha tece sua teia na árvore* e *A terra do jardim era fofa* baseiam-se, respectivamente, nas seguintes matrizes proposicionais: [*aranha*, *teia*, *árvore*, <u>*tecer*</u>] e [*terra*, *jardim*, <u>*fofa*</u>][38]. As formas sublinhadas denotam as noções que, sujeitas à temporalidade, articulam-se às restantes para realizar uma declaração sob a forma de oração.

Estes três conceitos se referem a três níveis operacionais da análise: um abstrato e latente (*matriz proposicional*), um concreto e evidente (*enunciado* ou *frase*) e um intermediário (*oração*). A matriz proposicional reúne os itens lexicais e as respectivas categorias relacionais semânticas (cf. 6.5.4), mas sem a noção de tempo; a oração acrescenta as funções sintáticas e as categorias morfossintáticas, com destaque para o tempo; a frase é a unidade da instância interpessoal, ou 'unidade do discurso', caracterizada por uma certa modalidade enunciativa (ver 2.3), pela realização de um dado 'ato de fala' (ver 4.3.3) e, no discurso falado, pela entoação.

Uma vez que só a oração possui uma caracterização formal precisa (exigência de tempo expresso em um núcleo verbal que lhe serve de eixo), é no interior dela que podemos, com clareza, distinguir as palavras segundo as respectivas classes, reconhecer em cada classe as respectivas subclasses, e identificar como se articulam sintaticamente entre si.

[38] Cf. o conceito de molde de predicação [ing. *predicate frame*] de DIK [1997: 77-97]. Ver tb. PINTO [1994: 23-27].

6.7. FORMAS MARCADAS E FORMAS NÃO MARCADAS

No item 5.2 discutimos a relação entre as expressões linguísticas e os respectivos conteúdos. Ali deixamos claro que esta relação pode ser arbitrária, estritamente convencional, ou motivada de alguma maneira. As formas opacas baseiam-se em uma relação arbitrária e exclusiva entre a estrutura do significante e o respectivo significado. Por sua vez, a evidência de motivação da relação entre estes dois planos aponta para o reconhecimento de um sistema.

Vamos nos deter agora em um aspecto relacionado à motivação da relação entre expressão e significado: a noção de **marca** como conceito amplamente operacional na análise das formas da linguagem.

Dizemos que duas unidades da língua podem distinguir-se pelo fato de uma delas apresentar uma particularidade que a outra não tem. A que apresenta a particularidade é a forma marcada, a outra é a forma não marcada. Assim, as formas verbais do passado e do futuro são marcadas – pois contêm morfemas próprios desses tempos – ao passo que as do presente, desprovidas de desinências específicas de tempo, são não marcadas. A forma feminina de certos nomes – por exemplo *autora*, *espanhola* – é marcada, ao passo que as respectivas formas masculinas – *autor* e *espanhol* – são não marcadas. As frases declarativas são não marcadas, ao passo que as frases interrogativas e as imperativas são marcadas. E em cada uma dessas modalidades, as frases negativas são marcadas, ao passo que as positivas são não marcadas. A construção *Esse problema eu não posso resolver*, em que uma unidade pós-verbal – *esse problema* – é trazida para o início da frase, é marcada, ao passo que *Eu não posso resolver esse problema* – com ordem sintaticamente previsível – é uma construção não marcada.

O conceito de marca não é de fácil aplicação em todos os domínios da arquitetura da língua, mas é de extrema eficácia na explicação de uma série de fatos. Em primeiro lugar, porque existe uma persistente relação entre a caracterização de uma unidade como marcada e a presença, nela, de um aspecto formal ausente na forma não marcada, como o morfema do passado (em português, não existe morfema de presente), o morfema de feminino (em português, não existe morfema de masculino), o morfema de plural (em português, não existe morfema de singular), a partícula de negação (em português, a frase afirmativa não é identificada por qualquer marca específica). Ou seja:

A LÍNGUA PROVÊ RECURSOS PARA QUE A INFORMAÇÃO RELEVANTE E NÃO PREVISÍVEL SEJA DADA POR ALGUM ELEMENTO ACRESCENTADO À EXPRESSÃO, ENQUANTO TENDE A SUPRIMIR DO TEXTO INDICADORES FORMAIS DE CONTEÚDOS QUE O CONTEXTO TORNA PREVISÍVEIS. UMA FORMA NÃO É MARCADA POR SI, MAS SEMPRE EM RELAÇÃO A OUTRA: A UNIDADE MARCADA É NECESSARIAMENTE MAIS COMPLEXA DO QUE A NÃO MARCADA NO PLANO DO SENTIDO, E A ESTA MAIOR COMPLEXIDADE INFORMACIONAL/SEMÂNTICA PODE CORRESPONDER UMA MAIOR COMPLEXIDADE FORMAL.

6.8 HIERARQUIA DA ESTRUTURA GRAMATICAL

A primeira impressão de quem observa uma frase ou um texto é que as unidades fônicas – ou gráficas – vêm umas após outras como objetos colocados lado a lado numa prateleira ou como livros arrumados numa estante.

Essa linearidade é apenas aparente, porém; na verdade, os sinais fônicos – ou gráficos – não se sucedem na emissão vocal ou no espaço da folha de maneira aleatória. Há por trás dessa sucessão uma lógica distributiva que agrupa unidades menores (os morfemas) no interior de unidades maiores (as palavras), que agrupa palavras no interior de sintagmas, sintagmas no interior de orações. A estruturação gramatical é, portanto, uma composição hierarquizada dessas unidades, graças à qual construímos e apreendemos o significado dos enunciados. Morfemas, palavras e orações são três tipos cuja diferença se baseia, essencialmente, na posição hierárquica que ocupam na estrutura gramatical: o morfema ocupa a base, a oração ocupa o topo dessa hierarquia. No esquema abaixo pode-se visualizá-la:

<table>
<tr><td colspan="12">Estas noites passam lentamente</td></tr>
<tr><td colspan="3">Estas</td><td colspan="3">noites</td><td colspan="3">passam</td><td colspan="3">lentamente</td></tr>
<tr><td>Est</td><td>a</td><td>s</td><td>noit</td><td>e</td><td>s</td><td>pass</td><td>a</td><td>m</td><td>lent</td><td>a</td><td>mente</td></tr>
</table>

Na seção seguinte há outros detalhes relativos ao reconhecimento dessa hierarquia.

6.9 A ESTRUTURA GRAMATICAL: TIPOS, CLASSES E FUNÇÕES

O estudo da palavra será detalhado no sétimo capítulo e ao longo de toda a quarta parte. Por ora, basta-nos reconhecer, como ficou demonstrado no item anterior, que a gramática opera com unidades menores do que a palavra – os **morfemas** – e com unidades maiores que ela até o limite da **oração**. Morfemas, palavras, sintagmas e orações são quatro **tipos** de unidades formais portadoras de significado.

Consideremos inicialmente a seguinte frase: *O avião pousou suavemente*. Temos aí uma oração formada por quatro palavras. Duas dessas palavras – *o* e *avião* – são indivisíveis em unidades significativas menores; já *pousou* e *suavemente* podem ser divididas: pous+o+u (cf. ***pous**ava*, *desce**u***) e *suav+e+mente* (cf. ***suav**idade*, *calma**mente***). Assim como uma palavra pode ser dividida em morfemas, uma oração pode ser dividida em palavras. Todavia, também teríamos uma oração se disséssemos apenas *Ele pousou*, onde *ele* ocupa o lugar de *o avião* e *pousou* o de *pousou suavemente*.

Admitamos agora que a oração fosse *O avião que trouxe os atletas pousou suavemente*. Contando as palavras de cada exemplo, podemos concluir que uma oração pode conter um número variável delas: duas, quatro, oito ou mais. O número de palavras presentes numa oração não serve, porém, como critério para a análise de sua estrutura, simplesmente porque não existe limite para esse número. Voltemos então aos nossos exemplos, propondo variantes para eles: *O avião pousou*, *Ele pousou suavemente*, *O avião que trouxe os atletas pousou*. Temos agora dois novos tipos de unidades, correspondentes às partes em que a oração poderá ser dividida. Uma dessas partes pode ser *o avião*, *o avião que trouxe os atletas* ou simplesmente *ele*; a outra pode ser *pousou suavemente* ou simplesmente *pousou*. Podemos dizer agora que a oração não é formada diretamente pelas palavras, mas pela união desses dois tipos de unidades, conhecidos como **sintagmas**.

Diremos, então, que entre o nível da palavra e o da oração existe o nível do sintagma. Os tipos são identificados não apenas por suas características formais, mas, sobretudo, pelo nível hierárquico que ocupam: o morfema ocupa a base, a oração ocupa o topo da hierarquia gramatical. Logo acima do nível do morfema situa-se o da palavra; logo abaixo do nível da oração situa-se o do sintagma. Os quatros níveis vão explicitados no esquema abaixo:

<table>
<tr><td colspan="12">Estas noites passam lentamente</td></tr>
<tr><td colspan="6">Estas noites</td><td colspan="6">passam lentamente</td></tr>
<tr><td colspan="3">Estas</td><td colspan="3">noites</td><td colspan="3">passam</td><td colspan="3">lentamente</td></tr>
<tr><td>Est</td><td>a</td><td>s</td><td>noit</td><td>e</td><td>s</td><td>pass</td><td>a</td><td>m</td><td>lent</td><td>a</td><td>mente</td></tr>
</table>

Cada tipo subdivide-se em **classes**. As classes se distinguem pelo lugar relativo na construção da unidade pertencente a um dado tipo. O tipo é um conceito hierárquico, a classe é um conceito combinatório. Assim, *o* e *avião* são unidades do mesmo tipo (palavras), mas pertencem a classes diferentes (*o* = artigo, *avião* = substantivo); *ele* e *pousou* também são unidades do mesmo tipo (sintagmas), mas pertencem a classes diferentes (*ele* = sintagma nominal, *pousou* = sintagma verbal); na palavra *chaveiro*, *chave -eiro* são do mesmo tipo (morfemas), mas pertencem a classes diferentes (*chav-* = radical, *-eiro* = sufixo). Ao se combinarem na construção interna de um tipo qualquer, duas classes contraem uma relação, de sorte que uma delas passa a ter uma função em relação à outra. No espaço da oração, cada sintagma ocupa um lugar funcional: *o avião / ele / o avião que trouxe os atletas* é o sujeito, *pousou suavemente / pousou* é o predicado. Sujeito e predicado são funções. Por sua vez, a estrutura de cada sintagma compreende um constituinte básico ou nuclear (*avião / pousou*), e um constituinte adjacente (*o / que trouxe os atletas*, adjacentes ao núcleo *avião*, e *suavemente*, adjacente ao núcleo *pousou*). Nuclear e adjacente (= adjunto) também são funções.

6.9.1 Palavras e sintagmas

Palavras e sintagmas preenchem os outros dois níveis da hierarquia gramatical da língua. Trata-se de unidades que nem sempre podemos delimitar com precisão, porque pode haver 'palavras dentro de palavras' – como no caso das palavras compostas (*beija-flor*, *cartão-postal*) – e sintagmas dentro de sintagmas. Mesmo assim, são conceitos operacionalmente indispensáveis à descrição gramatical. A principal diferença formal entre palavras e sintagmas está na estabilidade estrutural daquelas por oposição à mobilidade interna dos sintagmas: os elementos formadores de uma palavra não podem mudar de posição, não admitem ser separados pela intercalação de uma unidade autônoma, nem podem ser suprimidos por elipse. Tudo isso pode acontecer com as partes constitutivas de um sintagma. Essa distinção tem suas limitações: expressões cristalizadas como provérbios (*Quem já foi rei nunca perde a majestade*) também não podem ser desmontadas, mas não são palavras. Em tese, porém, é nela que temos de nos basear. No item 6.9.1.6 trataremos das diferentes espécies de sintagmas.

6.9.1.1 Palavra, lexema, palavra gramatical e vocábulo

Até aqui empregamos o termo 'palavra' sem maior preocupação com o fato de se tratar de uma designação tecnicamente imprecisa. Qualquer pessoa já iniciada nas convenções da escrita contaria vinte palavras na primeira frase deste parágrafo, usando como critério o espaço em branco que as separa. Eventualmente alguém poderia entender que, por se repetirem, *o* e *de* devem ser contados apenas uma vez. Quem está com a razão? Esta dupla interpretação do conceito de palavra é bastante para comprovar a imprecisão do termo; por isso, precisamos de mais elementos para oferecer uma resposta.

Nossa ideia comum do que seja palavra foi construída ao longo da alfabetização e reforçada nas atividades ligadas à escrita. As convenções adotadas na representação gráfica nem sempre refletem as intuições dos falantes em face da realidade oral, haja vista casos como *de repente* e *depressa*.

Tornemos, portanto, mais preciso este conceito ao mesmo tempo tão necessário e tão fluido. O que chamamos de **palavra** é *a menor unidade significativa autônoma constituída de um ou mais morfemas dispostos numa ordem estável*. O que neste caso se entende por autonomia corresponde a uma de duas possibilidades: uma unidade significativa é uma palavra se entre ela e outra que a acompanha é possível intercalar uma terceira unidade autônoma (na frase *Esta casa é pequena* existem quatro palavras porque podemos inserir unidades autônomas entre cada uma delas e a seguinte: *Esta* ***outra*** *casa* ***nova*** *é* ***muito*** *pequena*), ou se pode mudar de posição relativamente às outras da frase (Na frase *Eles conheciam-se* há três palavras simplesmente porque podemos também dizer *Eles se conheciam*).

Empregaremos, no entanto, os termos **lexema** (palavra lexical) e **palavra gramatical** – que transcreveremos em letras maiúsculas para evitar qualquer confusão entre estes conceitos e qualquer forma textual concreta – para nos referirmos à palavra como unidade de citação (ex. 'o verbo DIZER', 'a preposição POR') e de registro no dicionário; por outro lado, usaremos o termo **vocábulo** para designar as diferentes formas que um lexema ou uma palavra gramatical assume no texto em virtude de sua especificação morfossintática (ver 6.5.5 e 6.9.1.5.2). Desse modo, existem um lexema LER e uma palavra gramatical O [formas dicionarizadas] que no texto podem assumir várias formas [vocábulos]: *ler*, *lerei*, *lia*, *leia*, *lesse* etc; *o*, *a*, *os*, *as*. Como se vê, o termo **palavra** tanto equivale a lexema ou palavra gramatical quanto a vocábulo.

6.9.1.2 Palavras variáveis e palavras invariáveis

Os lexemas e as palavras gramaticais apresentam-se nos textos sob formas concretas a que damos o nome de vocábulos. Estes podem ser invariáveis ou variáveis. Diz-se invariável a palavra que se emprega no texto sempre sob a mesma forma (ex.: *cada*, *de*, *alguém*) e variável quando pode apresentar mais de uma forma textual de acordo com a respectiva especificação morfossintática: *o/a* / *os/as*, *algum/alguma* / *alguns/algumas*, *ler/lerei* / *lia/leia/lesse*. Uma palavra invariável apresentará sempre a mesma forma no dicionário e no texto. No dicionário ela é um lexema; no texto, um vocábulo. No grupo das palavras gramaticais, preposições, conjunções e advérbios são sempre invariáveis; artigos e pronomes são variáveis. Já no grupo dos lexemas, todo verbo é variável, mas pode haver – um tanto raras – formas invariáveis entre os adjetivos (*simples*) e entre os substantivos (*tórax*, *pires*, *bônus*).

Quando a variação formal de um lexema é inexplicável por meio de regras gerais, é natural que os dicionários registrem os vocábulos que concretizam essa variação como se fossem formas léxicas distintas. É assim que procedem em relação às formas do pronome pessoal – *eu / me / mim / comigo*, para a primeira pessoa do singular; *ele/o*, para a terceira pessoa do singular; *se / si*, para as formas reflexivas da terceira pessoa. Na análise que empreendemos, as formas *eu*, *me*, *mim* e *comigo* são consideradas diferentes vocábulos morfossintáticos para a primeira pessoa do singular (EU), e não lexemas diferentes.

6.9.1.3 Estrutura das palavras

Já sabemos que uma palavra – entendida como equivalente de vocábulo – é uma unidade autônoma constituída de um ou de vários morfemas. Um deles serve necessariamente de base mórfica – ou raiz – da palavra e responde pelo seu núcleo semântico. Os demais ocupam posição periférica. Algumas palavras são constituídas de um único morfema aparente, que lhes serve de base: *mar*, *capim*, *feliz*, *capuz*. Comparadas a estas, *marinho*, *capinzal*, *infeliz* e *encapuzar* revelam morfemas periféricos: (*mar*)*inho*, (*capin*)*zal*, *in*(*feliz*), *en*(*capuz*)*ar*. Agora vamos acrescentar outra característica das palavras: os morfemas que a integram ocorrem numa ordem fixa e não podem ser separados para a intercalação de uma nova palavra.

Os morfemas pertencem a duas ordens principais: morfema lexical e morfema gramatical. O morfema lexical serve sempre de base a um lexema; já o morfema gramatical pode ser base de um palavra gramatical (ex. ***cada***, ***outro***, ***minha***, ***ela***) ou ocupar posição periférica (*outr**o***, *minh**a***, *en**capuz**ar*, ***felic**idade*).

Os morfemas gramaticais podem ser de quatro tipos: (a) bases, (b) afixos ou morfemas derivacionais, (c) vogais temáticas e (d) desinências ou morfemas flexionais.

São bases os morfemas gramaticais que funcionam como vocábulos, seguidas ou não de vogal temática ou desinência. Preposições, conjunções e pronomes como *eu*, *tu*, *o*, *a*, *meu*, *cada* funcionam por si sós como vocábulos gramaticais; por outro lado, formas como '***o**s*', '***alguém***', '***est**e*', '***est**a*', '***minh**a*', '***outr**a*' são constituídas de uma base (em itálico) seguida de outro morfema afixado.

Os afixos ou morfemas derivacionais juntam-se a bases léxicas (morfemas lexicais) para a criação de novos lexemas. Dividem-se em:

prefixos – morfemas derivacionais que se colocam antes do radical: ***in**feliz*, ***en**capuzar*, ***trans**formar*, ***sub**solo*; e

sufixos – morfemas derivacionais que se colocam depois do radical: *mar**inho***, *feli**cidade***, *transforma**ção***, *macie**z***.

6.9.1.4 O morfema gramatical e seus tipos

A expressão morfossintática das categorias gramaticais de gênero, número, pessoa, tempo, modo e aspecto pode ocorrer por adição de elemento fônico, ausência de elemento fônico ou alternância de elemento fônico. No par *mesa* / *mesas*, o plural (*mesas*) é indicado pela adição de *-s* (morfema aditivo ou segmental) e o singular (*mesa*) por sua ausência (morfema zero); no par *faz* / *fez*, a diferença entre o presente (*faz*) e o passado (*fez*) é indicada pela alternância das vogais /a/ e /e/ (morfema alternativo).

6.9.1.5 Classes de palavras e respectivas características

Voltemos à frase inicial, *Uma pequena aranha está construindo a teia nesta roseira amarela*, formada por onze palavras: *uma* + *pequena* + *aranha* + *está* + *construindo* + *a* + *teia* + *em* + *esta* + *roseira* + *amarela*. Por várias razões, estas palavras têm de ocorrer na frase nesta ordem. Por razão lógica, *aranha* e *teia* não podem trocar de posição: a primeira é o agente e a segunda, o paciente. Também por motivo lógico, *roseira* é a única palavra que pode vir após o *em*, representando o lugar. Seria muito estranho dizer *Uma aranha está construindo a roseira amarela nesta teia*, e mais estranho ainda dizer *Uma teia está construindo a roseira amarela nesta aranha*. Tudo isso é muito estranho do ponto de vista lógico, mas, do ponto de vista da forma gramatical, nada impede a construção destas frases, porque aquelas três palavras pertencem à mesma classe: substantivo.

> UMA CLASSE DE PALAVRA É A SOMA DE TRÊS PROPRIEDADES: A) UM MODO DE SIGNIFICAR, B) UM CONJUNTO DE CARACTERÍSTICAS FORMAIS E C) UMA POSIÇÃO ESTRUTURAL NO INTERIOR DA ORAÇÃO. O ASPECTO 'A' CORRESPONDE À SUA NATUREZA LÓGICO-SEMÂNTICA OU SEMIÓTICA (VER 6.5.2), O ASPECTO 'B' DIZ RESPEITO AO SEU PERFIL MORFOSSINTÁTICO (VER 6.5.5) E O ASPECTO 'C' SE REFERE AO SEU CONTEXTO SINTAGMÁTICO (VER 6.5.4).

6.9.1.5.1 Classes de palavras segundo o modo de significar

Tradicionalmente, de acordo com o critério lógico-semântico (ou modo de significar), distinguimos *substantivos* (palavras que designam, de maneira genérica ou específica, seres, objetos, entidades, ideias), *verbos* (palavras que situam no tempo ações, processos e atributos), *adjetivos* (palavras que representam atributos, estados e qualidades dos objetos e entidades nomeados pelos substantivos), *pronomes* (palavras que se referem aos seres sem discriminá-los no universo designado), *numerais* (palavras que denotam quantidades exatas), *advérbios* (palavras que expressam circunstâncias ou intensidades de atributos e ações), *artigos* (palavras que, antepostas aos substantivos, apenas informam se as entidades/conceitos que eles designam já são conhecidas ou não), *conectivos* (palavras que se interpõem a outras para exprimir relações de sentido), *interjeições* (palavras que se empregam exclusivamente para exprimir atos comunicativos circunstanciais).

6.9.1.5.2 Classes de palavras segundo o perfil morfossintático

Segundo este critério, as diferentes palavras se enquadram em classes amplas ou paradigmas morfossintáticos. O paradigma morfossintático é a soma de um certo subconjunto de categorias – dentre as categorias de gênero, número, pessoa, tempo, modo e aspecto – e respectiva expressão mórfica, às quais as classes de palavras estão sujeitas. Há em português quatro grupos ou paradigmas morfossintáticos.

O primeiro grupo se caracteriza pelo conjunto das categorias de **tempo** (*moro* (presente) X *morava* (passado)), **aspecto** (*morava* (imperfeito) X *morei* (perfeito)), **modo** (*morava* (indicativo) X *morasse* (subjuntivo)), **número** (*mora* (singular) X *moram* (plural)) e **pessoa** (*moro* (1ª pessoa) X *mora* (3ª pessoa)). Este grupo reúne exclusivamente os verbos.

O segundo grupo é caracterizado pelo conjunto das categorias de **número** (*gato* / *gatos*, *branco* / *brancos*, *o* / *os*, *algum* / *alguns*, *cujo* / *cujos*, *o qual* / *os quais*) e **gênero** (*gato* / *gata*, *branco* / *branca*, *o* / *a*, *algum* / *alguma*, *cujo* / *cuja*, *o qual* / *a qual*, *duzentos* / *duzentas*). Este grupo reúne o substantivo, o adjetivo, o artigo, o numeral e os pronomes indefinidos e relativos.

O terceiro grupo é caracterizado pelo conjunto das categorias de **pessoa** (*eu* / *ele*, *meu* / *seu*, *este* / *aquele*), **gênero** (*ele* / *ela*, *meu* / *minha*, *este* / *esta*) e **número** (*ele* / *eles*, *meu* / *meus*, *este* / *estes*). Este grupo compreende os pronomes pessoais, demonstrativos e possessivos.

Os pronomes pessoais ocupam um lugar à parte no terceiro grupo devido à existência de unidades morfossintáticas distintas para os papéis sintáticos do sujeito/predicativo (*eu*, *ele*, *nós*), do complemento adverbial (*me*, *o*/*lhe*, *nos*) e do complemento preposicional (*mim*).

O quarto grupo é caracterizado pela invariabilidade morfológica de seus membros e reúne a preposição, a conjunção, o advérbio e a interjeição.

6.9.1.5.3 Classes de palavras segundo o contexto sintagmático

Do ponto de vista sintagmático, as palavras são *nomes*, *verbos*, *adjetivos*, *advérbios*, *determinantes*, *coordenantes* e *subordinantes*. Estas classes se diferenciam por suas características combinatórias e pela posição que ocupam na hierarquia gramatical interna da oração. O nome é a base do sujeito, e o verbo a base do predicado (*João/Ele* [nome] *viajou* [verbo]). A maioria dos nomes pode vir precedida de outras palavras, os determinantes, e seguida de adjetivos (***aquela outra*** [determinantes] *árvore* [nome] ***frondosa*** [adjetivo]). Os advérbios servem para acompanhar verbos (*João/Ele* [nome] *viajou* [verbo] ***ontem*** [advérbio]), adjetivos (*João está* ***muito*** [advérbio] *feliz* [adjetivo]), ou outro advérbio (*João acorda* ***muito*** [advérbio] *cedo* [advérbio]). Coordenantes ligam palavras ou construções da mesma função (*João* [sujeito] *e Paulo* [sujeito] *viajaram*). Subordinantes dão origem a sintagmas derivados, habilitando-os a novas funções (*doce* [base] ***de*** *leite* [modificador]; *quero* [base] ***que*** *você volte* [complemento]) (cf. décimo capítulo).

6.9.1.6 Formação e classificação dos sintagmas

Temos visto que os constituintes da oração são os sintagmas. Assim como as palavras se distribuem em classes segundo a posição que ocupam no interior dos sintagmas, assim também os sintagmas se distribuem em classes segundo a posição que ocupam diretamente na oração ou em outros sintagmas mais amplos.

Distinguiremos cinco classes de sintagmas: o sintagma nominal (SN), o sintagma verbal (SV), o sintagma adjetival (SAdj.), o sintagma adverbial (SAdv.) e o sintagma preposicional (SPrep.). Esta é uma classificação ao mesmo tempo mórfica, baseada na classe de palavra que tipicamente preenche o sintagma ocupando seu núcleo, e funcional, por dizer respeito à posição do sintagma na estrutura da oração.

Os sintagmas podem ser básicos ou derivados. Chamam-se básicos os sintagmas formados por uma classe de palavra apta a constituir por si só o respectivo sintagma. São básicos, portanto, o SN formado de substantivo ou pronome substantivo, o SAdj. formado por adjetivo e o SAdv. formado por advérbio. Chamam-se derivados os sintagmas criados por meio de transposição (ver 14.7).

Os sintagmas preposicionais são sempre sintagmas derivados, visto que não podem ser formados somente pela preposição, embora devam a ela a respectiva classe. Eles se formam regularmente na língua, e estão aptos a ocupar posições variadas na construção dos enunciados – exceto as nucleares de sujeito e predicado –, especialmente nas mesmas funções dos sintagmas adjetivais e dos sintagmas adverbiais.

Além dos sintagmas preposicionais, são derivados os sintagmas nominais, adjetivais e adverbiais formados também por transposição de orações (ver 14.7 e 14.8).

6.9.1.6.1 Sintagma nominal (SN)[39]

Ao construir o SN, o enunciador seleciona as informações que são necessárias para tornar aquilo de que fala suficientemente identificável por parte do interlocutor. Se a coisa que o enunciador quer dar a conhecer a seu leitor/ouvinte é um certo objeto que marca horas, esta coisa pode ser designada como *relógio*. Se a uma pergunta como *Pode me dizer as horas?*, o interpelado respondesse *Desculpe; eu não uso relógio.*, estaria identificando o objeto apenas em sua existência conceitual, aquilo que ele tem de comum a todos os relógios, reais e possíveis. Neste caso, o conteúdo léxico da palavra é suficiente para a comunicação. Se, entretanto, o enunciador mentalizasse uma referência menos geral e a quisesse comunicar ao interlocutor, seguramente teria de fazer certas escolhas para delimitar melhor o alcance de sua referência:

a) qualquer *relógio*,
b) meu *relógio*,
c) este *relógio*,
d) o outro *relógio*,
e) um *relógio* de parede,
f) o *relógio* da parede,
g) aquele *relógio* herdado de meu avô,
h) algum *relógio* que me desperte às 7 horas.

Tanto a unidade formada de uma só palavra – *relógio* – quanto as construções relacionadas de 'a' a 'h' são sintagmas nominais. O primeiro resume-se a seu núcleo, todos os demais resultam da expansão desse núcleo, que, sendo um nome (substantivo), projeta sua classe para a classe da construção: sintagma nominal. Mas em cada um deles o conceito genérico *relógio* participa de uma referenciação distinta, de sorte que a 'coisa designada' passe a ser um objeto de conhecimento passível de identificação pelo interlocutor.

Construir uma referência – seja ampla e genérica (*relógio*), seja restrita e específica (*o relógio herdado de meu avô*) – é, portanto, a função comunicativa do SN. Às vezes esta referência é realizada com o máximo grau de precisão por uma única palavra capaz de constituir por si só um SN e

[39] HERNANZ, María Lluïsa e BRUCART, José María. "El Sintagma Nominal". In: HERNANZ e BRUCART [1987: 142-209]; LIBERATO, Yara Goulart. "A Estrutura Interna do SN em Português". In: DECAT et alii [2001: 41-102]; BRITO, Ana Maria. "O Sintagma Nominal". In: MATEUS et alii [2003: 328-370].

denotar um referente individual, concreto e definido: o substantivo próprio (*Chegaram de* ***Portugal***).

Os exemplos apresentados na lista acima são típicos de configurações do SN cujo núcleo é preenchido pela subclasse de nomes conhecidos como substantivos comuns. Existem outras subclasses de nomes, cujas diferenças acarretam diferentes configurações do SN, como se verá no décimo capítulo.

6.9.1.6.2 Sintagma verbal (SV)

O sintagma verbal é a base da estrutura oracional. Sem ele não há oração, e as variações de molde estrutural da oração (cf. abaixo), que detalharemos no nono capítulo, são devidas às diferentes subclasses do núcleo formal do SV: o verbo. Assim como o SN pode ser formado apenas por seu núcleo, também o SV pode ser constituído tão somente pela forma verbal: *João* ***viajou***. As expansões do SV também dependem da natureza sintático-semântica do verbo que lhe serve de núcleo. Verbos como *viajar*, *vender*, *estar* e *deixar* têm características sintático-semânticas bem diversas, responsáveis por diferentes moldes estruturais para as orações que integram, como se pode comprovar a seguir:

a) João *viajou*
b) João *vendeu* seu carro
c) João *estava* em casa
d) João *estava* tranquilo
e) João *estava* viajando
f) João *deixou* a cidade
g) João *deixou* os documentos no carro
h) João *deixou* o cachorro fugir
i) João *deixou* dinheiro para as compras

6.9.1.6.3 Sintagma adjetivo (SAdj.)

O sintagma adjetivo tem por núcleo um adjetivo: *João estava* ***tranquilo*** / *Seus filhos são crianças* ***tranquilas***. Percebe-se por estes exemplos que o SAdj. pode ser constituinte de um SV (*estava tranquilo*) ou de um SN (*crianças tranquilas*). O SAdj. pode ser expandido por meio de constituintes anexados a seu núcleo. O tipo de expansão depende da natureza léxico-sintática do núcleo do SAdj. Por exemplo, certos adjetivos admitem gradação, de sorte que a expansão do SAdj. pode se realizar pelo acréscimo de intensificadores: *João estava* ***muito*** / ***bastante*** <u>*tranquilo*</u>. Há adjetivos, porém, que recebem complementação: *João estava* <u>*confiante*</u> ***na vitória de seu time***. Um segundo tipo de expansão do SAdj. por meio de complementação consiste em fazer do seu núcleo o ponto de referência de uma comparação, na qual o adjetivo vem precedido dos intensificadores *tão*, *mais* ou *menos* (*João estava* ***mais*** */* ***menos*** *tranquilo* (*do*) *que seu irmão*; *João estava* ***tão*** *tranquilo quanto seu irmão*).

6.9.1.6.4 Sintagma adverbial (SAdv.)

O sintagma adverbial tem por núcleo um advérbio. Sua construção se assemelha em vários aspectos à do SAdj. Por ora nos referiremos apenas aos SAdvs. que funcionam como recurso de expansão de um SV: *João viajou* ***ontem*** / *João acordou* ***cedo*** / *João trabalhava* ***aqui*** / *João entrou* ***tranquilamente*** *na igreja*). Certos advérbios são passíveis de intensificação (*João acordou* ***muito cedo*** / *João acordava* ***mais cedo*** *que seu irmão*).

6.9.1.6.5 Sintagma preposicional (SPrep.)

O sintagma preposicional é desprovido de um núcleo, já que a unidade que o caracteriza – a preposição – jamais ocorre isolada. O SPrep. é uma construção extremamente versátil do ponto de vista sintático (pode ocupar as posições tanto do SAdj. quanto do SAdv.: *João trabalhava* ***de manhã*** / *cedo*; *Este vinho é do Chile* / ***chileno***) e do ponto de vista semântico, por conta das diferenças entre as preposições e da polissemia de certas preposições (*Voltei* ***de*** *Petrópolis* / *Voltei* ***de*** *ônibus* / *Voltei* ***de*** *manhã*). A formação padrão do SPrep. consiste na combinação entre uma preposição e um SN. Excepcionalmente combina-se a preposição *de* com um adjetivo, para a expressão de uma causa (*Caiu* ***de podre***, *Dormiu* ***de cansado*** [cf. *Dormiu de cansaço*]).

6.9.2 Subordinação e coordenação

O princípio fundamental da estruturação sintática é a combinação das unidades livres – palavras, sintagmas e orações. A coordenação consiste em combinar duas ou mais unidades livres sintaticamente equivalentes (*João* e *Paulo*, *Quer o café* ***com açúcar*** *ou* ***com adoçante***?, *Comprou a roupa* ***mas*** *não a usou*). A subordinação consiste em combinar duas unidades livres, geralmente de classes diferentes, de modo que uma delas sirva de base à construção e a outra seja sua expansão (*Areia branca*, *Comprei frutas*). Nestes exemplos, respectivamente um SN e um SV, a classe da construção é definida pela parte sublinhada (*areia* [nome], *comprei* [verbo]), que lhe serve de base, enquanto a parte em itálico, de classe diferente da base, serve para expandir o sintagma. Este tema será desenvolvido no segmento que vai do oitavo ao décimo quarto capítulo.

6.9.3 Funções sintáticas

Palavras e sintagmas são as únicas espécies de unidades aptas a desempenhar uma função sintática. Para tanto, é necessário que estejam contidas numa construção maior a cuja base se anexam. Se esta construção é uma oração, sua base é o SV, que funciona como *predicado* (*Este relógio* ***pertenceu ao meu avô***), e o SN anexo a esta base funciona como *sujeito* (***Este relógio*** *pertenceu ao meu avô*). Se a construção é um SV, sua base é o verbo e os sintagmas anexos a esta base podem ser *complementos* (objeto direto, objeto indireto, predicativo) ou *adjuntos* (adjunto adverbial de modo, de tempo, de lugar etc.). Se a construção é um SN, sua base pode ser um substantivo comum a que se pode anexar um *adjunto* (adjunto adnominal) ou um *complemento* (complemento nominal). As funções sintáticas são, portanto, posições estruturais preenchidas por palavras e sintagmas na hierarquia interna da oração (ver 6.8). Com exceção do sujeito, todas as funções sintáticas constituem expansões de um núcleo, tal como foi descrito no item anterior ao tratarmos do conceito de subordinação.

6.10 COLOCAÇÃO, REGÊNCIA E CONCORDÂNCIA

No item 6.9.2 defini subordinação como o processo que "consiste em combinar duas unidades livres, geralmente de classes diferentes, de modo que uma delas sirva de base à construção e a outra seja sua expansão". A unidade que 'expande' a base da construção é uma unidade subordinada. A condição de unidade subordinada explicita-se de três maneiras: pela posição, pela variação morfossintática e pelo uso de conectivos. Diz-se que a base da construção *rege* a unidade que a expande. Segundo esta acepção ampla de regência, o substantivo rege seus determinantes bem como os adjetivos que se referem a ele, impondo-lhes seus traços de gênero e número (concordância nominal); o verbo, quando transitivo, rege seus complementos, impondo-lhes um certo posicionamento (*A menina leu* ***a carta***, e não **A menina* ***a carta*** *leu*) ou uma dada forma, como a da alternância *ela/a* em ***A menina*** [= *ela*] *leu a carta* / *O menino beijou* ***a menina*** [= *a*]. Por sua vez, a preposição rege sintagmas nominais, que, representados por pronomes pessoais, assumem formas propícias a essa posição: ***eu*** *passei por ela*, mas *ela passou por* ***mim***. Segundo a formulação que acabamos de apresentar, um termo A rege um termo B sempre que a presença de B no contexto da oração depende da presença de A; em muitos casos, a própria forma de B é determinada por sua relação com A. Em sentido estrito, ocorre regência quando A requer a anexação de B, de sorte que B exerce o papel sintático de complemento de A. Se A é um verbo, temos regência verbal, e o verbo se chama transitivo; se A é um substantivo, um adjetivo ou um advérbio, temos regência nominal. O complemento do verbo se chama objeto direto, objeto indireto ou complemento relativo. O complemento dos demais termos se chama complemento nominal. O ponto de vista normativo na abordagem gramatical dedica especial atenção à seleção da preposição que estabelece o elo entre o termo A e o termo B: *ser passível* ***de*** *punição*, *ter interesse* ***em/por*** *antiguidades*, *incumbir alguém* ***de*** *uma tarefa*.

Algumas dessas preposições são previsíveis graças à relação de sentido que explicitam, mas o mais comum é que elas ocorram associadas ao verbo, ao adjetivo ou ao substantivo (*consistir* ***em***, *independente* ***de***, *preferência* ***por***), aos quais se agregaram como uma espécie de apêndice. Por isso, nossas gramáticas normativas optam por listar esses verbos, adjetivos e substantivos seguidos das respectivas preposições. Este procedimento tem sérias limitações, já que nenhuma listagem poderá ser exaustiva, mesmo porque não compete à gramática prover informações idiossincráticas sobre o uso da língua. Esta tarefa compete aos dicionários.

QUARTA PARTE

MORFOLOGIA FLEXIONAL E SINTAXE

SÉTIMO CAPÍTULO: AS PALAVRAS: CLASSES, VARIAÇÃO E SIGNIFICAÇÃO

7.1 SUBSTANTIVO

A classe do substantivo reúne as seguintes características principais:

a) dá nome às parcelas de nosso conhecimento representadas como seres;
b) serve de núcleo às expressões referenciais do texto;
c) tem gênero próprio (masculino ou feminino) e varia em número (singular ou plural);
d) desempenha as funções sintáticas de sujeito e de objeto direto.

7.1.1 Classificação do substantivo

Os substantivos classificam-se quanto à significação e quanto à forma. Quanto à significação, podem ser **concretos** ou **abstratos**, **próprios** ou **comuns**, e **coletivos** ou **partitivos.** Quanto à forma, os substantivos podem ser **primitivos** ou **derivados**, **simples** ou **compostos**.

7.1.1.1 Substantivos concretos e abstratos

A distinção entre concreto e abstrato refere-se a dois modos de representar os conceitos denotados pelos substantivos: seres animados ou inanimados, reais ou criados pela imaginação, mas que 'estão no mundo' como seres reconhecíveis pelos sentidos, são nomeados por substantivos concretos (*fruta*, *estrela*, *criança*, *capim*, *mão*, *prédio*, *fada*, *fantasma*, *lobisomem*, *saci-pererê*); noções que denotam propriedades abstraídas dos seres concretos, e não estão sujeitas às distinções animado X inanimado, real X imaginário, são nomeadas por substantivos abstratos (*aspereza*, *justiça*, *ternura*, *ódio*, *perdão*, *alegria*, *leveza*, *peso*, *escuridão*, *temperatura*, *mistério*, *evidência*, *correria*, *queda*, *decepção*, *vitória*). Está claro, portanto, que esta distinção é de natureza semântica, pois se refere à conceptualização do mundo. Os substantivos *aspereza*, *justiça*, *perdão* e *vitória*, por exemplo, não se referem a entidades que existam em si mesmas e por si mesmas, mas a noções *abstraídas* – por isso **nomes abstratos** – como propriedades ou atos dos seres: de algo que é áspero, de alguém que é justo, de alguém que perdoa, de alguém que vence. Por esta razão, os substantivos abstratos são largamente empregados quando o enunciador quer sintetizar um conteúdo expresso por meio de uma proposição. Por exemplo: *a **maciez** do pelo do gato* por *o pelo do gato é macio*, *o **sumiço** das joias* por *as joias sumiram*. Segundo estes exemplos, a construção formada pelo substantivo abstrato conduz necessariamente à informação expressa na proposição, uma vez que a pressupõe (ver 4.5.6.2.3.2.2)

É comum a alteração semântica do substantivo abstrato para designar uma entidade concreta. É o caso de se chamar *construção* ou *edificação* ao *prédio*, *entrada* ou *saída* aos lugares por onde se entra ou sai, ou *listagem* para o conjunto ordenado de nomes impressos. Também é possível o emprego do substantivo concreto para designar uma entidade abstrata. É o caso de *coroa* para denotar o poder do rei ou do imperador, ou de *luz* para significar *esclarecimento*. Trata-se de flutuações do sentido recobertas pelos processos metonímicos e metafóricos (ver 18.10).

7.1.1.2 Substantivos comuns e próprios

Os seres a que fazemos referência no discurso podem ser entendidos como classes de objetos – *país*, *estrela*, *piloto*, *clube*, *remédio* –, ou como membros únicos em suas classes – *Portugal*, *Vênus*, *Ayrton Senna*, *Flamengo*, *Melhoral*. Chamam-se **comuns** os substantivos que, como *país*, denotam os seres na condição de membros de classes ou espécies; e chamam-se **próprios** os substantivos que, como *Portugal*, servem para conferir identidade exclusiva a um membro de uma classe ou espécie. Um substantivo como *país* é uma designação *comum* a várias entidades: *Brasil*, *Portugal*, *Angola*, *Bolívia*. Por sua vez *Portugal* é a designação *própria* e exclusiva de um único país, *Vênus* é a designação *própria* e exclusiva de uma única estrela, e *Melhoral* é a designação *própria* e exclusiva de um único analgésico.

7.1.1.3 Interconversão de nomes próprios e comuns

As palavras podem mudar de classe ou de subclasse no âmbito da respectiva classe. Este processo é conhecido como derivação imprópria (ver 21.2.8). É possível, por exemplo, que um nome comum tenha seu sentido modificado para tornar-se nome próprio (cf. os nomes e sobrenomes *Violeta*, *Coelho*, *Rosa*, *Leitão*, *Madeira*, *Machado*, *Lírio*), ou quando um nome próprio tem seu sentido modificado para tornar-se nome comum (cf. *xerox*, *gilete*, *gari*, *quixote*).

7.1.1.4 Substantivos coletivos e partitivos

Substantivos coletivos e partitivos têm em comum uma referência à *quantidade* dos seres. Chamam-se coletivos os substantivos que se referem aos seres considerados em conjunto, e se chamam partitivos os substantivos que denotam as partes em que se divide a matéria ou um todo.

Os substantivos coletivos normalmente designam um conjunto de seres da mesma espécie, como *cardume* (de peixes), *manada* (de bois ou búfalos), *ramalhete* (de flores), *molho* (de chaves), *enxame* (de abelhas), *constelação* (de estrelas), *coleção* (de selos, de miniaturas etc.), *biblioteca* (de livros). Os substantivos partitivos podem denotar medidas exatas (*metro*, *quilo*, *litro*, *polegada*, *alqueire*, *hectare*) ou inexatas (*porção*, *punhado*, *fatia*, *lote*, *pedaço*) e se empregam seguidos da preposição *de* e um substantivo referente a massa/matéria (ex.: *três* ***metros*** *de pano*, *dois* ***quilos*** *de feijão*, *uma* ***porção*** *de leite*, *dois* ***pedaços*** *de pão*, *dez* ***lotes*** *de terreno*, *uma* ***fatia*** *de queijo*).

Por designarem coisas capazes de 'conter' outras, muitos outros substantivos são empregados exatamente como os partitivos, com a finalidade de indicar medida (ex.: uma *pá* de terra, uma *jarra* de vinho, uma *braçada* de capim, um *palmo* de largura, duas *xícaras* de leite, um *pacote* de biscoitos).

7.1.1.5 Substantivos primitivos e derivados

Chamam-se **primitivos** *os substantivos que não provêm de outras palavras* (ex.: *bruxa*, *pedra*, *palma*, *mesa*, *fogo*, *laranja*, *chapéu*, *guerra*). Por sua vez, os que provêm de outras palavras se chamam **derivados**. Os substantivos derivados podem se formar a partir de outros substantivos (ex.: *bruxaria*, *pedreira*, *palmada*, *mesário*, *fogaréu*, *laranjal*, *chapelão*, *pós-guerra*, *guerreiro*), de adjetivos (ex.: *largura* [de *largo*], *meiguice* [de *meigo*], *celebridade* [de *célebre*]), ou de verbos (*eleição* [de *eleger*], *devolução* [de *devolver*], *casamento* [de *casar*], *saída* [de *sair*], *caminhada* [de *caminhar*], *entrega* [de *entregar*]).

7.1.1.6 Substantivos simples e compostos

Os substantivos dotados de um só radical se chamam **simples** (ex.: *bolo*, *massagem*, *capim*, *gás*, *bicho*). Por sua vez, os substantivos dotados de mais de um radical se chamam **compostos** (ex.: *fura-bolo*, *hidromassagem*, *papa-capim*, *gasoduto*, *bicho-da-seda*).

7.1.2 A categoria gramatical de gênero

Os substantivos servem para designar uma vasta e variada série de noções concebidas pelo intelecto humano, cuja sistematização compete propriamente à semântica lexical. Do ponto de vista gramatical, tradicionalmente se consideram relevantes distinções como concreto X abstrato, próprio X comum, animado X inanimado. Na subclasse dos substantivos animados é comum encontrarmos pares como *homem/mulher*, *gato/gata*, *carneiro/*

ovelha, *rei/rainha*, que nossa tradição escolar transformou na ***razão*** por excelência da análise gramatical do gênero. A verdade, porém, é que todo e qualquer substantivo pertence a um gênero, e não apenas os que denotam seres animados. O excesso de importância tradicionalmente concedida a essa subclasse se explica pela confusão que se fez entre **gênero** – que é uma categoria linguística – e a noção biológica, portanto extralinguística, de **sexo**. Este equívoco já estava resolvido desde os trabalhos pioneiros de Manuel Said Ali (1861-1953), mas ainda resta uma certa confusão em obras recentes destinadas ao ensino médio.

Como membros de uma comunidade que fala a língua portuguesa, nosso conhecimento do português inclui a informação de que cada substantivo tem um gênero. Sabemos, por força desse conhecimento, que *sol* é masculino e que *lua* é feminino. Por isso dizemos *o sol é redondo*, e não **a sol é redonda*; mas dizemos *a lua é redonda*.

Noutras palavras, o gênero é um traço inerente à classe dos substantivos, uma característica quase sempre convencional, razão por que vem obrigatoriamente informada nos dicionários. Não é por outra razão que mesmo falantes nativos de português têm dúvidas sobre o gênero que nos dicionários se atribui a alguns substantivos, como *cal*, *personagem* e *diabetes*.

7.1.2.1 Conceito de gênero

Gênero é *uma propriedade gramatical inerente aos substantivos e que serve para distribuí-los em dois grandes grupos: nomes masculinos* (*carneiro*, *porco*, *caderno*, *muro*, *caramelo*, *sol*, *dia*, *brilho*, *clarão*) *e nomes femininos* (*ovelha*, *porca*, *borracha*, *parede*, *bala*, *lua*, *noite*, *claridade*, *escuridão*). Todo substantivo pertence, portanto, a um gênero, que ordinariamente vem indicado nos dicionários.

O gênero é, de um modo geral, uma característica convencional dos substantivos historicamente fixada pelo uso. Isto explica por que alguns substantivos mudaram de gênero ao longo do tempo (ex.: *fim* e *mar*, que já foram femininos e hoje são masculinos) ou apresentam gêneros diferentes conforme a variedade de língua (ex.: *grama* [unidade de peso] e *cal*, cujos gêneros variam conforme os usos da língua: coloquial e informalmente diz-se e escreve-se *duzent**as** gramas*, ***o** cal é branco*', enquanto nos usos técnicos e formais prefere-se *duzent**os** gramas* e ***a** cal é branc**a***). Nos casos de *carneiro/ovelha* e *porco/porca*, o falante de português se vale da oposição de significados entre macho e fêmea para identificar corretamente o gênero desses substantivos. Pode-se, portanto, dizer que, nestes últimos exemplos, o gênero, que é uma classificação eminentemente gramatical, corresponde à – e é motivada pela – distinção de conteúdos lexicais. O mesmo não se pode dizer, contudo, dos demais exemplos. O gênero de *caderno*, *muro*, *caramelo*, *sol*, *dia* e *brilho* não tem qualquer fundamento além da convenção social; este é também o caso de *borracha*, *parede*, *bala*, *lua* e *noite*. Quanto a *claridade* e *escuridão*, são femininos por força de uma regra morfológica – a que nos diz que são femininos todos os substantivos formados de adjetivos com acréscimo das terminações *-idade* e *-idão* (ex.: *vermelhidão*, *amplidão*, *aptidão*, *felicidade*, *pontualidade*, *facilidade*, formados respectivamente a partir de *vermelho*, *amplo*, *apto*, *feliz*, *pontual* e *fácil*).

O masculino é o membro não marcado (sobre este conceito, ver 6.7) – isto é, inespecífico – da oposição. Por isso, é ele o escolhido para designar a classe ou a espécie em sentido amplo: ***o** brasileiro* (isto é, 'o povo brasileiro'), ***o** trabalhador* (isto é, 'homem ou mulher que trabalha'), ***o** artista* ('quem produz arte'), ***o** sem-terra* (isto é, 'habitante da zona rural que não tem onde plantar'), ***o** gato* (isto é, 'animal felino doméstico'). Também por ser o membro não marcado, é a forma masculina do adjetivo a que se usa quando não há referência clara a um substantivo (ex. : *está **frio** nesta sala*, comparado com *esta sala está **fria***). Também por isso empregam-se como masculinos os vocábulos que servem de substantivação a conceitos diversos (ex.: ***o** xis* – cf. *este é o xis do problema* –; ***o** agá* – cf. *herói se escreve com **h*** –; ***o** lhe* – cf. *o **lhe** quase sempre é objeto indireto*).

7.1.2.2 Convenção e motivação

Resumindo esta introdução ao estudo do gênero como categoria gramatical em português, acreditamos que a distribuição dos substantivos nos dois grandes grupos – nomes masculinos e nomes femininos – obedeça a três grandes ordens de fundamento: (a) gênero por convenção, (b) gênero por referência e (c) gênero por elipse.

7.1.2.2.1 Gênero por convenção

É o fundamento geral. Diz respeito aos nomes de seres inanimados (*biscoito*, *pedra*, *espinho*, *sol*, *lua*, *nuvem*, *vento*, *mar*, *ponte*, *pente*, *milagre*) e a muitos nomes de seres animados (ex.: *girafa*, *borboleta*, *besouro*, *duende*, *fada*, *criança*, *pessoa*, *cônjuge*), cujo gênero é imanente e consolidado pelo uso. Encontram-se nessa categoria três tipos:

1) nomes cujo gênero vem explicitado tão somente nos seus determinantes: ***o** sol*, ***a** nuvem*, ***esta** ponte*, ***outra** borboleta*, ***uma** criança*, ***o** cônjuge*);
2) nomes cujo gênero é especificado no sufixo: *bel**eza***, *clar**idade***, *escur**idão***, *espess**ura***, *fabrica**ção***, *cresci**mento***, *viu**vez***;

3) nomes de base mórfica comum e significados afins, mas lexicalizados de maneira arbitrária no masculino e no feminino: *espinho/espinha*, *jarro/jarra*, *barco/barca*, *cesto/cesta*, *encosto* (costas da cadeira)/*encosta* (face de uma montanha), *ramo* (galho de planta, punhado de flores)/*rama* (conjunto de ramos), *lenho* (pedaço de madeira)/*lenha* (punhado de pedaços de madeira), *madeiro* (o mesmo que *lenho*)/*madeira* (matéria-prima em que se transformam as árvores abatidas), *vinho/vinha* (área plantada de pés de uva).

7.1.2.2.2 Gênero por referência

É o fundamento da atribuição de gênero aos nomes de seres animados sempre que a língua oferece ao falante palavras de gênero diverso para nomear o macho e a fêmea da espécie (ex.: *carneiro/ovelha*, *homem/mulher*, *galo/galinha*, *cavalo/égua*, *porco/porca*, *gato/gata*, *leão/leoa*) ou de classificações socioculturais variadas (ex.: 1- relações de parentesco: *sobrinho/sobrinha*, *irmão/irmã*, *pai/mãe*, *avô/avó*; 2- ocupações sociais: *o artista/a artista*, *o tenista/a tenista*, *o atleta/a atleta*, *pintor/pintora*, *autor/autora*, *imperador/imperatriz*, *rei/rainha*).

Essa motivação referencial observa-se em três casos:

1) quando existem dois nomes constituídos de radicais distintos – o masculino para o macho e o feminino para a fêmea de uma espécie natural ou de uma relação de parentesco –, sem que entre um e outro haja qualquer relação gramatical. Trata-se do 'gênero por heteronímia' da tradição descritiva (ex.: *cavalo/égua*, *bode/cabra*, *homem/mulher*, *genro/nora*, *touro/vaca*);
2) quando existem dois nomes de radical comum, um para designar o macho e outro para designar a fêmea, sendo que normalmente o feminino é formado por algum tipo de derivação (ex.: *sobrinho/sobrinh**a***, *aluno/alun**a***, *coelho/coelh**a***, *peru/peru**a***, *patrão/patro**a***, *leitão/leito**a***, *escrivão/escriv**ã***, *avô/av**ó***, *galo/gal**inha***, *maestro/maestr**ina***, *conde/cond**essa***, *duque/duqu**esa***, *rei/ra**inha***);
3) quando se trata de substantivo cujo gênero somente se define no ato de designar o indivíduo, conforme seja homem ou mulher (ex.: *o atleta/a atleta*, *o pugilista/a pugilista*, *o gerente/a gerente*, *o sem-terra/a sem-terra*, *o tenente/a tenente*, *o amante/a amante*). São os nomes 'comuns de dois gêneros'.

Também são referencialmente motivados os pronomes *ele/ela*, ou porque operam como os substantivos aqui citados, ou porque se referem, no texto, a nomes ou expressões categorizados como masculinos ou femininos.

7.1.2.2.3 Gênero por elipse

É o fundamento do processo pelo qual o gênero do substantivo base de uma construção é estendido ao nome que, com a elipse da base, passa a significar o todo. Acham-se neste caso nomes como *rádio*, feminino com o significado de 'emissora de rádio'; *América*, masculino com o significado de 'clube esportivo'; *fila*, masculino com o significado de 'cão de fila'.

7.1.2.3 Formação do feminino: flexão ou derivação?

As gramáticas do português em geral ensinam que em pares de substantivos como *aluno/aluna*, *mestre/mestra*, *coelho/coelha*, *elefante/elefanta* ocorre uma flexão de gênero. Embora muito difundida e consolidada em nossa tradição descritivista, esta análise precisa de uma reformulação. Damos a seguir três razões para analisar estes exemplos não como **flexão**, mas sim como **derivação**.

1) O conceito de flexão é incompatível com a quantidade de 'exceções' observada na classe dos substantivos. Para muitos substantivos em *-o* não existe contraparte feminina em uso (ex.: *mosquito*, *besouro*, *papagaio*, *lagarto* [*lagarta* é um inseto], *veado*, *camundongo*); em outros pares de nomes, a fêmea é designada por meio de um lexema que nenhuma regra é capaz de produzir (ex.: *homem/mulher*, *carneiro/ovelha*, *cavalo/égua* etc.).
2) A flexão expressa a variação formal da *mesma* palavra (*feio/feia* / *feios/feias*, *saber/sei/sabendo/soubesse*, *leão/leões*). *Coelho* e *coelha* não são duas formas da mesma palavra, mas palavras lexicais distintas, que os dicionários registram separadamente. A atribuição de um gênero diferente a uma unidade lexical substantiva é uma forma de criar um novo substantivo, isto é, um processo de derivação.
3) A criação e o emprego de certos nomes femininos (*chefa*, *sargenta*, *presidenta*), ou mesmo de certos nomes masculinos (*borboleto*, *formigo*, *pulgo*, possíveis nas histórias infantis), são frequentemente encarados como opções pessoais ou escolhas estilísticas dos falantes, o que não acontece quando estamos diante de uma flexão regular.

Devemos, entretanto, reconhecer que para nomes derivados como *sabichão*, *beberrão*, *trapalhão*, *francês*, *português*, *italiano*, *americano*, *cantor*, *professor*, *embaixador*, *verdureiro*, *faxineiro* existem contrapartes femininas regularmente formadas por flexão (*sabichona*, *francesa*, *italiana*, *cantora*, *faxineira*). Explica-se este fato, seja porque estes nomes são potencialmente substantivos e adjetivos, seja porque contêm 'sufixos que se flexionam'. Com efeito, os sufixos de grau -(*z*)*ão* e -(*z*)*inho* variam em gênero. O sufixo *-ão* apresenta no feminino o alomorfe *-on(a)*. Isto explica a existência de formas tipicamente populares e coloquiais como *mulherona*, *bolsona*, *cinturona*, *bolona*, *portona*, criadas para recuperar o valor de 'aumentativo' de certo modo perdido pelas formas em *-ão*: *mulherão*, *bolsão*, *cinturão*, *bolão*, *portão*.

O sufixo *-(z)inho/-(z)inha* também se comporta como unidade autônoma em relação ao gênero. É ele, e não o substantivo como um todo, que se flexiona em nomes como *pontezinha* e *pelezinha*, já que os nomes *ponte* e *pele* são de tema em *-e*. O *-a* dos diminutivos *portinha*, *ruazinha*, *pontezinha* e *pelezinha* é desinência de gênero própria do sufixo. A regularidade da presença do *-a* nos substantivos femininos derivados por meio do sufixo aumentativo *-ão* e dos sufixos *-ês*, *-or* e *-eiro* também é uma prova de que esse *-a* é uma desinência de gênero anexa ao próprio sufixo (ex.: *sabichona*, *solteirona* [subst. ou adj.], *francesa* [subst. ou adjetivo], *burguesa* [subst. ou adj.], *escritora*, *perdedora*, *lavadora*, *leiteira*, *laranjeira*, *sapateira*, *banheira*). Em todos os demais casos em que à distinção de gêneros não corresponde uma distinção sistemática de significados, como a oposição 'macho/fêmea', os substantivos, embora formados com base no mesmo radical, apresentam relações de significado bastante variáveis ou mesmo de sistematização impossível. Estes pares de substantivos podem ser distribuídos em dois grupos:

GRUPO A: **Nomes que diferem no gênero e na forma**
balanço – balança, *barco – barca*, *barraco – barraca*, *bicho – bicha*, *bolso – bolsa*, *braço – braça*, *caneco – caneca*, *cerco – cerca*, *cesto – cesta*, *cinto – cinta*, *cunho – cunha*, *encosto – encosta*, *espinho – espinha*, *fosso – fossa*, *fruto – fruta*, *grito – grita*, *horto – horta*, *jarro – jarra*, *lenho – lenha*, *madeiro – madeira*, *palmo – palma*, *poço – poça*, *ramo – rama*, *saco – saca*, *veio – veia*.

GRUPO B: **Nomes homônimos de gênero diverso**
o cabeça – a cabeça, *o guarda – a guarda*, *o caixa – a caixa*, *o lente – a lente*, *o moral – a moral*, *o rádio – a rádio*, *o capital – a capital*, *o rosa (cor) – a rosa (flor)*, *o cinza – a cinza*, *o violeta – a violeta*, *o guia – a guia*.

7.1.2.4 Nomes de gênero variável

Alguns substantivos pertencem aos dois gêneros sem qualquer diferença de significado: *o/a sentinela*, *o/a sabiá*, *o/a laringe*, *o/a ordenança*, *o/a personagem*, *o/a avestruz*, *o/a grama* (unidade de peso), *o/a cal*, *o/a milhar*.

7.1.3 A categoria gramatical de número

Diferentemente do gênero, a categoria do número diz respeito fundamentalmente a *uma oposição de significados – a oposição entre as quantidades* ***um*** *(singular) e* ***mais de um*** *(plural) –, expressa sistematicamente por um mecanismo flexional: ausência X presença da marca de plural* ***-s*** (ex.: *perna/perna**s**, flor/flor**es**, anel/ané**is***). Por outro lado, assim como na expressão do gênero, o artigo, o pronome, o adjetivo que acompanham o substantivo também variam em número por força da regra sintática da concordância (ex.: *a perna/a**s** perna**s**, esta flor/esta**s** flor**es**, meu anel/meu**s** ané**is***). No verbo, o número também expressa a distinção entre singular e plural, mas o faz através das desinências de pessoa (*-o* em *cheg**o***, *-s* em *chega**s***, ausência de desinência em *chega*, respectivamente para a 1ª, a 2ª e a 3ª pessoas do singular; *-mos* em *chega**mos***, *-is* em *chega**is*** e *-m* em *chega**m***, respectivamente para a 1ª, a 2ª e a 3ª pessoas do plural), por exigência do processo sintático da concordância verbal (ver 8.5).

Nos pronomes pessoais, a diferença de número restringe-se, como processo flexional, às formas da terceira pessoa – *ele/eles*, *ela/elas* – e dos pronomes de tratamento – *você/vocês* –, já que nas primeira e segunda pessoas o singular e o plural são representados por formas lexicalmente distintas: *eu/nós* (para a primeira pessoa), *tu/vós* (para a segunda pessoa).

O conjunto dos indivíduos de uma dada espécie ou classe pode ser expresso tanto pelo plural como pelo singular. Esta distinção de números perde sua importância referencial em frases de valor genérico e atemporal, já que as frases 'a' e 'b' de cada um dos seguintes pares denotam o mesmo dado da realidade:

1a) O homem é mortal.
1b) Os homens são mortais.

2a) A árvore respira pelas folhas.
2b) As árvores respiram pelas folhas.

3a) O legume faz parte da boa alimentação.
3b) Os legumes fazem parte da boa alimentação.

7.1.3.1 Outros significados do número

Da forma simples como foi conceituada acima, a noção de número é cem por cento evidente apenas quando se refere a seres que é possível quantificar por meio de numerais: *um livro / dois livros*, *uma estrela / cinco estrelas*, *uma imagem / duas imagens*, *uma árvore / duas árvores*, *um país / dez países*. No entanto, quando nos referimos a entidades como:

a) *ar, terra, água, céu, mar, horizonte;*
b) *impressão, certeza, lembrança, visão, mentira, alegria;*
c) *fogo, prata, carne, madeira, cinza, papel, gás.*

a distinção entre singular e plural passa a servir para exprimir nuances semânticas particulares. Na série 'a', por exemplo – formada de designações de espaços indivisos – o plural serve para realçar a ideia de amplitude ou abundância: *ares, terras, águas, céus, mares, horizontes*; na série 'b', por sua vez, – formada por nomes abstratos em geral – o plural passa a denotar necessariamente algo concreto, passível de enumeração: *visão* é uma faculdade dos animais, *visões* são imagens que a capacidade da visão cria; *certeza* é um certo estado da consciência, *certezas* são os próprios fatos reais. Na série 'c', por último – formada por nomes de substâncias ou matéria em geral – o plural faz uma referência a uma especialização de sentido ou a uma diversidade de tipos reunidos em um conjunto: *fogos* (de artifício), *pratas* (dinheiro), *carnes* (vermelha, seca, de sol etc.), *madeiras* (jacarandá, pinho, cedro etc.), *cinzas* (restos mortais), *papéis* (documentos), *gases* (vapores do estômago e dos intestinos).

Com especialização do significado empregam-se também no plural: *costas* (parte posterior do tórax), *óculos* (par de lentes unidas por uma armação que se apoia sobre o nariz e geralmente se prende aos pavilhões das orelhas por meio de hastes), *férias* (período de descanso anual do trabalhador), *metais* (instrumentos de metal numa orquestra), *espadas* (naipe do jogo de cartas), *economias* (dinheiro poupado).

O plural pode referir-se à sucessão de atos que constituem a totalidade de certos eventos ou uma etapa deles, como em *exéquias, funerais, núpcias* (usados sempre no plural), *corridas, festas* (juninas, de fim de ano etc.), *palmas, despedidas, cumprimentos, homenagens.*

7.1.3.2 A flexão de número

A variação de número consiste na oposição entre a forma do singular (ex.: *peixe, homem, anel, fuzil, réptil, cantor, freguês, portão*) e a forma do plural, assinalada pelo morfema gramatical indicado na escrita pela letra *s* ou pelo segmento *es* ou *is* (ex.: *peixe**s**, homen**s**,ané**is**, fuz**is**, répte**is**, cantor**es**, fregues**es**, portõ**es***).

Nos dois primeiros exemplos – *peixes* e *homens* –, o significante da forma do singular não se altera quando se acrescenta o morfema de plural; nos demais exemplos, no entanto, ocorrem algumas alterações fonéticas por efeito da pluralização: *anel* passa a *ané-* , *fuzil* passa a *fuzi-*, *réptil* passa a *répte-* *cantor* (com /R/ posterior) passa a *cantor* (com /r/ dental simples), *freguês* [fre'geys] ou [fre'ges] passa a *fregues-* [fre'gez], *portão* passa a *portõ-*.

7.1.3.2.1 Regra geral da flexão de número

Acrescenta-se -*s* ao final dos nomes terminados por vogal, por ditongo oral ou pelo ditongo nasal *ãe*: *festa* – *festa**s***, *caqui* – *caqui**s***, *degrau* – *degrau**s***, *chapéu* – *chapéu**s***, *mãe* – *mãe**s***.

Obs.: Como a ortografia do português não admite a sequência *ms*, o *m* final é substituído por *n* na grafia do plural: *refém* – *refé**ns***, *homem* – *home**ns***, *selim* – *seli**ns***, *batom* – *bato**ns***, *álbum* – *álbu**ns***.

7.1.3.2.2 Regras especiais

Os nomes terminados por *r* ou *z* recebem -*es*: *amor* – *amor**es***, *mártir* – *mártir**es***, *bar* – *bar**es***, *vez* – *vez**es***, *cartaz* – *cartaz**es***, *avestruz* – *avestruz**es***.

Os nomes terminados por *s* estão sujeitos a duas regras:

a) os oxítonos e os monossílabos recebem -*es*: *país* – *país**es***, *freguês* – *fregues**es***, *mês* – *mes**es***, *cós* – *cos**es***;

b) os paroxítonos, os proparoxítonos e os monossílabos constituídos de ditongo são invariáveis: um *pires* – dois *pires*, algum *lápis* – vários *lápis*, este *atlas* – estes *atlas*, um *ônibus* – dois *ônibus*, o *cais* – os *cais*.

Os nomes terminados por *x*

a) são invariáveis quando são paroxítonos: *o tórax* – *os tórax*;

b) são facultativamente flexionados quando são monossílabos ou oxítonos: um *fax* – dois *fax* (ou *fax**es***), um *telex* – dois *telex* (ou *telex**es***), o *box* (lugar de parada dos carros de corrida durante a competição) – os *box* (ou *box**es***), um *pirex* – dois *pirex* (ou *pirex**es***).

Os nomes terminados por consoante lateral, grafada com a letra 'l', perdem esta consoante diante da marca do plural, que pode ser '-s' ou '-is', conforme segue:

a) se a vogal que precede o *l* é um *i* tônico, a marca de plural é -*s*: *funil/funi**s***, *barril/barri**s***;

b) se a vogal que precede o *l* é um *i* átono, este /i/ se torna /e/ diante da marca de plural -*is*: *réptil/répte**is***, *estêncil/estênce**is***;

c) se o *l* é precedido por qualquer outra vogal, a marca de plural é -*is*: *canal/cana**is***, *papel/papé**is***, *lençol/lenço**is***, *azul/azu**is***, *álcool/álcoo**is***.

Os nomes terminados pelo ditongo nasal *ão* seguem duas regras básicas:

a) o ditongo -*ão* passa a -*õe*- diante da marca de plural. Esta regra inclui todos os aumentativos em -*ão* e os substantivos derivados de verbos por meio de sufixo em -(ç)*ão*: *limão* – *lim**ões***, *coração* –

corações, *caminhão* – *caminhões*, *exceção* – *exceções*, *caldeirão* – *caldeirões*, *cinturão* – *cinturões*, *confissão* – *confissões*, *reunião* – *reuniões*, *construção* – *construções*, *comilão* – *comilões*, *apelação* – *apelações*.

b) os monossílabos e os paroxítonos recebem *-s*: *grão* – *grãos*, *mão* – *mãos*, *vão* – *vãos*, *bênção* – *bênçãos*, *órgão* – *órgãos*, *sótão* – *sótãos*, *acórdão* – *acórdãos*. As únicas exceções são *pão* (pl. *pães*) e *cão* (pl. *cães*).

Obs.: Há um grupo de nomes em *-ão* cujo plural, por ser irregular e imprevisível, vem informado nos dicionários e precisa ser memorizado pelos usuários da língua. Fazem parte desse grupo formas como *pães*, *cães* – já mencionadas – e *capitães*, *sacristães*, *capelães*, *alemães*, *irmãos*, *refrãos*, *anciãos*, *artesãos*, entre outras. Estas e outras informações inexplicáveis por meio de regras encontram-se nos bons dicionários e nas gramáticas normativas em geral.

7.1.3.2.3 Plural das formas diminutivas

O plural dos nomes derivados pelo sufixo -zinho (e mais raramente -zito) vem expresso simultaneamente na forma primitiva do substantivo e após o sufixo:

coraçãozinho – *coraç**õe**zinho**s***
barrilzinho – *barri**z**inho**s***
cãozinho – *c**ãe**zinho**s***
colherzinha - *colher**e**zinha**s***
lençolzinho – *lenç**oi**zinho**s***
colarzinho – *colar**e**zinho**s***

Obs.: O plural do tipo *colarezinhos* só resiste no uso brasileiro por influência da tradição gramatical escolar. No Brasil, a fala distensa e mesmo a língua escrita informal e semiformal (da crônica social, por exemplo) já consolidaram a formação do plural dos substantivos terminados em *-r* mediante o simples acréscimo de *-s* ao sufixo: *colherzinha* – *colherzinhas*, *barzinho* – *barzinhos* etc. Encontra-se em BRAGA [1963a: 168] “duas mulherzinhas clássicas”. Já os plurais *papeizinhos*, *anzoizinhos* ainda resistem, mesmo nessas variedades de uso.

7.1.3.2.4 Plural dos substantivos compostos

Distinguem-se quatro grupos na formação do plural dos substantivos compostos, segundo as seguintes características:

1) apenas o último elemento vai para o plural (*vice-prefeito* – *vice-prefeito**s***),

2) Ambos os elementos vão para o plural (*obra-prima* – *obra**s**-prima**s***),
3) Apenas o primeiro elemento vai para o plural (*estrela-do-mar* – *estrela**s**-do-mar*),
4) Não há diferença formal entre singular e plural (o *sabe-tudo* – os *sabe-tudo*)

Primeiro grupo (apenas o último elemento vai para o plural):

a) compostos por aglutinação:
hidrovia – *hidrovia**s***
gasoduto – *gasoduto**s***
motosserra – *motosserra**s***
aguardente – *aguardente**s***

b) compostos por justaposição em que não se usa hífen:
pontapé – *pontapé**s***
malmequer – *malmequer**es***

c) compostos formados de verbo e substantivo:
saca-rolha – *saca-rolha**s***
beija-flor – *beija-flor**es***
tira-teima – *tira-teima**s***
bate-estaca – *bate-estaca**s***
quebra-galho – *quebra-galho**s***
bate-boca – *bate-boca**s***
puxa-saco – *puxa-saco**s***

d) compostos formados por palavra invariável seguida de palavra variável:
alto-falante – *alto-falante**s***
abaixo-assinado – *abaixo-assinado**s***
vice-governador – *vice-governador**es***
ave-maria – *ave-maria**s***
sempre-viva – *sempre-viva**s***

e) compostos formados por palavras repetidas ou onomatopaicas:
mexe-mexe – *mexe-mexe**s***
pula-pula – *pula-pula**s***
corre-corre – *corre-corre**s***
pisca-pisca – *pisca-pisca**s***

*pingue-pongue – pingue-pongue**s***
*reco-reco – reco-reco**s***
*teco-teco – teco-teco**s***
*bem-te-vi – bem-te-vi**s***

Segundo grupo (ambos os elementos vão para o plural):

Este grupo reúne os substantivos compostos de duas palavras variáveis (substantivo + adjetivo, adjetivo + substantivo, numeral + substantivo):

*obra-prima – obra**s**-prima**s***
*guarda-florestal – guarda**s**-florestai**s***
*boia-fria – boia**s**-fria**s***
*ar-condicionado – are**s**-condicionado**s***
*ponta-direita – ponta**s**-direita**s***
*cartão-postal – cartõe**s**-postai**s***
*livre-arbítrio – livre**s**-arbítrio**s***
*curta-metragem – curta**s**-metragen**s***
*terça-feira – terça**s**-feira**s***
*primeiro-ministro – primeiro**s**-ministro**s***
*peso-pesado – peso**s**-pesado**s***

Terceiro grupo (apenas o primeiro elemento vai para o plural):

Esta regra somente é geral para os compostos formados por substantivos ligados por preposição:

*pão de mel – pãe**s** de mel*
mala sem alça (pessoa incômoda) – *mala**s** sem alça*
*cruz-de-malta – cruze**s**-de-malta*
*palma-de-santa-rita – palma**s**-de-santa-rita*
*pau de sebo – pau**s** de sebo*

Obs.: Os compostos de dois substantivos podem seguir a regra do segundo grupo ou a regra do terceiro grupo. Os dois elementos vão necessariamente para o plural se o significado total do composto corresponde à simples união dos significados particulares de seus elementos (ver 20.3):

*diretor-presidente – diretore**s**-presidente**s***
*médico-professor – médico**s**-professore**s***
*bar-restaurante – bare**s**-restaurante**s***
*sócio-proprietário – sócio**s**-proprietário**s***
*cemitério-parque – cemitério**s**-parque**s***
*treino-teste – treino**s**-teste**s***
*rádio-relógio – rádio**s**-relógio**s***

Se, no entanto, o segundo substantivo do composto serve para denotar uma tipificação qualquer do objeto ou entidade designados pelo primeiro substantivo, somente este costuma ir para o plural:

*salário-família – salário**s**-família*
*banana-prata – banana**s**-prata*
*salário-educação – salário**s**-educação*
*fruta-pão – fruta**s**-pão*
*pombo-correio – pombo**s**-correio*
*manga-espada – manga**s**-espada*
*peixe-boi – peixe**s**-boi*
*bomba-relógio – bomba**s**-relógio*
*samba-enredo – samba**s**-enredo*
*guarda-marinha – guarda**s**-marinha*

Quarto grupo (o composto é morficamente invariável):

a) compostos de verbo e palavra invariável:
o sabe-tudo – os sabe-tudo
o bota-fora – os bota-fora

b) compostos representados por frases substantivadas:
o disse me disse – os disse me disse
o chove não molha – os chove não molha

7.2 ADJETIVO

São adjetivos os lexemas que se empregam tipicamente para significar atributos ou propriedades dos seres e coisas nomeados pelos substantivos. Por isso, a presença do adjetivo no discurso sempre pressupõe um substantivo ou pronome substantivo ao qual esteja se referindo. O adjetivo está sujeito às mesmas alterações mórficas que caracterizam o substantivo: emprego de *-s* – com as respectivas mudanças morfofonéticas – para a expressão do plural (*homem valente – homens valente**s**, menino chorão – meninos chor**ões**, encontro casual – encontros casua**is**, obra útil – obras úte**is***), e emprego de *-a* – com as respectivas mudanças morfofonéticas – para a expressão do feminino (*gato preto – gata pret**a**, escritor francês – escritora frances**a**, menino chorão – criança chor**ona***). Os fatos regulares na formação do gênero e do número do substantivo se aplicam aos adjetivos.

Embora seja formalmente semelhante, a atribuição de gênero e número aos substantivos e adjetivos é motivada por fatores bem distintos em cada classe. Como vimos em 7.1.2, o gênero de um substantivo é um traço gramatical que o individualiza em face de outro substantivo (cf. *menino* em face de *menina*, *jarro* em face de *jarra*); e o número (ver 7.1.3) é ordinariamente escolhido de acordo com a possibilidade de nos referirmos ao universo designado na linguagem como experiência repetida (*dia* é um conceito unitário, *dias* refere-se a *dia* como experiência repetida; *pedra* é o nome de uma matéria, *pedras* é essa mesma matéria repetida em unidades separadas).

No adjetivo, porém, o gênero e o número não têm qualquer relação com a realidade designada; o gênero e o número de um adjetivo apenas refletem o gênero e o número do substantivo ou pronome a que ele se refere no discurso (*dia* **longo** – *dias* longos, *pedra* ***dura*** – *pedras duras*, *ela é magra – elas são* ***magras***).

7.2.1 Classificação do adjetivo

Os adjetivos pertencem a duas subclasses fundamentais segundo a natureza da respectiva significação. Certos adjetivos expressam conteúdos de existência objetiva, que funcionam como propriedades classificatórias dos seres e coisas a que se referem: *peixe* ***fluvial***, *energia* ***solar***, *festas* ***natalinas***, *viagem* ***marítima***, *época* ***imperial***, *passagem* ***bíblica***. Estes adjetivos derivam de substantivos e são chamados adjetivos de relação ou classificadores[40]. Outros expressam noções referencialmente variáveis ou decorrentes de opinião: *passagem* ***estreita***, *alimentação* ***nutritiva***, *dentes* ***fortes***, *roupas* ***escandalosas***, *bancos* ***confortáveis***. São os adjetivos qualificadores. Os adjetivos qualificadores são passíveis de gradação: *passagem* ***muito estreita***, *dentes* ***fortíssimos***, *bancos* ***pouco confortáveis***. Os adjetivos do primeiro grupo, classificadores, não aceitam intensificação; são anômalas construções como **energia* ***bastante solar***, **passagem* ***um tanto bíblica***, *época* ***imperialíssima***. Sobre a sintaxe do adjetivo, ver o capítulo décimo primeiro.

A possibilidade de correspondência entre construções do tipo as 'poltronas são *confortáveis*' / 'o *conforto* das poltronas', 'a passagem é *estreita*' / 'a *estreiteza* da passagem', 'os dentes são *fortes*' / 'a *força* dos dentes' é restrita aos adjetivos qualificadores. São anômalas construções como **a* ***imperialidade*** *da época*, **a* ***biblicidade*** *da passagem*, **a* ***solaridade*** *da energia*.

7.2.2 Locução adjetiva

Chama-se locução adjetiva a combinação de preposição + substantivo ou verbo no infinitivo apta a ocupar o lugar de um adjetivo: *comida* ***sem sal***

---

[40] CUNHA & CINTRA [1985] chamam-lhes 'adjetivos de relação', já que "servem para estabelecer com o substantivo uma relação de tempo, de espaço, de finalidade, de propriedade, de procedência etc.: nota mensal (= nota relativa ao mês), movimento estudantil (= movimento feito por estudantes), casa paterna (casa onde habitam os pais), vinho português (= vinho proveniente de Portugal)".

(= comida insossa), homens *com barba* (= homens barbados), ***homens sem barba*** (= homens imberbes), *telhado* ***de vidro***, *água* ***de beber*** (= água potável), ferro *de engomar*. Assim como os adjetivos, as locuções adjetivas expressam atributos ou classes dos seres, coisas e entidades a que se referem, restringindo a referência das expressões integradas por elas. Nem sempre, porém, a sequência formada por preposição + substantivo constitui uma locução adjetiva. Em *xícara de café*, por exemplo, *de café* pode significar o conteúdo da xícara ou uma espécie de xícara. Somente nesta segunda acepção, de valor restritivo, há uma locução adjetiva.

7.2.3 Flexão do adjetivo simples

A mais clara ilustração das regras gerais de flexão do adjetivo simples encontra-se nas formas que terminam em *-o* átono no masculino. Estes adjetivos perdem o *-o* final diante da desinência *-a* do feminino e, no plural, recebem um *-s*: *magro / magra / magros / magras*, *bonito / bonita / bonitos / bonitas*.

Seguem ainda estas regras gerais:

a) os adjetivos formados pelos sufixos *-ão*, *-inho*, *-íssimo* (de grau): *bebê* ***chorão*** *– bebês* ***chorões*** */ criança* ***chorona*** *– crianças* ***choronas***; *banco* ***baixinho*** *– bancos* ***baixinhos*** */ mesa* ***baixinha*** *– mesas* ***baixinhas***, *chão* ***fertilíssimo*** *– terra* ***fertilíssima***;

b) os adjetivos formados pelos sufixos *-ês* e *-or*: *vinho* ***francês*** *– vinhos* ***franceses*** */ bebida* ***francesa*** *– bebidas* ***francesas***; *azeite* ***português*** *– azeites* ***portugueses*** */ sardinha* ***portuguesa*** *– sardinhas* ***portuguesas***; *fato* ***revelador*** *– fatos* ***reveladores*** */ notícia* ***reveladora*** *– notícias* ***reveladoras***, *fio* ***condutor*** *– fios* ***condutores***;

c) os adjetivos monossilábicos em *-u*: *couro* ***cru*** *– couros* ***crus*** */ carne* ***crua*** *– carnes* ***cruas***, *homem* ***nu*** *– homens* ***nus*** */ mulher* ***nua*** *– mulheres* ***nuas***;

d) os adjetivos terminados pelo ditongo *eu*: *homem* ***europeu*** */ homens* ***europeus*** */ mulher* ***europeia*** */ mulheres* ***europeias***; */ homem* ***plebeu*** */ homens* ***plebeus*** */ mulher* ***plebeia*** */ mulheres* ***plebeias***.

Obs. 1: Conforme se observa nos últimos exemplos, a vogal base do ditongo final *eu* torna-se aberta no feminino [eu] > [ɛia]. Constituem exceções *judeu* e *sandeu* (= louco), cujos femininos são *judia* e *sandia*.

Obs. 2: A vogal tônica do sufixo *-oso*, fechada no masculino singular, torna-se aberta nas formas do feminino e do plural: *carinhoso* /kari 'ñozu/, *carinhosa* /kari'ñɔza/, *carinhosos* /kari'ñɔzuS/.

São, porém, invariáveis em gênero:

a) os adjetivos *cortês*, *descortês*, *pedrês*, *montês*, apesar de formados com o sufixo *-ês* (*tom* ***cortês*** – *palavra* ***cortês***, *galo* ***pedrês*** – *galinha* ***pedrês***);

b) os demais adjetivos terminados em consoante, os adjetivos oxítonos e os adjetivos terminados em *-a* ou *-e*: (*curso* ***particular*** – *aula* ***particular***, *trabalho* ***servil*** – *atitude* ***servil***, *sapato* ***comum*** – *roupa* ***comum***, *menino* ***triste*** – *menina* ***triste***, *comportamento* ***machista*** – *atitude* ***machista***).

Obs. 1: São exceções no grupo 'b' *espanhol* – *espanhola* e *andaluz* – *andaluza*.

Obs. 2: *Só* é invariável em gênero; *bom*, *são*, *malsão* (= doentio) e *chão* (= liso) fazem respectivamente *boa*, *sã*, *malsã* e *chã* no feminino.

7.2.4 Flexão do adjetivo composto

É invariável em gênero e número o adjetivo composto cujo segundo elemento é um substantivo: *roupas* ***amarelo-limão***, *tecidos* ***verde-alface***, *objetos* ***cinza-chumbo***. Do mesmo modo se empregam *verde-bandeira*, *azul-piscina*, *vermelho-sangue*, *branco-gelo*, *amarelo-pêssego*.

Quando o adjetivo é composto de dois adjetivos, o primeiro tende a apresentar-se sob forma contracta e somente o segundo se flexiona: *relações* ***luso-brasileiras***, *filmes* ***ítalo-franceses***, *acordos* ***franco-suíços***, *populações* ***anglo-saxônicas***, *empresários* ***nipo-americanos***.

Faz-se de dois modos a flexão dos adjetivos compostos de nome de cor mais as palavras *claro* ou *escuro*. Variando-se os dois elementos: *garrafas* ***verdes-escuras***, *olhos* ***azuis-claros***; ou apenas o segundo: *garrafas* ***verde-escuras***, *olhos* ***azul-claros***.

7.2.5 Graus do adjetivo

As gramáticas do português, orientando-se pela Nomenclatura Gramatical em vigor, referem-se aos graus do adjetivo classificando-os em duas ordens – a do ***grau comparativo*** (***de igualdade***, ***de superioridade*** e ***de inferioridade***) – e a do ***grau superlativo*** (***relativo*** e ***absoluto***, o primeiro subdividido semanticamente em ***de superioridade*** e ***de inferioridade***, o segundo subdividido formalmente em ***analítico*** e ***sintético***).

Não seguiremos aqui esta lição. Com efeito, os graus a que se faz menção no parágrafo precedente não são exclusivos do adjetivo. Com exceção do superlativo absoluto sintético, que além do adjetivo só afeta o advérbio (*rapidíssimo*, *cedíssimo* etc.), os demais graus incidem ainda no verbo.

Como processo morfológico, o grau do adjetivo restringe-se à formação do superlativo absoluto sintético, mediante o acréscimo do sufixo *-íssimo* ou de suas variantes *-érrimo* e *-imo* à forma do adjetivo. Trata-se, de fato, de um uso restrito à variedade culta formal e mesmo ultraformal da língua (*belíssimo*, *larguíssimo*, *simpaticíssimo*, *perigosíssimo*; *paupérrimo*, *nigérrimo*, *aspérrimo* – superlativos de *pobre*, *negro* e *áspero* – *humílimo*, *facílimo*, *dificílimo* – superlativos de *humilde*, *fácil* e *difícil*). A língua coloquial faz amplo uso dos sufixos *-ão* e *-inho*: *bonitão*, *gostosão*, *fininho*, *estreitinho*, *pequenininho*. Na linguagem dos jovens a superlativação é normalmente expressa por meio de *super*, misto de prefixo e advérbio de intensidade (*superlegal*, *supercheio*, *supertranquilo*, *super bem transado*). Sobre os demais graus de comparação, veja-se a sequência relativa à estruturação sintática da comparação em 14.14.1.

7.3 NUMERAL

Chamam-se **numerais** *as palavras lexicais de natureza substantiva ou adjetiva que possibilitam a referência a conceitos e objetos como dados passíveis de quantificação exata*: **dois** gatos, **quinze** dias, **cento e vinte** *bois*, ***mil*** *soldados*. Este é o conceito primário ou absoluto de número, denotado pelos *numerais cardinais*. Desses números primários – e a eles referentes – derivam-se outros conceitos que envolvem a relação todo-parte. Trata-se do valor 'relativo' dos numerais: *ordem*, *multiplicação* e *divisão*. Daí a distinção entre *numerais ordinais* (**primeiro** *lugar*, **segundo** *dia*, **terceiro** *candidato*), *multiplicativos* (*o* **dobro** *dos candidatos*, *bebês* **quíntuplos**) e *fracionários* (**meia** *porção*, **dois quintos** *do terreno*, **doze** *avos*) – que expressam valores relativos. Em 21.2.10 encontra-se um quadro-resumo dos numerais, precedido de observações sobre alguns de seus aspectos léxicos.

No uso falado corrente empregam-se as perífrases formadas pelo numeral ordinal seguido do substantivo *parte* para o sentido fracionário (*a* **quinta parte** *da turma*, *a* **vigésima parte** *do livro*), e o numeral cardinal seguido do substantivo *vezes* para o valor multiplicativo (**três vezes** *o salário*, **cinco vezes** *o percurso*).

Numeral é uma propriedade semântica de uma subclasse dos nomes. Do ponto de vista gramatical, não há nenhuma razão para conferir uma classe à parte a essas palavras que expressam quantidade exata. Na definição proposta, os numerais são substantivos ou adjetivos, segundo a posição que ocupam no sintagma. Com efeito, o numeral é sempre constituinte de um sintagma nominal, ora ocupando a posição de núcleo – numerais fracionários e multiplicativos – ora ocupando a posição de termo adjacente – numerais cardinais e ordinais. Por outro lado, numerais estão sujeitos a processos de composição e de derivação, como autênticos substantivos: de *dez*, derivam-se *dezena*, *décimo*, *década*; *décimo primeiro* é um composto por justaposição e *trezentos* é composto por aglutinação (*três* + *cento*). A forma multiplicativa criada com o substantivo *vezes* funciona excepcionalmente como um advérbio frequentativo.

Lembre-se, ainda, que não se classificam como numerais as denominações dos números ou de suas representações, como nos exemplos *o número* ***cinco*** *é ímpar*, *o* ***dois*** *parece um pato nadando*, *desenhe um* ***100*** *bem grande nessa placa*.

Colocado após o substantivo, sempre na mesma forma, o numeral cardinal produz sentido ordinal: página *seis* (= sexta página), item *dez* (= décimo item), capítulo *vinte e um* (= vigésimo primeiro capítulo).

7.4 A CATEGORIA DE PESSOA E SUA EXPRESSÃO PRONOMINAL

Vamos observar, nas duas situações imaginadas abaixo, o que significam as unidades destacadas em itálico:

D. Sueli, secretária do dr. Aluísio, chega à sala de espera do consultório e avisa a João e Lúcia, clientes do dentista:

1) *Eu* peço que *vocês* aguardem só mais um pouquinho. *Ele* já vai atender.

Em outro lugar, Mauro, filho do sr. Osório, atende ao chamado de Júlio e Arnaldo, que aparecem para cobrar uma dívida de seu pai:

2) *Eu* peço que *vocês* voltem amanhã. *Ele* não está em casa.

Em 1 e 2 aparecem as mesmas formas *eu*, *vocês* e *ele*, que denotam em cada situação indivíduos diferentes: *eu* = D. Sueli / Mauro; *vocês* = João, Lúcia / Júlio, Arnaldo; *ele* = dr. Aluísio, sr. Osório.

Sueli, Mauro, Lúcia, Arnaldo, Aluísio servem para identificar indivíduos com suas características particulares, são nomes próprios; *eu*, *vocês*, *ele* não os identificam como indivíduos distintos, mas apenas como *pessoas do discurso* (*eu* = primeira pessoa, o emissor, quem produz o discurso; *vocês* = segunda pessoa, o destinatário, a quem o discurso é dirigido; *ele* = terceira pessoa, aquele a quem o discurso se refere).

Estas formas representam a categoria gramatical de **pessoa**, que é *a propriedade que tem a linguagem de permitir que o enunciador se refira a si próprio e aos personagens do ato comunicativo, não como indivíduos, mas apenas como participantes do discurso.*

7.4.1 Pronome pessoal

As palavras gramaticais cuja função referencial é identificar as pessoas do discurso se chamam **pronomes pessoais**.

Assim conceituada, a classe dos pronomes pessoais abrange a rigor os pronomes pessoais em sentido restrito, os pronomes demonstrativos e os pronomes possessivos, visto que estes três subtipos fazem referência às pessoas do discurso. De acordo com a nomenclatura oficial, porém, a expressão 'pronomes pessoais' aplica-se apenas às formas com que se assinalam:

a) o indivíduo que fala – primeira pessoa do singular (*eu*),
b) o conjunto de indivíduos em que o *eu* se inclui – primeira pessoa do plural (*nós / a gente*),
c) o indivíduo ou indivíduos a que o *eu* se dirige – segunda pessoa, do singular ou do plural (*tu / vós, você / vocês*), e
d) o indivíduo ou coisa a que o *eu* se refere – terceira pessoa do singular ou do plural (*ele / eles*).

As formas da terceira pessoa são as únicas que variam em gênero (*ele / ela, eles / elas*).

As formas *eu / nós* e *você / vocês / tu / vós* referem-se aos seres como atores da interlocução; por isso, só podem referir-se a seres humanos ou – como acontece nas fábulas – a seres personificados. *Ele / ela / eles / elas* designam tanto seres animados como seres inanimados.

A classe dos pronomes pessoais é a única que apresenta formas distintas para três grupos de funções: (a) os **retos**, para as funções de sujeito e predicativo: *eu / tu / você / ele / ela / nós / vós / vocês / eles / elas*, (b) os **oblíquos átonos**, para as funções adverbais de objeto e adjunto (*me / nos, te / vos, o / os, a / as, lhe / lhes, se*), e (c) os **oblíquos tônicos**, para as funções de complemento e adjunto necessariamente precedidos de preposição (*mim / comigo, nós / conosco, ti / contigo, ele / ela / eles / elas, vós / convosco, si / consigo*).

Obs.1: As formas *o, a, os, as*, quando enclíticas, apresentam as seguintes variantes combinatórias:

a) lo, *la, los, las*, quando a forma verbal termina por consoante, que desaparece diante do pronome: *cortar + a > cortá-la, trouxemos + o > trouxemo-lo, fez + os > fê-los*;
b) *no, na, nos, nas*, quando a forma verbal termina em ditongo nasal: *dão + o > dão-no, visitem + a > visitem-na, compraram + as > compraram-nas*.

Obs. 2: As formas *se/si/(con)sigo* são próprias da construção reflexiva (ver décimo segundo capítulo) e ordinariamente remetem para o sujeito *ele/você* e variações.

Obs. 3: Os brasileiros empregam em geral a forma *a gente*, especialmente na língua falada semiformal e informal, como equivalente de *nós*, seja com um valor genérico/indeterminado (como o do pronome *se*: *não se sabe / a gente não sabe*), seja para a referência dêitica (ver 8.6) situacionalmente identificada.

7.4.2 Pronome possessivo

Os **pronomes** ditos **possessivos** *expressam um vínculo qualquer, constante ou eventual, entre o objeto ou assunto de que se fala e cada uma das pessoas do discurso*. Os pronomes possessivos se flexionam em gênero e número, concordando com o substantivo (a 'coisa possuída') que determinam, com exceção das formas *dele*, *dela*, *deles*, *delas* e *de vocês* (ver adiante), que concordam com o possuidor.

As gramáticas escolares brasileiras em geral apresentam um paradigma de formas pronominais possessivas (ver quadro abaixo[41]) que não corresponde, como conjunto, nem mesmo ao uso padrão escrito corrente do português do Brasil.

	Um possuidor		Vários possuidores	
	Um objeto	Vários objetos	Um objeto	Vários objetos
1ª pess. masc.	meu	meus	nosso	nossos
fem.	minha	minhas	nossa	nossas
2ª pess. masc.	teu	teus	vosso	vossos
fem.	tua	tuas	vossa	vossas
3ª pess. masc.	seu	seus	seu	seus
fem.	sua	suas	sua	suas

Este quadro oferece uma estruturação simétrica formal que não reflete a realidade do uso: *vosso* e variações têm emprego restrito e ritualizado, não contrastando com as demais na língua corrente; *seu* e variações dão lugar, sobretudo na interlocução, a *dele/dela/deles/delas*, e passam a designar o destinatário (= *de você/vocês*).

[41] Conforme CUNHA & CINTRA [1985: 310].

De todo o modo, pode-se falar em dois subsistemas básicos de pronomes possessivos em português: um, característico da modalidade escrita e dos registros formais (subsistema I), em que as formas *seu*, *sua*, *seus*, *suas* se referem à terceira pessoa (*ele*, *ela*, *eles*, *elas*); e outro, próprio da modalidade falada (subsistema II), em que as formas *seu*, *sua*, *seus*, *suas* se referem sobretudo ao interlocutor (*você*, *o senhor*).

Neste caso, os riscos de ambiguidade são contornados pelo uso de *dele*, *dela*, *deles*, *delas* como 'possessivos' de terceira pessoa. Nas variedades coloquiais e informais, servidas pelo subsistema II, é comum a utilização combinada de formas dos dois grupos de segunda pessoa, o que possibilita construções como *Você sabia que hoje é o aniversário do* ***seu*** (ou ***teu***) *irmão?*. Por outro lado, se o interlocutor é plural, o pronome pessoal é necessariamente *vocês* – já que *vós* é forma restrita a modelos textuais cristalizados –, e a expressão possessiva preferida é *de vocês*. Frases como *Onde estão* ***seus*** *pais?* ou *Gostei muito da* ***sua*** *cidade* são dirigidas a um interlocutor no singular. Se o interlocutor é mais de um indivíduo, a construção usual é *Onde estão os pais* ***de vocês****?*, *Gostei muito da cidade* ***de vocês***.

Subsistema I

1ª pessoa do sing. (*eu*): *meu*, *minha*, *meus*, *minhas*
2ª pessoa do sing. (*tu*): *teu*, *tua*, *teus*, *tuas*
3ª pessoa. do sing. (*ele*, *ela*): *seu*, *sua*, *seus*, *suas*
1ª pessoa do pl. (*nós*): *nosso*, *nossa*, *nossos*, *nossas*
2ª pessoa do pl. (*vós*): *vosso*, *vossa*, *vossos*, *vossas*
3ª pessoa do pl. (*eles*, *elas*): *seu*, *sua*, *seus*, *suas*

Subsistema II

1ª pessoa do sing. (*eu*): *meu*, *minha*, *meus*, *minhas*
2ª pessoa do sing. (*tu*): *teu*, *tua*, *teus*, *tuas*
2ª pessoa do sing. (*você*): *seu*, *sua*, *seus*, *suas*
3ª pessoa do sing. (*ele*, *ela*): *dele*, *dela*
1ª pessoa do pl. (*nós*): *nosso*, *nossa*, *nossos*, *nossas*
2ª pessoa do pl. (*vocês*): *de vocês*
3ª pessoa do pl. (*eles*, *elas*): *deles*, *delas*

7.4.3 Pronome demonstrativo

Os **pronomes demonstrativos** *servem para localizar, em relação às pessoas do discurso, os objetos (seres, coisas e noções) que entram no conteúdo de nossos enunciados*. As pessoas do discurso passam a ser unidades referenciais do que chamaremos de 'âmbitos', em cujos limites o enunciador situa os objetos. O enunciador pode situar os objetos no seu próprio âmbito

– a primeira pessoa – por meio de *este* / *esta* / *estes* / *estas* / *isto*; no do interlocutor / leitor – a segunda pessoa – por meio de *esse* / *essa* / *esses* / *essas* / *isso*; ou no âmbito da não pessoa – a terceira pessoa – por meio de *aquele* / *aquela* / *aqueles* / *aquelas* / *aquilo*. Os pronomes demonstrativos adicionam aos substantivos o mesmo conteúdo que os advérbios *aqui* / *agora*, *aí* / *então* e *lá* / *então* acrescentam aos verbos. Essa equivalência é responsável por combinações 'redundantes' como *este aqui*, *esse aí* e *aquele ali/lá* tão comuns na língua da conversação.

Quadro-resumo:

I (padrão, exclusivo da modalidade escrita formal)

	Masculino		Feminino		Neutro
	Sing.	Pl.	Sing.	Pl.	
1ª p.	Este	Estes	Esta	Estas	Isto
2ª p.	Esse	Esses	Essa	Essas	Isso
3ª p.	Aquele	Aqueles	Aquela	Aquelas	Aquilo

II (próprio da modalidade falada)

Âmbito da interação face a face:

	Masculino	Feminino	Neutro
	Sing.(Pl.)	Sing.(Pl.)	
1ª p.	Este(s) / esse(s) (aqui)	Esta(s) / essa(s) (aqui)	Isto / isso (aqui)
2ª p.	Este(s) / esse(s) (aí)	Esta(s) / essa(s) (aí)	Isto / isso (aí)
3ª p.	Aquele(s) (lá / ali)	Aquela(s) (lá / ali)	Aquilo (lá / ali)

Obs. 1: Por sua função remissiva (anafórica ou catafórica), o pronome *tal* se classifica como demonstrativo, sem, no entanto, distinguir as pessoas do discurso:

- "De maneira muito abreviada, podemos lembrar que tudo o que surge no mundo luta para permanecer, e que a chave para *tal* (= isso) se encontra na capacidade de produzir continuidade." [KATZ, Helena. "A dança, pensamento do corpo". In: NOVAES, 2003: 266]

Obs. 2: Classifica-se tradicionalmente como pronome demonstrativo a forma neutra *o* empregada em substituição a uma oração subordinada objetiva direta ou a um predicativo:

- "Aos poucos levantei, sem *o* notar, a minuciosa corografia deste trecho do mundo." (o = que fazia isso). [BRAGA, 1963b: 163]

7.4.4 Pronome indefinido

Chamam-se **pronomes indefinidos** *as palavras gramaticais de significação imprecisa e não dêitica – característica que os separa dos pronomes pessoais, possessivos e demonstrativos – e que, como estes, integram o sintagma nominal.* Trata-se de um conjunto de unidades heterogêneo tanto pelo lugar que ocupam na estrutura do SN quanto pelos significados que expressam. A noção mais óbvia, e com certeza a que justifica a classificação de 'indefinidos', é o traço 'quantidade indeterminada' associado a unidades como *um*, *algum*, *pouco*, *muitos*, *vários*, *bastante* etc. No entanto, a alguns deles se associa, às vezes cumulativamente com o traço quantitativo, o valor de 'remissão' (*mais*, *menos*, *outro*, *mesmo*, *demais*), o de 'distribuição' (*cada*, *cada um*, *cada qual*) ou o de 'ênfase' (*próprio*, *mesmo*).

Alguns pronomes indefinidos resultam da recategorização de outras classes de palavras: certos adjetivos, como o vocábulo *certos* que acabamos de empregar e seu sinônimo *determinado*, equivalentes de *alguns*; *diversos* e *inúmeros*, sinônimos de *vários*; o numeral *terceiro* no plural, como em *Agia no interesse de* ***terceiros***. A seguir se apresenta o quadro tradicional dos pronomes indefinidos:

- São variáveis em gênero e número: *um*, *algum*, *certo*, *determinado*, *muito*, *nenhum*, *outro*, *pouco*, *próprio*, *quanto*, *tanto*, *todo*, *vário*.
- São variáveis apenas em número: *qual* e *qualquer* (pl. *quaisquer*).
- São invariáveis: *cada*, *demais*, *mais*, *menos*, *que* e todos os pronomes que são núcleos de SN, a saber: *algo*, *alguém*, *nada*, *ninguém*, *outrem*, *quanto*, *que*, *quem*, *tudo* e as locuções *o que* e *quem quer que*.

Obs. 1: Os pronomes indefinidos *qual*, *quanto*, *que*, *o que* e *quem* integram frases interrogativas parciais, introduzindo a parte do enunciado sobre a qual incide a pergunta (***Que/O que*** *queres aqui?*, ***Qual*** *de vocês pode me acompanhar?*, ***Quanto*** *você pode me emprestar?*, ***Quem*** *é você?*). Por isso vêm classificados como pronomes interrogativos nas gramáticas escolares. Para sermos coerentes, deveríamos, então, classificá-los como pronomes exclamativos em frases como ***Que*** *vexame!*, ***Qual*** *não foi minha surpresa quando a vi!*, ***Quanta*** *tolice!*, ***Quem*** *diria!* Cremos que a melhor solução é classificá-los como pronomes indefinidos que têm a particularidade de servir de índice formal de frases interrogativas e exclamativas.

Obs. 2: *Bulhufas* e *patavina* são formas coloquiais e ocorrem sempre como complemento verbal em frases negativas.

7.5 ARTIGO

Chama-se **artigo** *a palavra gramatical variável em gênero e número que, no texto, se antepõe ao substantivo quando o enunciador se refere a uma entidade determinada, já conhecida do interlocutor.* O artigo tem, por isso, uma função remissiva no discurso: o referente do substantivo determinado pelo artigo ocupa necessariamente um lugar na memória do interlocutor. O artigo apresenta-se sob quatro formas textuais, segundo o gênero e o número do substantivo que ele determina: ***o** anel* / ***a** aliança* / ***os** anéis* / ***as** alianças*. Sobre as propriedades textuais do artigo, ver 10.3 e 10.7.2.

Obs.: O chamado 'artigo indefinido' é, na realidade, uma variedade de pronome indefinido, e como tal é tratado no item 7.4.4.

7.6 VERBO

Do ponto de vista estritamente morfológico, **verbo** é *a espécie de palavra que ocorre nos enunciados sob distintas formas (vocábulos morfossintáticos) para a expressão das categorias de tempo, aspecto, modo, número e pessoa.* Destas cinco categorias, o tempo é a que caracteriza mais objetivamente o verbo, graças à associação simples que se pode fazer entre suas formas – v.g. *chega*, *chegava*, *chegará* – e as noções cronológicas de presente, passado e futuro (para a análise das categorias do verbo, especialmente as distinções temporais, ver oitavo e décimo quinto capítulos). As noções de número e pessoa não são inerentes ao verbo, mas são obrigatoriamente especificadas quando este se flexiona em tempo. Na maioria dos casos, essa especificação se faz de acordo com a pessoa e número do sujeito da oração (concordância verbal).

7.6.1 As categorias de pessoa e número no verbo

A categoria de *pessoa do discurso* (1ª pessoa, 2ª pessoa e 3ª pessoa), que conceituamos no item 7.4, caracteriza a classe dos pronomes pessoais (*eu*, *tu* / *você*, *ele* / *ela*), demonstrativos (*este*, *esse*, *aquele* etc.) e possessivos (*meu*, *teu*, *seu* etc.) e a categoria de *número* diz respeito especialmente aos pronomes pessoais (*eu* / *nós*, *tu* / *vós*, *ele* / *eles*) e aos substantivos. Por força da regra sintática de concordância verbo-sujeito, essas mesmas categorias se expressam também na forma verbal, através das desinências número-pessoais (ver 7.6.8).

7.6.2 As conjugações do verbo

Chama-se **conjugação** *a classe mórfica a que pertence o verbo.* As conjugações do português são três:

1) a primeira conjugação, caracterizada pelo tema (radical + vogal temática) em *-a* da maioria de suas formas (*tapar*, *tapasse*, *taparam*; *olhar*, *olhasse*, *olharam*);
2) a segunda conjugação, caracterizada pelo tema em *-e* da maioria de suas formas (*beber*, *bebesse*, *beberam*; *vencer*, *vencesse*, *venceram*); e
3) a terceira conjugação, caracterizada pelo tema em *-i* da maioria de suas formas (*partir*, *partisse*, *partiram*).

A conjugação constitui a rigor o paradigma formal em que o verbo se enquadra. O paradigma da primeira conjugação é bem mais definido do que o das outras duas: no pretérito imperfeito do indicativo, por exemplo, os verbos da primeira conjugação (*tapava*, *olhava)* caracterizam-se pela vogal temática *a* e pela desinência modo-temporal *va*, ao passo que os verbos das segunda e terceira conjugações se flexionam igualmente em *-ia* (*torcia* (2ª), *tossia* (3ª)), desaparecendo, nessas formas, a distinção de conjugações.

A precariedade da distinção entre a segunda e a terceira conjugações não para aí. Os verbos cujo infinitivo tem só uma sílaba (*dar*, *ver*, *ler*, *pôr*, *vir* e *ir* por exemplo) apresentam alguns problemas. *Dar*, único infinitivo monossilábico da primeira conjugação, possui as formas *deste*, *dera*, *desse* e *der*; *pôr* é sabidamente um verbo da segunda conjugação (cf. *puseste*, *pusera*, *pusesse*, *puser*); também à segunda conjugação pertence o verbo *vir*, já que sua vogal temática é /ɛ/ (cf. *vieste*, *vier*, *viesse*, *viera*); o *i* de *ir* não é vogal temática, mas o próprio radical, no qual a vogal temática, também *-i-*, foi absorvida mediante o fenômeno da crase; *ver* e *ler* a rigor só exibem sua vogal temática na terceira pessoa do plural do presente do indicativo (*veem* e *leem*). Lembre-se ainda que *estar* apresenta formas da primeira (*estamos*, *estava*, *estarei*) e da segunda conjugação (*estiveste*, *estivera*, *estiver*, *estivesse*).

Por outro lado, a distinção entre as três conjugações, ainda que neutralizada no plano mórfico, pode vir expressa no plano fonológico. Este é o caso da primeira pessoa do presente do indicativo, que não apresenta vogal temática, mas cuja vogal tônica, sendo anterior ou posterior média, pode acusar a distinção de conjugações. Na primeira conjugação essa vogal tende a ser aberta ((*eu*) *olho*, (*eu*) *gosto*, (*eu*) *nego*, (*eu*) *berro*, (*eu*) *arremesso*)); na segunda, tende a ser média fechada ((*eu*) *torço*, (*eu*) *colho*, (*eu*) *bebo*, (*eu*) *estremeço*)); e na terceira, tende a ser alta ((*eu*) *tusso*, (*eu*) *pulo*, do verbo *polir*, (*eu*) *firo*, (*eu*) *sinto*, (*eu*) *divirto*, do verbo *divertir*)).

Contam-se como exceções *chegar*, *aconchegar*, *aconselhar*, *desejar*, *festejar*, *almejar*, *rastejar*, *espelhar* e similares, verbos cujo /e/, seguido de consoante palatal, permanece fechado em todas as sílabas tônicas do presente do indicativo (cf. a pronúncia do *e* de *rastejo*, *rastejas*, *rasteja*, *rastejam*, *aconselho*, *aconselhas*, *aconselha*, *aconselham*); e *pedir*, *impedir*, *medir*, cuja vogal tônica é aberta (*peço*, *impeço* e *meço*).

7.6.3 Formas rizotônicas e formas arrizotônicas

A vogal sobre a qual incide o acento tônico pode pertencer ao radical do verbo (ex.: *passo*, *estremeço*, *durmam*) ou a um de seus constituintes gramaticais (*passei*, *estremeceremos*, *dormíamos*). As formas do primeiro tipo se chamam rizotônicas (com tonicidade na raiz); as do segundo, arrizotônicas (com tonicidade fora da raiz).

7.6.4 Estrutura da forma verbal padrão

A forma verbal padrão plena é dotada de um morfema lexical – sua base ou radical (RAD) – e um conjunto de noções gramaticais dispostas numa ordem fixa após esta base: a vogal temática (VT), a desinência modo-temporal (DMT) e a desinência número-pessoal (DNP), conforme a seguinte segmentação de *trabalhavas*, *correrei* e *fingíssemos*:

Conjugação	RADICAL	VT	DMT	DNP
1ª	TRABALH	A	VA	S
2ª	CORR	E	RE	I
3ª	FING	Í	SSE	MOS

7.6.5 Verbos regulares e verbos irregulares

Um verbo se chama **regular** *quando segue o paradigma de sua conjugação*. O modelo, ou paradigma, da primeira conjugação é o verbo *cantar*, o da segunda é o verbo *bater*, e o da terceira conjugação é o verbo *partir*. Em todas as formas destes três verbos, o radical permanece inalterado. Para a segunda conjugação, no entanto, devemos admitir um segundo paradigma: o dos verbos *correr* (*torcer*, *colher*, *coser*, *morder*, *solver* etc.) e *mexer* (*descer*, *crescer*, *ferver*, *meter*, *beber* etc.), que apresentam regularmente /o/ e /e/ fechados na sílaba tônica da 1ª pessoa do singular do presente do indicativo (*corro* e *mexo*), e /ɔ/ e /ɛ/ na mesma sílaba das 2ª e 3ª pessoas do singular (*corres* e *mexes*) e da 3ª pessoa do plural (*correm* e *mexem*).

Irregular é, ao contrário, *todo verbo que apresenta algum desvio em relação ao modelo, ou paradigma, de sua conjugação*. São irregulares verbos como *dar* (cf. *dou*, *deste* em face de *canto*, *cantaste*), *perder* (cf. *perco* / *perde* em face de *bato* / *bate*) e *caber* (cf. *caibo* / *cabe* / *coube* em face de *bato* / *bate* / *bati*).

7.6.6. Verbos irregulares fracos, fortes e anômalos

Verbos **irregulares fracos** são *os que podem mudar de radical, sem aparente explicação, ao variar a pessoa* (ex.: *perder*, que apresenta *perco* e *perde*; *medir*, que apresenta *meço* e *mede*); **irregulares fortes** são *os que apresentam no pretérito perfeito um radical diverso do presente* (ex.: *dizer*, que apresenta *dizes* e *disseste*; *saber*, que apresenta *sabes* e *soubeste*; *vir*, que apresenta *vens* e *vieste*). **Irregulares anômalos**, ou simplesmente **anômalos**, são *os verbos que apresentam diversidade total de radicais entre tempos ou mesmo entre pessoas do mesmo tempo*. São eles apenas os verbos *ser* e *ir* (cf. *sou*, *és*, *fui*; *vai*, *ides*, *foi*)[42].

7.6.7 Verbos defectivos

Chamam-se **defectivos** *os verbos a que faltam algumas formas do paradigma*. Essa defasagem formal é sistematicamente devida à ausência da forma da primeira pessoa do singular do presente do indicativo, acarretando a inexistência de todo o presente do subjuntivo. Acham-se neste caso vários verbos da terceira conjugação, de que são exemplos *colorir* e *demolir*. A maioria desses verbos não faz parte do vocabulário corrente; os usuários da língua que os conhecem adquiriram-nos, em geral, em contato com textos escritos e gramáticas normativas, juntamente com a informação de que 'são defectivos'. Listam-se entre eles os verbos *abolir*, *carpir*, *combalir*, *exaurir*, *extorquir*, *fremir*, *fulgir*, *haurir* e *retorquir*. Um ou outro tradicionalmente incluído nessa classe, mas de uso corrente, aparece na fala na primeira pessoa do singular do presente do indicativo. É o caso de *explodir*.

Comportam-se como defectivos, pela natureza de sua significação, os verbos que denotam fenômenos da natureza, que no sentido próprio são impessoais e se empregam apenas na terceira pessoa do singular (*chover*, *trovejar*, *nevar*, *ventar* etc.), e os que nomeiam vozes dos animais (*latir*, *uivar*, *miar*, *mugir*, *cacarejar*, *coaxar*, *relinchar* etc.), aptos a ocorrer apenas na terceira pessoa do singular e do plural, por isso também chamados **verbos unipessoais**.

7.6.8 Quadro geral das desinências verbais

Desinências número-pessoais

Distinguem-se dois grupos de desinências número-pessoais: as desinências padrão e as desinências especiais:

a) Desinências padrão:
  * **zero**, para 1ª p.s. (= *eu*);
  * **-s, -es**, para 2ª p.s. (= *tu*);

---

[42] A anomalia dos radicais de *ser* e *ir* tem explicação histórica: o verbo *ser* reúne formas provenientes dos verbos latinos *esse* (*sou*, *és*, *era*, *fui*) e *sedere* (*ser*, *serei*, *seja*); já o verbo *ir* acumula radicais de três verbos latinos: *ire* (*ia*, *irei*), *esse* (*fui*, *fosse*, *for*) e *vadere* (*vou*, *vão*).

* **zero**, para 2ª p.s. (= *você*) e 3ª p.s. (= *ele* / *ela*);
* **-mos**, para 1ª p.pl. (= *nós*);
* **-is**, para 2ª p.pl. (= *vós*);
* **-m**, para 2ª p.pl. (= *vocês*) 3ª p.pl. (= *eles* / *elas*).

b) Desinências especiais:
* **-o** (geral no presente do indicativo dos verbos regulares), **-u** (verbos *dar*, *estar*, *ir* e *ser*), **-i** (futuro do presente e pretérito perfeito do indicativo), para 1ª p.s. (= *eu*);
* **-ste** (pretérito perfeito do indicativo), **zero** (imperativo afirmativo), para 2ª p.s. (= *tu*);
* **-u** (pretérito perfeito do indicativo), para 2ª p.s. (= *você*) e 3ª p.s. (= *ele* / *ela*);
* **-des** (futuro do subjuntivo, infinitivo flexionado e presente dos verbos de infinitivo monossilábico – com exceção de *dar* e *ser* – e respectivos derivados), **-i** (imperativo afirmativo em geral), **-de** (imperativo afirmativo dos verbos de infinitivo monossilábico – com exceção de *dar* – e respectivos derivados), para 2ª p.pl. (= *vós*);
* **-ram** (pretérito perfeito do indicativo), para 3ª p.pl. (= *eles* / *elas*) e 2ª p.pl. (= *vocês*).

Obs.: Indicamos as desinências por meio de suas representações gráficas convencionais. O **u** de 1ª p.s. no presente do indicativo e de 3ª p.s. no pretérito perfeito do indicativo representa a semivogal /w/ (cf. *dou*, *vou*, *cantou*, *vendeu*). Na 3ª p.pl. a desinência é, na fala, a nasalidade adicionada ao /e/ em *sabem*, *cantem* etc., e a semivogal nasal /w/ que forma ditongo em *cantam* e *cantarão*.

Desinências modo-temporais

- *presente do indicativo*: **zero**;
- *pretérito perfeito do indicativo*: **zero**;
- *pretérito imperfeito do indicativo*: **-va-** (1ª conjugação), **-ia-** (2ª e 3ª conjugações), **-a-** (verbos *pôr*, *ser*, *ter*, *vir* e respectivos derivados);
- *pretérito mais-que-perfeito do indicativo*: **-ra-** / **-re-** em sílaba átona;
- *futuro do presente*: **-re-** / **-ra-** em sílaba tônica;
- *futuro do pretérito*: **-ria-** / **-rie-**;
- *presente do subjuntivo*: **-e-** (1ª conjugação), **-a-** (2ª e 3ª conjugações);
- *pretérito imperfeito do subjuntivo*: **-sse-**;
- *futuro do subjuntivo*: **-r-**.

Desinências aspectuais

- *infinitivo*: **-r**;
- *gerúndio*: **-ndo**;
- *particípio*: **-do**.

7.6.9 Formação dos tempos simples

O mecanismo flexional do verbo combina, de um modo geral, o uso das desinências modo-temporais com o tema das formas que não as possuem, a saber, o *presente do indicativo*, o *pretérito perfeito do indicativo* e o *infinitivo não flexionado*, por isso chamadas formas primitivas do verbo. As demais formas, criadas pela adição das respectivas desinências modo-temporais ou número-pessoais – e muito excepcionalmente pela supressão destas –, chamam-se formas derivadas.

O tema do pretérito perfeito é o que se encontra na segunda pessoa do singular sem a respectiva desinência número-pessoal (ex.: *canta*(*ste*), *disse*(*ste*), *vi*(*ste*), *dormi*(*ste*)); o tema do infinitivo corresponde à sua forma sem o '-r' (*canta*(*r*), *dize*(*r*), *ve*(*r*), *dormi*(*r*)). O presente do indicativo fornece quatro variantes de seu tema para a formação dos tempos derivados: a primeira pessoa do singular – base da formação do presente do subjuntivo (*cant*(*o*), *dig*(*o*), *vej*(*o*), *durm*(*o*)) –, as segundas pessoas do singular e do plural – base da formação do imperativo afirmativo (*canta*(*s*) / *canta*(*is*), *dize*(*s*) / *dize*(*is*), *vê*(*s*) / *vede*(*s*), *dorme*(*s*) / *dormi*(*s*) – e a primeira pessoa do plural – base da formação do pretérito imperfeito do indicativo (*canta*(*mos*), *dize*(*mos*), *ve*(*mos*), *dormi*(*mos*)).

7.6.9.1 Tempos derivados do presente do indicativo

a) **Pretérito imperfeito do indicativo**. Forma-se mediante o acréscimo da respectiva desinência modo-temporal ao tema base: **-va-** para a primeira conjugação, **-ia-** para a segunda e terceira conjugações (ex.: *canta* + ***va***, *viv*(*e*) + ***ia***, *part*(*i*) + ***ia***). Constituem exceção os verbos cuja desinência modo-temporal é **–a-** : *pôr* (*punha*), *ser* (*era*), *ter* (*tinha*), *vir* (*vinha*) e respectivos derivados;

b) **Imperativo afirmativo**. Forma-se do tema da segunda pessoa do singular e do plural, com desinência número-pessoal zero no singular (*canta* (*canta* + ***0***), *vive* (*vive* + ***0***) *dize* (*dize* + ***0***), *dorme* (*dorme* + ***0***) e desinência **-i** ou **-de** no plural (*cantai* (*canta* + ***i***); *vivei* (*vive* + ***i***); *ide* (*i* + ***de***), *tende* (*tem* + ***de***). A única exceção é o verbo *ser*, cujo imperativo afirmativo é *sê* (tu) / *sede* (vós);

c) **Presente do subjuntivo**. Forma-se do radical da primeira pessoa do singular do presente do indicativo, mediante o acréscimo da respectiva desinência: **-e-** para a primeira conjugação (*cant**e***, *cant**e**mos*), **-a-** para a segunda e a terceira (*cresç**a***, *cresç**a**mos*; *part**a***, *part**a**mos*). Um grupo de verbos apresenta no presente do subjuntivo radicais alomórficos exclusivos: *estar* (*estej**a***), *saber* (*saib**a***), *dar* (*d**ê***), *ir* (*v**á***), *haver* (*haj**a***), *ser* (*sej**a***) e *querer* (*queir**a***).

7.6.9.2 Tempos derivados do pretérito perfeito do indicativo

a) **Pretérito mais-que-perfeito do indicativo**. Forma-se mediante o acréscimo da respectiva desinência modo-temporal ao tema base: **-ra-** / **-re-** (*canta* + ***ra***, *cantá* + ***re*** + *is*; *disse* + ***ra***, *disse* + ***re*** + *is*);
b) **Pretérito imperfeito do subjuntivo**. Forma-se mediante o acréscimo da respectiva desinência modo-temporal ao tema base: **-sse-** (*canta* + **sse**, *cantá* + **sse** + *mos*; *disse* + **sse**, *dissé* + **sse** + *mos*);
c) **Futuro do subjuntivo**. Forma-se mediante o acréscimo da respectiva desinência modo-temporal ao tema base: **-r-** (*canta* + ***r***, *canta* + ***r*** + *mos*; *disse* + ***r***, *disse* + ***r*** + *mos*).

7.6.9.3 Tempos derivados do infinitivo não flexionado

a) **Futuro do presente**. Forma-se mediante o acréscimo da respectiva desinência modo-temporal ao tema base: **-re-** / **-ra-** (*canta* + ***re*** + *i*, *canta* + ***rá*** + *s*; *vive* + ***re*** + *i*, *vive* + ***rá*** + *s*; *se* + ***re*** + *i*, *se* + ***rá*** + *s*);
b) **Futuro do pretérito**. Forma-se mediante o acréscimo da respectiva desinência modo-temporal ao tema base: **-ria-** / **-rie-** (*canta* + ***ria***, *canta* + ***ríe*** + *is*; *vive* + ***ria***, *vive* + ***ríe*** + *is*; *se* + ***ria***, *se* + ***ríe*** + *is*).

São exceções os verbos *dizer*, *fazer* e *trazer* e respectivos derivados, cujos radicais nos futuros do presente e do pretérito são, respectivamente, **di-**, **fa-** e **tra-**: *direi*, *farão*, *traríamos*.

7.6.10 Formação dos tempos compostos

Os tempos compostos são formados pela combinação do verbo auxiliar *ter* / *haver* com o particípio do verbo principal. Como exemplo, tomaremos os tempos compostos do verbo *viajar*. São eles:

Modo indicativo

Pretérito perfeito. Verbo auxiliar no *presente*: *tenho*, *tens*, *tem*, *temos*, *tendes*, *têm* ***viajado***.

Pretérito mais-que-perfeito. Verbo auxiliar no *pretérito imperfeito*: *tinha*, *tinhas*, *tinha*, *tínhamos*, *tínheis*, *tinham* ***viajado***.

Futuro do presente. Verbo auxiliar no *futuro do presente*: *terei*, *terás*, *terá*, *teremos*, *tereis*, *terão* ***viajado***.

Futuro do pretérito. Verbo auxiliar no *futuro do pretérito*: *teria*, *terias*, *teria*, *teríamos*, *teríeis*, *teriam* ***viajado***.

Modo subjuntivo

Pretérito perfeito. Verbo auxiliar no *presente*: *tenha*, *tenhas*, *tenha*, *tenhamos*, *tenhais*, *tenham* ***viajado***.

Pretérito mais-que-perfeito. Verbo auxiliar no *pretérito imperfeito*: *tivesse*, *tivesses*, *tivesse*, *tivéssemos*, *tivésseis*, *tivessem* ***viajado***.

Futuro. Verbo auxiliar no *futuro*: *tiver*, *tiveres*, *tiver*, *tivermos*, *tiverdes*, *tiverem* ***viajado***.

Infinitivo impessoal. Verbo auxiliar no *infinitivo impessoal*: *ter* ***viajado***.

Infinitivo pessoal. Verbo auxiliar no *infinitivo pessoal*: *ter*, *teres*, *ter*, *termos*, *terdes*, *terem* ***viajado***.

7.6.11 Particularidades flexionais dos verbos portugueses

Na sequência, distinguiremos nove subpadrões verbais caracterizados por particularidades morfofonológicas do mecanismo flexional.

7.6.11.1 Verbos com alternância vocálica

A última vogal do radical de muitos verbos da segunda e terceira conjugações é passível de alternância quando nela incide o acento tônico. Estes verbos pertencem a quatro subclasses, representadas pelos seguintes verbos: a) *mexer* e *correr*, b) *ferir* e *cobrir*, c) *subir* e d) *progredir*.

Subclasse 'a': **mexer** e **correr**

Os verbos da subclasse 'a' apresentam vogal média fechada, /e/ ou /o/, na primeira pessoa do singular do presente do indicativo e, consequentemente, em todas as formas do presente do subjuntivo – *mexo*, *mexa*, *mexas*, *mexam*; *corro*, *corra*, *corras*, *corram* – e vogal média aberta, /ɛ/ ou /ɔ/, nas demais formas rizotônicas – *mexe*, *mexes*, *mexem*; *corre*, *corres*, *correm*.

Subclasse 'b': **ferir** e **cobrir**

Os verbos da subclasse 'b' apresentam vogal alta, /i/ ou /u/, na primeira pessoa do singular do presente do indicativo e, consequentemente, em todas as formas do presente do subjuntivo – *firo*, *fira*, *firas*, *firamos*, *firais*, *firam*; *cubra*, *cubras*, *cubramos*, *cubrais*, *cubram* – e vogal aberta nas demais formas rizotônicas, exceto se esta vogal é nasal – *feres*, *fere*, *ferem*; *cobres*, *cobre*, *cobrem*.

Seguem este modelo os verbos *aderir*, *compelir*, *competir*, *conferir*, *convergir*, *deferir*, *despir*, *digerir*, *divergir*, *divertir*, *ingerir*, *preferir*, *refletir*, *seguir*, *sugerir*, *vestir*.

Subclasse 'c': **subir**

É uma variante de *cobrir*, apenas com a particularidade da grafia 'u' nas formas arrizotônicas. Pres. do ind. *subo*, *sobes*, *sobe*, *subimos*, *subis*, *sobem*; pres. do subj. *suba*, *subas*, *suba*, *subamos*, *subais*, *subam*. Seguem este modelo os verbos *acudir*, *construir*, *cuspir*, *destruir*, *entupir*, *escapulir*, *fugir*, *sacudir*.

Subclasse 'd': **progredir**

Apresenta uniformemente /i/ nas formas rizotônicas: *progrido*, *progrides*, *progride*, *progrida*, *progridas*, *progridam*.

Seguem este modelo os verbos *agredir*, *cerzir*, *transgredir*, *regredir*, *prevenir* e *denegrir*.

7.6.11.2 Verbos irregulares fracos

medir: pres. do ind. *meço*, *medes* etc.; pres. do subj. *meça*, *meças* etc. É regular em todas as formas restantes.

pedir: pres. do ind. *peço*, *pedes* etc.; pres. do subj. *peça*, *peças* etc. É regular em todas as formas restantes.

perder: pres. do ind. *perco*, *perdes* etc.; pres. do subj. *perca*, *percas* etc. É regular em todas as formas restantes.

prover: pres. do ind. *provejo*, *provês*, *provê* etc.; pres. do subj. *proveja*, *provejas*, *proveja* etc. É regular em todas as formas restantes: pret. perf. *provi*, *proveste* etc.; pret. m. q. perf. *provera*, *proveras* etc.; imperf. do subj. *provesse* etc.; fut. do subj. *prover* etc.

requerer: pres. do ind. *requeiro*, *requeres* etc; pres. do subj. *requeira*, *requeiras* etc. É regular em todas as formas restantes: pret. perf. *requeri*, *requereste* etc.; pret. m. q. perf. *requerera*; imperf. do subj. *requeresse*; fut. do subj. *requerer*.

valer: pres. do ind. *valho*, *vales* etc.; pres. do subj. *valha*, *valhas* etc. É regular em todas as formas restantes.

7.6.11.3 Verbos irregulares fortes

caber: pres. do ind. *caibo*, *cabes* etc.; pret. perf. do ind. *coube*, *coubeste*, *coube* etc.; pret. m. q. perf *coubera* etc.; pres. do subj. *caiba*, *caibas* etc.; imperf. do subj. *coubesse* etc., fut. do subj. *couber* etc.

dizer: pres. do ind. *digo*, *dizes* etc.; pret. perf. do ind. *disse*, *disseste* etc.; pret. m. q. perf. *dissera* etc.; fut. do pres. *direi*, *dirás*, *diremos* etc.; fut. do pret. *diria*, *dirias* etc.; pres. do subj. *diga*, *digas* etc.; imperf. do subj. *dissesse* etc.; fut. do subj. *disser* etc.

fazer: pres. do ind. *faço*, *fazes*, *faz* etc. pret. perf. do ind. *fiz*, *fizeste*, *fez*, *fizemos*, *fizestes*, *fizeram*; pret. m. q. perf. *fizera*, *fizeras* etc.; fut. do pres. *farei*, *farás* etc.; fut. do pret. *faria*, *farias* etc.; pres. do subj. *faça*, *faças* etc.; etc.; imperf. do subj. *fizesse*, *fizesses* etc.; fut. do subj. *fizer*, *fizeres* etc.

poder: pres. do ind. *posso*, *podes* etc.; pret. perf. *pude*, *pudeste*, *pôde*, *pudemos* etc.; pret. m. q. perf. *pudera* etc.; pres. do subj. *possa*, *possas* etc.; imperf. do subj. *pudesse* etc.; fut. do subj. *puder* etc.

querer: pres. do ind. *quero*, *queres*, *quer*, *queremos* etc.; pret. perf. *quis*, *quiseste*, *quisemos* etc.; pret. m. q. perf. *quisera*, *quiseras* etc.; pres. do subj. *queira*, *queiras*, *queiramos* etc.; imperf. do subj. *quisesse* etc.; fut. do subj. *quiser* etc.

saber: pres. do ind. *sei*, *sabes*, *sabe* etc.; pret. perf. *soube*, *soubeste* etc.; pret. m. q. perf. *soubera*, *souberas* etc.; pres. do subj. *saiba*, *saibas*, *saibamos* etc.; imperf. do subj. *soubesse*, *soubesses* etc.; fut. do subj. *souber*, *souberes* etc.

trazer: pres. do ind. *trago*, *trazes*, *traz* etc.; pret. perf. *trouxe*, *trouxeste*, *trouxemos* etc.; pret. m. q. perf. *trouxera*, *trouxeras*, *trouxéramos* etc.; fut. do pres. *trarei*, *trarás*, *trará* etc.; fut. do pret. *traria*, *trarias*, *traríamos* etc.; pres. do subj. *traga*, *tragas* etc.; imperf. do subj. *trouxesse*, *trouxesses* etc.; fut. do subj. *trouxer*, *trouxeres* etc.

7.6.11.4 Verbos em *-air*

Os verbos em **-air** (*sair*, *contrair*, *retrair*, *distrair etc.*) têm a particularidade de conservar a vogal temática – 'i' – , na primeira pessoa do presente do indicativo e, consequentemente, em todo o presente do subjuntivo. Todos os que não sejam defectivos se flexionam como *sair*: pres. do ind. *saio*, *sais*, *sai*, *saímos*, *saís*, *saem*; pret. perf. *saí*, *saíste* etc.; pret. imperf. *saía*, *saías*, *saía*, *saíamos*, *saíeis*, *saíam*; pres. do subj. *saia*, *saias*, *saiamos* etc.

7.6.11.5 Verbos em *-ear* e *-iar*

Modelo dos verbos com sufixo verbal **-ear**: **passear**. Quando a tonicidade incide na vogal do radical, /e/, acrescenta-se após ela a semivogal /i/: *pas-*

seio, *passeias*, *passeia*, *passeia*, *passeie*, *passeies*, *passeiem*, ao lado de *passeava*, *passeei*, *passearei* etc.

Obs.: Os verbos **idear** (= idealizar) e **estrear** (= atuar pela primeira vez) apresentam, excepcionalmente, vogal aberta – /ɛ/– em sílaba tônica: *ideio*, *ideias*, *ideia*, *ideiam*; *ideie*, *ideies*, *ideiem*; *estreio*, *estreias*, *estreia*, *estreiam*; *estreie*, *estreies*, *estreiem*.

Modelo dos verbos em **-iar**: **confiar**. É inteiramente regular: *confio*, *confias*, *confiava*, *confiei*, *confiarei*, *confie*, *confiasse*.

Modelo misto: **odiar** (*mediar*, *ansiar*, *remediar*, *incendiar*, *odiar*). Estes cinco verbos – cujas letras iniciais formam o nome próprio **Mario** – são regulares nas formas arrizotônicas, mas seguem o modelo de **passear** nas formas rizotônicas: *odeio*, *odeias*, *odeia*, *odiamos*, *odiais*, *odeiam*; *odeie*, *odeies*, *odeie*, *odiemos*, *odieis*, *odeiem*.

7.6.11.6 Verbos em *-uar*

Os verbos **averiguar** e **apaziguar** têm /u/ tônico nas três pessoas do singular e na terceira pessoa do plural do presente do indicativo e do presente do subjuntivo, e na segunda pessoa do singular do imperativo afirmativo: *averiguo*, *averiguas*, *averigua*, *averiguam*; *apaziguo*, *apaziguas*, *apazigua*, *apaziguam*; *averigue*, *averigues*, *averigue*, *averiguem*; *apazigue*, *apazigues*, *apazigue*, *apaziguem*; *apazigua* (*tu*).

Nesses mesmos tempos e pessoas, os verbos **aguar** (= molhar, produzir água), **desaguar** e **enxaguar** recebem o acento tônico no /a/ do radical: *enxáguo*, *enxáguas*, *enxágua*, *enxáguam*; *enxágue*, *enxágues*, *enxágue*, *enxáguem*.

7.6.11.7 Verbos em *-uir*

Os verbos em **-uir** são geralmente regulares. Uma particularidade a ser notada é a grafia com **i** da vogal temática nas segunda e terceira pessoas do singular do presente do indicativo: *concluo*, *concluis*, *conclui*, *concluímos*, *concluís*, *concluem*. Uns poucos verbos desta subclasse não são empregados na primeira pessoa do singular do presente do indicativo e, consequentemente, em todo o presente do subjuntivo; os mais conhecidos são **ruir**, **puir** e **delinquir**. Somente dois verbos apresentam variação de radical: **destruir** e **construir**, que trocam **u** por **ó** nas segunda e terceira pessoas do singular do presente do indicativo: *destróis*, *destrói*; *constróis*, *constrói*.

7.6.11.8 Verbos com ditongo

Apoiar tem /ɔ/ aberto quando tônico: *apoio*, *apoias*, *apoia*, *apoiam*; *apoie*, *apoies*, *apoiem*.

Os verbos dotados de ditongo seguido de consoante – **inteirar**, **pernoitar**, **açoitar**, **confeitar** – mantêm fechada a vogal do ditongo em todas as suas ocorrências: *pernoito*, *pernoitas*, *pernoite* etc.; *açoito*, *açoitas*, *açoite* etc.; *estouro*, *estouras*, *estoure* etc.; *inteiro*, *inteiras*, *inteire* etc.; *confeito*, *confeitas*, *confeite* etc.

Obs.: A redução dos ditongos /ou/ e /ei/ diante de /r/ – **estourar**, **inteirar**, **peneirar**, **maneirar** – é tendência nos registros coloquiais e regra nos dialetos sociais não cultos. Com isso, os verbos trissilábicos da primeira conjugação tendem a apresentar vogal tônica aberta, conforme o paradigma: *estora* (ó), *intera* (é), *penera* (é), *manera* (é).

7.6.11.9 Verbos do tipo *raptar*

Pronúncia exclusiva do uso culto padrão, o acento tônico de verbos como **optar**, **obstar**, **dignar-se**, **indignar-se**, **raptar** incide na vogal do radical nas três pessoas do singular e na terceira pessoa do plural do presente do indicativo e do presente do subjuntivo: *opto* (ó), *optas* (ó), *opta* (ó), *optam* (ó), *opte* (ó); *digno-me* (í), *dignas-te*, *digna-se*, *digne-me*, *digne-se*.

7.6.11.10 Verbos de infinitivo monossilábico

Dar
Presente do indicativo: *dou*, *dás*, *dá*, *damos*, *dais*, *dão*
Pretérito perfeito do indicativo: *dei*, *deste*, *deu*, *demos*, *destes*, *deram*
Presente do subjuntivo: *dê*, *dês*, *dê*, *demos*, *deis*, *deem*

Crer (e **descrer**)
Presente do indicativo: *creio*, *crês*, *crê*, *cremos*, *credes*, *creem*
Pretérito perfeito do indicativo: *cri*, *creste*, *creu*, *cremos*, *crestes*, *creram*

Ir
Presente do indicativo: *vou*, *vais*, *vai*, *vamos*, *ides*, *vão*
Pretérito imperfeito do indicativo: *ia*, *ias*, *ia*, *íamos*, *íeis*, *iam*
Pretérito perfeito do indicativo: *fui*, *foste*, *foi*, *fomos*, *fostes*, *foram*
Presente do subjuntivo: *vá*, *vás*, *vá*, *vamos*, *vades*, *vão*

Ler
conjuga-se como **crer**

Pôr (e derivados: **compor, dispor** etc.)
Presente do indicativo: *ponho*, *pões*, *põe*, *pomos*, *pondes*, *põem*
Pretérito perfeito do indicativo: *pus*, *puseste*, *pôs*, *pusemos*, *pusestes*, *puseram*
Pretérito imperfeito do indicativo: *punha*, *punhas*, *punha*, *púnhamos*, *púnheis*, *punham*

Rir (e **sorrir**) Presente do indicativo: *rio*, *ris*, *ri*, *rimos*, *rides*, *riem*

Ser
Presente do indicativo: *sou*, *és*, *é*, *somos*, *sois*, *são*
Pretérito perfeito do indicativo: *fui*, *foste*, *foi*, *fomos*, *fostes*, *foram*
Pretérito imperfeito do indicativo: *era*, *eras*, *era*, *éramos*, *éreis*, *eram*
Presente do subjuntivo: *seja*, *sejas*, *seja*, *sejamos*, *sejais*, *sejam*
Imperativo afirmativo: *sê* (tu), *sede* (vós)

Ter (e derivados: **conter**, **entreter**, **suster** etc.)
Presente do indicativo: *tenho*, *tens*, *tem*, *temos*, *tendes*, *têm*
Pretérito perfeito: *tive*, *tiveste*, *teve*, *tivemos*, *tivestes*, *tiveram*
Pretérito imperfeito: *tinha*, *tinhas*, *tinha*, *tínhamos*, *tínheis*, *tinham*

Ver (e derivados: **prever**, **antever**, **rever**)
Presente do indicativo: *vejo*, *vês*, *vê*, *vemos*, *vedes*, *veem*
Pretérito perfeito: *vi*, *viste*, *viu*, *vimos*, *vistes*, *viram*

Vir (e derivados que não sejam defectivos: **provir**, **intervir**, **convir**)
Presente do indicativo: *venho*, *vens*, *vem*, *vimos*, *vindes*, *vêm*
Pretérito perfeito: *vim*, *vieste*, *veio*, *viemos*, *viestes*, *vieram*
Pretérito imperfeito: *vinha*, *vinhas*, *vinha*, *vínhamos*, *vínheis*, *vinham*

7.7 CLASSES INVARIÁVEIS

O grupo das classes invariáveis compreende o **advérbio**, a **preposição**, as **conjunções subordinativa** e **coordenativa**, e a **interjeição**. A análise destas classes, que não se distinguem pela morfologia, está complementada em outras seções, seja segundo seu funcionamento como unidade do discurso – a interjeição – (ver 4.3.5), seja como constituintes dos sintagmas e orações (ver décimo quarto capítulo).

7.7.1 Advérbio

O advérbio é a mais heterogênea das classes de palavras. Suas características típicas, além da invariabilidade formal, são a função modificadora e a mobilidade posicional em relação ao termo que ele modifica. Existem várias subclasses semânticas e sintáticas de advérbio. A maioria delas, porém, emprega-se para localizar no tempo ou no espaço os objetos a que fazemos referência nos nossos discursos. Exprimem basicamente posições temporais (advérbios de tempo) relativamente a um ponto convencional na linha do tempo: *cedo*, *tarde*, *ontem*, *hoje*, *amanhã*, *antes*, *agora*, *depois*, *então*, *aí*, *logo*, *já*, *ainda*, *sempre*, *nunca*; exprimem basicamente posições espaciais (advérbios de lugar) relativamente a um ponto convencional no espaço, físico ou textual: *aqui*, *aí*, *ali*, *lá*, *acolá*, *acima*, *abaixo*, *além*, *aquém*, *dentro*, *fora*, *afora*, *atrás*, *alhures*. São menos numerosas as subclasses dos advérbios de intensidade: *muito*, *pouco*, *bastante*, *assaz*, *mais*, *menos*, *apenas*, *quase*, *demais*; de modo: *assim*, *bem*, *mal*, *como* (nas frases interrogativas); de dúvida: *talvez*, *quiçá*, *porventura*; de adição/inclusão: *também*, *inclusive*, *até*, *ainda*; de focalização: *só*, *apenas*, *sobretudo*, *até*; de negação: *não*.

7.7.1.1 Advérbios de tempo: ocasião, duração e frequência

As formas que nossas gramáticas e dicionários tradicionalmente classificam como *advérbios de tempo* se organizam, quanto ao sentido que expressam no discurso, em pequenos subgrupos, a saber:

a) **ontem / hoje / amanhã**. Este subgrupo refere-se a uma **ocasião** – mais exatamente, o dia – reconhecível pelos interlocutores relativamente ao momento (ou dia) em que acontece a enunciação. Trata-se de um caso típico de dêixis:
   - A loja não abriu *ontem* / não abre *hoje* / não abrirá *amanhã*.

b) **agora / antes / depois / então**. Este subgrupo refere-se a uma ocasião arbitrária, reconhecível pelos interlocutores relativamente ao momento da enunciação (função dêitica) ou a um ponto de referência instituído no próprio discurso ou texto (função anafórica):
   - *Agora* / *Antes* / *Depois* quero lhe apresentar um amigo (dêixis)
   - Pediu primeiro um copo d'água e *depois* um café (anáfora)
   - Entrou apressado no carro, e só *então* reparou que os sapatos não formavam um par (anáfora).

Por não se referirem a momentos pontuais, mas a intervalos de tempo de duração variável, *antes* e *depois* têm a singularidade de poderem ser intensificados: *muito antes*, *pouco depois*.

Obs.: Além de corresponder ao momento do ato enunciativo, os intervalos de tempo recortados pelos advérbios *agora* e *hoje* são compatíveis com as formas de pretérito perfeito e de futuro (*Ele chegou agora/hoje*, *Ele chegará agora/hoje*, *Ele chegaria agora/hoje*). Note-se que um enunciado como *Ele chegava hoje* só é possível quando *chegava* equivale a *chegaria*. Por outro lado, um enunciado como *Hoje* ***era*** *dia de soltar balões* pode ser proferido, por exemplo, no dia consagrado a algum santo festejado no mês de junho. O advérbio tem, assim, um emprego especial de datação histórica (= o dia de hoje), coincidente com a informada no calendário no dia em que ocorre a enunciação (cf. *Antigamente, hoje era dia de soltar balões*). A polissemia do advérbio *hoje* inclui uma outra acepção – *atualmente*, cujo antônimo é *antigamente* – significado também expresso pela locução *hoje em dia*:

- *Hoje (em dia)* é fácil ter um telefone.

c) **sempre / nunca**. Este subgrupo expressa a polaridade – positiva *versus* negativa – da *frequência* do fato independentemente de qualquer eixo referencial, isto é, não tem qualquer implicação dêitica ou anafórica: *Ele* ***nunca*** *atende /* ***sempre*** *atende o telefone* ~ *Ele* ***nunca*** *atendia /* ***sempre*** *atendia o telefone* ~ *Ele* ***nunca*** *atenderá /* ***sempre*** *atenderá o telefone*.

d) **cedo / tarde**. Este subgrupo expressa uma polaridade temporal qualitativa sem qualquer implicação dêitica ou anafórica. É qualitativa porque ordinariamente implica juízo favorável para *cedo* e desfavorável para *tarde*, numa escala cujo meio termo é um padrão muito variável, segundo o evento ou situação a que se refere: *Acordei* ***tarde*** */* ***cedo*** *hoje*, *Saí da festa* ***cedo*** */* ***tarde***, *Casei* ***cedo*** */* ***tarde***. Assim como *antes* e *depois*, prestam-se à gradação: *mais cedo / mais tarde*, *um pouco cedo / um pouco tarde*.

e) **já / ainda / mais**. Este subgrupo é o mais complexo; não se refere a épocas, mas a representações do processo na sua duração (aspecto). Pode exprimir graus de proximidade do acontecimento em relação ao momento da enunciação (*O médico* ***já*** *vai chegar / O médico* ***ainda*** *vai chegar*), caracterizar o contraste entre consumação (*já*) e não consumação (*ainda*) de um processo (*A chuva* ***já*** *passou / A chuva* ***ainda*** *não passou*, *As lojas* ***já*** *estão enfeitadas para o Natal / As lojas* ***ainda*** *não estão enfeitadas para o Natal*, *Ele não trabalha* ***mais*** *aqui / Ele* ***ainda*** *trabalha aqui*), ou firmar o contraste entre as etapas inicial e final de um processo (*O jogo* ***ainda*** *está no primeiro tempo / O jogo* ***já*** *está no segundo tempo*).

Estes advérbios não são indispensáveis ao conteúdo objetivo dessas frases; a função deles é, sobretudo, argumentativa, uma vez que servem para realçar premissas ou suscitar inferências (ver em 4.3.3 o conceito de *força ilocutória*). Assim, dizer *Estas bananas estão maduras* ou *O jogo está no segundo tempo* pode ser uma mera constatação; por sua vez, *Estas bananas **já** estão maduras* ou *O jogo **já** está no segundo tempo* implica obrigatoriamente um juízo, no caso das bananas, sobre a oportunidade de fazer uso delas; no caso do jogo, sobre, entre outras coisas, a impossibilidade de mudança em um certo resultado. O mesmo se observa em exemplos com 'ainda'; basta comparar *Estas bananas estão verdes* e *Estas bananas **ainda** estão verdes*, *O jogo está no primeiro tempo* e *O jogo **ainda** está no primeiro tempo*.

Já também se emprega em frases imperativas, afirmativas ou negativas (*Desça **já** daí! / Não desça **já** daí!*). Na formulação negativa, alterna sem variação relevante de sentido com *ainda* (*Não desça **ainda** daí!*). Na formulação afirmativa, sozinho na frase, funciona como interjeição e alterna com *agora* (*Um, dois, três... **Já!/Agora!***).

Por outro lado, o advérbio 'logo', cujo sentido primário é 'sem demora', não forma par opositivo com nenhum outro; o oposto de *Achei **logo** um lugar para sentar* se expressa normalmente por *Custei/Demorei a achar um lugar para sentar* ou *Depois de algum/muito tempo, achei um lugar para sentar*. Ao lado de um verbo, nas frases imperativas, pode alternar com *já* e *agora* (*Desça **logo / já / agora** daí!*).

7.7.1.2 O advérbio em *-mente*

O uso do sufixo adverbial *-mente* junto a adjetivos (*provavelmente*, *unicamente*, *tardiamente*) estende sem limite cada uma dessas séries, além de criar outras séries. Se o adjetivo base é variável em gênero, o sufixo adverbial se junta à forma feminina: *tardio/tardiamente*, *sonhador/sonhadoramente*; mas, *sutil/sutilmente*, *vulgar/vulgarmente*.

A noção 'de modo' foi eleita pela tradição escolar como característica semântica típica dos advérbios em *-mente*. Sabemos, porém, que os valores semânticos desses advérbios são variáveis de acordo com o funcionamento dos adjetivos de que derivam. Eis algumas dessas outras possibilidades:

a) **tempo/frequência:** Ia *raramente* à escola, Visitava a mãe *diariamente*, Pagou *regularmente* suas dívidas;

b) **ponto de vista/opinião:** *Provavelmente* eles já se conheciam; *Francamente*, não sei o que dizer; Estava *visivelmente* embriagado;

c) **delimitação/enquadramento:** Este fato está *cientificamente* comprovado, Cumprir esse prazo é *humanamente* impossível;

d) **extensão/intensidade:** A cidade ficou *parcialmente* submersa, Saiu do hospital *inteiramente* recuperado;
e) **focalização:** Chegava *pontualmente* às 10:30 h., Vim aqui *unicamente* para cumprimentá-lo.

7.7.1.3 O advérbio e a noção de grau

Alguns advérbios que não indicam situação ou posição definida no espaço/tempo são passíveis de gradação, exatamente como os adjetivos; por isso, podem vir precedidos de um advérbio de intensidade (***muito** cedo*, ***bastante** tarde*, ***mais** longe*, ***pouco** perto*) ou receber um sufixo de grau – a exemplo do coloquial *-inho* (*cedinho*, *pertinho*) e do formal *-íssimo*, de uso restrito a alguns advérbios (*tardíssimo*, *cedíssimo*).

7.7.1.4 Locução adverbial

Os lugares sintáticos ocupados pelos advérbios podem ser preenchidos por sintagmas fixos conhecidos como **locuções adverbiais**. Muitas delas se prestam à expressão de variações aspectuais do verbo (*de vez em quando*, *às vezes*, *de hora em hora*, *pouco a pouco*, *por pouco*, *de repente*, *de supetão*), intensificações do processo verbal, muito comuns na língua falada informal (*à beça*, *pra burro*, *pra cachorro*), modos do processo verbal (*de bruços*, *de lado*, *de mão em mão*, *em pé*, *com pressa*, *aos trancos*, *por milagre*). As formas diminutivas *à tardinha*, *de manhãzinha* são típicas do registro informal, falado ou escrito.

Abordaremos no décimo terceiro capítulo as subclasses sintáticas dos advérbios e das locuções adverbiais.

7.7.2 Preposição

Chama-se **preposição** *a palavra invariável que precede uma unidade nominal – substantivo, pronome substantivo, infinitivo –, convertendo-a em constituinte de uma unidade maior*. Por estar sempre apta a originar construções ou locuções de caráter adjetivo ou adverbial, a preposição é, sobretudo, do ponto de vista sintático, um transpositor (ver 14.7).

Tanto quanto as demais espécies de conectivos, as preposições contribuem de forma mais ou menos relevante para o significado das construções de que participam. Essa maior ou menor relevância está relacionada aos graus de liberdade do enunciador na seleção da preposição. Em muitos casos, a preposição não é escolhida pelo que significa, mas imposta ao usuário da língua pelo contexto sintático; isto é, ela é selecionada pela palavra que a precede, seja um verbo, um substantivo, um adjetivo ou um advérbio (ex. *depende **de** você*, *concordo **com** você*, *refiro-me **a** você*, *confiante **em*** *mais uma vitória, derrotado* ***por*** *um adversário*). Diversa é a situação da preposição em *viajou* ***sem*** *destino*, *viajou* ***com*** *a família*, *viajou* ***para*** *o Nordeste*, *viajou* ***pelo*** *litoral*, *viajou* ***entre*** *os meses de abril e junho*, *caixa* ***de*** *papelão*, *caixa* ***para*** *charutos*, *caixa* ***com*** *alça*.

No primeiro conjunto, a preposição anexa ao verbo – enfraquecida ou mesmo esvaziada de sentido próprio – constitui um apêndice dele, marcando sua classe sintática (ver 9.5.3). O SN regido pela preposição funciona como complemento (relativo ou nominal) desse núcleo. No segundo conjunto, ela forma com a unidade seguinte um sintagma preposicional de função adverbial ou adjetiva, além de se destacar, por ser uma escolha entre outras, pelo significado que acrescenta à construção.

Chama-se **locução prepositiva** a *combinação estável de palavras que equivale a uma preposição*. As locuções prepositivas são finalizadas por preposição e originam sintagmas preposicionais para funções adverbiais ou adjetivas (cf. *Deixei o livro* ***sobre*** *a mesa* ~ *Deixei o livro* ***em cima da*** *mesa*; *viagem* ***pelo*** *sertão* ~ *viagem* ***em torno*** *da lua*). Há dois tipos de locuções prepositivas: o que consiste na sequência 'preposição + substantivo (ou advérbio) + preposição' (*em cima de*, *em vez de*, *a troco de*, *a respeito de*, *por dentro de*, *por volta de*) e o formado por 'advérbio + preposição' (*perto de*, *longe de*, *fora de*, *além de*). O primeiro destes dois modelos é altamente produtivo, uma vez que, valendo-se de substantivos, serve à expressão de um variado leque de conteúdos, além das noções espaciais e temporais características do segundo modelo: *causa* (*em virtude de*, *por força de*, *por causa de*, *por motivo de*, *em função de*), *referência* (*em relação a*, *a respeito de*, *em termos de*, *a propósito de*), *concessão* (*a despeito de*, *em que pese a*), *contraste*, *substituição* ou *preterição* (*em vez de*, *em lugar de*, *de preferência a*, *em detrimento de*), *meio* ou *instrumento* (*por meio de*, *por intermédio de*), *finalidade* (*de modo a*, *de molde a*, *a fim de*), *proveito* ou *prejuízo* (*a favor de*, *em função de*, *em proveito de*, *em prejuízo de*, *em detrimento de*) etc.

Obs.: Algumas preposições ocorrem combinadas – sem que constituam locução prepositiva – na expressão de noções locativas mistas. São comuns as combinações *por entre*, *por sobre*, *de sob* e *de entre*:

- "Essas festas marcam momentos em que a religião transborda *por sobre* a vida social mais ampla e daí volta a refluir para a esfera do privado..." [HVPB 4, 1998: 162]
- "Pé ante pé dirigi-me à cômoda, abri a gaveta e retirei *de sob* a roupa dobrada o pequeno revólver." [CARDOSO, 2002: 297]

7.7.3 Conjunção subordinativa

Chama-se **conjunção subordinativa** a *palavra invariável que, anteposta a uma oração com verbo flexionado em tempo, forma com ela um sintagma derivado.* As conjunções subordinativas são de duas espécies segundo a classe do sintagma que originam: *conjunções integrantes* (ou nominalizadores), quando originam sintagmas nominais, e *conjunções adverbiais*, quando originam sintagmas adverbiais (Para detalhes, ver décimo quarto capítulo, especialmente os itens 14.7 e 14.8). Por sua capacidade de originar sintagmas, as conjunções subordinativas formam ao lado das preposições uma ampla classe de conectivos de subordinação, e, como estas, atuam como transpositores. A maioria das conjunções subordinativas adverbiais é formada por combinações estáveis finalizadas pelo conectivo padrão *que*, conhecidas como **locuções conjuntivas** (*sempre que, à medida que, para que, contanto que, ainda que* etc.)

7.7.4 Conjunção coordenativa

Chama-se **conjunção coordenativa** a *espécie de palavra gramatical que une duas ou mais unidades (palavras, sintagmas ou orações) da mesma classe formal e mesmo valor sintático.* As conjunções coordenativas típicas são *e* (aditiva), *ou* (alternativa) e *mas* (adversativa). Para uma análise detalhada, ver 14.10.

7.8 PRONOME RELATIVO

Chama-se **pronome relativo** a *classe de palavras gramaticais que reúne as características anafóricas do pronome pessoal e a função conectiva da conjunção subordinativa.* O pronome relativo empregado em todas as variedades da língua é *que*; as formas *cujo* e *o qual* – e respectivas variações – pertencem às variedades formais da língua. Para detalhes, ver 11.5 e 14.12.4.

7.9 ADVÉRBIO RELATIVO

Assim se classificam os advérbios *onde, como* e *quando* sempre que atuam com as propriedades anafóricas e conectivas do pronome relativo.

- "Desde os idos da colonização, *quando* Portugal aplicava no Brasil suas Ordenações, o corte de árvores sem autorização já era tratado como crime." [*O Globo*, 4/4/2008: 7]
- "Pelo jeito *como* a locomotiva entrou na estação, já podia se pressentir a decepção e, o que é pior, o caos." [CONY, C. H. 1995: 55]

OITAVO CAPÍTULO: O PERÍODO SIMPLES I: A PREDICAÇÃO E AS CATEGORIAS DO VERBO

8.1 O SINTAGMA VERBAL E A PREDICAÇÃO

É por meio do verbo que se realiza a predicação. Pelo ato de predicar, o ser humano associa um atributo a um objeto, circunscrevendo essa associação a alguma fase da linha do tempo, respectivamente atual, anterior e posterior ao momento da fala em:

- A rua *está* deserta.
- A rua *estava* deserta.
- A rua *estará* deserta.

Este modelo de união de uma entidade – *a rua* – e seu atributo – *deserta* – constitui uma **proposição**. *A rua* é um sintagma nominal na função de sujeito, *está deserta* é um sintagma verbal na função de predicado. Graças à predicação, não apenas isolamos uma parcela de nossa experiência referenciando-a num sintagma nominal (ver 10.2), mas também 'pronunciamo-nos' sobre essa parcela, formulando um pensamento, emitindo um juízo, relatando um fato. Os sintagmas nominais recortam as entidades a que estamos nos referindo, mas só os sintagmas verbais – graças à função predicadora que o verbo os habilita a exercer – possibilitam que essas entidades se tornem tema de algum comentário e fiquem sujeitas à temporalidade que caracteriza a oração e viabiliza a expressão da dinâmica própria dos acontecimentos e do fluxo da vida:

- O pitbull *nunca ferira ninguém*, mas certo dia *atacou os próprios donos*.

Para cumprir esse papel, o sintagma verbal concentra em sua composição um complexo conjunto de informações: *tempo*, *aspecto*, *modo*, *voz*, *número* e *pessoa* – categorias gramaticais associadas ao conceito mesmo de verbo e expressas, com exceção da voz, mediante suas variações de forma (vocábulos morfossintáticos [ver 6.9.1.1 e 6.9.1.5.2]).

À extraordinária maleabilidade morfológica – uma vez que pode assumir pouco mais de sessenta variações flexionais – o verbo alia ainda uma variada tipologia sintática e semântica (ver nono capítulo) que faz dele um elemento decisivo tanto para a definição do padrão formal da oração quanto para a construção sintática de seu significado.

8.2 VERBO – EIXO ESTRUTURAL DA ORAÇÃO

O verbo é, assim, a garantia formal da existência do predicado e, portanto, da própria oração, pois é por meio de sua variação morfossintática que se exprimem o tempo, o modo, a pessoa, o número e a distinção aspectual entre o pretérito perfeito e o imperfeito.

Retomando o exemplo que vimos comentando, notamos que seus três constituintes – *uma pequena aranha*, *a teia* e *nesta roseira amarela* – se articulam ao segmento verbal *está construindo*, respectivamente como 'agente', 'paciente', e 'espaço'. 'Agente', 'paciente' e 'espaço' são papéis semânticos (cf. 6.5.4) compatíveis com verbos como *construir*. Por ocuparem certas posições e serem submetidos a alterações formais bem definidas, os constituintes que expressam aqueles papéis exercem, em relação ao verbo, as funções sintáticas de 'sujeito' (*uma pequena aranha*), de 'objeto' (*a teia*) e de 'adjunto' (*nesta roseira*).

Excetuados uns poucos casos que vêm listados em qualquer gramática (ver o conceito de 'verbo impessoal' [9.13] e, no âmbito desta classe, os verbos referentes aos fenômenos da natureza: *amanhecer*, *trovejar* etc.), o verbo ordinariamente se articula a outro constituinte para compor a oração. Este constituinte ocorre comumente sob a forma de substantivo (***Paulo** está feliz*, ***A bomba** explodiu*) ou pronome (***Eu** viajei*). Por serem identificadas graças às suas características formais, tanto a oração como suas partes são unidades ou classes da gramática. Como vimos no sexto capítulo, estas partes são conhecidas como sintagmas. Desse modo, a estrutura padrão da oração em português comporta dois lugares funcionais: o sujeito (*Paulo*, *a bomba*, *eu*) e o predicado (*está feliz*, *explodiu*, *viajei*); sujeito e predicado não são classes, mas funções exercidas pelas partes – sintagmas – que constituem a oração. O lugar funcional do sujeito é preenchido pelo sintagma nominal (SN) e o lugar funcional do predicado é ocupado pelo sintagma verbal (SV). Este é formado pelo que chamaremos núcleo verbal (NV) acompanhado ou não de termos adjacentes (sintagmas nominais, sintagmas adjetivos, sintagmas adverbiais, sintagmas preposicionais).

8.3 GRAMATICALIZAÇÃO DE VERBOS

Palavras como *devido* (do verbo *dever*) e *durante* (do verbo *durar*) têm seu sentido léxico de verbo esvaziado em construções como *Não trabalhou* ***devido*** *a um forte resfriado* e *Viajou* ***durante*** *as férias*. Além de perderem a associação semântica com os verbos de que se originam, essas palavras também se tornaram invariáveis, passando de adjetivos a preposições. Este fenômeno evolutivo é conhecido como **gramaticalização**. São características das formas gramaticalizadas: esvaziamento ou enfraquecimento do sentido léxico, tendência à invariabilidade mórfica, mudança de classe, comportamento auxiliar nas construções.

Por ser um conceito relacionado à mudança histórica de uma língua, a gramaticalização apresenta graus. O verbo, por exemplo, que é uma palavra variável por excelência, é submetido à gramaticalização em graus variáveis segundo conserve ou perca, na forma gramaticalizada, a possibilidade de variar: *durante* e *devido*, tais como empregados em nossos exemplos, estão em estágio bem avançado de gramaticalização. Em muitos casos, porém, nota-se oscilação de uso, como acontece na variação *há/havia* que se pode registrar em *Ele não aparecia aqui **há/havia** dois meses*.

O *Fui!* das despedidas e o *Valeu!* como fórmula de agradecimento, usuais na linguagem dos jovens, consagraram formas do pretérito perfeito (aspecto concluído/consumado) para realizar, em formas gramaticalizadas, atos de fala brevíssimos com que se encerra um turno de fala ou, muitas vezes, o próprio evento conversacional. São formas cristalizadas, aptas a funções de rotina (pragmaticamente previsíveis), prontas para uso em fases bem marcadas do processo comunicativo.

O gerúndio de alguns verbos também se vai cristalizando em expressões introdutoras de 'balizamentos de compreensão' (ver 4.5.6.2.3 e 14.19): *dependendo de*, *pensando bem*, *mudando de assunto*.

- "*Dependendo d*a embarcação, no entanto, esse número poderia ser muito maior." [GOMES, 2007: 162]

Uns poucos verbos entraram, pela via da gramaticalização, em locuções que funcionam como autênticos conectores discursivos ou advérbios modalizadores: *ou seja*, *isto é*, *sei lá*, *quem sabe*. Às vezes dois verbos, seguidos ou intercalados por outra expressão, gramaticalizam-se como uma dessas locuções: *quer dizer*, *vale dizer* (conectores discursivos), *seja como for*, *haja o que houver*, *custe o que custar*, *doa a quem doer* (locuções adverbiais).

A previsibilidade pragmática e sintagmática é uma das principais características do emprego de uns poucos verbos que tendem para a gramaticalização, seja como mero lugar mórfico das categorias morfossintáticas (o exemplo típico é o dos verbos *ter/haver* como auxiliares na formação dos chamados tempos compostos), seja com função modalizadora (*Ela **pode** / **deve** / **vai** disputar o título*), seja com função aspectual (*Eles **estão** / **ficam** / **vão** morando aqui até a casa ficar pronta*). O efeito mais óbvio da gramaticalização de certos verbos é a passagem deles a verbos auxiliares (cf. 8.4) e a verbos de ligação (cf. 9.3). Também estão gramaticalizados os verbos *ser* e *fazer* em função vicária ou substitutiva, semelhante à de certos pronomes pessoais.

- Se um dia ele voltasse, *seria* para ficar.
- Pisou no meu pé, mas sei que não *fez* (isso) por mal.
- "Sempre calculei que um dia voltaria a escrever-lhe, e se *o faço* agora, com olhos enevoados, é que tenho a alma transida pelo que me acontece." [CARDOSO, 2002: 323]
- "Acredito que o autor do artigo não tenha lido o substitutivo ou, se o *fez*, *foi* de modo muito superficial." [BITTAR, Jorge. *O Globo*, 9/5/2008].

Outros verbos – notadamente *dar* e *ter* – tendem a gramaticalizar-se em construções transitivas cujo objeto, geralmente um substantivo abstrato de ação ou processo, sobressai como núcleo informacional do predicado (cf. *Eles deram um passeio* [= *Eles passearam*]). Esse modelo estrutural tem amplo uso, seja porque supre alguma lacuna lexical (*dar um tranco* ou *ter jeito* não têm correspondentes em um verbo simples), seja por oferecer alternativas de sentido que os verbos simples não conseguem expressar: *dar volta* não é o mesmo que *voltar*; *dar um empurrão* pode significar 'empurrar' ou 'favorecer' [cf. *dar um empurrãozinho*], acepção em que é insubstituível pela forma simples do verbo; *dar pulos* exprime um aspecto diferente de *pular*[43].

8.4 ESTRUTURA DO NÚCLEO VERBAL: VERBO PRINCIPAL E VERBOS AUXILIARES

O núcleo verbal (NV) consiste na combinação de uma unidade léxica e um conjunto de conteúdos gramaticais. A unidade léxica é representada por um verbo chamado 'principal', e os conteúdos gramaticais são expressos por meio de variações morfossintáticas (ver 6.5.5) do verbo principal (VP) ou mediante outro(s) verbo(s) anteposto(s) ao VP, chamado(s) 'verbo(s) auxiliar(es)'. Os conteúdos gramaticais abrangem as noções de tempo/modo, número/pessoa e outras duas ordens de variações: a 'estrutura interna' do processo (aspecto e desdobramento da ação) e a 'atitude enunciativa' (modalidade).

Consideremos quatro enunciados possíveis com o verbo *colher* que tenham por sujeito o SN *o agricultor* e por objeto o SN *bananas*:

a) O agricultor *colhe* bananas,
b) O agricultor *está colhendo* bananas,

---

[43] NEVES, Maria Helena de Moura. "Estudo das construções com verbo-suporte em português". In: KOCH [1996: 201-229].

c) O agricultor *começa a colher* bananas,

d) O agricultor *continua a colher* bananas.

Na forma 'a', que podemos considerar a mais básica e não marcada (ver 6.7 para o conceito de marca), as noções gramaticais são *tempo presente*, *modo indicativo*, *3ª pessoa* e *singular*. Em 'b' ocorrem as noções gramaticais de 'a' acrescidas de nova especificação da estrutura interna do processo: *progressiva*. Em 'c', o ato de *colher* é focalizado em uma fase determinada – o início; e em 'd' *colher* é um ato que tem início em momento anterior ao presente e se estende até o presente.

Em *colhe/colhia/colherá*, varia-se o tempo; em *colhe/colha* ou *colhia/colhesse*, varia-se o modo; já em *colhe/está colhendo/começa a colher/volta a colher*, o tempo é o mesmo (presente), o que varia é o aspecto (constante / progressivo / incoativo / reiterativo). Outras variações aspectuais: *fica colhendo*, *para de colher*, *volta a colher*, *está para colher*, *acaba de colher*, *passa a colher*, *vem colhendo*, *tem colhido*, *vem a colher*.

A atitude enunciativa, por sua vez, recobre as noções de *possibilidade*, *permissão*, *obrigação* e *necessidade* – ordinariamente expressas pelos verbos *poder*, *dever* e *ter* (*de/que*):

- O agricultor *pode colher* bananas (possibilidade/permissão),
- O agricultor *deve colher* bananas (possibilidade/obrigação),
- O agricultor *tem de colher* bananas (obrigação/necessidade).

Há um terceiro grupo de verbos com função gramatical na formação do núcleo verbal: *ter/haver*, *ser* e *ir*. *Ter/haver* ocorre sempre seguido de um particípio invariável (*tinha / havia colhido*), *ser* ocorre sempre seguido de um particípio variável (*era colhido / colhida*) e *ir* ocorre seguido de um infinitivo, exprimindo futuridade/posterioridade (*vai / ia colher*), ou seguido de gerúndio, exprimindo continuidade (*vai / ia colhendo*).

Chama-se **principal** o verbo que fica mais à direita no núcleo verbal e **auxiliares** os verbos que precedem o verbo principal com a função de exprimir os conteúdos gramaticais acima referidos.

8.5 NÚMERO E PESSOA DA FORMA VERBAL: A CONCORDÂNCIA

O verbo apresenta variações formais para a expressão das categorias de número (singular X plural) e de pessoa (primeira, segunda, terceira) do respectivo sujeito ou, em construções exclusivas do verbo *ser*, do predicativo. Trata-se do fenômeno da concordância: *eu* ***quero****/ela* ***quer****/nós* ***queremos***. Para a descrição do mecanismo flexional do verbo, consultar o sétimo capítulo (7.6); para a descrição dos processos de concordância verbal, consultar o nono capítulo (9.12 e 9.13).

8.6 A DÊIXIS E AS RELAÇÕES DE TEMPO EXPRESSAS POR MEIO DO VERBO[44]

O tempo e o espaço são partes substanciais das relações do homem com o mundo. Ambos são medidos: o *tempo*, em minutos, horas, dias, meses, séculos; o *espaço*, em centímetros, metros, quilômetros, milhas. Um e outro são referências necessárias na vida social de cada um de nós. Por isso, a língua que falamos está repleta de recursos para que possamos situar nossas ações em relação aos dois: *agora*, *antes*, *depois*, *ainda* – para o tempo; *aqui*, *acima*, *abaixo*, *além* – para o espaço.

As formas destacadas acima em itálico são advérbios cujo conteúdo só pode ser objetivamente identificado pelos interlocutores envolvidos no evento comunicativo. Todo evento é situado no tempo e no espaço, e se desenrola a partir de um ator central: aquele que fala, o qual assume a palavra e a dirige a outro ator. Na situação típica de comunicação – o diálogo –, o indivíduo que fala refere-se a si mesmo como *eu* e designa seu ouvinte como *tu/você*. Ao referir-se ao espaço em que se encontra, o indivíduo que fala identifica-o como *aqui*; e ao referir-se ao momento em que fala, pode designá-lo como *agora*.

Eu, *você*, *aqui* e *agora* não nomeiam indivíduos, lugar e época determinados e constantes, mas apenas 'o indivíduo que fala', 'alguém a quem ele se dirige', e o 'lugar' e a 'ocasião' em que ocorre o diálogo. Seus conteúdos não são, portanto, objetivos e externos à fala (como *Paulo*, *Maria*, *na sala* e *às 10 horas*), mas situacionais e exclusivos do ato de falar, fora do qual não podem ser reconhecidos. Esta maneira de significar recebe o nome de **dêixis** (termo derivado de uma palavra grega que significa 'indicar, mostrar'), e as categorias gramaticais de pessoa e tempo – por tomarem o enunciador e o momento da enunciação como referência – se dizem categorias dêiticas. "A dêixis é, portanto, um processo de incorporação significativa, pela linguagem, de elementos reais acessíveis pela sua proximidade, pela sua evidência, no campo perceptivo comum ao locutor e interlocutor"[45].

A pessoa que fala – ou escreve – 'comanda', por assim dizer, a atividade discursiva, normalmente transformando-a – ou colaborando para transformá-la – numa complexa rede de atos de significação que têm no *eu*, no *aqui* e no *agora* do discurso seus pontos de referência. A representação do tempo como categoria da linguagem verbal é parte dessa atividade discursiva, que tem no momento da enunciação (ME) seu ponto de referência principal.

Esse *agora* – momento da enunciação – é o marco temporal básico do falante, e os fatos e ideias relatados pela pessoa que fala/escreve podem ser

---

[44] Consultar BENVENISTE, Émile. "O Aparelho Formal da Enunciação". In: BENVENISTE [1989: 81-90] e FIORIN [1996].

[45] FONSECA [1994: 159].

situados em época simultânea, anterior ou posterior a esse marco temporal. Dizemos tradicionalmente que o que se situa em época anterior ao momento da enunciação *está no passado*

- O Brasil *conquistou* a Copa do Mundo no Japão.

e que o que se situa em época posterior ao momento da enunciação *está no futuro*

- O homem *descerá* em Marte.

Tudo o que o falante não precisa, não quer ou não pode situar em uma dessas duas épocas – anterior ou posterior ao momento da enunciação – vem representado, por exclusão, como *presente*

- O Oceano Atlântico *banha* a costa brasileira.
- As mangas *são* frutas tropicais.
- O sol *nasce* para todos.

A noção de presente como tempo gramatical não pode, portanto, ser definida como 'momento em que se fala'. Este é, apenas, o momento da enunciação. Quando alguém diz *A água ferve a cem graus* ou *O sol nasce para todos*, enuncia fatos que são verdadeiros em qualquer época, seja porque o falante tem essa opinião sobre eles, seja porque são verdades científicas ou aceitas como gerais. O que importa, nestas proposições, é que a pessoa que as enuncia o faz de maneira genérica, sem precisar situá-las na linha do tempo.

Já quem diz

- Os soldados *voltaram* da guerra.
- Minha mãe *trabalhava* na lavoura.
- O homem *descerá* em Marte.

está referindo-se a fatos que têm uma localização temporal, se não específica, pelo menos necessariamente anterior ou posterior ao momento da enunciação.

Tudo isso é muito óbvio e simples. Mas a linguagem tem seus caprichos, como veremos no décimo quinto capítulo, dedicado ao emprego dos tempos e modos do verbo.

8.7 O ASPECTO VERBAL

O conceito de aspecto, diferentemente das noções de tempo e de modo, não é tradicionalmente mencionado com esse nome nas gramáticas escolares. Apesar disso, é ao aspecto verbal que os gramáticos se referem quando explicam, seja a diferença de significado entre *O céu é azul* e *O céu está azul*, seja a diferença de significado entre as formas verbais assinaladas em *Paulo* ***comeu*** *dois pães no café da manhã* (ação perfectiva, concluída e unitária) e *Paulo* ***comia*** *dois pães no café da manhã* (ação imperfectiva, não concluída e habitual).

Normalmente, entendemos que em *O céu é* ***azul***, *azul* é uma qualidade permanente do céu, já em *O céu está* ***azul***, *azul* é uma qualidade adquirida e temporária, resultante de alguma mudança. O verbo *ser* limita-se a associar o atributo (*azul*) ao ser de que se fala (*céu*); o verbo *estar*, entretanto, ocorre nas predicações para indicar que um atributo ou processo representa uma fase (inicial, intermediária ou final) de um evento maior. As duas formas estão no presente, e a oposição **permanente** X **temporário** (sobre a semântica dos verbos de ligação, ver 9.3) é considerada uma distinção aspectual. Os outros dois exemplos nos informam sobre duas ações situadas no passado: **momentânea** e **concluída** em *comeu*, mas **habitual** e **não concluída** em *comia*. Trata-se também de uma distinção de aspectos.

8.7.1 Conceito de aspecto

A categoria do **aspecto** refere-se, portanto, à *duração do processo verbal, independentemente da época em que esse processo ocorre*. Essa duração pode ser representada como momentânea ou contínua, eventual ou habitual, completa ou incompleta. Estas classificações, é claro, não esgotam as variações de aspecto que o processo verbal pode apresentar; servem tão só para ilustrar o conceito.

É importante que não nos esqueçamos de que o tempo e o modo são categorias centradas na figura do enunciador, elas expressam relações desse enunciador com a situação comunicativa. O aspecto, por sua vez, é uma caracterização da extensão do fato na linha do tempo, e nada tem a ver com o ponto de vista do enunciador.

A sistematização que propomos abaixo servirá de base para nossas classificações das nuances sutis que a categoria do aspecto é capaz de exprimir.

8.7.2 Distinções aspectuais em português

Os meios de representação do aspecto em português que são passíveis de exposição razoavelmente objetiva dizem respeito a três itens: a oposição entre o conteúdo perfectivo – pretéritos perfeito e mais-que-perfeito – e o conteúdo imperfectivo – pretérito imperfeito (ex.: *jogou/jogara* X *jogava*), a oposição entre as formas perifrásticas de *estar* + gerúndio e as respectivas formas simples (ex.: *está jogando* X *joga*) e a oposição entre as formas compostas de *ter* + particípio e as formas imperfectivas simples (ex.: *tem jogado* X *joga*).

Diremos inicialmente que há duas maneiras de conceber o processo expresso pelo verbo: completo ou *concluído*, como em *O jardineiro* ***cortou*** *a grama*, e incompleto ou *não concluído*, como em *O jardineiro* ***cortava*** *a grama*. Tanto o processo concluído como o não concluído podem, por sua vez, ser especificados como *progressivo* ou *não progressivo*. Chamamos progressivo o processo que é *necessariamente* representado como 'algo que se estende no tempo', como em *O jardineiro* ***está cortando*** *a grama* (processo não concluído, progressivo) e não progressivo o processo simples de *O jardineiro* ***corta*** *a grama* (processo não concluído, não progressivo). No conjunto **processo concluído**, temos *O jardineiro* ***cortou*** *a grama* (processo concluído, não progressivo), *O jardineiro* ***tem cortado*** *a grama* (processo concluído, progressivo) e *O jardineiro* ***esteve cortando*** *a grama* (processo concluído, progressivo). O que distingue os dois últimos exemplos é que a ação do primeiro 'repete-se' desde um ponto no passado até o presente (processo *iterativo*), ao passo que a ação do segundo é representada como de duração contínua (processo *cursivo*).

Abaixo apresentamos um quadro esquemático das variações aspectuais tendo como ponto de referência (PR) o presente:

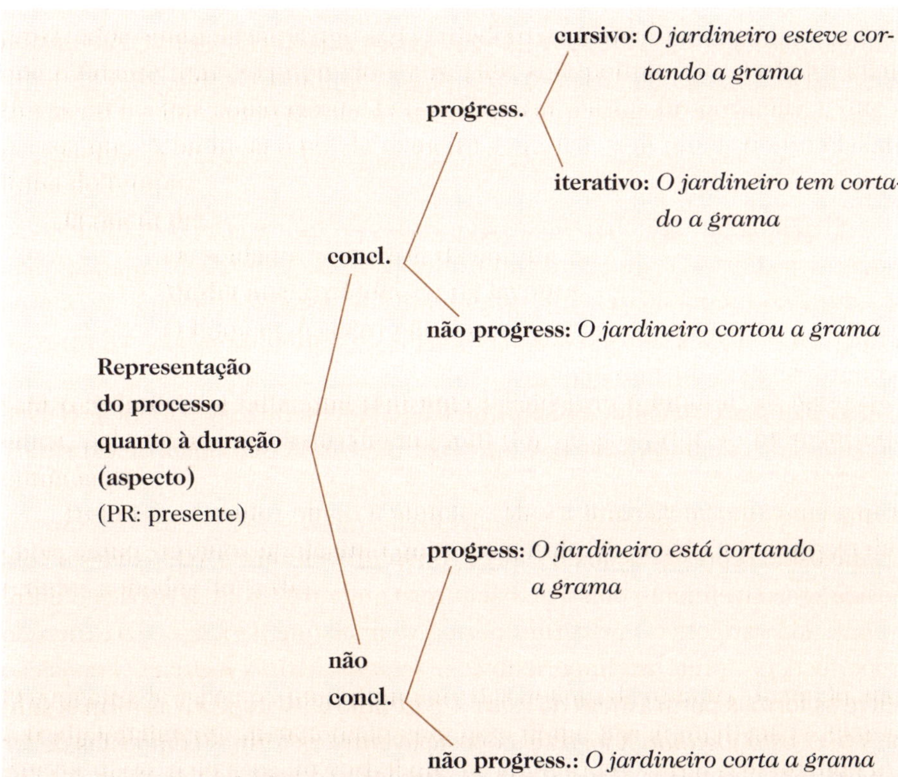

Nós sabemos que o significado preciso de uma frase depende quase sempre do contexto em que a utilizamos. Por isso, uma simples frase como *O jardineiro está cortando a grama* pode ter diferentes interpretações aspectuais conforme a expressão adverbial que a acompanhe:

- O jardineiro *está cortando* a grama *desde às sete horas*. (aspecto cursivo)

ou

- O jardineiro *está cortando* a grama *todos os sábados*. (aspecto iterativo)

O exemplo acima significa o mesmo que

- O jardineiro *tem cortado* a grama *todos os sábados*.

e

- O jardineiro *vem cortando* a grama *todos os sábados*.

Por outro lado, certas interpretações aspectuais são inerentes ao tipo de significação do próprio verbo: *criar*, por exemplo, é compatível com uma interpretação progressiva em qualquer de suas formas

- Meu pai *criou* cabras durante dez anos.,

ao passo que *quebrar* tende para uma interpretação não progressiva, o que explica a estranheza da frase

- *O galho em que ele se pendurava *quebrou* durante 10 minutos.

A expressão de outros conteúdos aspectuais, nuances muitas vezes sutis, realiza-se por meio do emprego de verbos auxiliares. A diferença aspectual entre *criar* e *quebrar*, nos termos apresentados acima, é análoga à distinção entre *ser* e *estar*, comentada no início desta seção. Trata-se de uma distinção devida ao significado léxico desses verbos, e não de uma diferença expressa por algum mecanismo formal regular na língua, como se tem em *criava X criou*, *quebrava X quebrou*, *quebra X está quebrando*, *cria X tem criado*. Independentemente do tipo de significação léxica que os verbos denotem – *pontual*, *durativa*, *incoativa*, *iterativa* – todos estão sujeitos às oposições aspectuais indicadas pelas variações formais a que estamos nos referindo nesta seção. Por isso, os linguistas que se ocupam do aspecto verbal preferem distinguir os conceitos de *aspecto gramatical* – expressão gramatical do desenrolar do processo verbal – e *aspecto lexical* – que diz respeito à conceptualização do 'estado de coisas' – evento ou situação – realizada pelo próprio verbo. Desse modo, *ser* e *estar* ou *criar* e *quebrar* se distinguem, não em função do aspecto, mas da 'conceptualização do estado de coisas'.

8.8 MODALIDADE, MODOS DO VERBO E VERBOS MODAIS

Uma tradição descritiva que remonta à Idade Média e que se inspira na filosofia escolástica nos ensina a reconhecer dois componentes na construção dos enunciados: o *dictum* – aquilo que é objeto da comunicação – e o *modus* – a atitude ou ponto de vista do enunciador relativamente ao objeto de sua comunicação. A expressão do *modus* (cf. 4.5.6.2.3.1) é realizada de várias maneiras. Uma delas consiste em variar a entoação da frase para exprimir certeza, admiração, dúvida, ceticismo etc. Também se pode recorrer a verbos que expressam atitudes, como *saber*, *duvidar* e *supor*, e a advérbios, como *talvez*, *sinceramente*, *obviamente* etc. Trata-se de recursos de modalização ou modalidade.

Ao produzir um enunciado, o falante inscreve nele, portanto, algumas marcas que servem para balizar a compreensão a ser realizada pelo interlocutor, como na diferença entre

- Vocês *podem* sair agora. (permissão)

e

- Vocês *precisam* sair agora. (obrigatoriedade)

Estas duas frases se distinguem quanto à modalidade. A análise clássica da modalidade distingue quatro pares de conteúdos contrastantes: possível/impossível, certo/contestável, obrigatório/facultativo, permitido/proibido.

8.8.1 O modo

Ao analisar a categoria do tempo (cf. 8.6), mostramos que o enunciador expressa, por meio de mudanças flexionais do verbo, uma série de relações, às vezes sutis, entre o momento em que ele fala e as épocas em que se situam os fatos a que ele se refere. O enunciador é, de fato, quem comanda variados tipos de relações que a língua permite exprimir. Assim é que, quem diz, por exemplo

1) A porta *está* fechada.
2) A porta *estava* fechada.
3) A porta *estará* fechada.

em qualquer caso está referindo-se a situações que retrata como reais. Sua relação com o que enuncia é, nestes casos, de *certeza*. No entanto, se diz

4) É possível que a porta *esteja* fechada.
5) Acreditávamos que a porta *estivesse* fechada.
6) Toque a campainha se a porta *estiver* fechada.

o 'estado da porta' não é mais uma informação concebida como um dado no mundo, mas a representação da possibilidade desse dado. Agora, sua relação com o que enuncia é de *dúvida* ou *suposição*. Esta segunda atitude vem expressa duplamente em cada frase: de um lado, por meio dos itens *É possível que*, *Acreditávamos* e *se*; e, de outro, por meio das formas verbais *esteja*, *estivesse* e *estiver*, variações morfossintáticas (ver 6.5.5) do verbo *estar*. Em cada série expressa-se uma diferente atitude do falante em relação ao conteúdo proposicional do enunciado: *certeza* na primeira, *suposição* na segunda.

A variação da forma do verbo – *está/esteja*, *estava/estivesse*, *estará/estiver* – para a expressão da atitude do enunciador – ou modalidade da frase – constitui a categoria gramatical que denominamos **modo**.

Em alguns casos, a variação morfológica do verbo é a única indicação formal das diferentes atitudes do falante, como nos exemplos

7) Procuro uma casa que *tem* uma ampla varanda na frente.

8) Procuro uma casa que *tenha* uma ampla varanda na frente.

Em 7, o falante revela ter certeza da existência da casa que procura (a existência da casa é um pressuposto [ver 4.5.6.2.3.2.2] do enunciado), mas em 8 ele representa essa existência como mera hipótese ou suposição.

8.8.2 Indicativo, subjuntivo e imperativo

A diferença acima exemplificada corresponde à tradicional distinção de dois modos do verbo: *indicativo* (exemplos 1, 2, 3 e 7) e *subjuntivo* (exemplos 4, 5, 6 e 8).

O modo indicativo (que serve para *indicar* fatos de existência objetiva) é próprio dos enunciados declarativos simples, em que ocorre apenas um verbo ou uma locução verbal; já o modo subjuntivo (que serve para representar fatos como *dependentes* do ponto de vista pessoal do enunciador) é o usual nas formas verbais de dois grupos principais: as estruturas dependentes de alguma expressão que exige o subjuntivo, como o *É possível que* e o *se* dos exemplos 4 e 6, e as construções que expressam hipótese, como a do exemplo 5.

Além dos modos indicativo e subjuntivo, há um terceiro, o *modo imperativo*, que se usa em frases com que o enunciador expressa uma ordem, uma exortação, um pedido:

- "Astros! noites! tempestades! / *Rolai* das imensidades! *Varrei* os mares, tufão!..." [ALVES, 1986: 281]
- "*Acorda*, meu bem, *acorda* / e *ajuda* teu madrugar: / a mão do dia transborda / de coisas para te dar!" [CAMPOS, 2003: 239].
- "*Penetra* surdamente no reino das palavras." [ANDRADE, 1971a: 77]

Há duas importantes diferenças entre o modo imperativo e os outros dois:

1) as formas verbais dos modos indicativo e subjuntivo variam para situar os fatos em diferentes intervalos de tempo (IT), já as formas do imperativo são invariáveis quanto ao tempo;
2) as formas do indicativo e do subjuntivo se empregam em todas as funções da linguagem, já as do modo imperativo são exclusivas dos usos da língua em que o enunciador se dirige explicitamente ao seu interlocutor e frequentemente o nomeia pelo emprego de um vocativo (ver 4.3.4), o que limita a ocorrência do imperativo à *função conativa* (ver 4.2) da linguagem.

O modo e o tempo são expressos em português por meio dos mesmos morfemas, denominados *desinências modo-temporais*, já detalhadas no sétimo capítulo.

NONO CAPÍTULO: O PERÍODO SIMPLES II: TIPOLOGIA SINTÁTICA DO VERBO

9.1 ESTRUTURA DO PREDICADO: VERBOS INTRANSITIVOS, VERBOS TRANSITIVOS E VERBOS DE LIGAÇÃO

Nas frases declarativas formadas de sujeito e predicado, dispostos nesta ordem, o conteúdo do predicado constitui uma informação a respeito do sujeito da oração. Esta informação pode ser dada integralmente por meio de um núcleo verbal (em itálico)

- O avião *decolou / está decolando*.

ou ser repartida entre o núcleo verbal (em itálico) e algum outro termo adjacente (sublinhado), vinculado a este núcleo

- O avião *transportou / está transportando* prisioneiros de guerra.
- Ana *é / tinha sido* professora.
- Ana *guardava / tinha guardado* suas joias em um cofre.

Este vínculo pode indicar que o núcleo verbal e o termo adjacente são necessariamente coocorrentes – como na relação entre *transportar* e *prisioneiros de guerra* ou entre *ser* e *professora* – ou que o termo adjacente implica a presença do núcleo verbal, mas este não implica a menção daquele – como na relação entre *às dez horas* e *decolar* na frase *O avião decolou às dez horas*.

A construção resultante da união entre o núcleo verbal e o(s) termo(s) adjacente(s) apresenta uma grande variedade de padrões, sobretudo se o núcleo verbal for do tipo que ocorre necessariamente acompanhado de termo adjacente. Se compararmos as orações

a) Os gatos corriam no telhado.

e

b) Os gatos estavam no telhado.

percebemos que em ‘a’ o termo adjacente *no telhado* implica a presença do núcleo verbal – *corriam* – mas a referência ao ato de correr não implica a necessária menção do lugar; já em ‘b’ o núcleo verbal e o termo adjacente ocorrem no predicado por implicação ou exigência mútua. Ou seja, o verbo *estar* seleciona uma expressão locativa, e esta pressupõe algum verbo.

Tradicionalmente chamamos de **intransitivos** (ou de predicação completa) os núcleos verbais que dispensam – não selecionam ou não implicam – um termo adjacente. Os demais (de predicação incompleta), que travam com o termo adjacente uma relação de implicação mútua, recebem classificações variadas na tradição descritiva. Distinguiremos dois tipos deles: os **verbos de ligação** (**copulativos** ou **predicativos**) e os **verbos transitivos**.

9.2 VERBOS INTRANSITIVOS

O verbo intransitivo típico é aquele que constitui por si só o predicado de uma oração: *sobrar* (*o dinheiro sobrava*), *nascer* (*seu filho nasceu*), *sumir* (*a mancha sumirá*). Poderíamos dizer *o dinheiro sobrava* ***em seu bolso***, *seu filho nasceu* ***no exterior***, e *a mancha sumirá* ***com a segunda lavagem***, mas nenhum desses termos anexados àqueles verbos alteraria a classe sintática deles. Ver mais adiante (9.9) outras espécies de verbos geralmente classificados como intransitivos.

9.3 VERBOS DE LIGAÇÃO (COPULATIVOS OU PREDICATIVOS)

A informação contida no predicado pode resultar, ainda, da união obrigatória do núcleo verbal (em itálico) com uma propriedade qualquer (qualidade, estado, atributo, identidade) expressa no termo adjacente (sublinhado):

- As crianças *são* <u>inteligentes</u>.
- Os legumes *estão* <u>frescos</u>.
- A água do mar *é* <u>salgada</u>.
- O céu *ficou* <u>nublado</u>.
- Estas pegadas *parecem* <u>de tigre</u>.

Estes verbos, que jamais exprimem ação, denominam-se 'verbos de ligação' (também conhecidos como 'verbos copulativos' ou 'verbos predicativos'), mas em alguns pontos se assemelham aos verbos auxiliares: formam um conjunto limitado de elementos e indicam basicamente diferenças aspectuais no sentido de 'conceptualização do estado de coisas' (ver 8.7.1). Comparem-se as frases a seguir, em que a conceptualização do estado de coisas – indicado nos parênteses – varia segundo o verbo selecionado:

- As águas *são* turvas. (atributo constante)
- As águas *estão* turvas. (atributo adquirido)
- As águas *ficam* turvas. (atributo resultativo)
- As águas *continuam* turvas. (atributo persistente)

O verbo *parecer* difere dos demais porque seu papel não é aspectual; ele é empregado para exprimir uma atitude ou ponto de vista do enunciador, funcionando, desse modo, como um recurso de modalização, haja vista seu uso como auxiliar: ***parece** ser*, ***parece** estar* etc.

Sintaticamente, os verbos de ligação se parecem com os verbos transitivos, uma vez que podem coocorrer com termos adjacentes típicos dos predicados cujo núcleo é um verbo transitivo. Comparem-se:

- Sua filha *está* uma bela moça.

e

- Seu filho *escolheu* uma bela moça.

Tal como acontece com os verbos transitivos, estabelece-se entre o verbo de ligação e o termo adjacente uma relação de implicação mútua. É este fato que distingue, sintaticamente, o verbo de ligação de outros verbos (intransitivos) seguidos desse mesmo termo adjacente. Comparem-se:

- Os pássaros *voam* livres.
- A mulher *parou* assustada.
- Os pássaros *estão* livres.
- A mulher *ficou* assustada.

9.4 VERBOS TRANSITIVOS

Postos à parte os verbos caracterizados em 9.1, todos os demais verbos de predicação incompleta classificam-se como transitivos. A classe dos verbos transitivos é, contudo, bastante complexa, uma vez que existem várias espécies de termos adjacentes (ou complementos). A mais conhecida subclassificação dos verbos transitivos, amplamente adotada nas gramáticas escolares e nos livros didáticos em geral, consiste na distinção entre verbos transitivos diretos (**resumirei** *a história*, **descasque** *este abacaxi*) e verbos transitivos indiretos (**gostei** *desse filme*, *não* **acredito** ***em*** *fantasmas*), cujo complemento – *esse filme*, *fantasmas* – se vincula ao verbo por meio de uma preposição. Estes complementos são ordinariamente nomes ou pronomes substantivos. Em 9.5 detalharemos a tipologia dos verbos transitivos e introduziremos outras distinções na ampla classe dos verbos cujo complemento é regido por preposição.

Assim como tantas outras distinções que fazemos ao analisar a estrutura da língua, a distribuição dos verbos em transitivos e intransitivos nos termos expostos acima é simplista, visto que iguala, com prejuízo para a descrição, uma grande variedade de tipos. Isto não é uma crítica, até porque todos os nossos mestres do passado reconheciam esse fato. Não há uma fronteira rígida entre verbos transitivos e verbos intransitivos; o que há é um contínuo, em cujos extremos se encontram o verbo que sempre recusa complemento (ex.: *nascer*) e o verbo que sempre seleciona complemento (ex.: *fazer*).

Na ampla faixa que medeia entre estes dois tipos temos uma rica variedade de casos. Nota-se nessa faixa uma gradação do vínculo entre o verbo e os termos que o acompanham na construção do predicado. Este vínculo pode ser muito estreito, como o que liga o termo *a curva* ao verbo *fazer* na frase *O trem fazia a curva devagar*; ou um tanto frouxo, como o que liga o termo *peixes* ao verbo *desenhar* na frase *Esta menina desenha peixes muito bem*. Só na segunda frase a complementação é facultativa. A frase *Esta menina desenha muito bem* é tão bem construída quanto a outra, ao passo que **O trem fazia devagar* é sintaticamente incompleta.

9.5 O VERBO TRANSITIVO E SEUS TIPOS

Os verbos transitivos pertencem a duas subclasses segundo venham seguidos de um termo adjacente (transitivo objetivo) ou de dois termos adjacentes (transitivo biobjetivo).

Os **transitivos objetivos** se subdividem em:

- **transitivos diretos** (TD), quando seguidos de objeto direto (OD) (*O agricultor colhe* ***as bananas****, Não conheço* ***essa pessoa***);
- **transitivos indiretos** (TI), quando seguidos de objeto indireto (OI) (*O filme agradou* ***ao público jovem***); e
- **transitivos relativos** (TR), quando seguidos de complemento relativo (CR) (*Eles precisam* ***de nossa ajuda***).

Os **biobjetivos** são seguidos de dois termos adjacentes. Eles se subdividem em cinco subtipos:

- **transitivos diretos e indiretos** (TDI), seguidos de OD + OI (*Entreguei* ***o serrote*** *ao marceneiro*);
- **transitivos diretos e relativos** (TDR), seguidos de OD + CR (*Misture* ***o feijão*** *com a farinha, Coloquei* ***o livro*** *na estante, Transformou* ***o príncipe*** *em um sapo, Transferimos* ***a reunião*** *para amanhã, O guarda autorizou* ***o chofer*** *a estacionar na calçada*);
- **transitivos diretos e predicativos** (TDP), seguidos de OD + CP (complemento predicativo) (*Nomeou* ***o irmão*** *(como/para) seu secretário, Viu* ***o ladrão*** *pular o muro*);
- **transitivos relativos e predicativos** (TRP), seguidos de CR + CP (*Preciso* ***dessa sala*** *limpa* (= *Preciso dela limpa*); e

- **transitivos birrelativos** (TRR), seguidos de CR + CR (*Bati* ***com o joelho*** *na mesa*, *Ele passou* ***de tenente*** *a capitão*).

Seguem-se grupos de exemplos para cada tipo, seguidos de indicações sobre as características estruturais de cada um.

9.5.1 Verbos transitivos diretos (TD)

1) a – Lavar *a roupa* / Lavá-*la*.
   b – Resumir *a história* / Resumi-*la*.
   c – Declarar *que é inocente* / Declarar *ser inocente* / Declará-*lo*.
   d – Saber *que é inocente* / Saber *ser inocente* / Saber *isso*.
   e – Preferir *voltar cedo* / Preferir *que os filhos voltem cedo* / Preferir *isso*.
   f – Saber *voltar para casa* / Saber (falar) *inglês* / Saber *isso*.
   g – Saber *perder um jogo* / Saber *isso*.

Nos exemplos acima, os complementos, em itálico, ligam-se diretamente aos verbos e são substituíveis pelas formas átonas *o/a/os/as/isso*. Os verbos dos exemplos '1c' a '1g' têm, contudo, características diferentes dos outros. Os dois primeiros não podem ser complementados por um infinitivo ou por uma construção iniciada por *que*. Por sua vez, o verbo *saber* tem particularidades sintáticas em cada caso: em 'd' significa 'estar informado/consciente de' e admite as três formas de complemento, como o verbo de 'c'; em 'f' e em 'g' tem características sintáticas semelhantes (ambos rejeitam complemento iniciado por *que*), mas diferem semanticamente: 'f' significa 'estar apto a' e 'g' expressa uma atitude de aceitação. Em 'e', por outro lado, temos um verbo cujo objeto pode ser um infinitivo, um pronome ou uma construção iniciada por *que*. Neste caso, porém, o sujeito da oração objeto tem de ser diferente do sujeito da oração anterior.

9.5.2 Verbos transitivos indiretos (TI)

2) a – Pertencer *ao trabalhador* / Pertencer-*lhe*.
   b – Agradar *aos amigos* / Agradar-*lhes*.
   c – Referir-se *aos antepassados* / Referir-se-*lhes*.

Nos exemplos acima, os complementos se unem aos verbos por meio, tipicamente, da preposição *a*; substituídos por pronomes átonos, estes assumem a forma dativa, que na terceira pessoa tem forma especial: *lhe/lhes*.

Obs.: O emprego de *lhe/lhes* referidos à terceira pessoa (*ele/ela/eles/elas*) praticamente se restringe, no uso brasileiro, à modalidade escrita formal. Na fala corrente, *lhe/lhes*, com esse valor, dão lugar a *a ele/ela/eles/elas*. Sobre a sintaxe corrente do verbo *agradar*, veja observação constante no item abaixo. Sobre a sintaxe de *lhe/lhes*, ver 10.9.5.

9.5.3 Verbos transitivos relativos (TR)

3) a – Depender *da ajuda* / Depender *dela*.
b – Insistir *em voltar* / Insistir *nisso*.
c – Concordar *com o adversário* / Concordar *com ele*.
d – Morar *na casa* / Morar *nela*.

Nos exemplos acima, a ligação também é mediada por uma preposição. Esta preposição pode ser semanticamente vazia (a, b), estar enfraquecida do ponto de vista do sentido (c), ou mesmo ser semanticamente plena (d), mas, em qualquer caso, ocorre sempre por exigência do verbo. Mesmo quando representados por pronomes, os complementos desses verbos são introduzidos por preposição.

O esvaziamento semântico dessas preposições tem favorecido o desaparecimento delas junto a alguns verbos de uso frequente na fala – ordinariamente os seguidos de *a* – que se tornaram transitivos diretos. São exemplos no português corrente do Brasil: *agradecer*, *agradar*, *assistir*, *obedecer* e *perdoar* (***Agradeça** seu irmão por mim*, *Ela teve medo de **assistir** o final do filme*, *Recusou-se a **obedecer** as ordens do pai*, *O Papa **perdoou** seu agressor*). Quando o verbo é seguido da conjunção integrante *que*, a preposição em geral é suprimida (cf. *Desconfiava **de** todo mundo* e *Desconfiava **que** não ia passar de ano*). Nos registros informais da língua falada, e frequentemente da escrita, esta supressão também acontece diante do pronome relativo *que* (*Gostei mais **desse** filme* e *Esse foi o filme **que** eu mais gostei*)[46]. É importante enfatizar que essas preposições não contribuem para a relação de sentido entre o verbo e o complemento; a função delas é meramente conectiva, e sua supressão diante de *que* pode ser explicada pela 'redundância conectiva' da sequência 'preposição + conjunção/pronome relativo'.

9.5.4 Verbos transitivos diretos e indiretos (TDI)

4) a – Devolver *o dinheiro* <u>ao dono</u>.
b – Revelar *um segredo* <u>ao amigo</u>.
c – Oferecer *emprego* <u>aos jovens</u>.

[46] Diante de pronome relativo, a supressão de preposição é ainda mais abrangente no português falado, alcançando mesmo as preposições que introduzem circunstâncias (cf. *Ele dormia **nesta** cama* / *Esta é a cama **que** ele dormia*).

Nos exemplos anteriores, o verbo transitivo ocorre combinado com dois complementos, um direto (em itálico) e outro preposicionado (sublinhado). Este grupo combina as características sintáticas de 1 e 2, por isso seus verbos são classificados como verbos transitivos diretos e indiretos. A este subtipo pertencem muitos verbos *dicendi* (*dizer*, *declarar*, *revelar*, *comunicar*, *informar*), bem como os que expressam ou implicam alguma espécie de 'transferência' ou 'mudança de posse' (*dar*, *emprestar*, *mostrar*, *entregar*, *apresentar*, *enviar*, *oferecer* etc.).

9.5.5 Verbos transitivos diretos e relativos (TDR)

5) a – Convencer *o irmão* a estudar.
   b – Confundir *uma coisa* com outra.
   c – Colocar *os brinquedos* na caixa.
   d – Transformar *um príncipe* em sapo.

Os verbos deste grupo combinam as características de 1 e 3. São verbos transitivos diretos e relativos. Este subtipo tem alguma afinidade com o subtipo 4, mas, diferentemente deste, é heterogêneo. Podemos discriminar nele quatro subconjuntos:

a) Verbos denotadores de ação que culmina num estado (*transformar*, *mudar*, *promover*), numa situação espacial (*colocar*, *guardar*) ou numa situação temporal (*transferir*, *passar*) do respectivo objeto: *A fada* ***transformou*** *a abóbora numa linda carruagem*, *Ela* ***mudou*** *a cor dos cabelos para castanho*, *O diretor* ***promoveu*** *sua secretária a supervisora do departamento*, *Não* ***coloque*** *os pés no chão frio*, ***Guardei*** *os talheres naquela gaveta*, *Eles vão* ***transferir*** *a reunião para amanhã*, *A universidade* ***marcou*** *o vestibular para janeiro*.

b) Verbos cujo objeto se refere a partes ou a uma entidade cuja constituição interna seja divisível em partes: *A cozinheira* ***misturou*** *a manteiga com a farinha*. Esta construção é, na verdade, variante de outra em que os complementos são objetos diretos coordenados por 'e': *A cozinheira* ***misturou*** *a manteiga e a farinha*. Integram este subconjunto os verbos *combinar*, *juntar*, *articular*, *unir*, *confundir*, *separar*, *distinguir*, *diferençar*, *comparar*, *fundir*, *harmonizar*, *associar*, *dissociar*, entre outros.

c) Verbos cujos complementos – objeto direto (OD) e complemento relativo (CR) – são, respectivamente, um substantivo ou pronome referente a seres humanos e uma oração geralmente sob forma infinitiva. São verbos que expressam a intenção do respectivo sujeito em monitorar o comportamento de alguém. São protótipos deste subconjunto os verbos *ajudar* (*Pedro* ***ajudou*** *o pai* (OD) *a se levantar* (CR)) e *impedir* (*O porteiro* ***impediu*** *a moça* (OD) *de entrar no elevador* (CR)). Pertencem a este subconjunto, entre outros: *autorizar*, *proibir*, *convencer*, *forçar*, *obrigar*, *convidar*, *incentivar*, *persuadir*, *dissuadir.*

d) Verbos heterogêneos, que não apresentam um traço semântico comum, como *responsabilizar* (***responsabilizar*** *alguém por alguma coisa*), *envolver* (***envolveu*** *o tio na briga*), *trocar* (***trocou*** *a bicicleta por um relógio*), *preferir* (***preferiu*** *o pirulito ao picolé*), *intrigar* (***intrigou*** *o síndico com o vizinho*).

9.5.6 Verbos transitivos birrelativos (TRR)

6) a – Reclamar *do vizinho* com o síndico.
   b – Bater *com o carro* no muro.
   c – Passar *de diretor* a presidente.

Este grupo é uma variante do 3, com a diferença de que admite dupla complementação.

9.5.7 Verbos transitivos diretos e predicativos (TDP)

7) a – Nomear *o funcionário* chefe da seção.
   b – Considerar *o candidato* preparado.
   c – Declarar *o réu* inocente.
   d – Tratar *alguém* por senhor.
   e – Deixar *o cachorro* fugir.
   f – Mandar *o garoto* comprar pão.
   g – Escutar *o galo* cantar.
   h – Sentir *o sangue* correndo nas veias.

O sentido expresso na articulação desses dois complementos corresponde, de fato, ao da articulação entre o sujeito e o predicado de uma mesma oração (cf. *o funcionário tornou-se chefe da seção*, *o réu é inocente*, *o cachorro fugiu*, *o sangue corria nas veias*). Daí chamar-se *predicativo*, e, por referir-se ao objeto, *predicativo do objeto*. Em 'a' a 'd', o predicativo pode ser um SN (a), um SAdj. (b, c), um SPrep. (d); em 'e' a 'h', o predicativo pode ser um infinitivo (e, f, g) ou um gerúndio (h).

Em e-h, temos verbos transitivos causativos/factitivos (*deixar*, *mandar*) ou sensitivos/factivos (*sentir*, *escutar*) ordinariamente seguidos de dois complementos.

9.5.8 Verbos transitivos relativos e predicativos (TRP)

8) a – Sonhar *com o país* livre dos invasores.
   b – Gostar *do bife* bem passado.
   c – Pensar *nos filhos* ainda crianças.

Este grupo, por fim, só difere do anterior porque seu primeiro complemento vem regido de preposição.

9.6 SUBCLASSES DE VERBOS TRANSITIVOS DIRETOS

➢ **Subclasse 1**

Compreende os verbos de ação/movimento em geral, que são complementados, em seu sentido básico e próprio, por substantivos referentes a seres concretos, e em acepções derivadas por substantivos de referência bem variada. Adotaremos dois verbos-tipo para esta subclasse: *comprar* (*Ela comprou dois vestidos*) e *levar* (*O ônibus* ***levava*** *trinta passageiros*).

➢ **Subclasse 2**

Compõe-se dos verbos cujo objeto se refere a partes ou a uma entidade cuja constituição interna seja divisível em partes. Por exemplo, o verbo *misturar*, como em: *A cozinheira* ***misturou*** *a massa / a manteiga e a farinha / a manteiga com a farinha*. Estes verbos têm uma variante sintática, em que se empregam com transitivos diretos e relativos, como vimos acima (TDR, subconjunto b).

➢ **Subclasse 3**

Compreende os verbos que denotam conhecimento intelectual/intuitivo, e ocorrem complementados por proposições (orações substantivas) ou substantivos capazes de condensar conteúdos proposicionais. O verbo-tipo dessa classe pode ser *perceber* (cf. ***Percebo*** *que você está aflito /* ***Percebo sua aflição***).

➢ **Subclasse 4**

Compreende os verbos que denotam atividade comunicativa, e, analogamente aos verbos da subclasse 3, ocorrem complementados por proposições ou substantivos capazes de condensar conteúdos proposicionais. O verbo-tipo desta subclasse pode ser *declarar* (cf. *Ele* ***declarou*** *que apoia nossa ideia / Ele* ***declarou*** *apoio à nossa ideia*).

➢ **Subclasse 5**

É formada por um amplo conjunto de verbos que denotam, em geral, uma 'mudança de estado' à qual a entidade designada pelo complemento é submetida. O verbo-tipo dessa subclasse pode ser *secar* (*O vento* ***secou*** *a roupa no varal*). Detalhes sobre esta subclasse são apresentados no item 9.9.

➢ **Subclasse 6**

É formada por verbos que se referem a uma propriedade (dimensão, valor etc.) ou estado a serem explicitados no complemento. Pertencem a esta subclasse verbos como *custar*, *medir*, *pesar*, quando vêm seguidos da expressão especificadora da respectiva propriedade (*O quadro* ***custou*** *500 reais*, *Esta sala* ***mede*** *16 m²*, *Os porquinhos já* ***pesam*** *dois quilos*). Detalhes sobre esta subclasse são apresentados no item 9.9.

9.7 VERBOS TRANSITIVOS SEM COMPLEMENTO EXPLÍCITO

Muitos verbos transitivos podem ocorrer sem o respectivo complemento. Isto acontece em dois casos:

a) quando, por sua redundância ou generalidade, a informação a ser expressa no objeto é considerada irrelevante: *Ele só* ***fuma*** *após tomar um cafezinho*; *Ainda não* ***comi*** *hoje*; *Parei de* ***gastar***; *agora estou* ***economizando***; *Cuidado, que esse pó* ***cega***.

b) quando a situação comunicativa ou o contexto verbal permitem que o objeto seja reconhecido ou recuperado: ***Leia!*** (dito por alguém que oferece ou aponta a coisa a ser lida); *Ele ofereceu o dinheiro, mas eu não* ***aceitei*** (em que o objeto de aceitar – o dinheiro – já foi mencionado).

Obs.: O verbo *cegar* tem uma variante combinatória intransitiva – ergativa – (cf. *Meu canivete cegou*, isto é *está sem corte*) em que se caracteriza o sujeito como ser afetado ou ***tema*** (ver logo abaixo). Não é o caso do exemplo *Cuidado, que esse pó cega*, em que o verbo é transitivo sem complemento explícito.

9.8 SUBCLASSES DE VERBOS TRANSITIVOS RELATIVOS

Esta classe sintática é formada pelos verbos que são necessariamente acrescidos de uma preposição quando a eles se anexa um complemento sob a forma de substantivo, pronome substantivo ou infinitivo (cf. *Ela estava sonhando* e *Ela estava sonhando* ***com*** *um prêmio da loteria*). Neste exemplo, a preposição não contribui decisivamente para a relação de sentido entre o verbo e seu complemento. Obrigatória, mas geralmente esvaziada de significado, esta preposição se tornou arbitrária e é acionada mecanicamente na presença do complemento, razão por que as gramáticas – sobretudo as normativas, mediante listagem – e muitos dicionários a informam como se fosse um apêndice do verbo. O verbo *sonhar* é um típico verbo transitivo relativo.

Um conjunto numeroso de verbos transitivos relativos, porém, reúne unidades que formam ordinariamente pares de antônimos, como *concor-*

dar/discordar, *insistir/desistir*, *confundir/distinguir*, *confiar/desconfiar*. Não é por acaso que o complemento de *concordar/insistir/confundir/confiar* recebe a preposição *com* ou *em* (aproximação, assimilação), ao passo que o complemento de *discordar/desistir/distinguir/desconfiar* recebe a preposição *de* (afastamento, dissimilação). Estas preposições não são arbitrárias, mas também não são selecionadas pelo usuário. São tão obrigatórias quanto o *com* de *sonhar*.

Enquadramos ainda na classe dos verbos transitivos relativos dois grupos de verbos ordinariamente seguidos de expressão locativa. São verbos de movimento (*ir*, *chegar*, *vir*, *passar*, *entrar*) e de situação (*morar*, *estar*, *ficar*, *continuar*, *residir*, *habitar*) que não reúnem as características dos verbos predicativos ou dos verbos auxiliares (cf. 8.4): ***ir** ao cinema*, ***chegar** à/da rua*, ***vir** ao baile*, ***passar** à varanda*, ***morar** na roça*, ***residir** no bairro*, ***habitar** no bosque*.

Os verbos destes dois grupos estão sujeitos ao processo geral de dispersão semântica (cf. primeiro capítulo) que os habilita ao vínculo com outros lugares (situação ou noção), numa acepção mais ampla e abstrata, frequentemente metafórica: ***ir** ao âmago da questão*, ***chegar** à conclusão*, ***passar** a chefe*, ***ficar** à espera*, ***estar** com pressa*, ***continuar** em forma*.

O efeito extremo dessa dispersão pode resultar no reposicionamento estrutural (recategorização sintática) desses verbos por efeito de gramaticalização (cf. 8.3); uma parte deles passa à periferia do núcleo verbal e se torna verbo auxiliar: ***vou** voltar*, ***cheguei** a me inscrever*, ***passei** a levantar cedo*, ***fiquei** esperando*; outra parte passa a introduzir um estado e se torna verbo predicativo ou de ligação: ***ficou** feliz*, ***ficou** à espera*, ***continuava** pobre*, ***continuava** em forma*, ***estava** com pressa*.

9.9 VERBOS DE PREDICAÇÃO DUPLA

Muitos verbos se empregam articulados a um mesmo substantivo que, no papel de entidade afetada ou ***tema***, tanto lhes pode servir de objeto como de sujeito. Esta classe é numerosa e abrange, com poucas exceções, verbos que expressam processo com mudança de características materiais, tipicamente exemplificado por *quebrar*: *João **quebrou** o espelho* (transitivo) / *O espelho **quebrou*** (intransitivo). Outros verbos: *Os bancos **subiram** novamente as tarifas* (transitivo) / *As tarifas bancárias **subiram** novamente* (intransitivo), ***Assei** a carne na churrasqueira* / *A carne **assou** em poucos minutos*. Na construção intransitiva, o ser afetado (objeto na construção transitiva) se torna o tópico da frase e, recategorizado como sujeito, passa a determinar o número e a pessoa do verbo (cf. *O espelho **quebrou*** / *os espelhos **quebraram***).

Integram esta classe: *crescer*, *encolher*, *engordar*, *emagrecer*, *diminuir*, *inchar*, *secar*, *engrossar*, *afinar*, *entortar*.

Estas mesmas características são apresentadas por outra numerosa classe de verbos que exprimem experiências ou sensações afetivas ou emotivas variadas. Alguns deles são *magoar*, *alegrar*, *aborrecer*, *indignar*, *entusiasmar*. Esses verbos ocorrem em construção transitiva ou intransitiva, e, assim como os anteriores, apresentam, na primeira, um sujeito que deflagra ou causa o processo verbal, e, na segunda, um sujeito afetado pelo processo (*Minhas palavras* ***magoaram*** *Flora* / *Flora se* ***magoou*** (*com minhas palavras*); *O desempenho da equipe* ***entusiasmou*** *o técnico* / *O técnico se* ***entusiasmou*** (*com o desempenho da equipe*)).

A diferença formal entre este segundo conjunto de verbos e o anterior está no surgimento do clítico *se* reflexo da pessoa do sujeito na construção intransitiva (ver 9.2). O termo que designa a causa ou motivo do processo, sujeito na construção transitiva, figura na construção intransitiva como um complemento preposicionado. Se o sujeito é um ser humano, pode-se interpretá-lo como um deflagrador consciente ou um causador involuntário do processo (*Ele assustava as crianças só de perversidade* / *Ele assustava as crianças quando gritava com elas*). A segunda pode ser parafraseada pela variante *As crianças se assustavam com os gritos dele*. A primeira só poderia ser parafraseada por *As crianças eram assustadas por ele só de perversidade*. É notável a anomalia de **As crianças se assustavam com ele só de perversidade*, versão passiva que, no entanto, não é usual com esta classe de verbos.

9.10 O SUJEITO

O conceito de sujeito já foi formulado (ver 6.6, 6.9 e 6.9.3) e várias vezes reiterado nos capítulos iniciais desta gramática. Retomo-o aqui para algumas considerações que serão feitas no item subsequente, em que se focaliza a concordância verbal. Convém sempre ter clara a distinção entre função sintática e função semântica (ver 6.5.4 para o conceito de categorização combinatória). As funções sintáticas são conferidas a palavras e sintagmas pela posição estrutural que estes ocupam no respectivo contexto gramatical (ver 6.8 e 6.9). Portanto, é um equívoco identificar sujeito com 'agente do verbo' e objeto direto com 'paciente do verbo', haja vista o que se pode observar na comparação entre as formas ativa e passiva de uma oração, em que os termos têm a função sintática alterada, mas mantêm a respectiva função semântica (cf. *Marcelo descascou o abacaxi* / *O abacaxi foi descascado por Marcelo*). Tampouco é correto definir sujeito como 'termo sobre o qual se faz uma declaração'. Esta definição é válida para a noção textual de tópico, que nem sempre corresponde ao sujeito da oração. Com efeito, em *O corpo do pardalzinho, Sacha enterrou no jardim*, *o corpo do pardalzinho* é 'o termo sobre o qual se faz a declaração', mas não é o sujeito da oração. Houve aí um deslocamento do objeto direto – *o corpo do pardalzinho* – para o início do enunciado, de modo que seu sujeito – *Sacha* – ficou na segunda posição.

Tradicionalmente se distinguem várias espécies de sujeito segundo sua realização formal, como o sujeito constituído de um só núcleo, representado por substantivo ou pronome substantivo (***O pardalzinho*** *voou*/***Ele*** *voou*), e o sujeito composto, constituído de dois ou mais núcleos representados por substantivo ou pronome substantivo (***O pardalzinho e a rolinha*** *voaram*/***Ele e ela*** *voaram*). De um e de outro se diz que podem estar claros (***O pardalzinho*** *voou*, ***O pardalzinho e a rolinha*** *voaram*) ou ocultos (***O pardalzinho*** *voou e [ ] não voltou*, ***O pardalzinho e a rolinha*** *voaram e [ ] não voltaram*). Outras classificações dizem respeito à ocorrência ou não de sintagmas nominais com a função de sujeito no espaço da oração, como se verá a seguir.

9.11 DA OCULTAÇÃO DO SUJEITO AO SUJEITO INEXISTENTE

Sabemos que em sua estruturação mais frequente, a oração é provida de sujeito e predicado. O lugar sintático do sujeito pode, porém, estar vazio. Muitas vezes, esse não preenchimento se deve à **elipse do sujeito**, cuja existência sintática continua assinalada na flexão verbal. Outras vezes, o não preenchimento é devido a uma regra de **cancelamento do sujeito** sintático; neste caso, o verbo não apresenta marca desinencial, mas isso não impede que o interlocutor identifique a coisa ou ser a que ele se refere:

- Os moradores foram obrigados a *[ ]* deixar suas casas.

O terceiro caso é o do não preenchimento devido à impossibilidade de se estabelecer qualquer correspondência entre o sujeito da oração e algum item léxico da língua. A esta situação chamamos tradicionalmente **sujeito indeterminado**. Por fim, o não preenchimento dessa posição se deve à própria impessoalidade do verbo e, portanto, à inexistência de sujeito, constituindo o que chamamos tradicionalmente **oração sem sujeito**.

9.11.1 Elipse do sujeito

A elipse ou omissão de qualquer constituinte da frase é um fato gramatical relacionado ao princípio geral da economia linguística, segundo o qual cada unidade de informação requer apenas uma unidade de expressão, e a informação previsível sequer necessita de algum material linguístico que a expresse. No enunciado abaixo

- "Houve ano em que *estranhei* tanto roxo e o pai logo me rebateu, deixando-me perplexo." [CONY, C. H. 1995: 97][47]

[47] A ausência do pronome nessas construções é frequente na escrita. Na fala, o mais comum é a presença do pronome (cf. texto em apêndice sobre o Português do Brasil).

a forma verbal *estranhei* indica, pela desinência, que seu sujeito é *eu*, a pessoa que fala. Por outro lado, em

- "Cansado, eu *dormia* logo, embalado pela certeza de que, nos próximos dias e noites, *ficaria* ao lado dele ajudando-o nos balões..." [CONY, C. H. 1995: 99]

dormia, que não é provido de desinência de pessoa, recebe o sujeito *eu*. Previsível, porém, como sujeito de *ficaria*, o *eu* é suprimido. Situação diferente temos nesse outro exemplo:

- "O pai cantava as maravilhas de Piracicaba, combinava com o amigo *passarem* uns dias lá..." [CONY, C. H. 1995: 160]

em que ocorre elipse do sujeito de *passarem*. No plural, o verbo refere-se obviamente a *o pai* e *o amigo*, dispensando qualquer palavra ou expressão que retome o antecedente sem acrescentar alguma informação nova.

9.11.2 Cancelamento do sujeito

Um sujeito cancelado é o que já não conta sequer com as pistas desinenciais do verbo, mas pode ser recuperado no contexto, como é o caso do sujeito dos verbos *cumprimentar* e *enfrentar* nas frases

- Meu irmão e eu estávamos proibidos de *[ ] cumprimentar* qualquer pessoa daquela família
- "Diferentes grupos humanos sempre reconheceram a necessidade de *[ ] celebrar* de forma solene esses momentos..." [HVPB 4, 1998: 157]

Nos exemplos acima, os verbos *cumprimentar* e *celebrar* não apresentam qualquer marca desinencial compatível com os sujeitos *meu irmão e eu* e *diferentes grupos humanos*. Esses sujeitos foram cancelados. Se os respectivos sujeitos tivessem sido simplesmente suprimidos por elipse, essas construções apresentariam o verbo no plural: *proibidos de cumprimentarmos* e *a necessidade de celebrarem*. A possibilidade desta oscilação da concordância é focalizada em 14.15.

9.11.3 Sujeito indeterminado

Distinguem-se as orações sem sujeito das orações de sujeito indeterminado. Umas e outras diferem tanto pela estrutura quanto pelos efeitos de sentido capazes de provocar. Orações de sujeito indeterminado são empregadas por motivos cognitivos ou discursivos variados, e a língua oferece a seus usuários diferentes meios para indeterminar, dissimular ou mesmo ocultar a identidade do ser humano a quem o sujeito da oração se refere. A razão cognitiva óbvia é o desconhecimento da identidade do ser de que se fala. As razões discursivas, por sua vez, são variadas: a conveniência ou oportunidade da omissão da identidade do sujeito é uma delas, o registro de linguagem empregado ou o gênero de texto produzido é outra.

O exemplo seguinte ilustra os dois processos mais comuns de indeterminação do sujeito em textos escritos formais em português: o uso do pronome *se* e o emprego de infinitivos.

- "A constatação a que *se* chega é de que é preciso *utilizar* esses dez anos da lei para *revê*-la..." [ROCCO, Rogério. *O Globo*, 4/4/2008]

Também se emprega a terceira pessoa do plural para indeterminar o sujeito.

- *Estão* anunciando na televisão um tratamento infalível para a calvície.
- "Uma vez *contaram*-me como se matam gansos na França." [SANT'ANNA, 2003: 79]

Esta construção parece aplicar-se a um seleto grupo de verbos que ainda não foram objetivamente caracterizados, não obstante ocorra amiúde com verbos de ação como *roubar* (***Roubaram** minha carteira e eu não percebi*), de comunicação verbal (***Dizem** que ele ficou louco*) e de cognição (*Aqui **acham** que ela é viúva*).

No registro informal típico da conversação espontânea, a indeterminação do sujeito faz raro uso do *se*, dando preferência ao emprego da terceira pessoa do plural ou mesmo do singular. Em qualquer variedade da língua, o uso do pronome *se* como recurso de indeterminação permite que o enunciador se inclua, não como indivíduo mas como parte do grupo social, na referência genérica e indeterminada do sujeito.

- "Fixara-se em mim a ideia de que *se* fica menor quando *se* tem perto alguma colina ou montanha." [MACHADO, 1976: 124]

A verdade, porém, é que, na interação espontânea, a omissão da identidade do sujeito se exprime correntemente mediante o emprego de sintagmas nominais de significação genérica ou indeterminadora como *a gente*, *muita gente*, *todo mundo* no papel de sujeito simples. Observe-se, ainda, que só é possível a indeterminação do sujeito quando o predicado se refere a algum ser humano no papel de sujeito. Ou seja, empregadas literalmente, seriam anômalas frases como

- * Latiram na rua.

- * Cacarejava-se muito cedo no quintal.
- * Brota-se da terra em três dias e em duas semanas se está pronto para ser colhido.

9.12 CONCORDÂNCIA VERBAL

O verbo se flexiona em concordância com o número e a pessoa do sujeito (1ª, 2ª e 3ª pessoas, no singular ou no plural, como na distinção entre *eu trabalho / tu trabalhas / você trabalha / ele trabalha / nós trabalhamos / vós trabalhais / vocês trabalham / eles trabalham*).

9.12.1 Regra geral

➢ O verbo apresenta-se no número e pessoa atribuídos ao núcleo do sintagma nominal que serve de sujeito à oração

- "A maioria das pessoas *imagina* que o importante, no diálogo, *é* a palavra." [RODRIGUES, 1996: 223]
- "Cada um de nós *tem* na memória da vida que vai sobrando seu caminhão de lixo." [BRAGA, 1963b: 143-6]
- "*Chegaram* às mãos do ministro da Defesa [...] os projetos de lei que mudam o Código Brasileiro de Aeronáutica." [*Revista Época*, 6/12/99: 32]
- "Poucos de nós *suportariam* as frustrações sentimentais que os amantes medievais eram obrigados a sofrer..." [Jurandir Freire Costa. In: QUATRO AUTORES, 2000: 39]

Obs.: Se o sujeito da oração é o pronome relativo 'que', o verbo varia de acordo com o número e a pessoa do antecedente do pronome

- A metade dos operários **que** *fizeram* (ou *fez*) greve de fome passou mal

Neste exemplo, já que o antecedente do *que* pode ser *operários* ou *metade*, o verbo ocorre tanto no plural como no singular.

O verbo vai à terceira pessoa do singular se

a) o núcleo do seu sujeito está no singular, representado por um substantivo, um pronome de 3ª pessoa ou um pronome de tratamento:
   - O vento *soprava* forte.
   - Alguém *esqueceu* um chapéu na sala.
   - Vossa Excelência *governa* o maior país deste continente.

b) seu sujeito é uma 'oração substantiva':
   - "Até hoje não se *sabe* o que realmente aconteceu em 31 de agosto de 1983, quando dois caças da URSS derrubaram com mísseis o Boeing 747 da Korean Airlines." [*O Globo*, 12/12/1999: 693]

- "*Faz* parte de um certo modelo brasileiro negar e camuflar o conflito antes mesmo que ele se apresente de forma evidente." [SCHWARCZ, 1998: 225]
- "Jorge Ben (...) apresentava um som de marca forte, original, pegando o corpo de questões que nos *interessava* atacar..." [VELOSO, 1997: 199]

c) a oração não tem sujeito:

- "*Trata*-se de um capital político imenso mas instável e perigoso, como todos os analistas do conceito reconhecem." [SCHWARCZ, 1998: 533]
- "*Há*, no Congresso, mais de cem projetos de combate à pobreza." [ALVES, Márcio M. *O Globo*, 5/12/1999: 4]
- "*Fazia* meia hora que eu vinha obsessivamente repetindo, de esquina em esquina, a mesmíssima pergunta." [RODRIGUES, 1996: 248]

d) a indeterminação do sujeito da oração vem expressa pelo pronome *se*:

- "Assim como se *nasce* poeta, arquiteto, flautista ou domador, Clementino teria nascido barbeiro de necrotério." [RODRIGUES, 1993: 136]

➢ O verbo vai à primeira pessoa do singular se seu sujeito é ou pode ser representado pelo pronome *eu*:

- "Às vezes, quando *vejo* uma pessoa que nunca *vi*, e *tenho* algum tempo para observá-la, eu me *encarno* nela e assim *dou* um grande passo para conhecê-la." [LISPECTOR, 1984: 457]

➢ O verbo vai à segunda pessoa do singular se seu sujeito é ou pode ser representado pelo pronome *tu*:

- "Não *leves* nunca de mim / A filha que tu me *deste*..." [MORAES, 1986: 189]

➢ O verbo vai à primeira pessoa do plural se seu sujeito é ou pode ser representado pelo pronome *nós*:

- " Desde que nos *casáramos*, Mafalda e eu (= nós) já *tínhamos* mudado de casa cinco vezes." [VERISSIMO, E. 1974: 265]

➢ O verbo vai à segunda pessoa do plural se seu sujeito é ou pode ser representado pelo pronome *vós*:

- "Vós *ides* subindo, orgulhosos, as armações que *armais*, e breve *estareis* vendo o mar a leste e as montanhas azuladas a oeste." [BRAGA, 1963a: 110]

➢ O verbo vai à terceira pessoa do plural se seu sujeito é ou pode ser representado pelos pronomes *eles*, *elas* ou *vocês*:

- "A industrialização acelerada e a urbanização rápida (= elas) *tendem* (...) a quebrar a relativa homogeneidade da classe média." [SCHWARCZ, 1998: 597]
- Não sei se vocês *sabem* o que aconteceu com o velho Confúcio." [RODRIGUES, 1993: 57]

Obs.: O conjunto de regras enunciado acima indica que o verbo fica no plural quando seu sujeito contém pelo menos dois núcleos ligados pela conjunção *e*. Pode acontecer, porém, que esses núcleos se refiram à mesma entidade e somente o primeiro deles vem precedido de artigo. A forma é de uma coordenação, mas o sentido é o de uma aposição (figura de sintaxe conhecida como *hendíadis*). Neste caso, o verbo fica no singular:

- "O educador e autor de vários livros sobre o tema (autocontrole alimentar) *esteve* no Rio na semana passada para uma série de palestras." [*O Globo*, "Jornal da Família", 31/10/1999: 3]

9.12.2 Regras especiais

Sujeitos ligados por *nem*

Levam o verbo ao plural

- na primeira pessoa, se um deles é o pronome *eu*
    - Nem eu nem você *podemos* sair daqui agora
- na terceira pessoa, nos demais casos
    - Nem ela nem a irmã *sabiam* o que estava acontecendo
    - "Só a morte arrancou o segredo que nem o pai, nem o filho *contariam* jamais." [RODRIGUES, 1993: 137]
    - "O que eu dizia é que nem Roda Viva nem Rei da Vela *conseguiram* a homenagem de uma incompreensão." [RODRIGUES, 1993: 128]

Sujeitos ligados por *ou*

O verbo que tem sujeitos ligados por *ou* segue as mesmas regras válidas para as construções com *nem* enunciadas acima.

- Quando os sujeitos unidos por *ou* são da terceira pessoa, o verbo tende a ocorrer no plural se o *ou* exprime inclusão, equivalente a 'tanto uma coisa quanto outra':
    - "Trocar subitamente o dia pela noite ou deixar de fazer refeições nas horas costumeiras *interferem* na digestão, na respiração e na renovação celular." [*O Globo*, "Jornal da Família", 31/10/1999: 6]
    - "O autoritarismo ou a crueldade dos pais evidentemente não *são* suficientes para explicar o fato." [DEL PRIORE, 1997: 236]

- "O castigo violento ou até mesmo o chamado crime passional contra a mulher – real ou supostamente – infiel *eram* comumente perdoados pelas autoridades da lei." [DEL PRIORE, 1997: 634]

Todavia, há exemplos com verbo no singular:

- "O relato dos cronistas nos exibe um quadro em que a menina ou a mulher candidata ao casamento *é* extremamente bem cuidada." [DEL PRIORE, 1997: 235]
- "A mistura ou quase indefinição de espaços entre o trabalho e a vida privada (...) *parece* ter se mantido nas margens urbanas das grandes cidades." [SEVCENKO, 1998: 318]

Sujeitos com núcleos semanticamente afins

➢ O sujeito formado por substantivos de significação afim empregados no singular, e geralmente ordenados numa gradação, tende a combinar com verbo na terceira pessoa do singular:

- "Todo conhecimento, toda ciência, toda tecnologia se *baseia* no conhecimento de relações entre causas e efeitos." [ALVES, 1981: 120]
- "A riqueza, a exuberância, a diversidade da vida inanimada *é* mostrada de tal forma que humano e inumano parecem compor um magnífico concerto, uma magnífica sinfonia." [Jurandir Freire Costa. In: QUATRO AUTORES, 2000: 52]

Sujeitos formados por expressão partitiva em geral

➢ Se o sujeito é formado por expressão partitiva do tipo *a maioria dos candidatos*, o verbo concorda ordinariamente com o núcleo sintático da construção.

- Uma parte dos bois *ficou* ilhada depois da enchente.
- A maioria dos candidatos *obteve* menos de dez votos.
- A maior parte de vocês *receberá* o convite em casa.
- "A maioria das mulheres *vivia* relações conjugais consensuais, sem uma presença masculina efetiva no lar." [SEVCENKO, 1998: 400]
- "Grande parte dos telespectadores *conhece* as convenções dramáticas das novelas em detalhe..." [SCHWARCZ, 1998: 483]

➢ Como opção estilística faz-se a concordância com o substantivo (núcleo referencial) que, no plural, denota o conjunto:

- Pelo menos um terço dos vestibulandos *entregaram* a prova em branco.

- "Neste terremoto político, que teve seu epicentro em Paris, *tiveram* papel de destaque um número enorme de escritores e intelectuais". [*Jornal do Brasil*, "Caderno B", 9/10/1999]
- "A maioria das máquinas apreendidas, procedentes da Espanha e dos Estados Unidos, *entraram* regularmente no Brasil." [*Jornal do Brasil*, "Caderno Cidade", 10/10/1999]
- "Parte expressiva de nossos jovens, amontoados em bairros de periferia, *sentem*-se continuamente ameaçados." [*Jornal do Brasil*, 1º caderno, 8/11/1999]

No próximo exemplo, dois predicados coordenados, um com verbo no singular e outro no plural, referem-se ao mesmo sujeito formado por expressão partitiva (*uma série de postais se integrava / configuravam-se*):

- "Uma série de postais se *integrava* num tempo que poderia ser denominado de futuro do presente, isto é, *configuravam*-se em imagens que deveriam ser consumidas como o novo cenário da cidade remodelada." [SEVCENKO, 1998: 443]

Observa-se a mesma oscilação da regra quando o núcleo do sujeito é um substantivo numeral no singular:

- "No início de abril, um milhão de pessoas se *reúne* em frente à Igreja da Candelária, no Rio de Janeiro, e no encerramento da campanha, outro milhão *volta* a se reunir na Praça da Sé." [*O Globo*, 12/12/1999]

Também variável é a concordância quando a parte se acha no plural e o conjunto é designado pelo pronome *nós*:

- Muitos de nós *acompanhamos* (ou *acompanharam*) o debate pela televisão.

➢ Se o SN do sujeito é quantificado por expressão de porcentagem, o verbo vai regularmente à terceira pessoa do plural se esse percentual é maior que 1%:

- "Em 1996, 70% do capital proveniente dos Estados Unidos e Japão para investimento na Comunidade Europeia *acabaram* na Grã-Bretanha." [*O Globo*, nº 29: 690]
- "Estima-se que, em 1920, 35% dos habitantes da capital *haviam* nascido no exterior." [SEVCENKO, 1998: 286]
- "Apesar de 89% dos brasileiros *dizerem* haver preconceito de cor contra negros no Brasil, só 10% *admitem* tê-lo." [SCHWARCZ, 1998: 180]

- "...a maior parte da água (...) servirá para a produção agrícola e industrial de exportação e apenas 4% dessa água *serão* destinados ao consumo humano." [*O Globo*, 2/12/2007]

mas pode, opcionalmente, ficar na terceira pessoa do singular se o substantivo que denota a coisa quantificada estiver no singular:

- "Até os anos 40 cerca de 30% do seu corpo funcional (= do Mappin, loja de departamentos de São Paulo) *era* composto de empregados aparentados." [SEVCENKO, 1998: 287]

9.13 VERBOS IMPESSOAIS E ORAÇÕES SEM SUJEITO

As orações desprovidas de sujeito formam um conjunto à parte na sintaxe do português. Elas são formadas pelos verbos chamados 'impessoais', integrantes de uma lista finita.

A única subclasse desses verbos em que se pode reconhecer algum perfil é a dos que denotam 'fenômenos da natureza', como *anoitecer*, *ventar* e *chover*. Trata-se de estados ou processos que, em nossa cultura, não são atribuídos a um dado ser, indivíduo ou entidade.

- *Anoitecia* na floresta.
- Está *ventando* muito na praia.
- *Choveu* a noite toda.

É obviamente excepcional o caso do verbo *amanhecer*, que admite o sujeito *dia*, numa construção pessoal:

- O dia *amanhece* com uma algazarra de pássaros.

Construções análogas com os verbos *anoitecer*, *entardecer*, *alvorecer* são nitidamente literárias.

- "Na tarde que vai *anoitecendo* tem alguma coisa tocante esse casal que anda em silêncio na rua vazia." [BRAGA, 1963b: 161]

Muitas vezes referimo-nos ao fenômeno com uma estrutura bimembre de sujeito e predicado, objetivando-o em um substantivo (*noite*, *vento*, *chuva*) e deixando o processo propriamente dito para um verbo pertinente:

- A noite chega.
- O vento sopra.
- A chuva cai.

A conceptualização do fenômeno como uma 'coisa sobre a qual se pode dizer algo' (ver 10.2 para o conceito de referenciação), graças ao uso do substantivo, requer a anexação de um predicado, que passa a ser lugar de uma grande variedade de alternativas estilísticas:

- A noite *cobria/invadia/envolvia/ocultava* a floresta.
- A chuva *atravessou* o dia/*não deu trégua* o dia todo.
- O vento *sopra/assovia/rumoreja.*

Os verbos empregados como sinônimos também costumam ser empregados impessoalmente:

- Leve a sombrinha, porque está *chuviscando*/está *peneirando*/ está *pingando*.

Os verbos que denotam uma propriedade ou atributo do fenômeno podem ser empregados como pessoais

- O horizonte *clareava.*
- O tempo *escureceu* de repente.

ou como impessoais:

- Já está *clareando.*
- No inverno *escurece* cedo.

O atributo do fenômeno pode ser expresso por substantivo, adjetivo ou advérbio; o atributo representado por substantivo ou advérbio vem introduzido por um verbo gramatical, que também fica na terceira pessoa do singular, constituindo uma oração sem sujeito:

- Já era *madrugada*.
- Ainda está *cedo*.
- Está *calor*.
- Está muito *escuro* aqui.

Se, no entanto, o atributo for um adjetivo, a oração pode ser pessoal

- A noite será *fria*.
- O tempo anda *fresquinho* ultimamente.

ou impessoal:

- Está muito *frio* lá fora.
- Na varanda está mais *fresquinho*.

Uma variante dessas orações sem sujeito relativas ao estado da natureza pode ser construída com o verbo *fazer* seguido de sintagma nominal (objeto direto) associável à polarização quente/frio:

- *Vai fazer* sol nesse fim de semana.

- *Fez* muito calor ontem.
- *Fazia* um inverno rigoroso.
- Não *estava fazendo* frio.
- "Uma brisa amenizava os 40 graus que *devia estar fazendo* e lá no horizonte preparava-se a chuva que está se repetindo todas as tardes." [VENTURA,1999: 155]

O SN *os 40 graus* é retomado pelo pronome relativo *que*, e este serve de objeto direto a *devia estar fazendo*.

O modelo da 'oração sem sujeito' é também adotado para enunciar datas, épocas históricas, estações e meses do ano, horas:

- *Era* no tempo do Rei.
- *Era* no outono.
- Já *é* Natal.
- Já *passa* de meia-noite/de 11 horas.

Neste caso, se o verbo gramatical for o verbo *ser* este pode ficar no singular ou no plural, conforme o número do atributo:

- Hoje *são* 10 de março.
- Ainda não *era* meia-noite.
- Pensei que *fossem* 7 horas da manhã.

O verbo *ser* também se emprega impessoalmente em orações principais a que se segue uma subordinada condicional, cujo conteúdo é interpretável, do ponto de vista lógico, como o de uma oração subjetiva:

- "*Seria* uma injustiça se eu me esquecesse de falar nos prestidigitadores da minha infância." [VERISSIMO, E. 1974: 114]

Além desses casos por assim dizer gerais na língua padrão, outros três usos merecem destaque. São impessoais:

a) o verbo *haver* (ou *ter*, no uso coloquial brasileiro) empregado nas acepções de 'existir' e de 'acontecer':
   - Não *havia* alunos suficientes para a formação de uma turma.
   - *Houve* pelo menos dois acidentes na estrada.
   - "Aqui *há* escândalos que terminam antes de começar; ou então começam e, misteriosamente, desaparecem pelo caminho." [VERISSIMO, L. F. *O Globo*, 15/7/2007]

Obs.: A impessoalidade é da oração, logo o verbo auxiliar também fica no singular:

- "*Deve haver* alguns entre vocês que ainda se lembram do tempo em que se falava em reformas de base." [RIBEIRO, J. U. *O Globo*, 15/7/2007]

b) os verbos *haver*, *fazer* e *ir* (seguido de *para*) empregados na indicação de tempo decorrido:
- A aula terminou não *faz* nem 10 minutos.
- *Havia* muitos meses que não tínhamos uma conversa tão franca.
- "Era uma pasta encardida, que ele não usava *havia* muito tempo." [CONY, C. H. 1995: 127]
- "Veio-me à mente uma carta dura que eu lhe escrevera *havia* alguns anos..." [VERISSIMO, E. 1974: 231]
- Já *vai* para 20 anos que essa fábrica fechou as portas.

Obs.: Há uma clara tendência para que, nesta acepção, o verbo *haver* se cristalize na forma *há*, superando *havia* nos contextos em que o tempo do fato relatado é um passado:
- *Há* muitos meses que não tínhamos uma conversa tão franca.

Esta cristalização é definitiva na locução *de há* seguida de expressão temporal (*de há muito*, *de há dois dias*) e que serve como modificador nominal:
- "Naquele momento *de há 43 anos*, convém anotar, Severo (Severo Gomes) e Ulysses (Ulysses Guimarães) optaram pelo partido paulista, ou seja, pelos interesses econômicos de São Paulo..." [Santayana, Mauro. *Jornal do Brasil*, 12/10/2007]

c) o verbo pronominal *tratar-se*, seguido de 'de', empregado para introduzir uma informação:
- *Tratava-se* de dois capangas do coronel.

9.14 SIGNIFICADOS RELACIONAIS DOS TERMOS ADJACENTES AO VERBO

São termos adjacentes ao verbo todos aqueles que se associam a ele na estrutura da oração, excetuado o sujeito. A tradição gramatical os distingue entre *complementos* (necessários) e *adjuntos* (acessórios). Seus significados relacionais também são numerosos. Em todo o caso, pelo menos uma limitação existe: o termo adjacente que, na voz ativa, serve de complemento ao verbo jamais terá o papel de agente do processo expresso nesse verbo. Ao apresentar valores semânticos de certos termos adjacentes, nossas gramáticas escolares dedicam alguma atenção aos que expressam especificações variadas do conteúdo verbal, mas não apresentam um elenco uniforme delas. Eis algumas dessas especificações: *tempo* (*Cheguei* ***ontem***), *lugar* (*Trabalho* ***aqui***), *modo* (*Descia* ***lentamente***), *frequência* (*Comparece* ***raramente***), *direção* (*Viajou* ***para o Nordeste***), *origem* (*Brotou* ***da pedra***), *causa* (*Tremia* ***de medo***), *companhia* (*Mora* ***com a avó***) etc.

Quase nenhuma atenção tem sido dada, porém, às relações de sentido que ligam os verbos aos complementos tradicionalmente chamados objetos diretos, tipicamente identificados, do ponto de vista sintático, pela possibilidade de serem representados na variedade escrita padrão pelas formas *o/a/os/as* (*Desenhou* ***a flor*** / *Desenhou-****a***, *convidava* ***os amigos*** / *convidava-****os***).

Este objeto pode ser:

a) um 'alvo' (*procurar* ***um endereço***, *apedrejar* ***um animal***, *observar* ***uma escultura***),

b) um 'produto' (*desenhar* ***uma flor***, *provocar* ***um acidente***, *escrever* ***uma carta***),

c) um 'continente' (*ocupar* ***um terreno***, *encher* ***uma garrafa***, *esvaziar* ***uma gaveta***),

d) uma 'extensão' ou 'escala' (*descer* ***a escada*** [= pela escada], *percorrer* ***a praia***, *medir* ***um terreno***, *ler* ***uma carta***),

e) 'medida, volume' (*engordar* ***dois quilos***, *crescer* ***dez centímetros***),

f) o 'destinatário de um ato comunicativo' (*convidar* ***os amigos***, *xingar* ***o adversário***, *cumprimentar* ***os eleitores***),

g) uma 'entidade que muda de forma, estado ou estrutura em virtude da ação verbal ' (*rasgar* ***a roupa***, *consertar* ***o carro***, *pintar* ***o rosto***, *encher* ***a bola***, *esquentar* ***a comida***),

h) uma 'entidade sensorialmente percebida ou experimentada' (*ouvir* ***uma música***, *saborear* ***o sorvete***, *enxergar* ***o caminho***, *levar* ***um tombo***),

i) uma 'entidade emocionalmente experimentada' (*sofrer* ***uma derrota***, *admirar* ***uma pessoa***, *levar* ***um susto***),

j) uma 'entidade cognitiva' (*conhecer* ***as quatro operações***, *reconhecer* ***uma pessoa***, *admitir* ***um erro***, *esquecer* ***o endereço***),

k) 'algo passível de deslocamento no espaço/tempo' (*transportar* ***passageiros***, *carregar* ***a mochila***, *transferir* ***a reunião***, *atirar* ***uma pedra***).

DÉCIMO CAPÍTULO: O SINTAGMA NOMINAL

10.1 SUBSTANTIVO, PRONOME E SINTAGMA NOMINAL

Vimos em 6.9.1.6.1 algumas possibilidades estruturais na composição do SN e observamos que sua função comunicativa fundamental é tornar possível a construção de uma referência. Se tomarmos para exemplo as frases

- *Estrelas* são *corpos* providos de *luz própria*.
- Contrate *uma babá* para cuidar dos seus filhos.
- *O amolador de facas* é figura rara nos *bairros* agora.

veremos que os SNs assinalados remetem para conhecimentos integrantes de nossa conceptualização do mundo (o que significam *estrela*, *corpo*, *luz própria*, *babá*, *amolador de facas* e *bairro*). Eles não direcionam a percepção do interlocutor/leitor para seres/objetos integrados em um evento, a uma situação vivenciada ou imaginada. Trata-se de referências genéricas ou indeterminadas, de natureza estritamente conceitual.

A esta espécie de referenciação contrapõe-se aquela em que o SN serve para direcionar a percepção do interlocutor/leitor para objetos específicos. São, de fato, dois meios de referenciação, reconhecidos por DIK [1997], respectivamente, como 'construção de referência' e 'identificação de referência'. Empregado como meio de identificar um referente, o SN pode até ser constituído de uma única palavra. Isto acontece em dois casos: se seu núcleo é um substantivo próprio (***Portinari** nasceu em 1903*) ou um pronome substantivo (***Ele** nasceu em 1903*). Se quiséssemos empregar um substantivo comum, seguramente ele não poderia por si só realizar a referência individualizadora, e deveríamos dizer ou escrever algo como: ***Este pintor** nasceu em 1903* ou ***O artista que pintou** Café nasceu em 1903*.

Dentre estes quatro exemplos, apenas no primeiro (***Portinari** nasceu em 1903*) e no último (***O artista que pintou** Café nasceu em 1903*) o SN denota um referente definido, um ser único no mundo. Nos outros dois, no entanto, essa identificação se dá indiretamente, graças ao contexto. Para que *este pintor* ou *ele* denote *Portinari*, é necessário que a pessoa assim identificada tenha sido mencionada anteriormente.

No último exemplo, por fim, valemo-nos de outro substantivo comum – *artista* – e foram acrescentadas à composição do sintagma informações que contribuíram para restringir o alcance da referência até o limite que a deixasse inconfundível: *o artista que pintou* Café e *Portinari* são a mesma pessoa.

Em tese, o nome próprio (*próprio* quer dizer *exclusivo*) tem autonomia referencial: ele se basta como meio de apontar para seu referente (*Portinari*). Já o substantivo comum (*comum* quer dizer *extensivo*) compreende um raio denotativo que acolhe um número variado de indivíduos ou objetos (*artista*, *pintor*), sem apontar para qualquer um deles em particular. O substantivo comum tem propriedade categorial e classificatória: seu significado. Ele não faz uma referência por si só (diferentemente do substantivo próprio e do pronome pessoal), mas participa da construção de uma referência na composição do SN.

Ele e *este*, por sua vez, apresentam diferentes propriedades sintáticas e textuais: *ele* é sempre o próprio núcleo do SN (*Falavam de Portinari, e referiam-se a* ***ele*** *com admiração*), mas não informa nada além das especificações morfossintáticas de pessoa (terceira), gênero (masculino) e número (singular); *este*, todavia, vem normalmente associado a um núcleo lexical – claro ou suprimido – do SN (*Falavam de Portinari, e referiam-se a* ***este*** *pintor* [núcleo lexical] *com admiração*), expressa o gênero e o número desse núcleo e pode ocorrer seguido de algum modificador (*O vendedor mostrou dois anéis, e ela escolheu* ***este*** *de pedra azul*).

10.2 O SINTAGMA NOMINAL E A REFERENCIAÇÃO

Servimo-nos de sintagmas nominais, portanto, para designar parcelas de nossa experiência de mundo concebidas como unidades reais ou imaginárias, naturais ou culturais, únicas ou genéricas, concretas ou abstratas.

Consideremos ainda o conteúdo da frase *Agora já tenho roupa para ir a essa festa*. Temos aí duas palavras – *roupa* e *festa* – cujos conceitos são bem familiares. Contudo, enquanto *essa festa* designa uma entidade do mundo, cuja identidade é acessível ao interlocutor, *roupa* corresponde apenas a uma classe de objetos, um conceito. Tomando-a por base, podemos, todavia, elaborar textualmente inúmeras referências à medida que criamos diferentes sintagmas nominais: *uma roupa*, *a roupa*, *esta roupa*, *minha roupa*, *outra roupa*, *algumas roupas*, *a roupa que vesti ontem*, *aquela sua roupa de andar em casa* etc.

Um dado objeto do mundo real ou imaginário pode, portanto, ser designado por uma infinita variedade de representações, segundo as relações do enunciador com esse objeto e segundo as motivações e as necessidades ou peculiaridades comunicativas do evento discursivo – e do texto – em questão. A seleção dos elementos formadores do sintagma nominal obedece, assim, à necessidade de tornar o conteúdo referenciado por meio dele acessível ao interlocutor. A isto damos o nome de *referenciação*. Vamos observar como os sintagmas nominais que ocorrem em um texto realizam essa tarefa.

- "*O pitbull Neném* nunca ferira *ninguém* até ontem, quando atacou *seus donos*, em *Jacarepaguá*. *Eles* chamaram *os bombeiros*, mas *os vizinhos* decidiram linchar *o cachorro* a *golpes de barra de ferro*." [*O Globo*, 30/5/2006]

As formas em itálico neste trecho são sintagmas nominais. Duas dessas expressões ([*O pitbull*] *Neném* e *Jacarepaguá*) têm uma referência constante, já que designam entidades únicas e inconfundíveis. São nomes próprios. Outras duas (*seus donos* e *os vizinhos*) não designam entidades especificadas individual e objetivamente, mas relações entre entidades, e como tais reconhecíveis no texto (*seus donos* quer dizer donos do pitbull', e *os vizinhos*, 'vizinhos dos donos do pitbull'). Duas outras formas (*Eles* e *o cachorro*) também têm referências dependentes do texto, uma vez que ocorrem em substituição respectivamente a *os donos do pitbull* e a *o pitbull Neném*. Duas expressões (*os bombeiros* e *golpes de barra de ferro*) são objetivamente acessíveis e independentes do texto, mas de natureza genérica. Finalmente, uma forma faz referência a um conjunto vazio (*ninguém*).

10.3 PROCEDIMENTOS DE REFERENCIAÇÃO

Os casos comentados acima são exemplos dos três procedimentos básicos de referenciação: o emprego de nomes próprios (*Jacarepaguá*), o uso de nomes concretos comuns (*cachorro*, *vizinhos*) acompanhados de alguma especificação, e o uso de pronomes (*eles*, *ninguém*).

Os nomes próprios têm o poder de ativar na memória enciclopédica do leitor um referente único e inconfundível. Já os nomes comuns se referem a classes de seres ou a noções gerais, por isso a construção da referência por meio deles depende sempre de condições ou procedimentos complementares, como o uso de *seus*, que vincula *donos* ao *pitbull*. Quanto aos pronomes, há os que realizam uma referência independentemente do texto, como *ninguém*, que é um quantificador absoluto negativo, equivalente a 'nenhuma pessoa'; e os que dependem de alguma informação já disponível, como a forma *eles*, que tem função estritamente remissiva, pois apenas recupera uma referenciação já construída no texto: *seus donos*.

O artigo definido é um típico recurso de vinculação da informação nova a alguma informação já disponível para o interlocutor (função equivalente à de *eles*), seja na sua memória (*os bombeiros*), seja em um ponto anterior do texto (*o cachorro*). Assim, em *os bombeiros*, o artigo caracteriza *bombeiros* como uma instituição socialmente conhecida (disponível na memória de longo prazo); em *os vizinhos*, o artigo institui uma relação de posse entre o termo *vizinhos* e o termo *donos do pitbull*; em *o cachorro*, o artigo indica que *cachorro* reativa uma informação já dada no texto e disponível na memória de curto prazo: a menção do pitbull. *Golpes*, por sua vez, modificado pela especificação do instrumento, integra uma locução de sentido modal (*a golpes de barra de ferro*).

10.4 NÚCLEO REFERENCIAL E NÚCLEO SINTÁTICO

Já vimos que o sintagma nominal refere-se a conteúdos de consciência cujos objetos podem ser entidades reais ou imaginárias, concretas ou abstratas. A unidade léxica que as representa, e com a qual o predicado mantém uma relação de compatibilidade semântica, constitui seu núcleo referencial, mas pode ou não constituir seu núcleo sintático. Nos exemplos abaixo o núcleo referencial, sublinhado, coincide com o núcleo sintático do SN.

- Os galos cantavam na madrugada.
- Duas pedras rolaram do morro.
- O gato bebeu muito leite.
- O lobisomem rondava minha fazenda.
- Uma saudade imensa corroía o coração.

Nos exemplos que se seguem, porém, o núcleo sintático está em negrito, enquanto o núcleo referencial ocorre sublinhado dentro de um SPrep.

- **Duas** das pedras rolaram do morro.
- O gato bebeu a **metade** do leite.
- Derramei um **copo** de vinho.

10.5 FUNÇÕES ATRIBUTIVAS E CIRCUNSTANCIAIS DO SN

O SN tem função atributiva quando, geralmente precedido de verbo de ligação, seus aspectos conotativos (ver 18.2 e 18.3) prevalecem sobre seu papel referencial: *A defesa desse time é **uma rocha***. Neste exemplo, os traços de peso e solidez próprios do significado denotativo de *rocha* são valorizados em sua possível função como 'barreira resistente', que é o sentido captado pela metáfora (ver 18.10). Empregado atributivamente, o SN se confunde conceitualmente com o SAdj. e chega a aceitar intensificação própria de adjetivos qualificadores (ver 7.2.1): *Ela é **muito mulher** para enfrentar essa situação.*

São os seguintes os casos típicos de uso atributivo do SN:

1) O núcleo léxico do SN expressa um conceito em vez de um objeto ou um ser, favorecendo a criação de metáforas:
   - Ele foi um *pai* para mim.
   - Esse menino vale *ouro*.
   - O homem é *o lobo* do homem.
   - Ela vai ficar *uma fera* comigo.

2) O núcleo do SN é um substantivo abstrato, normalmente derivado de adjetivo qualificador, de teor avaliativo:
   - O que ele fez com você foi *uma injustiça*.
   - *A espontaneidade* do seu gesto cativou as pessoas.
   - Trazia no rosto *muita serenidade*.
   - "...o embrulho estava bem feito, revelava *meticulosidade* nos pormenores, nas dobras do papel que se fechavam para trás, no *acerto* das pontas, n*a eficiência* do barbante." [CONY, C. H. 1995: 39]

Analogamente à função atributiva, o SN também exerce papéis circunstanciais, conforme a natureza léxica de seu núcleo. A situação mais comum é a dos SNs que denotam tempo, especialmente os nomes dos dias da semana desacompanhados de artigo definido:

- As aulas começam *segunda-feira*.
- "Fabiano estremeceu. Chegaria à fazenda *noite fechada*." [RAMOS, 1981a:29]

Também tem função circunstancial o SN integrado por substantivo que expressa medida/quantidade e vem anexo a verbos como *crescer*, *engordar*, *pesar*, *medir*. Trata-se de objetos diretos de extensão ou medida.

- O pezinho de feijão cresceu *cinco centímetros*.
- Os porquinhos engordaram *duzentos gramas*.
- Este queijo pesa mais que *três quilos*.
- O quarto mede *12 m²*.

Essas expressões ocorrem também com valor circunstancial, especificando medidas, distâncias e atributos que envolvem situação no tempo e no espaço, como em:

- Ela está *dois quilos* acima do peso ideal.
- Eles chegaram *meia hora* depois de mim.
- O médico chegou só *quinze minutos* atrasado.
- A bala penetrou *três centímetros* na parede.

10.6 FUNÇÕES COESIVAS DO SINTAGMA NOMINAL

Por serem inerentes à prática textual, os procedimentos de repetição e retomada – isto é, a ativação da memória textual do interlocutor – ocupam um lugar de destaque no sistema de meios conhecido como *função textual da linguagem* (ver 4.1). Retoma-se outro texto, retoma-se parte do próprio texto que se está produzindo. Por esse meio estabelecem-se ligações relevantes entre 'o já dito', 'o já escrito', 'o que já se conhece' e o que se está dizendo/escrevendo e dando a conhecer no texto em processo.

A retomada de uma parte do conteúdo do texto por meio de um sintagma nominal (anáfora) é sempre um meio de encadear o raciocínio, unindo informação conhecida e informação nova, e fazendo o texto avançar. A estrutura formal e o significado deste SN anafórico se explicam, respectivamente, como sempre, pelos princípios da coesão e da coerência (ver 4.5.6.5.2). No trecho abaixo, o SN *o cartão corporativo* é reiterado por outros dois SN que o recategorizam por sua utilidade: *o instrumento* e *o mecanismo*.

- "As denúncias de mau uso do cartão corporativo no governo federal deixaram *o instrumento* na berlinda. Especialistas, porém, defendem *o mecanismo* desde que haja ainda mais transparência e critérios mais rígidos para o uso." [ALVES, Marcelo. *O Globo*, 8/2/2008]

O conteúdo léxico do substantivo escolhido pode revelar ainda, no entanto, motivações discursivas e estilísticas variadas, como se verá nos dois trechos seguintes. No primeiro, o narrador retoma parcelas do conteúdo textual por meio de duas anáforas associativas – o SN *o desolado escândalo* e o SN *as coincidências*. No segundo, a escolha do SN *este privilégio* retoma, conotando um juízo de valor praticamente consensual, a expressão atributiva *com vista para o mar*.

- "Há três dias, falei num gordo que tinha a papada de Nero de Cecil B. de Mille. No dia seguinte, falei num segundo sujeito que tinha a papada de Nero de Cecil B. de Mille; e no terceiro dia, falei em mais um sujeito que tinha a papada de Nero de Cecil B. de Mille. Perguntará alguém: '– Mas todo mundo tem uma papada de Nero de Cecil B. de Mille?' Entendo *o desolado escândalo* dos meus escassos leitores. Lembro apenas que não nos cabe discutir, mas simplesmente aceitar *as coincidências*." [RODRIGUES, 1996: 158]

- "Segundo especialistas do mercado imobiliário, um apartamento com vista para o mar vale de 15% a 20% mais do que uma unidade semelhante sem *este privilégio*." [*O Globo*, 11/6/2008]

Um dispositivo anafórico de alto rendimento nos textos escritos é o procedimento da nominalização (substantivação) de verbos e adjetivos, recurso que viabiliza a condensação de proposições/predicados por meio de substantivos para explicitar a cadeia semântica do texto, ao mesmo tempo que serve para exprimir avaliações ou interpretações que o enunciador realiza a respeito das atitudes ou 'atos de fala' de outros indivíduos cujo discurso esteja comentando ou citando. Trata-se de sintagmas nominais ordinariamente constituídos do nome condensador precedido de algum determinante, geralmente pronome demonstrativo ou artigo.

Os trechos seguintes oferecem exemplos elucidativos de alguns papéis textuais desempenhados por esse tipo de nominalização. Os segmentos sublinhados contêm as informações que vêm condensadas adiante pelas formas nominais em itálico:

- "Existe uma regra constitucional impedindo que sejam feitas alterações no processo eleitoral no período de um ano anterior à eleição. O artigo 16 da Constituição diz que leis não podem alterar as regras eleitorais, mas há uma dúvida se *essa limitação* aplica-se a emendas constitucionais." [*Jornal do Brasil*, 5/10/1997]
- "Três bandidos entraram pelo saguão (do aeroporto) e renderam um segurança que estava no portão de desembarque de cargas. Na pista, onde era descarregado o dinheiro para abastecer a rede bancária, houve troca de tiros com os vigilantes que protegiam *a operação*." [*O Globo*, 10/5/1998]
- "A manipulação da opinião pública só é possível por causa da falta de informação. Como se fosse posto em debate se um menino diabético pode ou não comer brigadeiros numa festinha de criança. Antes de levarmos em conta os traumas psicológicos d*essa privação*, existe um fato científico fundamental para *essa discussão*: a ingestão descontrolada de açúcar poderá levar à sua morte."[*Folha de S.Paulo*, "caderno Mais!", 8/2/1998].

10.7 FUNÇÕES DISCURSIVO-TEXTUAIS DOS DETERMINANTES

Vimos, acima, ao comentar o texto sobre o pitbull, que nos sintagmas *seus donos* e *o cachorro*, o pronome possessivo e o artigo definido instruem o leitor para identificar no próprio texto as entidades referenciadas por aquelas expressões. Essas palavras são determinantes (ver 6.5.3) e, embora não denotem entidades do mundo, são decisivas no fornecimento de pistas para o reconhecimento delas como 'informações comunicáveis', integradas à rede textual (cf. 4.5.7).

Na construção do SN, reconhecemos três posições: a *base*, tipicamente preenchida por um substantivo comum (***roupa***); a porção que precede a base, preenchida pelos *determinantes* (***uma/a/minha/esta** roupa*); e a porção subsequente à base, ocupada por *modificadores* (*roupa* ***que vesti ontem/de andar em casa***).

A ampla classe dos determinantes inclui as seguintes espécies de palavras de nossas gramáticas: *artigos definidos* e *indefinidos*; *pronomes possessivos* e *demonstrativos*; *pronomes indefinidos*, alguns *adjetivos* que sofrem um processo de gramaticalização e *numerais cardinais* e *ordinais*. Os determinantes têm funções discursivo-textuais realizadas pela combinação variável dos seguintes traços:

a) **dêitico** (*Deit*: informa que o que o SN designa tem alguma relação com as pessoas do discurso: ***este** livro*, ***minha** roupa*, ***aquela** árvore*);
b) **identificador** (*Id*: informa que o conceito, objeto ou ser designado pelo substantivo é conhecido do interlocutor ou faz parte da situação comunicativa);
c) **vinculativo** (*Vin*: informa que a relação dêitica é também uma relação de 'vínculo, participação, envolvimento': ***minha** escola*, ***nossa** chegada*, ***minha** dúvida*);
d) **remissivo** (*Rem*: informa que o conceito, objeto ou ser designado pelo SN é conhecido do interlocutor ou faz parte da situação comunicativa ou do texto: ***o** cachorro*);
e) **focalizador** (*Fo*: confere ao SN relevância especial na sua relação com o restante do enunciado: *Denunciou o **próprio** filho*);
f) **indefinido** (*Ind*: informa que o que o SN designa tem uma referência imprecisa: ***algum** amigo*, ***certas** palavras*, ***várias** joias*);
g) **quantificador** (*Quan*: representa a quantidade massiva ou enumerável, ou ainda a posição numa escala, do conceito expresso pelo substantivo: ***pouca** água*, ***alguns** soldados*, ***dez** tijolos*, ***quinto** dia*);
h) **interrogativo** (*Int*: informa que algum aspecto do que o substantivo nomeia é objeto de uma pergunta/dúvida: *Não sei **quantos** dias faltam*).

A par dessas especificações semânticas, os determinantes incorporam os seguintes traços morfossintáticos:

a) **Variável em número** (VN): indica que a unidade em questão se flexiona em número para concordar com o núcleo do SN.
b) **Variável em gênero** (VG): indica que a unidade em questão se flexiona em gênero para concordar com o núcleo do SN.
c) **Plural** (Pl): indica que a unidade em questão combina com substantivo no plural mesmo que não se flexione.
d) **Singular** (Sg): indica que a unidade em questão combina com substantivo no singular mesmo que não se flexione.
e) **Subordinante** (Subte): indica que o SN introduzido pela unidade em questão integra uma oração subordinada.

10.7.1 Determinação quantitativa

A quantificação pode ser *universal*, *global*, *dual* ou *parcial*. A quantificação é *universal* quando vem expressa pelo quantificador *todo* / *toda* / *todos* / *todas*. No singular, *todo* tem sentido universal se incide diretamente sobre o substantivo (***todo** homem é mortal*), mas significa 'inteiro' (quantificação *global*), se o substantivo é precedido de artigo (***todo** o grupo*, ***todo** o céu*, ***toda** a sala*, ***todo** um conjunto de questões*). No plural, *todo* precede obrigatoriamente artigo definido ou pronome demonstrativo e é sempre quantificador universal (***todos** os homens*, ***todas** essas abelhas*). A quantificação *dual* é expressa pelo pronome *ambos*, que ocorre necessariamente seguido de artigo definido ou pronome demonstrativo no plural (***ambos** estes países*, ***ambas** as mãos*).

Diz-se *parcial* a quantificação expressa pelos demais quantificadores. A quantificação parcial pode ser *absoluta* – quando o determinante incide diretamente sobre o substantivo quantificado (***dois** cavalos*, ***vários** livros*, ***pouca** luz*) –, ou *partitiva* – quando a parte quantificada é extraída de um todo expresso por SN precedido por *de* ou, mais raramente, (*d*)*entre* (***Vários** dos candidatos desistiram* / ***Três** das embarcações afundaram* / ***Alguns** de* (ou *dentre*) *vocês precisam ficar aqui* / ***Pouco** do leite pôde ser aproveitado*). Na quantificação partitiva, são diferentes o núcleo referencial e o núcleo sintático do SN.

O quantificador universal *todos*, o quantificador global *todo*, o quantificador dual *ambos* e os substantivos e pronomes que expressam quantificação partitiva são, por si mesmos, núcleos de um sintagma nominal. Podem ocorrer antepostos a outro SN (***toda** ela*, ***todos** nós*, ***ambas** as mulheres*, ***todo** esse trabalho*), a que servem de aposto. Daí a possibilidade das construções: *Todos os passageiros se salvaram* / *Os passageiros se salvaram todos* / *Os passageiros todos se salvaram* / *Todas as roupas estão molhadas* / *As roupas estão todas molhadas* / *Ambas essas palavras são escritas com **x*** / *Essas palavras são ambas escritas com **x***.

Por sua vez, sintagmas nominais como *um pedaço de pão* e *duas dúzias de laranjas* são constituídos de um SN cujo núcleo – *pedaço*, *dúzias* – é complementado por um SPrep – *de pão*, *de laranjas*.

Resta examinar a estrutura de SNs do tipo *muitos dos soldados* e *vários de nós*. É evidente que *muitos* equivale a *muitos soldados* e que *vários* significa um subconjunto de *nós*. Ainda assim, não podemos admitir uma elipse das formas correspondentes a essas informações implícitas, pois não é possível dizer *vários nós*. A estrutura destes SNs é paralela à dos anteriores, com a particularidade de que o núcleo do SN maior – *muitos [ ]*, *vários [ ]* – é informacionalmente idêntico ao do SN contido no SPrep – *dos soldados*, *de nós*.

Lembre-se, por fim, a possibilidade da ocorrência de expressões estimativas como *quase*, *nada mais que*, *nada menos que*, *pelo menos*, *até*, *aproximadamente*, *perto de*, *cerca de* antes do quantificador ou do sintagma nominal partitivo: ***quase*** <u>*a metade*</u> *dos candidatos*, ***nada menos que*** <u>*trinta*</u> *pessoas*, ***até*** <u>*quarenta*</u> *alunos por sala*, ***pelo menos*** <u>*um terço*</u> *dos pães*, ***cerca de*** <u>*cinquenta*</u> *operários*. Alguns desses constituintes são advérbios ou locuções adverbiais (*até*, *quase*, *aproximadamente*, *pelo menos*), outros são locuções prepositivas que ocupam unicamente a posição de um pré-quantificador (*cerca de*, *nada menos que* etc.).

10.7.2 Determinação identificadora e remissiva: o artigo

O artigo é variável em gênero e número (*o/a/os/as*) e representa qualquer unidade conceitual – coisa, ideia, ser – como parte do conhecimento prévio do interlocutor. Esse conhecimento prévio tanto pode ser partilhado pela comunidade no mais amplo sentido possível – como em ***O*** *elefante é um paquiderme*, *Newton descobriu* ***a*** *lei da gravidade* – quanto pode ser restrito a uma situação particular – como em ***O*** *campeonato começará amanhã*, *ponha* ***o*** *peixe na geladeira*, *Paulo achou* ***a*** *pulseira de Ana*. Nestes exemplos, presume-se que *elefante* e *lei da gravidade* se referem não a dados presentes numa situação particular, mas a noções partilhadas pela sociedade ampla; por sua vez, *campeonato*, *peixe* e *pulseira* denotam objetos específicos, conhecidos nos limites de situações particulares de interlocução. É a disponibilidade desse conhecimento prévio que garante naturalidade à frase *Ana pintou* ***as*** *unhas* – já que *Ana possui unhas*; por outro lado, *Ana pintou* ***as*** *escamas* pode causar estranheza, visto que *Ana não possui escamas*. Esta frase se tornaria natural numa situação em que, por exemplo, se estivesse conversando sobre uma tela que retratasse um peixe pintado a quatro mãos. A pertinência do artigo definido pode depender, portanto, de que ele ative no conhecimento do interlocutor um dado previsível no contexto de comunicação, como a relação entre *casa* e *telhado* em *Comprei uma casa em ótimo estado; só **o** telhado precisa de uma pequena reforma*, ou a relação entre *casar-se* e *convite* em *Luís se casa amanhã; **o** convite chegou pelo correio*.

10.7.3 Determinação remissiva: *outro* e *mesmo 1*

Os pronomes *mesmo* e *outro* empregam-se no discurso em virtude de uma atitude comparativa por parte do enunciador, que tem sempre em mente uma base referencial comum às porções de sentido consideradas: a identidade total se exprime com *mesmo*, a parcial, com *outro*. Assim, quando dizemos *o ministério usou o **mesmo** slogan da campanha anterior*, não só classificamos as mensagens das duas campanhas como *slogan*, como dizemos que o ministério usou na segunda campanha uma mensagem idêntica à primeira. Em contrapartida, se dizemos que *o ministério usou na segunda campanha **outro** slogan*, apenas reafirmamos o gênero – *slogan* – propriedade partilhada pelos elementos em causa, e introduzimos a novidade (o conteúdo) na espécie. Ambos os enunciados baseiam-se num ato de comparação.

Mesmo e *outro* integram o complexo sistema de meios referenciais do discurso e constituem instrumentos de coesão textual e de coerência conceptual. Ambos servem para retomar porções de sentido (anáfora) ou antecipar porções de sentido (catáfora) na cadeia do discurso, razão por que lhes chamamos *determinantes remissivos*.

Outro pode significar 'semelhante, análogo, adicional' (valor de inclusão ou quantificador: *outro* 1), ou 'diferente, oposto, alternativo' (valor de exclusão ou indefinidor: *outro* 2). Uma frase como *Traga outra cerveja* é ambígua, pois tanto pode significar 'Traga mais uma cerveja' (outro 1, quantificador) quanto 'Traga uma cerveja de tipo ou marca diferente da anterior' (*outro 2*, indefinidor).

Mesmo assinala no discurso o fenômeno da coincidência referencial, e significa o oposto de *outro 2*. Seu mecanismo referencial apresenta dois subtipos, que vamos chamar **correferência sintética** – se os elementos cuja identidade se declara estão unidos numa só função sintática (ex.: *Você e eu não assistimos ao **mesmo** filme*; *meu pai deu a mim e a meus irmãos a **mesma** educação*) e **correferência analítica** – se esses elementos estão distribuídos em sintagmas distintos, ainda que desempenhando a mesma função (ex.: *Você não assistiu ao **mesmo** filme que eu*; "*O TRE dispôs do **mesmo** tempo **dos outros tribunais regionais** para organizar o pleito*" [*Jornal do Brasil*, 2/10/1994]).

10.7.4 Determinação dêitica e remissiva: os demonstrativos

Sabemos que os pronomes demonstrativos servem para localizar, em relação às pessoas do discurso, os objetos (seres, coisas e noções) que entram no conteúdo de nossos enunciados. Em 7.4.3 discorremos sobre os pronomes demonstrativos e os sistematizamos em dois quadros-resumos segundo são empregados na modalidade escrita formal (quadro-resumo I) e na modalidade falada (quadro-resumo II).

A localização efetuada pelos pronomes demonstrativos pode operar em dois contextos: (a) o espaço-tempo físico-social-cronológico de comunicação ou (b) o próprio texto em construção.

A situação típica de 'a' é a do discurso falado, na qual o instante e o espaço da enunciação são comuns ao enunciador e ao destinatário. Neste caso, são grandes as chances de os demonstrativos desempenharem função *dêitica*. Já a situação típica de 'b' é a da modalidade escrita, espaço de comunicação em que prevalece a função anafórica ou *remissiva* dos demonstrativos.

O quadro-resumo I (7.4.3) é mais teórico do que real, visto que a distinção entre *este*/*esse*, mesmo na língua escrita formal, só se observa com rigor quando é necessário deixar clara a referência a um objeto situado no âmbito do enunciador (*este*) por oposição ao que se situa no âmbito do interlocutor (*esse*), como no seguinte trecho de uma carta de Mário de Andrade a Graça Aranha:

- "Graça Aranha, sei que se queixa dos modernistas de São Paulo terem se afastado de você. Como *esses* lamentos (= os lamentos do interlocutor) não trazem endereço nem assinatura e não sei que ouvdos os escutam, *esta* (= a carta que o enunciador escreve) vai aberta." [KOIFMAN, 1985: 185]

Usualmente, portanto, emissor e destinatário constituem um só âmbito – o da interlocução – por oposição a um segundo – o da terceira pessoa, externo à interlocução. A perda da distinção entre *este* e *esse* é compensada, na fala, pelo reforço dos advérbios *aqui* e *aí*, respectivamente (***esta*/*essa*** *camisa* ***aqui*** *é minha; a sua é* ***essa*/*esta aí*** *no seu armário*). O quadro-resumo do subsistema II também pode ser visto em 7.4.3.

No discurso planejado, e especialmente na modalidade escrita, os demonstrativos participam da chamada função textual da linguagem, exprimindo relações coesivas, como se demonstra nos seguintes trechos:

- "A história da nossa imprensa só pode ser bem compreendida sob a divisão em duas fases, a artesanal e a industrial, *esta* peculiar ao desenvolvimento das relações capitalistas no

Brasil. A do cinema deve relegar ao plano pioneiro, a uma espécie de proto-história, tudo o que, aqui, antecedeu a fase do desenvolvimento das relações capitalistas. Requer *esse* desenvolvimento um nível mais avançado do que *aquele* exigido pela imprensa, para mudar sua qualidade e passar à segunda fase." [SODRÉ, 1978: 81]

- "O Modernismo, nas artes plásticas particularmente, reflete aqui, nos primeiros momentos, a mistura dessas influências externas, geradas por condições inteiramente diversas, e das influências internas, que começam a se impor, *aquelas* predominando e até indispensáveis, na forma e nas técnicas, e *estas* manifestando-se principalmente nos motivos, nos temas." [Idem: 58]

Na primeira passagem, o demonstrativo *esta* deixa claro que o enunciador se refere à (*fase*) *industrial*, antecedente imediato, e não à (*fase*) *artesanal*; o demonstrativo *esse* – que poderia ser também *este* – está retomando um tópico que acabou de ser mencionado no texto (= *desenvolvimento*), e que, por isso, é mantido no âmbito da interlocução. Por sua vez, *aquele* (= *aquele nível*) refere-se a uma noção que, por já fazer parte do conhecimento do leitor, está fora do âmbito da interlocução.

Na segunda passagem, o jogo dos demonstrativos assinala, pela localização no espaço da página, o contraponto entre as *influências externas* (= aquelas) e as *influências internas* (= *estas*).

Obs.: A expressão *este/esse ou aquele* emprega-se sem valor anafórico ou dêitico em referências genéricas:

- "São matreirices, espertezas como as da cozinheira que sabe como dar *este ou aquele* sabor à comida." [SANT'ANNA, 2003: 212]

Os demonstrativos posicionam-se ordinariamente antes do substantivo que determinam e podem vir seguidos de outros determinantes, com exceção do artigo (***estas*** *cartas*, ***estas outras*** *cartas*, ***estas minhas*** *cartas*, ***estas minhas outras*** *cartas*, ***estes seus vários*** *amigos*). A reiteração de um referente por meio do mesmo substantivo na função de aposto será sempre marcada por uma expressão modificadora e, opcionalmente, por um demonstrativo colocado após o substantivo:

- Mandei-lhe uma carta registrada, *carta esta* que jamais foi respondida.

Os demonstrativos também são identificadores, mas podem apresentar esse traço de maneira mais atenuada do que o artigo. No discurso dialogado, é comum que se faça nova menção a algum referente empregando uma ordem livre da combinação entre possessivo e demonstrativo, o que não é possível com o artigo (*esse seu amigo/esse amigo seu*, mas não **o amigo seu* alternando com *o seu amigo*). A forma *esse* é frequentemente empregada no plural para exprimir uma referência genérica:

- N*essas* horas é preciso ter paciência.

10.7.5 Determinação vinculativa: os possessivos

Os pronomes ditos possessivos expressam um vínculo qualquer, constante ou eventual, entre o objeto ou assunto de que se fala e cada uma das pessoas do discurso. Este vínculo pode ser de *posse* (*meu relógio*, isto é, 'o relógio que me pertence'), de *origem* (*nossa cidade*, isto é, 'a cidade em que nós vivemos'), de *uso* (*minha sala*, isto é, 'a sala em que estudo', *meu ônibus*, isto é, o 'ônibus que costumo pegar'), de *parentesco* (*meus tios*), de *autoria* (*meu discurso*, isto é, 'o discurso que proferi'; *teus quadros*, isto é, 'os quadros que tu pintas'), de *compromisso/destinação* (*sua missão*, isto é, 'a missão que foi confiada a você'), de *afetividade* (*meu clube*, isto é, 'o clube pelo qual eu torço'), de *grupo social* (*meus clientes*, isto é, 'os clientes a quem presto serviços profissionais', *nossos professores*, isto é, 'os professores que nos ensinam' – se dito pelos alunos – ou 'os professores que trabalham na escola que eu dirijo' – se dito pelo diretor), e assim por diante. Esta lista é interminável, e pode abarcar ainda, praticamente, todos os conteúdos expressos pela relação sujeito-predicado: *eu passeei* > *meu passeio*, *eu caí* > *minha queda*, *eu gaguejo* > *minha gagueira*, *eu odeio* > *meu ódio*, *eu sou feliz* > *minha felicidade*, *eu fui derrotado* > *minha derrota*, *eu sou inocente* > *minha inocência*. Ou seja: o que era uma predicação (*gaguejo*, *sou inocente*, ver 4.1) se torna uma referenciação (*gagueira*, *inocência*, ver 4.1) operada por substantivo abstrato (ver 7.1.1.1), e o que era um constituinte oracional (o sujeito *eu*) se torna uma parte do SN (o determinante *minha*), sem perder a condição de protagonista do evento/situação.

Anteposto ao substantivo – sua posição mais frequente – o possessivo tem propriedade identificadora, de sorte que tanto se pode dizer *meus irmãos* quanto *os meus irmãos*. Posposto ao substantivo, no entanto, o possessivo perde esse traço: *meu dinheiro* é uma expressão de referência definida, *dinheiro meu* exprime apenas um conceito genérico. Por isso, pronomes indefinidos podem ser seguidos de substantivo + possessivo (*um vizinho meu*, *alguma roupa sua*, *nenhum amigo nosso*, *outro cheque meu*), mas nunca da ordem possessivo + substantivo (**um meu vizinho*, **alguma sua roupa*, **nenhum nosso filho*, **outro meu cheque*).

10.7.6 Determinação focalizadora: *próprio* e *mesmo* 2

Como determinante, *próprio* acrescenta ao enunciado uma tomada de posição do enunciador a respeito da relevância do que está dizendo:

- O *próprio* prefeito supervisionou os trabalhos de socorro aos flagelados.

A intenção do enunciador é impressionar o interlocutor. Com esse mesmo viés, emprega-se o pronome *mesmo* posposto ao substantivo (*O prefeito **mesmo** supervisionou os trabalhos de socorro aos flagelados*). Trata-se de unidades que servem aos propósitos argumentativos do discurso, já que, por meio delas, o enunciador expressa, sobre o fato relatado, uma avaliação que espera ver compartilhada pelo interlocutor. Uma frase sem *próprio* tende para a neutralidade do enunciador; com *próprio* expressa sentimentos de simpatia ou de repulsa. Assim é que, ao dizer a frase *O prefeito supervisionou os trabalhos de socorro aos flagelados*, o enunciador reporta o fato de forma impessoal e neutra; ao introduzir, porém, o determinante *próprio* (ver acima), o enunciador agrega à frase um tom de simpatia pelo gesto do prefeito.

Em seu papel remissivo – possível apenas nas construções em que determina um SN distinto do SN sujeito – *próprio* (*próprio 2*) dá realce à relação de posse expressa pelo pronome:

- Ele pagou a conta do *seu próprio* bolso.
- Ele ofereceu *seu próprio* casaco para agasalhar a criança.

acabando por absorver esse valor e dispensar o pronome:

- Ele pagou a conta do *próprio* bolso.
- Ele ofereceu o *próprio* casaco para agasalhar a criança.

10.7.7 Determinação vinculativa: o relativo *cujo*

Exclusivas das variedades formais da língua, as formas *cujo/cuja/cujos/cujas* são as únicas que o pronome relativo apresenta na posição de determinante. Seu valor semântico é equivalente ao dos pronomes possessivos, mas do ponto de vista sintático é um conectivo de subordinação como os demais pronomes relativos, originando, no papel de transpositor, sintagmas adjetivos oriundos de orações. *Cujo* vem imediatamente seguido do substantivo ou de grupo nominal formado por adjetivo + substantivo (*A árvore **cujo** tronco apodreceu* [cf. *seu tronco*] / *O problema **cuja** solução encontrei* [cf. *sua solução*] / *Os sinais **cuja** origem investiguei* [cf. *sua origem*] / *O pintor **cujas** famosas telas reproduzi* [cf. *suas famosas telas*]).

10.7.8 Grade dos determinantes e respectivos traços

	V/N	V/G	Pl	Sg	Fo	Deit	Id	Vin	Rem	Ind	Quan	Int	Subte
O	+	+	+	+	–	–	+	–	+	–	–	–	–
Este	+	+	+	+	–	+	+	–	+	–	–	–	–
Esse	+	+	+	+	–	+	+	–	+	–	–	–	–
Aquele	+	+	+	+	–	+	+	–	+	–	–	–	–
Meu	+	+	+	+	–	+	–	+	–	–	–	–	–
Teu	+	+	+	+	–	+	–	+	–	–	–	–	–
Seu (você)	+	+	+	+	–	+	–	+	–	–	–	–	–
Seu (dele)	+	+	+	+	–	+	–	+	+	–	–	–	–
Nosso	+	+	+	+	–	+	–	+	–	–	–	–	–
Vosso	+	+	+	+	–	+	–	+	–	–	–	–	–
Tal	+	–	+	+	–	–	–	–	+	–	–	–	–
Outro 1	+	+	+	+	–	–	–	–	+	–	+	–	–
Outro 2	+	+	+	+	–	–	–	–	+	+	–	–	–
Mesmo 1	+	+	+	+	+	–	–	–	+	–	–	–	–
Mesmo 2	+	+	+	+	+	–	–	–	–	–	–	–	–
Próprio 1	+	+	+	+	+	–	–	–	–	–	–	–	–
Próprio 2	+	+	+	+	+	–	–	–	+	–	–	–	–
Demais	–	–	+	–	–	–	–	–	+	–	+	–	–
Muito	+	+	+	+	–	–	–	–	–	+	+	–	–
Pouco	+	+	+	+	–	–	–	–	–	+	+	–	–
Bastante	–	–	–	+	–	–	–	–	–	+	+	–	–
Tanto	+	+	+	+	–	–	–	–	+	+	+	–	–
Tamanho	+	+	+	+	–	–	–	–	+	+	+	–	–
Quanto	+	+	+	+	–	–	–	–	–	+	+	+	+
Mais	–	–	+	+	–	–	–	–	+	+	+	–	–
Menos	–	–	+	+	–	–	–	–	+	+	+	–	–
Algum	+	+	+	+	–	–	–	–	–	+	+	–	–
Nenhum	+	+	+	+	–	–	–	–	–	+	+	–	–
Qualquer	+	–	+	+	–	–	–	–	–	+	–	–	–
Vários	–	+	+	–	–	–	–	–	–	+	+	–	–
Diversos	–	+	+	–	–	–	–	–	–	+	+	–	–
Inúmeros	–	+	+	–	–	–	–	–	–	+	+	–	–

	V/N	V/G	Pl	Sg	Fo	Delt	Id	Vin	Rem	Ind	Quan	Int	Subte
Um	+	+	+	+	–	–	–	–	–	+	–	–	–
Todo	+	+	+	+	–	–	–	–	–	+	+	–	–
Cada	+	+	–	+	–	–	–	–	–	+	–	–	–
Certo	+	+	+	+	–	–	–	–	–	+	–	–	–
Determinado	+	+	+	+	–	–	–	–	–	+	–	–	–
Qual	+	–	+	+	–	–	–	–	–	+	–	+	+
Que	–	–	+	+	–	–	–	–	–	+	–	+	+
Cujo	+	+	+	+	–	–	–	+	+	–	–	–	+
Um	–	+	–	+	–	–	–	–	–	–	+	–	–
Meio	–	+	–	+	–	–	–	–	–	–	+	–	–
Dois	–	+	+	–	–	–	–	–	–	–	+	–	–
Três	–	–	+	–	–	–	–	–	–	–	+	–	–
Duzentos	–	+	+	–	–	–	–	–	–	–	+	–	–
Primeiro	+	+	+	+	–	–	–	–	+	–	+	–	–
Ambos	–	+	+	–	–	–	+	–	+	–	+	–	–

10.8 O SN APOSTO

Os exemplos abaixo ilustram o processo conhecido como **aposição**, por meio do qual o núcleo primário ou fundamental de um SN (*romance*, *número*, *planeta*, *cidades*, *doutor*, *igreja*) vem acompanhado de um segundo SN, seu núcleo secundário (*Vidas Secas*, *vinte*, *Vênus*, *Friburgo e Teresópolis*, *Fernando*, *Candelária*), que particulariza a referência classificatória do primeiro:

- O romance *Vidas Secas* é da autoria de Graciliano Ramos.
- O número *vinte* é par.
- O planeta *Vênus* é a estrela mais brilhante.
- Visitamos as cidades de *Friburgo e Teresópolis*.
- O doutor *Fernando* está de férias.
- Eles se casaram na Igreja da *Candelária*.

Nestes exemplos, o aposto individualiza ou particulariza a referência do SN, cujo núcleo primário tem função classificatória, visto que apenas serve para enquadrar o objeto da referência (*Vênus*, *vinte*, *Fernando*, *Candelária*) numa classe genérica (*planeta*, *número*, *doutor*, *igreja*). Por ser também núcleo na construção, o aposto pode dispensar o núcleo primário e constituir por si só o SN. Comparem-se as frases acima com suas variantes em que o aposto – núcleo secundário – substitui o SN maior:

- Vinte é par.
- Visitamos Friburgo e Petrópolis.
- Fernando está de férias.
- Vênus é a estrela mais brilhante.
- Eles se casaram na Candelária.

Nestes exemplos, o aposto, de caráter eminentemente descritivo, serve aos propósitos da função informativa da linguagem. No uso coloquial, e com efeito de sentido próprio da função emotiva, é comum o emprego de um aposto – ou epíteto – antecipado, de nítido conteúdo de(a)preciativo, anexo ao SN base por meio de preposição:

- A *boba* da Lucinha ainda acreditou nessa lorota.
- O *sonso* do seu primo pensa que somos idiotas.
- O *diabo* da dúvida atormentava o marinheiro.

Outra variedade de aposição baseia-se na correferência dos sintagmas, como em: *Graciliano Ramos, **autor de Vidas Secas**, nasceu em Alagoas* uma vez que os termos *Graciliano Ramos* e *autor de Vidas Secas* referem-se ao mesmo indivíduo. A correferência garante a manutenção do valor referencial do enunciado com qualquer dos dois sintagmas no papel de núcleo primário, esteja ou não seguido do núcleo secundário. Ao passar a núcleo primário do sintagma, o substantivo comum ocorre precedido de artigo:

- *O* autor de Vidas Secas, Graciliano Ramos, nasceu em Alagoas.
- *O* autor de Vidas Secas nasceu em Alagoas.
- Graciliano Ramos nasceu em Alagoas.

O aposto serve, portanto, para:

a) reiterar, por força de algum interesse ou necessidade discursiva, a identidade de um ser ou objeto (aposto explicativo);
b) introduzir um comentário com que se avalia ou se esclarece uma informação (aposto atributivo);
c) particularizar a referência genérica de um substantivo (aposto especificativo);
d) detalhar (aposto enumerativo) o conteúdo do SN fundamental; ou
e) resumir (aposto recapitulativo) o conteúdo do SN fundamental.

A funcionalidade destes tipos é comprovada nos seguintes trechos tomados aos discursos jornalístico e ensaístico:

- "O mais antigo instrumento musical capaz de ainda ser tocado foi descoberto na China por uma equipe internacional de pesquisadores. O instrumento, *uma flauta de 22 centímetros de comprimento* (aposto explicativo), é feito de osso de uma ave chinesa, *a garça-de-crista-vermelha* (aposto explicativo). A flauta feita há nove mil anos tem sete orifícios e é capaz de produzir sons elaborados, *o que surpreendeu os cientistas* (aposto atributivo)." [*O Globo*, 23/10/1999]

- "O Brasil vai virar o século amargando um desempenho macroeconômico ainda pior do que o registrado nos anos 80, *período que passou à História como a década perdida* (aposto atributivo)." [*Jornal do Brasil*, 10/10/1999]
- "Uma simples técnica de controle biológico que utiliza o coco, *fruta abundante e barata das zonas tropicais* (aposto explicativo), poderia se converter em uma alternativa contra a malária, *doença endêmica em muitas partes do mundo* (aposto explicativo)." [*Jornal do Brasil*, 2/8/1999]
- "O consumo frequente de cebola pode reduzir o risco de osteoporose, *doença que atinge um terço das mulheres após a menopausa* (aposto atributivo)." [*O Globo*, 23/10/1999]
- "Jorge Luís Borges figura o paraíso sob a forma de uma biblioteca, *imagem que eu subscreveria desde o início da minha adolescência* (aposto atributivo)." [MENDES, 1994: 1103]
- "Até fins do século passado os rapazes e moças se cobriam da cabeça aos pés, evitando sair nos horários mais ensolarados, a fim de preservar um tom pálido, macilento, funéreo, *sinal de distinção daqueles que não precisavam trabalhar sob o sol* (aposto atributivo)." [SEVCENKO, 1998: 560-1]
- "A obsessão pela ideia de modernização produziu duas palavras essenciais no vocabulário da segunda metade do século XX: *perestroika* (algo como reconstrução ou reestruturação) e *glasnost* (transparência)." [*O Globo*, 12/12/1999: 706].
  No trecho acima, as formas em itálico, um aposto enumerativo, vêm seguidas por apostos explicativos, colocados entre parênteses.
- "Olho para trás e fico espantado com a quantidade de coisas que fui recolhendo no caminho, *meus suvenires de viagem* (aposto atributivo): *um jeito de sorrir, um suspiro conformado, uma voz forte no momento de perigo* (aposto enumerativo)." [Miguel Falabella. *O Globo*, 2/10/1999]
- "O homem que dorme é Ariano Suassuna. Nada o afeta: nem *os passageiros que arrastam a bagagem*, nem *os engravatados que, bem ao lado, se acotovelam para um café* (aposto enumerativo)." [CASTELLO, José. *O Globo*, 16/6/2007]

É normal que o aposto enumerativo preceda o termo cujo conteúdo explicita, principalmente se esse termo é representado pelos pronomes indefinidos *tudo*, *todos*, *nada*.

- "Os demais grão-duques e barões da República, como *os governadores* (aposto explicativo) *Mário Covas, Tasso Gereissati e Jarbas Vasconcelos* (aposto especificativo), estavam todos lá, com uma multidão de deputados, senadores e ministros." [ALVES, Márcio M. *O Globo*, 2/10/1999]

10.9 PRONOMES QUE FUNCIONAM COMO SN

A nomenclatura oficial brasileira distingue pronomes substantivos (*ele*, *alguém*, *isto*) e pronomes adjetivos (***algum*** *amigo*, ***esta*** *rua*, ***minha*** *casa*). Aqueles ocupam o núcleo do SN, estes precedem o substantivo no papel de determinantes (ver 6.5.3). Na sequência estão destacados os pronomes ditos substantivos por constituírem, por si sós, um SN.

10.9.1 Pessoais, possessivos e demonstrativos

A classe dos pronomes tradicionalmente chamados pessoais é a única que apresenta formas distintas para três grupos de funções:

a) pronomes retos (*eu*, *tu*, *você*, *ele/ela*, *nós*, *vós*, *vocês*, *eles/elas*),
b) pronomes oblíquos átonos (*me*, *te*, *o/a*, *lhe*, *se*, *nos*, *vos*, *os/as*, *lhes*), e
c) pronomes oblíquos tônicos (*mim*, *ti*, *si*, *ele/ela*, *comigo*, *contigo*, *consigo*, *nós*, *conosco*, *vós*, *convosco*, *eles/elas*).

As formas do grupo 'a' servem às funções de sujeito e de predicativo; as formas do grupo 'b' servem às funções de complemento do verbo (objeto direto, objeto indireto e adjunto adverbial); as formas do grupo 'c' servem às funções de complemento precedido de preposição.

As formas *ele/ela/eles/elas/nós/vós* servem, no registro formal, tanto às funções de 'a' como de 'c'. No registro informal, *ele/ela/eles/elas* cumprem os papéis sintáticos dos três grupos. A forma oblíqua átona da terceira pessoa – *o* – emprega-se sem marca de gênero e número, no registro formal, para substituir sintagmas nominais provenientes de orações e sintagmas adjetivais:

- Perguntei-lhe se gostaria de nos acompanhar, mas ele não *o* quis (= não quis nos acompanhar).
- Estes vinhos são muito apreciados nessa região, e *o* são (= são apreciados) com todo o merecimento.

Entre os demonstrativos, preenchem o lugar de um SN as formas neutras *isto*, *isso* e *aquilo*. Por sua vez, os possessivos só equivalem a SNs em certos usos estereotipados (*Como vão **os seus**?*, isto é, 'seus familiares'; ***O meu** está garantido*, isto é, 'o meu sustento', 'a minha parte').

10.9.2 Indefinidos

São eles *alguém*, *ninguém*, *nada*, *tudo*, *tudo isso*, *algo*, *cada um*, *qualquer um*, *cada qual*, *que*, *o que*, *quem*, *quem quer que*, *o que quer que* e *quanto* (*Ele comeu **tudo**, **nada** lhes faltará, não conheço **ninguém**, **algo** está errado, **alguém** abriu a porta, **cada qual** levou seu travesseiro, **qualquer um** pode participar do concurso, não sabíamos **que** fazer, não sabíamos **o que** fazer, **quem** viver verá, **quem quer que** viva verá, já sabemos **quanto** vamos gastar*).

10.9.3 Formas remissivas

O pronome *outros*, como núcleo de um SN, vem sempre precedido de *os*, substituindo a forma desusada *outrem* (*Não faça **aos outros** o que você não quer que lhe façam*).

10.9.4 Emprego dos pronomes oblíquos tônicos

Quando são regidos por preposição, os pronomes pessoais se classificam como oblíquos tônicos e podem apresentar-se sob formas específicas (*passou por **mim**, falou de **ti**, comprou para **si***). As formas *ele/ela/eles/elas/nós/vós* são foneticamente idênticas às variantes da função sujeito, chamadas pronomes do caso reto. Excepcionalmente, após a preposição *com* se empregam as variantes *migo*, *tigo*, *sigo*, *nosco* e *vosco*, que na escrita vêm unidas à preposição: *comigo*, *contigo*, *consigo*, *conosco*, *convosco* (*pensava em **ti***, mas *sonhei **contigo***, *passou por **nós***, mas *virá **conosco***). A forma *conosco*, de registro muito formal, é substituída na fala corrente por *com a gente* (*Nós queríamos que ele viesse **com a gente***); *convosco*, por sua vez, encontra-se na mesma situação sociolinguística de *vós* e *vosso*, restrito, portanto, a empregos ritualizados, como a linguagem religiosa e a oratória ultraformal. Empregados como complementos de verbo transitivo direto – objeto direto – os pronomes oblíquos tônicos são precedidos de preposição *a* (*Foi **a mim** que ela convidou*).

Obs. 1: Construções como *entre mim e você*, *entre ela e mim*, *entre ti e mim*, tradicionalmente recomendadas pela preceptiva gramatical, são cada vez mais estranhas ao uso brasileiro, mesmo na modalidade escrita. As formas praticadas no Brasil pelos próprios usuários cultos são *entre eu e você*, *entre ela e eu*, *entre você e eu*, com o *tu* no lugar de *você* nas variedades em que o *tu* é a forma usual.

Obs. 2: Muitos gramáticos entendem que em construções como ***Até** eu faria esse gol* e *Todos tinham visto o filme, **exceto** eu* ocorrem excepcionalmete preposições seguidas de pronome reto. Nossa opinião é outra: nessas construções, *até* e *exceto* não são preposições mas advérbios (ver 13.2.4), substituíveis respectivamente por *mesmo* e *menos*.

Obs. 3: A construção '*para mim* + infinitivo' (*para mim fazer*, *para mim beber*) é usual no registro informal, inclusive dos falantes mais escolarizados, e é como tal que convém ser descrita. A recomendação da forma '*para eu* + infinitivo' não pode ser feita em detrimento da outra, mas como opção a ela nas variedades formais.

10.9.5 Emprego dos pronomes oblíquos átonos

O funcionamento dos pronomes oblíquos átonos está sujeito a um conjunto complexo de fatores. O único traço que todos têm em comum é o posicionamento obrigatório junto a uma forma verbal. As formas *o/a/os/as* ocorrem obrigatoriamente junto a verbos transitivos diretos, a que servem de complemento. As formas *me/te/nos/vos/*, por sua vez, podem desempenhar função acusativa (complemento de verbo transitivo direto) ou função dativa (na expressão dos papéis semânticos de destinatário – *Ela **me** devolverá o livro* –, e de experienciador ou ser afetado – *Ocorreu-**nos** uma dúvida / Nasceu-**lhe** então a segunda filha*).

As formas *lhe/lhes* têm função dativa na escrita formal, referindo-se tanto à pessoa de quem se fala quanto à pessoa do interlocutor; no uso coloquial em geral e na escrita informal, porém, são empregadas, via de regra, para indicar a pessoa do interlocutor – *você/vocês* – e podem, além da função dativa (correspondendo a *a você/a vocês*), assumir ainda a função acusativa (*Não **lhe** conheço / Quero **lhes** convidar para uma festa*, como alternativa às construções *Não conheço **você** / Quero convidar **vocês** para uma festa*)[48].

10.9.5.1 Colocação dos pronomes oblíquos átonos

A colocação dos pronomes oblíquos átonos (ou 'sínclise pronominal') está condicionada a fatores de três ordens: sintática, prosódica e sociocomunicativa.

---

[48] O emprego das formas *lhe/lhes* como objeto direto revela uma opção estrutural pela simetria: *lhe* forma ao lado de *me*, *te* e *se* um conjunto foneticamente harmônico. O *lhe* assume um duplo papel funcional – objeto indireto e objeto direto – que já pertence às outras três formas. A esta conclusão já tinha chegado Antenor Nascentes, conforme se pode ver no ensaio "Lheísmo no português do Brasil". In: NASCENTES [2003: 446-451].

Do ponto de vista prosódico, é necessário considerar duas variáveis:

a) o padrão que determina a distribuição dos acentos de intensidade; e
b) de que modo os vocábulos átonos se subordinam aos que contêm sílaba tônica para a formação dos **vocábulos fonológicos** (ver 16.12).

Do ponto de vista sociocomunicativo, é relevante considerar a relação entre a seleção e posicionamento dos pronomes átonos, os fatores discursivos (condições e situação do discurso) e a variedade de língua utilizada.

Na variedade culta da língua – adquirida por força da educação formal veiculada na instituição escolar, quer nas condições que requerem discurso planejado, quer nas condições da conversação formal – empregam-se todos os pronomes átonos, com exceção da forma da segunda pessoa do plural – *vos* – exclusiva de usos muito especiais. Nos registros mais informais, porém, como a conversação descontraída de pessoas íntimas, mesmo os falantes mais escolarizados tendem a substituir as formas oblíquas átonas *o/a/os/as* por *ele*, *ela*, *eles*, *elas*, quando relativas à pessoa de quem se fala, e por *te* (mais raramente *lhe*) *você*, *vocês*, quando relativas ao interlocutor, aproximando-se assim do sistema vigente nas demais variedades, que, adquiridas sem a intervenção da escola, ignoram as formas pronominais átonas *o/a/os/as*.

O fator prosódico é seguramente o mais complexo. Notemos inicialmente que a próclise do pronome é a posição mais favorecida pelo ritmo da frase no português do Brasil, onde a raridade das formas *o/a/os/as* – mas não das formas *-lo/-la/-los/-las* – é responsável por uma situação peculiar: os pronomes átonos mais comuns são iniciados por uma consoante *me*, *te*, *lhe*, *se* (reflexivo). A posição proclítica em que ordinariamente são colocados favorece o relevo fonético desses pronomes, tornando-os semitônicos. Nas frases coloquiais *Me larga*, *Te peguei*, *Se manda daqui* fica nítida a pronúncia semitônica dos pronomes. Não é outra a razão do conhecido hábito brasileiro de 'começar frase com pronome átono', fato que em épocas não tão remotas causava horror aos gramáticos puristas.

A adoção da ênclise do pronome em certas situações de fala ou em certos textos (*Refiro-**me***, *Envio-**te***, *Retire-**se***) é um traço do formalismo exigido pelos princípios do respectivo contrato de comunicação – fator sociocomunicativo ou sociolinguístico, portanto – e não um fator de gramaticalidade. Por sua vez, no entanto, são artificiais, se não irreais, inícios de frases como ***O** convidei* e ***As** espero*, porque as formas átonas *o/a/os/as* não pertencem ao registro de língua – o uso corrente mais espontâneo – em que se pratica a próclise do pronome no começo de frase.

Do ponto de vista sintático, é necessário considerar três aspectos:

a) se o pronome átono está atrelado a uma forma verbal simples ou a uma locução verbal;
b) se o pronome é complemento/parte integrante do verbo, ou se, na forma de *se*, participa de uma construção indeterminadora do agente/sujeito;
c) se há alguma particularidade sintagmática ou morfossintática que imponha um posicionamento único do pronome.

Integrando-se estes três fatores, podemos considerar fundamentais as seguintes regras:

10.9.5.1.1 Pronomes atrelados à forma simples do verbo

Distinguiremos seis casos, partindo do reconhecimento consensual de que a colocação do pronome oblíquo átono antes do verbo que o rege – próclise – é a posição mais comum nas variedades de português faladas no Brasil. A opção pela ênclise na fala pode revelar alto grau de monitoramento (*Ajudei-***o** *a levantar-***se**), quando não certo artificialismo do discurso. Nos exemplos abaixo, as construções com *me*, *te* e *se* são gerais, e as construções com *o*, *lhe* e *nos* são características de registro formal.

- **Me** espere aqui.
- Os donos da casa **me** convidaram.
- Nós **o** estimamos muito.
- Não **te** peço nada.
- Quando **lhe** ofereci ajuda, ele recusou.
- O ônibus que **nos** transportou era confortável.
- Nunca **se** sabe o dia de amanhã.

1) A colocação do pronome antes do verbo constitui uso padrão generalizado na variedade culta se a palavra que o precede imediatamente é um advérbio ou pronome de significação negativa:
   - Não **te** peço nada.
   - Ninguém **nos** viu.
   - Nada **o** consolava naquela hora.
   - Nunca **se** sabe o dia de amanhã.

2) Se a palavra que precede imediatamente o verbo é um conectivo de subordinação (conjunção integrante, conjunção adverbial ou pronome relativo), a colocação preferida é a próclise, especialmente se o verbo se encontra no modo subjuntivo:

- "A moça espera disciplinadamente que o sinal abra, ainda que não venha nenhum carro <u>que</u> **a** *impeça* de avançar." [VENTURA, 1999: 159]
- <u>Quando</u> **lhe** ofereci ajuda, ele recusou.
- O ônibus <u>que</u> **nos** transportou era confortável.

3) As formas *-lo*, *-la*, *-los*, *-las*, variantes de *o/a/os/as*, são necessariamente enclíticas ao infinitivo e às formas terminadas em *-s* e *-z* (*perder + o > perdê-lo, dizes + o > dize-lo, fez + o > fê-lo*):
   - Vim aqui para convidá-**los.**
   - Não é justo acusá-**la** sem provas.
   - Visitamo-**lo** assim que ele deixou o hospital.

4) As formas *-no*, *-na*, *-nos*, *-nas*, também variantes de *o*, *a*, *os*, *as* e exclusivas dos registros formais, são necessariamente enclíticas às formas verbais terminadas por vogal ou ditongo nasal:
   - Levem-**nas** com vocês.
   - Os soldados trouxeram-**no** à presença do rei.

5) Quando a forma verbal está no futuro do presente ou do pretérito e seu sujeito está explícito, coloca-se o pronome em próclise:
   - A corrente marinha **nos** <u>arrastará</u>.
   - Eu **lhe** <u>escreverei</u> assim que puder.
   - Se ele não confessasse, os policiais **o** <u>torturariam</u>.

6) As frases do item '5', que já estão sujeitas aos princípios sociocomunicativos próprios do registro formal, apresentam variantes em um registro ultraformal, restrito à modalidade escrita. Trata-se da colocação do pronome em mesóclise:
   - A corrente marinha arrastar-**nos**-á.
   - Escrever-**lhe**-ei assim que puder.
   - Se ele não confessasse, os policiais torturá-**lo**-iam.

10.9.5.1.2 Pronomes átonos atrelados às sequências de verbo finito + infinitivo, gerúndio ou particípio

Distinguiremos quatro casos:

1) As formas átonas *me*, *te*, *lhe*, *se*, *nos*, *lhes*, complementos do verbo, ocorrem normalmente proclíticas ao verbo principal, que pode ser um infinitivo, um gerúndio ou um particípio:
   - Eles vão **se** arrepender.

- Nós devíamos **nos** prevenir.
- Passei a **me** interessar pela música barroca.
- Vocês não podem **me** acusar.
- Ele veio **se** arrastando.
- Estamos **nos** preparando para o torneio.
- Eles tinham **se** preparado para o torneio.
- Temos **nos** visto pouco ultimamente.
- "Cada aspecto da vida privada das famílias devia **se** processar em seu espaço correto..." [SEVCENKO, 1998: 177]
- "Não podemos **nos** contentar em ser escolhidos como plataforma de exportação de grandes multinacionais." [*Jornal do Brasil*, 12/12/1999]

A ênclise ao gerúndio ou ao infinitivo conota um maior formalismo de expressão:

- Ele veio arrastando-**se**.
- Passei a interessar-**me** pela música barroca.
- Vocês não podem acusar-**me**.
- "Os resultados das reformas de Antônio Prado acabaram assemelhando-**se** aos obtidos na mesma década no Rio de Janeiro." [SEVCENKO, 1998: 179]

Nas formas compostas do verbo, esses pronomes podem estar proclíticos ao verbo principal no particípio, colocação usual em todas as variedades do português do Brasil (*Tinham* **me** *convidado* / *Ele tem* **se** *dedicado*). Nos registros mais formais, e em especial na variedade escrita, marca-se com hífen a ênclise do pronome ao verbo auxiliar (*Tinham-***me** *convidado* / *Ele tem-***se** *dedicado*). A próclise ao verbo auxiliar é restrita aos usos formais da língua, com presença ainda marcante na escrita. Autores que transitam com grande versatilidade pelos muitos registros linguísticos servem-se às vezes dessa colocação para produzir efeito irônico com a camuflagem de estilo solene, como na seguinte passagem de uma crônica de João Ubaldo Ribeiro:

- "O telefone, se bem que eu costume fugir dele para poder trabalhar, também **me** tem rendido momentos singulares." [*O Globo*, 5/12/1999]

2) As formas *o*, *a*, *os*, *as*, típicas dos registros formais, ocorrem proclíticas ao verbo em forma finita, se este não vier seguido de preposição:
   - Nós **a** devíamos prevenir.
   - Nós **a** devíamos ter prevenido.

- Vocês não **o** podem acusar.
- Eu **os** estou preparando para o torneio.
- Nós não **as** tínhamos convidado.
- "O autor (Neil Postman) sustenta que assim como a prensa tipográfica criou a infância, a mídia eletrônica **a** está destruindo." [Regina Zappa. *Jornal do Brasil*, 4/12/1999]
- "A morte desta semana em Brasília foi de um homem que brigava pelo seu emprego. Um emprego garantido **a** teria evitado." [VERISSIMO, L. F. *O Globo*, 5/12/1999]

ou enclíticas ao gerúndio

- Eu estou preparando-**os** para o torneio.

3) As formas *-lo*, *-la*, *-los*, *-las*, variantes das precedentes, são necessariamente enclíticas ao infinitivo:
   - Eu vou convidá-**lo**.
   - Nós não podemos acusá-**la** sem provas.
   - Nós devíamos tê-**la** prevenido.
   - Temos de vendê-**lo** urgentemente.
   - Devíamos reparti-**las** com os empregados.
   - Passei a admirá-**lo** ainda mais.

4) Quando o pronome átono é o *se* indeterminador do sujeito ou o *se* apassivador, seu posicionamento na locução verbal tem particularidades que o distinguem dos demais. Em primeiro lugar, essa forma de indeterminação do agente (construção com *se* apassivador) ou do sujeito (construção com pronome indeterminador *se*) confere um certo distanciamento e neutralidade à enunciação. Na comunicação cotidiana, é usual em fórmulas estereotipadas de placas anunciativas em que o verbo inicia a frase:
   - Aceita-**se** aterro.
   - Vende-**se** ovos.
   - Troca-**se** bateria de relógio.

Esse fator sociocomunicativo explica a ostensiva ocorrência da ênclise. Por outro lado, se o pronome *se*, quer na função indeterminadora do sujeito, quer no papel de pronome apassivador, vem integrado numa sequência de verbo finito + forma verbal no infinitivo, gerúndio ou particípio, é ao redor do verbo finito que o pronome se coloca preferencialmente, ora proclítico ora enclítico, segundo as regras que enunciamos para a forma verbal simples:

- Devia-**se** esperar que a chuva passasse.
- Não **se** deve jogar lixo na via pública.
- Começou-**se** a plantar soja aqui no início da década.
- Tinha-**se** publicado o edital em vários jornais.
- Estava-**se** discutindo futebol naquela hora.

10.9.6 Pronomes pessoais e formas de tratamento

Uma pessoa pode dirigir-se a seu interlocutor de diversas maneiras segundo a imagem que faz da relação social ou afetiva que os liga no momento em que acontece a interação: *você*, *tu*, *vós*, *o senhor/a senhora*; *prezado cliente*, *caro colega*, *companheiro*, *doutor*, *senhores*, *gente*, *galera*. Estas expressões são **formas de tratamento**. Com elas o enunciador geralmente fornece a primeira pista do registro de linguagem em que pretende se situar. Algumas são protocolares ou ritualizadas (*prezado cliente*, *senhores e senhoras*), usadas apenas como vocativos dirigidos a um público indiferenciado; outras revelam que o enunciador identifica o perfil social do interlocutor e o individualiza (*doutor*, *colega*). Também ritualizadas – mas não protocolares – são as formas geralmente empregadas por oradores, cantores etc. quando se dirigem à 'massa' presente em comícios e *shows* (*pessoal*, *gente*, *galera*).

Distinguem-se as formas de tratamento – empregadas como vocativos – e os pronomes pessoais combinados ao verbo nos papéis de sujeito e de complemento: *tu/te/ti/contigo*, *você/vocês*, *vós/convosco*. A língua corrente ignora o pronome pessoal *vós* e as formas verbais e possessivas que lhe correspondem. *Você/vocês* é a forma pronominal característica da interlocução coloquial na maior parte do território brasileiro; em alguns estados do Nordeste e na região Sul prevalece o uso de *tu*. Em algumas regiões – notadamente o Rio de Janeiro – *tu* ocorre de par com *você* combinados sempre com o verbo na terceira pessoa (***tu/você** ainda não **viu** nada*), possibilitando ainda sequências como *Se **você** quiser, eu **te** empresto o carro*. *Você/vocês* podem ser empregados em todas as posições sintáticas. Essa versatilidade reduz drasticamente a frequência, na fala, das formas oblíquas átonas correspondentes *o/a/os/as*, e em certa medida a ocorrência das formas dativas *lhe/lhes* (*Quero **lhe** devolver os livros/quero devolver os livros **a você***). Por outro lado, a tentativa de evitar a formalidade associada ao emprego de *o/a/os/as* e a informalidade associada ao emprego de *tu/te* leva muitas pessoas a optarem pelo uso de *lhe/lhes* como complemento direto do verbo (*Não **lhe/lhes** conheço*).

A forma da segunda pessoa do plural – *vós* – e as respectivas variações flexionais do verbo – *sabeis*, *contemplai*, *trouxestes* – são, como se sabe, de emprego altamente restrito e fortemente ritualizado. Um ou outro orador se vale delas para conferir imponência ao discurso, quando este é proferido em tribunais ou em solenidades extremamente cerimoniosas. Modernamente, o uso de *vós* pode ser um meio de caracterização de situações e de personagens a que se dispensa um tratamento aristocrático, como em textos dramáticos de reconstituição de época. Na linguagem literária moderna não é comum, o que não impede um ou outro cronista de resgatá-la num arremedo de solenidade, às vezes irônico, como nesta passagem de Rubem Braga:

> Carta a uma jovem que, estando em uma roda em que dava aos presentes o tratamento de 'você', se dirigiu ao autor chamando-o de 'o senhor':
>
> Senhora
>
> Aquele a quem *chamastes* senhor aqui está, de peito magoado e cara triste, para *vos* dizer que senhor ele não é, de nada, nem ninguém.[49]

As formas de tratamento servem à função vocativa ou às funções de sujeito e complementos/adjuntos. Na função vocativa vêm desacompanhadas de artigo (*Colegas*, *Meus amigos*, *Prezado cliente*, *Ilmo. Sr. Diretor*), nas demais funções ocorrem precedidas de artigo ou, no caso das expressões protocolares cristalizadas, introduzidas pelo possessivo *vossa* ou *sua* (*O colega*, *O prezado cliente*, *Vossa Senhoria*, *Sua Santidade*). No quadro a seguir relacionam-se as formas de tratamento reverente e cerimonioso mais conhecidas e respectivas abreviaturas:

Abreviatura	Tratamento	Usado para:
V. A.	Vossa Alteza	Príncipes e duques
V. Em.ª	Vossa Eminência	Cardeais
V. Ex.ª	Vossa Excelência	Altas autoridades do Governo e oficiais generais, eventualmente extensivo a qualquer pessoa digna de grande respeito
V. Mag.ª	Vossa Magnificência	Reitores das universidades
V. M.	Vossa Majestade	Reis e imperadores
V. Ex.ª Rev.ma	Vossa Excelência Reverendíssima	Cardeais, arcebispos e bispos
V. Rev.ª	Vossa Reverência	Sacerdotes de um modo geral
V. S.	Vossa Santidade	Papa
V. S.ª	Vossa Senhoria	Funcionários públicos graduados, militares de alta patente (exceto generais) e pessoais de cerimônia em geral, especialmente na correspondência escrita

49 BRAGA [1963a: 90].

DÉCIMO PRIMEIRO CAPÍTULO: O SINTAGMA ADJETIVO

11.1 FORMAÇÃO DO SINTAGMA ADJETIVO

O sintagma adjetivo pode ser *básico* ou *derivado*. Diz-se básico quando seu núcleo é um adjetivo, precedido ou não de advérbio de intensidade (*as árvores* ***antigas*** / *as árvores* ***mais antigas***). Alguns adjetivos, assim como certos verbos, ocorrem seguidos de complemento preposicionado, chamado 'complemento nominal' (*As crianças são* ***dependentes*** *de seus pais*). O sintagma adjetivo diz-se derivado quando assume a forma de um sintagma preposicionado (*um anel* ***de ouro***, *as árvores* ***da rua***) ou de uma oração convertida em sintagma adjetivo por meio de um pronome relativo (*as árvores* ***que*** *eu plantei*).

11.2 POSIÇÃO DO SINTAGMA ADJETIVO NO SN

Incorporado ao sintagma nominal, o sintagma adjetivo exerce, sintaticamente, a função de adjunto adnominal, e, do ponto de vista semântico, serve para delimitar, graças ao seu papel restritivo, uma parcela da compreensão ampla de um substantivo comum: as expressões *rosas* ***vermelhas***, *sapatos* ***velhos*** e *mulher* ***magra*** significam, respectivamente, delimitações da compreensão ampla dos substantivos *rosas*, *sapatos* e *mulher*.

Nem sempre, porém, o adjetivo cumpre essa função restritiva e delimitadora. Observemos o que fazem os adjetivos *longos* e *velhos* nas seguintes construções: *os sapatos* ***velhos*** *da rainha* e *os dedos* ***longos*** *do pianista*. Se considerarmos que a rainha também possui sapatos novos ou apenas usados, o adjetivo *velhos* cumprirá um papel delimitador, e a expressão se referirá a uma parte dos sapatos. Dificilmente, entretanto, faríamos uma leitura delimitadora do adjetivo *longos*, numa referência à distinção entre dedos longos e dedos curtos. Aquela expressão nos diz que *todos* os dedos do pianista são longos. Esta percepção não se deve a nenhum fator sintático, mas a certos condicionamentos discursivos que ainda não compreendemos muito bem. É certo, porém, que a colocação do adjetivo antes do substantivo produz efeitos distintos em cada frase. Não há alteração do sentido em *os* ***longos*** *dedos do pianista*; em *os* ***velhos*** *sapatos da rainha*, porém, *velhos* passa a qualificar a totalidade dos sapatos. *Longos*, nas duas posições, e *velhos*, anteposto ao substantivo, têm papel não restritivo, ou melhor, são explicitadores.

O papel restritivo do adjunto adnominal só se manifesta, portanto, quando ele se pospõe ao substantivo. Anteposto, o adjetivo tem sua função restritiva esvaziada, e assume plenamente o potencial afetivo-conotativo de seu caráter puramente explicitador, como se vê em *os* ***velhos*** *sapatos da rainha* e *a* ***modesta*** *casa do artista*. Essa característica semiótica do adjetivo anteposto – ou epíteto – revela que, de fato, a qualidade por ele expressa nessa posição é irrelevante para o reconhecimento da referência realizada por meio do substantivo ou do conceito por ele denotado. Eis por que adjetivos que não têm esse potencial – como os adjetivos de sentido meramente descritivo ou classificador (cf. 7.2.1), v.g. *mensal*, *parlamentar*, *asiático*, *colonial*, *têxtil* – jamais se posicionam antes do substantivo. São anômalas construçoes como *****mensal*** *boletim*, *****parlamentar*** *discurso*, *****asiático*** *território*, *****coloniais*** *casas* e *****têxtil*** *indústria*.

Por sua vez, a presença de dois ou mais adjetivos referidos ao mesmo substantivo na composição do SN está sujeita a certas regras de colocação. Os tipicamente descritivos se colocam imediatamente após o substantivo, e os que possuem potencial afetivo-conotativo se colocam antes do substantivo ou após o adjetivo descritivo (cf.: *uma operação* ***policial gigantesca***, *uma* ***gigantesca*** *operação* ***policial***, mas não **uma operação* ***gigantesca policial***; *duas casas* ***coloniais confortáveis***, *duas* ***confortáveis*** *casas* ***coloniais***, mas não **duas casas* ***confortáveis coloniais***).

Também se pospõem obrigatoriamente ao substantivo os adjetivos a que se siga um complemento: *os pássaros* ***úteis à lavoura***, *dois atletas* ***confiantes na vitória***, mas não **dois* ***confiantes na vitória*** *atletas* ou **os* ***úteis à lavoura*** *pássaros*.

11.3 SINTAGMAS ADJETIVOS DERIVADOS POR MEIO DE PREPOSIÇÃO

Ocorrem obrigatoriamente após o substantivo: *casa* ***de tijolos***, *bola* ***de borracha***, *café* ***com leite***, *terra* ***sem lei***, *cesto* ***de lixo***, *viagem* ***pelo Nordeste***. A coocorrência de sintagma adjetivo básico e sintagma adjetivo derivado modificadores do mesmo substantivo – *vg. um carro* ***de passeio italiano*** – está condicionada à estruturação do significado do SN. Enquanto *carro italiano de passeio* varia livremente com *carro de passeio italiano*, o mesmo não acontece com *um pedaço de cabrito assado* e *um pedaço assado de cabrito*, já que *um pedaço de cabrito assado* tem duas leituras – ([*um pedaço*] [*de cabrito assado*]) e ([*um pedaço de cabrito*] [*assado*]) – ao passo que *um pedaço assado de cabrito* só admite a segunda leitura.

11.4 O SINTAGMA ADJETIVO NAS FUNÇÕES PREDICATIVAS E APOSITIVAS

Integrado no SN, o sintagma adjetivo serve ordinariamente para especificar a referência de sua base na função de adjunto adnominal. Separado do SN cuja base modifica, porém, o sintagma adjetivo ora desempenha função predicativa – quando é um constituinte obrigatório do SV (cf. 9.1) –, ora atua à maneira de um aposto – assinalado por pausa maior – ou de um adjunto adverbial – caracterizado pela mobilidade. Devemos, por isso, distinguir duas funções segundo o caráter obrigatório ou acessório do SAdj. Para não nos afastarmos muito da nomenclatura consagrada, chamaremos complemento predicativo ao SAdj. que, como termo obrigatório, é introduzido por um verbo de ligação (ver 9.3) e adjunto predicativo ao SAdj. acessório, marcado seja pela pausa maior, seja pela mobilidade. São típicos complementos predicativos:

- As árvores são *antigas*.
- O anel era *de ouro*.
- O café estava *muito quente*.
- As portas vão ficar *sem tranca*.

O adjunto predicativo é sintaticamente opcional e, beneficiado pela versatilidade posicional, expressa uma circunstância na qual ou em virtude da qual se desenrola o processo significado pelo verbo:

- Os peixes foram devolvidos *ainda vivos* ao rio. (circunstância de modo)
- *Desfalcado* de seu goleador, o time não conseguiu sair do zero a zero. (circunstância de causa)
- "Esperemos que um dia todas as moças possam crescer *belas* e *sadias*...". (circunstância de modo) [BRAGA, 1963a: 141]

A distinção entre complementos e adjuntos predicativos se mostra operacional ainda na descrição de estruturas como

- Cerveja é *bom*, *gelada*.
- *Pintada*, a casa parecerá *nova*.

em que *bom* e *nova* são sintaticamente obrigatórios; *gelada* e *pintada*, acessórios.

Os adjuntos predicativos têm uma grande versatilidade semântica, seguramente devida ao parentesco que guardam com os adjuntos adverbiais. Os atributos que exprimem são sempre circunstanciais, visto que indicam estados ou qualidades eventuais localizados em fase anterior, simultânea ou posterior à predicação realizada pelo SV da oração a que se anexam. Nos dois últimos exemplos acima, os adjuntos predicativos têm com os complementos predicativos uma relação de causa e efeito, e equivalem a verdadeiras orações adverbiais (causais, temporais ou condicionais). Na forma de particípios, esses adjuntos são tradicionalmente analisados como orações adverbiais reduzidas, o que implica atribuir descrições diferentes às construções dos exemplos seguintes:

- *Abafadas* em jornais, as bananas amadureceram rapidamente.
- Sempre *simpático* com os fregueses, o jornaleiro conhecia cada um pelo nome.

Sobre a sintaxe dos particípios e a análise das orações adverbiais reduzidas, ver 14.16.

11.5 SINTAGMAS ADJETIVOS DERIVADOS POR MEIO DE PRONOME RELATIVO

Ocorrem obrigatoriamente após o substantivo ou pronome a que se referem:

- As casas *que o engenheiro construiu*.
- O menino *cujo pai é pintor*.
- Dois amigos *que me visitaram*.
- Alguém *em quem possamos confiar*.

Se no SN coocorrem sintagmas adjetivos básicos, sintagmas adjetivos derivados por preposição e orações adjetivas, estas sempre virão na última posição (cf.: *Os carros de passeio italianos* ***que vi na exposição***, mas não **Os carros* ***que vi na exposição*** *de passeio italianos* ou **Os carros de passeio* ***que vi na exposição*** *italianos*).

Para o detalhamento das orações adjetivas, ver 14.12.

DÉCIMO SEGUNDO CAPÍTULO: VOZES DO VERBO E QUESTÕES CORRELATAS

12.1 INTRODUÇÃO

Temos visto que, ao se vincular a um verbo, um sintagma nominal contrai com ele uma relação sintática (*sujeito*, *complemento*) e uma relação semântica (*agente*, *paciente*, *instrumento*). O que chamamos de **voz** é a forma sintática que o predicado assume para atribuir um papel semântico ao respectivo sujeito. Nossa definição deixa claro que a voz, diferentemente das noções de tempo-modo e número-pessoa, não se expressa por meio de flexões do verbo e, portanto, não faz parte de sua morfologia. Qualquer verbo é susceptível de variação mórfica para a expressão de tempo-modo e número-pessoa, mas somente os verbos transitivos diretos participam de construções do predicado relacionadas com distinções de voz.

A voz é expressa por um sistema de recursos sintáticos que definem certos padrões formais do sintagma verbal. Distinguem-se tradicionalmente três vozes – *ativa*, *passiva* e *reflexiva* –, que se exemplificam típica e respectivamente nas frases:

- Laura penteia Clarisse.
- Clarisse é penteada por Laura.
- Laura se penteia.

Costuma-se dizer que na voz ativa (*Laura penteia Clarisse*) o sujeito pratica a ação, é o agente. Isso vale para o nosso exemplo, mas não é o que acontece na frase

- João conhece um bom restaurante.

Neste exemplo também temos um verbo transitivo numa construção de voz ativa, mas o sujeito da oração é mais um lugar ou suporte da predicação – um experienciador – do que agente do respectivo verbo, já que a situação relatada na frase independe de qualquer atividade do sujeito.

O paradigma da chamada voz ativa é comum à ampla classe dos verbos, sejam eles transitivos ou intransitivos; já as formas passiva e reflexiva são típicas apenas dos verbos transitivos. A voz ativa não é expressa por um recurso gramatical particular; nela o papel de agente atribuído ao sujeito é um entre outros possíveis. A voz ativa é, por isso, a forma 'não marcada' do sistema de vozes (para a noção de marca, ver 6.7). Por sua vez, a voz passiva (*Clarisse é penteada por Laura*) se caracteriza formalmente pela presença do verbo auxiliar *ser* seguido de *particípio* e semanticamente por atribuir ao sujeito, regularmente, o papel de paciente ou ser afetado pelo processo que o verbo exprime; já a voz reflexiva (*Laura se penteia*) se caracteriza formalmente pela anexação ao verbo de um pronome – *se* – que, no papel de complemento, 'reflete' a pessoa e o número do sujeito, e semanticamente pela confluência possível, no mesmo referente, dos papéis de **agente** (no exemplo, *Laura*) e **paciente** (no exemplo, *Laura*).

12.2 A CONSTRUÇÃO SINTÁTICA DO SIGNIFICADO

As palavras não se distribuem livre e aleatoriamente na construção das orações, mas segundo três fatores interligados:

1) as classes a que pertencem em virtude de seu enquadramento sintagmático (cf. 6.9.1.5.3);
2) os lugares a elas destinados pela hierarquia informacional interna dos enunciados;
3) os significados relacionais que, devido a essa hierarquia, deverão exprimir (cf. 6.5.4).

Tais possibilidades posicionais são em parte previstas pela categoria sintática da voz, conforme definimos em 12.1.

Voltemos ao nosso enunciado para demonstrar o que chamo 'hierarquia informacional interna'. Com o enunciado (a) ***Uma pequena aranha*** *está construindo a teia nesta roseira amarela* expressa-se um evento em que se destaca um personagem central nomeado pelo substantivo *aranha*. Ele foi escolhido para desempenhar o papel de sujeito da oração. Esta posição marca um lugar proeminente na hierarquia informacional. Se preenchêssemos esse lugar com *teia*, a oração poderia ser (b) ***A teia*** *está sendo construída nesta roseira amarela por uma pequena aranha*. Se o preenchêssemos com *roseira*, poderíamos ter (c) ***Esta roseira amarela*** *abriga uma pequena aranha que constrói sua teia*. O segmento *uma pequena aranha* ocupa nos três enunciados, respectivamente, o lugar destinado ao sujeito (a), ao adjunto (b) e ao complemento (c).

Digamos que o verbo é um lugar de referência para o preenchimento dessas posições sintáticas: o sujeito ocupa a posição 1, o objeto ocupa a posição 2, e o adjunto, a posição 3. No terceiro enunciado, a construção da teia deixou de ser o ato central do evento e passou a ser 'um detalhe' (propriedade) característico da aranha, daí o lugar de adjunto que passou a ocupar (*que constrói sua teia*). O substantivo *roseira* foi posicionado como sujeito, mas manteve, graças ao verbo de estado *abrigar*, seu significado relacional de lugar. A organização sintática do enunciado, associada aos significados léxicos das palavras, reflete, desse modo, a relevância informacional atribuída a cada uma de suas partes.

12.3 OS SIGNIFICADOS RELACIONAIS DO SUJEITO

Em 6.5.4, referindo-nos às categorias combinatórias, vimos que cada constituinte que se vincula a um verbo não só trava com ele uma relação sintática (sujeito, complemento, adjunto), mas ainda desempenha na oração, por meio dele, um papel semântico (agente, paciente, espaço).

Verbos que denotam ação envolvendo um sujeito e um objeto referentes a seres animados atribuem ao primeiro o papel de agente e ao segundo o de paciente, como em:

- O cão perseguiu o gato.
- O gato perseguiu o cão.

em que *cão* e *gato* trocam de papéis semânticos em virtude da troca de funções sintáticas. Os papéis semânticos, também chamados temáticos, são categorias concebidas mentalmente que aplicamos às entidades designadas pelos termos componentes do enunciado: *agente*, *paciente*, *instrumento*, *situação*, *direção*, *origem*, *causa*, *meio*, *atributo*, *identidade*, *beneficiário* são alguns deles.

O verbo é uma espécie de eixo que articula os papéis semânticos entre si. A agentividade ou a instrumentalidade de um constituinte são categorias mentalmente construídas e que se expressam formalmente na oração por meio de um verbo (*O cão **fareja** ratos*), de uma preposição (*Os ratos são farejados* **pelo** *cão*), de um sufixo (*O cão é **farejador** de ratos*). A obrigatoriedade sintática de sua presença junto ao verbo faz do sujeito, porém, um lugar sintático capaz de abrigar uma grande variedade de papéis semânticos: agente (***O menino** descascou a laranja*), paciente (***A laranja** foi descascada pelo menino*), instrumento (***Esta chave** abre todas as portas*), lugar (***Esta sala** abriga quarenta alunos*), meio (***Esta estrada** leva ao mar*), entre outros.

É comum, por isso, que se dê a um verbo de ação um sujeito que, por não se referir a um ser animado, não terá o papel de agente:

- *A chuva* alagou a cidade.
- *A pedra* está bloqueando a entrada do túnel.
- *A corrente do relógio* feriu meu pulso.

- *Este elevador* transporta vinte pessoas de cada vez.
- *O cofre* guardava os documentos mais preciosos.
- *O lixo* entupiu o bueiro.

Muitos verbos de ação, por sua vez, tomam parte em construções cujo sujeito, mesmo animado, não é o agente, mas o experienciador do fato expresso na frase, uma vez que o paciente do processo é parte dele:

- *Pedro* quebrou o braço numa queda.
- (*Eu*) Arranquei um dente hoje.
- *O cachorro* feriu a orelha no arame farpado.
- *O canário* está mudando as penas.

Nestes casos, o experienciador do processo denota o todo (*Pedro*, *eu*, *cachorro*, *canário*), e o objeto ou alvo da ação denota a parte (*braço*, *dente*, *orelha*, *penas*), relação que é extensiva a qualquer coisa, que só não chamaremos experienciador por não se tratar de ser animado. Daí frases como

- O carro furou o pneu.
- O sapato gastou a sola.
- O livro manchou a capa.
- A máquina rebentou a correia.

cujo sujeito sempre denota o todo, e o objeto a parte. Não por acaso, suas paráfrases podem ser:

- O pneu do carro furou.
- A sola do sapato gastou.
- A capa do livro manchou.
- A correia da máquina rebentou.

Por não poder ser exaustiva, uma análise dos significados relacionais do sujeito que procurasse discriminar todas essas sutilezas pulverizaria nosso assunto. O que está claro é que o sujeito não se caracteriza por seu significado relacional (ou papel semântico) na frase, mas por ser um lugar sintático de preenchimento obrigatório junto aos verbos pessoais, o que vale dizer, junto à esmagadora maioria dos verbos.

12.4 CONSTRUÇÕES DE VOZ PASSIVA

A voz passiva é a forma que damos ao SV quando queremos atribuir ao paciente da ação verbal, de forma explícita, o papel de sujeito da oração:

- As roseiras [sujeito paciente] serão podadas pelo jardineiro.
- Estas crianças [sujeito paciente] foram abandonadas pelos pais.

Estas frases ilustram a formação típica da voz passiva, constituída pelo verbo auxiliar (*serão*, *foram*) seguido do particípio do verbo principal (*podadas*, *enviadas*). Estes exemplos comunicam conteúdos que poderiam ser expressos pelas correspondentes formas ativas:

- O jardineiro podará as roseiras.
- Os pais abandonaram estas crianças.

Quando as comparamos descontextualizadas, as construções ativa e passiva podem ser tomadas como formas diversas para o mesmo conteúdo objetivo, mas a escolha de uma delas normalmente tem motivações discursivas ou pragmáticas que precisam ser observadas. Uma importante diferença a ser destacada é que a construção passiva realça o paciente e permite a omissão do agente:

- As roseiras serão podadas.
- Estas crianças foram abandonadas.

O conteúdo do último exemplo acima pode também ser expresso por meio de outra formulação da voz passiva, chamada *passiva sintética* ou *pronominal* (indicada pelo emprego do pronome *se* apassivador):

- Abandonaram-*se* estas crianças.

Trata-se de uma construção que deixa o agente do processo verbal obrigatoriamente indeterminado. Por isso, este exemplo só pode ser interpretado como a versão passiva de *Abandonaram estas crianças*, formulação bem conhecida de construção de sujeito indeterminado.

A língua escrita padrão faz amplo uso das construções com *se* para a expressão da indeterminação do agente, especialmente no discurso ensaístico ou acadêmico:

- "Quinhentos anos após a viagem de Colombo, *assiste*-se a um recuo da Europa sobre si mesma, em movimento de sístole oposto à diástole que marcou a era dos descobrimentos." [CARVALHO, 1999: 274]
- "Assim como se *nasce* poeta, arquiteto, flautista ou domador, Clementino teria nascido barbeiro de necrotério." [RODRIGUES, 1993: 136]

Se o verbo da oração cujo agente se indetermina é transitivo direto, diz-se que o *se* é pronome apassivador e que a construção, na voz passiva, atribui ao paciente da frase o papel sintático de sujeito (aqui mesmo, neste período, fizemos uso duas vezes desta construção: *se indetermina* e *diz-se*), com o qual o verbo passa a concordar:

- "Sob a 'capa da raça' *introduziam-se* considerações de ordem cultural, na medida em que à noção *se associavam* crenças e valores." [SCHWARCZ, 1998: 183]
- "As qualidades pessoais não são inatas, *adquirem-se* na sociedade, através da sociedade, da família, da igreja, da escola, no trabalho etc." [SCHWARCZ, 1998: 614]
- "Nas formas de vida coletiva *podem* assinalar-*se* dois princípios que se combatem e regulam diversamente as atividades dos homens." [Sérgio B. de Hollanda. In: INTÉRPRETES DO BRASIL 3, 2002: 955]

A mesma fonte do primeiro dos três exemplos acima também fornece esse outro, em que não se observa a concordância preconizada pelas gramáticas normativas tradicionais:

- "Afirma-se de modo genérico e sem questionamento uma certa harmonia racial e *joga-se* para o plano pessoal os possíveis conflitos." [SCHWARCZ, 1998: 179]

Neste último exemplo, o sentimento da indeterminação do agente prevalece sobre o caráter passivo da construção. O verbo, mesmo transitivo direto, é recategorizado sintaticamente como os demais verbos, junto aos quais o *se* é um 'índice de indeterminação do sujeito', como nos exemplos mais acima com os verbos *assistir* e *nascer*.

- Aos 30 anos já *se aprendeu os limites* da ilha, já se sabe de onde sopram os tufões e, como o náufrago que se salva, é hora de se autocartografar." [SANT'ANNA, 2003: 147]
- Mesmo que *se aceite todas as teses* sobre o desvirtuamento do movimento dos sem-terra (...), a dimensão do movimento é uma evidência literalmente gritante do tamanho da iniquidade fundiária no Braisl." [VERISSIMO, L. F. *O Globo*, 3/7/2008]

Esta construção dissemina-se na variedade escrita do português brasileiro, de tal sorte que o paciente do verbo, codificado como objeto direto, pode ocorrer sob a forma de pronome átono:

- Há sempre muito barulho e a voz humana tornou-se débil demais nas cidades grandes; *para se ouvi-la*, é preciso amplificá-la. [BRITO, Ronaldo Correia de. "O silêncio das cidades". Disponível no portal Terra].

12.5 VOZES DO VERBO E INFERÊNCIA

Sabemos que as frases *o gato perseguia o rato* e *o rato era perseguido pelo gato* são formulações verbais de um mesmo acontecimento, por mais que elas não sejam cem por cento equivalentes quanto à intenção comunicativa de quem as enuncia. O que as distingue é o ponto de vista do enunciador, que ora fala do gato, ora fala do rato. O que importa aqui, porém, é isto: quando ouvimos uma delas, inferimos automaticamente a outra. Dizemos que há entre essas frases uma relação de inferência recíproca. Isto equivale a dizer que elas são **sinônimas**. Uma importante particularidade da construção passiva é a possibilidade de supressão do agente, como vimos na seção anterior. Como a voz passiva é a construção que faz do paciente o assunto da frase, sua escolha pode ser motivada pela irrelevância da identidade do agente do processo verbal (*Coloca-se bateria em relógio*) ou pela impossibilidade de identificá-lo (*Os fios de telefone foram roubados*). Se a forma passiva apresenta o verbo *estar*, o que a frase expressa não é mais a ação (*O dinheiro foi guardado no cofre*), mas o resultado dela (*O dinheiro está guardado no cofre*), de sorte que o agente deixa de ser sequer subentendido.

Esta mesma variação de efeito de sentido (explicitação/apagamento do agente) produzida pela diferença entre a construção ativa e a passiva de resultado é frequentemente realizada por outro tipo de variação sintática, tipicamente exemplificada pelo verbo *esfriar* no seguinte par de frases: *O vento **esfriou** a comida / A comida **esfriou**.*

Esfriar pertence a uma classe de verbos – chamados ergativos ou inacusativos – que expressam tipicamente um processo de mudança de estado (muitos deles são derivados de adjetivos: *esfriar*, *envelhecer*, *remoçar*, *amarelar*, *afrouxar*, *escurecer*, *murchar*, *esquentar*, *alegrar*, *afinar*, *engrossar*; outros de substantivos: *enrugar*, *empedrar*, *esfarelar*, *despedaçar*, *enlamear*, *aprumar*). Estes verbos empregam-se geralmente ora como transitivos (*O vento **esfriou** a comida*) ora como intransitivos (A *comida **esfriou***). Esta variação produz uma relação de sentido análoga – embora não idêntica – à da oposição entre as construções ativa e passiva: o objeto direto, complemento da construção transitiva (*Algo esfriou **a comida***), passa a sujeito da construção intransitiva (***A comida** esfriou*), conservando, porém, a condição de paciente do processo expresso no verbo.

Observemos agora o seguinte par de frases: *Um golpe na cabeça derrubou o pugilista / O pugilista caiu*. Estas frases exemplificam a mesma relação de sentido que notamos no par anterior formado pelo verbo *esfriar*. Agora, porém, não temos variações do mesmo verbo, mas dois verbos distintos: *derrubar* e *cair*.

O sujeito de *derrubar* é sempre o agente ou causador da ação, o sujeito de *cair* é sempre o paciente da ação. A exemplo do que se passa com a construção passiva, também nos casos de *esfriar* (transitivo)/*esfriar* (intransitivo) e *derrubar/cair* a inexistência de agente ou sua simples omissão pode levar ao emprego da construção intransitiva.

Em todos esses casos, quem declara o conteúdo da frase transitiva/ativa está declarando necessariamente também o conteúdo da frase intransitiva, pelo menos no que diz respeito ao que se passa com o paciente. Diz-se, então, que há entre elas uma relação de causatividade. Por extensão, dizemos que *derrubar* é 'causativo' em relação a *cair*, que *matar* é 'causativo' em relação a *morrer*. Também nestes casos infere-se o conteúdo da frase intransitiva (*a comida esfriava / o pugilista caiu / as baratas morrerão*) a partir do conteúdo da frase transitiva (*o vento esfriava a comida / um golpe na cabeça derrubou o pugilista / o inseticida matará as baratas*).

12.6 PRONOME REFLEXIVO, VERBO PRONOMINAL E VOZ MÉDIA

O pronome reflexivo revela o papel de **ser afetado** ou paciente assumido pelo indivíduo ou coisa designados pelo sujeito da frase. É claro que o sujeito de muitas orações pode receber o papel de paciente independentemente de o verbo dessa oração vir seguido de pronome reflexivo (***A comida*** *esfriou*, ***O copo*** *quebrou*, ***O pneu*** *esvaziou*, ***O gelo*** *derreteu*, ***A porta*** *abriu*). Nestes exemplos, contudo, não há qualquer índice formal da atribuição de papel semântico ao sujeito. Nas construções com pronome reflexivo, pelo contrário, isso é revelado justamente pelo pronome. Portanto, uma construção integrada por um pronome reflexivo sempre nos informa que a pessoa ou a coisa designadas pelo sujeito gramatical é um ser afetado ou paciente do fato/processo expresso pelo verbo:

- *Os turistas* **se** perderam na floresta.
- (*Eu*) Batizei-**me** nesta igreja.
- *Ana* **se** assustou com o cachorro.
- *A praia* estende-**se** por vários quilômetros.
- *Ele* **se** declarou inocente.

Na posição de sujeito, certos substantivos – especialmente os que denotam seres animados – também podem ter o papel de agente; por isso, uma construção como *Pedro cortou-se* pode ser ambígua. As construções reflexivas padrão seriam, portanto, aquelas cujo sujeito acumulasse o papel de agente e o de paciente conferidos pelo pronome reflexivo (perceptível na paráfrase *Pedro cortou a si mesmo*). Por outro lado, em construções como *Pedro alegrou-se com a volta do filho*, formada por um verbo de sentimento e não de ação, a situação é outra. Nas construções pronominais formadas por verbos desse tipo – de que são exemplos, entre outros, *indignar-se*, *desesperar-se*, *aborrecer-se*, *entusiasmar-se*, *enfurecer-se*, *entediar-se* –, ao sujeito só resta o papel de ser afetado.

A flutuação do papel semântico do sujeito nas construções ditas pronominais gera grande controvérsia em torno do caráter da chamada voz reflexiva. De fato, somente numa parte dos casos – e exclusivamente com os verbos de ação – a construção pronominal reflexiva contém um sujeito que acumula os papéis de agente e ser afetado do processo verbal, dando fundamento à classificação da voz como reflexiva. Nos demais casos, em que o sujeito não deflagra o processo – e portanto não é agente – a construção pronominal realiza o que muitos linguistas chamam de 'voz média'. Esta designação tem a vantagem de caracterizar a construção pronominal como um meio termo entre a voz ativa e a voz passiva, e será adotada aqui como um rótulo mais amplo do que 'voz reflexiva'. Esta passa a ser vista como uma variedade de voz média. São exemplos de voz média:

- Ela não *se incomoda* com nada.
- As crianças *se divertem* com as piruetas do macaco.
- Ele *se embaraçou* nas próprias palavras.
- As nuvens *se desfazem* rapidamente.
- A praia *estende-se* por vários quilômetros.
- A cortina *rasgou-se* de velha.

12.7 VERBOS PRONOMINAIS

Chamamos **pronominal** ao verbo que se emprega obrigatoriamente combinado com um pronome reflexivo: *arrepender-se*, *comportar-se* (= ter comportamento), *despedir-se* (= cumprimentar na hora de sair), *furtar-se* (= evitar, fugir a), *orgulhar-se*, *queixar-se*, *sair-se* (= atuar, comportar-se). Note-se que existem na língua os verbos *comportar*, *despedir*, *furtar* e *sair* desacompanhados de pronome reflexivo, mas trata-se de outros verbos, transitivos diretos (cf. *A caixa* ***comporta*** *todos os disquetes*, *Ela* ***despediu*** *o jardineiro*, ***Furtaram*** *minha carteira*) ou intransitivos (cf. *Nós* ***sairemos*** *amanhã*).

Por outro lado, há um grupo de verbos intransitivos ou transitivos que, sem variação do papel semântico desempenhado por seu sujeito, empregam-se ora acompanhados de forma reflexiva, ora sem ela. São casos típicos o par *lembrar/esquecer* em construções como ***Lembrei-me*** *de você* e *Ela* ***se esqueceu*** *do chapéu*, que variam com ***Lembrei*** *de você* e *Ela* ***esqueceu*** *(d)o chapéu*, e o de uns poucos verbos intransitivos, como *ir* (cf. *Eles* ***se foram*** *daqui para sempre*).

O caso referido acima não deve ser confundido com a ocorrência de variação geográfica, como acontece com o verbo *acordar*, pronominal em certas regiões do Brasil (***Acordo-me** cedo todos os dias* / ***Acordo** cedo todos os dias*). Também diferente é a situação da língua em outras regiões que tendem a empregar alguns verbos sem o pronome reflexivo: ***Arrependi** / **Me arrependi***, *Ele não **queixa** / não **se** queixa mais de nada*, *Minha filha **formou** / **se formou** no ano passado*.

12.8 PRONOMINALIZAÇÃO DE VERBOS PSICOLÓGICOS

Caso bem particular é o que se observa no tipo exemplificado pela frase *A mãe se emociona ao ler a carta do filho*. Estamos agora diante de uma classe muito ampla de verbos, chamados psicológicos: *emocionar*, *alegrar*, *exaltar*, *intimidar*, *encorajar*, *aborrecer*, *entusiasmar* etc. Na construção pronominal, o sujeito desses verbos é necessariamente – e tão somente – um ser afetado; a fonte ou causa do estado descrito pelo verbo está, em qualquer caso, fora do sujeito e, quando é mencionada na frase, vem sempre identificada numa expressão introduzida por algum conectivo (preposição ou conjunção): *Emociona-se **ao ler a carta***, *Exaltou-se **com a ofensa***, *Entusiasma-se **com o que vê***, *Alegrou-se **quando os amigos o visitaram***. A expressão que denota o motivo pode, desprovida do conectivo, ocupar o lugar do sujeito (cf. *A leitura da carta a emociona*, *A ofensa o exaltou*, *O que vê a entusiasma*, *A visita dos amigos o alegrou*). A opção pela construção reflexiva permite que o ser afetado assuma, no lugar sintático do sujeito – início da frase – o papel textual/discursivo de tópico do enunciado (cf. 4.5.6.2.3.2.3).

12.9 UMA PROPOSTA DE SÍNTESE

A classe dos verbos pronominais representa a cristalização de estruturas originalmente constituídas como formações de voz média. Descrições tradicionais chamam ao pronome que as integra 'parte integrante do verbo'. Como essa forma é idêntica à dos pronomes reflexivos que se agregam ao verbo em virtude de regras sintáticas, consideraremos as construções integradas pelos verbos pronominais um subtipo das construções de voz média em geral.

Podemos distinguir, desse modo, construções de voz média em que houve ou tende a haver cristalização estrutural e construções de voz média explicáveis pela atuação de regras sintáticas do sistema de vozes. As primeiras compreendem os verbos discriminados a seguir nos itens 1 e 2. As demais abrangem a reflexividade (itens 3, 4, 5, 6 e 7), a reciprocidade (item 8) e a ergatividade (itens 9 e 10).

1) Verbos exclusivamente pronominais. São combinações obrigatórias de verbo e pronome para constituir uma unidade léxica:
   - Eles *queixavam-se* do calor.
   - Eu não tive do que *me arrepender*.
   - Fugiu *esgueirando-se* pelo corredor.
   - Não *nos atrevíamos* a fazer qualquer pergunta.
   - Tive de *me ausentar* por dois dias.

2) Verbos que adquirem *status* lexical novo em virtude da pronominalização. Distinguem-se dois subgrupos:

a) há perda de vínculo semântico entre a forma pronominal e a forma sem pronome:
   - Saiu sem *se despedir*.
   - *Comportou-se* como um verdadeiro líder.
   - Fiquei desempregado e tive que *me virar*.
   - *Desfizeram-se* de algumas roupas quando viajaram.

b) resta algum vínculo semântico entre a forma pronominal e a forma sem pronome:
   - *Abraçou-se* a uma árvore para não ser arrastado.
   - Vai *se apresentar* esta noite abrindo o festival.
   - Não *se aproveite* da ingenuidade dos outros.
   - *Comprometo-me* a devolver todo o dinheiro.
   - Não reencontraram a trilha e *se perderam* na floresta.
   - Tivemos a sorte de *nos hospedar* no melhor hotel da cidade.
   - A praia *se estendia* por muitos quilômetros.
   - É rico, mas *se veste* como um mendigo. .
   - Duas colunas *se erguiam* à nossa frente.

3) Verbos que denotam movimento corporal sem translação:
   - Ele *se sacode* todo quando ri.
   - Ele *se agitou* muito durante a noite.
   - Ela *se mexeu* na hora da foto.
   - *Levantei-me* e fui embora.
   - *Sentem-se*, por favor.

4) Verbos que denotam movimento corporal translacional:
   - *Afastem-se* da fogueira.
   - Tentei *me aproximar* do palco.
   - Eles *embrenharam-se* no mato.

5) Verbos ativos que envolvem ou afetam fisicamente o respectivo sujeito (com ou sem controle do processo). Distinguem-se dois subgrupos:

a) o verbo expressa apenas o processo:
- Não parava de *se coçar*.
- *Mordeu-se* toda de tanto nervoso.
- *Belisquei-me* para ter certeza de que estava vivo.

b) o verbo expressa processo ou resultado:
- Passou pela cerca e *arranhou-se* nos espinhos.
- *Molhou-se* enquanto lavava a roupa.
- *Descabelou-se* na agitação da dança.

6) Verbos que denotam 'cuidados' pessoais (o sujeito controla a execução e os efeitos da ação):
- *Calçou-se* depressa.
- *Penteava-se* na varanda.
- Levava horas para *se vestir*.

7) Verbos de atitude:
- Quando lhe perguntaram pelo dinheiro, ele *se calou*
- Ninguém *se julgou* culpado de nada.

8) Construções de reciprocidade:
- O mestre e seu discípulo *se respeitavam*.
- As crianças *se abraçaram* depois do susto.

9) Verbos processuais que denotam mudança de estado físico:
- Alguns copos *se quebraram* no transporte.
- Passe um protetor solar para não *se queimar* muito.

10) Verbos processuais que denotam mudança de estado psicológico:
- *Assustava-se* com a buzina dos automóveis.
- Não *se impressione* com o que ele lhe disser.
- *Emocionou-se* ao ler a carta.
- Você *se irrita* por qualquer bobagem.

DÉCIMO TERCEIRO CAPÍTULO: O SINTAGMA ADVERBIAL

13.1 UM TERMO PERIFÉRICO

O sintagma adverbial (SAdv.) participa da estruturação gramatical do enunciado, na maioria das vezes, como um típico termo acessório, isto é, um termo que pode ser removido da oração sem afetar sua integridade gramatical. Alguns advérbios/sintagmas adverbiais – aqui reunidos sob a rubrica de 'adjuntos livres' – são até irrelevantes para o conteúdo da proposição; sua importância está nos efeitos discursivos que produzem.

As frases abaixo contêm, sublinhados, exemplos das três formações típicas do SAdv.: *advérbios*, *locuções adverbiais* e *orações adverbiais*.

1) Vamos passar a noite *aqui*
2) Vocês estão andando *muito depressa*
3) A garrafa de cachaça circulava *de mão em mão*
4) Vocês estão *completamente* enganados
5) Ela estava *surpreendentemente* calma
6) Os invasores desocuparam a fazenda *espontaneamente*
7) Essa derrota deixou a equipe *muito* abatida
8) *Naturalmente*, ela ainda não tinha visto o mar *de perto*
9) *Como você pode ver*, desisti de viajar
10) Procure se alimentar *mesmo que não sinta fome*
11) Esse inseto é conhecido *popularmente* como 'joaninha'
12) *Sinceramente*, não confio nesse governo
13) Meu pai comprou apenas os livros de português e de história
14) *Pelo menos* uma parte do dinheiro foi recuperada
15) "Ao longo do Império, *sobretudo* na segunda metade do século XIX, os capoeiras foram elementos indispensáveis nos pleitos eleitorais das cidades do Nordeste." [SEVCENKO, 1998: 125-6]
16) Eles trabalhavam na escola e conheciam, *portanto*, a diretora
17) "Com a ampliação da gama de produtos dirigidos às crianças, cresceu *igualmente* o espaço a elas destinado nos supermercados e lojas de departamento." [*Jornal do Brasil*, 10/10/1999]

Aqui, *muito*, *ainda*, *não*, *depressa*, *surpreendentemente*, *naturalmente*, *completamente*, *espontaneamente*, *popularmente*, *sinceramente*, *igualmente*, *sobretudo* e *apenas* são **advérbios**; *de perto*, *de mão em mão* e *pelo menos* são **locuções adverbiais**; *como você pode ver* e *mesmo que não sinta fome* são **orações adverbiais**. Todos entram na estrutura dos enunciados como unidade acessória, e alguns deles – como as formas em *-mente* – podem variar de posição.

13.2 PROPRIEDADES SINTÁTICAS DOS SINTAGMAS ADVERBIAIS

Do ponto de vista sintático, um advérbio ou um sintagma adverbial desempenha cinco subfunções conforme a estrutura maior que integram:

a) adjunto *oracional*: constituinte do período ou enunciado, adjacente a uma oração (exemplos 8 [*naturalmente*], 9, 10 e 12);
b) adjunto *verbal*: constituinte do SV, adjacente ao verbo (exemplos 1, 2 [*depressa*], 3, 6 e 8 [*ainda*, *não*, *de perto*]);
c) adjunto *secundário*: constituinte do SAdj. e do SAdv., adjacente ao adjetivo ou a outro advérbio, intensificando-os (exemplos 2 [*muito*], 4 e 7), modalizando-os (5) ou delimitando o alcance de sua referência (11);
d) adjunto *focalizador*: adjacente a qualquer espécie de sintagma, serve para particularizar uma informação em nome de um propósito argumentativo ou enfático do enunciador (exemplos 13, 14 e 15);
e) adjunto *conjuntivo*: adjacente ao SV, estabelece algum tipo de relação lógica com a parte precedente do enunciado (exemplos 16 e 17).

13.2.1 Adjuntos oracionais

A posição típica do adjunto oracional é o início do enunciado, como ilustram os exemplos 8, 9 e 12. Por ser um constituinte do próprio enunciado, e não da oração, o adjunto oracional tem uma grande mobilidade, podendo ocorrer, ainda, no final do enunciado ou na fronteira de sintagmas, como entre o sujeito e o predicado, ou entre o verbo e seu complemento. Vejam-se as seguintes variações do exemplo 12:

- Eu *sinceramente* não confio nesse governo.
- Eu não confio, *sinceramente*, nesse governo.
- Eu não confio nesse governo, *sinceramente*.

A importância do adjunto oracional para o sentido do enunciado está em que, por meio dele:

a) o enunciador retrata o grau de seu comprometimento com a verdade do fato expresso na oração:
   - Ninguém atende o telefone. *Provavelmente / Com certeza*, eles estão viajando
   - *Evidentemente*, contra esses fatos não há argumentos

b) o enunciador define o ponto de vista ou domínio de conhecimento do qual depende a validade do conteúdo da oração:
   - *Biologicamente / Em termos biológicos*, estes insetos pertencem à mesma família
   - *Na minha opinião*, o que ele está fazendo com você é chantagem
   - *Segundo o Velho Testamento*, o homem e a mulher viviam inocentes no Paraíso

c) o enunciador exprime o efeito psicológico que o conteúdo da oração lhe causa:
   - *Felizmente / Por sorte*, o menino se escondeu dos ladrões no cesto de roupas
   - *Para nossa surpresa*, ele abriu mão do prêmio

O subtipo exemplificado em 'b' é de uso generalizado na linguagem acadêmica, sobretudo nos gêneros ensaísticos. É comum que venha iniciado pela expressão *Do ponto de vista* seguido do adjetivo pertinente: *Do ponto de vista técnico*, *Do ponto de vista religioso*, *Do ponto de vista literário* etc. Também é comum seu deslocamento para a órbita do adjetivo que funciona como predicativo:

- Esta peça é *artisticamente* pobre. (cf. *Artisticamente*, esta peça é pobre)
- Eles estavam *financeiramente* quebrados. (cf. *Financeiramente*, eles estavam quebrados

13.2.2 Adjuntos verbais

Chamamos adjunto verbal à função do sintagma adverbial que pertence ao SV. Este lugar restringe sua mobilidade no interior da oração. Pode-se perceber a diferença entre o adjunto oracional e o adjunto verbal comparando o funcionamento do advérbio *normalmente* – que pode ser uma coisa ou outra – nas seguintes frases:

- *Normalmente*, as aulas começam em março
- Ele caminhou *normalmente* pelo quarto

A primeira pode ser parafraseada por *É normal que as aulas comecem em março*, em que o adjetivo *normal* qualifica o fato expresso na proposição *as aulas começam em março*. Aí temos um adjunto oracional. Já na segunda frase, a qualidade expressa no adjetivo caracteriza a ação de caminhar. Trata-se de um adjunto verbal.

Semanticamente, o adjunto verbal pode referir-se ao significado do verbo como:

a) uma característica da ação ou do agente (adjuntos verbais de modo e de intensidade):
   - Ele caminhava *normalmente* pelo quarto
   - A estrela brilhava *intensamente*
   - Chovia *torrencialmente*
   - Ele dirige *perigosamente*
   - Ela trabalhava *assim*
   - Ela chorou *muito*
   - Agiu *como um cavalheiro*
   - Voltou *sem o chapéu*

b) uma época ou um lugar reconhecíveis pelos interlocutores relativamente ao momento ou ao espaço em que acontece a enunciação (adjuntos verbais dêiticos de tempo e de lugar):
   - Chegam *hoje*
   - Estão dormindo *agora*
   - Voltarão *amanhã*
   - Foram contratados *ontem*
   - Aguardem *aqui* (referindo-se ao lugar em que se encontram)
   - Trabalhamos *lá* (apontando para um lugar)
   - Desçam *daí*

c) uma época ou um lugar reconhecíveis pelos interlocutores relativamente a um ponto de referência instaurado no próprio discurso ou texto (adjuntos verbais textuais [endofóricos] de tempo e de lugar: *aí*, *aqui*, *lá*, *agora*, *então*, *ainda*, *depois*, *antes*, *logo*, *nesse instante*, *naquela época*, *em outro lugar*):
   - Sabem que <u>a casa</u> está caindo, mas se recusam a sair de *lá*.
   - "Extraviei-me pela cidade <u>na tarde de sábado</u>, e *então* me deixei bobear pela Cinelândia." [BRAGA, 1963a: 155]
   - "Era verão e soprava uma brisa tépida. Sentei-me junto da cama do agonizante. *Agora* podia observá-lo melhor." [VERISSIMO, E. 1974: 206]

d) uma época ou um lugar indefinidos, percebidos como polos de um ponto de referência arbitrário partilhado pelos interlocutores (adjuntos verbais polares de tempo e de lugar):
- Acordamos *cedo* / *tarde*.
- Moravam *longe* / *perto*.
- Olhem agora *para cima* / *para baixo*.
- Passem *para dentro* / *para fora*.

e) a frequência/duração do processo verbal (adjuntos verbais aspectuais):
- Chorava *frequentemente*.
- Chegou *de repente*.
- Aparecia aqui *raramente*.
- Caminhava *de vez em quando*.
- Procurava *sempre* os amigos.

f) a causa ou a coparticipação (companhia, meio, instrumento) no processo verbal (adjuntos verbais de causa e de coparticipação):
- Morreu *de velhice*.
- Quebrou *com o peso da carga*.
- Acordou *com o ronco da máquina*.
- Saiu *com os amigos*.
- Entrou na garagem *com uma motocicleta*.
- Veio *de ônibus*.
- Desceu *de paraquedas*.
- Comprou os livros *por vinte reais*.
- Pagou a dívida *com o próprio trabalho*.
- Cortou a corda *com o canivete*.
- Ele foi agredido *a socos*.

g) o termo, a direção ou a finalidade do processo verbal (adjuntos verbais de direção e de finalidade):
- Caíram *no chão*.
- Chocou-se *contra o muro*.
- Chegaram *à cidade*.
- Voltaram *para casa*.
- Apontavam *para as estrelas*.
- Fizeram uma festa *para nós*.
- Recolheram donativos *em benefício dos flagelados*.

Obs.: Alguns advérbios e locuções adverbiais que exercem a função de adjuntos verbais acrescentam redundantemente seu sentido a certos verbos, com os quais formam expressões cristalizadas de amplo uso coloquial: *cortar fora*, *deixar para trás*, *voltar atrás* (= mudar de opinião), *levar a sério*, *trazer de volta*, *pedir de volta*, *passar adiante* etc.

13.2.3 Adjuntos secundários

São todos de conteúdo avaliativo, podendo exprimir:

a) intensidade: ***muito*** *largo*, ***um pouco*** *longo*, *fraco* ***demais***, ***bastante*** *longe*, ***demasiadamente*** *rápido*, ***tão*** *tarde*;

b) apreciações subjetivas diversas: ***assustadoramente*** *profundo*, ***admiravelmente*** *afinado*, ***sedutoramente*** *elegante*, ***antipaticamente*** *sério*;

c) comparação/semelhança: ***romanticamente*** *sonhador*, ***burguesmente*** *feliz*, ***machadianamente*** *irônico*, ***maquiavelicamente*** *astuto*.

13.2.4 Adjuntos focalizadores

A subclasse dos adjuntos focalizadores é a mais versátil do ponto de vista sintático, já que seus membros estão aptos a acompanhar qualquer espécie de sintagma. Quase nada acrescentam ao conteúdo da proposição, mas atuam na dimensão ilocutória do discurso (cf. 4.3), com a finalidade de transformar certa parcela do enunciado em foco da informação. O enunciado que os contém é envolvido em relações com algum outro enunciado ou informação latente. Em enunciados como

- Eles trouxeram *apenas* os agasalhos.
- Gastão não pagava *sequer* cafezinho.
- Vim aqui *unicamente* para cumprimentá-lo.

os adjuntos *apenas*, *sequer* e *unicamente* também introduzem no discurso juízos de valor sobre certas situações ou fatos e implicam outros enunciados:

- Eles não trouxeram tudo que precisam.
- É normal as pessoas pagarem cafezinho.
- Não tenho outro objetivo aqui.

Pertencem a esta subclasse algumas palavras que, deixadas à margem das classes de palavras, são genericamente batizadas de 'palavras denotativas'. Duas delas, muito comuns, são *só* e *até*, conforme ocorrem nos exemplos:

- Ela *só* parava para beber água / Ela parava *só* para beber água.
- Comprei *até* roupa nova para ir à festa / *Até* comprei roupa nova para ir à festa.

13.2.5 Adjuntos conjuntivos

Os adjuntos conjuntivos são utilizados como recurso de coesão textual (ver 4.5.6.5.2). Estes sintagmas pressupõem alguma porção de sentido precedente no discurso ou texto, em relação à qual a porção a que eles se unem expressa:

a) uma conclusão, uma inferência, um resultado (*portanto*, *pois*, *por isso*, *por conseguinte*, *em consequência*);
b) uma oposição ou ressalva (*ainda assim*, *apesar disso*, *contudo*, *em compensação*, *entretanto*, *não obstante*, *na verdade*, *no entanto*, *porém*, *por outro lado*, *todavia*);
c) uma retificação (*na verdade*, *ou melhor*, [*ou*] *por outra*, *pelo contrário*, *aliás*);
d) uma confirmação (*com efeito*, *efetivamente*, *realmente*, *de fato*);
e) uma paráfrase ou explicitação (*noutras palavras*, *isto é*, *a saber*; *quer*(*o*) *dizer*, *ou seja*, *em suma*, *enfim*, *por exemplo*);
f) um acréscimo ou adição (*além do mais*, *além disso*, *igualmente*, *também*, *inclusive*, *outrossim*).

DÉCIMO QUARTO CAPÍTULO: O PERÍODO COMPOSTO

14.1 RELAÇÕES DE SENTIDO ENTRE SEGMENTOS DO TEXTO

Os trechos abaixo apresentam segmentos ou unidades de informação conectados entre si de alguma maneira. Há, porém, uma diferença fundamental entre os dois quanto aos processos que tornam explícita essa conexão. Para melhor visualização, indicamos com o sinal # a fronteira entre tais segmentos.

Segmento 1:

O campo específico da ciência é a realidade empírica. # *Ela* tem em mira os fenômenos que se podem ver, sentir, tocar etc. # *Daí* a importância que tem a observação. # Devemos considerá-*la* como ponto de partida para todo estudo científico e meio para verificar e validar os conhecimentos adquiridos. # Não se pode, *portanto*, falar em ciência sem fazer referência à observação. [RUDIO, 2002: 39]

Segmento 2:

O desequilíbrio da balança comercial entre Portugal e Inglaterra foi, por muitos anos, compensado pelo ouro vindo do Brasil. # *Os metais preciosos* realizaram *assim* um circuito triangular: # *uma parte* ficou no Brasil, dando origem à relativa riqueza da região das minas; # *outra* seguiu para Portugal, onde foi consumida no longo reinado de Dom João V (1706-1750), em especial nos gastos da Corte e em obras como o gigantesco Palácio-Convento de Mafra; # *a terceira parte*, *finalmente*, de forma direta, via contrabando, ou indireta, foi parar em mãos britânicas, acelerando a acumulação de capitais da Inglaterra. [FAUSTO, 1995: 99]

O sinal # vai indicando pontos do texto em que podemos fazer pausas relativamente longas sem comprometer a naturalidade da enunciação oral. Cada um desses segmentos tem *status* de uma declaração completa, por mais que possa depender de alguma informação anterior. Note-se que a partir do segundo período de ambos os segmentos encontramos sempre alguma palavra ou expressão – em itálico no texto – que conecta o respectivo período a algum outro que o precede. Estas palavras ou expressões são responsáveis por ligações de sentido através das quais o raciocínio vai sendo construído. No segmento 1, os pronomes (*Ela* = a ciência, *-la* = a observação), e os advérbios (*Daí*, *portanto*). No segmento 2, além de unidades como estas – os advérbios *assim* e *finalmente* –, também se empregam recursos lexicais: a expressão *os metais preciosos* retoma a referência ao ouro, e as expressões *uma parte*, *outra* e *a terceira parte* introduzem o detalhamento de *um circuito triangular*. O advérbio *assim* retoma a informação do modo ou meio contida em *pelo ouro vindo do Brasil*; e *finalmente* serve para arrematar a enumeração do *circuito triangular*. Trata-se de recursos de coesão textual (ver 4.5.6.5.2), semelhantes aos nós com que unimos as linhas para tecer uma rede. Não é por acaso que as palavras *texto* e *tecido* têm a mesma origem no latim: o verbo *tĕxĕre* (tecer).

14.2 A ARTICULAÇÃO DE ORAÇÕES

Na seção acima, usamos pausas longas para delimitar unidades de sentido que convencionamos considerar declarações completas. Nosso critério é intuitivamente funcional, mas não é muito objetivo. Vamos agora operar com outro critério: a oração como unidade construída em torno de um núcleo verbal (ver 8.1, 8.2 e 8.4). Para tanto, utilizaremos o primeiro parágrafo do conto "Uma vela para Dario", de Dalton Trevisan [SALES, 1969: 243-245], no qual se narra uma cena de rua em que um transeunte subitamente se sente mal.

A cena é uma sequência de oito atos, todos atribuídos ao mesmo personagem – *Dario* – expressos por meio de verbos e mencionados no texto exatamente na ordem em que o personagem os pratica. Vamos listá-los, reconstituindo as respectivas orações e numerando-os na ordem em que acontecem:

1) Dario vinha apressado, guarda-chuva no braço esquerdo.
2) Dario dobrou a esquina.
3) Dario diminuiu o passo.
4) Dario parou.
5) Dario encostou à parede de uma casa.
6) Dario escorregou-se pela parede de uma casa.
7) Dario sentou-se na calçada, ainda úmida de chuva.
8) Dario descansou na pedra o cachimbo.

Esta sequência pode formar um texto compreensível, embora monótono e deselegante. Vamos chamá-lo de **versão 1**:

Dario vinha apressado, guarda-chuva no braço esquerdo. Dario dobrou a esquina. Dario diminuiu o passo. Dario parou. Dario encostou à parede de uma casa. Dario escorregou-se pela parede de uma casa. Dario sentou-se na calçada, ainda úmida de chuva. Dario descansou na pedra o cachimbo.

Uma oração é, por definição, a maior unidade da estrutura gramatical de uma língua. Por isso, ela é autônoma por natureza e pode ocorrer no discurso realizando um ato enunciativo completo, independente de qualquer segmento verbal precedente ou subsequente. Isto ficou claro na versão 1 acima, em que todas as orações têm estas características. A maioria das orações que ocorrem em um texto não tem, entretanto, este perfil. Uma solução para tornar a versão 1 mais aceitável, mais parecida com um texto normal, poderia ser a seguinte, que chamaremos de **versão 2**:

Dario vinha apressado, guarda-chuva no braço esquerdo. Dobrou a esquina, diminuiu o passo e parou. Encostou à parede de uma casa e por ela se escorregou. Sentou-se na calçada, ainda úmida de chuva, e descansou na pedra o cachimbo.

Comparemos agora as versões 1 e 2 para identificar os meios utilizados para conectar as orações na segunda versão. Já observamos que cada oração contém um verbo e que este expressa um ato praticado pelo personagem. Também registramos que a ordem das orações reproduz a ordem cronológica das ações do personagem.

A primeira versão deixa claro que, para se construir adequadamente um texto, não é suficiente produzir uma oração para cada ideia ou fato que queiramos informar. A segunda versão nos oferece uma forma razoável, obtida mediante algumas alterações. Ficou claro, principalmente, que algumas partes que se repetem podem ser substituídas por outras ou simplesmente suprimidas. Por outro lado, o encadeamento dos fatos e das ideias pode tornar necessária a inclusão de alguma palavra. Estas alterações foram feitas segundo alguns princípios da gramática textual, recursos de coesão que podemos denominar, respectivamente, *anáfora pronominal*, *elipse* e *emprego de conectivos*.

14.3 ANÁFORA E CONHECIMENTO PRÉVIO

A anáfora é um recurso formal que permite reter ou recuperar uma informação no fluxo do discurso/texto[50]. Como temos visto, realiza-se de várias

[50] Este é o sentido que se dá ao termo *anáfora* em linguística textual; nos estudos de Retórica e Estilística, dá-se o nome de *anáfora* a uma figura de construção (ver 22.7.2.11).

formas: no campo da gramática, por meio de pronomes pessoais de terceira pessoa, artigo, pronomes demonstrativos, pronomes relativos; no campo do léxico, geralmente por meio de substantivos que reiteram algum conteúdo mediante condensações ou classificações (ver 10.6). Em qualquer desses casos sempre há a possibilidade de o interlocutor não fazer a relação correta entre o recurso anafórico e o conteúdo que ele reapresenta. Em 10.7, referimo-nos a diversas funções textuais desempenhadas pelos determinantes. Todos os que são empregados como recurso anafórico podem servir para retomar mais de uma informação já dada. Em *Ana perguntou a Clara onde* ***ela*** *tinha comprado aquele chapéu*, *ela* tem muito maior probabilidade de se referir a Clara do que a Ana. Este vínculo passaria, no entanto, a favorecer Ana se a frase fosse *Ana não disse a Clara onde* ***ela*** *tinha comprado aquele chapéu*. A alta previsibilidade do vínculo anafórico nestes dois exemplos faz de *ela* uma forma redundante e, portanto, suprimível sem prejuízo da informação: *Ana perguntou a Clara onde* [ ] *tinha comprado aquele chapéu* / *Ana não disse a Clara onde* [ ] *tinha comprado aquele chapéu*. Se, entretanto, a frase for *Ana deixou Clara perto da escola onde* ***ela*** *trabalha*, obviamente *ela* pode se referir tanto a Ana quanto a Clara. A ambiguidade deste exemplo só pode ser desfeita mediante alguma informação externa ao texto. Se o interlocutor tem a informação de que apenas Clara trabalha numa escola, o vínculo anafórico é realizado sem problema[51].

14.4 LIGAÇÃO DE ORAÇÕES POR MEIO DE CONECTIVOS

Voltemos ao item 14.2. Se tivéssemos que combinar naquele texto a sequência de informações contidas em '*Dario vinha apressado. Pedro cumprimentou Dario com um gesto*', seguramente diríamos ou escreveríamos algo como '*Dario vinha apressado*; *Pedro o cumprimentou com um gesto*'.

[51] A compreensão do seguinte trecho de uma matéria de jornal requer informação (conhecimento enciclopédico) sobre o que faziam alguns personagens da política nacional no segundo governo do presidente Lula: "O PT está revoltado com a fritura a que vem sendo submetido o ministro da Saúde, Humberto Costa (...) Setores do PMDB também não aceitam que se atribuam problemas de gestão ao ministro Amir Lando. Afinal, é *ele* o autor do plano de reestruturação previdenciária que será implementado. Se dependesse do PCdoB, Aldo Rebelo já teria chutado a Coordenação Política há tempos. Mas *seu* sangue frio irrita muito mais o PT. Ontem Lula conversou com o deputado João Paulo. *Ele* ou qualquer outro que venha a substituir Aldo ficará com o carimbo de algoz. E, no entanto, foi Lula, e ninguém mais, que fez *dele* um coordenador político desprovido da caneta de nomeações, que ficou na Casa Civil." [*O Globo*, 10/3/2005]. O texto é sobre assessores e aliados do governo federal – Humberto Costa, Amir Lando, Aldo Rebelo e João Paulo. Não há dúvida sobre a referência anafórica operada pelo primeiro *ele* e por *seu*. O segundo *ele*, porém, tanto pode se referir a Lula quanto a João Paulo; esta dúvida só é desfeita pelo contexto histórico-político. Lula é o presidente; logo, a substituição só pode caber a João Paulo. Por sua vez, *dele* também pode ter dois antecedentes numa leitura desatenta – João Paulo ou Aldo Rebelo. Só quem sabe que o coordenador político é Aldo pode, sem hesitação, recuperar a referência do *dele*. A última informação é ainda mais sutil: *que ficou na Casa Civil* significa, por metonímia, *sob o controle do Chefe da Casa Civil*, na época o deputado José Dirceu.

Agora, porém, só temos acesso ao conteúdo pleno da segunda oração através do conhecimento da primeira, pois é aí que se encontra a identidade objetiva indicada pela forma *o*, ou seja, *Dario*. A forma *o*, um pronome pessoal, é um recurso de coesão (ver 4.5.6.5.2), isto é, um mecanismo de articulação entre duas porções de sentido no texto, de tal sorte que a compreensão de uma depende do conhecimento da outra. *Pedro o cumprimentou com um gesto* conserva o *status* de oração gramaticalmente autônoma, mas perdeu a autonomia como unidade de informação, já que o *o* não denota por si um 'ser do mundo'.

Suponhamos agora que essas mesmas orações viessem encadeadas assim: *Dario vinha apressado e Pedro o cumprimentou com um gesto*. As duas orações estão agora interligadas por um segundo recurso, a forma *e*, conhecida como *conjunção*. Digamos, por enquanto, que a conjunção é um elo através do qual duas orações se articulam no texto. Neste exemplo, essa articulação serve a um propósito de sentido: acrescentar uma informação.

Numa terceira versão, essas orações poderiam vir encadeadas assim: *Dario vinha apressado quando Pedro o cumprimentou com um gesto*. As duas orações estão novamente interligadas por uma conjunção: *quando*. Uma vez mais temos um elo através do qual as duas orações se articulam no texto. Há, contudo, uma diferença fundamental entre a segunda e a terceira versão: podemos também dizer *Quando Pedro o cumprimentou com um gesto, Dario vinha apressado*, mas não podemos dizer **E Pedro o cumprimentou com um gesto, Dario vinha apressado*. Se a articulação por meio de *e* é apenas uma variação da primeira versão, assinalando redundantemente que os fatos acontecem na mesma ordem em que são enunciados, a articulação por meio de *quando* serve a outro propósito de sentido: indicar a incidência de um fato – o cumprimento de Pedro – num momento pontual do decorrer de outro – a vinda de Dario. Esta informação independe da posição relativa das duas orações.

Há sempre uma intenção de sentido na origem de qualquer articulação de duas unidades de informação no discurso. Algumas vezes essa intenção transparece como um valor lógico inerente aos conteúdos combinados (ex., o contraste em *Os cães ladram, a caravana passa*). Na maioria das situações, porém, precisamos de conjunções que explicitem essa intenção: *adição* (*Dario vinha apressado* ***e*** *fez sinal para um táxi*), *tempo* (*Dario vinha apressado,* ***quando*** *Pedro o cumprimentou*), *causa* (*Dario vinha apressado* ***porque*** *tinha perdido a hora*), *contraste* (*Dario vinha apressado,* ***mas*** *mantinha a elegância de sempre*), *consequência* (*Dario vinha apressado,* ***por isso*** *tropeçou no meio-fio*).

14.5 PROCESSOS DE CONEXÃO ORACIONAL: COORDENAÇÃO E SUBORDINAÇÃO

O texto original de Dalton Trevisan, a **versão 3**, é outro, porém:

Dario vinha apressado, guarda-chuva no braço esquerdo e, assim que dobrou a esquina, diminuiu o passo até parar, encostando-se à parede de uma casa. Por ela escorregando, sentou-se na calçada, ainda úmida de chuva, e descansou na pedra o cachimbo.

Comparando agora a versão 2 com a original, percebemos, porém, outras diferenças: foram introduzidas as palavras *assim que* e *até*, e três verbos mudaram de forma: *parou* tomou a forma *parar*, *encostou* tomou a forma *encostando*, e *escorregou* tomou a forma *escorregando*. As palavras introduzidas são conectivos que explicitam a noção de tempo: *assim que* assinala um ato que precede outro; *até*, pelo contrário, assinala um ato que vem após outro. Já as formas *parar*, *encostando* e *escorregando* distinguem-se das correspondentes na versão 2 por não terem autonomia ou independência, isto é, por não poderem por si sós informar algum ato do personagem. Noutras palavras, todas as orações da versão 2 se acham ligadas entre si por coordenação (ou parataxe), ao passo que algumas orações da versão 3 se acham relacionadas a alguma outra por subordinação (ou hipotaxe).

Coordenação (ou parataxe) e subordinação (ou hipotaxe) são, portanto, dois processos de construção: a coordenação une partes do texto – palavras, sintagmas ou orações – formal e funcionalmente equivalentes (*sentou-se na calçada* **e** *descansou na pedra o cachimbo*), a subordinação une partes formal e funcionalmente distintas (*diminuiu o passo* **até** *parar*). A chave desta distinção é a noção de 'hierarquia'. Com isso estamos dizendo que ao se combinarem numa construção, as unidades gramaticais – palavras, sintagmas, orações – se associam por dois modos básicos distintos: ou elas se situam no mesmo nível de modo que a presença de uma independe da presença da outra (coordenação ou parataxe), ou elas se situam em níveis distintos, imediatos ou não, de modo que uma delas é a base e a outra serve de complemento ou de termo adjacente (hipotaxe ou subordinação).

14.6 SUBORDINAÇÃO

Subordinação – ou hipotaxe – significa 'dependência' (*hipo-/sub-*, 'abaixo de') e implica uma diferença hierárquica entre as unidades relacionadas. A unidade subordinada sempre vem contida numa unidade maior, que lhe é superior na hierarquia gramatical interna da oração. Nos exemplos do parágrafo precedente destacamos dois conectivos: *e* e *até*. O primeiro é um conectivo de coordenação porque as partes que ele liga (sentou-*se na calçada* / descansou *na pedra o cachimbo*) se situam no mesmo nível e são equivalentes; não há entre elas relação de continente e conteúdo. O segundo é um conectivo de subordinação porque uma das partes é diferente da outra: *diminuiu o passo* é uma declaração e poderia ocorrer no texto por si só, ao passo que *parar* é parte de uma unidade maior, não ocorre por si só como declaração (pode ocorrer como ordem, desde que na presença do interlocutor: *Parar!*, equivalente a *Parem!*).

Referimo-nos em 6.9.1.5.3 à distinção das classes de palavras segundo suas características sintáticas, isto é, conforme 'suas propriedades combinatórias e a posição que ocupam na hierarquia interna da oração'. Estas classes são: *nomes*, *verbos*, *adjetivos*, *determinantes*, *advérbios*, *coordenantes* e *subordinantes*. Repetimos o que está escrito naquele parágrafo: O nome é a base do sujeito, e o verbo a base do predicado (*João/Ele* [nome] *viajou* [verbo]). A maioria dos nomes pode vir precedida de outras palavras, os determinantes, e seguida de adjetivos (***aquela outra*** [determinantes] *árvore* [nome] ***frondosa*** [adjetivo]). Os advérbios servem para acompanhar verbos (*João/Ele* [nome] *viajou* [verbo] ***ontem*** [advérbio]), adjetivos (*João está* ***muito*** [advérbio] *feliz* [adjetivo], ou outro advérbio (*João acorda* ***muito*** [advérbio] ***cedo*** [advérbio]). Coordenantes ligam palavras ou construções independentes ou da mesma função (O gato come o peixe [*oração independente*] /e/ o cachorro rói o osso [*oração independente*], *Joao* [sujeito] /e/ *Paulo* [sujeito] *viajaram*). Subordinantes dão origem a – ou são indicadores de – funções novas (*doce* [base] ***de leite*** [modificador]; *quero* [base] ***que você volte*** [complemento]).

Vamos insistir na última afirmação acima: subordinantes são indicadores de funções novas. O principal efeito da subordinação é este: a unidade subordinada adquire uma função sintática. A estrutura padrão da oração em português consiste na combinação de um constituinte nominal (N) na função de sujeito e um constituinte verbal (V) na função de predicado[52]. *Sujeito* e *predicado* são as funções destes dois constituintes imediatamente subordinados à oração. 'V' pressupõe sempre uma oração a que vem diretamente vinculado, o que quer dizer que sempre exerce a função de predicado[53]. 'N', contudo, pode ocorrer em mais de um lugar na hierarquia interna da oração. Essa versatilidade posicional confere a 'N' a faculdade de exercer funções sintáticas diferentes conforme a posição que ocupa. *Determinantes*, *adjetivos*

[52] Conforme a tradição descritiva brasileira, a existência de orações sem sujeito – ou de sujeito zero (*Choveu*, *Não há peixes aqui*, *Fez frio esta noite*) – constitui uma excepcionalidade no sistema sintático geral do português, comprovada por um elenco finito de verbos empregados com acepções bem específicas (cf. 9.13).

[53] 'V' refere-se aqui ao verbo dotado de uma especificação temporal: presente, passado ou futuro. Infinitivos, gerúndios e particípios equivalem, respectivamente, a nomes, advérbios e adjetivos, estando por isso sujeitos ao regime gramatical característico dessas classes.

e *advérbios* são constituintes de segundo grau na hierarquia oracional, pois o papel deles é sempre o de 'acompanhante' de outro constituinte. Isso quer dizer que a presença de um deles na estrutura oracional implica necessariamente a ocorrência de outro constituinte – a base da construção – que o rege e com o qual partilha, conforme o caso, certos traços morfossintáticos mediante o mecanismo da **concordância** (de gênero, de número, de pessoa).

14.7 TRANSPOSIÇÃO E TRANSPOSITORES

Chamamos de **transposição** o *processo pelo qual se formam sintagmas derivados de outras unidades, as quais podem ser sintagmas básicos ou orações*. Trata-se de uma mudança categorial realizada por meio de unidades pertencentes a uma lista finita, chamadas transpositores. Graças à transposição obtém-se um número infinito de construções a serviço da expressão dos conteúdos que o ser humano é capaz de comunicar e de compreender.

Para melhor esclarecer este fato, recordemos o que dissemos em 5.2 a respeito dos processos de formação de palavras. Referimo-nos ao emprego de sufixos e prefixos (ex.: *chave/chaveiro*, *capaz/incapaz*) como um recurso de economia que torna possível a associação sistemática entre as formas da língua e os respectivos significados. Podemos usar o mesmo processo derivacional um número ilimitado de vezes e produzir um número ilimitado de novas palavras.

A transposição tem essa mesma capacidade. O número de orações da língua a que podemos juntar *quando* ou *embora* para criar sintagmas adverbiais é infinito, assim como é infinito o número de orações aptas a receber um *que* para tornar-se objeto de um verbo como *saber*. A transposição constitui, portanto, um mecanismo que permite expandir infinitamente os enunciados, mediante a utilização de um número limitado de meios – os transpositores – e de um número limitado de relações semânticas fundamentais.

Espécies de transpositores

- **Preposições**. Funcionam como transpositores quando originam sintagmas (sintagmas preposicionais) que ocupam o mesmo lugar dos sintagmas adjetivais:
  - leite **sem** *gordura* / leite *magro*
  - noite **de** *lua* / noite *enluarada*
  - café **com** *açúcar* / café *doce*
  - viajar **com** *os amigos* / viajar *acompanhado*

e dos sintagmas adverbiais:

- moravam **nesta** *casa* / moravam *aqui*
- acordavam **ao** *meio-dia* / acordavam *tarde*

- misturou a massa **com** *as mãos* / misturou a massa *manualmente*

➢ **Conjunções adverbiais** (ou *conjunções*). Juntam-se a orações para formar sintagmas adverbiais:
- Ela interrompeu a viagem **porque** *as crianças ficaram doentes.*
- **Se** *o sapato estiver apertado*, calce uma sandália.
- O muro de pedra balança **quando** *o vento sopra muito forte.*

➢ **Conjunções integrantes** (ou *nominalizadores*). Juntam-se a orações para formar sintagmas nominais:
- Ela descobriu **que** *os bem-te-vis faziam o ninho na amendoeira.* (cf. 'Ela descobriu *o lugar dos ninhos*')
- Ainda não verifiquei **se** *as torneiras estão fechadas.* (cf. 'Ainda não verifiquei *a situação das torneiras*')

➢ **Pronomes relativos.** Introduzem orações que funcionam como sintagmas adjetivais:
- Ainda não usei os sapatos **que** *comprei no Natal.* (cf. 'os sapatos *comprados no Natal*')
- A loja recusou as mercadorias **cujas** *embalagens estavam rasgadas.* (cf. 'mercadorias *danificadas*')

➢ **Advérbios interrogativos e pronomes indefinidos.** Introduzem orações que ocupam o lugar de sintagmas nominais:
- O guarda multou **quem** *estacionou sobre a calçada.* (cf. 'multou *os carros estacionados na calçada*')
- Ela quis saber **quanto** *custavam os brincos de ouro.* (cf. 'saber *o preço dos brincos de ouro*')
- É admirável **como** *a aranha constrói a teia.* (cf. 'É admirável *a construção da teia pela aranha*')

➢ **Desinências aspectuais.** São o *-r*, o *-ndo* e o *-do*, formadores, respectivamente, do infinitivo, do gerúndio e do particípio dos verbos. Estes afixos habilitam o lexema verbal para as funções substantiva, adjetiva e adverbial.

14.8 SUBORDINAÇÃO DE ORAÇÕES

Comecemos este item enfatizando uma posição que vimos assumindo ao longo desta exposição: a oração é a unidade máxima da estrutura gramatical; os sintagmas, seus constituintes, desempenham funções sintáticas (sujeito, complemento, adjunto) em virtude das posições que ocupam dentro dos limites da oração. A estrutura de uma oração não a habilita a desempenhar uma função sintática; para ocupar o lugar de sujeito, complemento ou adjunto, uma oração tem de ser convertida em constituinte de outra oração. Para tanto, uma oração precisa 'se tornar' um sintagma. Este sintagma, criado pela combinação de um transpositor e uma matriz proposicional, é o que tradicionalmente chamamos **oração subordinada**.

Uma 'oração subordinada' é, portanto, um sintagma derivado, capaz de ocupar a posição de um substantivo, de um adjetivo ou de um advérbio em outra oração, que chamamos oração superordenada ou principal. O transpositor tem o poder de conferir uma classe à construção por ele introduzida, a saber: **substantiva**, se o transpositor é uma conjunção integrante; **adjetiva**, se o transpositor é um pronome relativo; e **adverbial**, se o transpositor é uma conjunção adverbial.

Tomemos para exemplo a matriz proposicional [*cachorro*, *carteiro*, *avançar*], que, especificados os papéis relacionais, está na base de orações como *O cachorro avançou no carteiro*. Precedida de uma conjunção integrante, a oração torna-se parte de um SN: *Ela teme* ***que o cachorro avance no carteiro***; iniciada por um pronome relativo, ela se converte num SAdj.: *O cachorro* ***que avançou no carteiro*** *está solto*; e encabeçada por uma conjunção adverbial, ela entra na composição de um SAdv.: *Eu chegava à janela* ***quando o cachorro avançou no carteiro***. São estes sintagmas, e não as orações contidas neles, que desempenham funções sintáticas. Nos exemplos acima, temos, respectivamente, um objeto direto (*que o cachorro avance no carteiro*), um adjunto adnominal (*que avançou no carteiro*) e um adjunto adverbial (*quando o cachorro avançou no carteiro*).

14.9 ORAÇÕES ANEXADAS SEM VÍNCULO SINTÁTICO: A JUSTAPOSIÇÃO

Combinam-se no texto orações sintaticamente independentes para a expressão de atos discursivos diferentes do mesmo enunciador ou atribuídos a enunciadores diferentes. Trata-se, portanto, de um procedimento em que se explicita a coexistência de vozes (ver 4.5.3). Emprega-se muito no discurso narrativo para justapor o discurso do personagem e a explicitação de sua autoria pelo narrador:

- "É engano, proferiu secamente a interlocutora." [MACHADO, 1976: 39]
- "Não quero é dar trabalho – murmurou tia Olívia dirigindo-se ao quarto." [TELES, L. F. "As cerejas". In: BOSI, 1997: 146]

- "Depois porém ela falou: agora me siga até a cozinha." [PIÑON, Nélida. In: BOSI, 1997: 284]

Na exposição em geral, é usado com uma variedade de funções, como as duas a seguir:

a) o enunciador explicita, mediante uma oração com verbo de elocução ou de elaboração mental, a autoria de um fragmento qualquer de discurso:
   - "Para o empregador moderno – *assinala um sociólogo norte-americano* – o empregado transforma-se em um simples número." [HOLLANDA, 1977: 102]

b) o autor une uma informação fundamental e outra subsidiária, à guisa de comentário ou ressalva:
   - "...ofereci-lhe o cachecol que o pintor Carybé comprou para mim em Buenos Aires, onde – *isso me ocorreu na ocasião* um cachecol tem o nome bastante pitoresco de bufanda..." [BRAGA, 1963a: 32]

14.10 COORDENAÇÃO DE ORAÇÕES INDEPENDENTES

Duas orações podem estar coordenadas sem que qualquer conectivo as una. Trata-se de coordenação assindética.

➢ O conteúdo de cada oração pode ser simplesmente adicionado ao da oração anterior:
   - "Uma chuva de pedras cortou-lhe a palavra; *alguém lhe passou uma rasteira; seus óculos voaram*." [BRAGA, 1964: 94]
   - "As emissões de gases poluentes aumentam, o *verde míngua, os desertos avançam, as geleiras derretem*." [MINC, Carlos. *O Globo*, 30/10/2007]

➢ O conteúdo da segunda oração pode contrastar com o da primeira:
   - "O telegrama chama-lhe mania, *eu digo convicção*." [ASSIS, 1962: 742]
   - "Agora já não éramos pequeno rebanho a escorregar num declive: *constituíamos boiada numerosa*." [RAMOS, 1953: 125]

➢ O conteúdo da segunda oração pode ser um efeito do conteúdo da primeira:
   - "Os infelizes tinham caminhado o dia inteiro, *estavam cansados e famintos*." [RAMOS, 1981a: 9]

- O conteúdo da segunda oração pode justificar o conteúdo da primeira:
  - "...hoje não há passageiro que não esteja lutando contra o relógio: *todos querem estar em casa à meia-noite.*" [GABEIRA, 1981b: 142].

A relação de sentido pretendida pelo enunciador pode, porém, vir explícita em um conectivo:

a) de *adição* (conjunção aditiva):
   - O motorista avançou o sinal **e** o guarda anotou a placa do carro

b) de *contraste* (conjunção adversativa):
   - O lutador era magrinho, **mas** derrubava todos os seus adversários

c) de *opção* ou *alternância* (conjunção alternativa):
   - Iremos a pé **ou** tomaremos um ônibus?

d) de *esclarecimento* (conjunção explicativa):
   - "O navio deve estar mesmo afundando, **pois** os ratos já começaram a abandoná-lo." [VERISSIMO, E. 1975: 59]

e) de *conclusão*:
   - Nossa equipe está bem treinada; **portanto**, não há motivo para preocupações

Para melhor compreensão do funcionamento desses conectivos, vamos distribuí-los em três grupos: Grupo 1 – Conjunções aditivas e alternativas; Grupo 2 – Conjunções adversativas; Grupo 3 – Conjunções conclusivas e explicativas.

14.10.1 Conjunções aditivas e alternativas: *e* e *ou*

A este grupo pertencem as duas conjunções coordenativas mais típicas; elas expressam sentidos opostos, mas são sintaticamente muito parecidas. O *e* expressa adição ou união; o *ou* expressa alternância ou escolha.

- Um *e* expressa a união de dois ou mais fatos, duas ou mais ideias:
  - O motorista avançou o sinal *e* o guarda anotou a placa do carro

- Um *ou* associa dois fatos, duas ideias, negando a união deles:
    - Iremos a pé *ou* tomaremos um ônibus?

Embora radicalmente distintos quanto à relação de sentido que estabelecem, *e* e *ou* apresentam muitas características sintáticas comuns:

- Ligam sintagmas que exerçam a mesma função sintática, qualquer que seja ela:
    - *O porteiro* **ou** *o zelador* conhece o dono do apartamento. (sujeitos)
    - *O porteiro* **e** *o zelador* conhecem o dono do apartamento. (sujeitos)
    - Entregue a encomenda *ao porteiro* **ou** *ao zelador.* (objetos indiretos)
    - Ofereça café *ao porteiro* **e** *ao zelador* .(objetos indiretos)
    - O condomínio não pode funcionar bem *sem porteiro* **ou** *sem zelador.* (adjuntos adverbiais)
    - O condomínio não pode funcionar bem *sem porteiro* **e** *sem zelador.* (adjuntos adverbiais)

- Ligam orações que estejam subordinadas a uma mesma oração principal:
    - É possível *que ele volte amanhã* **e** *nos procure.*
    - Tenho certeza de *que ele virá pessoalmente* **ou** *mandará alguém para representá-lo*.

A única diferença sintática entre *e* e *ou* é que somente *ou* pode introduzir ambas as unidades coordenadas:

- Tenho certeza de que **ou** ele virá pessoalmente **ou** mandará alguém para representá-lo
- **Ou** eu estou ficando surdo, **ou** você está falando baixo demais
- "(...) a dimensão do movimento é uma evidência literalmente gritante do tamanho da iniquidade fundiária no Brasil, que **Ou** é uma ficção que milhares de pessoas resolveram adotar só para fazer barulho **ou** é uma vergonha nacional." [VERISSIMO, L. F. *O Globo*, 3/7/2008]

Nem

Emprega-se como equivalente de *e não* quando a primeira das orações já se acha negada pelo advérbio

- Eles *não* nos procuraram **nem** (= e não) nos telefonaram.

e como equivalente de *ou*, se a negação vier representada na primeira oração por um pronome indefinido como *nada*, *nenhum*, *ninguém*:

- Ninguém se inscreveu no concurso **nem** (= ou) pediu qualquer informação.

A conjunção *nem* pode, no entanto, assinalar cada uma das orações coordenadas quando estas possuem sujeitos diferentes:

- "**Nem** *as sociedades* se constituem em uma soma de indivíduos, **nem** *as pessoas* têm um destino traçado pela sociedade a que pertencem." [FARIA, Jeronymo B. de. *Jornal do Brasil*, 11/5/1998]

Não só ... mas também, não apenas... mas ainda

São adjuntos conjuntivos (ver 13.2.5) de valor aditivo e se empregam assinalando cada um dos sintagmas ou orações coordenados, a fim de dar realce a ambos:

- "Em tais ocasiões, participavam das festividades **não apenas** os moradores do núcleo urbano, *mas também* aqueles dos sítios e fazendas dos arredores..." [MELLO e SOUZA, 1997: 113]
- "A proliferação dos cartões-postais **não somente** estava associada à difusão de novas técnicas de reprodução, **mas**, sobretudo, integrava-se às conquistas advindas da revolução tecnocientífica." [SEVCENKO, 1998: 429]
- Depois do nascimento da criança, os dois velhos arqui-inimigos **não apenas** voltaram a se falar, **mas ainda** criaram o costume de trocar presentes no Natal
- "Santiago de Compostela é certamente um dos lugares onde **não só** se recebe o impacto do mito, **mas** onde se pode também constatar a sua verdade." [MENDES, 1994: 1124]
- "Nesses dias de horizontes tão mais acanhados, quando **não só** os grandes autores estão escassos, **mas** em que a própria arte está sob suspeita (...), talvez não seja descabido encontrar na propaganda aquilo que Sartre procurava na literatura." [*Folha de S.Paulo*, 14/6/1999]

No último exemplo, as construções *quando os grandes autores estão escassos* e *em que a própria arte está sob suspeita* são sintagmas adjetivos ou, como se diz tradicionalmente, orações adjetivas coordenadas entre si mediante os adjuntos conjuntivos (ver 13.2.5) *não só ... mas* – visto que ambas têm como antecedente a expressão circunstancial *Nesses dias de horizontes tão mais acanhados*.

14.10.2 Aspectos semânticos das orações aditivas e alternativas

- *E* pode ligar orações que representem fatos coexistentes ou simultâneos:
  - Os cães ladram **e** a caravana passa.
  - Era madrugada **e** o guarda noturno fazia a ronda.
  - Os manifestantes gritavam palavras de ordem contra a política econômica do governo **e** eram vigiados à distância por soldados da PM.

- *E* pode ligar orações que expressem fatos cronologicamente sequenciados, associados ou não numa relação de causa e efeito:
  - O sinal ficou verde **e** os carros arrancaram em alta velocidade. (fatos em ordem apenas cronológica)
  - A fumaça invadiu o quarto **e** as crianças começaram a tossir. (fatos em sequência de causa e efeito)
  - "O corpo a corpo com as amendoeiras se ativa, **e** temos de fechar a janela para que o tropel do combate não se instale em nosso peito." [ANDRADE, 1973: 992] (fatos em sequência de causa e efeito)

- *E* pode ligar orações entre as quais haja uma relação de contraste ou oposição, geralmente com a presença de um *não* na segunda:
  - "...o diabo do cachorro mal acabara de nascer **e** já me fitava com um jeito tão carinhoso que seria impossível abandoná-lo." [ANDRADE, 1973: 670]
  - "A natureza precisou de milhões de anos para formar esta caverna **e** o senhor pretende destruí-la em poucos instantes; não posso tolerar esta contradição." [MENDES, 1994: 1103]
  - Minha mãe fez o bolo **e** eu *não* comi sequer uma fatia
  - "Falta cerca de um mês para o início do maior evento esportivo do mundo **e** o público francês ainda *não* parece contaminado pelo vírus da bola." [*Jornal do Brasil*, 14/5/1998]

- Quando a primeira oração é modalizada como ordem, advertência, desejo, a segunda oração, introduzida por *e*, exprime o efeito adicional que se quer produzir:
  - Tome uma medida desse xarope de oito em oito horas, **e** essa tosse vai desaparecer em três dias.
  - "Dessem-lhe carinho, **e** o homem cheio de alfinetes e navalhas se aveludava." [ANDRADE, 1973: 975]

➢ Introduzida por *ou*, no entanto, a segunda oração exprime o efeito 'alternativo' que se quer evitar:

- Molhe as plantas todos os dias, **ou** elas vão morrer secas.
- Essa chuva precisa passar logo, **ou** teremos de dormir aqui.
- Ele mandou que molhássemos as plantas todos os dias, **ou** elas morreriam secas.

Com este valor, *ou* não coordena orações subordinadas. É agramatical a construção: **Ele mandou que molhássemos as plantas todos os dias,* ***ou*** *que elas morreriam secas*.

No primeiro exemplo, a oração vem modalizada pela forma imperativa (*Molhe*); no segundo, pelo verbo *precisar*.

➢ *Ou* ocorre precedendo cada uma das orações quando a primeira delas não contém qualquer elemento responsável por sua modalização:

- **Ou** eles se agasalhavam bem, **ou** morreriam de frio
- "**Ou** se estabelece de uma vez por todas que a prerrogativa de emitir moeda é exclusividade da autoridade monetária, **ou** o Brasil jamais se livrará do fantasma do déficit público." [*Jornal do Brasil*, 27/4/1998]

Ora ... ora, quer ... quer, seja ... seja, quer ... ou, seja ... ou

Estes adjuntos conjuntivos empregam-se para dar realce a todas as alternativas do enunciado:

- "Na zona árida há matutos que ... **ora** se dedicam a misteres pacíficos, **ora** aderem aos grupos de bandoleiros." [RAMOS, 1981b: 133]
- "As autoridades procuraram evitar a formação desses núcleos solidários, **quer** destruindo os quilombos, (...), **quer** reprimindo os batuques e os calundus promovidos pelos negros." [MELLO e SOUZA, 1997: 342]
- As *vans* podem voltar a transportar passageiros, **seja** para atender a uma demanda real de pessoas insatisfeitas com os ônibus, **seja** para reduzir o número de motoristas desempregados

No terceiro exemplo, *seja... seja* pode ser substituído por qualquer dos demais pares de conjunções alternativas.

14.10.3 Conjunções adversativas

A conjunção adversativa típica é *mas*. Ela expressa basicamente uma relação de contraste entre dois fatos ou ideias. Este valor contrastivo pode consistir:

a) em uma simples oposição de dois conteúdos:
- A secretária dele é antipática, **mas** competente.

b) na quebra de uma expectativa criada pela primeira proposição:
- O lutador era magrinho, **mas** derrubava todos os seus adversários.

O fato ou ideia introduzido por *mas* recebe um realce em face da ideia anterior e se impõe à atenção do ouvinte ou leitor, funcionando como argumento para os efeitos de sentido que o enunciador pretende produzir. Comparem-se os efeitos de sentido extraídos das frases abaixo:

- Ela é antipática, **mas** competente.
- Ela é competente, **mas** antipática.

Enquanto a primeira frase, de efeito positivo, realça e valoriza a competência e a retrata como uma compensação para o defeito; a segunda, de efeito negativo, realça a antipatia, desmerecendo a qualidade.

Consideremos agora a relação expressa por *mas* em:

- A bola bateu no espinho, **mas** não estourou.
- Meu vizinho tem três filhos, **mas** nenhum é médico.

Certos contrastes parecem mais óbvios do que outros. Seguramente, o contraste efetuado pelo *mas* no primeiro dos dois exemplos anteriores é mais óbvio do que no segundo. O primeiro se sustenta no pressuposto consensual de que 'os espinhos normalmente perfuram as bolas', já o segundo aciona um subentendido que pode variar de interlocutor para interlocutor. Um deles é o de que meu vizinho é médico.

Em um exemplo como

- "A polícia não tem pistas dos ladrões, **mas** as falhas na segurança do museu são evidentes." [*O Globo*, 14/2/2007],

o conteúdo da oração adversativa não se contrapõe à afirmação de que *a polícia não tem pistas*; na verdade, ela oferece um argumento para atenuar o pressuposto de que compete à polícia encontrar pistas para esclarecer o delito. Noutras palavras: a polícia não tem pistas – e nem poderia ter – porque o sistema de segurança é incapaz de produzi-las.

➢ Para fins de ênfase, utiliza-se após o *mas* uma ou outra expressão com que se acentua uma ou outra variação daquele significado básico: *em compensação*, *apesar disso*, *ainda assim*, *de fato*, *na verdade*, *por outro lado*, *felizmente*, *infelizmente* etc.

- Comprei os ingressos para o cinema, **mas** *infelizmente* deixei-os no bolso do paletó
- Eles já estão velhos, **mas** *ainda assim* têm um fôlego de jovens
- Os assaltantes levaram todo o dinheiro que tínhamos, **mas** *felizmente* não nos maltrataram
- Peguei o primeiro táxi que encontrei, **mas**, *apesar disso*, cheguei atrasado à cerimônia

➢ Tanto quanto *e* e *ou*, *mas* pode ligar orações que estejam subordinadas a uma mesma oração principal:

- É provável que esses animais sobrevivam em cativeiro, **mas** (que) não se reproduzam nessas condições

➢ O *mas* pode ser usado como meio de focalização (cf. 4.5.6.2.3.2.3) de uma circunstância:

- Entre, **mas** sem fazer barulho (Compare com 'Entre sem fazer barulho').

➢ Antecedido de *não*, o *mas* – e sua variante mais formal, *senão* – expressa uma focalização contrastiva:

- "Contrariamente ao que se pensa, (a águia) *não* mata com o bico, **mas** só com as garras que funcionam como punhais." [BOFF, 1998: 58]
- "Deve ser um suplício para aquele asmático andar de elevador. *Não* porque tenha fobia desse meio de condução, **senão** pelo terror que sua asma causa aos outros." [MACHADO, 1976:82]

Porém, contudo, entretanto, no entanto, todavia

Estas palavras são tradicionalmente classificadas como conjunções, mas têm características que as assemelham a advérbios – como a mobilidade posicional na frase – e comportam-se como verdadeiros equivalentes de 'ainda assim', 'infelizmente', 'pelo contrário', 'apesar disso' etc. Para outros detalhes sobre estes advérbios, ver 13.2.5, onde se discriminam os adjuntos conjuntivos.

- Eles já estão velhos, **contudo** ainda têm um fôlego de jovem. (*contudo* = apesar disso)

- Comprei os ingressos para o cinema, **entretanto** deixei-os no bolso do paletó (*entretanto* = infelizmente)

A confusão entre os papéis conectivo e adverbial dessas formas talvez explique o emprego redundante do conectivo e do advérbio, como nos seguintes exemplos:

- Eles já estão velhos; **apesar disso**, **contudo**, ainda têm um fôlego de jovem
- comprei os ingressos para o cinema; **infelizmente**, **entretanto**, deixei-os no bolso do paletó.

Nos seus empregos puramente adverbiais, essas unidades podem ocorrer no interior da oração, mesmo que esta seja precedida por um *e* ou por um conectivo adversativo:

- "Manuela era uma dessas mulheres desiludidas do amor, e que, **entretanto**, se guardam toda a vida para um homem desconhecido." [MACHADO, 1976: 215]
- "Vivemos num mundo curioso. Tudo o que nele ocorre é global, universal e uniforme e, **no entanto**, os eventos que mais chamam a atenção são os que têm um feitio único, singular, especial." [DAMATTA, Roberto. *O Globo*, 23/1/2008]
- Sabíamos que ele voltaria à cidade e que, **todavia**, jamais procuraria os velhos amigos.
- "Mais de um terço do que se pagou com o uso do telefone vai para os cofres estaduais sem que o estado tenha, **no entanto**, qualquer responsabilidade, interferência ou participação nesse tipo de serviço." [*O Globo*, 29/3/1998]
- "(Dom Hélder) amou de todo o coração essa igreja que tanto quis ver renovada e que, **no entanto**, jamais concedeu-lhe o merecido título de cardeal." [Frei Betto. *O Globo*, 31/8/1999]

Estas unidades também não podem ligar orações subordinadas, como faz o *mas*. Por isso, é anômala a construção **É provável que esses animais sobrevivam em cativeiro,* ***entretanto que*** *não se reproduzam nessas condições*.

14.10.4 Conjunções – e adjuntos conjuntivos – de conclusão e de explicação

Os adjuntos conjuntivos (ver 13.2.5) *portanto* e *logo* expressam uma relação diversa de *mas*, já que introduzem uma oração que exprime a continuação lógica do raciocínio iniciado com a oração anterior:

- As águas baixaram um pouco; **logo** (ou **portanto**), já podemos atravessar.

O uso de **mas** nos obrigaria a dizer exatamente o contrário:

- As águas baixaram um pouco, **mas** ainda não podemos atravessar.

Se invertermos agora a ordem das orações, o raciocínio formulado no primeiro exemplo será expresso pelo conectivo *pois* ou *porque*, que são conjunções explicativas:

- Já podemos atravessar, **pois** (ou **porque**) as águas baixaram um pouco.

Portanto (ou *logo*) introduz a conclusão que se tira de um fato ou ideia; *pois/porque* introduz o próprio fato. pode-se também dizer que *pois/porque* inicia um argumento para uma tese/opinião ou uma atitude expressa na oração anterior:

- Tínhamos obrigação de ganhar o jogo (opinião/tese), **pois** nossa equipe estava mais preparada. (argumento)
- Levem agasalhos (atitude), **porque** no alto da serra a temperatura é muito baixa. (argumento)

Se começarmos o período pelo argumento, a oração seguinte – que contém a tese/opinião ou expressa a atitude – virá introduzida pelo advérbio conjuntivo de conclusão:

- Nossa equipe estava mais preparada (argumento); **logo**, devíamos ganhar o jogo. (opinião)
- No alto da serra a temperatura é muito baixa; **portanto**, levem agasalhos. (atitude)

Por conseguinte, consequentemente, por isso e então

Estes adjuntos conjuntivos também expressam conclusão e podem substituir *portanto* e *logo* nos exemplos precedentes. A diferença entre eles está no grau de formalismo: *por conseguinte* e *consequentemente* só ocorrem em usos ultraformais da língua, e praticamente só se encontram na modalidade escrita; por sua vez, *então e por isso* são coloquiais.

Por isso e *então* são usuais no discurso narrativo, opcionalmente precedidos da aditiva *e*, para a associação de fatos que se sucedem no tempo e se relacionam como causa e efeito:

- No alto da serra fazia muito frio, (e) **por isso** (ou **então**) vestimos os agasalhos.

No uso ainda mais coloquial, a forma usual é *aí*:

- A polícia já chegou atirando pro alto, (e) **aí** a confusão foi geral.

Obs.: A natureza adverbial dessas formas – tradicionalmente classificadas como conjunções – permite que a elas se junte uma autêntica conjunção, como no seguinte exemplo:

- "Se os piratas lotam o mercado de falsificações, a indústria não consegue vender muito, não refaz seu caixa *e*, **portanto**, não pode continuar investindo em pesquisa." [*Veja*, 26/11/1997]

De modo que, de sorte que, de maneira que, daí que

Estes conectivos são de coordenação quando, anunciando um efeito ou conclusão do fato anterior, introduzem uma oração com verbo no modo indicativo. Diferentemente de formas como *então*, *por isso*, *portanto*, *consequentemente* – que, como advérbios, podem deslocar-se e combinam livremente com *e* – aquelas unidades são conectivos puros, ocorrendo obrigatoriamente antes da oração:

- No alto da serra fazia muito frio, **de sorte que** os montanhistas decidiram vestir os agasalhos
- "Ao crermos no catecismo da Terceira Via, a nação é um dado cultural e não econômico-político, **de sorte que** a questão da soberania do Estado-nação não pode mais ser tratada como soberania política e como regulação econômica." [Marilena Chauí. *Folha de S.Paulo*, 19/4/1999]
- "O enterro foi no Chile, após o golpe, **de modo que** nossos livros e discos possivelmente caíram nas mãos da polícia." [GABEIRA, 1981b: 141]
- "Empurradas para o mercado de trabalho, as mulheres não aceitavam mais ser posse passiva de seus maridos, **daí que** a primeira bandeira de sua luta foi contra a violência em casa." [*Veja*, 26/11/1997]
- "Atualmente é difícil encontrar rua que não tenha sequer um problema de asfaltamento, **de forma que** dá para fazer um mapa da cidade tendo apenas como referência os buracos das ruas." [KRAMER, Dora. *Jornal do Brasil*, 16/2/1998]

Tanto (assim) que

Trata-se de um conectivo explicativo, introdutor de um fato que serve de argumento para uma opinião ou tese:

- "O menino encantou Berlim – **tanto que** os jurados mais entusiasmados chegaram a cogitar seu nome para o prêmio de melhor ator." [*Veja*, 4/3/1998]
- "O cuidado do poeta com a filha extrapolava sua carreira de escritora, **tanto que** os ciúmes a perseguiam mesmo depois que ela se tornou uma mulher madura." [*O Globo*, 1/3/1998]
- "O processo é inusitado nos meios forenses do país, **tanto que** o caso já foi incluído para análise e provas em cursos e concursos jurídicos do Brasil." [*Jornal do Brasil*, 11/5/1998]
- "Nenhum povo ou raça é por definição melhor ou pior do que outro, **tanto assim que** é indiferente para as costelas apanhar de um inglês ou de um invasor do Leblon." [RIBEIRO, J. U. *O Globo*, 28/6/1998]

14.11 ORAÇÕES SUBSTANTIVAS

Chamam-se orações substantivas os sintagmas nominais resultantes de transposição de uma oração.

14.11.1 Características formais

Podem vir anunciadas por um transpositor e apresentar o verbo em forma finita – 'orações desenvolvidas'

- Ela descobriu ***que*** *os bem-te-vis faziam o ninho na amendoeira.*
- Pergunte ao guarda **se** *podemos deixar o carro estacionado aqui.*
- ***Quem*** *saísse* por último apagaria as luzes.

ou apresentar o verbo no infinitivo – 'orações reduzidas':

- Eles preferiram *voltar da festa a pé.*

14.11.2 Características funcionais

Exercem as mesmas funções que o sintagma nominal é capaz de exercer, a saber: *sujeito* (oração subjetiva), *objeto direto* (oração objetiva direta), *complemento relativo* (oração completiva relativa), *complemento predicativo* (oração predicativa), *complemento nominal* (oração completiva nominal) e *aposto* (oração apositiva).

14.11.3 Orações subjetivas

Distinguiremos os seguintes tipos:

➢ Desenvolvidas, introduzidas pelos nominalizadores *que* e *se*:

a) com predicados do tipo *É possível* (**que** + oração):
- É possível **que** *Pedro e Ana tenham viajado.*
- Parecia evidente **que** *eles não devolveriam o dinheiro.*
- Não é justo **que** *eles ganhem mais do que nós.*
- É verdade **que** *as praias da ilha vão ser despoluídas?*
- Não ficou claro **se** *os trabalhadores terão reajuste salarial este mês.*
- "É incrível **que** *mais uma vez um patrimônio público tenha sido destruído pelo fogo.*" [*Jornal do Brasil*, 15/2/1998]

b) com predicados do tipo *Acontece* (**que** + oração):
- Acontece **que** *nem todos os empregados tinham carteira assinada.*
- Consta **que** *o Novo Código de Trânsito já está em vigor.*
- Não parece **que** *eles tenham pressa desse serviço.*

c) com verbos na voz passiva:
- É sabido **que** *o homem não conviveu com os dinossauros.*
- Foi noticiado **que** *as moedas antigas sairão de circulação.*
- Não se pode permitir **que** *os deputados nomeiem seus próprios parentes.*
- "Estava previsto **que** *o avião da FAB abasteceria duas vezes durante o percurso.*" [*O Globo*, 15/2/1998]

➢ Desenvolvidas, introduzidas por pronomes indefinidos ou advérbios interrogativos:
- ***Quem*** *gosta de cinema* não pode perder esse filme.
- ***Quem*** *nasce na Guatemala* chama-se guatemalteco.
- ***O que*** *cai na rede* é peixe.
- Ainda não foi definido **quantas** *cidades o governador vai visitar.*
- Já está decidido **quando** *serão as próximas eleições para prefeito.*
- "***Quem*** *já acumula hoje aposentadoria com cargo público* tem direito adquirido." [*O Globo*, 15/2/1998, p. 11]

14.11.4 Orações objetivas diretas

Distinguiremos os seguintes tipos:

➢ Desenvolvidas, introduzidas pelos nominalizadores *que* ou *se*:

a) complementos de verbos transitivos que expressam atitude, verbalmente manifesta ou não (*pedir*, *declarar*, *proibir*):

- Júlia **pediu** ***que*** *a acompanhássemos até a estação.*
- O Prefeito **declarou** ***que*** *concluirá todas as obras até o fim de seu mandato.*
- O serviço de meteorologia **anunciou** ***que*** *as chuvas de janeiro causarão transtornos à cidade.*
- O porteiro **permitiu** ***que*** *várias pessoas entrassem na festa sem convite.*
- O IBAMA **proibiu** ***que*** *os turistas visitassem a reserva marinha.*
- Vários banhistas **evitaram** ***que*** *o filhote de baleia encalhasse na praia.*
- **Perguntei** ao guarda ***se*** *podemos estacionar deste lado da rua.*

b) complementos de verbos transitivos que expressam percepção intuitiva, sensorial ou intelectual (*saber*, *supor*, *perceber*, *descobrir*, *verificar*, *imaginar*, *verificar*):

- Ela **percebeu** ***que*** *faltavam dois pães na cesta.*
- **Observamos** ***que*** *o sol ainda não tinha se posto completamente.*
- **Imaginei** ***que*** *os gerânios estivessem florindo.*
- **Descobri** ***que*** *gatos e cachorros podem viver em harmonia.*
- Os alunos não **sabiam** ***se*** *as aulas seriam suspensas.*
- Antes de sair, sempre **verifico** ***se*** *todas as janelas estão fechadas.*

c) com verbos transitivos que expressam vontade (*desejar*, *querer*, *esperar*):

- Nós **esperávamos** ***que*** *vocês passassem o Natal em nossa casa.*
- **Desejei** ***que*** *aquela fase de adaptação fosse muito breve.*
- As crianças **preferem** ***que*** *o lanche seja servido na varanda.*

➢ Desenvolvidas, introduzidas por pronomes indefinidos ou por advérbios interrogativos:

- Encontrei ***quem*** *eu estava procurando.*
- Não pudemos saber ***quantos*** *aviões foram abatidos durante a batalha.*
- Eles não revelaram ***onde*** *o presidente passou o fim de semana.*

14.11.5 Orações completivas relativas

As orações completivas relativas servem de complemento a verbos que vêm necessariamente seguidos de preposição (*duvidar de*, *confiar em*, *insistir em*, *gostar de*, *corresponder a* etc.). Esta preposição ocorre obrigatoriamente se o complemento relativo tem como base um *substantivo*, um *pronome* ou um *infinitivo*:

- Não duvide **d***as minhas* ***palavras***.
- Sonhei **com** *meu* ***pai***.
- Nós só confiamos **em** ***você***.
- Pensei **em** ***voltar*** *mais cedo*.
- Eles insistiram **em** ***ficar*** *mais tempo*.

➢ Se, entretanto, o complemento relativo é uma oração precedida do nominalizador *que*, podem ocorrer três situações distintas:

a) as preposições *de* e *em* são opcionais no registro formal, e não ocorrem no uso coloquial:

- "Insisto *em* ***que*** *o problema de níveis é um problema muito mais sério do que se pensa*." [RODRIGUES, 1996: 233].
- "Gregório Bezerra, líder comunista pernambucano (...) lembra-se ***que*** *seu patrão, um senhor de engenho que vivia em Recife, comprou uma casa com muitos cômodos*." [SEVCENKO, 1998: 404].
- Duvido (de) ***que*** *eles nos encontrem aqui*
- Eles insistiram (em) ***que*** *estavam com a razão*
- Não se esqueça (de) ***que*** *amanhã é meu aniversário*
- "Os entusiastas do ideal científico se esquecem, muitas vezes, ***que*** *não existe uma ciência, mas uma pluralidade de ciências*." [MELO, 1963: 88]

Obs.: A preposição *em* é obrigatória, contudo, junto a uma classe de verbos cujo complemento significa algo como um atributo do sujeito:

- O defeito desse projeto ***está*** (***reside***, ***consiste*** etc.) **em** *que ele só beneficia os grandes latifundiários*

b) a preposição *a* permanece antes do nominalizador se o verbo é pronominal

- O treinador opôs-se **a** ***que*** *o repórter entrevistasse os jogadores*

mas pode ser suprimida nos demais casos

- "O inchaço abrupto e insalubre sofrido por São Paulo não obstou *que os setores sociais mais abastados e médios fossem agregando-se (...) em novos e amplos bairros.*" [SEVCENKO, 1998: 175]

c) as demais preposições desaparecem diante do nominalizador:
   - Ela sonhou ***que*** *tinha ficado rica.* (desaparecimento sistemático da preposição *com*)
   - "Quem se apaixona por ópera tenta sempre o proselitismo. Não se conforma ***que*** *outros sejam hostis ou indiferentes a esta forma de arte tão poderosa.*" [COLI, Jorge. *Folha de S.Paulo*, 6/4/2008] (eliminação sistemática da preposição 'com')

14.11.6 Orações completivas nominais

Uma oração substantiva pode servir de complemento a certos substantivos abstratos, adjetivos e advérbios, aos quais se une por meio de uma preposição opcional. Trata-se das orações substantivas completivas nominais:

- Temos certeza (de) ***que*** *eles voltarão logo*
- Estou desconfiado (de) ***que*** *os ingressos já terminaram*
- A esperança (de) ***que*** *eles estejam vivos me consola*
- "O artigo 16 da Constituição diz que leis não podem alterar as regras eleitorais, mas há uma dúvida ***se*** *essa limitação aplica-se a emendas constitucionais.*" [*Jornal do Brasil*, 5/9/1997]
- "Não pretendo entrar no debate ***se*** *Tiradentes era líder ou mero seguidor...*" [CARVALHO, 2003: 57]
- "A cada chegada da reforma à pauta de votações houve uma razão diferente *para que fosse derrubada.*" [*Jornal do Brasil*, 22/11/1999]

➢ Substantivos como *ideia*, *fato*, *hipótese*, *boato* servem para modalizar o conteúdo das orações completivas:

- A polícia trabalha com a hipótese **de *que*** *o assassino tenha entrado pela janela*
- Corre um boato (de) ***que*** *a empresa encerrará suas atividades antes do fim do ano*
- "Não nos ocorre jamais a ideia **de *que*** *para nós a compreensão do fenômeno romântico se reveste de uma importância capital.*" [MELO, 1963: 143]
- "Não deve constituir motivo de surpresa o fato **de *que*** *as nossas elites jamais tenham podido transmitir ao povo as ideias que receberam da Europa.*" [MELO, 1963:142]

Obs.: Creio que devem ser incluídas entre as completivas nominais as orações introduzidas pelo pronome indefinido *quem* que complementam um particípio na voz passiva:

- "Não existia nenhum retrato de Tiradentes feito por ***quem*** *o tivesse conhecido pessoalmente*." [CARVALHO, 2003: 65]

14.11.7 Orações predicativas

A oração substantiva exerce a função de predicativo quando se relaciona ao sujeito da oraçao maior por meio do verbo *ser*:

- Minha desconfiança **é** *que os ingressos ja terminaram.*
- O último boato **é** *que a empresa encerrará suas atividades antes do fim do ano.*
- A hipótese da polícia **é** *que o assassino tenha entrado pela janela.*
- "Outra convenção do cinema desmentida pela realidade **era** *que um golpe atrás da cabeça nocauteava qualquer um*." [VERISSIMO, L. F. *O Globo*, 29/5/2008]

Obs.: Dois períodos tendem a exprimir a mesma ideia, apesar da diferença sintática das respectivas orações substantivas, se as bases a que estas se ligam forem semântica e formalmente relacionadas:

- Esperávamos *que eles voltassem antes do anoitecer.*
- Tínhamos esperança de *que eles voltassem antes do anoitecer.*
- Estávamos esperançosos de *que eles voltassem antes do anoitecer.*

➢ É comum que a preposição selecionada pelo nome ressurja opcionalmente entre o verbo *ser* e a oração predicativa, quando aquele nome funciona como sujeito:

- Minha impressão <u>era</u> **de** *que os cavalos estavam dopados.*
- O alerta do salva-vidas <u>foi</u> **para** *que os banhistas evitassem o local das pedras.*
- "Por qualquer ângulo que se observe, a conclusão <u>é</u> **de** *que o programa de privatização não avançou este ano*." [*Jornal do Brasil*, 29/11/1999]
- "...a previsão lógica <u>é</u> **de** *que o número encolha fortemente* quando as empresas espelho da telefonia fixa entrarem no mercado oferecendo aparelhos fixos..." [*Jornal do Brasil*, 29/11/1999]

➢ A versatilidade do verbo de ligação *ser* permite, até mesmo, que um mais variado grupo de estruturas participe da relação sujeito-predicativo:

- Estas fotografias **são** *de quando meu avô era alfaiate.*
- O prêmio **é** *de quem possui o bilhete.*
- Minha maior preocupação **é** *quando preciso dirigir à noite.*
- "Acho que o verdadeiro risco é *quando cessar o efeito da novidade e tudo voltar ao normal.*" [VENTURA, Zuenir. *O Globo*, 9/7/2008]

14.11.8 Orações apositivas

Nominalizada por um *que* ou um *se*, ou sob forma infinitiva, uma oração pode servir de aposto a um sintagma nominal da oração principal:

- Ele só pediu um favor: ***que** o tirassem daquele hospital.*
- "A mim contaram-me o seguinte: ***que** um grupo de bons e velhos sábios ... começaram a reunir-se todas as noites para olhar a lua.*" [MORAES, 1986:520]

Obs.: As orações apositivas desenvolvidas são muito menos frequentes do que as demais substantivas, e empregam-se com a intenção de dar realce à informação que elas contêm.

14.12 ORAÇÕES ADJETIVAS

Uma matriz proposicional pode ocorrer no texto sob a forma de um sintagma adjetivo, tradicionalmente conhecido como 'oração adjetiva'. A respectiva transposição é efetuada por um pronome relativo, uma espécie de palavra que preenche cumulativamente três funções: anafórica (retoma ou reitera um antecedente), conectiva (insere a oração transposta na construção maior) e sintática (é sujeito, complemento ou adjunto na oração transposta): *O cachorro está solto / O cachorro avançou no carteiro. O cachorro* **que** *avançou no carteiro está solto*. Este *que* retoma o antecedente *o cachorro*, insere a oração *o cachorro avançou no carteiro* na construção *O cachorro que avançou no carteiro* e exerce nesta construção a função de sujeito.

A construção mencionada acima exemplifica uma forma muito comum de relativização, de função restritiva. Sua importância na interlocução consiste em contribuir para delimitar o raio de referência do antecedente; por meio da oração adjetiva especifica-se o *cachorro* (*que avançou no carteiro*) e se aduz uma informação pertinente para a informação contida no predicado da oração maior (*está solto*). Pragmaticamente, esse enunciado pode servir para realizar um ato de fala destinado a produzir um alerta.

No uso escrito padrão, os pronomes relativos podem apresentar uma variedade de formas (*cujo*, *quem*, *quanto*, *o qual/a qual/os quais/as quais*), precedidas ou não de preposição, segundo as respectivas funções sintáticas e as especificações morfossintáticas (gênero e número) do termo antecedente. Na fala espontânea, nas variedades populares da língua e na escrita de pessoas com baixa escolarização, porém, praticamente só se emprega a forma *que*, que tende a perder a condição de forma substituta – pronome anafórico – de um antecedente em proveito da função puramente conectiva[54]. Daí variações como *O vestido* ***que*** *ela gostou/O vestido* ***de que*** *(do qual) ela gostou*, *Tenho um amigo* ***que*** *o pai (dele) é marceneiro/Tenho um amigo* ***cujo*** *pai é marceneiro*, *O caminho* ***que*** *eu vim é tranquilo/O caminho* ***pelo qual*** *(por onde) eu vim é tranquilo*.

Trata-se de um uso que já migrou definitivamente para a escrita menos formal, como a da crônica jornalística e da literatura memorialística:

- "...(o mais político dos intelectuais) havia escrito uns livros e era membro de uma dessas academias *que* eu já não me lembro *do nome*." [Roberto DaMata. *O Globo*, 25/10/2006]
- "...tive vontade de escrever sobre um gigante (...) Um gigante que fazia coisas terríveis que me amedrontavam mas *que* eu gostava *dele* porque, no final de tudo, ele sempre tirava de um alforje de couro um brinquedo..." [CONY, C. H. 1995: 110]
- "Há circunstâncias da vida *que* só quando passam nos perguntamos como foi possível conviver *com elas*." [Rosiska D. de Oliveira. *O Globo*, 2/7/2008]
- "Na falta de uma linguagem universal talvez se devesse buscar um gosto universal, neste momento em que o *que* a Humanidade mais precisa é *de alguma coisa*, qualquer coisa, em comum." [VERISSIMO, L. F. *O Globo*, 23/9/2004]

São as seguintes as funções que o pronome relativo pode desempenhar:

Sujeito:

- O guarda multou os carros ***que*** estacionaram na calçada. (*que* = os carros)

Objeto direto:

- As frutas ***que*** comprei na feira estão guardadas na geladeira. (*que* = as frutas)

Complemento relativo:

- Ainda não juntei todo o dinheiro de ***que*** preciso para comprar a bicicleta. (*que* = todo o dinheiro)

---

54 Cf. BECHARA [1999: 201], que lhe chama 'relativo universal'.

Complemento nominal:

- A pessoa com ***quem*** fiz o primeiro contato não trabalha mais na empresa. (*quem* = a pessoa)

Agente da passiva:

- A velhinha ainda se recordava do nome do bombeiro por ***quem*** tinha sido salva. (*quem* = o bombeiro)

Predicativo:

- Ninguém se esquece do jogador extraordinário ***que*** Garrinha foi. (*que* = o jogador extraordinário)

Adjunto adverbial:

- O cofre em ***que*** ela havia guardado as joias estava vazio. (*que* = o cofre)
- A casa ***onde*** o escritor viveu é hoje um centro de pesquisas. (*onde* = a casa)
- Ficamos revoltados com o modo ***como*** ele nos tratou. (*como* = o modo)
- Eles embarcam na sexta-feira, ***quando*** saem de férias. (*quando* = na sexta-feira)

Adjunto adnominal:

- O carro ***cujo*** pneu estava furado continua no estacionamento. (*cujo* = (d)o carro)

Obs.:

1) O pronome relativo *quem* só pode ocupar o lugar de um substantivo referente a um ser humano, mas por vir sempre precedido de preposição, jamais exerce a função sintática de sujeito. Isto não o impede, contudo, de, precedido em geral pela preposição *a*, ser complemento de um verbo transitivo direto (objeto direto):
   - O advogado ***que*** (ou ***a quem***) consultei me deu esperança de ganhar esta causa.

2) As formas *o qual*, *a qual*, *os quais*, *as quais* são escolhidas em concordância com o gênero e o número do antecedente:
   - Recuperei pelo menos *os óculos* (masc. pl.), sem ***os quais*** (masc. pl.) eu não podia trabalhar.

Observa-se que estas formas não são empregadas quando vêm imediatamente precedidas pelo antecedente, a menos que entre elas e este ocorra preposição ou alguma pausa, como nas orações adjetivas explicativas:

- "42% da população mundial enfrentam os efeitos dessa corrosão na renda das pessoas, ***a qual*** o Brasil conhece tão bem." [LEITÃO, Míriam. *O Globo*, 2/7/2008]

3) O pronome *cujo* ocorre sempre antes de um substantivo com o qual concorda em gênero e número:

- O governo indenizará as famílias ***cujas*** (fem. pl.) *casas* (fem. pl.) a enchente destruiu

4) A forma *o que* tem dois empregos típicos como pronome relativo:

a) em substituição opcional ao *que* quando o antecedente é o pronome indefinido *tudo*:

- "De maneira muito abreviada, podemos lembrar que *tudo* ***o que*** surge no mundo luta para permanecer, e que a chave para tal se encontra na capacidade de produzir continuidade." [KATZ, Helena. "A dança, pensamento do corpo". In NOVAES, 2003: 266]

b) dando início a uma oração adjetiva explicativa, na qual se comenta o conteúdo de uma proposição, em geral precedente:

- "Os americanos, através do radar, entraram em contato com a lua, ***o que*** não deixa de ser emocionante." [BRAGA, 1964: 49]
- "A flauta feita há nove mil anos tem sete orifícios e é capaz de produzir sons elaborados, ***o que*** surpreendeu os cientistas." [*O Globo*, 23/10/1999]

14.12.1 Orações adjetivas restritivas e não restritivas

As orações adjetivas cujo conteúdo é relevante para a identificação da entidade, ser ou objeto a que se refere o antecedente do pronome relativo chamam-se **restritivas**:

- Ainda não li as cartas *que recebi ontem*.
- O médico *com quem conversei* me deu boas notícias.

Nestes exemplos, as orações adjetivas (*que recebi ontem* e *com quem conversei*) delimitam a parte de um conjunto (conjunto de cartas, conjunto de médicos), restringindo a essa parte a referência do sintagma nominal antecedente. Quando, entretanto, o conteúdo da oração adjetiva não contribui para essa identificação, dizemos que a oração adjetiva é **não restritiva** (ou explicativa):

- O Diretor do Hospital, *com quem conversei*, me deu boas notícias.
- Fui ontem visitar minha mãe, *que fez 70 anos*.

Nestes dois exemplos, as informações contidas nas orações adjetivas (*com quem conversei* e *que completou 70 anos*) são irrelevantes para o leitor ou ouvinte saber a quem os sintagmas nominais *O Diretor do Hospital* e *minha mãe* se referem, visto que o conhecimento da realidade partilhado pelos interlocutores assegura, em cada caso, a identificação do respectivo referente.

É por esse motivo que nomes próprios e pronomes pessoais são normalmente modificados por orações explicativas:

- Nós, *que somos seus amigos*, estamos aqui para lhe dar apoio
- A História finalmente fez justiça a Tiradentes, *que morreu por um sonho de liberdade*.
- "Antígona decidiu ignorar as ordens do poderoso Creonte, rei de Tebas, e deu sepultura a seu irmão Polinices, *cujo cadáver o governante exigira permanecer insepulto*..." [Frei Betto. "Duas mulheres, uma tragédia". *O Globo*, 22/6/2008]
- "Chama atenção na Europa o exagerado culto aos artistas, mesmo na França, *onde proliferam livrarias a cada esquina*." [BRITO, Ronaldo Correia de. "O artista e seu legado". Disponível no portal Terra].

Obs.: Uma vez que se referem a entidades individuais e não a classes, os nomes próprios vêm normalmente modificados por apostos e/ou orações adjetivas explicativas, que se assemelham aos apostos. Contudo, em expressões do tipo *o Rio de Janeiro daquele tempo*, *o Alencar dos romances indianistas*, o nome próprio vem modificado por expressão de valor restritivo, que distingue o Rio de Janeiro em várias épocas ou mais de um romancista, conforme o gênero ou estilo, em um só autor. Nestes casos, o nome próprio vem determinado por artigo definido ou pronome demonstrativo, e a oração adjetiva que o modifica tem valor restritivo:

- O Rio de Janeiro *que mostraram ao Papa* era uma terra de paz.
- Não reconhecíamos no Fernando Henrique *que governava o país* o sociólogo que tínhamos lido na Universidade.

14.12.2 Outras formas de oração adjetiva

É comum a oração adjetiva assumir a forma de um sintagma preposicional. Há dois tipos:

a) A preposição introduz uma oração reduzida de infinitivo:
- Já está na hora *de voltarmos para casa.*
- Pedi emprestada ao vizinho a máquina *de cortar grama.*
- Estas são questões *a serem esclarecidas após a pesquisa.*

b) A preposição introduz orações iniciadas por certos pronomes e advérbios:
- Estes são retratos *de quando meu avô trabalhava na Bahia.*
- Um depoimento *de quem tivesse testemunhado* a briga mudaria o rumo das investigações.
- "Aos 25 anos, (a artista) mergulha no trabalho com a devoção *de quem sai para um retiro espiritual intensivo.*" [*Jornal do Brasil*, 15/2/1998]
- "Não cumpriu as promessas, virou a casaca, alisou o cabelo, beijou a mão *de quem antes julgava merecedor de cadeia*..." [RIBEIRO, J. U. *O Globo*, 22/6/2008]

14.12.3 Conteúdos circunstanciais das orações adjetivas

As orações adjetivas podem apresentar cumulativamente um conteúdo circunstancial de *causa*, *concessão*, *condição*, *finalidade*, *resultado* (cf. item seguinte):

a) com valor concessivo:
- "Coitada de minha avó. (...) Logo ela, *que amava tanto a vida*, (...) ia morrer." [NAVA, 1973: 75] (= embora amasse tanto a vida)

b) com valor condicional:
- Eles contratariam qualquer pessoa *que lesse histórias para as crianças.* (= desde que (essa pessoa) lesse histórias para as crianças)

c) com valor final:
- Desde que publicou a obra, o autor reuniu material *com que ampliasse a segunda edição.* (= a fim de ampliar a segunda edição)

d) com valor consecutivo:
- Cuidado para não fazer declarações *que possam nos comprometer.* (= (tais) que possam nos comprometer)

e) com valor causal:
- Meu primo, *que conhece bem esta cidade*, pode nos servir de guia. (= já que conhece bem esta cidade)

Os exemplos 'a' e 'e' contêm orações adjetivas explicativas, que, embora não contribuam para a identificação dos referentes de *minha avó* e de *meu primo*, são, contudo, discursivamente importantes como respaldo para o conteúdo dos predicados que se seguem. Repare-se que podemos exprimir os conteúdos desses exemplos com variantes em que a informação da oração adjetiva assume a feição de justificativas:

- Lamentei a morte de minha avó, pois ela amava muito a vida.
- Meu primo pode nos servir de guia, pois conhece bem a cidade.

14.12.4 Repetição e supressão de pronomes relativos

Pronomes relativos com um antecedente comum podem desempenhar a mesma função sintática ou funções sintáticas diferentes. Com a mesma função sintática, é comum que o pronome relativo seja suprimido na segunda ocorrência. Com função sintática diferente, o normal é a repetição do pronome, sobretudo se um deles vem precedido de preposição:

- "...analisando a si próprio e aos homens, Conrad sentiu os limites dessa inteireza *a* ***que*** aspirava e ***que*** se esfuma a cada passo numa 'linha de sombra'." [CÂNDIDO, 1964: 62]
- "A novela é como um fio invisível ***do qual*** poucos se orgulham mas ***que*** perpassa a sociedade e aponta um universo de segredos íntimos compartilhados." [SCHWARCZ, 1998: 484]

No exemplo abaixo, o pronome relativo foi suprimido em sua segunda ocorrência, apesar de exercer função sintática distinta do primeiro. Isto parece possível apenas quando nenhum dos pronomes é regido de preposição. O primeiro *que* é objeto direto e o segundo – suprimido – é sujeito.

- "(Andrew) Jackson (...) ganhou sua popularidade (...) e acabou um senhor rural, dono de escravos, como os aristocratas ***que*** desprezava e (que) o desprezavam." [VERISSIMO, L. F. *O Globo*, 9/8/2007]

14.13 ORAÇÕES ADVERBIAIS

Uma matriz proposicional pode ocorrer no texto sob a forma de um sintagma adverbial, tradicionalmente conhecido como 'oração adverbial'. A respectiva transposição é efetuada por uma conjunção adverbial, uma espécie de palavra gramatical que, colocada antes de uma oração, forma com ela uma unidade apta a um posicionamento flexível em relação à oração base: *O cachorro avançou no carteiro / O cachorro estava solto. O cachorro avançou no carteiro* ***quando*** *estava solto ~* ***Quando*** *estava solto, o cachorro avançou no carteiro ~ O cachorro,* ***quando*** *estava solto, avançou no carteiro.*

As orações adverbiais típicas estão sujeitas a esse deslocamento em relação à oração principal. Por serem sintaticamente acessórias, tornam-se relevantes no discurso pela informação que acrescentam ao texto, ou, noutros termos, pela importância que assumem na organização coerente ou lógica do raciocínio. É por isso que certas relações se expressam por meio tanto de conjunções subordinativas adverbiais quanto de conjunções coordenativas (ver 14.10). Algumas conjunções estão exclusivamente a serviço da construção do raciocínio lógico, tanto que são conectivos característicos dos textos dissertativos de opinião; outras indicam basicamente relações circunstanciais próprias do discurso narrativo, mas podem assumir cumulativamente papéis relacionados à construção do discurso de opinião. Os sentidos expressos pelas orações adverbiais podem ser agrupados em quatro tipos gerais: (a) relação de causalidade, (b) relação de temporalidade, (c) relação de contraste, (d) relação de modo/comparação.

14.13.1 Causalidade

Do ponto de vista estritamente lógico, dois fatos se articulam pela relação de causalidade se a realização de um deles depende ou decorre da realização do outro. Desse modo, a causalidade é uma macrorrelação que se especifica por meio de quatro valores: causa, condição, consequência e finalidade. Está claro que a um deles se atribuirá valor de *causa* ou *condição*, e ao outro o de *consequência* ou *finalidade*, visto que causa e efeito não são ideias opostas, mas complementares. A associação causal entre dois dados de nosso conhecimento é, obviamente, um ato de percepção e de compreensão, que podemos codificar de formas variadas na linguagem.

Nesta exposição, estou particularmente interessado na codificação por meio de conectivos. Um exemplo: *Passando pela rua já tarde da noite, posso perceber que a luz da sala de meu vizinho está acesa e concluir: ele ainda está acordado*. Temos aí uma relação de causalidade entre dois dados: a luz acesa (causa) e a vigília de meu vizinho (efeito). Essa relação de causalidade é uma construção do raciocínio que reflete uma compreensão da situação: a luz acesa me leva a fazer uma inferência. Posso, então, dizer, ou simplesmente pensar: *Ele ainda está acordado, pois* (*já que*, *porque*) *a luz da sala está acesa*; ou, numa formulação variante: *Se a luz da sala está acesa, ele ainda está acordado*. Do ponto de vista do discurso, causa ou efeito não é, portanto, um valor inerente a um fato na sua relação com o outro, mas uma possibilidade de sentido segundo a necessidade de compreensão – e de verbalização – do evento que se está testemunhando. O emprego do conectivo tem a função de explicitar esse valor, balizando a compreensão da respectiva oração.

14.13.1.1 Causa

A causa é indicada correntemente pelas conjunções *porque*, *pois*, *como* e *já que*. *Porque* introduz a oração causal que vem após a principal; *como* introduz a oração causal que precede a principal; *já que* introduz a oração adverbial colocada antes ou depois da principal:

- Decidimos voltar da festa a pé *porque* não havia mais ônibus de madrugada.
- *Como* não havia mais ônibus de madrugada, decidimos voltar da festa a pé.
- *Já que* as estradas estão interditadas, o socorro às vítimas será feito com helicópteros.
- O socorro às vítimas será feito com helicópteros, *já que* as estradas estão interditadas.
- "As comparações internacionais de salários são perigosas, *já que* os tipos de contratos de trabalho variam enormemente." [*Folha de S.Paulo*, 7/6/1998, 3º caderno, p. 1]
- "Ele (o morto) não podia ser deixado só, *pois* solitário tornava-se presa fácil de maus espíritos." [ALENCASTRO, 1997: 114].

Obs.: Entre as conjunções causais, apenas *porque* pode ser precedida de um vocábulo focalizador (ver 13.2.4) ou de realce como *só*, *até*, *mesmo*, *justamente* etc.:

- Decidimos voltar da festa a pé *justamente porque* não havia mais ônibus de madrugada.
- O socorro às vítimas será feito com helicópteros, *até* (ou *mesmo*) *porque* as estradas estão interditadas.

Nos registros formais, tanto orais quanto, principalmente, escritos, empregam-se os conectivos *visto que*, *visto como*, *uma vez que*, *dado que*, *na medida em que*, *porquanto*:

- O socorro às vítimas era feito através de helicóptero, *visto que* (ou *visto como*) as estradas estavam interditadas.
- O socorro às vítimas era feito através de helicóptero *porquanto* as estradas estavam interditadas.
- "As expectativas mais otimistas no meio empresarial voltam-se agora para a próxima reunião do Comitê de Política Monetária, *dado que* as elevadas taxas de juros inibem a retomada das vendas." [*Jornal do Brasil*, 15/2/1998]
- "O tema da raça é ainda mais complexo *na medida em que* inexistem no país regras fixas ou modelos de descendência biológica aceitos de forma consensual." [MELLO e SOUZA, 1997: 182]

Obs.: Posicionada antes da principal, a oração causal exprime um fato que o locutor presume já conhecido do interlocutor. Sendo assim, esse tipo de causa é utilizado como uma evidência que não fica sujeita à sua contestação. Nesta posição, a oração adverbial atua como um balizador de compreensão (cf. 14.19):

- "*Uma vez que* não se saneavam os problemas em sua origem, a derrubada dos cortiços e a interdição dos domicílios (...) provocaram tão somente novos deslocamentos e a formação de novos antros de miséria." [SEVCENKO, 1998: 107]
- "*Visto que* a cidade tinha se transformado num lugar de interesse público (...), muitas pessoas tiveram de mudar não só do local de residência, mas também as formas de diversão de raízes populares e grupais." [DEL PRIORE, 1997: 226]
- "*Uma vez que* a política é a linguagem do nosso tempo, o artista tem de sair de sua solidão criadora." [RODRIGUES, 1993: 226]
- "*Posto que* os criminosos de colarinho branco não são punidos pelos tribunais, passam a ser pelos leitores e telespectadores." [VENTURA, Zuenir. *O Globo*, 4/7/2007]

14.13.1.2 Condição

A diferença entre a causa propriamente dita e a condição baseia-se numa distinção de atitudes do enunciador em relação à 'realidade' da informação contida na oração adverbial: a atitude de certeza se expressa com os conectivos causais (*porque*, *como*, *visto que*, *dado que*) e normalmente com verbos no modo indicativo; a atitude de incerteza, de suspeita, de suposição se expressa com os conectivos de condição (*se*, *caso*, *desde que*, *contanto que*, *a menos que*)e com verbos em geral no modo subjuntivo; o modo indicativo ocorre em uma subclasse de orações iniciadas por *se*.

Ao contrário do campo da certeza, que é objetivo, o campo da hipótese é subjetivo, amplo e difuso. Por isso, há para a expressão da hipótese uma gradação de matizes de sentido que compreendem:

a) dados já conhecidos ou pressupostos (ver 4.5.6.2.3.2.2), expressos por meio do modo indicativo:
   - *Se* você *sabia* o caminho, por que não nos ensinou?
   - *Se* a casa *tem* três quartos, dá para abrigar todos nós.

b) fatos possíveis/prováveis, expressos no futuro do subjuntivo:
   - *Se* você *souber* de alguma novidade, telefone-me.

c) fatos remotamente prováveis, expressos no pretérito imperfeito do subjuntivo:
   - *Se* eles *chegassem* agora, ainda conseguiriam pegar o ônibus.

- "A figura de Ariano está aí, como sintoma da riqueza brasileira. *Vivêssemos* em um país apaziguado, e não lhe daríamos atenção." [CASTELLO, José. *O Globo*, 16/6/2007]

d) situações irreversíveis, expressas por meio do pretérito mais-que-perfeito do subjuntivo:

- *Se* eles *tivessem chegado* cinco minutos antes, teriam pegado o ônibus.

A conjunção condicional típica é *se*. Ela geralmente introduz um fato (real ou hipotético) ou uma premissa, a que se associa uma consequência ou uma inferência. Pode-se, assim, distinguir duas espécies de construções hipotéticas com *se*:

a) aquelas que expressam a típica relação entre uma causa e um efeito hipotéticos e apresentam correlação obrigatória entre o tempo da oração subordinada e o da principal (neste grupo, *se* é substituível por *caso*); e

b) aquelas que apresentam liberdade na combinação dos tempos verbais e cuja oração principal contém uma inferência do que se declara na oração subordinada.

Os conectivos *desde que*, *contanto que*, *com a condição* (*de*) *que* são de uso formal e, embora não tenham a variedade de sentidos expressa por *se*, possuem um valor condicional contundente e impositivo:

- Vocês podem usar o salão para o ensaio, *desde que* deixem tudo arrumado novamente.
- O senador aceitará o cargo de ministro, *contanto que* disponha de dinheiro para novos investimentos.

Para exprimir condição com a mesma contundência destes exemplos, a conjunção *se* tem de vir reforçada por palavras que acentuem sua exclusividade:

- Vocês *só* podem usar o salão para o ensaio, *se* deixarem tudo arrumado novamente.
- O senador aceitará o cargo de ministro *somente se* dispuser de dinheiro para novos investimentos.

O conteúdo da oração condicional nem sempre expressa a causa hipotética do conteúdo da oração principal; em um enunciado como ***Se** você mudar de ideia, aqui está meu telefone*, a oração condicional projeta uma situação que legitima a mensagem implícita no conteúdo da oração principal: *telefone-me*.

A condição expressa pelos conectivos *a menos que*, *a não ser que* e *exceto se* é imperiosa. O enunciador se serve da oração condicional para indicar a única situação capaz de reverter o que vem expresso na oração principal:

- O senador não aceitará o cargo de ministro, *a não ser que* disponha de dinheiro para novos investimentos.
- "...não há velhice que nos detenha, *a não ser que* tenhamos, por vontade própria, deixado de usar o cérebro." [MEDEIROS, Martha. *O Globo*, 27/4/2008]
- "A advogada disse que seu cliente não tem nada o que fazer do ponto de vista jurídico, *a menos que* o laudo técnico o responsabilize nominalmente pelo desabamento do prédio." [*Jornal do Brasil*, 19/5/1998]
- "Com certeza até o diabo terá que reciclar sua retórica neste fim de século, *a menos que* depois de velho tenha virado um anarquista capaz de encantar o Terceiro Mundo." [SPÍNOLA, Noênio. *Jornal do Brasil*, 25/5/1998]

A conjunção *se* pode ocorrer com todos os tempos dos modos indicativo e subjuntivo, exceto o presente do subjuntivo; as demais conjunções condicionais só ocorrem com as formas do presente e do pretérito imperfeito do subjuntivo.

Construções hipotéticas iniciadas por *se* servem ainda para exprimir a relação entre dois conteúdos que se contrapõem mas não se anulam, funcionando o segundo como atenuação ou compensação do primeiro:

- "*Se* são justas as reivindicações das empregadas, também é verdade que as donas de casa não são empresas." [*O Globo*, 17/5/1998]
- "*Se* a existência de espaços e de uma sociabilidade privada já era difícil de ocorrer na Europa dos séculos XVI e XVII, mais complicado era vê-los surgir na precária colônia portuguesa da América." [ALENCASTRO, 1997: 224]
- "*Se* nas dietas dos italianos do Norte predominava a polenta, no Sul contava-se basicamente com o pão de farinha de cevada ou de centeio acompanhado de verduras ou cebolas cruas." [SEVCENKO, 1998: 228]
- "É saudável que o novo ministro assuma com propostas que, *se* não resolvem o problema e até reabrem polêmicas antigas, *ao menos* permitem que se inicie uma reflexão mais aprofundada." [*Folha de S.Paulo*, 14/4/1998]

Às vezes estas construções vêm reforçadas por pares correlativos do tipo *por um lado... por outro*, como na seguinte variante de um exemplo já aqui apresentado:

- *Se*, ***por um lado***, são justas as reivindicações das empregadas, ***por outro*** também é verdade que as donas de casa não são empresas.

Recorrendo ao modo indicativo, o enunciador assume o conteúdo da oração condicional como um fato.

14.13.1.3 Consequência

Consequência e finalidade são duas espécies de efeito. A expressão gramatical típica da consequência se concretiza na conjunção *que*, ordinariamente antecedida de uma expressão de intensidade:

- Estava *tão* cansado, *que* dormiu de sapato e tudo.

O verbo desta forma padrão da construção consecutiva fica geralmente no modo indicativo

- Aquela equipe era *tão* boa que *merecia* o título de campeã.

mas assume forma subjuntiva se o verbo da oração base vier negado:

- Aquela equipe *não* era *tão* boa que *merecesse* o título de campeã.

A preposição *para* e a conjunção *para que* – que sempre rege verbo no modo subjuntivo – também assinalam simples efeito quando é impossível perceber no conteúdo da oração principal um fato intencional, como nos seguintes exemplos:

- "Bastou a primeira briga no pátio da escola *para* descobrirmos que soco de verdade não era como soco em filme." [VERISSIMO, L. F. *O Globo*, 29/5/2008]
- "Basta uma simples chuva *para que* do Borel desçam toneladas de lixo e areia" [*Jornal do Brasil*, 16/2/1998]

Por sua vez, em enunciados como

- Você já está bem grandinho *para* precisar de uma babá.

ou

- Eles se empenharam muito *para* se contentarem com uma simples menção honrosa.

o efeito, indicado pela preposição *para*, é objeto de censura ou de estranheza do enunciador, que, na realidade, faz um comentário, que pode ser parafraseado como conclusão: 'por isso, não devia/deviam...'.

A oração principal expressa, de fato, um argumento – *você está bem grandinho* – contrário ao efeito – *precisar de uma babá*. Estas orações que expressam efeito contingente ou não proposital, quando subordinadas, se chamam *consecutivas*.

14.13.1.4 Finalidade

Também empregadas na expressão do efeito, as orações finais são as únicas que podem preceder a oração base, o que faz delas autênticas orações adverbiais. Elas expressam um efeito visado, um propósito, e nisso diferem das consecutivas típicas, que expressam um efeito contingente:

- Estão trabalhando em dobro *para* compensar os dias parados.
- *Para* compensar os dias parados, estão trabalhando em dobro.

Somente as orações finais admitem a 'focalização' por meio de *só*, *ser que*, *apenas*:

- Eles *só* estão trabalhando em dobro *para* compensar os dias parados.
- *É* para compensar os dias parados *que* eles estão trabalhando em dobro.

Quando em forma finita, o verbo da oração final ocorre no modo subjuntivo:

- Fechou as janelas *para que* o pássaro não fugisse.

O meio ostensivo de expressão adverbial da finalidade na língua corrente é a preposição *para*. O uso de conjunções finais (*para que*, *a fim de que*, *de maneira que*, *de molde a que*) é bem menos frequente:

- Fechou as janelas *para* o pássaro não fugir.

O uso de *para* seguido de construção infinitiva é a prática corrente, sobretudo quando a oração final e a oração principal têm o mesmo sujeito:

- Os jogadores interromperam a partida *para* socorrer o colega.

Compare-se o exemplo acima com este outro, cujas orações têm sujeitos distintos:

- Os jogadores interromperam a partida *para que* o colega fosse socorrido.

A identidade de sujeitos não impede, porém, o emprego de *para que* quando o núcleo verbal da oração subordinada contém uma locução verbal:

- Subiu na mesa *para que* pudesse ver os artistas no palco.
- Entraram rápido no carro *a fim de que* não fossem linchados pela multidão.

14.13.2 Temporalidade

A temporalidade define a posição, na linha do tempo, do fato expresso pela oração base. Essa linha – ou *continuum* temporal – pode ser segmentada em três etapas ou intervalos – anterior, concomitante ou posterior – aptos a serem preenchidos pelo fato ou situação expressos na oração adverbial. Exemplifiquemos com o par de matrizes proposicionais [*Manuela, roupas, costurar*]α e [*filha, dormir/adormecer*]β, em que α corresponde à oração base e β ocupa, na forma de oração adverbial, um intervalo na linha do tempo. Podemos ter:

- Manuela costurava roupas *enquanto* a filha dormia (em que α e β são concomitantes).
- Manuela costurava roupas *depois que* a filha adormecia (em que α é posterior a β).
- Manuela costurava roupas *antes que* a filha adormecesse (em que α é anterior a β).

É grande a variedade de conectivos adverbiais para a relação temporal, o que permite especificações refinadas da temporalidade (*assim que*, *desde que*, *até que*, *logo que*, *apenas*):

- Saltou da cama *assim que* o despertador tocou.
- "Dario vinha apressado, o guarda-chuva no braço esquerdo e, *assim que* dobrou a esquina, diminuiu o passo até parar..." [TREVISAN, Dalton. In: SALES, 1969: 243]
- Vivem nesta casa modesta *desde que* se mudaram para cá.
- Todos devem permanecer sentados *até que* a cerimônia termine.
- Ele despachará as malas *logo que* obtenha a permissão.
- Ela interrompeu a viagem *apenas* soube da morte do avô.

Assim que, *logo que* e *apenas* se equivalem na especificação da temporalidade; *desde que* e *até que* indicam, respectivamente, os limites inicial e final de um percurso. As diferentes especificações expressas por *enquanto*, *depois que*, *assim que*, *logo que* e *apenas* se neutralizam no uso de *quando*, que é, de longe, a conjunção temporal mais frequente:

- Ele despachará as malas *quando* obtiver a permissão. (*depois que*, *logo que*, *assim que*, *apenas*)

- Manuela costurava as roupas *quando* a filha estava dormindo (*enquanto*).

Sempre que não especifica a ocasião, mas, à semelhança do advérbio *sempre*, denota a frequência ou regularidade de uma ação:

- Ele se hospedava naquele hotel *sempre que* ia a São Paulo.

Também aqui podemos usar *quando*:

- Ele se hospedava naquele hotel *quando* ia a São Paulo.

Com *agora que* introduz-se geralmente um fato que serve de argumento para uma conclusão:

- *Agora que* você aprendeu o endereço, esperamos sua visita (cf. Você já aprendeu o endereço; portanto, esperamos sua visita)
- "*Agora que* todos dizem que o CD está com os dias contados, eu, que ainda guardo meus LPs, conclamo a todos que resistam." [PAIVA, Cláudio. *O Globo*, 15/7/2007]

Obs.1: *Quando* é a conjunção temporal padrão, apta a exprimir uma variedade de valores que, quando necessário, são especificados por outras conjunções:

- *Quando* (= sempre que) chovia, as aulas tinham que ser suspensas
- Só saímos do cinema *quando* (= depois que) o temporal passou

Obs. 2: Exprimindo concomitância de dois fatos ou ideias, *quando* é passível de substituição por *enquanto* e *ao passo que*, que se empregam com valor muito semelhante ao das proporcionais (ver 14.13.3). Nesta situação de simultaneidade, frequentemente o que sobressai é o caráter contrastivo dos fatos e ideias (ver 14.13.4), de modo que a relação temporal se torna secundária ou mesmo se esvazia.

- "Eu digo que muito veículo parece estar conduzindo passageiros apanhados ao acaso, *quando* na verdade estão levando verdadeiras combinações de passageiros." [MACHADO, 1957: 211-212]
- "*Enquanto* a Espanha dobra a população com o ingresso de turistas nas temporadas (...), o Brasil recebeu apenas 2,3 milhões de estrangeiros em todo o ano de 96." [*Jornal do Brasil*, 16/3/1998]
- "Meu pai era um sonhador, minha mãe uma realista. *Enquanto* ela mantinha os pés firmemente plantados na terra, ele se

deixava erguer no balão iridescente de sua fantasia...” [VERISSIMO, E. 1974: 33]

- “No hemisfério conhecido, Europa e África ocupam sempre a metade inferior, *ao passo que* a Ásia se situa acima dos demais continentes.” [HOLLANDA, 1977]

14.13.3 Proporção

A proporção é, a rigor, uma especificação da temporalidade. Consiste no desenrolar paralelo de dois fatos, entre os quais pode haver uma relação de causa e efeito. As conjunções proporcionais mais comuns são *à medida que* e *à proporção que*. Também são comuns as variantes *à medida em que* e *na medida em que*:

- *À medida que* se aproxima o verão, a cidade recebe mais turistas.
- Os moradores retornavam à cidade *à proporção que* os gafanhotos eram exterminados.
- “A seca que castiga de forma inclemente o Nordeste é real e tende a piorar *à medida que* os efeitos da perda da safra se fizerem sentir nos próximos meses.” [*Jornal do Brasil*, 9/5/1998]
- “*À medida que* D. Pedro se identifica com os anseios brasileiros (...), no Rio Grande do Sul o sentimento a favor da independência cresce.” [PICCOLO, Helga. In: MOTA, 1972: 365]
- “Pouco a pouco, *à medida em que* vão sendo retiradas as restaurações anteriores (...), vão se revelando detalhes desconhecidos.” [*Jornal do Brasil*, 11/5/1998]
- “A autoridade moral que as mulheres exerciam dentro de casa era o sustentáculo da sociedade e se fortalecia *na medida em que* o lar passava a adquirir um conjunto de papéis de ordem social, política, religiosa e emocional.” [DEL PRIORE, 1997: 454]

Obs.: Nos textos dissertativos, sobretudo com caráter argumentativo, é comum que a noção de causa-efeito sobressaia em relação à de paralelismo; neste caso, a locução *na medida em que* passa a indicar a razão ou justificativa do que se declara na oração principal:

- “A maior vinculação à política mercantilista afetou a sobrevivência das línguas gerais, *na medida em que* implicava um aumento da participação de indivíduos de origem portuguesa e africana no conjunto da população.” [ALENCASTRO, 1997: 338]

14.13.4 Contraste

Distinguiremos o contraste adversativo e o contraste concessivo. Estabelece-se o contraste adversativo – que assim chamo por tratar-se de variante das estruturas adversativas (ver 14.10.3) – por meio da conjunção *sem que* seguida de oração no modo subjuntivo ou da preposição *sem* seguida de infinitivo, ambas de valor necessariamente negativo:

- Ele saiu da sala *sem que* dissesse uma única palavra. (cf. Ele saiu da sala, *mas* não disse uma única palavra.)
- O policial prendeu os assaltantes *sem que* desse um só tiro.
- Ela viajou pelo interior do país *sem que* fosse necessário gastar um centavo.
- "Mais de um terço do que se paga com o uso do telefone vai para os cofres estaduais *sem que* o estado tenha, no entanto, qualquer responsabilidade, interferência ou participação nesse tipo de serviço." [*O Globo*, 29/3/1998]
- "Nessa época, o adensamento de populações nas grandes cidades ocorreu *sem que* houvesse uma correspondência na expansão da infraestrutura citadina e na oferta de empregos e de moradias." [SEVCENKO, 1998: 91]

Assim como o uso de *para* na expressão da finalidade (cf. 14.13.1.4), também a preposição *sem* tem preferência sobre a locução *sem que* na língua corrente quando as duas proposições têm o mesmo sujeito:

- Ele saiu da sala *sem* dizer uma palavra.
- O policial prendeu os assaltantes *sem* dar um só tiro.

Na variante concessiva da expressão contrastiva, um certo fato ou ideia é representado como um dado irrelevante para o conteúdo do restante do enunciado:

- O lutador derrubou todos os seus adversários *embora* fosse magrinho.
- *Embora* os bombeiros agissem com rapidez, o incêndio ameaçava destruir toda a floresta.
- "*Embora* as aves da China não estejam mais proibidas, os consumidores continuam optando por produtos importados com medo da gripe do frango." [*Jornal do Brasil*, 10/2/1998]

No primeiro exemplo, o aspecto físico do lutador – que pelo senso comum seria determinante de seu desempenho – perde tal importância e é informado como conteúdo de uma oração concessiva; no segundo, a ação rápida dos bombeiros é retratada como um dado irrelevante para o que se diz na segunda parte do enunciado; no terceiro exemplo, por fim, a suspensão da proibição das aves nacionais é irrelevante para a opção dos consumidores chineses.

A conjunção/locução prepositiva concessiva esvazia a força causal ou argumentativa do fato que ela anuncia, de modo que o conteúdo da oração principal passa a representar o contrário do que se espera.

Ainda que, mesmo que, ainda se, mesmo se

A relação concessiva é correntemente expressa pela locução prepositiva *apesar de* e pela conjunção concessiva *embora*, que introduzem sempre uma informação vista como fato real. A representação da concessão como hipótese ou irrealidade costuma ser feita por meio de *ainda que*, *mesmo que*, *mesmo se*, *ainda se*:

- "...ele prefere ser lançado contra as pedras, *ainda que* se arrebente todo." [BRAGA, 1963a: 52]
- "Desastres naturais como este costumam ser frutos de imprevidência acumulada, fica difícil fixar a culpa, *mesmo que* se identifique o autor de uma fagulha específica." (VERISSIMO, L. F. *Jornal do Brasil*, 28/3/1998]
- "Na Grécia antiga (...) poeta e adivinho têm em comum o dom da vidência, *mesmo que* sejam emblematicamente cegos." [WISNIK, José Miguel. In: NOVAES, 1988: 284]
- "No Rio, em seis meses (um policial) já é considerado apto a enfrentar bandidos, *mesmo se* não tiver disparado um único tiro na academia, por falta de balas." [*Jornal do Brasil*, 26/5/1998]

Não é raro o emprego de *ainda que* introduzindo fato:

- "*Ainda que* boa parte da carreira tenha sido dedicada ao judô, Hermanny conta que um dos fatos mais marcantes de sua carreira foi a participação na equipe de preparadores físicos da seleção brasileira de futebol, de 1964 a 1966." [MARINHO, Antônio. *Revista O Globo*, 15/7/2007]

É comum que a hipótese contida na oração concessiva se refira a um obstáculo incapaz de impedir que se realize o que vem expresso na oração principal:

- Conseguirei os ingressos para a decisão do campeonato, *ainda que* tenha de dormir na fila.
- A polícia tinha decidido entrar na fortaleza, *mesmo se* fosse preciso dinamitar a porta de aço

Por mais que, por muito que, por pouco que, por pior que etc.
Estas locuções trazem embutida uma expressão intensiva, que é o foco da concessão. Elas são empregadas quando parte do conteúdo da oração concessiva é passível de quantificação ou de gradação:

- "A culpa desta tragédia não é do seu governo, *por mais que* se critique sua demora em dar-se conta dela." [VERISSIMO, L. F. *Jornal do Brasil*, 28/3/1998]
- "*Por maior que* tenha sido a paixão inicial [....], a simples assinatura do contrato já muda tudo." (GULLAR, Ferreira. In: SANTOS, 2007: 280]
- *Por pouco que* tenha chovido nos últimos dias, já temos esperança de não perder as sementes.

Qualquer que, onde quer que
Trata-se de um pronome indefinido e de um advérbio que eventualmente encabeçam orações adverbiais. O caráter concessivo dessas orações está em que elas exprimem a ausência absoluta de restrições ao conteúdo da oração principal:

- Esse cachorro me acompanha *aonde quer que* eu vá.
- *Qualquer que* seja o resultado da partida, os torcedores vão comemorar.

Se bem que
Equivale a *embora*. Geralmente precedida de pausa, que na escrita é assinalada com vírgula, esta conjunção emprega-se para introduzir uma ressalva e tem a peculiaridade de poder ocorrer com verbo tanto no modo subjuntivo quanto no indicativo:

- "Vou ganhar uma bermuda e um par de sandálias, *se bem que* minhas camisas de ir à Academia <u>estão</u> uma vergonha." [RIBEIRO, J. U. *O Globo*, 8/7/1999]
- "Comparar a vida a um filme não é dizer, como quer o clichê, que a vida imita a arte, *se bem que* <u>exista</u> um fundo de verdade nisso." [*Jornal do Brasil*, 14/4/1999]
- "As mulheres e homens da esquerda alemã, *se bem que* <u>vivessem</u> até certo ponto o mesmo processo de negação do corpo, resplandeciam naquele verão." [GABEIRA, 1981b: 113]

Não obstante, nada obstante, conquanto, posto que
Significam o mesmo que *embora*, mas são expressões conectivas praticamente restritas a usos acadêmicos formais, como os discursos solenes e os textos jurídicos. Os dois primeiros são advérbios conjuntivos. Os dois últimos são

conjunções subordinativas adverbiais. Um detalhe, porém é notável: é cada vez mais comum na variedade escrita contemporânea o emprego de *posto que* com valor causal, haja vista o célebre verso do "Soneto de Fidelidade", de Vinicius de Moraes: "Que não seja imortal, *posto que* [= já que] é chama"). A propósito, veja outro emprego de *posto que* causal em 14.13.1.1

14.13.5 Um par à parte: adição e preterição

Adição e preterição são os conteúdos adverbiais expressos pelas locuções prepositivas *além de* e *em vez de/em lugar de*, respectivamente. *Além de* estabelece a mesma relação expressa pela dupla *não só...como/mas também*:

- *Além de* xingar o adversário, desafiou-o para um duelo.

Com *em vez de* pretere-se ou descarta-se algo:

- *Em vez de* chutar em gol, preferiu passar a bola.

A natureza adverbial dessas construções é comprovada pela possibilidade de deslocamento:

- Desafiou o adversário para um duelo *além de* xingá-lo.
- Preferiu passar a bola *em vez de* chutar em gol.
- "*Em lugar de* retirar os obstáculos, de instituir o facilitário, é melhor ensinar as crianças a vencê-los e a serem recompensadas por isso." [VENTURA, Zuenir. *O Globo*, 23/5/2007]
- "Por que o burrinho teimava em ficar naquele sol queimando *em vez de* ficar agasalhado na sombra?" [DOURADO, 1973: 53]

14.14 QUALIFICAÇÃO, QUANTIFICAÇÃO E ORAÇÕES MODAIS

Esta seção tem um lugar à parte em função das peculiaridades das respectivas estruturas, como se verá. Uma 'ação' (*caminhar*), 'um processo' (*brotar*) ou um 'estado' (*macio*) são conceptualizações passíveis de quantificação (*caminhava **pouco**; brotou **em excesso**; assento **muito** macio*), ou de qualificação (*caminhava **elegantemente**; brotava **raramente**; assento **surpreendentemente** macio*). A 'qualificação' de verbos é ordinariamente opcional, com raras exceções, como o verbo *passar* (*João passou **bem** após a cirurgia*). Já a 'quantificação' é sempre acessória, seja junto a verbos, a adjetivos ou a substantivos.

A 'qualificação' apresenta uma subdivisão de sentidos: *meio* (*Ia para o trabalho **de bicicleta***), *instrumento* (*Cortou o papel **com um canivete***), *medida* (*Comprou bananas **a quilo***), *companhia* (*Sempre passeava **com o cachorrinho***), *frequência* (*Saía **raramente** de casa*), *modo* (*O balão caía **lentamente***). 'Quantificação' e 'qualificação' se imbricam por influência do conteúdo, por si intensivo, de certos adjetivos (*Era **monstruosamente** feio/ Falou **energicamente** com o filho*).

A 'qualificação' e a 'quantificação' também podem ser construídas a partir de matrizes proposicionais, dando origem a 'orações subordinadas' adverbiais modais e comparativas: *Conhecia as árvores da floresta* ***como*** (conhecia) ***a palma da própria mão***. Neste exemplo temos uma qualificação comparativa (cf. *Conhecia as árvores da floresta* ***muito bem/melhor do que seus companheiros***). A expressão verbal da qualificação pura, de base não comparativa, utiliza comumente gerúndios (*Enriqueceu* ***comercializando*** *antiguidades*) ou infinitivos precedidos da preposição *sem* (*Saiu* ***sem*** *se despedir*). Por serem formas de expressão de polaridade negativa (ver 4.4), as construções do tipo *sem* + infinitivo implicam sempre algum subentendido (no caso deste exemplo, a ideia de que, em nossa cultura, as pessoas costumam despedir-se quando se ausentam). Assim, a oração modal de *Prendeu os assaltantes* ***sem que desse um só tiro*** extrai sua relevância informativa da ideia corrente de que, nessas ocasiões, é habitual a polícia atirar. Estas informações pertencem ao domínio dos 'implícitos e subentendidos' (ver 4.5.6.2.3.2.2), às vezes mais decisivos para a construção dos sentidos do que as partes explícitas.

14.14.1 Comparação

As frases *Paulo parecia um gato quando pulou o muro*, *Seu* (= de Paulo) *modo de pular o muro lembra um gato*, *Paulo usou uma habilidade felina para pular o muro* e *Paulo pulou o muro como um gato* são todas comparativas quanto à seleção vocabular, quanto à intenção e quanto ao sentido, mas só na última a comparação é expressa por um recurso tipicamente gramatical: a conjunção *como*. Temos nesse exemplo o que chamamos tradicionalmente uma 'oração subordinada comparativa': *como um gato* (pula um muro).

Estes quatro exemplos seriam suficientes para demonstrar que o raciocínio comparativo se materializa numa grande variedade de formas. O ato de comparar permeia boa parte das atividades de reconhecimento e compreensão de tudo o que está à nossa volta, porque em geral tentamos enquadrar o novo e desconhecido em categorias já conhecidas. Tomemos o exemplo em questão: fala-se aí do pulo de alguém. Não há novidade no fato de pessoas pularem; a novidade está na agilidade, na destreza com que o pulo foi realizado por um ser humano. Essa novidade é então concebida e expressa nos termos de algo já assentado em nosso conhecimento de mundo: a notória agilidade/habilidade do gato. Aí está a essência do processo comparativo em geral, bem como da criação de certas metáforas[55] (ver 18.9 e 18.10).

Em sua realização mais explícita, o raciocínio comparativo opera com quatro elementos: o termo comparado (a), o termo comparante (b), o objeto da comparação (c) e o produto informado (d). Em nosso exemplo, *Paulo* é 'a', *gato* é 'b' e *pular* é 'c'. O que chamo 'produto informado' é, no caso, a *igual-*

[55] Cf. LAKOFF e JOHNSON [2002].

dade com que o objeto da comparação é percebido em 'a' e 'b'. Do ponto de vista da interação, porém, o mais importante é o efeito de sentido, a informação que o próprio enunciador trata como prioritária: a agilidade/habilidade do termo comparado. Esta informação pode estar explícita, mas comumente é produzida por inferência, daí sua força argumentativa[56] (ver 4.5.5.3).

Podemos distinguir quatro tipos de comparação expressos por meio de conectivos: comparação modal, comparação intensiva, comparação assimilativa e comparação conformativa.

14.14.1.1 Comparação modal

O instrumento sintático típico da comparação modal é a conjunção *como*: *Ela nadava* **como** *um peixe*, *Jogou hoje* **como** *em seus melhores dias*, *Cortei as batatas* **como** *você pediu: em cubos*. Um tipo especial de comparação modal é a que se expressa mediante a conjunção composta *como se*, seguida de verbo no pretérito (imperfeito ou mais-que-perfeito) do subjuntivo (comparação hipotética). Com ela indica-se que o conteúdo da oração comparativa é tomado como coisa irreal ou hipotética:

- O santo falava aos pássaros *como se* estes o entendessem
- Passado o susto do acidente, o sapateiro voltou ao trabalho *como se* nada tivesse acontecido.
- "Tudo se passa *como se* ele estivesse sendo impelido a atuar como porta-voz dos milhões de brasileiros destituídos que assistem seu programa." [Sergio Miceli. *Folha de S.Paulo*, 13/4/1998]
- "Estamos acostumados a falar em 'cultura brasileira', assim, no singular, *como se* existisse uma unidade prévia que aglutinasse todas as manifestações materiais e espirituais do povo brasileiro." [BOSI, 1992: 308]

14.14.1.2 Comparação intensiva e comparação assimilativa

Normalmente utilizamos a construção sintática da comparação para quantificar uma propriedade comum a dois ou mais objetos (*comparação intensiva*). Neste caso, tanto se pode destacar a igualdade da quantificação – expressa por meio de *tanto/tão ... quanto* – como a diferença – expressa por meio de *mais/menos ... do que*. Por isso é que a comparação pode ser:

a) *de igualdade* (*O cachorro é* ***tão*** *esperto* ***quanto*** *o gato*, *O leopardo corre* ***tanto quanto*** *o leão*).
b) *de superioridade* (*O cachorro é* ***mais*** *esperto* ***do que*** *o gato*, *O leopardo corre* ***mais do que*** *o leão*).
c) *de inferioridade* (*O cachorro é* ***menos*** *esperto* ***do que*** *o gato*, *O leão corre* ***menos do que*** *o leopardo*).

---

[56] Para uma abordagem argumentativa da comparação, ver VOGT [1977].

Pode acontecer, no entanto, que a comparação de igualdade não se refira à quantificação da propriedade comum aos conteúdos comparados, mas apenas à semelhança existente entre eles (*comparação assimilativa*):

- "*Como* costuma ocorrer com as celebridades genuinamente inimitáveis, Zózimo Barroso do Amaral acabou copiado no Brasil inteiro por colunistas sociais." [SÁ CORRÊA, Marcus. *Veja*, 26/11/1997]

Esta forma de comparação é construída geralmente por meio da conjunção *como*, precedida ou não do advérbio *assim*, e expressa uma relação semântica e sintática muito próxima da coordenação aditiva (ver adiante):

- Fernando trabalhava no corte de cana, (*assim* / *bem*) *como* a maioria dos jovens de sua idade

Algumas vezes, a comparação assimilativa é expressa por meio das locuções *da mesma forma que* e *tanto quanto*:

- "*Da mesma forma que* se acabou com a escravidão por motivos econômicos, vamos ter de acabar com a ignorância para sobreviver numa economia globalizada e cada vez mais competitiva." [DIMENSTEIN, Gilberto. *Folha de S.Paulo*, 7/6/1998]
- "Pensar na censura como solução (para a permissividade do consumo) é nocivo, *tanto quanto* achar que o mercado deve decidir a questão." [VENTURA, Zuenir. *Jornal do Brasil*, 6/6/1998]
- "Hoje é comum encontrar nos terreiros de candomblé imagens de santos com nomes de orixás, *da mesma forma que* o atabaque e o berimbau se incorporaram às festividades católicas." [*Veja*, 1/7/1998]

A presença das locuções *da mesma forma que* e *assim como* no início do período pode ser reforçada pelos advérbios *assim* ou *assim também* na oração principal:

- "*Da mesma forma que* o negro passou a ser visto como um ser a-histórico, *assim também* passaram a ser vistas suas manifestações, seus padrões de organização, suas velhas tradições." [SEVCENKO, 1998: 97]

A oração comparativa tende a ser uma construção elíptica, uma vez que as partes do significado da frase que ela e a oração principal têm em comum só vêm explícitas na principal:

- "A chama do pavio ***tanto*** depende do azeite que a alimenta *quanto* do vento que pode apagá-la." (isto é: quanto *depende*) [MACHADO, 1957: 83]
- "Nenhum outro acontecimento científico teve ***tanta*** repercussão no ano passado *quanto* a clonagem de Dolly." (isto é: quanto a clonagem de Dolly *teve repercussão*) [VEJA, 11/2/1998]
- "Nem todos acreditam que o risco de falta de energia seja tão baixo no próximo século *quanto* estima a Eletrobrás." [*Jornal do Brasil*, 30/3/1998]
- Este mês o botijão de gás durou ***menos*** *do que* no mês passado (isto é: do que *durou* no mês passado)
- "O afastamento do gramado deixou evidente que o problema do jogador era ***mais*** crônico *do que* supunham os leigos." (isto é: do que os leigos supunham *que era crônico*) [*Jornal do Brasil*, 3/6/1998]
- "A indústria brasileira passa por uma ducha de renovação *como* nunca se viu." (isto é: como nunca se viu *a indústria brasileira passar por uma ducha de renovação*) [VEJA, 11/2/1998]

Em muitos casos, a elipse produz uma construção análoga à de uma estrutura coordenada:

- "Os jornais brasileiros começaram a mudar de formato na semana passada, despertando ***mais*** discussões no meio jornalístico *do que* críticas dos leitores." [SPINOLA, Noênio. *Jornal do Brasil*, 11/7/1999]

Neste exemplo, a concatenação correlativa introduz dois objetos diretos: *discussões* e *críticas*.

14.14.1.3 Comparação conformativa

O valor assimilativo da conjunção *como* é o que permite estabelecer uma comparação entre dois fatos, indicando que o conteúdo da oração subordinada é confirmado pelo conteúdo da oração principal. Com este valor, o *como*, sempre substituível por *conforme*, introduz uma oração conformativa, que ordinariamente reporta um ato comunicativo:

- A equipe conquistou o título, *como* (ou *conforme*) prometeu seu técnico.
- "O papel do marido de provedor da família, com o direito a autorizar ou não o trabalho da mulher fora do lar, *conforme* determinavam as leis vigentes no começo do século, levou a dependência econômica da esposa a ser não apenas estimulada, mas sobretudo bem-vista." [SEVCENKO, 1998: 415]

Nos registros formais, especialmente na modalidade escrita, também se empregam com este valor os conectivos *segundo* e, mais raramente, *consoante*:

- "Heitor Vila Lobos, *segundo* nos informa a direção do estabelecimento, costumava hospedar-se aqui." [RIBEIRO, J. U. *O Globo*, 29/3/1998]
- Para curar-se de uma úlcera, minha tia se submeteu a uma dieta rigorosa durante dez meses, *consoante* lhe prescrevera o velho médico da família.

Por serem também preposições acidentais, *conforme*, *consoante* e *segundo* ocorrem normalmente seguidos de substantivos que expressam atos comunicativos ou que designam entidades envolvidas nesses processos (***conforme*** *a promessa*, ***consoante*** *o regulamento*, ***segundo*** *o entrevistado*).

14.15 O INFINITIVO

O infinitivo ocorre em duas posições principais: em locuções verbais, articulado a um verbo auxiliar responsável, entre outras coisas, pela indicação do tempo da oração (*Ela <u>pode</u>* ***sair*** *agora/Não <u>pude</u>* ***chegar*** *mais cedo*), e como base de um sintagma nominal, atuando com funções próprias do substantivo (*Ela desistiu de* ***viajar/Navegar*** *é preciso*). Referido a seu sujeito sem a mediação de verbo auxiliar, o infinitivo pode se flexionar em número e pessoa segundo as regras de concordância verbal.

O sujeito do infinitivo pode:

a) estar claro:

- "Enquanto não houver regras rígidas para as alterações em carros feitos aqui, o governo continuará culpado por *serem* <u>os carros brasileiros</u> piores e muito mais caros que seus similares estrangeiros." [*O Globo*, 15/9/2007]

b) estar oculto, mas indicado na desinência verbal:

- "Inútil *querermos* destruir a ordem natural." [RAMOS, 1981b: 100]

c) estar indeterminado:

- "*Percorrer* essas fotografias é como *mergulhar* no registro virtual da memória familiar." [SEVCENKO, 1998: 457]

d) estar suprimido (cancelado) mas recuperável:

- "Escapamos da vida ao *escapar* (sujeito *nós* suprimido) para fórmulas narrativas concisas, dentro das quais quase todo entretenimento vem embalado." [*Jornal do Brasil*, 4/12/1999]

e) não existir:
- Foi necessário *chover* durante três dias para que o nível do rio voltasse ao normal.

A situação do infinitivo referida em 'd', em que o sujeito pode estar suprimido mas é recuperável, constitui um domínio de regras flutuantes, que ora produzem elipse, ora cancelamento. No próprio exemplo citado, há possível oscilação entre *escapar* e *escaparmos*.

O infinitivo é invariável:

a) quando é parte de uma locução verbal.
- Eles não podiam *trabalhar.*
- Nós acabamos de *chegar.*

b) quando, servindo de complemento a um verbo transitivo, seu sujeito é suprimido por cancelamento em virtude de correferência com o sujeito desse verbo:
- Tentamos em vão *pegar* um táxi.
- Esperávamos *receber* o salário no fim do mês.
- "Os pregadores coloniais não se cansavam de *repetir* que acolher enjeitados representava uma extraordinária demonstração de fé." [DEL PRIORE, 1997: 194]

c) quando forma sintagmas adjetivos (*tarefas* ***por fazer***, *água para beber*, *faca* ***de cortar pão***, *ferro* ***de passar roupa***, *problemas* ***a resolver***):
- Estas cenas são *de arrepiar*.
- "A cama ainda persistia meio irreal, mas era agora como uma ponte sem margens *para ligar*." [MACHADO 1957: 68]

d) quando serve de complemento predicativo ao objeto – expresso por pronome oblíquo átono – do verbo que o precede:
- O porteiro impediu-nos *de entrar.*
- A recepcionista mandou-me *esperar um pouco.*
- Não as vi *passar por esta porta.*

e) quando, precedido de preposição e com valor passivo, integra a significação de certos adjetivos:
- Essas moedinhas são fáceis de *perder.*

A flexão do infinitivo depende de que a ele seja atribuído sujeito próprio. No exemplo já citado ("Inútil *querermos* destruir a ordem natural"), o autor flexiona o infinitivo para deixar claro que seu sujeito é *nós*. Também recebe flexão o infinitivo que serve de predicativo a um SN – representado por substantivo – que serve de objeto a verbos transitivos diretos como *deixar*, *mandar*, *fazer*, *ver*, *obrigar*, *sentir* e análogos[57]:

- Senti as carnes *tremerem*.
- Ouvimos os cavalos se *aproximarem*.
- Deixem as crianças *brincarem* no quintal.
- Vi meus livros *serem* devorados pelas chamas.
- "...a pressão ameaça fazer saltar os nervos e obrigar os ratos a *emergirem* enraivecidos dos bueiros..." [BRAGA, 1963a: 122]

Obs.: A posposição do objeto ao predicativo, contudo, torna facultativa a flexão:

- Senti *tremer* as carnes.
- Ouvi se *aproximar* os cavalos.
- "...a pressão ameaça fazer *saltar* os nervos e obrigar os ratos a emergirem enraivecidos dos bueiros..." [BRAGA, 1963a: 122]

O mais comum, porém, quando se flexiona o infinitivo, é a oscilação entre forma flexionada e forma não flexionada, muitas vezes presentes no mesmo enunciado:

- "Os pratos italianos – as massas em particular – levaram algumas décadas para *serem* socializados, até *transformar*-se em itens triviais dos menus das casas de família de qualquer etnia." [SCHWARCZ, 1998: 55]

É comum que a flexão se imponha por necessidade de clareza, especialmente se o infinitivo se distancia do termo a que, por anáfora ou catáfora, seu sujeito gramatical se refere:

- "Obrigados a *recrutarem* criadeiras por preço inferior ao comumente pago, os administradores e vereadores expunham os recém-nascidos à amamentação artificial." [DEL PRIORE, 1997: 196]
- "Tendo vencido o primeiro desafio – de se *formarem* como médicas, engenheiras, advogadas, entre outras profissões liberais

[57] A tradição descritiva brasileira refere-se à concordância do predicativo com o objeto apenas quando aquele é expresso por adjetivo (ex.: *Deixaram* ***acesa*** *somente a luz da varanda* / *Recolhi esses peixes no lago ainda* ***vivos***). A análise desse emprego do infinito como predicativo no espanhol tem o respaldo de ALARCOS LLORACH [1994: 311-312]. BECHARA [1999: 431-432] cita o mesmo ALARCOS LLORACH e endossa a opinião do linguista espanhol, embora nada diga sobre a questão da concordância. Sobre a análise desse emprego do infinitivo como predicativo, ver ainda 9.5.7.

–, as mulheres ainda tinham muitos obstáculos a superar para se *firmarem* profissionalmente.” [DEL PRIORE, 1997: 590]

Os exemplos a seguir apresentam contextos sintáticos em que podem ocorrer indiferentemente a forma flexionada ou a forma não flexionada:

- “O universo da senzala, ao destruir as tradicionais linhagens africanas, obrigou os cativos a *reinventar* formas de vida familiar.” [DEL PRIORE, 1997: 201]
- “O discurso liberalizante das feministas considerava, sobretudo, as dificuldades que as mulheres de mais alta condição social enfrentavam para *ingressarem* no mundo do trabalho, controlado pelos homens.” [DEL PRIORE, 1997: 590]
- “Selecionamos alguns inventários para *descobrirmos* a vida material em que se envolveu essa mulher de elite do sertão do Nordeste.” [DEL PRIORE, 1997: 270]
- “As mães não casadas sempre tinham a possibilidade de se *esquivar* da prioridade paterna declarando seus filhos ‘de pai ignorado’.” [DEL PRIORE, 1997: 541]
- “Os genitores contavam outra história: ao *abrir* mão de seus filhos, faziam um nobre sacrifício para *ajudar* os pais adotivos.” [DEL PRIORE, 1997: 539]

14.16 GERÚNDIO E PARTICÍPIO

A oposição entre a conclusão do processo e a representação deste na sua duração – constitutiva da categoria verbal do *aspecto* – é o mais óbvio fundamento da diferença entre o particípio (*Tinham* ***comprado*** *os ingressos* / *Os ingressos serão* ***comprados*** *amanhã*) e o gerúndio (*Estavam* ***comprando*** *os ingressos*). Nestes exemplos, o particípio e o gerúndio ocupam o centro do núcleo verbal (ver 8.4); o tempo, o modo, o número e a pessoa integrantes do predicado são expressos no corpo do verbo auxiliar (*estavam, serão* e *tinham*).

Gerúndio e particípio apresentam várias afinidades sintáticas, mas se distinguem radicalmente pelo papel que desempenham na expressão das vozes do verbo. O gerúndio é uma forma invariável exclusiva da voz ativa, ao passo que o particípio é morfologicamente versátil: possui forma invariável, sempre precedida do auxiliar *ter/haver*, para a voz ativa, e formas análogas às do adjetivo para a expressão da voz passiva.

São comuns ao particípio e ao gerúndio certas funções adverbiais e predicativas. Nos exemplos abaixo, *sentadas* e *dormindo* servem de predicativo ao SN *as crianças*:

- Encontrei as crianças *dormindo* na calçada.
- Encontrei crianças *sentadas* na calçada.

Por outro lado, é sempre circunstancial ou modalizador o valor do particípio ou do gerúndio que, condensando uma estrutura oracional (necessariamente passiva, no caso do particípio), posicionam-se antes da oração principal. Trata-se de autênticas orações reduzidas, já que podem apresentar sujeito distinto do da oração principal. Nos exemplos que se seguem temos as duas situações:

- "*Conhecendo* o histórico do pai, meu irmão alterou o itinerário do passeio." [CONY, C. H. 1995: 78]
- *Amarrados* com barbante (= se forem amarrados), os pacotes podem abrir no caminho
- *Aberto* o embrulho (= quando/depois que abriu/abriram), Ana levou um susto

Conhecendo possui sujeito correferente de *alterou*: *meu irmão*. *Amarrados* refere-se a um termo que é também sujeito da oração principal: *os pacotes*. *Aberto*, por sua vez, serve de predicado a *o embrulho*, enquanto o sujeito da oração principal é outro: *Ana*. Em qualquer caso, a oração reduzida pode ser posicionada, entre pausas, após o sujeito da oração principal:

- Ana, *aberto* o embrulho, levou um susto
- Os pacotes, *amarrados* com barbante, podem abrir no caminho
- Meu irmão, *conhecendo* o histórico do pai, alterou o itinerário do passeio

Nessas construções, tanto o gerúndio quanto o particípio absorvem certos valores circunstanciais (*tempo*, *condição*, *causa*) que, nas variantes em forma finita ou em forma infinitiva, vêm respectivamente expressos pelas conjunções e pelas preposições: ***quando** abriram*, ***se** forem amarrados*, ***por** conhecer*.

Confundidos nas formas de particípio e de gerúndio, é comum que esses diferentes valores circunstanciais só possam ser recuperados pela intuição do interlocutor, seja com base nos fatores presentes na situação comunicativa (contexto pragmático), seja em função da natureza mesma do evento designado pelo enunciado.

Confundem-se noções como *modo* e *meio*. O gerúndio que as expressa denota um fato simultâneo ao do verbo usado em forma finita:

- Subia o morro *cantando*. (modo)
- Sobreviveram no mar *bebendo* água da chuva. (meio)

O gerúndio que denota um fato anterior ao do verbo em forma finita tende a exprimir *tempo*, *causa* e *condição*, frequentemente mesclando estas noções. Comparem-se as seguintes variantes do exemplo acima:

- *Bebendo* água da chuva, eles sobreviveram no mar. (causa)
- *Bebendo* água da chuva, eles sobreviverão no mar. (condição)

Por sua vez, o gerúndio que denota fato posterior ao do verbo usado em forma finita tende a exprimir *adição*, *conclusão* e *consequência*, frequentemente mesclando estas noções:

- Parte do teto da igrejinha desabou, *causando* pânico entre os fiéis. (consequência)
- Os preços anunciados são promocionais, *podendo* ser alterados ao final do estoque. (conclusão)

A oração reduzida de gerúndio possui geralmente sujeito correferente ou relacionado ao da oração principal. A diversidade de sujeitos entre essas orações é um tanto rara na escrita corrente. Os exemplos seguintes foram colhidos em narrativas literárias:

- "...meu coração bateu adivinhando quem poderia estar galopando sozinha a cavalo, ao longo da praia, na manhã fria. Pensei que ela fosse passar me dando apenas um adeus [....] mas parou, o animal *resfolegando* e ela respirando forte..." [BRAGA, 1963a: 149]
- "Voltava aos cálculos, até que, já no fim da primeira sessão, eu *cambaleando* de sono e fadiga, ele tinha uma ideia aproximada de quantos balões faria..." [CONY, C. H. 1995: 99]
- "...no sexto dia levantei-me, e só então soube que o canário, *estando* o criado a tratar dele, fugira da gaiola." [ASSIS, 1990: 69]

As afinidades já referidas entre o particípio e o adjetivo se revelam, principalmente, na aptidão de ambos para desempenharem função atributiva (adjunto adnominal) e predicativa (núcleo nominal de um predicado). O exemplo a seguir reúne particípios nessas duas funções:

- "Alguns de meus colegas traziam *escondidas* nos bolsos baganas *apanhadas* na rua, *roubadas* a seus pais ou *ganhas* de amigos." [VERISSIMO, E. 1974: 86]

Os particípios *apanhadas*, *roubadas* e *ganhas* coordenam-se modificando a base *baganas* no interior do mesmo SN, ao passo que o SAdj. ***escondidas*** *nos bolsos* atua como adjunto predicativo desse SN, função que lhe dá a mobilidade facilmente atestável no exemplo.

Registre-se, por fim, o caso das construções em que o particípio ordinariamente se antepõe ao substantivo para aludir a um discurso prévio:

a alegada culpa, o suposto envolvimento, o dito encontro, o esperado sucesso, o citado compromisso, o temido fracasso, a propalada coragem, a presumida inocência.

14.17 PARTICÍPIO E ADJETIVO

O particípio é uma forma eminentemente verbal quando, invariável, vem precedido do verbo auxiliar *ter/haver* na formação dos chamados tempos compostos. Quando, porém, é variável em gênero e número – como na construção passiva (*as cartas foram enviadas*) – o particípio se aproxima dos adjetivos, de tal sorte que, em muitos casos, migra para esta classe (cf. *calado* em *uma criança calada*; *preparado* em *funcionários preparados*; *salgado* em *comida salgada*). Alguns verbos – conhecidos como abundantes – apresentam, como alternativa ao particípio regular em *-do*, uma forma irregular – por exemplo, *enxuto* (de *enxugar*), *aceso* (de *acender*), *corrupto* (de *corromper*), *imerso* (de *imergir*) – que sempre se emprega nas 'passivas de estado' (ver 12.5) e que tende ao uso tipicamente adjetivo – *roupas enxutas*, *lâmpada acesa*, *político corrupto*, *corpo imerso*.

Um particípio preserva sua característica verbal se a construção em que ocorre é uma típica construção passiva, reconhecível graças a pelo menos um dos seguintes aspectos: possibilidade de integração de um agente (*a floresta é* ***habitada*** <u>*por lobos*</u> / *floresta* ***habitada*** <u>*por lobos*</u>), equivalência entre o termo a que o particípio se refere e o objeto direto do verbo correspondente (*floresta* habitada por lobos / os lobos habitam a *floresta*):

- "Seguiam-se os coches da casa imperial, *ladeados* por seus lacaios e *aparados* pelos homens de serviço, logo atrás." [GOMES, 2007: 295]

Os exemplos seguintes, por sua vez, contêm ex-particípios, integrados à classe dos adjetivos:

- "Os fazendeiros de Nanuque reclamavam contra esse homem estranho, *embrenhado* no mato..." [ANDRADE, 1985: 21-3]
- "Assiste-se assim, nos países mais *avançados* tecnologicamente, à perda do monopólio estatal de violência legítima (...) em proveito de empresas *privadas* de segurança..." [SHWARCZ, 1998: 256]
- "E respiramos *aliviados* como quem tira um sapato *apertado*." [Oliveira, Rosiska D. *O Globo*, 2/7/2008]

14.18 COORDENAÇÃO DE ORAÇÕES SUBORDINADAS

Em 14.10 referimo-nos aos conectivos de coordenação. Voltamos agora a eles para mostrar algumas importantes diferenças distribucionais que apresentam: como meios de conexão, *pois*, *entretanto* e *portanto* só associam orações independentes; *e*, *ou* e *mas*, por sua vez, podem coordenar orações subordinadas:

- É estranho *que ele tenha vindo aqui* **e** *não tenha me procurado*
- É estranho *que ele tenha vindo aqui* **mas** *não tenha me procurado*
- É possível *que ele venha pessoalmente* **ou** *mande alguém em seu lugar*

14.19 BALIZAMENTO DE COMPREENSÃO E CONSTRUÇÃO DO ENUNCIADO

As escolhas lexicais e as opções estruturais do enunciador estão condicionadas ao efeito de sentido que ele busca alcançar. Ele escolhe entre uma construção ativa e uma construção passiva, entre uma ordem e uma pergunta, entre a afirmação direta e crua *Você já está velho* e a branda e insinuante *Você já não é tão moço*.

Há muitos modos de fornecer ao interlocutor pistas para o processamento do sentido daquilo que lhe dizemos. São recursos inerentes à função interpessoal da linguagem (cf. 4.1). Um deles constitui o que vou chamar 'balizamento de compreensão' (cf. 4.5.6.2.3). Por meio dele, o enunciador enquadra o objeto do ato comunicativo, definindo a perspectiva ou condição sob a qual pretende que o interlocutor o processe. Em 4.3.3 observamos que a enunciação em tom impessoal pode assegurar à proposição *Este anel é de ouro maciço* o *status* de uma declaração objetiva. Esta frase tem o formato gramatical do que chamamos 'oração'. Essa oração pode vir inserida no texto de modo que a compreensão de seu conteúdo passe a depender de outra informação na qual esteja gramaticalmente ancorada. Esta informação, que serve de âncora para o conteúdo central do enunciado, funciona como balizamento de compreensão.

Suponhamos que inseríssemos a referida proposição nos seguintes contextos sintáticos:

- *Parece* que este anel é de ouro maciço.
- O ourives *garante* que este anel é de ouro maciço.
- *Consta* que este anel é de ouro maciço.

O processamento da informação expressa pela proposição depende agora do 'contexto mínimo' produzido pelos verbos em itálico que a precedem. Esses verbos têm uma influência direta no efeito de sentido produzido pela enunciação; são autênticos balizadores do grau ou tipo de relevância que o interlocutor é induzido a atribuir ao conteúdo proposicional (cf. 6.6) da oração em foco. Eles ocupam na estrutura do enunciado a posição do que estamos propondo chamar 'balizadores de compreensão'.

Vamos ampliar a demonstração do funcionamento desses balizadores. Tomemos para exemplo a matriz (cf. 6.6) [*vigia, dormir*] e comparemos variações para dizer isso, ora representando a situação como um dado real, ora como uma possibilidade. No primeiro caso, podemos exprimir *desalento* (***Eu já imaginava*** *que o vigia estava dormindo*), *reprovação* (***É um absurdo*** *o vigia estar dormindo*), *ironia* (*É compreensível que o vigia esteja dormindo*), *surpresa* (***Não é*** *que o vigia estava dormindo?*), *exultação* (***Ainda bem*** *que o vigia está dormindo!*) etc.; no segundo, *cautela* (***Vou verificar*** *se o vigia está dormindo*), *suposição/desafio* (***Aposto*** *que o vigia está dormindo*), *indignação* (***É inadmissível*** *que o vigia esteja dormindo*), *suposição* (*O vigia* ***só pode*** *estar dormindo!*).

Esses sinais balizadores se posicionam, tipicamente – mas não necessariamente – antes da oração que contém a matriz proposicional a ser interpretada.

Dispomos de uma grande variedade de meios para sinalizar essa orientação no discurso, representados especialmente por *advérbios/locuções adverbiais* (*felizmente, pessoalmente, de fato*), *conjunções* (*mas, portanto*), *adjetivos e substantivos de teor opinativo em geral* (*claro, natural, impossível, justo, imprudência, verdade, hipótese*), *orações subordinadas adverbiais* (ver 14.13) e por algumas subclasses semânticas de verbos: *verbos de comunicação* (*anunciar, declarar, dizer, exigir, negar, pedir, permitir, proibir*), *verbos de percepção intuitiva/emotiva ou intelectual* (*acreditar, achar, imaginar, ignorar, reconhecer, sentir, supor, suspeitar, constar, duvidar, temer, estranhar, lamentar*) entre outros. No caso dos períodos integrados por orações substantivas, a regra é que a oração principal funcione como balizador de compreensão, como nestes exemplos:

- *Parece* que esses animais estão com sede.
- *É possível* que esses animais estejam com sede.
- *É evidente* que esses animais estão com sede.
- Ele *pede* que vocês fiquem mais um pouco.
- Ele *espera* que vocês fiquem mais um pouco.
- Ele *sugere* que vocês fiquem mais um pouco.

Também nos grupos de enunciados a seguir, o conteúdo das proposições em itálico vem informado em segundo lugar nas versões 'c' e 'b' a fim de que sua interpretação seja antecipadamente influenciada pela informação balizadora, sublinhada nos seguintes exemplos:

1a) *Ele me pediu que dirigisse* porque sua carteira de habilitação estava vencida.

1b) Sua carteira de habilitação estava vencida; ***por essa razão***, *ele me pediu que dirigisse.*

1c) ***Como sua carteira de habilitação estava vencida***, *ele me pediu que dirigisse.*

2a) *Os fiscais recolheram as mercadorias* embora elas ainda estivessem no prazo de validade.

2b) As mercadorias ainda estavam no prazo de validade; ***mesmo assim***, *os fiscais as recolheram.*

2c) ***Embora as mercadorias ainda estivessem no prazo de validade***, *os fiscais as recolheram.*

3a) *Pedro e Ana ainda não tinham filhos* quando se mudaram para São Paulo.

3b) Pedro e Ana se mudaram para São Paulo; ***nessa ocasião***, *eles ainda não tinham filhos.*

3c) ***Quando Pedro e Ana se mudaram para São Paulo***, *eles ainda não tinham filhos.*

Os enunciados 'a', 'b' e 'c' em cada grupo acima são alternativas estruturais para comunicar o mesmo fato objetivo, o mesmo conteúdo referencial. Em 'b' tem-se sempre uma construção de coordenação, em 'a' e 'c' o processo é de subordinação. A segunda oração dos exemplos 'b' começa sempre por uma locução que converte e condensa o conteúdo da primeira num balizador de compreensão: motivo em 1, concessão em 2, tempo em 3. Esses balizadores são formados por palavras de função anafórica, o que faz deles verdadeiros elos sintáticos – são autênticas locuções adverbiais conjuntivas (ver 13.2.5). A natureza adverbial lhes faculta certa mobilidade (*As mercadorias ainda estavam no prazo de validade*; *os fiscais*, ***mesmo assim***, *as recolheram*), mas a condição anafórica impede que a oração integrada por elas ocorra na primeira posição (****Por essa razão*** *ele me pediu que dirigisse, sua carteira de habilitação estava vencida*). A obrigatoriedade dessa ordem é característica das construções de coordenação, nas quais o instrumento da conexão se interpõe às orações (*As mercadorias ainda estavam no prazo de validade*, ***mas*** *os fiscais as recolheram*).

Diferentemente dos exemplos 'b', as orações dos exemplos 'a' e 'c' podem trocar sintaticamente de posição. Isto acontece porque a conjunção está agregada à oração subordinada para lhe conferir o sentido (motivo, concessão ou tempo) que, qualquer que seja sua posição, ela exprime relativamente à oração principal. Seu posicionamento antes da principal, na versão 'c', topicaliza-a, fazendo dela um balizador de compreensão.

14.20 OMISSÃO E ELIPSE DE CONECTIVOS

Obviamente, o que justifica a omissão de qualquer unidade linguística é, em primeiro lugar, o fato de sua função estrutural ou informativa ser redundante no contexto em que ocorre: *O muro era feito de pedra e cimento* (cf. *O muro era feito de pedra e* **de** *cimento*).

A omissão da conjunção subordinativa – integrante ou adverbial – restringe-se às orações constituídas de verbo no modo subjuntivo, que já é de si uma marca de subordinação, e cumpre função estilística. Além de ocorrer no modo subjuntivo, o verbo se antepõe ao respectivo sujeito, recurso que contribui para realçar a informação expressa na oração subordinada:

- "Jamais permitiria que seu marido fosse para o trabalho com a roupa mal passada, *não dissessem os colegas* que era esposa descuidada." [COLASANTI, 1999: 63]

A omissão da conjunção integrante ***que*** é um traço de alta formalidade de certos gêneros textuais, especialmente na linguagem administrativa e forense:

- O diretor determinou *fossem* anexados à prestação de contas os comprovantes de despesas com alimentação. (= determinou *que* fossem).

14.21 CORRELAÇÃO

A união sintática de dois sintagmas ou de duas orações pode ainda ser expressa por um *par de palavras ou locuções que separadamente assinalam cada um dos termos conectados*. É o que se passa com a construção ***tanto*** *eu* ***quanto*** *ele*, comparada a *eu* **e** *ele*'. Trata-se da **correlação**, processo usual na linguagem da argumentação, utilizado para dar idêntico realce às unidades conectadas. A maior parte das palavras gramaticais que a realizam é emprestada de outras classes, como os advérbios *tanto* e *quanto*, *mais* e *também*. A correlação é um expediente retórico, de rendimento enfático no discurso, e não um processo sintático distinto da coordenação e da subordinação. As estruturas correlativas da coordenação são abordadas em 14.10.2 e 14.10.3; as estruturas correlativas da subordinação se acham mencionadas em 14.13.1.3 e 14.14.1.2

DÉCIMO QUINTO CAPÍTULO: ARTICULAÇÃO TEXTUAL DOS TEMPOS E MODOS DO VERBO

15.1 MARCOS TEMPORAIS OU PONTOS DE REFERÊNCIA (PR)

As pessoas não vivem somente de suas relações com a circunstância imediata: o *aqui* e *agora* do discurso. Elas são dotadas de imaginação e de memória, faculdades que lhes permitem afastar-se mentalmente do *aqui* e *agora*, da experiência imediata do mundo. Esse afastamento mental do *aqui* e *agora* desloca-as para outros lugares e momentos que passam a ser outros pontos de referência. É o que fazem quando contam casos e histórias, reais ou fictícios (ver abaixo o exemplo 'a'), ou ainda quando imaginam uma situação, certa (ver exemplos 'b' e 'c') ou hipotética (ver exemplo 'd').

a) "As sobras da fonte *formavam* o riacho que *passava* pelos fundos dos diversos terrenos da rua, inclusive o nosso. O pai *ficou* fascinado por ter um rio em seus domínios. E antes mesmo de deixarmos Niterói para tomarmos posse da nova casa, ele já *começara* a construir uma barragem a fim de obter um pequenino lago. Nele, *chegou* a pensar em criar peixes." [CONY, C. H. 1995: 66]

b) "A ida para São Paulo no trem especial estava marcada para as nove horas da noite. Antes de recolher-se à sua cabina, o soberano *faria* uma ceia no carro-restaurante e *iria* para seu vagão, onde *descansaria* até a chegada à capital paulista." [CONY, C. H. 1995: 131]

c) Quando você pegar a estrada principal, *observe* o primeiro sinal. *Dobre* à esquerda e *siga* em frente uns 500 metros. Você *vai ver* um posto de gasolina. Eu *vou estar* lá esperando.

d) Agora vá para casa e descanse. Amanhã, assim que você acordar me telefone para me dizer como *passou* a noite.

Esses deslocamentos mentais não significam que, ao assumir a palavra, uma pessoa pode ocasionalmente abandonar o ponto de referência da enunciação – o *aqui* e *agora*. Na realidade, o que ela faz é eleger um segundo ponto de referência não coincidente com o momento da enunciação, o qual também funciona como um marco temporal de certos fatos e situações.

Nos exemplos citados acima, em 'a' um narrador reconstitui uma experiência passada, empregando, para tanto, verbos no tempo pretérito; em 'b', o uso da forma *estava* situa o fato narrado no passado, mas as formas *faria*, *iria* e *descansaria* dão conta de ações que, embora também pretéritas, são, no entanto, posteriores ao momento retratado em *estava*. Em 'c' uma pessoa dá orientação a outra para localizar um endereço, e em 'd' alguém enuncia três fatos por acontecer (*ir para casa*, *descansar* e *acordar*), sendo que o terceiro deles (*acordar*), mais remoto que os outros, constitui uma circunstância futura para outro ato (*telefonar*).

Os exemplos 'a' e 'b' referem-se a eventos situados no passado, e os exemplos 'c' e 'd' a eventos situados no futuro. Em 'b' temos quatro ações sucessivas localizadas no passado, sendo que a primeira (a partida para São Paulo) serve de ponto de referência para as demais, todas subsequentes. Por outro lado, em 'c' o falante transporta-se mentalmente para um momento futuro – *Quando você pegar a estrada principal*. Esse momento futuro é o ponto de referência das ordens *observe*, *dobre* e *siga*. Por fim, em *Amanhã, assim que você acordar*, *acordar* denota um ato futuro relativamente ao momento da fala, e em *como* ***passou*** *a noite* temos um verbo no pretérito, que denota um fato ainda não ocorrido no momento da fala, mas anterior e concluído em relação a um ponto de referência futuro, assinalado pelo advérbio *Amanhã*. Note-se que, por isso, não há incoerência em se dizer *como* ***passou*** *a noite* para enunciar algo que, no momento em que se fala, ainda está por acontecer.

Temos, portanto, três pontos de referência para a ordenação temporal dos fatos e ideias que constituem o conteúdo de nossos discursos. Um é o *aqui* e *agora*, presente em todos os enunciados. É um marco temporal ou ponto de referência básico e necessário. Os outros dois, dependentes do primeiro porque se apoiam nele, têm em comum o deslocamento mental do falante para um ponto no passado (exemplos 'a' e 'b') ou para um ponto no futuro (exemplos 'c' e 'd').

15.2 AS TRÊS VARIÁVEIS DAS RELAÇÕES DE TEMPO

O detalhamento apresentado acima revela que precisamos de três variáveis para compreender as relações de tempo expressas na frase em português:

a) o momento da enunciação (**ME**), isto é, a ocasião em que se dá o ato de fala ou de escrita.

b) o ponto de referência (**PR**), isto é, cada uma das etapas (**presente**, **passado**, **futuro**) nas quais se divide a linha do tempo e a partir das quais situamos o fato expresso pelo verbo. É o **PR** que possibilita os deslocamentos mentais do enunciador: como 'fato já acontecido', típico das narrativas tradicionais, ou como 'evento prospectivo' (*Amanhã eu telefono e digo se* ***comprei*** *os ingressos*).

c) Por fim, temos o intervalo de tempo (**IT**), ou seja, o segmento da linha do tempo representado como anterior, contemporâneo ou posterior ao **PR**. É no intervalo de tempo que os fatos expressos pelos verbos são situados.

15.3 VARIAÇÃO FUNDAMENTAL DO PR: PRESENTE X PASSADO

Comecemos pela comparação de dois trechos que se distinguem pela variação do ponto de referência: presente em 1 e passado em 2.

1) O enunciador coloca-se na perspectiva do presente, fazendo coincidir o ME e o PR:
   - "Ao deixar escritas *estas* memórias, minha intenção não **é**, como muitos *poderão* julgar, a de justificar-me – e nem de parecer melhor após a minha morte, não. Mesmo porque, se algum olhar humano *pousar aqui* após o meu desaparecimento, pouco ou nada *adiantará* o que se *pensar* a meu respeito, pois já *estarei* desfeita em cinzas, e talvez ninguém se *lembre* mais *desta* que *agora* se *debruça* sobre **este** papel." [CARDOSO, 2002: 154]

O ponto de referência (PR) que ordena a temporalidade do conjunto das ações é o presente, segundo se comprova nas formas verbais *é* e *debruça* e no advérbio *agora*; as demais formas verbais situam o que denotam em momento posterior a este PR: *poderão*, *adiantará* e *estarei* são formas de futuro do presente; *pousar* e *pensar* são formas de futuro do subjuntivo; e *lembre* é forma de presente do subjuntivo.

2) O enunciador desloca-se mentalmente para o passado, que passa a ser ponto de referência (PR):
   - Ao deixar escritas *aquelas* memórias, minha intenção não *era*, como muitos *poderiam* julgar, a de justificar-me – e nem de parecer melhor após a minha morte, não. Mesmo porque, se algum olhar humano *pousasse lá/nelas* após o meu desaparecimento, pouco ou nada *adiantaria* o que se *pensasse* a meu respeito, pois já *estaria* desfeita em cinzas, e talvez ninguém se *lembrasse* mais *daquela* que *então* se *debruçava* sobre *aquele* papel.

Agora o ponto de referência passado é indicado pelas formas de pretérito imperfeito *era* e *debruçava*. Pronomes e advérbios da ordem do presente

– *estas*, *aqui*, *desta*, *agora*, *este* – deram lugar às formas correspondentes da ordem do passado – *aquelas*, *lá*, *daquela*, *então*, *aquele*. As formas verbais que expressam posterioridade ao presente deram lugar a outras; estas mantêm a ideia de posterioridade, mas ao passado: *poderiam*, *pousasse*, *adiantaria*, *pensasse* e *lembrasse*. Ou seja, os intervalos de tempo em que se situam os eventos têm sempre, nas duas versões, as mesmas relações de simultaneidade e posterioridade com o respectivo PR. E é isso que determina a mudança das formas verbais e dos advérbios.

O texto original e sua versão adaptada exemplificam a base geral do funcionamento dos tempos no discurso, com dois pontos de referência fundamentais: o presente e o passado.

As substituições realizadas não são, porém, mecânicas, como pode fazer supor o exemplo, pois é comum que outras variáveis intervenham no processamento temporal do texto, como se verá na sequência, em que examinaremos três textos organizados como narrativas.

15.4 A ARTICULAÇÃO DOS TEMPOS VERBAIS EM TRÊS FRAGMENTOS NARRATIVOS

Os textos comparados a seguir estão estruturados da perspectiva do passado, conforme o modelo narrativo usual. O primeiro deles exemplifica a estruturação típica das narrativas populares, com um enunciador externo.

Texto 1: O sapo e o coelho

O coelho vivia zombando do sapo. Achava-o preguiçoso e lerdo, incapaz de qualquer agilidade. O sapo ficou zangado:

– Quer apostar carreira comigo?

– Com você? – assombrou-se o coelho.

– Justamente! Vamos correr amanhã, você na estrada e eu pelo mato, até a beira do rio...

O coelho riu muito e aceitou o desafio. O sapo reuniu todos os seus parentes e distribuiu-os na margem do caminho, com ordem de responder aos gritos do coelho.

Na manhã seguinte os dois enfileiraram-se e o coelho disparou como um raio, perdendo de vista ao sapo, que saíra aos pulos. Correu, correu, correu, parou e perguntou:

– Camarada Sapo?

– Oi? – coaxava um sapo. Debalde o coelho corria e perguntava, sempre ouvindo o sinal dos sapos escondidos. Chegou à margem do rio exausto, mas já encontrou o sapo, sossegado e sereno, esperando-o. O coelho declarou-se vencido. [CASCUDO, 1986: 181]

Os verbos da narração propriamente dita se acham nos pretéritos imperfeito e perfeito. Há uma forma no pretérito mais-que-perfeito – *saíra* –, que informa uma ação do sapo anterior a *perdendo de vista*. O pretérito imperfeito dá conta das informações que traçam o pano de fundo em que se desenrola o episódio ou que são narrativamente secundárias, e o pretérito perfeito assinala as ações que se sucedem na linha do tempo e estruturam o enredo.

O segundo é um fragmento do conto "O enfermeiro", de Machado de Assis, com narrador em primeira pessoa.

> **Texto 2: O enfermeiro**
> Quando percebi que o doente expirava, recuei aterrado, e dei um grito; mas ninguém me ouviu. Voltei à cama, agitei-o para chamá-lo à vida, era tarde; arrebentara o aneurisma, e o coronel morreu. Passei à sala contígua, e durante duas horas não ousei voltar ao quarto. Não posso mesmo dizer tudo o que passei, durante esse tempo. Era um atordoamento, um delírio vago e estúpido. Parecia-me que as paredes tinham vultos; escutava umas vozes surdas. Os gritos da vítima, antes da luta e durante a luta, continuavam a repercutir dentro de mim, e o ar, para onde quer que me voltasse, aparecia recortado de convulsões. Não creia que esteja fazendo imagens nem estilo; digo-lhe que eu ouvia distintamente umas vozes que me bradavam: assassino! Assassino! [ASSIS, 2004: 141]

O episódio narrado é curto: vai de *Quando percebi* até *ao quarto*. Este trecho é estritamente narrativo; as ações estão representadas por formas de pretérito perfeito, sequenciadas segundo a ordem dos fatos que exprimem. Uma única forma de pretérito mais-que-perfeito – *arrebentara* – assinala um fato anterior a pelo menos uma das ações expressas pelo pretérito perfeito. Na sequência, o narrador emprega o presente do indicativo para comentar o próprio ato narrativo (*Não posso mesmo dizer tudo o que passei*). Daí até *convulsões* ele emprega formas de pretérito imperfeito para descrever o que se passa nas *duas horas* que permanece na *sala contígua*. O narrador arremata o trecho com novo deslocamento para o PR presente (*creia*, *esteja*, *digo*) para comentar o ato narrativo, ou, mais exatamente, o discurso com que relata o *delírio vago*.

Como se vê, há uma mudança de pontos de referência que marca claramente os limites entre o relato (identificado nas formas verbais de pretérito) e o comentário (identificado nas formas de presente: imperativo, subjuntivo e indicativo).

O terceiro texto também apresenta uma estrutura complexa.

Texto 3:

Tarde de domingo. O céu era de um azul absoluto, esmaecido pelo excesso de luz do sol. O calor abafado cobria o rosto com gotas de suor que escorriam. *Nem uma única nuvem que* ***desse*** *sombra. Nenhuma promessa de chuva que* ***apagasse*** *aquela fogueira no meio do céu.* O carro corria pela estrada em meio a um cenário triste. As árvores eram raras, perdidas naqueles campos pobres onde crescia um capim vagabundo e teimoso. *Se o calor* ***continuasse*** *também as árvores e o capim* ***morreriam****. Nenhuma vida* ***resiste*** *ao calor por muito tempo.* Lembrei-me da paineira e das profecias de fim do mundo da minha infância. Percebi que nossas imagens estavam equivocadas. *O mundo não* ***terminaria*** *com uma chuva de fogo que* ***faria*** *tudo arder numa fogueira. O fogo de fim do mundo* ***seria*** *mais cruel, como aquele daquela tarde: fogo de forno baixo, que* ***assa*** *vagarosamente.* [ALVES, 2003: 100]

Este texto relata um episódio, identificável na sequência de enunciados que contêm verbos no pretérito perfeito e no pretérito imperfeito do modo indicativo. Ei-lo como fica, reduzido à sua estrutura básica: "Tarde de domingo. O céu *era* de um azul absoluto, esmaecido pelo excesso de luz do sol. O calor abafado *cobria* o rosto com gotas de suor que *escorriam*. O carro *corria* pela estrada em meio a um cenário triste. As árvores eram raras, perdidas naqueles campos pobres onde *crescia* um capim vagabundo e teimoso. *Lembrei*-me da paineira e das profecias de fim do mundo da minha infância. *Percebi* que nossas imagens *estavam* equivocadas."

Os enunciados restantes, destacados em itálico, são reflexões, ponderações, comentários a propósito da experiência relatada, mas que não fazem parte do episódio, como se vê na versão acima. Dois desses comentários estão no tempo presente ("Nenhuma vida *resiste* ao calor por muito tempo" e "fogo de forno baixo, que *assa* vagarosamente") e os demais contêm verbos no pretérito imperfeito do subjuntivo e no futuro do pretérito ("Nem uma única nuvem que *desse* sombra. Nenhuma promessa de chuva que *apagasse* aquela fogueira no meio do céu", "Se o calor *continuasse* também as árvores e o capim *morreriam*", "O mundo não *terminaria* com uma chuva de fogo que *faria* tudo arder numa fogueira", "O fogo de fim do mundo *seria* mais cruel").

Este texto é construído, portanto, em três planos – um predominante e dois coadjuvantes – que se integram no sentido geral: o da realidade evocada, o das verdades permanentes e o das hipóteses. Cada um desses planos contribui de modo diferente para o sentido geral do texto. É como se seu enunciador se desdobrasse em três: um que relata um episódio recuperado pela memória, e o faz empregando formas do passado; um que se vale do senso comum para ponderar, e o faz empregando formas do presente; e um que formula hipóteses para tirar conclusões daquela experiência, e o faz empregando formas do futuro do pretérito e do pretérito imperfeito do subjuntivo. Estes três planos, aqui formalmente identificados pela variação dos tempos do verbo, comprovam a natureza heterogênea da enunciação (ver o conceito de heterogeneidade enunciativa em 4.5.3).

Podemos dizer, assim, que todo texto se organiza, entre outras coisas, por um mapeamento temporal, assentado em três variáveis: momento da enunciação (ME), ponto de referência (PR) e intervalo de tempo (IT).

15.5 AS FORMAS DO VERBO E OS RESPECTIVOS TEMPOS

A estas três variáveis deve-se acrescentar uma quarta, que diz respeito à perfectividade X imperfectividade (concluído X não-concluído) do processo denotado pelo verbo. Trata-se do único conteúdo aspectual expresso por meio de mecanismo flexional (*chegou/chegara/chegava*).

Como são três os pontos de referência e também três os intervalos de tempo, pode-se dizer que, matematicamente, deveria haver nove conteúdos temporais: anterior, simultâneo ou posterior ao presente (**Pre**); anterior, simultâneo ou posterior ao passado (**Pass**); e anterior, simultâneo ou posterior ao futuro (**Fut**).

	Momento da Enunciação (ME)		
(PR)	**Passado**	**Presente**	**Futuro**
(IT)	*Ant. Cont. Post.*	*Ant. Cont. Post.*	*Ant. Cont. Post.*

Acontece que não temos na língua portuguesa formas distintas para estas nove noções. Os 'segmentos do tempo' recobertos pelas diversas formas verbais variam em extensão segundo diferentes fatores discursivos. Algumas formas, como o pretérito mais-que-perfeito, marcam o tempo de maneira praticamente invariável; outras – e a situação mais clara é a do presente do indicativo – apresentam razoável dispersão temporal.

15.6 TEMPOS DO INDICATIVO (FORMAS SIMPLES)

15.6.1 Presente

(DMT = não há; DNP = **-o** na primeira do singular e padrão nas demais pessoas).

Representa o fato como não concluído, situando-o num intervalo de tempo do qual faz parte o próprio momento da enunciação. No caso do presente, a expressão 'intervalo de tempo' só se aplica aos fatos de existência limitada:

- Eu *moro* na rua das Acácias.
- *Vende*-se esta casa.
- Esta palavra se *escreve* com *J*.

O presente é o único tempo que expressa situações e propriedades permanentes, de validade ilimitada, como as verdades científicas, as crenças, os dogmas, os provérbios:

- Cometas *são* corpos de luz própria.
- Água mole em pedra dura tanto *bate* até que *fura*.

Obs.: Nos registros semiformal e informal, o presente do indicativo emprega-se regularmente com o mesmo valor do futuro do presente:

- Os pintores *voltam* amanhã para terminar o serviço (*voltam* por *voltarão*)
- " Depois *conversamos*. Venha depressa, estão nos chamando de outras galáxias!" (*conversamos* por *conversaremos*) [ANDRADE, 1985: 21-23]

15.6.2 Pretérito perfeito

(DMT = não há; DNP = no singular, primeira pessoa **-i**, segunda **-ste**, terceira **-u**; no plural, primeira pessoa **-mos**, segunda **-stes**, terceira **-ram**).

Representa o fato como concluído e o situa num intervalo de tempo anterior a um ponto de referência presente

- Eu *morei* nesta rua.
- Eles *voltaram* ontem.

ou futuro :

- Assim que você desembarcar, telefone para nos dizer se *chegou* bem.

O pretérito perfeito é o tempo característico da narração de ações que compõem um episódio situado em época anterior ao ME.

- Às sete horas o despertador *tocou*. Samuel *saltou* da cama, *correu* para o banheiro, *fez* a barba e *lavou*-se." [SCLIAR, Moacir. Pausa. In: BOSI, 1997: 275].

Obs.: O amplo uso do pretérito perfeito no discurso narrativo é favorecido, antes de mais nada, por sua associação com o aspecto concluso do processo. Obviamente, o que é visto como consumado no momento da enunciação pertence cronologicamente ao passado. Mas enquanto uma frase como *Seu filho nasceu* pode reportar um fato coincidente com o ME, *Seu filho nascia* necessariamente o distancia desse momento. Com o pretérito perfeito, esse distanciamento tem de ser explicitado numa circunstância adverbial: *Seu filho nasceu ontem*. A prevalência do aspecto sobre o tempo fica patente em expressões coloquiais como *Bateu, levou*, *Achou, ganhou*, assim como em enunciados informais do tipo *Quando você chegar lá, a chuva já* ***parou***.

15.6.3 Pretério imperfeito

(DMT = **-va-** na primeira conjugação e **-ia-** na segunda e na terceira; DNP = padrão).

Representando o fato como não concluído, situa-o num intervalo de tempo simultâneo a um ponto de referência passado ou ainda anterior a um ponto de referência futuro:

- "Em novembro de 1521, (...), Cristóvão Jaques *partia* de Lisboa para sua segunda viagem ao Brasil." [BUENO, 1999: 135]
- "Rosa, pela janela, *fitava* um pássaro no galho mais alto da tangerineira, em frente, e *silvava* imitando os gorjeios e trinados da sabiá que, diariamente, *cantava* perto da casa." [OLIVEIRA NETO, 1996: 82]
- Amanhã, ele saberá que eu *estava* aqui hoje

Obs.: Nos registros semiformal e informal, o pretérito imperfeito do indicativo emprega-se regularmente com o mesmo valor do futuro do pretérito:

- Como foi que você adivinhou que eles *chegavam* hoje? (*chegavam* por *chegariam*)

15.6.4 Pretérito mais-que-perfeito

(DMT= **-ra-** átono em cinco das seis pessoas, **-re-** átono na segunda pessoa do plural; DNP = padrão).

Representa o fato como concluído e o situa num intervalo de tempo anterior a um ponto de referência passado.

- Perguntei-lhe se ele *enviara* todas as cartas.
- Fomos informados de que, dias antes, o ministro *pusera* o cargo à disposição do presidente.
- "Gravamos cinco horas de depoimento e, na segunda-feira, me telefonaram comunicando que a gravação se *perdera*, por um defeito do gravador." [GABEIRA, 1981a: 97)

O pretérito mais-que-perfeito simples é uma forma restrita aos usos formais da língua escrita. Na língua escrita informal e na fala só se emprega a forma composta (ex.: *tinha comprado* em vez de *comprara*). A passagem seguinte apresenta um estilo semiformal, que combina harmoniosamente os dois usos:

- "Em novembro de 1521, (...), Cristóvão Jaques partia de Lisboa para sua segunda viagem ao Brasil. Desta vez, sua missão era explorar o grande estuário que Estêvão Fróis e João de Lisboa *haviam descoberto* sete anos antes e no qual Juan Dias Solis *morrera* de forma tão trágica, em janeiro de 1516." [BUENO, 1999: 135].

15.6.5 Futuro do presente

(DMT = **-re-** tônico na primeira pessoa do singular e na primeira e segunda pessoas do plural, **-ra-** nas demais; DNP = **-i** na primeira pessoa do singular e padrão nas demais).

Representa o fato como não concluído e o situa num intervalo de tempo posterior ao presente (modalidade asseverativa ou categórica) ou simultâneo ao momento da enunciação (modalidade hipotética ou dubitativa):

- Eles *saberão* que eu estive aqui. (posterior, categórico)
- Os trabalhadores não *pagarão* essa dívida. (posterior, categórico)
- Quem *estará* acordado a esta hora? (simultâneo, dubitativo)

15.6.6 Futuro do pretérito

(DMT = **-ria-** em cinco das seis pessoas, **-rie-** na segunda pessoa do plural; DNP = padrão).

Representa o fato como não concluído e o situa num intervalo de tempo posterior a passado (categórico), simultâneo a passado (possível) ou, relativamente a um universo hipotético, num intervalo de tempo simultâneo a presente:

- O ministro comunicou ao presidente que *renunciaria* ao cargo (posterior, categórico)
- Recebi um telegrama avisando que os móveis *chegariam* hoje. (posterior, categórico)
- Imaginei que eles *estariam* me esperando para o jantar. (simultâneo a passado, possível)
- Quem *estaria* acordado àquela hora? (simultâneo a passado, possível)
- Se seus credores lhe pagassem o que lhe devem, ele *ficaria* rico. (simultâneo a presente, hipotético)
- "Se não havia um território para mim no Brasil, possivelmente não *haveria* também em parte alguma do mundo." (simultâneo a presente, hipotético) [GABEIRA, 1981a: 121]

- "Alguns escritores acreditam que suas ficções nada devem a ninguém. Filhas da invenção e do arbítrio, elas não *guardariam* laço algum com a verdade." (simultâneo a presente, hipotético) [CASTELLO, José. *O Globo*, 3/4/2008]

Obs. 1: Os conteúdos expressos acima pelas formas do futuro do presente e do pretérito ganham – ou podem ganhar – nos registros menos formais em geral – incluindo a maioria dos usos falados – outra expressão: os conteúdos categóricos são regularmente expressos pelas locuções com *ir* + infinitivo, e os conteúdos hipotéticos ou dubitativos tendem a ser expressos pelo verbo auxiliar *poder*:

- Os trabalhadores não *vão pagar* essa dívida. (categórico)
- Recebi um telegrama avisando que os móveis *iam chegar* hoje (categórico)
- Quem *pode estar* acordado a essa hora?
- Quem *podia estar* acordado àquela hora?
- Se seus credores lhe pagassem o que lhe devem, ele *podia ficar* rico.

Obs. 2: Como se deduz de sua utilização frequente, nos registros formais, para a representação de situações prováveis ou hipotéticas, as formas do futuro do presente e do pretérito expressam, muitas vezes, conteúdos puramente modais, responsáveis pela sinonímia entre *Quem **estará** acordado a essa hora?* e *Quem **pode** estar acordado a essa hora?*. Por outro lado, o distanciamento instituído pela adoção do marco temporal *passado* favorece sua utilização como meio de expressão do fictício/imaginário (cf. o uso de *Aí eu era…*, *Aí eu vinha…*, *Aí você me apanhava em casa* no discurso do 'faz de conta' e da representação de cenários alternativos hipotéticos). Por força desse distanciamento, formas do futuro do pretérito podem ser duplamente modalizadoras da *hipótese*, oferecendo-se como opção ao futuro do presente para intensificar a expressão da dúvida. Comparem-se:

- Quem *estará* ouvindo rádio a essa hora da madrugada?
- Quem *estaria* ouvindo rádio a essa hora da madrugada?

15.7 TEMPOS DO INDICATIVO (FORMAS COMPOSTAS)

15.7.1 Pretérito perfeito

Distintamente da forma simples, a forma composta retrata o processo verbal como fato que se consuma (concluso) e se repete (iterativo), ou prossegue, com regularidade, num intervalo de tempo anterior ao marco temporal presente. Trata-se de uma forma peculiar no grupo dos chamados tempos compostos e exclusiva da língua portuguesa no conjunto das línguas românicas:

- *Tenho viajado* pouco nos últimos meses.
- O jardineiro *tem molhado* as plantas todas as manhãs.
- "Ao longo de mais de um ano, as ideias contidas no substitutivo *têm sido debatidas* e enriquecidas em reuniões e audiências públicas..." [BITTAR, Jorge. *O Globo*, 9/5/2008]
- "O homem *tem estado* envolvido num processo permanente de coevolução com a natureza." [KATZ, Helena. "A dança, pensamento do corpo". In: NOVAES, 2003: 261]

15.7.2 Pretérito mais-que-perfeito

Tem o mesmo conteúdo da forma simples: representa o fato como concluído e o situa num intervalo de tempo anterior ao marco temporal passado. A forma composta do pretérito mais-que-perfeito é uma alternativa à forma simples na escrita, mas a única empregada na fala corrente:

- Perguntei-lhe se ele *tinha enviado* todas as cartas.
- Fomos informados de que, dias antes, o ministro *tinha posto* o cargo à disposição do presidente.
- "Resolvi ir para casa levando na mão o buquê de flores que alguém *havia deixado* na mesa." [GABEIRA, 1981a: 124]

15.7.3 Futuro do presente

Em sua função estritamente temporal e aspectual, representa o fato como concluído e o situa entre o momento da enunciação (ME) e um ponto de referência (PR) futuro. Ao prevalecer sua função modal, expressa atitude de cisma, hipótese, dúvida relativamente a um fato concluído no ME (*terá = pode ter*):

- Amanhã, a esta hora, eles já *terão embarcado* para a Europa.
- "De hoje até terça-feira, os transatlânticos que atracam no Porto do Rio *terão despejado* na cidade nada menos que 13 mil turistas estrangeiros." [TARTAGLIA, Cesar. *O Globo*, 2/2/2008]
- Nem quero pensar no que as crianças *terão feito* com a pobre tartaruga.
- Quem *terá escrito* essa carta?

Estas construções são usuais nos monólogos e no chamado discurso indireto livre. Compare-se o último exemplo com *Quem escreveu esta carta?* – forma apta à expressão de uma pergunta dirigida a um interlocutor (discurso direto).

15.7.4 Futuro do pretérito

Representando o fato como concluído, situa-o num intervalo de tempo anterior aos marcos temporais passado ou presente. No primeiro caso, equivale ao pretérito mais-que-perfeito composto; no segundo, ao futuro do presente composto. Em qualquer destes casos, portanto, ocorre a neutralização das respectivas oposições temporais, em favor de uma intensificação do conteúdo modal de hipótese (*teria* = *podia ter*):

- A companhia aérea informou que àquela hora todos os passageiros já *teriam deixado* o aeroporto.
- Não imagino quem *teria escrito* essa carta.

No primeiro exemplo, o futuro do pretérito denota o mesmo intervalo de tempo de *tinham deixado*; no segundo, equivale temporalmente a *terá escrito*:

- Não imagino quem *terá escrito* essa carta.

15.8 TEMPOS DO SUBJUNTIVO (FORMAS SIMPLES)

As formas do modo subjuntivo não são autônomas para situar o conteúdo do verbo na linha do tempo. Dizemos *Peço-lhe que me* ***ajude*** *se você* ***puder*** e *Pedi-lhe que me* ***ajudasse*** **se ele** ***pudesse***, empregando as formas *ajude* e *puder*, presente e futuro do subjuntivo, por exigência do ponto de referência presente de *peço*, e *ajudasse* e *pudesse*, pretérito imperfeito do subjuntivo, por exigência do ponto de referência passado representado por *pedi*.

15.8.1 Presente

(DMT = **-e-** na primeira conjugação; **-a-** na segunda e na terceira; DNP = padrão).

Representando o fato como não concluído, situa-o num intervalo de tempo simultâneo ou posterior a presente:

- Acredito que eles *conheçam* os donos da casa. (simultâneo a presente, possível)
- Ela quer que nós a *acompanhemos*. (posterior a presente, possível)

15.8.2 Pretérito imperfeito

(DMT = **-sse**; DNP = padrão).

Representando o fato como não concluído, situa-o num intervalo de tempo simultâneo ou posterior a passado (universo possível), ou ainda, relativamente a um universo hipotético, num intervalo de tempo indefinido:

- Ela quis que nós a *acompanhássemos*. (posterior a passado, possível)

- Acreditávamos que eles *conhecessem* os donos da casa. (simultâneo a passado, possível)
- "Pensava comigo mesmo numa letra que *simbolizasse* o que digo." (simultâneo a passado, possível) [GABEIRA, 1981a: 96]
- Se seus credores lhe *pagassem* o que lhe devem, ele ficaria rico. (simultâneo a presente, hipotético)
- "A figura de Ariano (Suassuna) está aí, como sintoma da riqueza brasileira. *Vivêssemos* em um país apaziguado, e não lhe daríamos atenção." (simultâneo a presente, hipotético) [CASTELLO, José. *O Globo*, 16/6/2007]
- "Estamos acostumados a falar em 'cultura brasileira', assim, no singular, como se *existisse* uma unidade prévia que *aglutinasse* todas as manifestações materiais e espirituais do povo brasileiro." (simultâneo a presente, hipotético) [BOSI, 1983: 141]

15.8.3 Futuro
(DMT = **-r-**; DNP = padrão em quatro das seis pessoas, **-es** na segunda do singular, **-des** na segunda do plural).

Representando o fato como não concluído, situa-o num intervalo de tempo simultâneo ou posterior a presente:

- Voltem sempre que vocês *desejarem*. (posterior a presente)
- Quem não *souber* o caminho deve aguardar o guia. (simultâneo a presente)

15.9 TEMPOS DO SUBJUNTIVO (FORMAS COMPOSTAS)

15.9.1 Pretérito perfeito
Representando o fato como concluído, situa-o num intervalo de tempo anterior a presente ou a futuro:

- Todas as pessoas que *tenham recebido* uma senha serão atendidas ainda hoje. (anterior a presente)
- Espero que os ingressos não *tenham se esgotado* quando chegar a nossa vez. (anterior a futuro)
- "Acredito que o autor do artigo *não tenha* lido o substitutivo ou, se o fez, foi de modo muito superficial." (anterior a presente) [BITTAR, Jorge. *O Globo*, 9/5/2008]

15.9.2 Pretérito mais-que-perfeito
Representando o fato como concluído, situa-o num intervalo de tempo anterior a passado ou a presente:

- Todas as pessoas que *tivessem recebido* uma senha seriam atendidas ontem mesmo. (anterior a passado)
- Esperava que os ingressos não *tivessem se esgotado* quando chegasse a nossa vez. (anterior a presente)

15.9.3 Futuro

Representando o fato como concluído, situa-o num intervalo de tempo anterior a presente ou a futuro. Tem, portanto, o mesmo conteúdo temporal do pretérito perfeito, do qual se distingue apenas pelo contexto sintático. Repete-se aqui a mesma variação já descrita entre o presente e o futuro do subjuntivo simples:

- Se eles não *tiverem enchido* (= Caso eles não tenham enchido) o tanque, podem ficar sem combustível no caminho. (anterior a presente)
- Quando você *tiver localizado* (= Tão logo você tenha localizado) todas as notas fiscais, vamos iniciar o relatório com a prestação de contas. (anterior a futuro)

15.10 AFINIDADES E DIFERENÇAS ENTRE ALGUNS TEMPOS DO VERBO

15.10.1 Presente (subjuntivo) X imperfeito (subjuntivo)

Dizemos coloquialmente:

- Ele pediu pra gente voltar amanhã

Se quisermos iniciar a oração que completa o verbo *pedir* com a conjunção integrante *que*, tanto podemos dizer

- Ele pediu que a gente volte amanhã.

quanto

- Ele pediu que a gente voltasse amanhã.

Como se explica isso? A resposta não está na sintaxe da língua, mas na superposição dos pontos de referência. Empregamos *volte* quando tomamos o momento mesmo da enunciação (ME) como ponto de referência (PR) da ação de voltar; *voltasse* é a opção quando esse ponto é o passado, inscrito na forma *pediu*. Nas três variantes, o momento (IT) da volta, assinalado pelo advérbio *amanhã*, é posterior ao ME.

Suponhamos agora que disséssemos *Ele pediu pra gente voltar à noite*. Nada nos diz que *à noite* é um *tempo por vir* relativamente ao ME. Se é a noite do dia mesmo em que a frase é proferida, podemos parafraseá-la com:

- Ele pediu que a gente *volte* à noite.

mas se é a noite do dia anterior, a única paráfrase possível é:

- Ele pediu que a gente *voltasse* à noite.

Por fim, se o enunciado for *Ele pediu pra gente voltar no dia seguinte* a única alternativa de paráfrase é:

- Ele pediu que a gente *voltasse* no dia seguinte

Estes exemplos comprovam a funcionalidade da distinção entre os polos presente e passado na organização básica da oposição dos tempos do verbo.

15.10.2 Imperfeito (subjuntivo) X futuro do pretérito (indicativo)

As gramáticas escolares nos ensinam que *voltasse* é uma forma de tempo passado. De fato, a comparação entre

- Ela sabia que eu *trabalhava* aqui.

e

- Ela duvidava que eu *trabalhasse* aqui.

deixa claro que estas duas formas expressam o mesmo tempo e se distinguem pelo modo (*trabalhava*, indicativo; *trabalhasse*, subjuntivo). Mas a possibilidade de combinar *voltasse* com o advérbio *amanha*

- Ele pediu que a gente *voltasse amanhã*.

indica que há nessa forma algo mais que a torna diferente de *voltava*. De fato, *voltasse* pode exprimir o mesmo conteúdo temporal de *voltaria*, como comprova o exemplo:

- Ele prometeu que *voltaria* amanhã.

A explicação para isso está em que, enquanto o modo indicativo dispõe de um futuro do pretérito ao lado de um futuro do presente (*voltaria* X *voltarei*), o modo subjuntivo só dispõe de um futuro, cujo ponto de referência coincide obrigatoriamente com o ME – um 'futuro do presente', portanto (*se/quando ela voltar*). Como o ponto de referência da frase em questão é o passado, e o verbo *pedir* requer uma complementação no modo subjuntivo, *voltasse* é a única opção possível. Ou seja, o pretérito imperfeito do subjuntivo 'acumula', por assim dizer, o papel que caberia a um inexistente futuro do pretérito do subjuntivo.

A equivalência temporal entre pretérito imperfeito do subjuntivo e futuro do pretérito vai ainda mais longe. Um e outro também se empregam para exprimir hipótese ou probabilidade remota:

- Quando a mãe a abandonou, a criança *teria* pouco mais de dois anos.
- Quando a mãe a abandonou, a criança talvez *tivesse* pouco mais de dois anos.

Esta noção de 'probabilidade remota' deriva, obviamente, da união, na mesma forma verbal, de dois traços semânticos associados à ideia de afastamento: tempo passado e irrealidade. É comum que o traço 'irrealidade' prevaleça e a forma seja empregada para formular raciocínios em cenários ou situações alternativos à realidade – suposições, enfim – como no exemplo que empregamos mais acima – *Suponhamos agora que **disséssemos**...* – ou em formulações típicas do discurso corrente: *Se eu **ganhasse** na loteria...*

A mesma explicação vale para o emprego do futuro do pretérito como recurso de polidez ou atenuação de certeza:

- O senhor *aceitaria* um pouco mais de café?
- Eu *diria* que essa não é a melhor solução.
- "Se ainda houver alguém que duvide disso, (...), eu *aconselharia* uma simples medicina caseira." [ALMEIDA, 2004: 145]

15.10.3 Presente (subjuntivo) X futuro (subjuntivo)

O futuro do subjuntivo é amplamente usado na fala como na escrita para exprimir eventos hipotéticos posteriores – ou mesmo simultâneos – ao momento da enunciação:

- Quando/Se você *receber* esse dinheiro (posterior ao ME), poderá comprar seu carro.
- Quem *quiser* vir (simultâneo ao ME) pode me acompanhar.

Estas são também as características modo-temporais do presente do subjuntivo, como comprovam os seguintes exemplos, sinônimos dos anteriores:

- Caso você *receba* esse dinheiro, poderá comprar seu carro.
- Caso alguém *queira* vir, pode me acompanhar.

Presente do subjuntivo e futuro de subjuntivo se distinguem, porém, pelos contextos sintáticos em que ocorrem. *Quando* e *se* são seguidos de futuro do subjuntivo; a conjunção condicional *caso* e a conjunção integrante *que* são seguidas do presente do subjuntivo (*Peço-lhe que **volte** logo*). O futuro do subjuntivo tem preferência sobre o presente do subjuntivo na expressão do evento hipotético posterior ou simultâneo ao ME (*Separe as frutas que **estiverem/estejam** amassadas*).

QUINTA PARTE

A ESTRUTURAÇÃO SONORA

DÉCIMO SEXTO CAPÍTULO: FONÉTICA E FONOLOGIA

16.1 INTRODUÇÃO

Ao longo de quinze capítulos desta gramática vimos focalizando o significado na linguagem e as formas que o estruturam nos domínios do texto, da morfologia e da sintaxe. Chega agora o momento de olhar mais de perto para a camada sensível da linguagem: os seus sons.

O som da voz é em si mesmo um elemento da natureza, já que é produzido por uma conjunção de órgãos e energia biológicos e se materializa como onda que se propaga graças a leis físicas. Mas ao se transformar na matéria de que são feitas as palavras, modelando-as e distinguindo-as, o som vocal migra para o mundo da cultura, que é o verdadeiro mundo dos homens, o mundo criado pelo homem e no qual o homem se cria. O presente capítulo destina-se ao reconhecimento dos sons da fala, à descrição de suas características e à análise dos modos pelos quais eles se organizam como um sistema na gramática do português. Recordemos, para início de conversa, os dois primeiros parágrafos do item 5.2, no qual nos referimos às duas faces do signo – a sensível e a abstrata. Reproduzo-os:

> Os sons vocais são a matéria-prima das línguas naturais. Mas nem todos os ruídos que saem de nossa boca são constitutivos de formas da língua: pigarros, assobios e cliques (efeito sonoro do tipo que se produz com os lábios no gesto do beijo ou com a ponta da língua contra o céu da boca) não fazem parte do sistema de sons distintivos da língua portuguesa, por mais que possam ser utilizados para a comunicação entre as pessoas: o pigarro como alerta ou censura, o assobio como forma de chamar alguém.
>
> A substância sonora por meio da qual as unidades de sentido – palavras, enunciados – se manifestam tem uma realidade física evidente, mas não tem, em princípio, finalidade em si mesma; sua razão de existir é, primariamente, dar corpo aos significados para torná-los acessíveis ao interlocutor. Dizemos, por isso, que, embora sejam separáveis na análise, estes dois planos da linguagem – o sensível e o mental – só funcionam de modo solidário.

16.2 O PLANO DA EXPRESSÃO: FONÉTICA E FONOLOGIA

A fala é uma atividade que envolve procedimentos de diversa natureza, responsáveis tanto pela produção dos sons e sua combinação na construção das palavras e frases quanto pela atribuição de sentido a essas unidades. A análise do plano da expressão consiste, portanto, não só na identificação e classificação dos sons vocais, mas, ainda, no reconhecimento da função comunicativa desses mesmos sons. Por isso, é comum modernamente distinguir-se a **Fonética** – que se ocupa da produção e classificação dos *sons vocais* – da **Fonologia** – que se ocupa da estruturação desses sons em um sistema linguístico.

A **Fonética** estuda a substância, a materialidade dos sons vocais. Ela é uma parte da fisiologia ou da física acústica, não se ocupando, portanto, da função linguística ou comunicativa dos sons. O estudo da função linguística, isto é, da estruturação dos sons da fala em um sistema de relações opositivas e combinatórias para a constituição dos signos de uma língua compete à **Fonologia**.

Digamos, por exemplo, que a única diferença fonética entre as palavras *tanta* e *tonta* está no som nasal que ocorre no contexto [t...ta] (sobre o uso dos sinais [ ] e / /, ver 16.7). Como se trata de dois signos, podemos dizer com segurança que a diferença entre [ã] e [õ] tem uma função linguística. Estamos diante de uma diferença ao mesmo tempo de sons vocais (fonética) e de fonemas (fonológica).

Se agora substituirmos o [õ] por [ĩ], obteremos *tinta*, outro signo. Ainda aqui há uma oposição fonológica: [õ] e [ĩ] representam dois fonemas. Para muitos falantes de português (por exemplo, cariocas e fluminenses), no entanto, ocorre em *tinta* uma diferença fonética adicional: o som que precede o [ĩ] não é o mesmo que precede o [ã] e o [õ]. Temos agora algo como um ***tch*** (compare *teme/time*, *tapo/tipo*), que será representado aqui com o sinal duplo [tš]: [tš]ime, [tš]inta, [tš]ipo. Em português, [tš] e [t] não distinguem palavras; são dois sons vocais diferentes, mas não dois fonemas.

16.3 PRODUÇÃO ARTICULATÓRIA DOS SONS VOCAIS

Os sons vocais são produzidos graças a uma coordenação de movimentos de órgãos e peças dos sistemas respiratório e digestivo para a função da *fonação*. Compõem este conjunto – que nessa função se chama **aparelho fonador** – os pulmões, os brônquios, a traqueia, a laringe, a glote, a epiglote, a faringe, a úvula (campainha), o véu palatino (ou palato mole), as cavidades nasal e bucal, a língua, as arcadas dentárias superior e inferior, os lábios. O estudo da produção desses sons e a classificação de seus diferentes tipos constituem o objeto de uma disciplina auxiliar da linguística chamada **Fonética Articulatória**.

O conjunto dos órgãos que participam da fonação divide-se em três partes (fig. 1):

1) cavidades infraglotais (pulmões, brônquios e traqueia),
2) cavidade laríngea (laringe) ou órgão fonador,
3) cavidades supraglotais (faringe, boca e fossas nasais).

Fig. 1

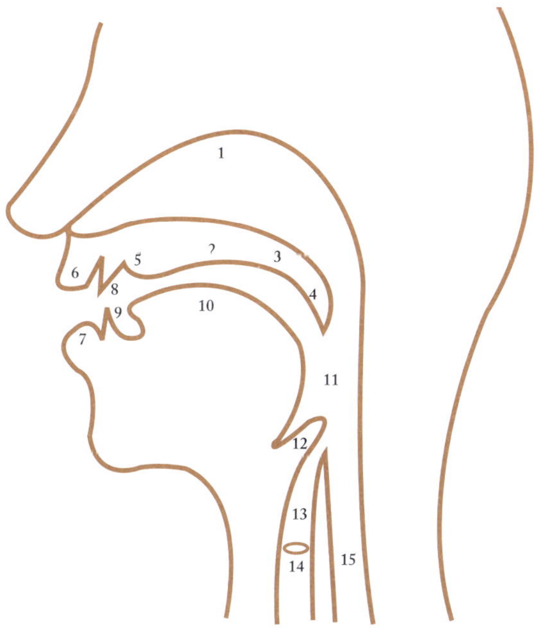

1. Fossas nasais
2. Palato duro
3. Palato mole
4. Úvula
5. Alvéolo
6. Lábio superior
7. Lábio inferior
8. Dentes superiores
9. Dentes inferiores
10. Língua
11. Faringe
12. Epiglote
13. Laringe
14. Glote / cordas vocais
15. Esôfago

O ar contido nos pulmões passa, através dos brônquios, à traqueia, tubo formado por anéis que vai até à cavidade laríngea. Na laringe, órgão fundamental na fonação, há uma passagem – a glote – formada por membranas conhecidas como **cordas vocais**. Quando essas membranas – ou *cordas vocais* – se aproximam, a corrente de ar pode fazê-las vibrar, produzindo o ruído que, ao ressoar nas cavidades supraglotais, constitui o som vocal.

Ao deixar a laringe e atingir o início da faringe, a corrente de ar, sonorizada ou não, pode:

a) penetrar apenas na cavidade bucal – quando o véu palatino está colado à parede faríngea,
b) penetrar nas cavidades bucal e nasal – quando o véu palatino apenas se descola da parede faríngea,
c) penetrar apenas na cavidade nasal – quando a parte posterior da língua se une ao véu palatino e impede a penetração do ar na boca.

Os sons utilizados na língua portuguesa são efeitos de modificações ou obstruções sofridas pela corrente de ar na cavidade bucal, com ressonância nasal (situação 'b') ou com ressonância apenas oral (situação 'a'). Essas modificações e obstruções serão descritas em 16.9.

16.4 O FONEMA: CONCEITUAÇÃO E TIPOS

Vimos em 5.1 e 5.2 que o plano da expressão – o significante – é analisável em unidades desprovidas de significado, mas capazes de distinguir os signos da língua. Por exemplo, podemos demonstrar que o vocábulo *par* é constituído, no plano da expressão, de três unidades: /p/, substituível por /b/ (cf. *bar*), /a/, substituível por /o/ (cf. *pôr*) e /R/, substituível por /S/ (cf. *paz*). *As menores unidades sonoras que podemos isolar na cadeia da fala e que servem para distinguir signos são chamadas de* ***fonemas***.

Os fonemas integram um sistema: o *sistema fonológico*. Formam, portanto, um elenco finito de unidades que se relacionam numa bem trançada rede de oposições e entram na construção da parte sonora – significante – de todas as palavras da língua, reais ou possíveis.

Há em português, basicamente, duas espécies de fonemas: *vogais* e *consoantes*. Esta distinção baseia-se em dois critérios: o modo de produzir o som (critério articulatório) e a situação deles na sílaba (critério combinatório). De acordo com o critério articulatório, chamam-se vogais os fonemas em cuja produção a onda sonora é modificada na cavidade oral sem que haja obstrução à passagem da corrente de ar proveniente dos pulmões; e se chamam consoantes os fonemas que, ao contrário das vogais, são produzidos mediante alguma obstrução à passagem da corrente de ar. Do ponto de vista combinatório, as vogais do português são indispensáveis à existência da sílaba, podendo constituí-la sem a companhia de consoantes; já as consoantes 'soam com' as vogais, só ocorrem na sílaba acompanhando-as. Há ainda em português as semivogais, que possuem as características articulatórias das vogais (passagem livre do ar) e as características combinatórias das consoantes (acompanham a vogal na sílaba).

16.5 FONEMA E ALOFONE

Comentando em 16.2 as diferenças fonéticas entre *tonta* e *tinta*, observamos que somente a relação entre [õ] e [ĩ] é distintiva. A diferença entre o [t] de *tonta* e o [tš] de *tinta* não tem o mesmo valor da diferença entre [õ] e [ĩ]. [tš] e [t] são unidades diferentes para a fonética, pois são sons produzidos diferentemente, mas não correspondem a elementos distintos no sistema fonológico do português, porque não estabelecem oposição entre signos: em português, [tš] é apenas 'outra pronúncia', isto é, um *alofone* do fonema /t/, usual em certas áreas do Brasil, como o Rio de Janeiro, quando /t/ precede /i/, oral ou nasal. Diremos, então, que o fonema /t/ é realizado, na variedade padrão do português falado no Rio de Janeiro, por dois alofones: [tš], sempre antes de /i/, e [t] em qualquer outra posição.

16.6 O FONEMA E A ESCRITA

Tenhamos sempre o cuidado, porém, de não confundir o plano sonoro da língua – seus sons, fonemas e sílabas –, percebido pelo ouvido, com sua representação escrita, que inclui sinais gráficos diversos, como letras e traços (´ em *café*, ^ em *pântano*), percebidos pelo olho.

A representação gráfica das palavras é realizada pelo sistema ortográfico, que apresenta peculiaridades responsáveis por frequentes discordâncias entre a forma oral e a forma escrita da língua. Por exemplo, usam-se combinações de letras – chamadas *dígrafos* – para representar um só fonema (cf. *achar* em face de *mexer*, *quilo* em face de *calo*, *carro* em face de *rato*, *santo* em face de *irmã*); usam-se letras diferentes para representar o mesmo fonema (cf. o fonema /z/ em *exato*, *rezar* e *pesar*) ou a mesma letra para representar fonemas distintos (cf. a letra **x** em *próximo*, *exato*, *roxo* e *sexo*); usa-se o mesmo sinal ´ para indicar tanto a maior intensidade de uma sílaba (cf. *fábrica* em face de *fabrica*) quando a vogal aberta de um ditongo (cf. *anzóis* e *papéis*).

16.7 CONVENÇÕES DE TRANSCRIÇÃO: O ALFABETO FONÉTICO

Para representar os sons da fala graficamente de maneira precisa, evitando as armadilhas da ortografia convencional, recorre-se a um conjunto de sinais que recebe o nome de **alfabeto fonético**. Alguns dos sinais são iguais às letras do alfabeto convencional. Por isso, para diferençar bem os dois tipos, os sinais do alfabeto fonético vêm entre colchetes ([ ]). Por outro lado, a diferença entre sons da fala e fonemas, base da distinção entre fonética e fonologia, representa-se graficamente por meio de colchetes ([ ]) para a transcrição fonética e de barras (/ /) para a transcrição fonológica. O sinal ' colocado antes de uma sílaba indica que ela é acentuada. As consoantes que fecham sílaba (ver 16.12) são fonologicamente transcritas como /L/, /R/ e /S/. Os símbolos novos que utilizo são: [tš] para o som do 't' de *tio*, e [dž] para o som do 'd' de *dia*, na pronúncia carioca; [š] para o som do 'x' de *mexe*, [ž] para o som do 'j' de *caju*, [λ] para o som do 'lh' de *galho*, [ñ] para o som do 'nh' de *ganhar*, [x] para o som constritivo e [R] para o som vibrante velar múltiplo do 'r' de *rato* e *carta*, [ɛ] para o 'e' de *pedra*, [ɔ] para o 'o' de *porta*, [y] para o 'i' de *boi*, [w] para o 'u' ou o 'l' de *céu* e *mel*. Um til '~' sobre a letra vogal indica nasalidade, e um ponto '.' serve para indicar o limite de sílaba.

16.8 AS CONSOANTES DO PORTUGUÊS

Há em português dezenove consoantes, exemplificadas por meio dos seguintes pares mínimos:

/ˈtapa/ x /ˈtaba/ *tapa – taba*	/ˈsapu/ x /ˈtapu/ *sapo – tapo*
/ˈfila/ x /ˈvila/ *fila – vila*	/faˈlar/ x /faˈʎar/ *falar – falhar*
/ˈfasu/ x /ˈfašu/ *faço – facho*	/ˈpartu/ x /ˈpardu/ *parto – pardo*
/ˈbɛla/ x /ˈvɛla/ *bela – vela*	/ˈmuda/ x /ˈmuza/ *muda – musa*
/ˈselu/ x /ˈzelu/ *selo – zelo*	/aˈdɔra/ x /aˈgɔra/ *adora – agora*
/kaˈzar/ x /kaˈvar/ *casar – cavar*	/peˈgar/ x /peˈkar/ *pegar – pecar*
/faˈkada/ x /faˈšada/ *facada – fachada*	/ˈgraša/ x /ˈgrasa/ *graxa – graça*
/ˈkalu/ x /ˈkaru/ *calo – caro*	/ˈkaru/ x /ˈkaRu/ *caro – carro*
/ˈlɛvi/ x /ˈnɛvi/ *leve – neve*	/ˈkana/ x /ˈkama/ *cana – cama*
/ˈpena/ x /peña/ *pena – Penha*	/ˈaša/ x /ˈaža/ *acha – haja*

16.9 TRAÇOS DISTINTIVOS DAS CONSOANTES

Há fonemas mais parecidos entre si do que outros: /p/ é obviamente mais parecido com /b/ do que com /s/; as semelhanças entre /l/ e /r/ são provavelmente uma razão para as trocas frequentes entre os dois (*pranta*, por *planta*); e a fronteira às vezes frágil entre /s/ e /š/ permite imitações caricaturais da linguagem infantil (cf. *xapatinho*, em vez de *sapatinho*). A obstrução total dos lábios é a marca comum de /p/ e /b/; /l/ e /r/ se pronunciam ambos no mesmo lugar, com a ponta da língua, obstruindo e liberando a passagem do ar.

Os fonemas não são blocos unitários. Há relações comuns a vários pares de fonemas. A que opõe /b/ a /d/, por exemplo, é a mesma que distingue /m/ de /n/, e a que opõe /l/ e /ʎ/ é a mesma que distingue /s/ e /š/.

As semelhanças e diferenças fonéticas entre os fonemas destacadas acima se explicam por serem eles, na verdade, unidades complexas, conjuntos de traços que os aproximam ou os distanciam. Os fonemas distinguem-se uns dos outros, portanto, por meio dos traços que os constituem. Em relação às consoantes, estes traços se classificam de acordo com três fatores: o **modo de articulação**, que se refere à natureza do obstáculo; a **zona de articulação**, que se refere ao local em que ocorre a obstrução; e a **função das cordas vocais**, cuja vibração dá origem ao som da voz.

São cinco os modos de articulação:

a) **Oclusivo** – Caracteriza as consoantes produzidas com *obstrução total* (oclusão) dos órgãos articuladores: /p/, /b/, /t/, /d/, /k/, /g/.

b) **Constritivo** – Caracteriza as consoantes articuladas com um *estreitamento* (constrição) dos órgãos da articulação, que pressionam a corrente de ar sem, no entanto, impedi-la de passar: /f/, /z/, /s/.
c) **Lateral** – Caracteriza as consoantes articuladas com escapamento livre da corrente de ar pelos *lados* da língua, enquanto outra parte desta obstrui o ar em algum ponto do céu da boca: /l/, /ʎ/.
d) **Nasal** – Caracteriza as consoantes articuladas graças ao abaixamento do véu palatino, que assim permite a ressonância na *cavidade nasal*: /m/, /ñ/.
e) **Vibrante** – Caracteriza as consoantes articuladas, quer com um *movimento rápido* (*flap*) da ponta da língua em direção aos dentes incisivos – /r/ –, quer com *vibração* do véu palatino pressionado pelo dorso da língua – /R/.

As zonas de articulação são três:
a) **Labial** (dividida em bilabial e labiodental) – Caracteriza os sons produzidos mediante a união dos lábios – [p], [m] (bilabiais) – ou o contacto do lábio inferior com a arcada dentária superior – [v] (labiodental).
b) **Anterolingual** ou **anterior** (dividida em linguodental e alveolar) – Caracteriza os sons produzidos com a articulação da ponta da língua contra os dentes incisivos – [t] (linguodental) – ou da frente da língua com a faixa (alvéolo) situada logo acima dos incisivos – [n], [r] (alveolares).
c) **Posterolingual** ou **posterior** (dividida em palatal e velar) – Caracteriza os sons produzidos com a articulação do dorso da língua com o céu da boca ou o véu palatino: [š], [ñ] (palatais), [k], [R] (velares).

A função das cordas vocais (FCV) é responsável pela distinção entre fonemas sonoros e surdos. Chamam-se **sonoros** os fonemas produzidos mediante a vibração das cordas vocais: /v/, /d/, /z/; e **surdos** os fonemas produzidos sem essa vibração: /f/, /t/, /s/.

16.10 QUADRO DAS CONSOANTES E RESPECTIVOS TRAÇOS DISTINTIVOS

Veja no quadro abaixo as dezenove consoantes do português e os traços distintivos de cada uma:

	FONEMAS		/p/	/b/	/m/	/f/	/v/	/t/	/d/	/s/	/z/	/n/	/l/	/r/	/š/	/ž/	/ñ/	/ /	/R/	/k/	/ǵ/
M	OCL		+	+				+	+											+	+
O	CONST					+	+			+	+				+	+					
D	LAT												+					+			
O	VIBR													+					+		
S	NAS				+							+					+				
Z	LAB	BIL	+	+	+																
O		LBD				+	+														
N	ANT	LND						+	+	+	+										
A		ALV										+	+	+							
S	POST	PAL													+	+	+	+			
		VEL																	+	+	+
FCV	SUR		+			+		+		+					+					+	
	SON			+			+		+		+					+					+

O sistema fonológico não se caracteriza, porém, apenas pelo conjunto particular de fonemas e suas relações opositivas. Ao lado disso, temos **(a)** um conjunto de regras que determinam as posições e as combinações possíveis dos fonemas em unidades de nível mais alto – como as sílabas – ou expressam influências de uns sobre outros, **(b)** o fenômeno prosódico da intensidade, responsável pelo contraste entre sílabas fortes (tônicas) e fracas (átonas), e **(c)** os fatos fonológicos causados por este contraste. As regras referidas em 'a' compreendem tudo o que acontece na representação fonética dos fonemas em virtude de suas combinações na cadeia da fala, como a variação [t] / [tš], já aqui comentada, e as formações permitidas pelo sistema (cf. o caso do fonema /r/, por exemplo, que pode ocorrer no contexto [t...a], *trave*, mas nunca no contexto [s...a] ou no contexto [õ...a]). Quanto a 'b', serve como exemplo a distinção entre *pegaram* [pe'garãw̃] e *pegarão* [pega'rãw̃] ou entre *cáqui* ['kaki], uma cor e *caqui*, [ka'ki], uma fruta. Entre os fatos referidos em 'c' podemos citar as pronúncias coloquiais *manhê* e *paiê* na função vocativa, em que a (semi)vogal átona /i/, desdobrada numa sílaba tônica, se transforma num ditongo crescente [ye].

16.11 NEUTRALIZAÇÃO E ARQUIFONEMA

A distinção de signos se faz ordinariamente no plano sonoro da língua por meio da oposição entre os fonemas. Pode acontecer, no entanto, que dois ou mais fonemas deixem de se opor em determinadas posições, geralmente sem que isso cause confusão. Sabemos, por exemplo, que *era* e *erra* se distinguem pela oposição entre a vibrante simples /r/ e a vibrante múltipla /R/. Já em *rua*, *rádio*, só empregamos a vibrante múltipla, e em *obra* ou *fraco*, só empregamos a vibrante simples. Os exemplos mostram que somente entre vogais pode haver oposição entre a vibrante simples (*era*) e a vibrante mútipla (*erra*). Nas demais posições, a oposição fica **neutralizada**, ou porque só ocorre uma delas (vibrante simples em *obra*, *prato*, *lavra*; vibrante múltipla em *rua*, *rádio*), ou porque a possível ocorrência de uma ou outra não tem valor distintivo (*porta* [ʻpɔrta] ~ [ʻpɔRta], *cor azul* [ko.ra.ʻzuw] ~ [ko.Ra.ʻzuw]). Chama-se **arquifonema** a unidade fonológica que resulta de uma oposição neutralizada (ver em 16.14 os casos de neutralização vocálica).

16.12 A SÍLABA

As consoantes não são pronunciadas sozinhas; elas se apoiam nas vogais, ao lado das quais formam unidades maiores chamadas **sílabas**: o vocábulo 'trapaceiros', por exemplo, divide-se em quatro sílabas (tra-pa-cei-ros), ou seja, em quatro segmentos mínimos isoláveis por meio de pausas. As sílabas são unidades do plano da expressão – desprovidas, portanto, de significado.

A sílaba tem um núcleo – ocupado sempre por uma vogal (V) ou um ditongo (ver abaixo) – e duas margens, que podem estar vazias – -V- (cf. é-po-ca, sa-**ú**-de) – ou preenchidas por consoante (C) – CV, VC ou CVC (cf. **ra-to**, lu-**ar**, **par**-do). A posição pré-vocálica pode ser ocupada por qualquer consoante, mas a posição pós-vocálica só admite três consoantes: uma lateral, como em *sal*, *volta*, *papel*, transcrita fonologicamente como /L/; uma vibrante, como em *par*, *porto*, *rezar*, transcrita fonologicamente como /R/, e uma constritiva, que resulta da neutralização da distinção entre [s], [š], [z] e [ž], como em *fez*, *pasta*, *mesmo*, transcrita fonologicamente como /S/.[58] Três consoantes, porém – as palatais /ñ/ e / / e a vibrante simples /r/ – não ocorrem em posição inicial de vocábulo, ressalvadas, natural-

[58] Segundo a análise de J. Mattoso Câmara Jr. [1953], seguida pela maioria dos fonólogos que estudaram ou estudam o português, a nasalidade vocálica de palavras como *som*, *lã*, *vim*, *vento*, *mundo* se explica por influência de um travamento nasal pós-vocálico – um arquifonema nasal –, de sorte que a transcrição fonológica dessas palavras seria: /soN/, /laN/, /viN/, /ʻveNtu/, /ʻmuNdu/. Por esta análise, não existem vogais nasais em português, e as consoantes pós-vocálicas não seriam três, mas quatro: /S/, /R/, /L/ e /N/.

mente, três ou quatro unidades marginais, como *lhama*, empréstimo do espanhol, o pronome *lhe*, a forma de tratamento *nhonhô* e a onomatopeia *nhenhenhém*.

Por ser uma unidade delimitável por pausa no corpo do vocábulo, a sílaba tem uma importância fundamental no eixo sintagmático da língua. É na sequência das sílabas, por exemplo, que podemos perceber o fenômeno da intensidade, responsável pelo contraste entre sílabas fortes – *tônicas* – e fracas – *átonas*.

De acordo com o número de sílabas que contêm, os vocábulos se classificam em:

a) monossílabos – de uma só sílaba: *pé*, *quem*, *sou*.
b) dissílabos – de duas sílabas: *casa*, *portal*, *deixou*.
c) trissílabos – de três sílabas: *sapato*, *farmácia*, *cortamos*.
d) polissílabos – de quatro ou mais sílabas: *sapatinho*, *belíssimo*, *despertávamos*.

De acordo com a posição do acento tônico, os vocábulos classificam-se em:

a) oxítonos ou agudos, quando a intensidade recai na última sílaba: *ca**ju***, *traba**lhar***, *jaca**ré***.
b) paroxítonos ou graves, quando a intensidade recai na penúltima sílaba: *ga**ve**ta*, *traba**lha**mos*, ***inú**til*.
c) proparoxítonos ou esdrúxulos, quando a intensidade recai na antepenúltima sílaba: ***pân**tano*, *traba**lhá**vamos*, *es**drú**xulo*.

Os vocábulos de uma só sílaba – monossílabos – podem ser tônicos, se pronunciados com acento próprio, ou átonos, quando são inacentuados e vêm, por isso, apoiados em uma palavra vizinha portadora de acento próprio e junto à qual formam um **vocábulo fonológico**. Na frase *Por favor, passe por lá sem pôr o pé no tapete* há oito monossílabos – *por*, *por*, **lá**, *sem*, **pôr**, *o*, **pé** e *no* – dos quais cinco – em itálico – são átonos, e três – em negrito – são tônicos. Sem acento próprio, os monossílabos átonos apoiam-se nos vocábulos vizinhos portadores de acento próprio, formando com eles segmentos que se pronunciam como grupos coesos de sílabas: os **vocábulos fonológicos**. Na reescrita seguinte, os vocábulos fonológicos vêm separados entre si por duas barras inclinadas (//).

Por favor, // passe // *por* ali // *sem* pôr // *o* pé // *no* tapete.

Note-se que ao enunciar essa frase de forma natural, pronunciamos os monossílabos como se fossem sílabas inacentuadas das palavras em que se apoiam. Este fato induz algumas pessoas a erros ortográficos como *derrepente*, em lugar de *de repente*.

No português brasileiro, normalmente o vocábulo átono encontra apoio no outro que vem após ele, como acontece com os monossílabos em itálico do exemplo anterior. Chama-se **próclise** a esta colocação das formas átonas. Menos comum é a **ênclise**, situação da forma átona que se apoia no vocábulo precedente. A ênclise praticamente se restringe à colocação de pronomes pessoais átonos (ver 10.9.5.1), como o *se* empregado na terceira linha deste parágrafo (ver *chama-***se**).

A próclise é responsável pela redução da extensão fonética de alguns vocábulos dissílabos (como *são* por *santo*, em *São Pedro*; *pra* por *para*, em *vou pra casa*; *seu* por *senhor*, em *seu Jorge*) e por variações fonéticas das vogais, como veremos a seguir.

16.13 A INTENSIDADE SILÁBICA E O SISTEMA DE VOGAIS DO PORTUGUÊS

O conceito de intensidade é também decisivo para compreendermos o funcionamento do sistema vocálico do português, pois somente na sílaba tônica se encontram suas sete vogais orais: /a/, /ɛ/, /e/, /i/, /ɔ/, /o/ e /u/, conforme se pode deduzir dos pares *mala* / *mela*, *mecha* / *mexa*, *vesgo* / *visgo*, *pode* / *pôde*, *pôde* / *pude*. Na posição tônica, qualquer vogal pode estar em oposição com as seis restantes.

16.14 TRAÇOS DISTINTIVOS DAS VOGAIS

Os traços articulatórios que distinguem as vogais são devidos aos movimentos da língua e dos lábios. A língua pode estar em posição por assim dizer neutra, como em [a] (fig. 2), avançar na direção da parte anterior do céu da boca, como em [ɛ], [e], [i] (fig. 2), ou recuar na direção da região posterior do céu da boca, como em [ɔ], [o], [u] (fig. 3). Esses dois movimentos, como se percebe, se dão em três níveis: quanto mais avança ou recua, mais a língua se eleva. Quando a língua está em repouso ou avança, os lábios, apenas separados e relativamente distensos, não têm qualquer participação ativa na pronúncia das vogais; quando ela recua, porém, os lábios se arredondam e se tensionam cada vez mais, num processo de estreitamento que atinge o ponto máximo na pronúncia do [u].

Fig. 2 e 3

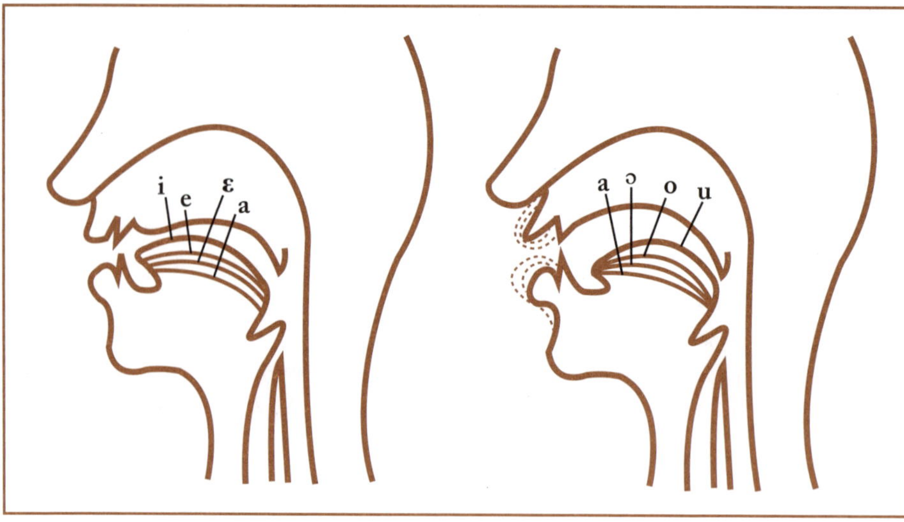

Vamos situar [a] na base – posição central baixa –, [i] na região anterior alta e [u] na região posterior alta. O caminho que vai de [a] para [i] será ocupado, primeiro, por [ɛ] e depois por [e], e o caminho que vai de [a] para [u] será ocupado, primeiro,ɔpor [ ] e depois por [o]. Por isso, essas vogais intermediárias se chamam **médias**, e se distinguem por dois graus de abrimento bucal responsáveis pelo fenômeno auditivo chamado **timbre**: *aberto* x *fechado*. O gráfico abaixo permite visualizar esses movimentos:

avanço da língua		**recuo da língua**
i		u
e		o
ɛ		ɔ
	a	

16.15 O SISTEMA VOCÁLICO

Quadro das vogais em posição tônica:

	anteriores	central	posteriores
altas	i		u
médias fechadas	e		o
médias abertas	ɛ		ɔ
baixa		a	

Quadro das vogais em posição pré-tônica:

Na posição pré-tônica desaparece a oposição entre vogais fechadas e abertas, e o sistema passa a ter cinco vogais, conforme os pares *gerar/girar*, *calar/colar*, *morar/murar*:

	anteriores	central	posteriores
altas	i		u
médias	e		o
baixa		a	

Em algumas regiões do Brasil, como o Rio de Janeiro, a ocorrência de [ɛ] e [ɔ] em posição pré-tônica somente é possível em formas derivadas que conservam o timbre aberto das respectivas formas primitivas (ex.: *pezinho*, diminutivo de *pé*, por oposição a *pesinho*, diminutivo de *peso*; *porquinho*, com [o] fechado, mas *porquinhos*, com [ɔ] aberto; *molinho* – com [ɔ] aberto –, diminutivo de *mole*, e *molhinho* – com [o] fechado –, diminutivo de *molho* [= tempero]).

Quadro das vogais átonas finais:

Na posição átona final, o sistema fica reduzido a três vogais – /a/, /i/ e /u/ – conforme os exemplos /'tapu/ *tapo*, /'tapa/ *tapa*, /'tapi/ *tape*:

	anterior	central	posterior
altas	i		u
baixa		a	

16.16 VOGAIS NASAIS[59]

Há em português cinco vogais em cuja produção o véu palatino (ver fig. 1) abaixa, permitindo a ressonância na cavidade nasal; são as **vogais nasais** /ã/, /ẽ/, / /, /õ/ e /u/, que deduzimos dos seguintes pares mínimos: *pranto/prato*, *senda/seda*, *minto/mito*, *trompa/tropa*, *mundo/mudo*. Além da ressonância nasal, estas vogais distinguem-se das orais em outros dois aspectos: (a) não se diferenciam quanto ao timbre, que é quase sempre fechado, (b)ĩsão ãltas – / / e /u/ – oũ médias – /e/, /õ/ e /ã/. Estas três distinguem-se, respectivamente, como anterior, posterior e central. A voğal nasal /e/ recebe a forma fonética de um˜đitongo – [ey] – quando ocorre em posição final

[59] Ver nota apensa ao item 16.12.

de vocábulo (cf. as formas *nenê*, com vogal oral, e *neném*, com vogal nasal). Esta ditongação da vogãl nasal /e/ em posição tônica é característica da pronúncia paulista (cf. as pronúñc̃ias [ʻteyp̃ũ] e [ʻveytu] para *tempo* e *vento*).

Em palavras como *cama*, *pano*, *senha*, não há vogais nasais do ponto de vista fonológico. Nesses casos, a nasalidade ocorre por influência da consoante nasal seguinte. Neste contexto, neutraliza-se, no português corrente do Brasil, a oposição entre vogal oral e vogal nasal, bem como entre vogal aberta e vogal fechada.

	anteriores	central	posteriores
altas	ĩ		ũ
médias	ẽ	ã	õ

16.17 HIATOS, DITONGOS E TRITONGOS

Hiato é o encontro de vogais em sílabas diferentes no interior da palavra (ex.: **sa-í**da, **hi-a**to); ditongo é a união de uma vogal e uma semivogal na mesma sílaba (ex.: **lei**-te, á-**gua**); e tritongo é a sequência de semivogal, vogal e semivogal na mesma sílaba (ex.: U-ru-**guai**).

As definições que apresentamos acima fazem referência ao conceito de sílaba. Por isso, para compreendermos bem como esses encontros funcionam no sistema fonológico do português, especialmente quando uma dessas vogais é átona e se pronuncia [i] ou [u], precisamos mais uma vez recorrer ao conceito de intensidade.

A intensidade da sílaba – e, portanto, da vogal que ocupa o seu núcleo – e a velocidade que imprimimos à frase são responsáveis por alguns fatos relacionados com a formação de ditongos, tritongos e hiatos.

1º caso:

Constitui necessariamente hiato o encontro das vogais [a], [e] e [o] átonas com qualquer outra vogal tônica: *caótico*, *saída*, *caolho*, *saúde*, *Saara*, *jaez*, *maestro*, *folia*, *cotia*, *perua*, *cheiíssimo*, *egoísmo*, *conteúdo*.

Obs.: Nas pronúncias [iʻgwižmu], para *egoísmo* e [kõʻtšyudu], para *conteúdo*, temos, é claro, ditongos; mas isto só foi possível porque o [o] e o [e] deram lugar ao [w] e ao [y].

2º caso:

Há possibilidade de flutuação entre hiato e ditongo crescente se a vogal átona é /u/ ou /i/ e vem posicionada antes da vogal tônica: *piada*, *coentro*, *puído*, *joelho*, *toada*, *viúva*, *cueca*, *miolo*, *criança*, *suéter*, *moela*, *miúdo*.

3º caso:

Há variação livre entre ditongo e vogal simples: entre [kwo] e [ko] para a primeira sílaba de vocábulos como *quociente*; entre [ow] e [o] para todos os vocábulos que contêm o ditongo 'ou', com o desaparecimento de oposição como *ouço/osso*, *poupa/popa*, *couro/coro*; entre [kyɛ] e [kɛ] para a primeira sílaba de *quieto*; entre [ey] e [e] para vocábulos em que ao ditongo se segue [r], [s] ou [z] (*beira*, *sapateiro*, *peixe*, *deixar*, *beijo*, *feijão*).

4º caso:

O ditongo é uma unidade que não oscila e se opõe à vogal simples: *lei/lê*, *pai/pá*, *mau/má*, *mói/mó*, *céu/ Sé* (= igreja), *quase/case*, *quanto/canto* (estes dois são exceções ao 2º caso). Estão nesta situação os ditongos decrescentes do português (vogal + semivogal): /au/ de j**au**la, /ai/ de g**ai**ta, /ɛu/ de chap**éu**, /ɛi/ de pap**éi**s, /eu/ de perd**eu**, /ei/ de b**ei**jo, /iu/ de v**iu**, /oi/ de m**oi**ta, /ɔi/ de anz**ói**s, /ui/ de c**ui**dar.

Obs.: A vocalização do /l/ em posição pós-vocálica ([sɔw], para *sol*, [a'zuw], para *azul*) dá origem a mais dois ditongos: [ɔ w] e [uw]. Essas realizações não estão consolidadas como ditongos do tipo que acabamos de mencionar. Se admitirmos que há nessas formas ditongos verdadeiros, teremos de reconhecê-los também em *pardal*, *anel*, *perfil*, *voltar* etc. São as seguintes as consequências dessa decisão:

a) fica restabelecida a oposição entre [ow] e [o] em alguns casos (ex.: *voltar/votar*)
b) formas terminadas no mesmo ditongo terão plurais diferentes (ex.: *jirau/jiraus*, *pardal/pardais*)

5º caso:

Há flutuação entre hiato e ditongo no encontro de duas vogais átonas em final de palavra, se a primeira delas for /i/ ou /u/: *história*, *óleo*, *tênue*, *lírio*, *vácuo*, *série*.

6º caso:

Há queda da semivogal dos ditongos crescentes átonos finais quando a vogal base pertence à mesma zona articulatória da semivogal (ex.: ['vakwu] [ẽ'šagwu], pronúncias tensas, ou ['vaku] [ẽ'šagu], pronúncia distensa, para *vácuo* e *enxáguo*, ['sɛryi], pronúncia tensa, ou ['sɛri], pronúncia distensa, para *série*).

16.18 DITONGOS NASAIS DECRESCENTES E CRESCENTES

Do ponto de vista fonológico, há em português quatro ditongos nasais decrescentes: /ãi/, em *mãe*, *cãibra*, *capitães*; /ãu/, em *mão*, *salmão*, *capitão*, *órfão*, *chegam*; /õi/, em *salmões*, *põe*; e /ũi/ em *muito*. Geralmente, cita-se um quarto ditongo nasal, [ẽỹ], exemplificado por *também*, *alguém*, *sabem*. O ditongo [ẽỹ] é apenas a pronúncia da vogal nasal /ẽ/ em sílaba final (na maior parte do Brasil) ou em qualquer posição (na região de São Paulo). Não há entre [ẽỹ] e [ẽ] oposição como há entre /ãu/ e /ã/ (*irmão/irmã*), entre /ãu/ e /ãi/ (*mão/mãe*), entre /õi/ e /õ/ (veja o que acontece se pronunciarmos [põyti] em lugar de [põti]: *põe-te / ponte*), ou entre /ũi/ e /ũ/ (cf. [Rũ] *rũm* – uma bebida – e a pronúnica coloquial [Rũỹ] de *ruim*).

Os ditongos nasais crescentes são [w̃ã] (ex.: *quando*), [w̃ẽ] (ex.: *aguentar*) e [w̃ĩ] (ex.: *pinguim*).

16.19 TRITONGOS ORAIS E NASAIS

Aqui também é preciso separar os encontros estáveis, como acontece em *Uruguai* [way], *enxaguei* [wey], *delinquiu* [wiw] e *enxaguou* [wow], e os casos em que pode haver oscilação (cf. [pa.'syow] ~ [pa.si.'ow] para *passeou*, [džiž.'vyey] ~ [džiž.vi.'ey] para *desviei*, [a.'twey] ~ [a.tu.'ey] para *atuei*).

São tritongos nasais os encontros vocálicos de *enxáguam* [w̃ãw̃], *saguão* [w̃ãw̃] *e saguões* [w̃õỹ] e *delínquem* [ũẽỹ].

Obs.: Veja o que dizemos do ditongo [ẽỹ] em 16.18.

16.20 ENCONTROS CONSONANTAIS

O contacto entre consoantes pode ocorrer em duas situações: (a) na fronteira de duas sílabas (ex.: ve**r-d**e, fe**s-t**a) ou (b) na mesma sílaba (**bl**oco, sem**pr**e, **fr**ito). São característicos do tipo 'b' os encontros cuja segunda consoante é /r/ ou /l/, e que eventualmente formam pares mínimos opositivos (*clave/crave*).

Obs.: Convém alertar mais uma vez para a importância de não confundir a realidade oral da língua e sua representação gráfica e visual. Muitas palavras escrevem-se como se contivessem encontros consonantais (ex.: *rapto*, *digno*, *absoluto*, *pneu*, *psicologia*, *amnésia*, *ritmo* etc.). Na realidade oral, que é a que interessa para a fonética e a fonologia, esses vocábulos apresentam um som vocálico, ordinariamente [i], que 'separa' as consoantes (epêntese); o que pronunciamos e ouvimos é *rápito*, *díguino*, *abissoluto*, *peneu*, *pissicologia*, *aminésia*, *rítimo*. Algumas pessoas se esforçam para evitar essa vogal e realizam uma pronúncia um tanto artificial, conhecida como 'pronúncia alfabética'.

16.21 PROCESSOS FONOLÓGICOS

Vimos mais de uma vez neste trabalho que a língua não é uniforme no seu uso. Há variações de diversos tipos, como a do plano sonoro, que envolve a realização fonética dos fonemas.

Observamos mais acima que os fonemas estão sujeitos a alterações fonéticas pelo simples fato de virem combinados na cadeia da fala. Tais alterações podem envolver tanto fonemas em contato – seja na mesma sílaba, seja na fronteira de duas sílabas ou de dois vocábulos – quanto fonemas distantes no mesmo vocábulo. São exemplos desse fenômeno a variação entre [t] e [tš] nas palavras *tonta* e *tinta*, já aqui comentada, e a queda da vogal pós-tônica em vocábulos como *fósforo* e *abóbora*, do que resultam as pronúncias *fosf(r)o* e *abobra*.

Estas e outras alterações provenientes das relações sintagmáticas recebem o nome de **processos fonológicos**. São basicamente de três tipos: (a) alteração da pronúncia de um fonema por influência do contexto fonológico, (b) perda de uma unidade fonológica, (c) surgimento de uma nova unidade fonológica.

Alterações por influência do contexto fonológico:

16.21.1 Harmonização vocálica

Na fala espontânea, a vogal pré-tônica dos verbos *crescer* /kre'ser/ e *morder* /moR'deR/ passa respectivamente a [i] e [u] nas formas cuja vogal tônica é /i/: *crescíamos* /kri'siamus/, *crescido* /kri'sidu/, *cresci* /kri'si/, *mordíamos* /muR'diamus/, *mordida* /muR'dida/, *mordi* /muR'di/. Este fenômeno não é geral, mas é amplo na fonologia do português, e ocorre também quando a vogal tônica é /u/: *costura* /kuS'tura/, *coruja* /ku'ruža/, *veludo* /vi'ludu/, *peruca* /pi'ruka/. Fenômeno análogo percebe-se na pronúncia das mesmas vogais átonas de *peteca* e *bodoque*. Aqui as vogais pré-tônicas tornam-se abertas por influência do timbre aberto da vogal tônica. Chama-se **harmonização vocálica** esse processo que torna a altura e timbre das vogais médias /e/ e /o/ pré-tônicas iguais à altura e timbre da vogal da sílaba tônica.

16.21.2 Vocalização

É a passagem de uma consoante a vogal. O exemplo típico em português é a realização do /l/ pós-vocálico como [w]: *papel*, *lençol*, *sal* (ver 16.17). A **vocalização** do /l/ é responsável pela criação, na variedade carioca, de homofonia entre o adjetivo *mau* e o advérbio *mal*, o substantivo *calda* (de doce) e o substantivo *cauda* (rabo). A mesma vocalização induz a certas confusões, com a hipercorreção que leva alguns falantes a tratarem a semivogal de *de* *grau*, *chapéu* ou de *bacalhau* como um alofone do /l/, donde a alteração morfofonêmica dos plurais 'errados' *degrais*, *chapéis* e *bacalhais*. Em certas regiões, o /R/ pós-vocálico se vocaliza em /y/: [poyku] *porco*, [pɔytɑ] *porta*.

16.21.3 Palatalização

Em contato com a vogal alta /i/, chamada também 'palatal' por ser pronunciada na região mais alta do céu da boca, algumas consoantes anteriores – /t/, /d/, /l/ e /n/ – e velares – /k/ e /ĝ/ – apresentam alofones palatalizados. É o que se passa com o /t/ de *tinta*, em face do /t/ de *tonta*, ou com o primeiro /d/ em face do segundo /d/ de *dívida*. A **palatalização** do /l/ diante de /i/ neutraliza a oposição entre /l/ e /λ/, tornando foneticamente equivalentes as formas *molinho* – diminutivo de *mole* – e *molhinho* – diminutivo de *molho* (cf. *um molho de couve*) e as formas *óleo* (lubrificante) e *olho* (verbo *olhar*).

Alterações que consistem na perda de uma unidade fonológica:

16.21.4 Aférese

É a queda de um fonema ou sílaba no início do vocábulo. No uso coloquial brasileiro mais informal as formas do verbo *estar* perdem a primeira sílaba: *tá*, *tô*, *tão*, *teve*, *tava* (por *está*, *estou*, *estão*, *esteve*, *estava*).

16.21.5 Apócope

É a queda de um fonema no final do vocábulo. Na fala espontânea, até mesmo das variedades padrão, é comum a queda do /R/ final da forma infinitiva dos verbos: *olhá*, *dizê*, *dá*, *perdê*, *dormi* (por *olhar*, *dizer*, *dar*, *perder*, *dormir*).

16.21.6 Síncope

É a queda de um fonema no interior do vocábulo. Na fala espontânea, e particularmente nas variedades populares da língua, desaparece a vogal pós-tônica não final seguida de /r/: *xícara* passa a *xicra*, *fósforo* passa a *fosfro*, *abóbora* passa a *abobra*. Os diminutivos *abobrinha*, *xicrinha* e *cosquinha(s)* (*coceguinhas*, de *cócega* + *inha*) são, de resto, as únicas formas possíveis na fala coloquial.

16.21.7 Haplologia

É a supressão de uma sílaba em contato com outra idêntica ou foneticamente muito parecia: *paralepípedo* (por *paralelepípedo*); *vaidoso* (*vaidade+oso*; cf. *cuidadoso*); *constucional* (por *constitucional*).

16.21.8 Assimilação

É o processo pelo qual as propriedades articulatórias de um som são transferidas para outro som vizinho ou próximo: ao dizer *trinta e um*, um falante de português pode pronunciar o *ta e* como [tay], [tey] ou [te], de modo que a vogal central [a] absorve a anterioridade do [y] e passa a [e]. Formas como *colega* e *relógio* podem apresentar uma vogal aberta – [ɔ], [ɛ] na primeira sílaba por assimilação ao timbre – aberto – da vogal tônica. Este último tipo de assimilação também é conhecido como **harmonização vocálica**.

Alterações que consistem no surgimento de uma unidade fonológica:

16.21.9 Prótese

É o acréscimo de fonema no início de uma palavra. É comum o surgimento de uma vogal anterior criando uma sílaba com o /s/ a que se segue uma consoante oclusiva ou nasal, como em *esporte* e *esnobe* (respectivamente do ing. *sport* e *snob*)

16.21.10 Epêntese

É a inserção de um fonema no interior do vocábulo; o contrário da síncope, portanto. Por epêntese de um [i] desfazem-se encontros consonantais artificiais como [gn] (*digno*), [bs] (*absoluto*), [tm] (*ritmo*), [pt] (*rapto*), [ps] (*psicologia*), [kt] (*aspecto*). Em certa pronúncia enfática de *Absolutamente*!, com conteúdo negativo, aquele [i] chega a receber um acento de intensidade secundário (*Ab***i***ssolutamente*). Comum na métrica da poesia popular, a inserção dessa vogal também é verificada entre os poetas românticos e os modernos, como no terceiro verso do seguinte terceto:

- "ó sereio (Narciso) quem se encanta / por sua voz-sem-voz sob a garganta / ou guelras desse mar tão absurdo..." [ACCIOLY, 1984: 239]. Isto é: "ou/guel/ras/de/sse/mar/tão/a/*bi*/sur/do"

É também comum em certas variedades do português, como no Rio de Janeiro, o surgimento de uma semivogal [y] imediatamente após a vogal tônica final seguida de /S/: *mês* [meyš], *cartaz* [cax'tayš], *cruz* [kruyš]. É ainda por epêntese que surge um [w] após a vogal posterior tônica – /o/, /u/ – e a vogal /a/ (ex.: *boa* [bowa], *lua* [luwa]). O mesmo fenômeno ocorre na sequência /ia/: *via* [viya]. O iode – [y] – , no entanto, acabou ganhando representação gráfica quando a vogal tônica era /ɛ/ ou /e/ – cf. *passeia* e *passear* –, haja vista a oscilação gráfica de nomes próprios como *Léa* / *Leia*, *Andréa* / *Andreia*.

16.21.11 Paragoge

É o acréscimo de fonema no final da palavra. Os empréstimos, majoritariamente do inglês, terminados em consoante diferente das que acabam pronunciadas como vogal ou como **r** – *sport*, *snob*, *stress* – sempre recebem uma vogal final: *esporte*, *esnobe*, *estresse*. Muitas dessas palavras ainda não receberam grafia em português, mas a circulação delas na fala se dá com o aportuguesamento segundo essa regra, haja vista o caso de *long-neck*, pronunciado como *longue-neque*.

16.21.12 Metátese

É o deslocamento de fonemas no interior da palavra: *tauba* (cf. *tábua*), *falcudade* (cf. *faculdade*), *vrido* (cf. *vidro*), *barguilha* (cf. *braguilha*). A metátese decorre de uma perda (síncope) imediatamente compensada por um acréscimo (apêntese). Os exemplos aqui arrolados são típicos de usos populares.

SEXTA PARTE

O LÉXICO: FORMAÇÃO E SIGNIFICAÇÃO DAS PALAVRAS

DÉCIMO SÉTIMO CAPÍTULO: O LÉXICO PORTUGUÊS

17.1 FUNDAMENTOS HISTÓRICOS

A língua que falamos é mais que um meio de comunicação com nossos semelhantes. Não conhecemos conteúdos que eventualmente optamos por traduzir em palavras e enunciados de uma língua; tais conteúdos só passam a existir objetivamente na sociedade como conhecimento circulante ao serem postos em palavras. Não é por acaso que a língua é o único meio universalmente empregado pelos homens para fazer da cultura o assunto de suas interações, seja na conversa face a face, seja nos muitos registros – fitas, discos, livros, jornais, revistas, impressos, cartazes – que a tornam propagável no espaço e transmissível através das gerações. O que um indivíduo vê, pressente, imagina, descobre ou inventa pode ser nomeado pela palavra. Uma vez nomeado, o conhecimento pode ser socializado e integrar-se à cultura coletiva. A língua cumpre essa tarefa graças, especialmente, ao seu léxico, que, no dizer de Edward Sapir, reflete com maior nitidez o ambiente físico e social dos falantes[60].

A constituição geral do léxico de uma língua reflete, por meio de seus subconjuntos, as circunstâncias históricas vividas pelas comunidades às quais ela serviu e às quais serve como meio quotidiano de expressão. No caso da língua portuguesa, este léxico é fundamentalmente de origem latina, já que o latim é a língua que, modificada pelo uso ao longo de vários séculos na Península Ibérica, deu origem ao português. Esta base latina foi ampliada por palavras pertencentes às línguas de povos que, como os celtas, habitavam a Península antes das invasões romanas, ocorridas no século II a.C. Posteriormente, contatos diversos dessa população falante de latim, primeiro com povos de origem germânica, depois com povos de origem árabe, serviram para expandir e diversificar aquela base lexical.

Quando a língua portuguesa começou a ser escrita – nos fins do século XII ou início do século XIII – seu léxico reunia cerca de 80% de palavras de origem latina e outros cerca de 20% de palavras pré-romanas,

[60] SAPIR [1969: 45].

germânicas e árabes. Pertencem às línguas faladas na Península antes da chegada dos romanos: *barranco*, *bezerro*, *bruxa*, *cama*, *carrasco*, *mato*, *morro*, *várzea*. São de origem germânica: *bando*, *espora*, *luva*, *guerra*, *guardar*, *jardim*, *rico*, *sala*, *trégua*. As palavras recebidas do árabe formam um acervo muito amplo. Designam principalmente (a) cargos/ocupações: *alferes*, *almoxarife*; (b) plantas/alimentos: *açúcar*, *alecrim*, *algodão*, *arroz*, *laranja*; (c) profissões: *alfaiate*, *almocreve*; (d) unidades de medida: *alqueire*, *arroba*; (e) animais: *atum*, *javali*; (f) artigos de luxo, instrumentos musicais: *almofada*, *marfim*, *alfinete*, *rabeca*, *alaúde*; (g) produtos do campo e da indústria: *azeite*, *alcatrão*, *álcool*; (h) conceitos matemáticos: *algarismo*, *cifra*.

No decorrer dos séculos XIII, XIV e XV o português se tornou o meio de expressão de um vasto conjunto de obras escritas. Mas foi no curso dos séculos XV, XVI e XVII, como sintoma da revolução cultural do Renascimento, que poetas, cronistas, historiadores e naturalistas, entre outros, enriqueceram o português escrito com as formas chamadas *eruditas*, fundamentalmente latinas e gregas, tomadas aos textos clássicos. São dessa época o influxo dos superlativos *nigérrimo*, *acérrimo*, *paupérrimo*, *nobilíssimo*, bem como os nomes *flama*, *plaga* e *procela*, presentes n'*Os Lusíadas*.

Ainda no século XVI, por influência do Renascimento, o português recebeu um grande número de palavras de origem italiana, particularmente relativas às artes (vide *tenor*, *violoncelo*, *harpejo*, *arlequim*); nos séculos XVII e XVIII coube à língua francesa emprestar ao português um razoável contingente de verbos, substantivos e adjetivos (vide *abandonar*, *blusa*, *envelope*, *coqueluche*, *champanha*). O contato do colonizador europeu com as populações naturais do Brasil e com os negros trazidos da África foi decisivo para a renovação do léxico do português do Brasil com palavras como *arapuca*, *jabuti e moqueca*, de origem tupi, e *molambo*, *quitute* e *cochilar*, de origem africana. Desde o século XIX, e sobretudo ao longo do século atual, a língua que mais empréstimos vem legando ao português é o inglês, devido à internacionalização dos produtos da tecnologia americana, (vide *franquia*, tradução de *franchising*; *deletar*, de *delete* (apagar); *laser* (sigla de *light amplification of stimulated emission of radiation*), *stress*, *feed-back*, *know-how* etc.).

O conjunto das palavras do português – isto é, seu léxico – consiste, portanto, na união de três grandes grupos de formas: (a) as palavras herdadas do latim, (b) as palavras provenientes de outras línguas antigas e modernas – os empréstimos, entre os quais se incluem os xenismos (ver 17.6) –, e (c) as palavras formadas com os recursos morfológicos produtivos da língua em cada fase de sua existência.

As palavras estão organizadas em subconjuntos conhecidos como classes de palavras (ver sétimo capítulo), tradicionalmente identificadas segundo o modo como significam os dados de nossa experiência do mundo, as variações formais que podem assumir e as posições estruturais que ocupam na frase. Nas seções seguintes trataremos dos recursos a que se refere o item 'c' do parágrafo precedente: as palavras formadas com os recursos morfológicos produtivos da língua.

17.2 COMPOSIÇÃO E DERIVAÇÃO

Em geral conhecemos o significado das palavras como se cada uma fosse independente da outra. Nossa primeira impressão é que as palavras pertencem a um estoque guardado na memória. De fato, isso acontece com boa parte delas, mas não com todas. O lexema *cabide*, por exemplo, é do tipo que precisa ser memorizado como uma associação exclusiva e cem por cento arbitrária entre forma e significado. O caso de *guarda-roupa* é diferente: mesmo uma pessoa que jamais tenha ouvido esta palavra, encontrará em sua forma aparente – que combina o verbo *guardar* e o substantivo *roupa* – uma pista para a significação.

Como fatos independentes aprendemos, também, o significado de *frio* e de *quente*, de *raso* e de *fundo*, de *abrir* e de *fechar*, formas que significam opostos, isto é, que são antônimas. Quando se trata, porém, de *capaz / incapaz*, *útil / inútil*, *leal / desleal*, *tampar / destampar*, a relação entre os antônimos não se dá apenas no sentido, mas também na forma: uma regra morfológica nos diz que o acréscimo de **in-** ou **des-** a um lexema dá origem a um segundo lexema que serve de antônimo ao primeiro.

Analogamente, podemos formar substantivos a partir de adjetivos pelo acréscimo de sufixos: de *macio*, *maciez*; de *branco*, *brancura*; de *suave*, *suavidade*; de *esperto*, *esperteza*; de *manso*, *mansidão*. *-ez*, *-ura*, *-idade*, *-eza*, *-idão* ocorrem em muitos outros substantivos formados pelo mesmo processo.

A possibilidade de combinar morfemas para criar novos lexemas torna bem menos penosa nossa necessidade de memorizá-los. De fato, a memória armazena apenas uma parte do estoque de lexemas – que inclui *capaz*, *tampar*, *esperto*, *macio*, *roupa*, *guardar* –, pois a outra parte – que inclui *incapaz*, *destampar*, *esperteza*, *maciez*, *guarda-roupa* – pertence a um conjunto de unidades criadas por meio de regras de **formação de palavras**.

A união de morfemas para a construção das palavras está, portanto, sujeita a regras.

O CONJUNTO DOS MORFEMAS, AS REGRAS QUE OS COMBINAM EM PALAVRAS E AS PRÓPRIAS PALAVRAS DAÍ RESULTANTES FAZEM PARTE DO QUE SE CHAMA A 'COMPETÊNCIA LEXICAL' DE UMA PESSOA EM UMA DETERMINADA LÍNGUA.

É preciso, contudo, ter clareza sobre a diferença entre a natureza das regras do léxico e a natureza das regras da sintaxe. As primeiras produzem palavras que se associam na perspectiva paradigmática (*branco*, *branca*, *brancura*, *branquear*, *esbranquiçar*, *branco-gelo*), as últimas produzem frases em cujo interior as palavras se associam na perspectiva sintagmática (ver 5.3 para os conceitos de relação paradigmática e relação sintagmática). Por mais que seja analisável em partes significativas menores – os morfemas –, uma palavra tende a ser sentida como uma unidade pronta, 'armazenada' na memória dos falantes, razão pela qual reagimos frequentemente às criações novas com julgamentos do tipo 'essa palavra não existe, você a inventou'. Jamais dizemos isso a respeito de frases. A maior evidência desse sentimento é a existência mesma dos dicionários. Dicionários de frases só têm sentido como compilação de 'frases feitas' (ex.: *Água mole em pedra dura tanto bate até que fura*, *Casa de ferreiro, espeto de pau*).

Existem fundamentalmente dois processos de formação de palavras: **derivação** e **composição**. Por definição, uma palavra é formada por derivação quando provém de outra, dita **primitiva** (ex.: *jardineiro* deriva de *jardim*, *incapaz* deriva de *capaz*, *desfile* deriva de *desfilar*). Também por definição, uma palavra é formada por **composição** quando resulta da união de outras duas ou mais palavras, ditas **simples** (ex.: *guarda-roupa*, *porco-espinho*, *azul-marinho*, *fotomontagem* (formado de *foto*(*grafia*) + *montagem*), *motosserra* (formado de *moto*(*r*) + *serra*), *eletrodoméstico* (formado de *elétr*(*ico*) + *doméstico*).

17.3 MECANISMOS DE PRODUÇÃO E DE COMPREENSÃO DE PALAVRAS

Nem todas as palavras que podemos considerar formadas pela união de dois morfemas lexicais ou de um morfema lexical e um morfema derivacional apresentam essa simplicidade em sua estrutura formal e semântica. O que dizer, por exemplo, de palavras como *inteligente* e *inteligência*, *reduzir* e *produzir*? Há entre elas diferenças que encontramos em outros pares de palavras: *gerente* / *gerência*, *urgente* / *urgência*, *resistente* / *resistência*; *reclamar* / *proclamar*, *remeter* / *prometer*, *referir* / *proferir*. Este fato pode ser suficiente para nos convencer de que a diferença de significados entre *inteligente* e *inteligência*, *reduzir* e *produzir* se explica, por um lado, pela oposição entre os sufixos **-(e)nte** e **-(ê)ncia**, e, por outro, entre os prefixos

re- (movimento para trás) e **pro-** (movimento para frente). Entretanto, nem *produzir* nem *inteligente* são formados sobre outras palavras, como acontece com *maciez*, com *incapaz*, com *resistente* (formado sobre *resistir*). Mas isto não nos impede de reconhecer que *inteligente* e *produzir* são analisáveis em *intelig-* + *-ente* e *pro-* + *-duzir*.

Temos, portanto, de reconhecer que nem todas as palavras que contêm um morfema lexical e um morfema derivacional provêm obrigatoriamente de unidades autônomas menores. É comum que a relação se dê, não entre uma palavra derivada e uma forma básica (isto é, **primitiva**), mas entre duas palavras portadoras de prefixo ou sufixo, como os exemplos de *produzir / reduzir*, *inteligente / inteligência*.

Os exemplos que acabamos de comentar mostram que às vezes é difícil decidir se uma palavra é ou não divisível em dois ou mais morfemas. Quando temos certeza dessa divisibilidade, dizemos que a palavra em questão apresenta um alto grau de transparência (ex.: *infeliz*, *guarda-roupa*); quando temos certeza de que a palavra é indivisível, é porque a palavra é opaca (ex.: *feliz*, *cabide*); quando, entretanto, temos dúvida, é porque o grau de transparência é baixo (ex.: *proferir*).

17.4 ANÁLISE ESTRUTURAL E FORMAÇÃO DE PALAVRAS

Nosso conhecimento da estruturação formal do léxico comporta, portanto, vários níveis de complexidade, que detalharemos na seção seguinte. Provisoriamente, distinguiremos apenas dois mecanismos que fazem parte de nossa competência lexical: (a) **Regras de análise estrutural** – RAE (necessárias para reconhecer os morfemas, especialmente nos casos de grau baixo de transparência, e interpretar a contribuição deles para o significado da palavra), e (b) **Regras de formação de palavras** – RFP (necessárias para explicar a produção e a compreensão de palavras novas).

Vimos acima que pares de palavras como *penitente / penitência* e *construir / destruir* são exemplos de formas que, embora sejam constituídas de elementos mórficos menores (*penit* + *ência*, *penit* + *ente*, *con* + *struir*, *des* + *struir*), não provêm de outras palavras. Isto é, podemos analisar essas formações segundo as regras de análise estrutural (RAE), mas não podemos explicá-las como formas criadas a partir de outras mediante regras de formação de palavras (RFP). Formas como estas, numerosas, foram produzidas em geral em época remota, quase sempre ainda no latim, tendo sobrevivido às formas primitivas das quais procediam. Com efeito, existiam em latim os verbos *poenitere* (= arrepender-se) e *struere* (= reunir, juntar), que não permaneceram no português. Apesar disso, a exemplo do que vimos no início deste parágrafo, não precisamos desses verbos para analisar aquelas palavras em unidades menores. Noutros casos, porém, a semelhança formal não vem acompanhada de afinidade semântica. Este é o caso de *preferir*, *conferir*, *referir*, *deferir*, que só com muita ginástica conseguiríamos reagrupar a partir de um denominador semântico comum.

Os fatos destacados acima nos mostram que a distinção entre sincronia e diacronia (ver terceiro capítulo), tão pertinente e clara na abordagem do funcionamento dos sistemas fonológico, sintático e morfossintático do português, se revela menos óbvia e menos explicativa quando tratamos das estruturações do léxico. No domínio do léxico, deparamos com palavras herdadas do latim (ex.: *transferir*, *permanecer*) e palavras formadas na atual sincronia do português (*transportar*, *perfazer*). Considerar derivadas por prefixação somente as duas últimas formas é passar ao largo da complexidade do modo próprio de estruturação do léxico, deixando sem explicação o fato de muitos falantes intuírem, em face dessas quatro formas, por força dos segmentos *trans-* e *per-*, respectivamente, os significados 'movimento para além' e 'processo que se estende'.

17.5 PRODUTIVIDADE E CRIATIVIDADE LEXICAIS[61]

Vimos em 17.4 que é variável o grau de correspondência entre a estrutura mórfica de uma palavra e seu significado. Vários fatores contribuem para que uma palavra se torne menos transparente. Um deles é a mudança que a língua sofre no seu uso e através do tempo: *embarcar*, por exemplo, embora derivado de *barco*, ampliou seu raio conceptual, passando a designar o ato de tomar qualquer condução – trem, ônibus, avião; *ônibus*, por sua vez, que originariamente significa 'para todos' (do ablativo latino *omnibus*) modificando uma base substantiva (algo como 'veículo'), assumiu com o tempo o lugar da construção inteira e o significado exclusivo de 'veículo rodoviário para uso coletivo'. Estes dois exemplos ilustram dois movimentos contrários no léxico: a generalização (*embarcar*) e a restrição do significado (*ônibus*).

Esses mecanismos de ampliação e restrição semânticas são comuns na língua, mas é impossível prever qual palavra terá seu significado ampliado ou em que direção o significado de uma palavra será reorientado. O que levou a comunidade a consagrar *embarcar* e *ônibus* nos significados que conhecemos hoje foi o princípio da criatividade. Só em virtude da criatividade dos falantes, *inflação* não significa simplesmente 'ação de inflar', mas 'média da elevação dos preços' (restrição de significado por metonímia); *orelhão* não é uma 'orelha grande', mas uma espécie de capacete que protege os telefones públicos (especialização do significado por metáfora); *impa-*

[61] Sobre esta distinção, ver BAUER [1983].

gável passou do sentido 'aquilo que não se pode pagar' para o de 'engraçado ou excêntrico', e *Constituição* não é o 'ato de constituir', mas o nome do conjunto das leis máximas da nação. A criatividade é o fundamento da contribuição circunstancial, ordinariamente particularizadora e frequentemente expressiva, que os falantes adicionam ao significado das formas criadas pelos mecanismos regulares que constituem a produtividade.

Ao institucionalizar-se o produto da criatividade lexical e cristalizar-se idiossincraticamente seu significado, como ocorreu com os quatro últimos exemplos, o elo entre esse produto e sua base tende a desaparecer da competência lexical dos falantes, e consequentemente do sistema da língua. Numa distinção radical entre estes conceitos, pode-se dizer que a produtividade é sistemática e coletiva, ao passo que a criatividade é idiossincrática e particular.

Um ato de criatividade pode, contudo, gerar um modelo produtivo. Foi o que ocorreu com a palavra *sambódromo*, criativamente formada com a terminação -(*ó*)*dromo* (= corrida), que figura em *hipódromo*, *autódromo*, *cartódromo*, formas que designam itens culturais da alta burguesia. Não demoraram a circular, a partir de então, formas populares como *rangódromo*, *beijódromo*, *camelódromo* etc.

Os prefixos *super-* e *hiper-* têm sido abundantemente utilizados na formação de superlativos: *superbacana*, *superimportante*, *hiperlegal*, *hipermoderno*, *superlegal*, *supercheio*, *supertransado*. O sufixo -*ês*, tirado da designação das línguas, tornou-se altamente produtivo na formação de neologismos jocosos, como *economês* (a língua incompreensível dos economistas); na mesma linha, *pedagogês*, *banquês* e *politiquês*.

Ainda a título de exemplo de um mecanismo derivacional produtivo no português atual, lembre-se a construção *dar* + SN derivado de verbo por meio do sufixo *-ada/-ida*, usual sobretudo no registro informal da língua falada (ex.: *dar uma mordida*, *dar uma fugida/fugidinha*, *dar uma olhada*, *uma procurada*, *uma cochilada*, *uma bicada*, *uma pensada*, *uma mexida*, *uma consultada*, *uma perguntada* etc.)[62].

17.6 NEOLOGIA

É fato bem sabido que qualquer língua em uso se modifica constantemente. O item anterior reúne alguns exemplos ilustrativos dessa propriedade da linguagem humana: criação de novas formas lexicais ou acréscimo de novas acepções a formas lexicais já existentes. Ao conjunto dos processos de renovação lexical de uma língua se dá o nome de **neologia**, e às formas e

[62] Carlos Drummond de Andrade registrou numa crônica – "Em Ida, Em Ada" – esse fenômeno linguístico ANDRADE [1998b: 179-181].

acepções criadas ou absorvidas pelo seu léxico, **neologismos**. A introdução, assimilação e circulação dos neologismos estão sujeitas, principalmente, a fatores históricos e socioculturais, mencionados mais adiante. Do ponto de vista do sistema mesmo da língua, que norteia os procedimentos de derivação e de composição, cite-se um fator estrutural que contribui para regular a produção de neologismos: o **bloqueio**[63].

Trata-se de uma condição geral do funcionamento das línguas que pode ser assim resumida: não se cria uma palavra com um dado radical e um dado significado se já existe na língua outra palavra com o mesmo radical e o mesmo significado. O bloqueio é um princípio auxiliar de outro princípio mais geral: a economia linguística. A possibilidade de coexistirem substantivos abstratos derivados do mesmo verbo – como *coroação* e *coroamento*, *competição* e *competência* – explica-se pela diferença de significados que denotam. Por sua vez, a coexistência de *jantar* e *janta* ou de *motociclista* e *motoqueiro* encontra apoio da diversidade sociolinguística expressa por essas formas. E a possibilidade de um brasileiro chamar de *vizinhança* ou de *vizindário* o mesmo grupo de vizinhos depende de ele ser um carioca ou um gaúcho, respectivamente.

A neologia compreende criações vernáculas e empréstimos a outras línguas, os **estrangeirismos**. São criações vernáculas os substantivos *mensalão* (suposta propina paga mensalmente a políticos) e *bafômetro* /*etilômetro* (aparelho que avalia, no ar expelido pela boca, a concentração de álcool no organismo), o verbo *disponibilizar* (tornar disponível); são empréstimos a outras línguas *fast-food* (inglês), *aggiornamento* (italiano), *tsunami* (japonês) e *talibã* (árabe). As criações vernáculas podem ser morfológicas ou semânticas. Os estrangeirismos são em sua esmagadora maioria unidades formais e estão sujeitos a variados processos de incorporação. O primeiro fator a considerar é o sistema gráfico empregado na língua de origem. Se o sistema gráfico da língua doadora é igual ao do português, é comum que a palavra ou expressão conserve a representação gráfica de origem: *mouse*, *mise-en-scène*, *carpaccio*. Às vezes consagra-se uma adaptação gráfica que reflete a absorção da palavra estrangeira pelo sistema fonológico do português: *copirraite* (ing. *copyright*), *musse* (fr. *mousse*), *becape* (ing. *back-up*).

Podem-se distinguir os seguintes processos fundamentais:

1) **Criações vernáculas**

   a) **criações vernáculas formais** (ou neologismos morfológicos), em que se observam regras produtivas de formação de palavras: *bafômetro*, *sem-terra*, *sem-teto*, *debiloide*, *antimofo*, *demonizar*;

[63] Para detalhamento do conceito, ver NAPOLI [1996: 226-9]; ROCHA [1998: 135-145].

b) **criações vernáculas semânticas** (ou neologismos semânticos): *laranja* (pessoa cujo nome é usado em transações financeiras ilegais para ocultar a identidade do verdadeiro beneficiário), *secar* (causar má sorte, azarar), *curtição* (prazer, coisa que está na moda), *torpedo* (mensagem curta por meio de telefone celular).

2) **Estrangeirismos**

a) **xenismos**, em que o estrangeirismo conserva a forma gráfica de origem: *mouse* (acessório manual para guiar o cursor na tela do computador), *carpaccio* (carne bovina, peixe, berinjela servidos em fatias finíssimas temperadas com limão e azeite), *rack* (móvel para acomodar aparelhagem de som), *paper* (ensaio ou artigo da autoria de um especialista para apresentação/circulação e debate em fóruns científicos), *drive-in* (sistema de atendimento em estabelecimentos comerciais pelo qual o freguês/cliente é servido no próprio carro), *coiffeur* (cabeleireiro), *personal trainer* ou *personal* (profissional que programa e executa um treinamento físico personalizado);

b) **adaptações**, em que o estrangeirismo se submete à morfologia do português: *checar* (apurar a verdade, conferir, do ing. *check*), *randômico* (aleatório, fortuito, do ing. (*at*) *ramdom*), *inicializar* (dar início a, por influência do ing. *initialize*), *banda* (do ing. *band*, no sentido de conjunto instrumental);

c) **decalques**, em que há uma tradução literal do estrangeirismo: *alta costura* (fr. *haute couture*), *centroavante* (termo do futebol, equivalente ao ing. *center-forward*);

d) **siglas/acrônimos**, em que se empregam as iniciais das palavras constitutivas da expressão estrangeira: *PC* (*personal computer*), *CD* (*compact disk*), *RSVP* (*répondez s'il vous plaît*, responda, por favor.).

A vida dos neologismos é governada pelo mesmo princípio fundamental válido para o léxico como um todo: qualquer palavra só se mantém em uso se é necessária para designar uma ideia, um objeto, um conceito circulante na comunidade que a emprega. A debilitação ou esgotamento dessa serventia tem por consequência a raridade de uso ou mesmo a obsolescência da palavra. Os termos que designam itens da moda em todas as áreas do comportamento humano – vestuário, música, esporte – dão exemplos abundantes desse fato: o termo *rock*, por exemplo, abreviação de *rock-and-roll*, se difundiu a partir de 1954 e persiste dando nome a um conjunto de estilos musicais capazes de magnetizar o gosto da juventude em todos os continentes. Por sua vez, variações conhecidas como *hully gully* e *twist* não tiveram a mesma sorte. Natural, portanto, que muitos neologismos durem apenas uma temporada, enquanto outros se enraízam na língua.

Às vezes o estrangeirismo é substituído por uma formação vernácula ou adaptada. Foi uma adaptação que tirou *crooner* (cantor) de circulação, substituído por *vocalista* (também do ing. *vocalist*). Uma substituição como esta pode ocorrer por força da conotação: o *crooner* – um tanto secundário na formação dos conjuntos instrumentais – geralmente não era conhecido por seu nome, diferentemente do vocalista, que passou a ser figura central no *show*. No futebol (do ing. *foot-ball*) muitos termos cederam espaço ou deram lugar a formações vernáculas, mesmo depois de um período em que circularam como formas adaptadas: *beque* (do ing. *back*) foi substituído por *zagueiro*, *córner* (do ing. *corner*) convive com *escanteio*, e *centeralfe* (do ing. *center-half*) deu lugar ao *médio-volante*. Ainda mantendo-nos na área semântica do futebol, é notável a criação de novos termos, às vezes por exigência de concepções modernas do posicionamento tático dos jogadores no campo. São criações recentes: *apoiador*, *líbero* (emprestado ao italiano), *lateral*, *volante* e *cabeça de área*.

Identificar uma forma em uso na língua como neologismo nem sempre é tarefa simples, pois não há para isso instrumentos de medida e avaliação. As criações neológicas são mais comuns em certos domínios discursivos, como o que implica o uso artístico/expressivo da palavra (literatura, publicidade, humor) e o que envolve inovação conceitual ou técnica (ciência, religião, esportes, atividades especializadas diversas). Ao criar seu texto, o autor pode produzir conscientemente uma forma, e muitas vezes explicitar essa consciência com um recurso gráfico qualquer, como aspas ou itálico, ou com um alerta epilinguístico (ex., quando diz algo do tipo 'aquilo que os mexicanos chamam...'). Uma vez posta em circulação, porém, a forma neológica pode ser notada como tal por muitos usuários e não o ser por outros, e à medida que seu emprego se repete e se expande, é possível que a consciência da neologia se torne cada vez menos clara. Mas também pode acontecer que a referida forma se mantenha restrita à circunstância de seu uso inaugural, e assim persista por muito tempo na condição de neologismo. Foi o que aconteceu com o adjetivo *imexível*, criado por um Ministro de Estado no início dos anos 1990, e eventualmente usado de forma alusiva àquele episódio. Situação diversa é a do verbo *disponibilizar*, neologismo que se difunde sem carregar qualquer marca das circunstâncias de seu surgimento. Uma solução frequentemente adotada pelos pesquisadores é considerar neologismos as formas e acepções criadas que ainda não lograram registro em um dicionário bem conceituado. É claro que não se trata de uma definição, mas de um critério de pesquisa e análise.[64]

17.7 OUTROS ASPECTOS DA CRIAÇÃO LEXICAL

Os diversos domínios de conhecimento e de atividade constitutivos da ampla massa da experiência humana são delimitados ou identificados pela sociedade em geral graças às designações aplicadas a conceitos, produtos, seres e objetos que os integram. A par das designações arbitrárias típicas do léxico, esses domínios nomeiam seus conceitos e objetos por meio de formas compostas, derivadas e sintagmas fixos. Trata-se de nomenclaturas, reunidas sob rubricas gerais eruditas, algumas bem conhecidas, como 'topônimos/toponímia' (nomes de lugares) e 'antropônimos/antroponímia' (nomes de pessoas), outras de uso raro e especializado, como 'axiônimos/axionímia' (expressões de reverência, como *Vossa Excelência*, *Meritíssimo*, *o senhor/a senhora*), 'nosônimos/nosonímia' (designações das doenças) e epônimos/eponímia (cognomes ou epítetos de pessoas e lugares famosos, como *Poeta dos Escravos*, para Castro Alves; *Cidade Maravilhosa*, para Rio de Janeiro). Segue uma listagem de algumas delas, com destaque para os antropônimos e os oneônimos.

17.7.1 Antropônimos

Compreendem amplamente os nomes de pessoas. São muito variadas as fontes históricas dos nomes próprios. Em algumas sociedades antigas acreditava-se que, ao escolher o nome de uma criança, seus pais ajudavam a definir sua personalidade e a traçar seu destino: *Beatriz* (a que traz felicidade), *Celina* (filha do céu), *Ricardo* (chefe poderoso), *Helena* (tocha, luz), *Lúcio* (provido de luz), *Hortênsia* (a que cultiva jardins). Muitos nomes são tomados, por derivação imprópria, às designações de flores e plantas: *Dália*, *Margarida*, *Magnólia*. Os sobrenomes são, nas sociedades em geral, uma designação de família. Nesse domínio é comum a utilização, por derivação imprória, de nomes de animais e de árvores: *Coelho*, *Lobo*, *Laranjeira*, *Carvalho*. Têm especial papel nesse vínculo familiar os **patrônimos**, que

[64] Para uma análise de criações morfológicas no português contemporâneo, ver SANDMANN [1988] e HENRIQUES [2007b]. Sobre o conceito de neologismo, ver BIDERMAN [1978], CARVALHO [1984] e ALVES [1990]. Em um conto – "Hipotrélico" – Guimarães Rosa deu tratamento lúdico, jocoso e irônico ao tema do neologismo [ROSA, 1967].

derivam do nome de algum ancestral: *Fernandes* (de Fernando), *Álvares* (de Álvaro), *Nunes* (de Nuno). No português do Brasil há alguns nomes próprios de origem indígena: *Bartira*, *Cauê*, *Iraci*, *Jurandir*. A imigração, o cinema e a mídia – especialmente as novelas de televisão – também são meios de ingresso de muitos antropônimos. Seguramente se deve à popularidade do *pop star* americano Michael Jackson a origem do nome próprio *Maicon*. Também tipicamente brasileira é a tendência à criação de antropônimos por meio de amálgama ou aglutinação dos nomes de outras pessoas da família: *Vanílson* (Vânia e Nílson), *Gildésio* (Gilda e Edésio), *Francineide* (Francisco e Neide).

17.7.2 Oneônimos

Chama-se **oneonímia** (de *onéo* 'comprar' + *-ônimo* 'nome') a *criação de lexemas e locuções referentes a marcas industriais ou artigos comerciais.* Muitos desses lexemas estruturam-se como palavras compostas (inclusive amálgamas lexicais) ou derivadas, guardando, dessa maneira, uma relação morfossemântica entre o nome ou marca do produto e suas aplicações ou área de atividade. Dois domínios fecundos em oneônimos são o dos medicamentos 'populares' e o dos produtos de limpeza doméstica. Os oneônimos podem ser formas derivadas, como *Dietil* (*diet*(*a*) + *il*), *Tensil* (*tens*(*ão*) + *il*), *Aerolin* (*aer* + *ol* + *in*), *Pervitin* (*per* + *vit*(*a*) + *in*), *Baralgin* (*bar* + *alg* + *in*), *Melhoral* (*melhor* + *al*), *Gelol* (*gelo* + *ol*), *Anador* (*an*(*a*) + *dor*); formas compostas, abreviadas ou não, como *Aeroflux* (*aero* + *flu*(*xo*) + *ux*), *Brilux* (*bril*(*ho*) + *luz* + *ux*), *Reproarte* (*reproduzir* + *arte*), *Nescafé* (*Nestlé* + *café*), *Sanador* (*sanar* + *dor*), *Paratosse* (*parar* + *tosse*), *Limppano* (*limpar* + *pano*); ou sintagmas fixos: *Biotônico Fontoura*, *Casas Bahia*, *Café Pilão*, *Atalaia Jurubeba*.

DÉCIMO OITAVO CAPÍTULO: O SIGNIFICADO LEXICAL: CONCEITOS BÁSICOS

18.1 INTRODUÇÃO

Dissemos em 6.5.2 que as formas que simbolizam os dados e fatos do mundo são meios de *categorização lexical*. A categorização lexical é expressa por unidades significativas – lexemas – que servem de base à construção de referências e de predicações. Essa base é tipicamente preenchida por substantivos, adjetivos, verbos e advérbios derivados de adjetivos (como os advérbios em *-mente*), considerados palavras lexicais por excelência. Os substantivos, verbos, adjetivos e advérbios acima especificados fazem parte dos recursos de expressão de nossas experiências categorizadas como seres, atributos, estados, eventos e circunstâncias. Deixemos bem claro, porém, que a seleção dos recursos léxicos com o objetivo de dar a conhecer os conteúdos de nossa consciência é apenas uma parte de nossos atos comunicativos (cf. quarto capítulo).

Neste capítulo e no próximo, faremos uma análise dos significados lexicais. Para tanto, focalizaremos, primeiramente, diferentes aspectos da significação das palavras, como a *denotação*, a *conotação*, a *polissemia* e a *metáfora*. O capítulo seguinte será dedicado à decomposição do significado lexical e às relações semânticas que os usuários da língua são capazes de estabelecer entre as formas lexicais. Estas relações são um requisito tanto da adequada compreensão dos enunciados quanto das escolhas que os usuários fazem segundo o que pretendem exprimir e comunicar.

18.2 REFERÊNCIA E DENOTAÇÃO

No primeiro capítulo desta gramática, observamos que para os usuários da língua em geral o mundo percebido pelos sentidos ou intuído pelos sentimentos estaria organizado em si mesmo como uma estrutura autônoma, e as palavras nada mais seriam do que etiquetas para seres, coisas, fatos, sensações. Muitas palavras de fato têm esse papel; é assim que elas funcionam na etapa inicial de aquisição da linguagem pelas crianças. E o exemplo bíblico se baseia nessa ideia, conforme as primeiras linhas do Gênesis: "Deus chamou à luz dia, e às trevas chamou noite."

No entanto, o simples fato de dispormos de uma mesma forma para designar coisas diferentes (*planta*= (1) árvore, (2) desenho da estrutura de uma casa, (3) sola do pé) ou de dispormos de formas diferentes para designar a mesma ideia (*coragem*, *destemor*, *valentia*) compromete a tese da relação direta entre as palavras e as coisas do mundo.

Uma explicação muito difundida ao longo do século XX dava conta de que a significação das palavras envolve três entidades: um símbolo, um referente e um conceito[65]. O símbolo é a própria palavra na sua materialidade fônica ou gráfica; o referente é o objeto, ser ou entidade do mundo (real ou imaginário) nomeado pelo símbolo; e o conceito é a imagem mental (o significado propriamente dito) construída pelos interlocutores. Esta proposta não difere muito da hipótese de uma correspondência entre palavras e objetos do mundo.

O ponto central da questão é esclarecer em que consiste o significado. Para tanto, fixemo-nos inicialmente em uma distinção mais básica: **referência** e **denotação**. Chamamos **referência** à relação entre uma expressão linguística presente no discurso/texto – ex.: *este chapéu*, *meu chapéu*, *um chapéu de aba larga* – e um dado qualquer reconhecível numa situação concreta de comunicação. Já **denotação** corresponde ao potencial de sentido que faz da palavra *chapéu* uma forma apta a participar de qualquer daquelas expressões referenciais. Referência é o meio pelo qual as pessoas empregam uma expressão comunicativamente bem sucedida no discurso. Trata-se de um conceito ligado ao texto. Denotação é o conhecimento partilhado por elas independentemente da situação comunicativa[66]; trata-se de um conceito ligado ao trabalho dos dicionaristas, que procuram descrever o conhecimento lexical da coletividade falante de uma dada língua.

18.3 CONOTAÇÃO

Um conceito complementar ao de denotação é o de **conotação**. A conotação é uma componente suplementar da significação por meio da qual se expressam nossas atitudes de apreço, desprezo ou repulsa; de tranquilidade ou de pânico; de distanciamento ou de aproximação; de valorização ou de depreciação. Ela recobre os aspectos culturais e ideológicos do significado da palavra, e desempenha papel especial na diferenciação dos sinônimos. A conotação é, assim, o lugar em que ecoam as experiências culturais da comunidade.

Certas palavras são conotativamente mais marcadas do que outras, na medida em que revelam juízos de valor de maneira mais ostensiva. Referimo-nos, por exemplo, à carência de cabelos, notadamente nos homens,

[65] Ver OGDEN & RICHARDS [1923/1972].
[66] KREIDLER [1998:43].

com os termos *calvo* e *careca*; cada qual presta-se a exprimir conotações peculiares, mas só o segundo, típico da linguagem coloquial, é usado no trato afetuoso ou na referenciação jocosa. Dizemos que *o trânsito está lento*, mas quando nos referimos à habitual lentidão de uma pessoa podemos exprimir nossa reprovação/depreciação dizendo que ela *é lerda* ou que *é uma lesma*, valendo-nos de uma metáfora. É por força da respectiva conotação que uma palavra ou expressão despertam nos usuários da língua reações afetivas diversas, por conta do simbolismo das experiências culturais evocadas pela linguagem. O tabu é um domínio de significação profundamente impregnado pela conotação, haja vista o modo como as pessoas lidam com palavras e expressões relativas às crenças religiosas, aos atos fisiológicos e à sexualidade. É, enfim, a sensibilidade à conotação que nos leva a fazer uma escolha: entre *roubar* e *afanar*, entre *sensibilidade* e *feeling*, entre *dirigir* e *pilotar*, entre *refeição* e *rango*, entre *motivo* e *pretexto*.

O efeito conotativo depende também das combinações utilizadas. O próprio adjetivo *lerdo* pode ser empregado sem qualquer carga afetiva quando se diz que uma pessoa ficou *meio lerda* após tomar um remédio tranquilizante. Assim também, o adjetivo *magro* é estritamente denotativo quando o empregamos para nos referir à compleição do corpo humano, mas assume feição nitidamente conotativa na expressão *tempo de vacas magras*, com que nos referimos a uma era de escassez e dificuldades de ordem financeira.

A conotação responde, portanto, pelo efeito de sentido causado pela possível associação entre uma palavra e uma experiência cultural que matiza sua significação. Esta experiência cultural pode ser um fato histórico ou discursivo, um domínio de conhecimento ou de pensamento. Em "Gato gato gato"[67], em meio ao tenso e silencioso confronto entre os personagens centrais, um menino e um gato, repentinamente surgem duas rolinhas. Eis o trecho: "Por um momento, foi como se o céu desabasse de seu azul: duas rolinhas desceram vertiginosas até o chão. Beliscaram levianas um grãozinho de nada e de novo cortaram o ar excitadas, para longe." O verbo *desabar*, concreto e visual, é empregado para sugerir, conotativamente, uma ruptura brusca e violenta da harmonia; na sequência, três adjetivos – *vertiginosas*, *levianas* e *excitadas* – acentuam, também pela respectiva carga afetiva – o contraste entre a presença inocente das aves e o clima tenso e silencioso do confronto.

---

67 RESENDE, Otto Lara. Gato gato gato. In: MORICONI [2000: 220-223].

18.4 COMPOSIÇÃO DO SIGNIFICADO LEXICAL: TRAÇOS SEMÂNTICOS

O que chamamos significado lexical pode ser compreendido como a união de componentes semânticos derivados de duas fontes: a denotação e a conotação. No significado lexical estão presentes tanto aspectos intelectuais quando aspectos afetivos, tanto os elementos semânticos mobilizados na referenciação objetiva – como chamar *chapéu* a um artefato ordinariamente constituído de uma parte central côncava e uma parte periférica, a aba, para cobrir a cabeça – quanto os vários vínculos que levam os usuários da língua a associar uma dada palavra a uma região, a uma classe social, a um domínio profissional, a uma situação comunicativa, a um certo estado de espírito.

Os termos *chapéu*, *boné*, *boina*, *quepe*, *touca*, *gorro*, *barrete* designam diferentes objetos com a mesma função: artefato de uso individual para cobrir ou ornamentar a cabeça. O que os torna denotativamente diferentes? Podemos nos concentrar na forma ou no uso, e até na matéria com que são feitos. O *gorro* é sempre de tecido bem flexível, como linha ou lã; o *boné* é provido apenas de uma aba frontal para reduzir a claridade sobre os olhos e destina-se a um uso geral e informal; a *boina* é desprovida de aba ou copa, mas possui um bojo e, em alguns modelos, um apêndice central no topo; tanto pode ser um apetrecho de uniforme de aspirantes militares como um componente do vestuário feminino, muito associado hoje à elegância do inverno, mais comum entre as jovens. O *quepe*, como o *boné*, é provido apenas de aba frontal, porém mais rígida, e é usado principalmente por oficiais militares em solenidades ou, menos regularmente, por profissionais como condutores de trem; a *touca* parece o mais doméstico e informal desses utensílios, ora semelhante ao *gorro*, ora ligado, segundo a cultura, ao vestuário de dormir. O *barrete* é o chapéu dos cardeais, a carapuça vermelha do Saci Pererê, e símbolo da República entre os franceses: o barrete frígio.

Tomemos agora a seguinte série de verbos: *tirar*, *retirar*, *remover*, *arrancar*, *extrair*, *sacar*. Trata-se de sinônimos que denotam em comum 'fazer que algo saia de seu lugar ou posição'. *Arrancar* e *sacar* (a arma) envolve o emprego necessário das mãos. *Extrair* tem usos ordinariamente técnicos (*extrair um dente*, *extrair um cálculo renal*) e pode ter por sinônimo, na língua popular, *arrancar*. *Tirar* e *arrancar* podem denotar o mesmo ato, com a diferença de que em *arrancar* este é realizado 'com mais energia' (cf. *tirar um espinho* e *arrancar um prego*).

Todos os elementos de significação comuns e distintivos das 'espécies de chapéu', bem como os elementos de significação comuns e distintivos dos verbos que acabamos de comparar, são seus *traços semânticos*. Este assunto voltará no décimo nono capítulo em abordagem mais detalhada.

18.5 CONHECIMENTO DE MUNDO E CONHECIMENTO DA LÍNGUA

Por sua condição de seres socioculturais e usuárias de uma língua, as pessoas carregam consigo um 'conhecimento e interpretação do mundo' que se materializa nas palavras. Estas são, desse modo, recursos coletivamente disponíveis para a objetivação de um estoque de significação potencial mentalmente processado pelos usuários da língua. Ao mesmo tempo que resultam de uma acumulação sócio-histórica no seio dos grupos humanos, as palavras e o respectivo potencial de significação estão sujeitos a alterações relacionadas a mudanças e inovações culturais desses grupos. Esse potencial de sentido faz parte, portanto, da memória da comunidade de falantes.

Essa memória é um arquivo monumental de dados que se organizam como eventos (uma festa de aniversário, a compra de um par de sapatos, uma reunião de trabalho), como classes de objetos (os insetos, os signos do Zodíaco as ferramentas, os calçados, os legumes), como habilidades/técnicas/ofícios etc., experiências diversas que fornecem continuamente a matéria dos enunciados/textos construídos por esses mesmos falantes.

Qualquer ação ou sequência de ações dirigidas a um fim (tarefas profissionais ou domésticas, atividades de lazer, cerimônias) depende da retenção de informações organizadas de alguma maneira; sem isso, a respectiva atividade não teria um sentido, não atingiria sua finalidade, não teria êxito. Um lavrador tem conhecimentos específicos sobre a oportunidade da semeadura, sobre a contribuição do sol e da chuva, sobre a época da colheita e o modo de realizá-la. O velejador tem conhecimentos específicos sobre orientação no mar, a velocidade do vento, a serventia dos instrumentos de navegação da espécie de barco que utiliza etc.

O homem é um ser que conhece e que é capaz de revelar ou acessar o conhecimento das coisas mesmo quando este não está sendo posto em prática. Esta aptidão é um produto direto do domínio da palavra. Nosso conhecimento do léxico de uma língua reproduz em certa medida o modo pelo qual estruturamos as diversas experiências socioculturais, como jogar xadrez, preparar um prato, cultivar e reconhecer plantas, usar um programa de computador etc. A cada experiência sociocultural corresponde normalmente um conjunto particular de termos/expressões. Uma expressão como *cozinhar em banho-maria* tem muitíssimo mais chances de ocorrer numa receita culinária do que numa lição sobre xadrez (a menos que seja usada metaforicamente), e o adjetivo *medicinal* é mais previsível em um comentário sobre a utilidade de uma erva do que de um recurso de correção ortográfica.

Por outro lado, consideremos a possibilidade de empregar os verbos *retirar*, *extrair*, *arrancar* e *remover* – que expressam ações análogas – seguidos de complemento expresso pelo substantivo *pedra*. De um lado, teremos a polissemia de *pedra* (cf. *retirar/extrair uma pedra do rim* e *retirar/remover uma pedra do caminho*); de outro, teremos a propriedade combinatória (*extrair/retirar/remover uma pedra do rim*, mas não *arrancar uma pedra do rim*); por último, teremos uma variação de uso (cf. *extrair um dente* – uso técnico – e *arrancar um dente* – uso popular).

18.6 COMO SE ESTRUTURA O LÉXICO: FAMÍLIAS LEXICAIS E CAMPOS SEMÂNTICOS

Qualquer substantivo, verbo ou adjetivo representa uma parcela de algum conhecimento estruturado. A simples palavra *peixe* evoca outras segundo o sistema de relações que ela é capaz de ativar no conhecimento de cada pessoa. Eis algumas possíveis associações, no interior do léxico português, com o substantivo *peixe*. Pode lembrar:

a) *tartaruga*, *siri*, *polvo*, *marisco* – pela propriedade comum 'animal marinho';
b) *carne vermelha*, *caça*, *frango*, *porco*, como parte do conjunto 'alimentos de origem animal';
c) *sardinha*, *anchova*, *robalo* – aos quais serve como designação genérica;
d) *anzol*, *rede*, *isca*, *molinete* – instrumentos/recursos de sua captura;
e) *frito*, *cozido*, *assado*, *cru*, variedades de sua preparação culinária;
f) *guelra*, *escama*, *barbatana* – componentes de sua estrutura;
g) *agilidade*, *fertilidade*, *fartura*, *sensualidade*, em função de associações culturais diversas.

Em cada série de elementos associados temos uma espécie de microssistema lexical revelador de uma certa estruturação do conhecimento. Cada substantivo, cada verbo, cada adjetivo que conhecemos extrai dessas variadas constelações associativas sua significação e sua relevância na estruturação de nossas experiências de mundo.

Em geral, portanto, conhecemos os significados das palavras de acordo com procedimentos associativos diversos, graças aos quais a informação de uma lembra ou limita a informação contida em outras. Eis alguns desses procedimentos:

a) reunião em conjuntos ou campos conceituais (os nomes das cores, as peças do vestuário, os nomes dos planetas, os cinco sentidos, adjetivos que expressam tamanho/dimensão, verbos de movimento);

b) termos relativos a objetos, seres, ações inerentes a alguma atividade (*bola*, *gol*, *chutar*, *impedimento*, *área*, *jogador*, *atacante*, *zagueiro*, *juiz*, *bandeirinha*, *gramado*, *escanteio*);
c) combinações textuais estáveis (*correr os olhos*, *tirar fotos*, *cumprir um dever*, *lata de lixo*, *café com pão*, *samba enredo*, *missão impossível*, *sol escaldante*).

Quando, entretanto, comparamos o conjunto das preposições (17 unidades) ou o dos pronomes demonstrativos (17 unidades), com o dos substantivos, dos verbos ou dos adjetivos é que percebemos o desafio que é a compreensão do léxico como um sistema organizado. De fato, tendo por tarefa recobrir os dados inesgotáveis e heterogêneos que constituem a experiência humana de mundo – seja ele real, possível ou fictício – é natural que o léxico seja teoricamente ilimitado e essencialmente heterogêneo.

No seu conjunto, o léxico de uma língua como o português compreende camadas de palavras de idades diversas (vide a diferença entre arcaísmos e neologismos) e procedências variadas (ver capítulo 17). Uma ampla faixa do vocabulário é conhecida de todos os seus usuários (vocabulário comum) e empregada na fala corrente, mas existem palavras de emprego restrito a certos ofícios e atividades, vocabulários regionais e termos/expressões característicos de grupos organizados em torno de interesses socioculturais e/ou de lazer específicos.

Muitas palavras podem servir a setores diversos e a diferentes espécies de atividades. Geralmente, quando isso acontece, a palavra apresenta variações de significado denotativo (sobre o conceito de polissemia, ver 18.7) e, sobretudo, de referência, conforme as especificidades da respectiva área. Um caso exemplar é o da palavra *peça*, com diferentes significados denotativos nos domínios *teatro* (uma peça em dois atos), *vestuário* (algumas peças de roupa), *comércio de tecidos* (uma peça de cetim) e *mecânica de automóveis* (uma peça do sistema de câmbio).

Por estes e outros aspectos, de que já nos ocupamos no capítulo 17, a análise do significado lexical só pode ser empreendida mediante o recorte do léxico da língua em muitos subconjuntos razoavelmente homogêneos, constituídos segundo critérios variados.

Eis três deles razoavelmente consensuais:

a) **famílias lexicais** – agrupamento de palavras segundo sejam formadas a partir de um radical comum (ex.: *mover*, *móvel*, *movimento*, *movimentar*, *mobília*, *movente*, *moção*, *remover*, *remoção*, *mobilidade*, *imobilizar*, *comover*, *demover*);
b) **campos semânticos** – agrupamento de palavras da mesma classe gramatical associáveis segundo relações semânticas variadas – si-

nonímia, antonímia, hiponímia, complementaridade etc. (ex.: verbos/substantivos que significam movimento, verbos/substantivos que significam percepção sensorial, adjetivos que significam temperatura, adjetivos que expressam estados emocionais etc.);

c) **terminologias** – agrupamento de substantivos, adjetivos e verbos designativos da organização conceptual de um campo de atividade ou de conhecimento (ex.: léxico da pesca, léxico da música, léxico do futebol, léxico da cultura da cana etc.).

Ao constituir esses subconjuntos, é necessário reconhecer que muitos deles apresentam um elenco de termos que designam entidades objetivamente diferentes. Trata-se dos domínios de conhecimento recobertos por nomenclaturas ou terminologias (ex., a designação dos planetas, dos meses do ano, das partes da planta, dos talheres, das ferramentas etc.). Nos casos mais extremos e característicos (como o das nomenclaturas científicas), pode-se dizer que um dado campo de conhecimento é representado por uma 'lista de termos' que servem para rotular entidades/conceitos objetivamente distintos entre si (ex.: a nomenclatura das espécies de formigas ou das espécies de orquídeas).

Quando nos referimos, porém, a uma estruturação conceptual do léxico, estamos pensando em algo bem menos óbvio do que 'listas de termos' em que a uma palavra/expressão supostamente corresponde um 'dado da realidade' por si mesmo identificável. A estruturação conceptual diz respeito, antes, à transformação de nossas experiências em um conhecimento organizado que nos guia na compreensão/expressão de situações/fatos concretos. Tal organização é, mesmo com lacunas ou imperfeições, recoberta pelas palavras mediante relações de sentido no interior de campos semânticos.

Assim, as designações dos planetas ou dos meses do ano são nomenclaturas, ao passo que os verbos que significam 'atividade comunicativa com uso da palavra' – *falar*, *dizer*, *declarar*, *anunciar*, *insinuar*, *negar*, *afirmar*, *assegurar* etc. – expressam significados que se delimitam reciprocamente no interior do respectivo campo semântico. Essa delimitação recíproca se expressa como relações de *semelhança* (sinonímia), de *oposição* (complementaridade e antonímia), de *inclusão* (hiperonímia/hiponímia e meronímia), entre outras. Digamos, no entanto, que esses dois tipos representam situações extremas típicas e que entre uma e outra existem meios-termos.

18.7 POLISSEMIA E HOMONÍMIA

O emprego da 'mesma palavra' para 'significar coisas diferentes' é uma experiência cotidiana de qualquer usuário de uma língua. Os exemplos seguintes, com as palavras *chave* e *cravo* comprovam este fato:

- O carro estava estacionado com a *chave* na ignição.
- Tranquei o cadeado, mas não sei onde guardei a *chave*.
- Se a *chave* geral for desligada, ficaremos sem luz.
- O doce tinha um sabor acentuado de *cravo*.
- O *cravo* é uma espécie de ancestral do piano.
- Fixou a ferradura no casco do cavalo por meio de *cravos*.

Ao comparar, porém, os três primeiros exemplos, notamos que, embora designe objetos com funções diferentes (*chave de porta*, *chave de carro*, *chave de luz*), a palavra *chave* tem o valor geral de um instrumento ou recurso para acionar algum mecanismo (de abertura da porta, de atividade do motor, de iluminação). Esse valor geral corresponde à **denotação** (ver 18.2) de *chave*, sobre a qual se erige a **polissemia** (= variação/dispersão de sentido). Já nos três exemplos seguintes, não se identifica qualquer traço de significado comum às três designações de *cravo* (respectivamente, planta aromática, instrumento musical, variedade de prego curto). Trata-se de um exemplo típico de **homonímia** (= uso de um só significante para significados distintos e não relacionados).

A principal causa da dispersão polissêmica está nas transferências de sentido operadas pela metáfora e pela metonímia (ver 18.10). Já a homonímia tende a ser explicada como resultado da convergência, em um mesmo significante, da evolução histórica de étimos diferentes (ex.: *pregar*, resultado da transformação fonética de dois étimos latinos, *plicāre* (*pregar* = 'dobrar' donde 'unir, fixar') e *praedicāre* (*pregar* = 'dizer em voz alta', 'proferir'). Às vezes a diversidade de origens é apagada na pronúncia mas mantida na escrita; trata-se de homônimos simplesmente homófonos (ex.: *empossar* [= dar posse a] e *empoçar* [= formar poças]). O mais famoso exemplo dessa espécie de homonímia consiste nas formas *seção* (segmento, parte), *sessão* (evento) e *cessão* (ato de ceder). O caso mais conhecido de homofonia com homografia é o de *são*, conforme os exemplos *Eles **são** irmãos* (verbo *ser*), *Era dia de **São** Pedro* (*santo*) e *Um fruto **são*** (*sadio*).

Estes exemplos foram escolhidos para ilustrar inequivocamente os conceitos, mas a fronteira entre homonímia e polissemia está longe de ser uma coisa simples. Nos dicionários de médio e grande porte, a homonímia serve às vezes de critério para a separação de verbetes. *Pena*, por exemplo, registra-se ordinariamente em duas entradas, uma para a acepção de unidade da plumagem das aves e outra para lástima, piedade, punição, castigo. Um rápido exame do verbete dedicado a alguma palavra de uso corrente é bastante para mostrar que, por mais que o dicionarista esteja seguro desta distinção, ele não pode definir a fronteira que separa uma dispersão polissêmica de uma cisão homonímica. Em *ele* **colou** (= fixou) *o selo no envelope* e *ele* **colou** (= copiou) *duas questões da prova de matemática* temos um caso de polissemia ou de homonímia? Qualquer dicionário reúne as duas acepções na mesma entrada, sem deixar claro se vê nela um caso de polissemia ou de homonímia. Dificilmente, contudo, se achará uma ligação de sentido entre as duas acepções. No entanto, *colar* (verbo que significa 'unir por meio de cola, grudar') e *colar* (substantivo que significa 'adorno do pescoço') constituem um claro exemplo de homonímia, haja vista a diferença de classes gramaticais.

As eventuais dificuldades na operacionalização da dicotomia polissemia X homonímia não podem ser, contudo, um argumento decisivo para o abandono da distinção. A homonímia em português é um fenômeno até esporádico quando comparado à polissemia. Pode-se dizer que ela está presente sempre que um mesmo significante serve para exprimir duas formas distintas do léxico. Por este critério, temos homonímia toda vez que as formas foneticamente idênticas correspondem a classes gramaticais diferentes (ex. *são* [verbo *ser*], *são* [= santo] e *são* [= sadio]). A distinção precisa então ser refinada para a descrição dos casos de pluralidade semântica de um significante enquadrado na mesma classe. Devemos firmá-la nos seguintes termos: há polissemia se os sentidos puderem ser agrupados em torno de um núcleo de significação comum, e homonímia quando nenhuma afinidade semântica for atestada. Diante dos casos obscuros, a solução é o recurso à etimologia. Étimos distintos, não há dúvida: homonímia.

18.8 POLISSEMIA DE TRÊS VERBOS DE MOVIMENTO

Vamos agora acompanhar a polissemia ou 'dispersão semântica' de três verbos empregados basicamente para a expressão de movimento no espaço: *voltar*, *levar* e *passar*. Consideremos o funcionamento deles nas seguintes frases, começando pelo verbo *voltar*:

1a) Ele *voltou* à fazenda.
1b) As cartas *voltaram.*
1c) Ele *voltou* à infância.
1d) Ele *voltou* a frequentar as aulas.
1e) Ele *voltou* ao assunto.
1f) Ele *voltou* as costas para nós.

Nos exemplos 1a-1e, o verbo *voltar* significa 'movimento para trás' (em que *trás* é o 'lugar' de uma experiência anterior), respectivamente no espaço – exemplos 'a' e 'b' –, no tempo – exemplos 'c' e 'd' – e no discurso – exemplo 'e'. Em 'f', porém, *voltar* significa 'posicionar algo em dada direção', sem implicar 'experiência anterior'. É com este mesmo sentido que se diz *O maestro* ***se voltou*** *para o público e agradeceu os aplausos*. É o sentido que aplicamos a qualquer objeto, como o parafuso, que dá uma volta em torno do próprio eixo: também movimento – mas não deslocamento – em direção a uma posição anterior.

Levar:
2a) Ele *levou* o filho ao colégio.
2b) *Leve* essas malas para a garagem.
2c) Por que você não *leva* um pedaço de bolo para seu avô?
2d) Vou *levar* boas lembranças daqui.
2e) Não *levo* desaforos para casa.
2f) Ele *levou* a plateia ao delírio.
2g) Os assaltos *levaram* a empresa a contratar mais seguranças.
2h) Ana *levou* um susto quando o carro freou.

Nos exemplos 2a-2e está claro que *levar* significa algo como *transportar*, *carregar*, com a diferença de que a coisa que se leva pode ser concreta (seres ou objetos) ou abstrata (sensações, sentimentos). Já em 2f e 2g, *levar* exprime uma causa. Apesar dessa variação de sentidos, podemos relacionar os empregos de *levar* nos exemplos 2a-2f. Digamos que nestes exemplos *levar* sempre indica que, por ação ou atitude de alguém, algo muda de posição (2a-2e) ou de situação (2f-2g). Aparentemente, porém, o exemplo 2h é muito diferente dos demais, já que o sujeito de *levar* – *Ana* – é apenas paciente de um fato (cf. *levar um susto*, *levar uma bronca*, *levar um tombo*). Contudo, se compararmos 2h com 2i e 2j

2i) Este bolo *leva* uma camada de creme e outra de chocolate.
2j) Fiz tudo por amizade; juro que não estou *levando* nada.

fica claro que *levar*, construído com um sujeito não agente, pode significar 'receber', 'conter', 'ser aquinhoado com', que é o sentido que está na origem de 2h. A única diferença é que em 2i e 2j o sujeito de *levar* é beneficiário da ação, ao passo que em 2h o fato ocorre em prejuízo do sujeito. Nestes exemplos a ação se passa sem a intervenção do sujeito sintático. Correlato a este emprego é o que se observa em

2k) Ele *leva* a vida que pediu a Deus.
2l) *Levei* duas horas para encontrar essa rua.

em que *levar* exprime a ideia de 'duração'.

Vejamos agora o verbo *passar*:

3a) *Passei* pela praia hoje de manhã.
3b) Agora, sua febre vai *passar*.
3c) Os cães ladram, a caravana *passa*.
3d) *Passei* pela porta dos fundos.
3e) *Passamos* da sala à varanda.
3f) Ele *passa* de um assunto a outro com facilidade.
3g) Ele *passou* rapidamente de caixa a gerente do banco.
3h) Ela *passou* a frequentar a igreja.
3i) *Passe* a salada, por favor.
3j) João *passou* no vestibular para medicina.
3k) Ele já *passou* o irmão.
3l) Carlos *passa* a própria roupa.
3m) As vítimas do acidente *passam* bem.
3n) *Passei* a noite toda acordado.
3o) Eles não *passam* sem uma cervejinha depois do trabalho.

Passar e *voltar* têm em comum a possibilidade de serem empregados desacompanhados de complemento (verbo intransitivo: *A chuva* ***voltou*** / *A chuva* ***passou***) ou seguidos de complemento (verbo transitivo: *Ela* ***voltou*** o rosto *para a janela* / ***Passe*** *a farinha na peneira*), ao passo que *levar* é sempre transitivo. Isso faz de *passar* e *voltar* verbos sintaticamente mais versáteis que *levar*. Podemos agrupar estas frases segundo os significados – critério semântico – ou segundo as construções – critério sintático.

Passar a roupa, *passar a tropa em revista* têm uma singularidade: o objeto é estático (cf. *passar um fax*, *passar um recado*, *passar um filme*, em que o objeto se desloca), enquanto o sujeito, agente ou instrumento, se desloca. Diferente é o caso de *passar a noite*, *passar um fim de semana*, *passar as férias*, que denotam deslocamentos no tempo. Nestes casos, o período de tempo se completa como resultado do processo expresso no verbo. A frase *Passe as roupas pra mim* é ambígua. Em um sentido, o objeto *roupas*, estático, muda, entretanto, de estado; no outro, muda de posição.

Observando os subconjuntos de frases com o verbo *passar*, percebe-se que tanto no uso intransitivo como no transitivo *passar* exprime dois significados básicos, movimento (3a-3l) e estado (3m-3o), distinção que tem raízes históricas: o sentido de movimento (cf. *passo*) se prende ao étimo *pandere* (= abrir, esticar, desdobrar) e o de estado (cf. *passivo*) a *pati* (= tolerar, sofrer, submeter-se). Esta diversidade de étimos autoriza a separação entre dois verbos *passar*, tratados como um caso de homonímia (ver 18.7).

18.9 O LÉXICO E A INTERAÇÃO DE DOMÍNIOS CONCEPTUAIS

Um jornal carioca muito lido por torcedores de futebol estampou no dia 19/12/07 a seguinte manchete: 'Peixe vai para o congelador por 120 dias'. *Peixe* é um tratamento carinhoso que o jogador Romário, ex-craque da seleção brasileira de futebol, dá a alguns de seus interlocutores e que estes também lhe dão. O jornal referia-se à suspensão do atleta, posteriormente inocentado, por uso de uma substância proibida no esporte profissional.

Naturalmente, para os falantes de português que não disponham dessas informações na respectiva memória cultural, a frase, estampada no jornal e endereçada ao público interessado em futebol, faz pouco – ou nenhum – sentido, já que só poderia ser interpretada em sua acepção literal – obviamente absurda nesse contexto – na qual *peixe* é um ser aquático e *congelador* um lugar em que se conservam alimentos por longo tempo. Já os falantes de português familiarizados com o mundo do esporte fazem a leitura figurativa. Nesta, *peixe* é uma referência a Romário e *ir para o congelador* é ressignificado para ser coerente com essa referência e com a situação relatada: 'ficar imobilizado', 'impedido de atuar'.

Esta espécie de associação é muito comum e fornece mais uma prova de que a atribuição de significado às palavras baseia-se na organização delas em conjuntos correspondentes à organização de nossas experiências do mundo em esquemas ou enquadres. Nosso conhecimento de mundo é composto de esquemas que nos ajudam a enquadrar as situações que vivemos no quotidiano, permitindo-nos, pela assimilação de experiências novas a experiências anteriores, compreender o que se passa à nossa volta, a prever atos e fatos e a adequar nossas próprias ações ao contexto.

Assim, ao decidir comprar um par de sapatos, sei que tomarei parte num conjunto de ações e de elementos envolvidos no evento: o espaço da sapataria, o vendedor, informações trocadas sobre o objeto da transação, o pagamento da mercadoria e seu recebimento etc. Tudo isso faz parte de um esquema ou enquadre que assimilamos em virtude de nossas experiências socioculturais e que, arquivado mentalmente, é recoberto por palavras, expressões e enunciados. Nesse evento, são altamente previsíveis perguntas como *Que número você/o senhor calça?* ou observações do tipo *Tenho um outro modelo mais esportivo*, produzidas pelo vendedor.

Entender ou expressar uma conceptualização qualquer – de natureza intelectual, sensorial ou afetiva – com base em outra experiência já sedimentada é um procedimento rotineiro na vida dos seres humanos. Se, apalpando o rosto de um paciente febril, posso dizer que sua febre *baixou*, estou, obviamente, aplicando a uma sensação térmica percebida pelo tato (quente/morno/frio) um conceito relativo à verticalidade dos objetos, apreendido pela visão (alto/médio/baixo). E quando alguém sugere *jogar uma pá de cal* sobre um assunto, está, com certeza, dizendo que é hora de esquecê-lo, de tratá-lo como 'algo que já não importa, porque está morto'.

Em ambas as situações, formulamos algum sentido mediante a conceptualização de uma situação (a intensidade da febre; o debate de um assunto) nos termos em que conhecemos outra (um objeto visualizável na sua posição vertical; o ato de cobrir de cal um caixão baixado à sepultura). Trata-se, em cada caso, da imbricação de domínios conceptuais que se estruturam, total ou parcialmente, de modo análogo, fazendo que a compreensão de um se torne possível nos termos do conhecimento do outro.

Na fala corrente já não nos damos conta da maioria dessas imbricações de domínios conceptuais, pois dizemos naturalmente *cortar as despesas*, *colher resultados*, *comprar briga*, *ruminar pensamentos*, *quebrar o silêncio*, *não engolir uma desculpa*. Em outros campos da atividade verbal, contudo, como o da publicidade e o da poesia, as aproximações de domínios conceptuais podem ser surpreendentes e até insólitas, como nos seguintes versos de Geir Campos: "Janto a minha migalha de silêncio / tirada ao pão da noite sem fatias..." [CAMPOS, 2003: 140]. Por isso, é inegável que a escolha da expressão verbal que estabelece esse vínculo pode ter motivações e finalidades muito variadas.

18.10 METÁFORA E METONÍMIA

A **metáfora** consiste no emprego de palavras ou expressões convencionalmente identificadas com um dado domínio de conhecimento para verbalizar experiências conceptuais de outro domínio. Consideremos a expressão *uma explosão de alegria*. Usa-se aí uma metáfora típica. O usuário fala de um sentimento – alegria – mas para dizer o quanto ele é intenso e repentino, recorre a outro domínio de conhecimento – o da reação de matérias sujeitas à combustão, de onde traz a matéria-prima de sua metáfora: explosão.

A metáfora é um recurso de expressão amplamente usado no discurso cotidiano, por mais que seja tradicionalmente tratado como característico da linguagem da poesia. Os exemplos da linguagem corrente lembrados na seção anterior – ***colher** resultados*, ***ruminar** pensamentos*, ***quebrar** o silêncio* – são tipicamente metafóricos, haja vista a ocorrência desses mesmos verbos em *o lavrador **colheu** abacaxis*, *as vacas **ruminam** o alimento*, ***quebre** esse coco para mim*. Por sua vez, substantivos, verbos e adjetivos basicamente relacionados ao universo animal são correntemente transferidos – por força do processo metafórico – para o universo dos seres humanos, suas características e atitudes: *Esses políticos são velhas **raposas***, *Aquela **lesma** levou duas* *horas para escrever um simples bilhete*, *Irritado, o motorista* ***rosnou*** *um palavrão*, *Aplicou no paciente uma dose* ***cavalar*** *de antibiótico*.

O que se passa, contudo, com a lexicalização de conceitos conhecida como **metonímia**? Imaginemos que alguém pergunte ao porteiro do prédio onde mora: *Seu Antônio, o correio já veio hoje?* Claro que a pessoa quer saber se a correspondência já tinha sido entregue naquele dia. Ela sabe que o entregador da correspondência no domicílio do destinatário se chama *carteiro*, mas ao referir-se a ele, designa-o com a palavra referente à instituição pública que presta o serviço. *Correio* e *carteiro* pertencem ao mesmo domínio conceptual: serviço de mensagens postais. O uso do termo que designa o primeiro – *correio* – para identificar o segundo – *carteiro* baseia-se na proximidade ou contiguidade – e não numa semelhança – conceitual entre os dois. Trata-se de um típico exemplo de metonímia. Enquanto a metáfora requer a associação de dois domínios inteiros distintos, a metonímia opera a associação entre elementos do mesmo domínio[68]. Outros exemplos: *Após a festa, guardou os* ***cristais*** *de novo na caixa*, *O* ***Brasil*** *é pentacampeão de futebol*, *Bota aí outra dose da* ***purinha***. *Cristais* designa copos, taças e cálices feitos de cristal, *Brasil* nomeia o time de futebol que representa o Brasil; *purinha* rotula a bebida (= cachaça) por meio de uma de suas qualidades.

18.10.1 Produtividade metafórica

Certos domínios conceptuais fornecem em profusão insumos lexicais para outras áreas. Um deles é o domínio espacial.

O vocabulário referente à estruturação conceitual do espaço é fonte vigorosamente fecunda de transferências metafóricas. A maioria delas nos passa despercebida, como o uso de *fonte* duas linha acima. Com efeito, a conceptualização do espaço é um dos pilares da organização do pensamento humano; graças a ela delimitamos territórios e assuntos, situamos objetos e fatos, e definimos direções e objetivos. *Aqui*, *atrás*, *à frente*, *ao lado*, *acima*, *abaixo*, *longe*, *perto*, *dentro* e *fora* são categorias constitutivas de nossa conceptualização do espaço. Outro pilar da organização do pensamento é o tempo, cuja conceptualização se dá de forma análoga à do espaço, haja vista o paralelismo das séries *aqui/atrás/à frente* e *agora/antes/depois*. No domínio das preposições, poucas são as que se usam exclusivamente para tempo ou para espaço. Também os verbos, os adjetivos e os substantivos – especialmente os relativos a volume e extensão – confirmam as afinidades entre as construções conceptuais do tempo e do espaço:

---

[68] EVANS & GREEN [2006: 314].

dizemos que *o tempo é **curto*** ou que alguém vai ***esticar** o fim de semana*, e nos referimos à ***proximidade** de duas datas* ou *de dois corpos*. E o que dizer de expressões como ***entrar** num assunto*, ***chegar** a uma conclusão*, ***descer** a detalhes*? Aqui se empregam verbos de movimento no espaço para significar movimento no domínio das ideias.

Podemos entender, por hipótese, que a conceptualização do *espaço* seja a base das outras conceptualizações que envolvem as ideias de situação, posição e movimento, conceitos por si espaciais. Quando dizemos *Este vaso **caiu** daquela janela*, estamos empregando o verbo *cair* em um contexto de típica conceptualização espacial. O que dizer, porém, do emprego desse mesmo verbo nas frases *Este ano, meu aniversário **cai** num sábado* e *A moda do brinquinho custou, mas acabou **caindo** no gosto de muitos marmanjos*. Na segunda frase, o emprego do verbo *cair* apela para a visualização do encontro, ou encaixe, eventual entre um elemento fixo – a *data* constante do registro de nascimento – e um ponto em movimento (segundo nossa conceptualização do tempo). Na terceira frase temos, em relevo, a ideia da culminação de um processo e a estabilização do que era apenas uma tendência comportamental.

Fica claro pelo exame dos exemplos citados acima que a metáfora sempre envolve a justaposição de dois domínios conceptuais, de sorte que um deles – domínio fonte – fornece termos para a verbalização do outro – domínio alvo. O ponto de partida da formulação metafórica é a semelhança de papéis que os conceitos em foco desempenham, cada qual, no respectivo domínio. Mas sua verdadeira motivação é um aspecto (ou no máximo uma parcela) – e não a totalidade – da significação original que se sobressai aos outros. No caso do verbo *cair*, esta parcela diz respeito à eventualidade do fato e à permanência provisória do objeto deslocado na nova posição. Este sentido é comum às situações evocadas pelos três exemplos comentados acima.

18.10.2 Criatividade metafórica

A obsessão dos estudos retóricos e literários tradicionais pelo efeito expressivo – ou de estranhamento – das chamadas figuras de linguagem, ordinariamente consideradas a pedra de toque do discurso poético, talvez explique a tradicional associação entre este e a metáfora. Já vimos que a metáfora está avassaladoramente presente na linguagem cotidiana, seguramente porque o raciocínio se constrói também pela projeção de analogias entre domínios da experiência. Alguns cientistas repudiaram o emprego de metáforas na linguagem da ciência por considerá-las formas subjetivas ou imprecisas de expressão, coisas que só ficariam bem na 'dicção visionária e sonhadora dos poetas'.

Essas ideias estão hoje superadas, pois está provado que o uso de metáforas – além de ser um traço inerente à linguagem – nada tem a ver com imprecisão conceitual. É normal que se recorra à metáfora como alternativa à não disponibilidade de um termo próprio para verbalizar um conceito novo. Por outro lado, é por meio de metáforas que vários conceitos rigorosamente novos ganharam expressão em muitas áreas de conhecimento.

Esta certeza não está em contradição com o reconhecimento de que o discurso poético, especialmente em sua feição moderna, é domínio de usos metafóricos que não se deixam trespassar de imediato pela compreensão. Integradas ao conjunto do texto e em aliança com outros recursos que dão feição insólita à linguagem, essas metáforas requerem do leitor uma atenção que o obriga a captar a palavra através de sua pele, a experimentar sua materialidade plástica, como neste poema de João Cabral de Melo Neto: "O coqueiral tem seu idioma: / não o de lâmina, é voz redonda: // é em curvas sua reza longa, / decerto aprendida das ondas, // cujo sotaque é o da sua fala, / côncava, curva, abaulada: // dicção do mar com que convive / na vida alísea do Recife."[69]

Uma via possível de leitura deste poema consiste no estabelecimento de três domínios conceptuais: a natureza (*coqueiral*, *ondas*, *mar*, *alíseo*), a linguagem (*idioma*, *voz*, *reza*, *sotaque*, *fala*, *dicção*) e as formas geométricas (*redonda*, *em curvas*, *côncava*, *curva*, *abaulada*). O termo-chave do poema é *idioma*. Trata-se de uma primeira metáfora, deflagradora de outras, tiradas do domínio conceptual 'linguagem'. O domínio 'formas geométricas', por sua vez, fornece as características 'visíveis' da linguagem. A integração destes dois domínios é decisiva, porque é aí que se encontra a propriedade comum ao coqueiral e ao mar: uma linguagem "côncava, curva, abaulada". Ou seja, os domínios 'linguagem' e 'formas geométricas' se fundem metaforicamente para originar um novo domínio, complexo, nos termos do qual se compreenderá a harmonia no domínio 'natureza' graças à assimilação, pelo coqueiral, das características do mar.

Resumindo, a metáfora não é um fenômeno marginal no conjunto da língua, mas um recurso inerente a todo o processo de verbalização dos conteúdos processados pela mente humana. Enfim, um traço do princípio geral de economia linguística. Um fato precisa, no entanto, ficar muito claro: em todos os seus aspectos, a língua exibe usos mais corriqueiros e usos mais surpreendentes. A metáfora não é exceção: existem as metáforas cotidianas e coletivas, que em sua maioria nos passam despercebidas, e existem as metáforas episódicas e individuais, sempre destinadas a produzir efeitos

---

[69] MELO NETO [1980: 32].

comunicativos especiais, frequentemente – mas não com obrigatória exclusividade – no domínio da criação poética.

18.10.3 Produtividade metonímica

A produtividade metonímica é tão avassaladora quanto a produtividade metafórica. É essencialmente metonímico o processo de identificação dos indivíduos por qualquer expressão que sintetize uma predicação, tipificando aquele ou aquilo de que se fala por sua função, posição ou ocupação. Assim as designações profissionais: *porteiro*, *digitador*, *enfermeira*, *pintor*, *frentista*, *diarista*, *sapateiro*, *pianista*, *engenheiro*. Com qualquer desses rótulos identificamos um indivíduo não por seu nome, mas por sua atividade, pelo lugar ou período em que trabalha, pelo instrumento ou objeto de seu ofício.

A metonímia é às vezes empregada como um recurso de classificação, dando origem a hiperônimos (ver 19.3.1). A linguagem da música, por exemplo, faz amplo uso da metonímia na designação dos instrumentos de uma orquestra. *Violoncelo*, *violino* e *contrabaixo* são rotulados como 'cordas'; *clarinete*, *oboé* e *fagote* pertencem à categoria das 'madeiras'; e *saxofone*, *pistão*, *trombone*, *trompa* e *tuba* integram a classe dos 'metais'. Assim como a metáfora, também a metonímia está na base de um sem-número de alcunhas, apelidos ou simplesmente expressões identificadoras, geralmente baseados em um aspecto físico (*Ali perto daquele* ***careca***, *Ela está namorando um* ***barbicha***, ***Bigode****, traz outra cerveja*) ou comportamental (*sapatão* [lésbica], *espada* [macho], *garganta* [fanfarrão]). Na linguagem dos esportes é comum identificar um jogador pelo número de seu uniforme: *o camisa 10*; e o auxiliar do árbitro de futebol é muitas vezes chamado de *bandeirinha*. Para mais detalhes sobre a semântica e a estilística da metonímia, ver 22.7.1.2.

DÉCIMO NONO CAPÍTULO: RELAÇÕES SEMÂNTICAS NO LÉXICO: TRAÇOS SEMÂNTICOS E RELAÇÕES DE SENTIDO

19.1 ASPECTOS GERAIS

Na seção introdutória desta obra referimo-nos à conhecida analogia entre palavras e instrumentos, destacando que os significados não apenas 'fluem' por meio delas, mas, sobretudo, existem graças a elas. Também enfatizamos em outra seção que a construção de sentidos globais não resulta da mera soma dos significados acrescentados ao texto pelas palavras que o compõem. Aquilo que as pessoas expressam e põem em circulação por meio dos sinais linguísticos – e que chamamos 'significado' – não é apenas a parte 'oculta' desses sinais. Por ganhar vida em atos efetivos de interação, o significado é uma entidade heterogênea e mutante, à mercê de fatores situacionais e contextuais variados.

Mergulhar no universo de significações que se abre a partir do léxico implica lançar um olhar sobre a palavra tendo como pano de fundo suas possibilidades associativas e evocativas, e, como foco, o contexto comunicacional – e mais especificamente discursivo – de sua ocorrência. Em outros termos, mais do que os significados potenciais, devem-se buscar os sentidos autorizados ou atualizados pelo contexto, emersos do contato entre as palavras que compõem o discurso, e averiguar elementos cuja participação seja decisiva para a construção do sentido global.

Como caminho para ilustrar a distinção entre significado e sentido, leia-se o poema "Rios sem discurso", de João Cabral de Melo Neto:

> Quando um rio corta, corta-se de vez
> o discurso-rio de água que ele fazia;
> cortado, a água se quebra em pedaços,
> em poços de água, em água paralítica.
> Em situação de poço, a água equivale
> a uma palavra em situação dicionária:
> isolada, estanque no poço dela mesma,
> e porque assim estanque, estancada;
> e mais: porque assim estancada, muda,
> e muda porque com nenhuma comunica,

porque cortou-se a sintaxe desse rio,
o fio de água por que ele discorria.
O curso de um rio, seu discurso-rio,
chega raramente a se reatar de vez;
um rio precisa de muito fio de água
para refazer o fio antigo que o fez.
Salvo a grandiloquência de uma cheia
lhe impondo interina outra linguagem,
um rio precisa de muita água em fios
para que todos os poços se enfrasem:
se reatando, de um para outro poço,
em frases curtas, então frase e frase,
até a sentença-rio do discurso único
em que se tem voz a seca ele combate[70].

O registro do significado de uma palavra em dicionário, embora importante por esquadrinhar possibilidades significativas e registrar usos possíveis, apresenta a inércia da água no poço – tem profundidade, mas carece de movimento. É possível encontrar um leque de significados para uma palavra – e cabe à Lexicologia fazê-lo –, mas isso não será suficiente para que se apreenda o sentido em que ela se apresenta neste ou naquele contexto. Parada, descontextualizada, a palavra emudece, não comunica. É na sintaxe do discurso que ela, movimentando-se, encontra seu sentido:

isolada, estanque no poço dela mesma,
e porque assim estanque, estancada;
e mais: porque assim estancada, muda,
e muda porque com nenhuma comunica,
porque cortou-se a sintaxe desse rio,
o fio de água por que ele discorria.

O sentido de uma palavra, portanto, é construído em situação discursiva, no ato comunicativo, e resulta da interação subjetiva entre emissor/enunciador e receptor/destinatário ou, em outros termos, as instâncias de produção e de recepção da mensagem.

Em função de suas intenções comunicativas, o emissor/enunciador lança mão de seu repertório lexical, faz escolhas ao produzir seu enunciado, escala palavras, fazendo combinações entre algumas e preterindo outras. As escolhas feitas visam, primeiramente, a fazer chegar ao receptor/desti-

---

[70] MELO NETO [1996: 350-351].

natário uma mensagem e ensejar que este construa um sentido compatível com as intenções comunicativas do emissor/enunciador. É verdade que, em alguns casos, as escolhas feitas funcionam mais como signos despistadores das reais intenções do falante do que como elementos reveladores destas, mas, como nos casos clássicos de comunicação interpessoal, o papel atribuído à linguagem é o de veicular sentidos, sendo natural tomá-los como referência inicial para, mais adiante, discutir os aspectos decorrentes dos não ditos do ato comunicativo.

Da parte do receptor/destinatário, igualmente, são feitas escolhas, segundo paradigmas análogos aos já mencionados para o emissor/enunciador. Assim, também o receptor ativará seu repertório lexical, bem como o domínio que tenha do sistema linguístico, e aguçará sua percepção dos aspectos para receber e processar a mensagem, atribuindo um valor.

A escolha constitui princípio fundamental para a semântica, sendo mesmo condição necessária da significação[71]. Dessa forma, o sentido torna-se revelador de um e de outro participante, bem como das experiências e dos quadros sociais em que o ato comunicativo se inscreve.

O significado pode ser abordado de muitos pontos de vista, e um deles, muito familiar entre os filósofos, é o da lógica, que optaremos por não aprofundar aqui. Justifica-se: a lógica tradicional se dedica a averiguar as condições de verdade das proposições, ou seja, as condições pelas quais uma proposição realmente representa o mundo, determinando se o que um enunciado comunica é falso ou verdadeiro. O recurso à 'realidade objetiva dos fatos' como critério para o juízo de relevância do conteúdo dos enunciados é, seguramente, decisivo em certos domínios da atividade humana nos quais se trabalha com a prova documental. Mas na imensa variedade das situações comunicativas a atribuição de significado não é amparada em suportes extradiscursivos. Realmente, não é a 'verdade dos fatos' o que interessa à pesquisa linguística, mas a verdade ideológica, muitas vezes em relação dicotômica com a verdade da sentença, bem como as manobras discursivas feitas pelo enunciador para atender às suas intenções comunicativas, explícitas ou não. É exatamente esse lapso entre a lógica da sentença e a lógica contextual que fragiliza discussões sobre o valor de verdade dos enunciados. Acrescente-se a isso mais uma variável, a da recepção (na qual as vivências, as crenças e os valores do interlocutor/ouvinte/destinatário entram também em jogo, colaborando dinamicamente para conferir autenticidade ou não aos enunciados, atualizando verdadeiramente a modalidade) e teremos um complexo de elementos a permear a organização discursiva (ver o texto introdutório desta gramática).

---

[71] "(...) a escolha, ou a possibilidade de seleção entre alternativas, é uma condição necessária, se não suficiente, da significação." LYONS [1980: 36].

Em nossa abordagem, interessa discutir a semântica em sua própria e inerente subjetividade – a mesma que tão frequentemente é alegada como elemento desabonador dessa análise, frente a outras abordagens, tidas como mais 'científicas'. É fato que a linguagem encontra na veiculação de sentidos sua própria razão de ser, o que automaticamente coloca a semântica como via necessária à elaboração do pensamento sobre linguagem. Interessa aos estudos de semântica, especialmente, a forma pela qual o significado de uma sentença se estabelece. Sabe-se que pressupõe a existência de algo no mundo extralinguístico, num dado momento, e a relação desse elemento com pessoas, qualidades e objetos específicos. Desse conjunto e de sua representação emergem os significados.

19.2 LINGUAGEM E REALIDADE

Todos nós temos, em algum grau, consciência dos processos linguísticos que empregamos na comunicação por meio da palavra. Ainda que apenas intuitivamente, damo-nos conta de que existem diferentes espécies de palavras e de que a estas diferenças correspondem diferentes maneiras de representar as situações experimentadas, isto é, de fazer que 'o mundo de nossas experiências' se torne 'objeto de significação' em nossos discursos. Experimente o leitor apreender a significação sugerida pelo seguinte "enunciado": *Panfuas esclíveas repanavam moilanamente sublantes parcosséis*. É claro que este "enunciado" não nos remete, sequer, para uma cena inusitada. As formas que o integram não estão disponíveis nos nossos dicionários e, tampouco, no léxico mental de cada um de nós. Elas foram inventadas agora, mas algo aí já é conhecido e condiciona a compreensão de um esquema significativo: graças às diferentes espécies de palavras – um fato gramatical – reconhecemos nesse "enunciado" uma ação (expressa em *repanavam*, obviamente um verbo), um modo (*moilanamente*, um advérbio), duas qualidades (*esclíveas* e *sublantes*, com certeza adjetivos) e dois seres (*panfuas* e *parcosséis*, substantivos), que são portadores daquelas qualidades e que desempenham, respectivamente, os papéis de agente e de paciente (cf. em 6.5.4 o conceito de categorização combinatória).

Em várias passagens desta gramática vimos insistindo nesse ponto: a língua que falamos não espelha o mundo, mas lhe confere uma organização para que ele possa ser assunto de nossos enunciados/textos. A seguinte definição de *rede* exemplifica espirituosamente o núcleo da questão: "Uma porção de buracos, amarrados com barbante...". Recordemos ainda o exemplo da abelha (cf. 1.1); ela não tem meios de alegar cansaço em alguma etapa de seu percurso e passar seu recado a alguma companheira que o leve à colmeia. Nas sociedades humanas, ao contrário, é comum a situação resumida no seguinte provérbio: *quem conta um conto aumenta um ponto*. Nossa percepção do mundo é, sobretudo, um ato de atribuição de sentido manifesto nas formas de linguagem que aprendemos e/ou que escolhemos. Os mesmos indivíduos que pegam em armas para defender uma causa podem ser chamados de *revolucionários*, *rebeldes* ou *terroristas*. Essa diferença não está na 'coisa em si', mas no ponto de vista. E é isto que importa para a significação.

A consciência dos processos linguísticos pode abranger o funcionamento das categorias gramaticais, ainda que sem a correspondente nomeação. A letra de uma famosa canção popular brasileira diz: "Tire o seu sorriso do caminho,/ que eu quero passar com a minha dor./ Hoje pra você eu sou espinho; / espinho nao machuca a flor./ Eu só errei quando juntei minha alma à sua: *o sol não pode viver perto da lua*." (*A flor e o espinho*, de Nelson Cavaquinho, Guilherme de Brito e Alcides Caminha). Para exprimir poeticamente a incompatibilidade entre ele e sua amada, o letrista valeu-se da analogia com o sol e a lua, não apenas companheiros impossíveis, mas, especialmente, diversos graças ao respectivo gênero gramatical.

Acrescente-se o seguinte episódio para ilustração do tema: o pai chega do trabalho e pergunta aos dois filhos, entretidos com um videogame: *Vocês já jantaram?* A resposta vem em uníssono: *Jamos*. Criatividade expressa por meio de um prodígio de síntese.

Os exemplos comentados ou mencionados revelam a mesma propriedade da linguagem verbal: uma forma ao mesmo tempo convencional e criativa de conferir sentido às experiências de mundo e de compartilhar estas experiências.

Estudando o modo como a realidade é compreendida e representada por meio de unidades linguísticas, ou ainda, o modo como os signos, que são numericamente limitados, podem vir a representar a realidade, em seus infinitos e mutáveis aspectos, Bolinger [1968] enumera condições para que isso ocorra:

a) **segmentação** – a realidade precisa ser segmentada para ser representada, ou seja, é preciso destacar um elemento de seu contexto, individualizando-o, para que ocorra sua nomeação (cf. primeiro capítulo);
b) **repetitividade** – os elementos da realidade precisam ser repetidos, precisam ocorrer diversas vezes para que haja o seu reconhecimento e a fixação de sua representação linguística;
c) **ambiguidade** – haveria uma ambiguidade inerente à representação, já que, a cada evento representativo, algo é diferente, ainda que o nome dado seja o mesmo;
d) **memória** – os elementos linguísticos precisam ser armazenados para uso futuro (essa função depende de processos cognitivos externos à linguagem).

Seguindo essa abordagem, faremos uma apresentação mais detalhada de tais condições.

19.2.1 Segmentar para conhecer e reconhecer

Para que um elemento da realidade seja designado, ele precisa estar discriminado dos demais elementos que o circundam, ou seja, ele precisa ser individualizado. Isso implica a percepção de características, em primeira instância, e a oposição entre estas e outras, que lhes são estranhas. Em outros termos, implica **segmentação**. Decorrem daí relações de identidade e de oposição que contribuirão para se designarem da mesma forma elementos semelhantes (como *carros*, ainda que de modelos diferentes) e se criarem designativos diferentes para elementos cujas características definam sua pertinência a outro segmento da realidade (como *caminhões*, que, mesmo tendo rodas, motor, carroceria, chassis, tal qual os carros, têm características, como tamanho, utilidade, formato, que os distinguem das destes). Tanto carros quanto caminhões precisam ser apresentados e reapresentados ao falante repetidas vezes, para que sejam reconhecidos, discriminados uns dos outros e nomeados adequadamente. O mesmo se dá com as palavras usadas para designar carro e caminhão, que também precisam ser vistas e revistas até que passem a integrar o repertório do falante – isso comprova a **repetitividade** necessária ao processo de construção e fixação de significados. A cristalização de significados permite lidar com a **ambiguidade**, já que será possível, mediante a identificação de determinados traços básicos, reconhecer um elemento, ainda que ele seja apresentado em condições diversas. Por fim, a associação dessas condições a uma saúde neurocognitiva produz as condições necessárias ao armazenamento adequado do signo (lexema/conceito/significado) na **memória**, o que permite venha a ser reutilizado em situações futuras, com o máximo de aproveitamento semântico, e que esteja disponível para as escolhas do falante, em relação paradigmática com outros signos.

A complexidade semântica não está relacionada diretamente à complexidade morfológica – palavras morfologicamente simples podem armazenar um complexo conjunto de traços semânticos, não havendo limites para os elementos que, por assim dizer, compõem a receita de uma palavra. Desse modo, além do significado básico, é possível apreender uma série de componentes do significado a formar uma espécie de segundo plano, que não deixa de ser percebido e que resulta nos valores semânticos de uma palavra ou expressão. Alguns desses traços significativos assumem função distintiva, tal como fazem os fonemas nos pares mínimos. Outros selecionam a interpretação, bem como assinalam a subjetividade do enunciador acerca daquilo que é nomeado, conforme comuniquem valores semânticos positivos, negativos ou neutros. Há ainda os indicadores de sucesso numa palavra, apontando a consecução ou não de um intento, e os traços de escalonamento, que direcionam a leitura do interlocutor para cima ou para baixo, numa imagem escalar. Esses são exemplos de traços semânticos muito frequentes, cuja análise por isso se justifica.

19.2.2 Sucesso

O traço de sucesso é muito comum nas palavras; gradações desse traço podem ser observadas nos vocábulos *arranjar*, *conseguir*, *conquistar*. Eliminando-se a hipótese de que *arranjar* seja lido como *distribuir*, *dispor*, encontraremos nos três verbos uma ideia de sucesso, mas com nuances significativas. Vejamos:

- Ele *arranjou* um emprego.
- Ele *conseguiu* um emprego.
- Ele *conquistou* um emprego.

Arranjar e *conseguir* têm como sinônimos, entre outros, 'obter, alcançar'. *Conquistar* tem como sinônimo 'submeter, subjugar, alcançar à força de trabalho'.

Na frase com arranjar, temos dupla possibilidade de leitura: ele arranjou um emprego para si ou para alguém. Em ambas, o traço semântico [+*sucesso*] está presente, mas não se deixa subentendido qualquer traço relativo à tentativa de arranjar um emprego, como em *conseguiu*, que pressupõe a ocorrência de tentativas antes do sucesso, bem como a existência de alguma dificuldade (*Ele tentou arranjar um emprego e conseguiu*). Já o uso do verbo *conquistar* reúne o traço semântico de 'empenho/esforço' e o associa ao de sucesso, com ênfase, uma vez que só se conquista algo que se desejou e no qual se investiu, superando dificuldades. A frase, nesse caso, resulta numa unidade semântica positiva.

19.2.3 Valor semântico

Por vezes, constroem-se valores semânticos positivos, negativos ou neutros para as palavras e expressões e eles se cristalizam junto à palavra, de modo que seguem com constância, não dependendo do contexto para se realizar. Isso pode ser exemplificado com a palavra *defasado* que, a rigor, significa 'fora de fase'. Considerando que a palavra tem seu uso enraizado na física, mais especificamente na eletricidade, fica claro não haver, originalmente, marcação positiva ou negativa no uso da palavra, já que estar ou não numa fase elétrica não implica julgamento nem resulta dele. Contudo, ao migrar para o uso leigo, a palavra agrega um valor semântico negativo e o cristaliza de tal modo que só é utilizada em contextos cuja avaliação é negativa. Assim, a frase *Esta turma está defasada* jamais será usada em referência a uma turma adiantada em relação às demais, mas apenas para indicar o inverso.

Importante assinalar que o valor semântico advém do significado sociocultural agregado à palavra pelos falantes. Assim, um termo pode ser neutro num momento histórico ou num dado contexto e tornar-se negativo ou positivo em momento subsequente ou contexto diverso. O lexema *esquerda*, vinculado originalmente a uma posição espacial e, portanto, com valor semântico neutro, assume valor semântico que pode ir de positivo a negativo, conforme a orientação política de um país. Assim, *Minha casa fica à esquerda* certamente não tem o mesmo valor semântico que *Meu candidato é de esquerda*, restando averiguar o contexto político para determinar se *esquerda*, na segunda frase, agregará valor positivo ou negativo. O mesmo acontece com o lexema *direita*, quando aplicado no campo da política – seu valor semântico fica sujeito aos 'vaivéns' da história e das ideologias dominantes.

Naturalmente, a valorização semântica pode ocorrer diferentemente de indivíduo para indivíduo, mas então seriam necessárias informações muito específicas para determiná-la e o caráter científico desta discussão ficaria comprometido.

19.2.4 Aprovação e desaprovação

A atitude de aprovação ou desaprovação do enunciador pode ser detectada não apenas pela sua declaração explícita, mas pelo valor semântico da palavra selecionada por ele. Ao escolher entre dizer que *A sala está com um perfume* ou *A sala está com um cheiro forte* ou *A sala está com uma fragrância*, o enunciador inevitavelmente elabora um juízo sobre o ambiente, colocando *cheiro* como indicação ambígua, que tanto pode referir-se a uma impressão positiva quanto negativa; ao usar o termo *perfume*, o enunciador subiu na escala avaliativa, sugerindo impressão positiva; por fim, ao usar *fragrância*, ele dá mais um passo acima na escala avaliativa – embora *perfume* e *fragrância* sugiram, ambas, impressões positivas, há um acréscimo de valor ao termo *fragrância*, que é [+agradável] e [+sofisticado].

A percepção desses traços é sutil. Ao se dizer, por exemplo, 'Seu corte de cabelo não ficou ruim', na verdade se expressa uma desaprovação não assumida, que se tenta disfarçar. A frase *Nada mal*, por sua vez, aponta a superação de uma expectativa e o desejo do enunciador de disfarçar sua aprovação ao feito. Indiscutivelmente, é carregada de subjetividade a leitura desse traço, o que dificulta a abordagem mais científica. No entanto, alguns exemplos permitem uma leitura um pouco mais segura. Vejam-se, por exemplo, as seguintes frases:

- Fernando *separou-se* da mulher.
- Fernando *deixou* a mulher.

- Fernando *largou* a mulher.
- Fernando *abandonou* a mulher.

Na primeira, o fato da separação é apresentado com neutralidade e não se pode inferir qual membro do casal desejou a separação ou se ela aconteceu de comum acordo. Não há juízo sobre o ato de separar-se de alguém. Na segunda frase, o verbo *deixou* indica que Fernando saiu de casa ou motivou a separação. Não se percebe, contudo, um indício de julgamento, o que não ocorre nas duas frases seguintes. O uso de *largou* sugere julgamento, mas não o define: tanto pode indicar desaprovação quanto à atitude de Fernando como aprovação desta, com consequente desaprovação de sua relação com a mulher. Por fim, ao construir a frase com *abandonou*, o enunciador monta subliminarmente uma imagem de vítima para a mulher, já que o ato de abandonar sugere desconsideração por qualquer coisa relativa à mulher, bem como o seu desamparo. Nesse último exemplo, percebe-se que a atitude de Fernando é julgada incorreta pelo enunciador.

19.2.5 Escalonamento

Não são apenas a aprovação ou a desaprovação os traços semânticos que colaboram para a segmentação da realidade; há informações subjacentes que atuam de modo determinante na compreensão de um enunciado. O traço do escalonamento, mencionado anteriormente, aparece em um rol amplo de palavras, cujo significado implica olhar acima ou abaixo. Estas contrastam com outras, em que tais direções estão simplesmente ausentes. Isso pode ser ilustrado com as palavras *aproximadamente* e *quase* (*Havia **aproximadamente** /**quase** cinquenta mil pessoas no estúdio*), cujo signifi cado aponta para o nível acima (ainda que seja possível aproximar para baixo, em termos matemáticos, e ainda que *quase* indique não se ter atingido uma meta, o foco fica estabelecido no nível superior). A *maioria* (*A **maioria** dos compradores usa cartão*) e a *minoria* (*A **minoria** dos eleitores deseja ser mesário*) apontam, respectivamente, em direção superior e inferior. O mesmo se dá com as expressões *não tem nem* (*Ele **não tem nem** um real no banco*) e *no máximo* (*Comerei **no máximo** dois chocolates*), que conduzem o olhar para o nível inferior, uma vez que são entendidas como indicação de que algo fica abaixo do patamar enunciado (contrariamente ao que ocorre com a expressão *no mínimo*, lida como 'tem mais que', cujo significado aponta a ultrapassagem do patamar enunciado). Há, no entanto, aquelas como *em torno de* e *em média*, que não definem uma direção. Em *Na viagem a Londres, pretendo gastar **em torno de** cem libras*, não fica claro se o enunciador toma cem libras como seu teto e não pretende ultrapassá-lo ou se ele admite ultrapassar, ainda que não exageradamente, o patamar de cem libras. Igual interpretação poderia ser feita, substituindo-se *em torno de* por *em média*.

19.2.6 Principal e subordinado

Essas noções são mais algumas a frequentar a 'receita' de inúmeras palavras. Aqui, são tomadas como opostas e é fácil encontrar palavras que as exemplifiquem, isoladamente ou aos pares: quando se fala em *cidade-satélite*, o segundo termo pressupõe a existência de um núcleo, uma cidade nuclear. Na frase *Você mora longe!*, encontramos com nitidez a oposição entre principal e subordinado no julgamento aplicado ao local de moradia do interlocutor. Considerando a existência de dois pontos no espaço e a idêntica distância de A para B e de B para A, conclui-se que a avaliação de um desses pontos, digamos, de B, como *longe* só pode ser feita se o ponto A for tomado como referência, ganhando importância. A seria o ponto principal, nuclear, e B, o subordinado ou satélite. O mesmo ocorre quando se trata de hierarquizar elementos; quando se usa, por exemplo, a palavra *chefe*, sabemos que ela implica a existência de *subordinados* ou *comandados*. Inversamente, a palavra *empregado* pressupõe a existência de um *patrão*.

19.2.7 Índices da situação comunicativa

Retomando os estudos de Bolinger [1968] sobre o significado, encontramos uma divisão entre tipos de componentes semânticos. Haveria os que participam do 'significado real' da palavra, como os que discutimos aqui, e outros, que se referem às circunstâncias comunicativas, significando-as. Os pronomes de tratamento participariam dessa última categoria, bem como as seleções lexicais indicativas dos registros linguísticos. Por esse caminho, se estabeleceriam as diferenças entre *Não posso falar com o senhor no momento* e *Não posso falar com você agora*, em que é possível vislumbrar as cenas comunicativas e o grau de formalidade de cada uma (maior na primeira, menor na segunda). Nas frases, a preferência por *senhor* e *no momento*, de um lado, e por *você* e *agora*, de outro, permite delinear o contexto em função do grau de formalidade linguístico, partindo da premissa de que haverá, em condições normais, uma correspondência entre o grau de formalidade da cena comunicativa e o da linguagem usada.

19.2.8 Marcadores semânticos

Os dicionários fornecem informações valiosas sobre as possibilidades semânticas das palavras, mas a função deles é registrar usos, de preferência abonados em algum texto real. Eles não captam o potencial de dispersão semântica das palavras, pois é a própria dinâmica do uso pela comunidade em face das necessidades emergentes de 'nomear o mundo' em contínua mudança que impulsiona aquela dispersão. Os múltiplos domínios conceptuais se tocam, se interpenetram, se afastam segundo a capacidade mental do homem para ordenar os dados do mundo em função de sua compreensão e orientação. O mundo seria um simples amontoado de coisas desconexas se a mente não o organizasse em classes e categorias, procedendo a generalizações e especificações. As palavras materializam esse ordenamento para a função social da interação humana. Seus significados não são blocos compactos, mas composições de traços, graças aos quais elas revelam afinidades e diferenças. Os traços de menor ocorrência são, precisamente, os que estabelecerão limites entre uma palavra e outra, permitindo sua diferenciação.

É possível conceber o universo dos significados como uma infinita e multidimensional rede, composta de fios de sentido que, como os fios d'água do poema de João Cabral de Melo Neto, se intersectam e, nos pontos de encontro, concretizam significados que serão diferentes. Não haveria, portanto, traços isolados, mas tramas semânticas a produzirem esta ou aquela significação. É por isso que empreender um trabalho exaustivo de identificação dos traços semânticos existentes torna-se impossível e inútil. Mais importante é estudar os 'nós significativos' que resultam do entrecruzamento de infinitos fios semânticos e buscar entender como esses nós participam de uma produção global do sentido. Os chamados marcadores – ou pontos de interseção de traços semânticos – cumprem essa função.

Tomemos *violão*, *viola*, *violoncelo* – todas as palavras pertencem ao campo semântico de 'instrumentos musicais de corda', todos têm caixa de ressonância, todos são feitos de madeira e têm laterais arredondadas. Não são esses traços comuns que permitirão sua distinção, mas justamente os que não pertencem à interseção dos três; assim, [+*tocado com arco*] é um traço que colocaria o violão de um lado e o violoncelo de outro, deixando-nos com uma ambiguidade quanto à palavra *viola*, que designa tanto um instrumento popular, tocado com os dedos, quanto um instrumento erudito, tocado com arco. Para discriminá-la em seus tipos, precisaríamos ainda do traço [+*caipira*], que, por si, já exclui o traço [+*tocado com arco*], produzindo a diferenciação necessária entre viola caipira e viola erudita.

19.2.9 Função distintiva

A expressão *levar de novo*, por exemplo, poderá ou não ser substituída por *devolver*, dependendo do elemento a ser levado/devolvido, de sorte que, em *Levei meu filho de volta ao museu*, o entendimento seria o de que um filho estivesse sendo levado outra vez a um museu anteriormente visitado, mas definitivamente não se entende que ele seja parte do acervo ou que pertença ao espaço, sendo impossível reescrever a frase com o verbo *devolver* (*Devolvi meu filho ao museu*). Já em *Levaram o quadro de volta ao museu*, entende-se que um quadro teria saído do museu por algum motivo e seria restituído ao lugar, sendo possível reescrever a frase com o verbo devolver (*Devolveram o quadro ao museu*).

Observamos, nesses exemplos, que, embora ambos os elementos se mostrem passíveis de ser levados a um lugar, a diferença entre os conteúdos semânticos das palavras *filho* e *quadro*, em função de seus semas respectivos [–parte do acervo] e [+parte do acervo], seleciona a leitura de *levar de volta* como levar mais uma vez ou como restituir, excluindo a permutação por *devolver* para o caso do filho. Note-se que não é o traço [+humano] o fator que impede o uso de devolver para o filho, mas a falta de pertinência do filho ao espaço museu, tanto que o mesmo não se observaria na frase *Devolvi o prisioneiro ao presídio*, em que prisioneiro [+humano], por pertencer ao espaço presídio, pode adequadamente ser devolvido (levado de volta) ao lugar de onde tenha saído ou sido retirado, tal como ocorre com o quadro.

Assim é que *infestar*, apesar de significar 'invadir devastando, causar estragos, infectar um organismo', não será usado na frase *A torcida infestou o estádio*, sem que um sentido pejorativo seja ativado, na aproximação com a ideia de infecção ou de presença animal, revelando um julgamento por parte do enunciador (ele critica torcidas em geral ou aquela, especificamente). Já as frases *A torcida depredou o estádio* ou *A torcida invadiu o estádio* trazem, respectivamente, nos verbos *depredar* e *invadir*, os traços de destruição e de presença maciça, sem que uma visão subjetiva seja revelada.

19.2.10 Ambiguidade inerente

O uso da linguagem no plano da realidade é perpassado por variáveis próprias do cotidiano, que determinam a necessidade de economia, de rapidez, aliadas à eficácia comunicativa. Assim, no dia a dia, muitas vezes o enunciador seleciona uma palavra ou uma construção que trará ambiguidade para sua frase, se analisada com rigor, mas, se essa ambiguidade não chegar a comprometer o trato comunicativo, em função de elementos contextuais que o destinatário possa usar para desfazê-la, não haverá truncamento da mensagem nem prejuízo à comunicação. É usada uma palavra ou expressão 'algo parecida' com o que efetivamente se desejaria dizer ou, em outros termos, um quase-sinônimo (*something-like principle*, de Bolinger, 1968). Vejamos um exemplo: ao pedir a alguém que *desligue o feijão*, uma dona de casa está estendendo o significado de *desligar*, relativo ao fogo, ao produto que está sendo preparado. Conquanto nenhum falante natural do português fosse estranhar ou deixar de compreender o pedido incluso na frase, 'desligando' o fogo, é indiscutível que o feijão não é passível de ser desligado. Até mesmo o fogo estaria fora, a rigor, do conjunto de elementos 'desligáveis', já que o termo adequado seria *apagar*.

O fato de se saber qual o contexto ou a temática envolvida no ato comunicativo colabora igualmente para que se faça o adequado recorte dentre as possibilidades semânticas de uma palavra, reduzindo ou eliminando sua ambiguidade: por exemplo, a palavra *balanço* assume significado distinto, conforme o contexto seja o da atividade lúdica, o da dança ou o da contabilidade (respectivamente, significando brinquedo, movimento corporal e demonstrativo financeiro). No entanto, se um contador de uma empresa informa que *o balanço está quase pronto*, não se pensará em outra coisa que não o demonstrativo financeiro. Analisemos as formas verbais *adquirir*, *pegar*, *contrair*, *conquistar*. Todas incluem a noção de 'passar a ter' e todas pressupõem a inexistência de um elemento num momento anterior ao de referência. As três primeiras podem ser usadas para designar 'passar a ter uma doença', mas o mesmo não é possível para o verbo *conquistar*, marcado pelo traço positivo de 'realizar um esforço para ter algo que se deseja', o que não se aplica às doenças. Por outro lado, o destinatário saberá que o sentido de *pegar* em *Ninguém pegou sarampo* é diferente de *Ninguém pegou brigadeiro no fim da festa*. A simples aproximação entre *pegar* e *doença* seleciona e restringe os significados a serem atualizados na decodificação.

Em outras palavras, a congruência física e de significado entre formas carrega em si uma ambiguidade, cujos efeitos são reduzidos pelo jogo que enunciador e destinatário fazem entre enunciados e dados contextuais (aí incluídos elementos concretos, temáticas, papéis). Os falantes demonstram, portanto, a habilidade de usar não só os mesmos códigos, mas estratégias semelhantes na codificação e na decodificação de mensagens, evitando, com isso, o 'engessamento' da linguagem e dando-lhe a plasticidade necessária ao trato comunicativo.

19.3 RELAÇÕES ENTRE SIGNIFICADOS

A percepção humana está especialmente estruturada para o registro de diferenças e de semelhanças. Não se trata de aspectos antagônicos da realidade, mas de aspectos associáveis e interdependentes. O que nos leva em uma direção ou em outra é o foco escolhido, o dado relevante no contexto comunicativo: pode-se dar maior importância ao que distingue e separa dois objetos ou ao que os aproxima e assemelha.

O espaço do texto é uma espécie de arena onde as palavras disputam a preferência do enunciador, a quem oferecem os respectivos espectros semânticos, internamente analisáveis em traços básicos de sentido. Um *martelo* e um *serrote* diferem quanto à função (fixar X cortar), mas se assemelham pela classe: ambos são *ferramentas* de carpintaria. *Martelo* e *serrote* lexicalizam a diferença, *ferramenta* lexicaliza a semelhança. *Caminhar* e *passear* podem servir para denotar o mesmo movimento de locomoção (*andar*), mas *passear*, diferentemente de *caminhar*, acrescenta ao referido ato de locomoção a ideia de um ato de lazer. *Caminhar* e *passear* lexicalizam a diferença entre modos ou finalidades de *andar*; este, com seu sentido mais genérico, lexicaliza o que há de comum aos outros dois.

19.3.1 O geral e o específico

Quando ignoramos o traço que distingue semanticamente dois significados, nossa opção é unificá-los sob uma designação abrangente. Assim é que aos atos de *caminhar* e *passear* chamamos genericamente *andar* e aos objetos conhecidos como *martelo* e *serrote* chamamos genericamente *ferramenta*. *Ferramenta* e *andar* são termos gerais; *martelo*, *serrote*, *caminhar* e *passear* são termos específicos. O significado de *ferramenta* é um componente semântico genérico dos significados de *martelo* e *serrote*, assim como o significado de *andar* é um componente semântico genérico dos significados de *caminhar* e *passear*. Na descrição das relações lexicais, adotam-se os conceitos de conjunto e subconjunto e diz-se que o termo geral é um **hiperônimo** dos termos específicos, e que estes são **hipônimos** do termo geral. Os termos específicos, por sua vez, são **co-hipônimos** um do outro. A estruturação do léxico em termos de hipônimos e hiperônimos é uma propriedade fortemente presente nas linguagens técnicas e científicas, caracterizadas pelo uso ostensivo de terminologias classificatórias. Na língua corrente, especialmente usada na conversação mais espontânea, os termos genéricos têm uma amplitude ainda mais elástica que os hiperônimos propriamente ditos, haja vista a frequência de termos como *coisa*, *parte*, *negócio* etc. A técnica da definição inclui largo uso de hiperônimos, como se comprova nos dicionários (***ato** ou **ação** de*, ***animal** da família dos*, ***qualidade** ou **condição** de*). Pode haver relações de sentido variadas, tanto entre hipônimos quanto entre hiperônimos, entre as quais se destacam a **sinonímia** e a **antonímia**.

19.3.2 Sinonímia

A relação de sobreposição de espectros semânticos resulta, sobretudo, na relação de **sinonímia**. Para o senso comum, chamam-se sinônimas duas ou mais formas da língua que codificam a mesma informação, como os verbos *esconder* e *ocultar* em: *Ele* ***escondia*** *sua verdadeira identidade* e *Ele* ***ocultava*** *sua verdadeira identidade*. Os semanticistas costumam enfatizar que, por mais que a troca de uma palavra por outra mantenha inalterada a informação, é inadmissível a existência de sinônimos perfeitos. Sempre haverá entre os sinônimos algum traço que os diferencie e impeça que um ocupe o lugar do outro em todas as ocorrências de ambos. A esse respeito, é interessante a seguinte reflexão de Rubem Alves: "Quem fala 'retrato' já confessou a idade. É velho. Hoje se diz 'foto'. Segundo o Aurélio as duas palavras são sinônimas. Não são. Os dicionários frequentemente se enganam. 'Retrato' e 'foto' são habitantes de mundos que não se tocam"[72].

De fato, o que garante a sobrevivência dos sinônimos na língua é justamente a possibilidade de exprimirem conteúdos diferentes, por mais sutil que seja esta diferença. A sinonímia é, portanto, um fenômeno que deve ser descrito preferencialmente em função da variação linguística. Muitos sinônimos são variantes regionais e outros são variantes etárias. Distinguiremos quatro subtipos de sinônimos: (a) variantes regionais ou geográficas, (b) variantes estilísticas ou discursivas, (c) variantes psicológicas ou expressivas, e (d) variantes etárias ou históricas.

19.3.2.1 Variantes regionais ou geográficas

Trata-se de sinônimos usados em diferentes áreas geográficas. Os vocábulos *apressado* e *vexado* (comum no Nordeste) ilustram bem essa variação, considerando-se para *vexado* o sentido de *apressado* e não o de *envergonhado*, que por vezes apresenta. Situação semelhante ocorre com relação aos vocábulos *bala*, *bombom* e *chocolate*. No Centro-Sul, o vocábulo *bala* designa "pequena guloseima de açúcar em ponto vítreo, ao qual se acrescentam corantes e/ou ingredientes ou essências de vários sabores" (cf. *Dicionário Eletrônico Houaiss*), sentido atribuído no Nordeste ao vocábulo *bombom*. Este, por sua vez, significa, no Centro-Sul, "confeito ger. de chocolate, por vezes com cobertura de glace ou caramelado, podendo ou não vir com recheio (de fruta, amêndoa, licor etc.)" (ibidem); no Nordeste, o mesmo elemento é chamado *chocolate*. Isso significa que, no Nordeste, a frase *Você quer uma bala ou prefere um bombom?* não teria muito sentido, diferentemente do que aconteceria no Centro-Sul. Também se pode presumir que um falante do Sudeste, por exemplo, ao receber a oferta de um bombom, pudesse ficar frustrado quando recebesse uma bala.

Exemplos desse tipo de sinonímia aparecem em quase todos os livros didáticos e são de conhecimento geral, como as correspondências entre

---

[72] ALVES [1997: 36].

macaxeira e *aipim*, *tangerina* e *mexerica*, *batata-baroa* e *mandioquinha*, *aipo* e *salsão*. Não por acaso tais exemplos vêm da culinária – atividade e campo de conhecimento essencialmente marcado pela cor local, o que se confirma na terminologia adotada.

19.3.2.2 Variantes estilísticas ou discursivas

Trata-se de sinônimos usados em diferentes domínios da atividade discursiva. Caracterizam não apenas registros linguísticos diferentes, mas identificam grupos sociais em seus jargões. Tomemos como exemplos *operação* e *cirurgia*, *bandido* e *meliante* – é possível identificar, no segundo elemento de cada par, termos típicos dos jargões médico e policial, respectivamente. Exemplo análogo é o dos vocábulos *trave*, *poste* e *pau*, considerando-se o contexto do futebol. Todos indicam os suportes que delimitam o espaço do gol, da meta, mas *trave* é mais comum no uso leigo, enquanto *poste* e *pau* são mais facilmente observáveis em narrações esportivas e situações discursivas afetas à tática futebolística, em frases como *O jogador acertou a bola no poste* ou *A bola resvalou no primeiro pau e o atacante, vindo do segundo pau, fez o gol*. Observa-se que o termo *pau* tem uso preferencial em situações de escanteio, quando a ordenação espacial das traves ganha significância, sendo frequentemente acompanhado do numeral ordinal. Fora desse contexto, *trave* e *poste* são mais comuns, distribuindo-se apenas conforme o grau de envolvimento do enunciador com a matéria. Ainda no campo semântico de futebol, encontra-se o termo *pato*, sinônimo de *principiante*, para designar os jogadores recém-chegados ao time. Igual processo se dá com os pares *principiante* e *foca*, especialmente na área do jornalismo, em que o segundo termo é de uso corrente, diferentemente do que se dá no cotidiano leigo. Registre-se que *foca*, nesse sentido, é substantivo masculino: "Em geral, o foca não é contratado logo de cara. Passa por um período de experiência na empresa e, se der certo, tem grandes chances de integrar o time da redação."[73] Deixando-se o campo de atuação do jornalismo e retomando o da atividade policial, é possível encontrar análogo par de sinônimos, configurado em *principiante* e *pipoca*. Em diferentes áreas de atuação, é possível detectar sinônimos específicos para *principiante*, como se a nomeação linguística compusesse um rito de passagem e, de alguma forma, viabilizasse a inclusão do novo elemento naquele grupo.

Nos pares *comida* e *rango*, *fragrância* e *perfume*, *oração* e *reza*, *requisito* e *exigência*, *ruidoso* e *barulhento*, *despojado* e *simples*, *obsequioso* e *prestativo*, a distribuição do uso se dá em função do grau de

[73] VOMERO, Maria Fernanda. "Vida de Foca". In: Folha Online, 22/10/2004, Disponível em http://www1.folha.uol.com.br/folha/treinamento/20041022-vida_de_foca.shtml. Acesso em 26/5/2008.

monitoramento linguístico do falante, sendo a primeira ocorrência de cada par representativa de maior monitoramento em relação à segunda, de uso mais popular. O uso de uma ou outra forma assinala a intenção comunicativa do enunciador em situar seu ato de fala num patamar mais cuidado (como no uso de *obsequioso* por *prestativo*) ou de incorporar as marcas linguísticas de um dado grupo (como no caso de se usar *requisito*, termo jurídico, em vez de *exigência*) ou, ainda, revela a extensão do vocabulário do enunciador.

19.3.2.3 Variantes psicológicas ou expressivas

Trata-se de sinônimos que revelam diferenças afetivas ou emotivas. Nos vocábulos *lento* e *lerdo*, *vencer* e *derrotar* é possível observar um componente de julgamento por parte do enunciador no uso de *lerdo* e *derrotar*, que agrega valor depreciativo ao contexto. Ser ou estar *lento* indica a velocidade com que algum processo é desenvolvido; ser ou estar *lerdo* implica que o processo ou elemento em questão está provocando algum incômodo ou prejuízo, pelo fato de ser lento.

Os pares de vocábulos *matar* e *assassinar*, *pedir* e *exigir*, *imitar* e *remedar*, *ousadia* e *temeridade* revelam, igualmente, potencialidades expressivas na sua distribuição, sendo o segundo termo de cada par o elemento marcado em termos psicológicos ou expressivos. Partindo de um sentido comum, verifica-se reforço de intencionalidade e de gravidade do ato em *assassinar* e reforço de autoridade em *exigir*. Note-se que o uso de *assassinar* se atém normalmente a pessoas, sendo incomum o uso do verbo para tratar, por exemplo, do ato de matar uma barata, exceto se o enunciador pretender carregar na expressividade, conferindo ao ser morto um *status* superior – o que só confirma ser *assassinar* uma variante psicológica de *matar*. Por seu turno, o uso de *remedar* por *imitar* sublinha o traço de deboche, de ridicularização do outro, que integra o espectro significativo do vocábulo. Com isso, fica excluída a possibilidade de se usar *remedar* quando a intenção seja assinalar o lado positivo de uma prática imitativa, como na frase *Para aprimorar seu estilo, ele *remedava pintores consagrados*.

Consideremos, agora, os vocábulos *ousadia* e *temeridade* – vê-se que em ambos encontram-se traços relativos a fazer-se algo que exige coragem e irreverência, mas em *temeridade* o risco envolvido em tal conduta ganha destaque; isso revela que o enunciador, de certa forma, teme pela segurança de alguém.

No par de adjetivos *pobre* e *miserável*, que aparecem como sinônimos nos dicionários, verifica-se, a partir do uso, uma gradação, com intensificação do traço de pobreza no vocábulo *miserável*. Disso decorre que, no uso corrente, os falantes acabam produzindo uma dessemelhança entre tais vocábulos, com base na componente psicológica ou expressiva, a ponto de fazerem seleção excludente. No uso formal, contudo, os vocábulos são permutáveis, como se comprova pela chamada para notícia publicada no portal PNUD Brasil, em que eles se alternam, sem divergência de significados, mas com impacto maior a partir do vocábulo *miséria*, haja vista sua escolha para a manchete principal: ***Brasil vence miséria com salários melhores*** – *Estudo indica que país é um dos poucos da América Latina em que transferência de renda não foi principal causa da queda da pobreza* [San José, 21/05/2008][74].

19.3.2.4 Variantes etárias ou históricas

Trata-se de sinônimos que revelam diferença de idade/geração. Usados como elogios à beleza masculina, *pão* e *gato*, em frases como *Este cara é um* ***pão*** e *Este cara é um* ***gato***, conquanto sejam ambos compatíveis com usos coloquiais, identificam-se, respectivamente, com uma geração mais antiga e outra mais recente. Os vocábulos *sestroso* e *esperto*, tomados como sinônimos, identificam usos compatíveis com diferentes momentos da história da língua e não são mutuamente substituíveis, na atualidade, sem que advenha do uso de *sestroso* uma certa sensação de anacronismo. Já nos casos em que *sestroso* se identifica semanticamente com *malandro*, no contexto específico da capoeira, indicando aquele que é dado à sua prática, perde-se o referencial histórico por um regional ou geográfico (ver 19.3.2.1). Em sua distribuição discursiva, *surpreso* e *bolado* mantêm relações marcadas pela identificação com uma faixa etária mais madura (*surpreso)* e outra, jovem (*bolado*), como se observa em frases como *Vi um vídeo incrível na internet – fiquei surpreso/bolado.* Entre os jovens, o termo *bolado* chega a admitir outras significações, indicando preocupação e até medo, em frases como *Fiquei bolado com o resultado da prova* e *Ouvi um barulho estranho na casa – estou bolado*.

19.3.3 Antonímia

Os opostos estão por toda parte, segundo categorias em que situamos as experiências do quotidiano: *dia* e *noite*, *frio* e *calor*, *verdade* e *mentira*, *vício* e *virtude*, *verde* e *maduro*, *rico* e *pobre*, *grande* e *pequeno*. Eles são os limites referenciais idealmente específicos ou precisos em que nos apoiamos

---

[74] In PNUD Brasil – Programa das Nações Unidas Para o Desenvolvimento – Reportagem de CAMPOS, Osmar Soares de. Disponível em http://www.pnud.org.br/pobreza_desigualdade/reportagens/index.php?id01=29548&lay=pde. Acesso em 25/5/2008.

para atribuir sentido ao meio termo, àquela zona de nossa experiência em que as coisas geralmente carecem de designação ou mesmo de definição. A língua lexicaliza ostensivamente nossa experiência dos opostos, mas tende a deixar sem expressões específicas as zonas intermediárias, que quase sempre conceptualizamos, genericamente, pelo recurso ao adjetivo 'normal' ou aos circunlóquios *nem uma coisa nem outra*, *mais ou menos* etc. Isto explica a extraordinária variedade de formas para exprimir conceitos consensualmente contrários: *sorte/azar*, *feio/bonito*, *ganhar/perder*, *subir/descer*, *longe/perto*, *dormir/acordar*, *limpo/sujo*, *rico/pobre*, *cheio/vazio*, *preto/branco*, *duro/mole*, *doce/amargo*, *doce/salgado*, *doce/azedo*.

À primeira vista, pode parecer ser necessário encontrar uma oposição radical para que um par de lexemas funcione antonimicamente. Na realidade, a antonímia se estabelece quando, considerado um determinado contexto, o que está em foco é a substituição de um traço semântico relevante pelo seu contrário. A rigor, se duas palavras forem estranhas uma à outra em todos os traços, o que se observará será uma total falta de nexo entre elas, sem qualquer relação. Um par de antônimos apresenta, obrigatoriamente, algum traço semântico compartilhado, para que se monte uma relação de identidade contrastiva.

Tomemos os lexemas *navio* e *avião*. Ambos participam do campo semântico 'meios de transporte', ambos incluem transporte coletivo, de cargas, mas o primeiro tem o traço [+por mar] *navegação marítima*, enquanto o segundo tem o traço [+pelo ar] *navegação aérea*. Nem por isso esses termos serão vistos como antônimos, porque não há na realidade objetiva relação de oposição entre mar e ar, relativamente aos meios de transporte. Ou seja: os lexemas contrastam, mas não chegam exatamente a se opor. Exemplo inverso pode ser dado com as expressões *presencial* e *à distância*, em frases como: *Eu faço um curso presencial, mas meu irmão faz um curso à distância*. Neste contexto, *presencial* tem o traço [+presença], que o curso à distância não tem. A relação opositiva está estabelecida, já que o mesmo traço [presença] é positivo [+presença] para um e negativo [–presença] para outro. Isso caracteriza a antonímia entre essas expressões, nesse dado contexto.

Claro está que, mudando-se os contextos, mudam-se também as relações semânticas entre as palavras, de modo que pares de sinônimos ou de antônimos podem simplesmente desaparecer. A respeito da determinação do contexto sobre as relações semânticas entre lexemas, veja-se o exemplo seguinte.

Analisemos as palavras *homem* e *garoto*, nas frases *Nasceu meu filho; é um homem* e *Nasceu meu filho; é um garoto*. No contexto dado, *homem* e *garoto* funcionam como sinônimos. O traço diferencial 'idade' foi neutralizado, mantendo-se todos os demais traços semânticos. Nessas frases, o traço semântico mais importante é relativo ao sexo, [+masculino], presente em ambas as palavras. Vejamos, agora, o que se passa na frase seguinte: *Ele tem 21 anos, é um homem; não é nenhum garoto*. Nela, *homem* e *garoto* apresentam-se em oposição semântica, já que, no contexto, o traço [adulto], presente em *homem* e ausente em *garoto*, é de vital importância para a compreensão da frase.

Vejamos agora em que consiste a oposição de significados observada na seguinte série de verbos: *matar*, *morrer*, *nascer* e *sobreviver*. Seriam *matar/morrer*, *nascer/morrer*, *morrer/(sobre)viver* pares antonímicos? O que opõe *matar* a *morrer* é o papel de 'agente' ou de 'paciente' do respectivo sujeito; o que opõe *nascer* a *morrer* é a ideia de 'início' e de 'fim' da vida; o que opõe *morrer* a *sobreviver* é a ideia de 'interrupção' e de 'continuidade' da vida. Estamos diante de significados que contrastam como autênticos antônimos, mas em cada caso o contraste assenta numa variável diferente.

E o que dizer, também, das relações de sentido que se estabelecem entre o verbo *perder*, de um lado, e, de outro, os verbos *ganhar* (*perdi/ganhei um amigo*), *achar* (*perdi/achei meu anel*), *vencer* (*perdi/venci o concurso*), *pegar/tomar* (*perdi/peguei o ônibus*)? Trata-se de um caso típico de polissemia do verbo *perder*, que forma diferentes pares antonímicos.

É razoável, portanto, admitir que a antonímia expressa uma das estratégias fundamentais de apreensão do mundo como experiência conceptualmente organizada. Não é por acaso que, além de estar presente em várias classes de palavras, a antonímia dispõe de um mecanismo morfológico altamente produtivo – a prefixação – para gerar uma grande quantidade de pares: *fiel/infiel*, *temor/destemor*, *armar/desarmar*.

Nos casos em que haja lacuna de formas derivadas por prefixação, pode-se, ainda, contar com o uso prefixal do advérbio *não* que, anteposto a um radical, inaugura termo antônimo, atendendo a necessidades comunicativas ainda não lexicalizadas.

Percebe-se, então, que os estudos acerca da sinonímia e da antonímia não podem ater-se, em absoluto, a um catálogo ou listagem, mas devem se desenvolver nos contextos, observando os ingredientes semânticos em suas relações de sobreposição e de oposição e seus desdobramentos sobre a construção dos significados.

A antonímia se realiza por quatro modos principais, que podemos chamar: complementar, polar, distributivo e reverso.

Diz-se que os antônimos são **complementares** se a afirmação ou negação de um deles corresponde necessariamente à negação ou afirmação do outro. Os antônimos complementares são dicotômicos e contraditórios: *vivo/morto*, *falar/calar*, *falso/verdadeiro*, *obedecer/desobedecer*, *condenar/absolver*, *direito/esquerdo*. Se algo não está *vivo*, obviamente está *morto*; se o juiz *absolve* o réu, obviamente ele *não* o condena.

Há **polaridade** entre antônimos quando eles são expressões dos polos numa escala. Eles se referem a atributos, estados e situações contrários, mas não contraditórios: *alto/baixo*, *frio/quente*, *calmo/nervoso*, *largo/estreito*, *longe/perto*, *depressa/devagar*. Os antônimos polares não são compatíveis – é ilógico afirmar que algo é ao mesmo tempo *frio* e *quente* ou que alguém *se apressou devagar* – mas podem ser simultaneamente negados (*Esta rua não é larga nem estreita*, *O carro não andava depressa nem devagar*, *A escola não fica longe nem perto*) e são passíveis de gradação: *mais alto*, *menos quente*, *muito perto*, *tão devagar quanto*.

Dois termos se acham em relação de antonímia **distributiva** ou **conversa** se, mesmo exprimindo conteúdos diversos, um deles denota um fato ou situação que pressupõe ou implica logicamente o outro. Chamo distributivo a este contraste de significados porque cada termo se refere a uma entidade diferente: *oferecer/aceitar*, *dar/receber*, *perguntar/responder*. Cada um desses verbos significa algo que pressupõe (*responder* pressupõe *perguntar*) ou implica (*derrubar* implica *cair*) o outro. Também é distributiva a relação antonímica que opõe *pai* e *filho*, *patrao* e *empregado*, *professor* e *aluno*, *avô* e *neto*.

A quarta espécie de relação antonímica aqui identificada – e que chamamos **reversa** – diz respeito à relação entre movimentos em direção contrária no espaço e no tempo: *entrar/sair*, *subir/descer*, *avançar/recuar*, *aumentar/diminuir*, *aproximar/afastar*. A prefixação com *des-* é um meio de criação de uma série aberta de antônimos reversos: *cobrir/descobrir*, *montar/desmontar*, *ocupar/desocupar* etc.

VIGÉSIMO CAPÍTULO: RELAÇÕES MORFOSSEMÂNTICAS NO LÉXICO I: A COMPOSIÇÃO

20.1 ASPECTOS GERAIS

Chama-se **composição** *à união de dois ou mais lexemas para a criação de uma nova unidade fixa: bomba-relógio, guarda-roupa, pé de vento, corre-corre, azul-piscina, fotomontagem, piscicultura.* A palavra composta tem características gramaticais e semânticas que a tornam diferente de certas combinações regulares de lexemas no discurso, como *funcionário público, calça comprida, terno e gravata, noite de lua, secretária bilíngue, loção de barba, peixe de água doce, morte súbita, barriga de aluguel*, que são construções sintáticas estáveis, mas não palavras compostas.

a) **Características gramaticais**:

Uma palavra composta é vista como uma estrutura fixa, um sintagma bloqueado gramaticalmente reinterpretado como uma unidade lexical nova. Seus componentes não sofrem elipse – por isso, pode-se dizer *este carro tem um amplo porta-luvas e um minúsculo porta-malas*, mas não *este carro tem um amplo porta-luvas e um minúsculo malas*, com elipse da segunda ocorrência de *porta*; nem podem ser adjetivados de modo independente – por isso, enquanto o sintagma estável *noite de lua*, pode receber um adjetivo modificando apenas *lua* ou apenas *noite* – *noite de / lua cheia*; *noite clara / de lua* –, isto não acontece com *pé de vento*; no caso do substantivo composto, qualquer adjetivo só pode se referir ao conjunto – *pé de vento / arrasador*, e não *pé de /vento arrasador* ou *pé arrasador /de vento*.

b) **Características semânticas**:

Uma palavra composta é interpretada como uma nova unidade de significado. Este significado novo pode ser entendido, muitas vezes, como a soma dos significados particulares dos lexemas componentes. É o caso, por exemplo, de *navio-escola* – navio em que os candidatos a tripulantes realizam o aprendizado – e de *socioeconômico* – relativo à sociedade e à economia. Em muitos outros casos de composição, porém, a palavra composta tem um significado que não pode ser explicado simplesmente pela soma dos significados parciais dos lexemas componentes. É o caso de *pé de vento* – ventania repentina de curta duração –, significado inexplicável como mera soma dos significados de *pé* e *vento*. E, melhor ainda, o caso de *pé de cabra*, nome de uma ferramenta que tem do pé da cabra apenas a semelhança de forma.

O exemplo e modelo de *pé de cabra* multiplica-se de forma extraordinária no léxico corrente do português por meio das criações de natureza metafórica, isto é, baseadas nas relações de semelhança: por relações de semelhança mais óbvias ou menos óbvias, criam-se (a) nomes de plantas e flores: *orelha-de-burro*, *espada-de-são-jorge*, *boca-de-leão*, *dinheiro-em-penca*, *malmequer*; (b) nomes de doces: *fios de ovos*, *olho de sogra*, *beijinho de coco*, *baba de moça*, *quebra-queixo*; (c) nomes de insetos: *viúva-negra*, *louva-a-deus*; (d) nomes de pássaros: *bem-te-vi*, *trinca-ferro*, *joão-de-barro*; (e) nomes de doenças: *mal de lázaro* (= lepra), *mal dos peitos* (= tuberculose), (f) bebidas: *água que passarinho não bebe* (= cachaça), *rabo de galo* (= mistura de conhaque e vermute); (g) características humanas: *pé de valsa* (= dançarino habilidoso), *perna de pau* (= mau jogador de futebol), *pé de boi* (= pessoa que tabalha muito), *braço-direito* (= auxiliar principal de um chefe), *bicho do mato* (= pessoa antissocial), *cara de pau* (= pessoa cínica e sem escrúpulos); (h) brincadeiras: *chicote-queimado*, *cabra-cega*, entre muitos outros tipos.

20.2 AGLUTINAÇÃO E JUSTAPOSIÇÃO

Os lexemas que participam de um composto podem colocar-se lado a lado, conservando acentuação própria. A esta forma de composição chama-se **justaposição**: *bem-te-vi*, *viúva-negra*, *passatempo*, *fotomontagem*. Quando, porém, *a integração dos lexemas no composto causa a perda da acentuação própria de um deles*, diz-se que a composição é por **aglutinação**: *noroeste* (*norte* + *oeste*), *Mercosul* (*mercado* + *sul*), *agridoce* (*agro* + *doce*), *natimorto* (*nato* + *morto*)[75].

20.3 ESTRUTURA SEMÂNTICA DAS PALAVRAS COMPOSTAS

Distinguiremos dois modelos principais de representação do significado nas palavras compostas, de acordo com a relação semântica de cada lexema com o todo:

Tipo 1: O que a palavra composta denota é entendido como a simples união – ou 'coordenação' – dos significados particulares dos lexemas que a integram: *infanto-juvenil*, *sócio-proprietário*, *diretor-gerente*, *rádio-gravador*, *editor-chefe*.

---

[75] A distinção entre justaposição e aglutinação pertence ao campo da fonologia. Portanto, tem razão José Lemos Monteiro quando a aplica também aos processos derivacionais: em *palidamente* e em *sabiazinha* – que pode ser dimunitivo de *sábia* tanto quanto de *sabiá*, com variação da incidência do primeiro acento – ocorre justaposição, ao passo que em *risonho* – *riso* + *onho* – e *formoso* – *forma* + *oso* – ocorre aglutinação. Ver MONTEIRO [1987: 169].

Tipo 2: O significado total do composto é distribuído de forma desigual entre seus componentes, de sorte que um deles figura como base (B) do significado e o outro exprime uma especificação qualquer (E). Os lexemas componentes podem ocorrer na ordem B + E (base + especificação), mais comum e única no uso popular, ou na ordem E + B (especificação + base), própria dos usos técnicos e científicos da língua.

a) Ordem B + E: *matéria-prima*, *salário-mínimo*, *peça-chave*, *tíquete-refeição*, *seguro-saúde*, *seguro-desemprego*, *porco-espinho*, *samba-enredo*, *azul-claro*, *verde-escuro*, *azul-piscina*, *verde-garrafa*, *amarelo-canário*, *carro-bomba*.

b) Ordem E + B: *ciclovia*, *vivissecção*, *ecossistema*, *hidromassagem*, *lipoaspiração*, *motosserra*, *genuflexão*, *apicultura*, *fisioterapia*, *quimioterapia*, *agroindústria*, *fotomontagem*, *oleoduto*, *radiodifusão*, *telejornalismo*, *fitossanitário*.

20.4 MODOS DE REFERÊNCIA DAS PALAVRAS COMPOSTAS

Temos visto a todo momento que as palavras não são criadas do nada. Tanto as palavras derivadas quanto as compostas resultam da combinação de partes significativas menores: os morfemas. Tudo isso já deve estar bem claro. O que nem sempre é muito claro, porém, é como as palavras passam a significar o que significam. Por que chamamos *pão-duro* a um indivíduo que faz tudo para não gastar dinheiro, e *carteiro* ao indivíduo que entrega não só as cartas, mas tudo o que é remetido através dos correios? Está claro que nem sempre podemos explicar o significado de uma palavra composta ou derivada pelo simples conhecimento do significado particular de seus constituintes, como acontece com os exemplos de 20.3. É fácil perceber o que significa *motosserra*; efetivamente, trata-se de uma serra movida a motor. *Carteiro*, no entanto, entrega outras coisas além de cartas. Ainda neste caso, todavia, a ligação entre forma e significado é um tanto óbvia. Estamos diante de formas transparentes. O que dizer, porém, de *pé de galinha* (rugas do olho), *pente-fino* (fiscalização minuciosa), *bode expiatório* (pessoa sobre quem recai aleatoriamente a culpa de algum erro ou desgraça) *pão-duro* (avarento)? Só chegaremos a saber com precisão o que significam essas palavras compostas se tivermos acesso às coisas a que elas se referem. Mesmo assim, teremos uma explicação para *pé de galinha* e para *pente-fino*, mas não para *bode expiatório* (uma alusão bíblica) e *pão-duro*.

Vamos, em seguida, formular alguns princípios gerais da formação desses significados.

Por dois modos principais as palavras compostas se referem às entidades que designam: como **metonímia** (quando se dá a um significante já existente na língua um significado novo graças a uma relação de proximidade entre os conceitos associados: diz-se '*papéis*' para significar 'documentos', já que o documento é feito de papel; diz-se que uma pessoa *perdeu a cabeça* para significar que ela 'agiu sem pensar', já que na cabeça está a sede da razão e do entendimento), ou como **metáfora** (quando se dá a um significante já existente na língua um significado novo graças a uma relação de semelhança entre os conceitos associados: diz-se que alguém é um *touro* para significar que é 'corpulento e forte', diz-se que o tempo *voa* para significar que 'se desloca em grande velocidade', como um pássaro).

Tipo 1 (metonímia): A entidade referida pelo composto é identificada por sua utilidade, função ou qualquer característica tipificadora:

a) pela utilidade ou função: *saca-rolha* (um utensílio de cozinha), *porta-voz* (uma pessoa que fala em nome de outra), *tira-teima* (um teste para sanar dúvidas), *passatempo* (qualquer ocupação para distrair); *ganha-pão* (ocupação regular da qual uma pessoa retira seu sustento); *quebra-mar* (construção que serve para conter a arrebentação do mar), *bate-estaca* (aparelho que serve para cravar estacas no solo);

b) por uma característica tipificadora: *mão-aberta* (pessoa generosa, que gasta dinheiro com facilidade), *cara de pau* (pessoa sem escrúpulos, que mantém as feições inalteradas mesmo diante de situações embaraçosas), *dedo-duro* (pessoa que delata outra, como quem aponta com o dedo), *boia-fria* (trabalhador rural, que leva o almoço para o local de trabalho e não tem como esquentá-lo para comer), *papa-hóstias* (católico excessivamente beato, que comunga com grande frequência).

Tipo 2 (metáfora): A entidade referida pelo composto é nomeada com base numa relação de semelhança: *orelha-de-burro* (uma planta cujas folhas lembram as orelhas de um burro), *dinheiro-em-penca* (planta de galhos delicados e pendentes cheios de folhinhas redondas semelhantes a moedas), *espada-de-são-jorge* (planta de talos semelhantes a espadas), *pé de galinha* (rugas localizadas na extremidade externa do olho), *pé de cabra* (ferramenta que tem uma extremidade curva e bifurcada como um par de dedos), *boca-de-leão* (planta cuja flor lembra a goela de um animal), *viúva-negra* (espécie de aranha de cor negra, que costuma devorar o macho após o acasalamento), *porco-espinho* (mamífero cujo corpo é coberto de cerdas semelhantes a espinhos), *mico-leão* (espécie de macaco com juba), *goela de pato* (massa alimentícia em forma de canudos largos e curtos), *peixe-*

agulha (peixe de corpo fino e alongado), *papo de anjo* (doce fofo, de forma arredondada, à base de ovo), *olho de sogra* (ameixa recheada com doce de coco), *baba de moça* (calda doce e grossa à base de coco e ovos), *peito de pombo* (grade ovalada como um peito, que se instala em janelas), *pulo do gato* (solução habilidosa para superar uma situação difícil), *mala sem alça* (pessoa inconveniente ou que só causa transtorno).

20.5 RECOMPOSIÇÃO

Citamos acima o lexema *fotomontagem* como um exemplo de composição. Mas há uma diferença entre *fotomontagem* e *fotografia*; no composto *fotografia*, o elemento *foto-* significa 'luz', ao passo que em *fotomontagem* o elemento *foto-* faz referência a 'fotografia'. Pode-se dizer, portanto, que em *fotomontagem* o composto *fotografia* participa de uma nova composição – ou **recomposição** – por meio de sua forma abreviada *foto* (ver 21.2.9). Outros exemplos de recomposição: *fotonovela* (novela por meio de fotografias), *autopeças* (estabelecimento que vende peças para veículos automotivos), *telecurso* (curso pela televisão), *autódromo* (pista para corridas de automóveis), *videolocadora* (locadora de fitas/discos para videocassete/DVD).

20.6 AMÁLGAMA LEXICAL

Chama-se **amálgama lexical** ao tipo *de composição em que se misturam de forma arbitrária e imprevista dois ou mais lexemas*. Este processo também é conhecido como 'cruzamento vocabular' [SANDMAN, 1992: 58]. O amálgama lexical constitui um recurso da função poética da linguagem, quase sempre com finalidade expressiva particular e circunstancial, e encontra-se tanto no discurso literário, como nos discursos humorístico-satírico e comercial-publicitário. São exemplos de amálgama lexical *expoesia* (exposição de poesia), *aborrescente* (mescla de *aborrecer* e *adolescente*) e *democradura* (mescla de *democracia* e *ditadura*).

Millôr Fernandes criou vários desses amálgamas, todos de caráter humorístico: *velhocidade* (= pressa do ancião), *repulgnante* (= pulga nojenta), *caligrafeia* (= letra ruim), *anãofabeto* (= pequenininho que nem sabe assinar o nome). Guimarães Rosa criou, entre outras formações, *funebrilho* (= enfeite de caixão, composto de *fúnebre* + *brilho*), *diligentil* (*diligente* + *gentil*), *copoanheiros* (companheiros de copo) e *embriagatinhava* (engatinhava embriagado). Pertencem à linguagem comercial-publicitária *Nescau* (*Nestlé* + *cacau*), *chocolícia* (*chocolate* + *delícia*), *showmício* (*show* + *comício*), *Fla-Flu* (*Flamengo* + *Fluminense*), *Grenal* (*Grêmio* + *Internacional*).

VIGÉSIMO PRIMEIRO CAPÍTULO: RELAÇÕES MORFOSSEMÂNTICAS NO LÉXICO II: A DERIVAÇÃO

21.1 DERIVAÇÃO E FLEXÃO

Antes de detalhar os processos mórficos de derivação, vamos distinguir derivação e flexão. A derivação é um processo que dá origem a novas **palavras** – ou **lexemas** –, conforme a conceituação apresentada em 6.9.1.1 –, enquanto a flexão produz variações da forma de um lexema, dando origem ao que chamamos **vocábulos morfossintáticos**.

O dicionário registra os lexemas, e não os vocábulos morfossintáticos. Estes incorporam categorias específicas (*gênero*, *número*, *tempo*, *modo*) de sua ocorrência nos atos enunciativos que originam o texto. A derivação padrão se faz por meio de afixos (prefixos ou sufixos), ao passo que a flexão padrão é expressa por meio de desinências. Flexiona-se uma palavra para que ela expresse os conteúdos obrigatórios e sistemáticos da língua (categorias morfossintáticas), como as distinções de tempo nos verbos (*trabalho* X *trabalhei*) e a distinção de número nos artigos e substantivos (*a casa* X *as casas*).

Por tudo isso, somente um lexema derivado pode pertencer a uma classe gramatical distinta da classe da palavra primitiva. De substantivos e adjetivos derivam-se verbos (ex.: *pedra-petrificar*, *real-realizar*, *terra enterrar*), de adjetivos derivam-se substantivos (ex.: *feio-feiura*, *belo-beleza*), de substantivos derivam-se adjetivos (ex.: *cheiro-cheiroso*, *presidência-presidenciável*), de verbos derivam-se adjetivos (ex.: *dizer-dizível*, *quebrar-quebrável*, *insistir-insistente*), de adjetivos formam-se advérbios (ex.: *feliz-felizmente*, *súbito-subitamente*). Nem sempre, porém, a derivação resulta em mudança de classe gramatical; mas é certo que, se há mudança de classe, estamos diante de um novo lexema e, portanto, do resultado de uma derivação (cf. 21.2.8).

21.2 DERIVAÇÃO

Os processos de formação de palavras por meio de afixos chamam-se derivação prefixal *e* derivação sufixal. Na derivação prefixal o afixo vem colocado antes do radical (ex.: ***des****tampar*, ***sub****solo*, ***pro****jetar*, ***per****curso*, ***trans****mitir*). Na derivação sufixal, o afixo vem colocado após o radical (ex.: *utili***dade**, *ferru***gem**, *alegr***ia**, *raqu***ítico**, *marcen***aria**, *real***izar**). Nem sempre, porém, a palavra que contém afixo provém de outra palavra mais simples. É o caso de *raquítico*, cujo sufixo substitui outro sufixo – o **-ismo** de *raquitismo*; é o caso de *marcenaria*, cujo sufixo substitui outro sufixo – o **-eiro** de *marceneiro*; e também de *transmitir*, cujo prefixo substitui outro prefixo – por exemplo, o **e-** de *emitir*. Por outro lado, há até mesmo palavras que contêm um afixo preso a um radical exclusivo delas. É o que ocorre em *patético* e em *meticuloso*, que só classificamos como formas derivadas porque podemos provar que **-ico** e **-oso** são sufixos formadores de adjetivos (cf. *mág***ico**, *simpát***ico**, *cheir***oso**, *cuidad***oso**).

Como se viu no item precedente, o afixo pode ser responsável pela classe gramatical da palavra derivada: **-dade** forma substantivos, **-oso** forma adjetivos, **-izar** forma verbos, **-mente** forma advérbios, e assim por diante. Normalmente, só os sufixos têm esse papel. Em alguns casos, porém, a construção 'preposição + substantivo' deu origem a adjetivos (cf. *comida* ***sem-sal***, *uma atitude* ***sem-vergonha***, *um roteiro* ***sem-par***). Este modelo é a base de algumas formações recentes em que um prefixo semelhante a uma preposição forma adjetivos derivados de substantivos (cf. *centro* ***pró-melhoramentos***, *campanha* ***antitóxico***, *manifesto* ***antiaborto***, *período* ***pós-parto***, *casamento* ***interespécies*** [VERISSIMO, L.F. *O Globo*, 6/2/2000].

21.2.1 Derivação sobre forma já derivada

É comum que uma palavra derivada receba um novo afixo: de *compor*, formada de **com** + **por**, deriva-se *recompor*; de *inútil*, formada de **in** + **útil**, deriva-se *inutilidade*; de *realizar*, formada de **real** + **izar**, deriva-se *realização*; de *descarregar*, formada de **des** + **carregar**, deriva-se *descarregamento*.

Nestes exemplos a derivação acontece em dois estágios. Em *recompor*, por exemplo, acrescenta-se primeiro o prefixo **com-** ao lexema **pôr**, e a forma resultante – **compor** – recebe o prefixo **re-**, dando *recompor*. Em *realização*, por sua vez, há duas sufixações: deriva-se primeiro o verbo – **real** + **izar** – e em seguida acrescenta-se o sufixo **-ção**, para obter *realização*. Nos demais casos, a análise é menos simples. Como devemos analisar *inutilidade*: **in** + **utilidade**, **inutil** + **idade** ou **in** + **util** + **idade**? E *descarregamento*: **descarregar** + **mento**, **des** + **carregamento** ou **des** + **carrega**(r) + **mento**?

A resposta a estas perguntas não é simples. A solução mais cômoda seria aceitar qualquer das três análises. Muitos preferem a terceira, e lhe dão o nome de 'derivação prefixal e sufixal'. Esta é uma solução didaticamente cômoda e será preferível às outras duas, se não tivermos um bom argumento a favor de uma das duas restantes. Vou apresentar a seguir um argumento a favor da análise de *descarregamento* como um caso de derivação em dois estágios: primeiro como derivação prefixal (**des + carregar**) e em seguida como derivação sufixal (**descarregar + mento**).

Se dissermos que esta palavra é um exemplo de derivação prefixal, teremos de admitir que o prefixo **des-** pode ser acrescentado a um substantivo na atual sincronia (**des + carregamento**), como neste exemplo, a um verbo (ex.: **des + montar**) ou a um adjetivo (ex.: **des + honesto**). Teríamos assim a seguinte regra para a formação de uma palavra por meio do acréscimo do prefixo **des-**:

Regra 1: Ao ser acrescentado a um adjetivo, a um verbo ou a um substantivo, o prefixo 'des-' dá origem a um lexema que significa o oposto desse mesmo substantivo, verbo ou adjetivo (ex.: *honesto / desonesto*, *montar / desmontar*, *carregamento / descarregamento*, *ventura / desventura*, *jejum / desjejum*).

Esta regra é boa, porque descreve corretamente a derivação das palavras acima exemplificadas. Acontece, porém, que na palavra *descarregamento* há também um sufixo, **-mento**, o mesmo que aparece em *cancelamento* – derivado de *cancelar* –, *fornecimento* – derivado de *fornecer* –, *fingimento* – derivado de *fingir*. A regra que descreve a estrutura e o sentido desses substantivos é mais ou menos assim:

Regra 2: Ao ser acrescentado a um verbo, o sufixo '-mento' forma um substantivo que significa 'ato de X', em que X equivale ao verbo (ex.: *fingimento* = ato de fingir, *cancelamento* = ato de cancelar).

Esta regra também é boa para analisar a estrutura e o significado de *descarregamento*: *descarregamento* = ato de descarregar. Com qual das duas vamos ficar? Prefiro a regra 2, por dois motivos: 1º) a regra 2 é necessária para analisar a estrutura de formas como *fingimento* e *cancelamento*; com ela analiso também a estrutura de *descarregamento*; 2º) adotando a regra 2, podemos simplificar a regra 1, que deixa de fazer referência a substantivos. A regra que originou substantivos como *desamor*, *descrédito*, *desventura* e *desjejum*, formados de **des** + substantivo, é na atual sincronia uma RAE (regra de análise estrutural) e não uma RFP (regra de formação de palavras). A regra 1 passa a ter a seguinte redação:

Regra 1: Ao ser acrescentado a um verbo ou a um adjetivo, o prefixo **des-** dá origem a um lexema que significa o oposto desse mesmo verbo ou adjetivo (ex.: *montar/desmontar*, *honesto/desonesto*).

21.2.2 Derivação prefixal

Não são claros os limites entre derivação prefixal e composição. Vários prefixos são variantes de preposições (*com*, *sem*, *entre*), e muitos adjetivos e morfemas de significação numeral se antepõem a bases léxicas com um comportamento gramatical análogo ao dos prefixos (***aero****espacial*, ***bi****motor*,

***penta**campeão*). Por isso existem bons argumentos a favor de incluir a prefixação nos processos gerais de composição, assim como também é defensável tratá-la como um processo intermediário entre a composição e a sufixação. Como não estamos certos dos significativos benefícios descritivos destas alternativas, optamos pela prática corrente, identificada no título desta seção.

21.2.3 Prefixos

A maior parte dos prefixos expressa ideias relacionadas com 'localização' – posição ou movimento – seja no espaço, no tempo ou numa escala de valores. Os principais são:

Ante (posição anterior): *antebraço*, *antevéspera*, *antepor*, *anteontem*.

Arqui (posição acima): *arqui-inimigo*, *arquipélago*, *arquimilionário*.

Circum (posição em torno de): *circunscrever*, *circunvagar*, *circunspecção*, *circunlóquio*.

Com, co (posição junto a, ao lado de): *coabitar cooperar*, *conviver*, *correligionário*, *coirmão*.

Entre/inter (posição medial, reciprocidade): *entressafra*, *entrevista*, *entrechoque*, *entreolhar*, *entreabrir*, *interagir*, *intercâmbio*, *interestadual*.

Ex, e (movimento para fora, posição externa ou estado anterior): *exposição*, *excluir*, *excomungar*, *exorbitante*, *exibir*, *emigrar*, *emergir*, *ex-presidente*, *ex-marido*.

Extra (posição exterior; situação além de um limite): *extraconjugal*, *extraterrestre*; *extraordinário*, *extravasar*.

Hiper (posição acima, numa escala dimensional): *hipermercado*, *hiperexcitado*, *hipertensão*.

Hipo (posição abaixo, escassez): *hipotérmico*, *hipoglicemia*, *hipotensão*.

In, i (movimento para dentro): *incorrer*, *induzir*, *importar*, *infiltrar*, *imigrar*.

Intra, intro (posição interior; movimento para dentro): *intramuscular*, *intravenoso*, *intramuros*; *introduzir*, *introjetar*, *introspecção*.

Para (posição ao lado, posição marginal): *paramilitar*, *paraliteratura*, *paradoxo*.

Per (movimento 'através de'): *percorrer*, *perfurar*, *pernoitar*, *perambular*.

Pós, pos (posição posterior): *pós-eleitoral*, *pós-operatório*, *pós-graduação*, *pospor*, *postergar*, *postônico*.

Pré, pre (posição anterior): *pré-eleitoral*, *pré-natal*, *premeditar*, *preparar*, *prever*.

Pro (movimento para diante): *projetar*, *protelar*, *prosseguir*, *proclamar*, *procriar*, *programa*, *prospecção*.

Re (movimento para trás; repetição): *recorrer*, *refluir*, *recordação*; *renascer*, *reatar*.

Retro (movimento para trás): *retroagir*, *retroalimentação*, *retrospectiva*, *retrocesso*.

Sobre, **super**, **supra** (posição acima, no espaço ou numa escala; posição posterior): *sobrevoar*, *sobrepor*, *sobressair*, *super-homem*, *supermercado*, *superaquecer*, *suprapartidário*, *supracitado*; *sobremesa*, *sobreviver*, *sobrevir*.

Sub, **so** (posição abaixo): *submarino*, *sublingual*, *subnutrido*, *subestação*, *sub-reitor*, *subliteratura*, *sublocar*, *soterrar*.

Trans, **tras** (posição além ou através de): *transpor*, *transcender*, *trasladar*; *transdisciplinar*, *transamazônico*.

Ultra (posição além): *ultrassom*, *ultravioleta*, *ultraconservador*, *ultrapassar*.

Vice (posição abaixo): *vice-campeão*, *vice-governador*, *vice-diretor*.

Outro grupo importante pela produtividade da maioria de seus elementos é o dos prefixos que expressam as noções afins de ausência, negação, situação/movimento contrário. Os principais são:

Anti (condição contrária): *antiaéreo*, *antisséptico*, *antiaborto*, *antissequestro*.

Contra (posição oposta ou contrária): *contra-ataque*, *contramão*, *contraexemplo*, *contrapor*.

Des (negação, ação contrária): *desonesto*, *desmedido*, *destemor*, *desordem*, *desocupar*, *desviar*.

In, **im**, **i** (negação): *impuro*, *infeliz*, *inútil*, *imberbe*, *insone*, *ilegal*, *irreconhecível*.

Fazem parte do estoque lexical passivo – e se limitam praticamente à competência lexical dos falantes mais escolarizados – os seguintes prefixos:

A, **an** (ausência, negação): *amoral*, *amorfo*, *anarquia*, *ateu*.

Dis, **di** (separação, negação): *dissociar*, *dilacerar*, *discordar*, *dissimetria*, *dissidente*, *disforme*, *distrato*.

São também altamente produtivos os seguintes prefixos (ou prefixoides), que formam um grupo heterogêneo:

Neo (novo, recente): *neonazista*, *neoclássico*, *neopositivismo*.

Pseudo (falso): *pseudônimo*, *pseudochefe*, *pseudo-herói*.

Sem (privação): *sem-vergonha*, *sem-terra*, *sem-sal*, *sensabor*.

Não (negação): *não licença*, *não intervenção*, *não ser*.

Auto (si próprio): *autoestima*, *autobiografia*, *autodefesa*.

Bem: *benquerer*, *bem-aventurado*.

Mal: *mal-educado*, *malformação*, *mal-estar*.

21.2.4 Derivação sufixal

Também cabe distinguir os sufixos capazes de dar origem a novas palavras (isto é, que são instrumentos de regras de formação de palavras – RFP) daqueles que, embora reconhecíveis como sufixos, figuram apenas nas palavras historicamente incorporadas ao léxico (e, portanto, são unidades mórficas apenas do ponto de vista das regras de análise estrutural – RAE). São do primeiro tipo sufixos como **-eiro**, **-ção**, **-dade** e **-oso** (cf.: *motoqueiro*, *poluição*, *facilidade*, *perigoso*); pertencem ao segundo tipo sufixos como **-ície**, **-eo** e **-ugem** (cf.: *calvície*, em face de *calvo*; *marmóreo*, em face de *mármore*; *ferrugem*, em face de *ferro*).

A possibilidade de conferir uma nova classe à palavra derivada faz da sufixação um processo de extraordinária versatilidade na língua. Enquanto a prefixação contribui ordinariamente para a ampliação do léxico, a sufixação, além dessa função, tem um papel importante na construção sintática dos sintagmas, das orações e até mesmo do texto.

Expressões como (a) *a utilidade dos animais* ou (b) *o sumiço do dinheiro* denotam relações semânticas correspondentes às contidas em construções oracionais como (c) *os animais são úteis* e (d) *o dinheiro sumiu*. Por isso, não se aplicam a seres ou objetos (não têm valor referencial), mas a situações ou eventos. Podemos dizer que 'a' equivale a 'c' e 'b' equivale a 'd' quanto aos 'dados do mundo', mas diferem quanto à conceptualização e, consequentemente, quanto ao modo como se inserem no discurso. Enquanto 'c' e 'd' são formas manifestas de declaração – isto é, são construções de predicação –, 'a' e 'b' tratam essas mesmas declarações como informações pressupostas – isto é, como referências sobre as quais se realiza uma nova predicação. É como informação pressuposta que 'c' e 'd' participam dos enunciados *A menina escreveu uma redação sobre a utilidade dos animais* (pressuposto = *os animais são úteis*) e *O sumiço do dinheiro foi notícia em todos os jornais* (pressuposto = *o dinheiro sumiu*).

Dentre os processos de formação de palavras, a sufixação é a responsável pela versatilidade dos recursos de construção dos sintagmas e das orações, já que por meio dela não só se encurtam construções sintáticas (cf. os exemplos dos grupos 'c' e 'd'), mas ainda se condensam orações que, sob a forma de sintagmas nominais, podem ocorrer como parte de orações mais complexas (cf. os exemplos dos grupos 'a' e 'b'). Os exemplos abaixo ilustram algumas alterações desses modos de representar / comunicar conceitos:

a) Adjetivo > Substantivo (qualificação > designação)
O sapo é *útil* ~ a *utilidade* do sapo
A cerca é *segura* ~ a *segurança* da cerca

A água está *contaminada* ~ a *contaminação* da água
As praias ficaram *sujas* ~ a *sujeira* das praias

b) Verbo > Substantivo (predicação > designação)
Meus sapatos *sumiram* ~ o *sumiço* dos meus sapatos
Consertaram meu relógio ~ o *conserto* do meu relógio
O dinheiro *foi devolvido* ~ a *devolução* do dinheiro
Graham Bell *inventou* o telefone ~ a *invenção* de Graham Bell / a *invenção* do telefone

c) Substantivo > Verbo (designação > predicação)
Usar a *cabeça* para impulsionar a bola ~ *cabecear* a bola
Usar *pedras* para agredir o cachorro ~ *apedrejar* o cachorro
Usar *cimento* para unir os tijolos ~ *cimentar* os tijolos
Usar *pente* para dar forma aos cabelos ~ *pentear* os cabelos

d) Adjetivo > Verbo (qualificação > predicação)
Tornar(-se) um objeto *torto* ~ *entortar* um objeto
Tornar(-se) uma pessoa *pálida* ~ *empalidecer* uma pessoa
Tornar(-se) a água *fria* ~ *esfriar* a água
Tornar(-se) a comida *quente* ~ *esquentar* a comida

e) Oração adjetiva > Adjetivo (predicação > qualificação)
Copos *que podem ser descartados* ~ copos *descartáveis*
Bonecas *que não quebram* ~ bonecas *inquebráveis*
Chefe *que tolera* ~ chefe *tolerante*
Mãe *que compreende* (os erros dos filhos) ~ mãe *compreensiva*
Tijolo *que quebra com facilidade* ~ tijolo *quebradiço*
Tecido *que escorrega* ~ tecido *escorregadio*

f) Substantivo > Adjetivo (designação > qualificação)
O *nariz grande* do boneco ~ boneco *narigudo*
A *febre* do paciente ~ paciente *febril*
O *ciúme* do marido ~ marido *ciumento*
O *barro* das águas ~ águas *barrentas*
O *conforto* das poltronas ~ poltronas *confortáveis*

É comum, porém, que, sendo o termo base um substantivo concreto, os tipos de formas derivadas que partem dele sejam motivados sobretudo pela necessidade de dar nome a objetos, ofícios, espaços etc. de nossa experiência da realidade, não constituindo em qualquer hipótese um conjunto uniforme.

Tomemos para exemplo cinco designações de frutas: *laranja*, *banana*, *goiaba*, *jaca* e *manga*. De *laranja*, derivam-se *laranjeira*, *laranjada*, *laranjeiro* e *laranjal*; de *banana*, *bananeira*, *bananada*, *bananeiro*, *bananal*; de *goiaba*, *goiabeira*, *goiabada*; de *jaca*, *jaqueira*; de *manga*, *mangueira*. Vê-se que *laranja* e *banana* estão em situação análoga, mas *jaca* e *manga* só contam com os derivados que denotam as respectivas árvores. Do ponto de vista do sistema de regras de formação de palavras, nada impede que sejam criadas as formas *goiabeiro* e *goiabal*; *jacada*, *jacal* e *jaqueiro*; *mangada*, *mangal* e *mangueiro*. Só duas razões podem ajudar a esclarecer por que estas formas não foram promovidas a palavras efetivas da língua: a existência de alguma outra palavra que já designe o que elas poderiam denotar, ou a pouca ou nenhuma serventia delas como signo de um dado econômico ou sociocultural relevante. A inexistência de *mangal* explica-se pela primeira razão, pois existe *mangueiral*. Quanto ao não uso de *jacada*, *mangada*, *jaqueiro* e *mangueiro*, provavelmente se explique por não terem a *jaca* e a *manga* o uso industrial e comercial que têm a *laranja* e a *banana*. Ou seja, por mais que existam pessoas que vendam *manga* e *jaca*, suas atividades comerciais não têm relevância econômica suficiente para justificar o emprego regular e generalizado de *mangueiro* e *jaqueiro*.

Pode-se dizer que para cada substantivo concreto existem associações lógica ou culturalmente motivadas, segundo o conhecimento que temos do mundo dos objetos, do papel sociocultural e utilidade do conceito designado pela base.

Para uma palavra como *laranja*, as experiências culturais de um brasileiro médio incluem conceptualizações relativas a: uso alimentar (*laranjada*), árvore (*laranjeira*), conjunto (*laranjal*), quem vende (*laranjeiro*), tamanho (*laranjinha*), noção qualificadora (*alaranjado*). Para uma palavra como *flor*, nossas conceptualizações sistemáticas dizem respeito a: utilidade (*florir*), manifestação natural (*florescer/floração*), quem vende/comercializa (*florista*), tamanho (*florzinha*), função qualificadora (*floral*). Para *vidro*, nossas conceptualizações se referem a: característica material dos objetos (*vítreo*), recipiente feito de vidro (um *vidro*, um *vidrinho*), janela fixa feita de vidro (*vidraça*), profissional que trabalha com vidro (*vidreiro*), passagem da luz ornamentada com desenhos (*vitral*), conduta de quem fixa o olho ou a atenção movido pela admiração (*vidrado*) etc. Para *máquina*, conjunto de peças que funcionam interligadas para determinado fim (*maquinismo*), característica de atos próprios da rotina (*maquinal*), conjunto (*maquinaria*), ofício (*maquinista*).

Estes exemplos foram tomados aleatoriamente para mostrar que a criação de palavras derivadas de um substantivo concreto não segue qualquer plano estrutural da língua – como ocorre com os nomes derivados de verbos e de adjetivos –, mas é motivada sobretudo por inúmeros fatores socioculturais, dos quais apenas uns poucos são estáveis e gerais, como a referência à árvore, para o caso de frutas, e a referência ao ofício, para o caso de palavras que denotam matéria-prima das atividades profissionais. Este caráter da produção lexical é inerente à função de designação própria dos substantivos: dar nome.

Distinguiremos, desse modo, (a) sufixos que derivam substantivos de outros substantivos, (b) sufixos que derivam substantivos de adjetivos, (c) sufixos que derivam substantivos de outros substantivos e de adjetivos, (d) sufixos que derivam substantivos de verbos, (e) sufixos que derivam substantivos de adjetivos e de verbos, (f) sufixos que derivam adjetivos de substantivos, (g) sufixos que derivam adjetivos de verbos, (h) sufixos que derivam verbos de substantivos e de adjetivos, (i) sufixos de grau e aspecto, (j) sufixo adverbial.

21.2.5 Sufixos

***Grupo a*:** Derivam substantivos de outros substantivos:

Ada; **al / aral / açal**, **(z)eiro / (z)eira**, **aria / erio**; **agem**; **ário**; **edo**. Expressam quantificação ou ideia coletiva, tomando-se como base tanto a coisa quantificada (*goiaba – goiabada*) quanto o espaço/tempo ou objeto que a contém (*noite – noitada*, *colher – colherada*):

- *peix**ada***, *macarron**ada***, *churras**cada***; *banan**ada***, *goiab**ada***, *caju**ada***, *papel**ada***, *poeir**ada***, *boi**ada***, *tempor**ada***, *jorn**ada***, *noit**ada***; *boc**ada***, *colher**ada***, *ninh**ada***;
- *banan**al***, *arroz**al***, *cipo**al***, *milh**aral***, *lam**açal***;
- *nevo**eiro***, *pesqu**eiro***, *galinh**eiro***, *formigu**eiro***, *cupin**zeiro***, *agulh**eiro***, *faqu**eiro***, *cin**zeiro***, *lix**eiro***;
- *caval**aria***, *maquin**aria***, *pedr**aria***, *fuzil**aria***, *pancad**aria***; *voz**erio***, *mulh**erio***;
- *past**agem***, *plum**agem***, *folh**agem***;
- *maquin**ário***, *relic**ário***, *herb**ário***, *columb**ário***, *api**ário***, *clavicul**ário***, *mostru**ário***;
- *vinh**edo***, *laj**edo***, *passar**edo***.

Eiro; **ário**; *ista*. Derivando substantivos referentes a seres humanos, significam genericamente ‘agente’ e servem para indicar indivíduos que ‘exercem uma profissão ou ofício’, que ‘praticam esportes ou têm certas ocupações regulares', ou ainda 'que são adeptos ou seguidores de sistemas ou movimentos políticos, artísticos, socioculturais, filosóficos etc.':

- *engenh**eiro**, marinh**eiro**, patrulh**eiro**, leit**eiro**, port**eiro**, cop**eiro**, livr**eiro**, roup**eiro**, tintur**eiro**, chav**eiro**, viol**eiro**, banqu**eiro**, fazend**eiro***;
- *serventu**ário**, botic**ário**, oper**ário**, banc**ário**, secret**ário***;
- *maquin**ista**, fogu**ista**, dent**ista**, garag**ista**, pecuar**ista**; romanc**ista**, violon**ista**, trapez**ista**, curta-metrag**ista**, cartun**ista**; umband**ista**, marx**ista**, metod**ista**, getul**ista**; ten**ista**, alpin**ista**, veloc**ista***.

Obs.: O sufixo agentivo eiro (zeiro), aplicado a substantivos que denotam frutos, designa a árvore que *produz* tal fruto, e adota regularmente a forma masculina ou feminina segundo o gênero do nome primitivo: *abacateiro*, *mamoeiro*, *cajueiro*, *sapotizeiro*, *algodoeiro* – derivados de substantivos masculinos; *macieira*, *jaqueira*, *goiabeira*, *amoreira* – derivados de substantivos femininos. Existem as formas *ingazeiro* e *ingazeira* porque *ingá* pode ser masculino ou feminino.

Ia; *aria*. Derivam substantivos referentes a ocupações, profissões, ofícios, bem como aos lugares respectivos em que são exercidos:

- *advocac**ia**, chef**ia**, filatel**ia**, abad**ia**, reitor**ia**, procurador**ia***;
- *engenh**aria**, alfaiat**aria**, tesour**aria**, carpint**aria**, tapeç**aria**, ourives**aria**, marmor**aria**, maçon**aria***.

Ado / ato. Indicam titulaturas e instituições, o território subordinado a um titular ou o período de aquisição ou vigência da titularidade:

- *princip**ado**, emir**ado**, cond**ado**; pap**ado**, rein**ado**, novici**ado**; bacharel**ado**, mestr**ado**, doutor**ado**; baron**ato**, cardinal**ato***.

Ada; **aria**; **agem**. Derivam substantivos que significam atos ou movimentos, segundo o meio ou o agente:

- *fac**ada**, pedr**ada**, bordo**ada**, pern**ada**, barrig**ada**, dent**ada**, saraiv**ada*** (atos segundo o meio ou instrumento com que são praticados); *quartel**ada*** (ato segundo o agente);
- *patif**aria**, pirat**aria**, velhac**aria*** (atos segundo o agente que os pratica);
- *camarad**agem**, ladro**agem**, picaret**agem**, vadi**agem**, aprendiz**agem*** (atos segundo o agente que os pratica).

Ite. Deriva substantivos que significam inflamação:

- *fleb**ite***, *sinus**ite***, *bronqu**ite***, *estomat**ite***, *periton**ite***, *conjuntiv**ite***.

Grupo b: Derivam substantivos abstratos de adjetivos:

Dade / idade. Este sufixo é o mais produtivo em sua classe. Com ele se criam todos os substantivos derivados de adjetivos formados pelo sufixo '-vel' ou terminados em '-z' ou '-r':

- *amabil**idade*** (de *amável*), *volubil**idade*** (de *volúvel*), *perecibil**idade*** (de *perecível*); *feroc**idade*** (de *feroz*), *capac**idade*** (de *capaz*), *felic**idade*** (de *feliz*), *familiar**idade*** (de *familiar*), *menor**idade*** (de *menor*), *singular**idade*** (de *singular*), *par**idade*** (de *par*). Diante do sufixo, **-vel** passa a **-bil-** e **-z** passa a **-c-**. Outros exemplos: bon***dade***, ruin***dade***, peren***idade***, obes***idade***, util***idade***, pratic***idade***, efemer***idade***, enorm***idade***.

Obs.: Em *prático/praticidade*, há mudança de [k] em [s].

Ez / eza. Os substantivos derivados com **ez** empregam-se de preferência no registro formal da língua. Já os substantivos derivados em **eza** pertencem a todas as variedades da língua:

- *honrad**ez*** (de *honrado*), *altiv**ez*** (de *altivo*), *mesquinh**ez*** (de *mesquinho*), *viuv**ez*** (de *viúvo*), *pequen**ez*** (de *pequeno*), *polid**ez*** (de *polido*) *palid**ez*** (de *pálido*), *livid**ez*** (de *lívido*).
- *bel**eza***, *trist**eza***, *mol**eza***, *pobr**eza***, *bonit**eza*** (uso corrente); *avar**eza***, *asper**eza***, *singel**eza***, *estreit**eza*** (de uso mais restrito tanto quanto os adjetivos de que derivam: *avaro*, *áspero*, *singelo*, *estreito*). A forma *malvad**eza***, derivada de *malvado*, é variante popular de *maldade*.

Ia; **ura**. Formam substantivos de uso corrente, mas são de produtividade média no português atual:

- alegr**ia**, valent**ia**, cortes**ia**; larg**ura**, doç**ura**, fei**ura**, brand**ura**.

Ice. É um sufixo de alta produtividade, especialmente para a formação, no uso coloquial, de substantivos que expressam conceitos de conotação pejorativa:

- maluquice, esquisitice, pieguice, burrice, sem-gracice. Com sentido neutro ocorre em *velh**ice***, *tol**ice***, *meigu**ice*** e mais uns poucos substantivos.

Or. É um sufixo de produtividade média, típico da língua escrita e praticamente inapto à criação de novos lexemas:

- *tem**or**, verd**or**, fur**or**, pal**or**, fresc**or**, ferv**or**, trem**or**, fed**or***.

Dão / idão. É um sufixo de produtividade média, que já não origina novos substantivos:

- *escur**idão**, sol**idão**, ret**idão**, morn**idão**, vermelh**idão**, mans**idão**, apt**idão**, podr**idão***.

Tude / itude. É o sufixo menos produtivo de sua classe. Une-se a adjetivos que significam 'dimensão':

- *alt**itude**, ampl**itude**, plen**itude**, magn**itude***.

Grupo c: Derivam substantivos abstratos de outros substantivos e de adjetivos:

Ismo. Sufixo de alta produtividade, deriva substantivos que designam:

- sistemas ou correntes de pensamento (religioso, político, filosófico): *bud**ismo**, marx**ismo**, ideal**ismo**, social**ismo**, anarqu**ismo**, catolic**ismo**, protestant**ismo**, umband**ismo**, positiv**ismo***;
- atividades e estilos artísticos: *Romant**ismo**, Concret**ismo**, Surreal**ismo**, Impression**ismo**, cartun**ismo***;
- conduta ideológica, forma de pensar e/ou de proceder: *popul**ismo**, militar**ismo**, revanch**ismo**, tenent**ismo**, coronel**ismo**, mach**ismo**, femin**ismo**, manique**ísmo**, material**ismo**, sad**ismo**, narcis**ismo**, entregu**ismo**, terror**ismo**, denunc**ismo**, empregu**ismo**, puxa-saqu**ismo***;
- formas de expressão culturalmente características: *mod**ismo**, provincian**ismo**, dialetal**ismo**, anglic**ismo**, neolog**ismo**, arab**ismo**, cult**ismo**, brasileir**ismo**, galic**ismo***;
- terminologia científica: *traumat**ismo**, alcool**ismo**, raquit**ismo**, impalud**ismo**, cateter**ismo**, botul**ismo***.

Agem. Sufixo de alta produtividade, deriva substantivos abstratos que designam atos ou comportamentos passíveis de censura:

- *politic**agem**, bob**agem**, barbeir**agem**, moleca**gem**, libidin**agem**, pilantr**agem**, picaret**agem**, malandr**agem***.

Grupo d: Derivam, de verbos, substantivos que significam a ação, o resultado dela ou ainda o instrumento ou meio da ação. São os seguintes os sufixos usuais:

- **Ada / ida** (de uso coloquial, especialmente nas perífrases com o verbo DAR): *pis**ada**, cort**ada**, caminh**ada**, peneir**ada**, part**ida**, dorm**ida**, fug**ida**, mord**ida***.
- **Agem**: *cont**agem**, pilh**agem**, vend**agem**, pilot**agem**, ancor**agem***.
- **Ança / ância / ência:** *lembr**ança**, poup**ança**, mat**ança**, milit**ância**, observ**ância**, relev**ância**, aflu**ência**, conveni**ência**, infer**ência***.

Obs.: O léxico do português abriga uma grande quantidade de substantivos e adjetivos derivados graças à correlação dos sufixos **-ência** / **-ente**, provenientes de verbos latinos que não têm formas correspondentes na sincronia atual do português. Isto não impede que os consideremos palavras derivadas na gramática do português, visto que a correlação dos sufixos permite que descodifiquemos o significado de um deles com base no conhecimento do outro (cf. *frequência / frequente*, *decência / decente*, *docência / docente*, *indolência / indolente*, *demência / demente*, *penitência / penitente*, *inteligência / inteligente*) (ver abaixo, grupo 'e'). Todos são interpretáveis graças a uma regra de análise estrutural (RAE).

- **Ção, ão**: *arma**ção**, contempla**ção**, aberra**ção**, demoli**ção**, dilui**ção**, predi**ção**, absolvi**ção**; extors**ão**, subvers**ão**, absorç**ão**, agress**ão**, arranh**ão**, pux**ão**, escorreg**ão**, reuni**ão**, empurr**ão***.

Obs.: Enquanto a variante **-ção** é acrescentada ao tema verbal, a variante **-ão** vem unida diretamente ao radical. O sufixo **-ão** acrescenta-se diretamente ao radical do verbo, que pode ocorrer sob um alomorfe (cf. *agred**ir**/agress**ão***, *subvert**er**/subvers**ão***, mas *arranh**ão**/arranh**ar***, *escorreg**ão**/escorreg**ar***). As únicas exceções são *uni**ão*** e *reuni**ão***. Em formas como *pidão* e *chorão*, também derivadas de verbos, há outro sufixo, relacionado à noção de grau (ver 7.1.2.3).

- **Dura**, **tura**, **sura**, **ura**: *investi**dura**, benze**dura**, liga**dura**, ferra**dura**, ata**dura**, forma**tura**, ton**sura**, solt**ura***.
- **Mento**. Tanto quanto **-ção**, este é um sufixo de alta produtividade. É o sufixo usual nos substantivos derivados dos verbos terminados em **-ecer** e dos verbos parassintéticos em geral: *acovarda***mento**, *acampa***mento**, *encoraja***mento**, *enquadra***mento**, *requeri***mento**, *enforca***mento**, *esfarela***mento**, *faleci***mento**, *esqueci***mento**, *fortaleci***mento**.

Grupo e: De verbos, derivam nomes potencialmente substantivos e adjetivos com significado agentivo, instrumental ou locativo:

- **Dor, tor, sor, or**: *compra**dor**, joga**dor**, porta**dor**, vende**dor**, sofre**dor**, competi**dor**, demolie**dor**; abri**dor**, rala**dor**, picha**dor**, a**tor**, agrimen**sor**, propul**sor**, impos**tor**, tradu**tor**, disjun**tor**, eje**tor***.
- **Douro, tório**: *dura**douro**, migra**tório**, dormi**tório**, bebe**douro**, desagua**douro**, nasce**douro**, labora**tório**, escri**tório***.
- **Ão**. Intensificador e depreciativo, é usual nas variedades informais da língua: *fuj**ão**, pid**ão**, chor**ão**, mij**ão**, beberr**ão**, falastr**ão**, comil**ão***.

Grupo f: Derivam adjetivos de substantivos e pertencem a dois subconjuntos.

1) Sufixos formadores de adjetivos que significam 'relativo a, procedente de':
   - **Al, ar**: *mens**al**, seman**al**, conjug**al**, escol**ar**, anel**ar**, tutel**ar***.
   - **Ano** (de alta produtividade): *peru**ano**, machadi**ano**, aquari**ano***.
   - **Ário**: *portu**ário**, banc**ário**, rodovi**ário**, mission**ário***.
   - **Eiro** (de alta produtividade): *passag**eiro**, brasil**eiro**, fest**eiro***.
   - **Eno**: *terr**eno**, chil**eno***.
   - **Ense** (de alta produtividade): *piaui**ense**, friburgu**ense**, madeir**ense***.
   - **Ês** (de alta produtividade): *portugu**ês**, montanh**ês**, liban**ês***.
   - **Eo** (de produtividade restrita à língua escrita em registro formal): *térr**eo**, marmór**eo**, pétr**eo**, funér**eo***.
   - **Ício** (improdutivo na língua contemporânea): *aliment**ício**, patr**ício***.
   - **Ico** (de alta produtividade): *metál**ico**, enfát**ico**, mág**ico**, simpát**ico***.
   - **Il** (de produtividade restrita ao registro formal): *fabr**il**, pastor**il**, febr**il***.
   - **Ino**: *capr**ino**, sibil**ino**, londr**ino**, marroqu**ino**, equ**ino**, bov**ino***.

2) Sufixos formadores de adjetivos que significam 'provido de, abundante em':
   - **Ento** (de média produtividade): *piolh**ento**, poeir**ento**, cium**ento**, peçonh**ento***.
   - **Onho**: *ris**onho**, enfad**onho**, med**onho***.
   - **Oso** (de alta produtividade): *licor**oso**, perig**oso**, cheir**oso**, caprich**oso**, manh**oso**, medr**oso***.

- **Ivo** (característico de registro formal): *impulsivo*, *recessivo*.
- **Udo** (de alta produtividade, especialmente nas variedades coloquiais): *narigudo*, *cabeludo*, *posudo*, *pontudo*, *peitudo*.

Grupo g: Derivam adjetivos de verbos e pertencem a dois subconjuntos.

1) Denotando passividade do ser a que o adjetivo se refere:
   - **Vel**: *adorável*, *corruptível*, *corrigível*.
   - **Iço**: *quebradiço*, *alagadiço*, *encontradiço*.
   - **Io**: *escorregadio*, *fugidio*, *arredio*.

2) Denotando atividade do ser a que o adjetivo se refere:
   - **Nte**: *insinuante*, *atuante*, *influente*, *maldizente*, *penetrante*.
   - **Ivo**: *apelativo*, *pensativo*, *curativo*, *deliberativo*, *meditativo*, *corrosivo*, *ilustrativo*, *punitivo*, *permissivo*, *remissivo*, *proibitivo*, *agressivo*, *seletivo*.
   - **(T)ório**: *encantatório*, *preparatório*, *vexatório*, *satisfatório*.

Obs.: O sufixo **-nte**, de alta produtividade, forma nomes potencialmente adjetivos e substantivos: caminh**ante**, reclam**ante**, manifest**ante**, conflit**ante**, requer**ente**, combat**ente**, aflu**ente**, ouv**inte**, ped**inte**.

Grupo h: Derivam verbos de substantivos e de adjetivos:

- **ec(er) / esc(er)**: *florescer*, *apetecer*.
- **ej(ar)**: *velejar*, *verdejar*, *porejar*.
- **iz(ar)**: *suavizar*, *concretizar*, *terceirizar*, *infernizar*, *fulanizar*.
- **fic(ar)**: *fortificar*, *beatificar*, *amplificar*, *modificar*, *petrificar*.
- **e(ar)**: *clarear*, *branquear*, *mapear*, *passear*, *tourear*, *coxear*, *pentear*, *barbear*, *prantear*.
- **(øar)**: *ventar*, *peitar*, *azeitar*, *rodar*.

Obs.: Os verbos da última série são obviamente derivados respectivamente de *vento*, *peito*, *azeite* e *roda*, ainda que lhes falte um sufixo segmental como nas séries precedentes. Por isso, propomos que se atribua à terminação verbal **ar** a função cumulativa de marca verbal (vogal temática + des. de infinitivo) e sufixo derivacional.

Grupo i: Exprimem variação de grau e/ou de aspecto do sentido da base

1) Derivam adjetivos de outros adjetivos:
   - **Íssimo, imo** (eruditos): *contentíssimo*, *amabilíssimo*, *misérrimo*, *paupérrimo*.

- **(Z)inho (z)ão** (populares): *doc**inho**, pobr**inho**, limp**inho**, nu-a**zinha**, lind**ão**, fei**ão**, tort**ão**, quent**ão***.

2) Derivam substantivos de outros substantivos:
   - **Ão** (e variantes), **aço, inho, eco** podem adicionar uma referência à dimensão física ou um juízo de valor: *pared**ão**, panel**ão**, casar**ão*** (referência ao tamanho), *boler**ão**, samb**ão**, papel**ão**, film**eco**, jornal**eco*** (juízos depreciativos) *jog**ão**, film**aço*** (juízos positivos).

3) Derivam verbos de verbos, aos quais acrescentam a noção mista de grau (ação branda) e aspecto (repetição):
   - **Isc(ar), ilh(ar), it(ar), ul(ar)**: *mord**isc**ar* (de *morder*), *lamb**isc**ar* (de *lamber*), *chap**isc**ar* (de *chapar*), *ferv**ilh**ar* (de *ferver*), *salt**it**ar* (de *saltar*), *dorm**it**ar* (de *dormir*), *pul**ul**ar* (de *pular*).

Obs.: *Chuviscar* é uma exceção a esta regra, pois deriva de *chuvisco*, diminutivo de *chuva*. *Fervilhar* tem valor metafórico. *Dedilhar* não provém de outro verbo, mas do substantivo *dedo*. *Mariscar* deriva de *marisco*, que por sua vez deriva de *mar*.

Grupo j: Forma advérbios:
- **Mente**: *calma**mente**, doce**mente**, feliz**mente**, afetuosa**mente***.

21.2.6 Derivação regressiva

As observações feitas em 21.2.1 vão nos ajudar a resolver uma outra questão: Como se analisa a estrutura de lexemas como *desconto*, *desmonte*, *despiste*? Não pode ser **des + conto**, **des + monte** ou **des + piste**, porque *desconto* não é o oposto de *conto*, nem *desmonte* o oposto de *monte*, e *piste* não existe. Além disso, já sabemos que o prefixo **des-** não se une produtivamente a bases substantivas na atual sincronia do português. Nossa alternativa, aqui, é relacionar *desconto*, *desmonte* e *despiste* aos verbos *descontar*, *desmontar* e *despistar*. Estamos diante do que tradicionalmente se chama **derivação regressiva**, isto é, um *processo que consiste em criar uma palavra mediante a supressão de um elemento final de outra palavra*.

Este processo é particularmente produtivo na formação de substantivos derivados de verbos. Suprime-se a terminação verbal (**-ar**, **-er** ou **-ir**) e acrescenta-se diretamente ao radical uma das vogais temáticas nominais **-o**, **-e** ou **-a**: de *comprar* deriva-se *compra*; de *desmontar*, *desmonte*; de *atacar*, *ataque*; de *perder*, *perda*; de *saltar*, *salto*; de *descontar*, *desconto*; de *fugir*, *fuga*; de *morrer*, *morte*. Nos dois últimos exemplos, o substantivo apresenta um alomorfe do radical: [fug], para *fuga*, e [mɔRt], para *morte*.

De alguns verbos originam-se também adjetivos derivados regressivamente. De verbos da primeira conjugação derivam-se: *aceito*, de *aceitar*; *entregue*, de *entregar*; *enxuto*, de *enxugar*; *expresso*, de *expressar*; *expulso*, de *expulsar*; *ganho*, de *ganhar*; *isento*, de *isentar*; *salvo*, de *salvar*; *solto*, de *soltar*; *vago*, de *vagar*. De verbos da segunda conjugação derivam-se: *aceso*, de *acender*; *bento*, de *benzer*; *eleito*, de *eleger*; *corrupto*, de *corromper*; *incurso*, de *incorrer*; *morto*, de *morrer*; *preso*, de *prender*; *roto*, de *romper*; *suspenso*, de *suspender*; *torto*, de *torcer*. De verbos da terceira conjugação derivam-se: *aflito*, de *afligir*; *correto*, de corrigir; *direto*, de *dirigir*; *emerso*, de *emergir*; *expresso*, de *exprimir*; *extinto*, de *extinguir*; *frito*, de *frigir*; *imerso*, de *imergir*; *impresso*, de *imprimir*; *inserto*, de *inserir*; *omisso*, de *omitir*; *submerso*, de *submergir*; *tinto*, de *tingir*.

Obs.: Alguns linguistas já observaram que, nesse processo, não há a rigor uma simples supressão da terminação verbal, visto que o nome apresenta com frequência uma vogal temática distinta da do verbo (cf. *perder/perda*, *fugir/fuga*, *saltar/salto*). Admitindo-se que a própria vogal temática faz aqui a vez do sufixo, teríamos nesses exemplos um processo de **derivação sufixal**, análise que se torna plausível por permitir que se expliquem também formações como *rodar*, *ventar* e *livrar*, derivados respectivamente de *roda*, *vento* e *livre* (ver 21.2.5, grupo h).

21.2.7 Parassíntese (ou circunfixação)

Consideremos agora o verbo *descontar*. Poderíamos analisá-lo como uma palavra derivada por prefixação, como *desmontar* e *descarregar*? Se pensarmos assim, estaremos dizendo que *descontar* é o oposto de *contar*, o que é discutível. Se a frase for *Descontei o dinheiro que lhe emprestei*, é claro que *descontar* não é o oposto de *contar*. Também não derivaremos *descontar* do substantivo *desconto*, pois, como se viu no item anterior, *desconto* é que é um derivado regressivo de *descontar*. No exemplo dado aqui, *descontar* significa 'retirar parte de um crédito ou de *conta* bancária', e nada tem a ver com qualquer acepção do verbo *contar*. Por isso, temos de derivar *descontar*, no sentido em que está empregado nessa frase, diretamente do substantivo *conta* . *Esta derivação, que se faz por acréscimo simultâneo de elementos mórficos antes e após o radical da forma primitiva*, se chama derivação parassintética, circunfixação ou, simplesmente, **parassíntese.**

Por parassíntese derivam-se muitos verbos. O tipo mais produtivo é o que acrescenta ao mesmo tempo um dos prefixos **a-**, **en-** ou **es-** e a terminação verbal, precedida do sufixo **-ec-**, quando o verbo é da segunda conjugação (ex.: *entardecer*, derivado de *tarde*; *anoitecer*, derivado de *noite*; *empretecer*, derivado de *preto*; *esclarecer*, derivado de *claro*), ou sem sufixo, quando o verbo é da primeira conjugação (ex.: *apontar*, derivado de *ponta*; *enfiar*, derivado de *fio* (= linha); *afiar*, derivado de *fio* (= lâmina); *entortar*, derivado de *torto*; *esfarelar*, derivado de *farelo*). A prova de que o acréscimo dos afixos é simultâneo – e não sucessivo, como no exemplo de *descarregamento* – é a inexistência do lexema desprovido de apenas um dos afixos: não existem *esclaro* nem *clarecer*, não existem *empreto* nem *pretecer*.

Há também muitos verbos derivados por parassíntese com os prefixos **des-**, **ex-** e **re-**: *destronar*, de *trono*; *despistar*, de *pista*; *desfigurar*, de *figura*; *expropriar*, de *próprio*; *expatriar*, de *pátria*; *expectorar*, de *peito*; *repatriar*, de *pátria*; *reciclar*, de *ciclo*; *refinar*, de *fino*.

A parassíntese tem-se revelado também produtiva na derivação de adjetivos, como *desalmado* e *desbocado*.

21.2.8 Derivação imprópria ou conversão

Chama-se **derivação imprópria** ou **conversão** ao *processo de ampliação do léxico pela mudança de classe ou de subclasse de um lexema*. Nesse tipo de derivação não há qualquer alteração formal aparente, daí chamar-se *imprópria*. Por derivação imprópria ou conversão, criam-se substantivos de adjetivos (ex.: *os mortais*, *os humanos*, *os fiéis*, *um visto de entrada*, *o presidente*), criam-se substantivos de advérbios (ex.: *o amanhã*), criam-se substantivos de verbos (ex.: *o poder*, *o dever*, *o passar do tempo*), criam-se adjetivos (variáveis em gênero e número) do particípio (invariável) dos verbos (ex.: *fingido*, particípio em *ele tinha fingido*, que se torna adjetivo em *eles são fingidos*; *comprado*, particípio em *ele tinha comprado os bilhetes*, que passa a adjetivo em *os bilhetes foram comprados por ele*); expressam-se novos conteúdos com a mudança do gênero (*o atleta* (acepção geral)/*a atleta* (exclusivamente para mulher), *a cobra* (réptil)/*o cobra* (grande especialista numa atividade)), substantivos comuns tornam-se próprios (ex.: *Rosa*, *Margarida*, nomes de flores empregados como nomes de pessoas; *Pinheiro*, *Carvalho*, *Pereira*, *Coelho*, *Raposo*, *Pinto*, nomes de árvores e de animais empregados como sobrenomes), substantivos próprios tornam-se comuns (ex.: *gari*, varredor de rua, derivado do antropônimo Aleixo *Gary*, antigo incorporador de empresa que fazia as limpezas das ruas do Rio de Janeiro; *odisseia*, viagem cheia de peripécias, derivado do título do poema épico *Odisseia*, atribuído ao poeta grego Homero).

A derivação imprópria é responsável por alterações de significado relacionadas com o modo de significação da classe em que a palavra passa a se enquadrar. Em *Os **fiéis** fizeram uma procissão*, *fiéis*, um adjetivo, passa a designar, como substantivo, 'as pessoas que têm fé'; em *Esse menino não é* ***burro***, *burro*, um substantivo, passa a significar, como adjetivo, uma característica, cujo antônimo só pode ser um adjetivo: *inteligente*.

Alguns casos de conversão consistem na *cristalização de unidades lexicais e até de orações, que se tornam unidades gramaticais*, fenômeno conhecido como **gramaticalização** (ver 8.3). São exemplos de gramaticalização a passagem de adjetivos a advérbios (ex.: *Voava* ***baixo***, *Falava* ***alto***, *Andava* ***rápido***), de 'verbo + advérbio' a interjeição (ex.: ***Veja só!***), de adjetivos a conectivos (ex.: *Ele não bebe* ***durante*** *as refeições*, *Interrompi a viagem* ***devido*** *ao avançado da hora*), de orações a locuções adverbiais (ex.: *quem sabe*, que equivale a 'provavelmente', *quer dizer*, *ou seja* etc.).

Em seu uso metalinguístico (ver 4.2), em que a linguagem trata a si mesma como assunto, a derivação imprópria torna substantivos quaisquer palavras, construções e enunciados, pois, para que possa ser citada, toda expressão assume o caráter de substantivo. Em ***cheguei*** *é uma forma verbal no passado*, *cheguei* não é verbo, mas uma citação da forma verbal, ou seja, um substantivo.

21.2.9 Abreviação

A **abreviação** consiste em *criar lexemas mediante a redução da forma de uma construção que funciona como unidade lexical*. Há três modelos principais de abreviação:

a) redução, geralmente ao primeiro elemento, da forma lexicalmente complexa: *foto* (por *fotografia*), *micro* (por *microcomputador*), *pré* (por *pré-natal*, *pré-vestibular*), *pós* (por *pós-graduação*), *quilo* (por *quilograma*), *vice* (por *vice-presidente*), *ex* (por *ex-namorado*, *ex-marido* etc.), *extra* (por *extraordinário*), *lipo* (por *lipoaspiração*), *tetra* (por *tetracampeão*, *tetracampeonato*), *moto* (por *motocicleta*), *míni* (por *minissaia*), *bi* (por *bilhão*), *máxi* (por *maxidesvalorização*), *vídeo* (por *videocassete*), *táxi* (por *taxímetro*);

b) supressão de uma parte fonética, inicial ou final, sem significado próprio: *Bonsuça* (por *Bonsucesso*), *Mengo* (por *Flamengo*), *Flu* (por *Fluminense*), *Tina* ou *Cris* (por *Cristina*), *Bel* ou *Isa* (por *Isabel*), *Edu* ou *Duda* (por *Eduardo*), *Zé* (por *José*), *Tião* (por *Sebastião*), *Bete* ou *Elis* (por *Elisabete*), *Filó* (por *Filomena*), *Cida* (por *Aparecida*), *estranja* (por estrangeiro), *portuga* (por *português*), *japona* ou *japa* (por *japonês*), *reaça* (por *reacionário*);

c) representação de um nome composto ou de uma expressão por meio de suas unidades iniciais (fonemas, sílabas ou, até mesmo, os nomes das letras), processo conhecido também como **siglagem** ou **acronímia**: *PT* (*Partido dos Trabalhadores*), *PMDB* (*Partido do Movimento Democrático Brasileiro*), *USP* (*Universidade de São Paulo*), *Embratel* (*Empresa Brasileira de Telecomunicações*), *Detran* (Departamento de Trânsito), *Ciep* (*Centro Integrado de Educação Pública*), *CTI* (Centro de Tratamento Intensivo), *JB* (*Jornal do Brasil*), *FM* (*Frequência Modulada*), *Ibope* (*Instituto Brasileiro de Opinião Pública*), *S.O.S.* (mensagem de socorro, em inglês: *save our souls* = salve nossas almas), *Malu* (por *Maria Luísa*, *Maria Lúcia*), *Mabel* (por *Maria Isabel*), *Caíque* (por *Carlos Henrique*), *TV/tevê* (por *televisão*), *CD* (por *compact disk*), *VT* (por *videoteipe*).

Acrônimos como USP, PT, PFL e outros podem ainda receber sufixos: *uspiano*, *petista*, *pefelista*.

21.2.10 Representação lexical dos conceitos numéricos

O campo semântico das noções numéricas apresenta particularidades que justificam uma seção à parte. Recorre-se a expressões numéricas para quantificar com exatidão coisas que podemos contar, enumerar, dimensionar. A quantificação pode ser absoluta, quando toma a forma dos chamados numerais cardinais (*um*, *dois*, *três*), ou relativa. A quantificação se diz relativa se sua compreensão se apoia em uma noção quantitativa absoluta. Assim, *terceiro*, *terço* e *triplo* são quantificações relativas porque sua compreensão pressupõe o domínio do conceito de 'três': posição numa ordem ou escala (*terceiro*) que contém pelo menos 'três' elementos, parte em uma divisão por 'três' (*terço*) e produto de uma multiplicação por 'três' (*triplo*). Por isso são chamados, respectivamente, numerais ordinal, fracionário e multiplicativo. Apresentaremos em seguida alguns deles, na seguinte ordem: algarismo arábico, cardinal, ordinal, fracionário, multiplicativo.

arábico	cardinal	ordinal	fracionário	multiplicativo
1	um	primeiro		
2	dois	segundo	meio/metade	dobro/duplo
3	três	terceiro	terço	triplo
4	quatro	quarto	quarto	quádruplo
5	cinco	quinto	quinto	quíntuplo

arábico	cardinal	ordinal	fracionário	multiplicativo
6	seis	sexto	sexto	sêxtuplo
7	sete	sétimo	sétimo	séptuplo
8	oito	oitavo	oitavo	óctuplo
9	nove	nono	nono	nônuplo
10	dez	décimo	décimo	décuplo
11	onze	undécimo / décimo primeiro	undécimo (ou onze avos)	undécuplo
12	doze	duodécimo / décimo segundo	duodécimo (ou doze avos)	
13	treze	décimo terceiro		
20	vinte	vigésimo		
21	vinte e um	vigésimo primeiro		
30	trinta	trigésimo		
40	quarenta	quadragésimo		
50	cinquenta	quinquagésimo		
60	sessenta	sexagésimo		
70	setenta	septuagésimo		
80	oitenta	octogésimo		
90	noventa	nonagésimo		
100	cem	centésimo	centésimo	cêntuplo
200	duzentos	ducentésimo		
300	trezentos	trecentésimo		
400	quatrocentos	quadringentésimo		
500	quinhentos	quingentésimo		
600	seiscentos	seiscentésimo/ sexcentésimo		
700	setecentos	septingentésimo		
800	oitocentos	octingentésimo		
900	novecentos	nongentésimo		
1.000	mil	milésimo		
2.000	dois mil	dois milésimo		
100.000	cem mil	cem milésimo		
1.000.000	milhão	milionésimo		
1.000.000.000	bilhão	bilionésimo		

É amplo o rol de lexemas quantificadores que denotam agrupamento de seres homogêneos. Alguns desses lexemas aplicam-se a grupos variados de coisas (*par*, *dupla*), outros se especializaram quanto à designação, aplicando-se a determinadas atividades, como a música (*duo*, *trio*, *quarteto*, *quinteto*), jogos diversos (*terno*, *trinca*, *quadra*, *quina*, *sena*), a religião (*decálogo*, *dízimo*, *Pentateuco*), a versificação (*dístico*, *quadra*, *quarteto*, *terceto*, *oitava*). É também comum o emprego de numerais como primeiro radical de certas palavras correntes no esporte, na geometria e na designação da extensão silábica de palavras e de versos: ***uni****celular*, ***bi****motor*, ***tri****campeão*, ***tetra****campeonato*, ***hexa****campeão*, ***hept****atlo*; ***tri****ângulo*, ***hexá****gono*; ***tris****sílabo*, ***penta****ssílabo*, ***hepta****ssílabo*, ***enea****ssílabo*.

21.2.11 Os processos lexicais e as funções da linguagem

Os processos de formação de palavras servem regularmente à produção de efeitos emotivo-afetivo, conativo-apelativo e poético (ver 4.2), assim como participam dos meios de coesão textual (ver 4.5.6.5.2). Na esfera afetiva, é bem conhecida a tendência da língua coloquial para abrigar formações duplicativas e derivações de grau ou equivalentes para a expressão de juízos de valor, positivos ou negativos. As formas duplicativas pertencem a dois tipos básicos:

a) formas de uso afetivo-familiar, com duplicação silábica perfeita ou não: *papai*, *titio*, *vovó*, *dindinha*, *dinda* (relações de família); *Guga*, *Zezé*, *Lili*, *Lula*, *Vivi*, *Didi*, *Duda* (antropônimos hipocorísticos); *dodói*, *totó*, *papa(r)*, *mimi(r)*, *xixi* (diversos);
b) representação imitativa de qualquer repetição: *vaivém*, *entra e sai*, *sobe e desce*, *vira-vira*, *corre-corre*, *quebra-quebra*, *puxa-puxa*, *zigue-zague*, *vapt-vupt* (repetição de movimentos); *reco-reco*, *zum-zum*, *tique-taque*, *piopio*, *plim-plim*, *bangue-bangue*, (repetição de ruídos ou **onomatopeia**); *oba-oba*, *lesco-lesco*, *nhenhenhém* (repetições de vária natureza).

O grau é normalmente expresso por sufixação. O sufixo **-íssimo**, por exemplo, deu lugar a **-érrimo/-ésimo** (*bacanérrimo*, *lindésimo*); o sufixo **-ão** também produz nominalizações de verbos (*beberrão*, *mexilão*, *pidão*, *bicão*, *furão*, *chorão*, *mijão*); o sufixo **-udo** origina adjetivos que valorizam a força bruta (*peitudo*, *raçudo*), mas geralmente são pejorativos (*narigudo*, *cabeçudo*, *chifrudo*, *bundudo*, *linguarudo*); o sufixo **-aço**, de valor aumentativo (cf. *golaço*, *cracaço*), tem-se prestado especialmente à formação de substantivos de valor coletivo-aumentativo que significam 'manifestações populares barulhentas' (*panelaço*, *apitaço*, *buzinaço*).

Destacam-se nesta variedade de uso, caracterizados pela informalidade, a aplicação carinhosa, intimista ou depreciativa dos diminutivos (*dar um* **pulinho**, *dar um* **jeitinho**, *ter um* **cantinho**, *pegar uma* **caroninha**, *oferecer um* **jantarzinho**) e os casos de duplicação. Os sufixos **-ão** e **-inho** são, na língua coloquial, os principais responsáveis pelas variações de grau dos adjetivos e advérbios (*bonitinho*, *docinho*, *feinho*, *bobinho*, *fininho*, *gordinho*, *agorinha*, *cedinho*, *cansadão*, *lindão*, *fodão*, *bobão*, *gordão*, *cedão*).

Na esfera conativa/apelativa, destaca-se o uso publicitário dos **oneônimos** (ver 17.7.2) – particularmente na designação de remédios e de produtos de alimentação e de limpeza – criados por meio de derivação e de **amálgama lexical** (ver 20.6). No domínio da função poética, sobressaem os neologismos criados por **amálgama lexical**.

Substantivos abstratos derivados de verbos e de adjetivos são utilizados como recursos de encadeamento textual – **coesão** (ver 4.5.6.5.2) –, especialmente no **discurso planejado** (ver 4.5.1), para introduzir, retomar ou antecipar, de forma condensada, informações que podem ser inferidas da situação discursiva ou vir expressas por meio de proposições em outros pontos do texto (ver 10.6). É o que fazem os substantivos *promessa*, *bravura* e *novidade* nos seguintes exemplos: 1- *O governador declarou que investirá mais em educação, mas pouca gente se ilude com tal* ***promessa***, 2- *O soldado arriscou a própria vida para salvar a criança e foi condecorado por sua* ***bravura***, 3- *O atual modelo desse carro vem com bancos de couro,* ***novidade*** *que fez seu preço subir muito*.

SÉTIMA PARTE

A LÍNGUA E SEUS USOS EXPRESSIVOS

VIGÉSIMO SEGUNDO CAPÍTULO: ESTILÍSTICA

22.1 OBSERVAÇÃO PRELIMINAR

Dei início a esta gramática explorando uma tese bem conhecida, que passo a resumir na sequência deste parágrafo. A matéria bruta de que se faz o mundo natural tem sua própria ordem, a qual os físicos, os químicos, os biólogos buscam desvendar mediante teorias e testes de laboratório. No entanto, o ser humano não se relaciona diretamente com um mundo à sua volta, mas com o mundo que ele carrega dentro de si como significação, como um sistema de conceitos e valores. O homem é o ser que conhece e que é capaz não só de expressar esse conhecimento, mas ainda de o armazenar por meio de sinais que podem ser difundidos pelo espaço e transmitidos de geração a geração, ao longo dos anos e dos séculos.

Outra ideia que perpassa os capítulos iniciais deste livro é a seguinte: a palavra não é um mero veículo de conteúdos mentados pela pessoa que fala ou escreve. De fato, não podemos confundir a intenção que move o enunciador a criar um texto (isso pode permanecer um mistério, e mesmo que o autor um dia a confesse, quem garante que está sendo sincero?) e o significado produzido por meio desse texto. O processo comunicativo só se completa e se justifica na compreensão realizada pelo interlocutor. O significado que o texto faz circular é, necessariamente, um fenômeno intersubjetivo ancorado no discurso.

Viver como um ser humano é, portanto, viver em um mundo povoado de significados. É esse mundo de significados que se manifesta em nossas atitudes, em nossas ações e em nosso relacionamento com os outros. E onde estão os significados? Com certeza não estão nas coisas. Se assim fosse, elas seriam iguais para todos os homens. Os significados estão dentro do homem. Se não fosse assim, como explicar a fada, o lobisomem, a bela adormecida e seu príncipe? E como é que os significados chegam lá? Pelo convívio em sociedade, por menor que seja o grupo social, e graças às formas simbólicas por meio das quais essa sociedade compartilha ideias, informações, lembranças, descobertas, sentimentos, sonhos, desejos. Materializados por meios diversos – como gestos, cores, formas, sons, riscos numa superfície – os significados movem as interações humanas. Com sons ou riscos materializam-se os textos.

22.2 O TEXTO COMO OBJETO DE INTERPRETAÇÃO

Para o senso comum, um texto é um objeto feito de palavras organizadas segundo regras e estratégias para expressar algum significado pretendido por seu enunciador. Esta definição de texto aparentemente dispensa explicações, mas há no interior dela duas palavras-chave que precisam ser melhor esclarecidas: *significado* e *enunciador*. Dizer que um significado é 'pretendido' por alguém implica admitir que ele preexiste ao texto, e que este nada mais é que um veículo do significado. Já ponderamos na seção anterior que o significado não se confunde com a intenção da pessoa que fala ou escreve; nem mesmo é uma face abstrata do texto, guardada em seu interior. O significado é parte do evento discursivo que envolve o produtor do texto e seu destinatário, ouvinte ou leitor. Cada palavra escolhida, a entoação manifesta na fala ou intuída na leitura, cada construção empregada realizam – mais que transportam – a significação.

Por sua vez, o termo *enunciador* denota diferentes entidades no estudo do discurso. Duas delas são o autor físico do enunciado (aquele que o profere com sua voz ou o escreve com seus dedos) e o autor intelectual ou institucional (aquele que de fato concebe mentalmente o conteúdo do enunciado e em cujo interesse este é proferido). Esta distinção aplica-se exemplarmente nas situações em que um texto é concretamente emitido por um porta-voz (autor físico), que verbaliza um recado de outra pessoa (autor intelectual). Este assunto já foi abordado a partir do item 4.5.6.4. A adequada atribuição de sentido a um texto requer do interlocutor a capacidade de distinguir entre a autoria física e a autoria intelectual, já que nem sempre o enunciado traz explícitas as marcas dessa diferença.

A análise interpretativa de um texto pode ser realizada em nome de interesses culturais diversos (educativo, econômico, religioso, político, estético etc.). Supondo, porém, que a meta comum às várias abordagens seja explicar ou esmiuçar o 'conteúdo' do texto para o leitor comum ou não especializado, todo o processo de análise consistirá em identificar os procedimentos verbais que ancoram a significação percebida. Para tanto, cada abordagem terá de satisfazer dois requisitos fundamentais: apoiar-se numa teoria da construção do sentido e servir-se de uma metodologia descritiva adequada.

22.3 A FORÇA PADRONIZADORA DA LINGUAGEM

A língua de uma comunidade é um corpo complexo de formas, regras e estratégias interacionais a serviço de uma variedade infinita de finalidades comunicativas. Em seu uso ostensivamente instrumental, a serviço das tarefas de rotina, as formas da linguagem tendem para uma tal previsibilidade de ocorrência que praticamente não prestamos atenção nelas. É como se essas formas ficassem invisíveis. O que as organiza assim é o *sistema*, o conjunto coerente de oposições e associações entre as unidades, a estrutura que propriamente constitui a língua naquilo que ela tem de mais reconhecidamente espontâneo, segundo uma forma legitimada pela habitualidade do seu uso e pelo reconhecimento dos seus usuários.

Essa forma corrente ou familiar da linguagem insere o homem no complexo de uma cultura coletiva, e o faz pela previsibilidade do seu uso, pela estabilidade de suas referências, pelo senso comum da significação de suas formas. Esse uso comum e previsível da língua cria uma ilusão de naturalidade que reduz a importância da parte significante e material da linguagem em proveito dos sentidos expressos por meio delas. Quanto mais espontâneo e irrefletido for o comportamento linguístico das pessoas, tanto menor será a percepção da face material das formas de linguagem que elas empregam.

É com esse perfil que a linguagem toma parte na grande maioria das situações comunicativas, aparentemente servindo tão só de meio para que as mensagens trocadas pelos interlocutores 'fluam'. Incorporada pelos grupos sociais como hábito, a linguagem ganha a força de um automatismo, um comportamento que não se escolhe. Ganha o *status* de 'parte da natureza'. 'Naturaliza-se', enfim. Desse modo, a linguagem de nossas práticas cotidianas está para o fluxo das relações comunicativas como o leito e as margens do rio estão para a rolagem contínua de suas águas na mesma direção. Prestamos atenção ao movimento das águas sem nos darmos conta de que a direção delas é dada sobretudo pelo leito e pelas margens.

Olhar o texto na dimensão de sua elaboração estilística significa apreender sua significação de maneira consciente, como obra da escolha e do arranjo das formas em jogo. Só desse modo podemos ir além da conduta cômoda e superficial de típica passividade leitora, quando normalmente nos contentamos com um suposto reconhecimento do sentido. O que quer que um texto nos comunique é produto de uma construção que mobiliza a palavra em todos os seus aspectos: classe, significado, forma, sonoridade. Só assim a palavra se torna plástica e visível. Para recuperar sua visibilidade e plasticidade na construção do significado, a palavra precisa superar o papel de mera coadjuvante da comunicação e se impor à atenção do interlocutor em outra dimensão: o **estilo**.

22.4 O ESTILO

Uma das questões mais instigantes no confronto com a linguagem é a categoria do **estilo**, principalmente pela dificuldade que temos em defini-lo com precisão. As múltiplas definições que este conceito recebe de teóricos e escritores nos conduzem a caminhos tão distintos, que chegamos a duvidar que seja possível sistematizá-lo por vias seguras. *Estilo* deriva do latim *st lus*, 'haste de planta', 'ferro pontudo com que os antigos escreviam nas tábuas enceradas', 'maneira ou arte de escrever, de falar'. Mas a evolução dos conceitos tomou variações que nos conduzem a noções distintas, dependendo do modo como cada escritor ou teórico interpreta a arte de escrever ou falar.

É natural, portanto, que deparemos, ao longo da história, com uma grande variedade de modos de conceituar *estilo*. O que avulta como comum às várias concepções é o esforço do homem para imprimir ao produto do seu trabalho uma marca individualizante ou particular. Nesse sentido, o estilo está em tudo o que o ser humano cria: um modelo de sapato ou de chapéu, a habitação dos esquimós ou a dos xavantes, a pintura de El Greco ou a de Portinari. Pelo estilo se distinguem uma página de horóscopo e um boletim meteorológico, a escritura de um imóvel e uma ata de reunião, uma estrofe d'*Os Lusíadas* (século XVI) e uma estrofe do *Navio Negreiro* (século XIX). Cada qual tem suas expressões e sua sintaxe. Ainda que o restrinjamos ao âmbito da linguagem verbal, o conceito de estilo que se depreende da aplicação a esses casos é muito amplo, já que compreende qualquer conjunto de traços linguísticos capazes de tipificar um texto segundo o gênero ou o período literário em que foi produzido. Nessa linha de pensamento, podemos conceituar o estilo como *o conjunto dos traços de linguagem que conferem uma expressão distintiva e peculiar aos textos de um autor*, *de uma época*, *de uma tendência estética ou de um dado gênero de composição*. É nesse sentido que se pode falar no estilo de José de Alencar, no estilo medieval, no estilo impressionista ou no estilo narrativo.

Para o poeta Manuel Bandeira, "O estilo não é o enfeite: o estilo nasce do caráter mesmo do escritor e é a marca de sua personalidade"; e já no século XVIII, o filósofo francês D'Alembert observava que "O estilo diz-se das qualidades mais particulares do discurso, mais difíceis e raras, que denotam o gênio ou o talento de quem fala ou escreve". Na formulação do linguista brasileiro J. Mattoso Câmara Jr., "Estilo – *Lato sensu*, a maneira típica por que nos exprimimos linguisticamente, individualizando-nos em função da nossa linguagem"[76]. E referindo-se especificamente ao estilo da obra literária, Ernesto Guerra da Cal observa que

---

[76] CÂMARA Jr. [1977].

> "Ter um estilo não é possuir uma técnica de linguagem, mas principalmente ter uma visão própria do mundo e haver encontrado uma forma adequada para expressar essa paisagem interior. As palavras são, pois, alguma coisa mais que o veículo de comunicação através do qual o artista nos transmite sua mensagem. Por trás dela implícita, misteriosamente presente, está sua visão total da realidade, sua atitude vital, sua concepção subjetiva do mundo, sua maneira particular de simplificá-lo, de transformá-lo, adaptando-o à sua personalidade; sua maneira de sentir o mundo, de 'pensá-lo', poderíamos dizer. Sob o estilo verbal está a síntese intransferível das reações intelectivas e emocionais que a realidade provoca no escritor"[77].

Para os propósitos deste capítulo, chamamos estilo ao *conjunto dos recursos idiomáticos que estruturam expressivamente a mensagem em função de seu maior rendimento semântico*. Esta é uma conceituação formal que implica três outras noções: o ato individual de expressão, a busca de um efeito de sentido e a opção por um recurso entre outros plausíveis.

22.5 ESTILÍSTICA

A estilística pode ser considerada uma teoria da construção do sentido, na medida em que se baseia na premissa de que o que um texto significa é modelado pelas escolhas linguísticas – de ordem léxica, gramatical, fonética, gráfica e rítmica – feitas por seu enunciador.

Assim como é variável a abrangência do conceito de estilo, variável há de ser a própria concepção de *Estilística*. Há, de fato, uma estilística em sentido amplo e uma estilística em sentido restrito. Em sua acepção ampla, entende-se por *Estilística* o estudo dos diferentes usos – isto é, *estilos* – da língua segundo a situação e a finalidade do ato comunicativo[78]. Assim entendida, trata-se de uma disciplina que consiste em um método de análise de textos e pode ser considerada uma variedade de Análise do Discurso. Uma obra que encarna tal concepção intitula-se *Investigating English Style*, dos linguistas britânicos David Crystal e Derek Davy, que, embasados na proposta funcionalista de M.A.K. Halliday, empreenderam descrições de textos religiosos, jornalísticos e jurídicos, entre outros[79].

Neste capítulo, a Estilística tem por objetivo o estudo do estilo de acordo com a definição formulada na seção anterior. Por isso ela é uma teoria do

---

[77] GUERRA DA CAL [1969: 51].

[78] Para uma síntese dos conceitos de estilo nessa perspectiva, ver o capítulo intitulado "As noções de estilo", de Claire Lefebvre. In: BAGNO [2001: 203-236].

[79] CRYSTAL & DAVY [1976].

modo pelo qual o sentido é expressivamente construído nos textos. Uma teoria da expressividade da comunicação verbal incorpora a seguinte premissa: considerados como ocorrências alternativas em um certo contexto comunicativo, dois enunciados podem se reportar à mesma experiência a ser comunicada; um deles, porém, pode fazê-lo de forma previsível, neutra ou banal, ao passo que o outro pode distinguir-se justamente por se impor à atenção do interlocutor em virtude de suas particularidades – ou mesmo excentricidades – formais. Dizemos então que o texto (ou um segmento dele) previsível, neutro ou banal é estilisticamente não marcado, e que o texto (ou um segmento dele) particularizado por algum traço formal é estilisticamente marcado.

Esta é uma formulação muito esquemática, mas útil como ponto de partida para o desenvolvimento dos conceitos de estilo e de estilística. A estilística focaliza, portanto, a forma específica do enunciado. Os recursos verbais – sons, formas e construções – que interessam à investigação estilística são, especialmente, aqueles que retêm a atenção do interlocutor pela maneira singular com que realizam a tarefa de exprimir um sentido.

A nova disciplina surge a meio caminho da linguística e da literatura, sendo ainda hoje tema de discussão se é necessário delimitar o seu campo de atuação ou se é necessário que lhe seja atribuída uma existência autônoma. De qualquer maneira, o fato é que a estilística é imprescindível para a captação dos efeitos de sentido que emanam do movimento e da inter-relação de estruturas e processos significantes na atividade discursiva.

Assim como a linguística propriamente dita, a estilística se diversifica em quatro especialidades segundo o plano do sistema linguístico focalizado: fônica, lexical, morfológica e sintática. Mas é preciso deixar claro que, ao examinar a cadeia verbal produzida num ato discursivo, a estilística o faz sob ângulo diverso do da linguística. O objeto da linguística são os mecanismos formais sistemáticos que os falantes de uma língua empregam para exprimir e comunicar significados. A estilística serve-se da teoria linguística e das descrições realizadas pelo linguista, mas seu foco são os recursos verbais que conferem singularidade estética ao enunciado e constroem expressivamente a significação.

Nosso conceito-chave – expressividade – precisa agora ser melhor caracterizado. Trata-se de uma noção correlata a outras três, que passamos a detalhar. Referimo-nos aos conceitos de *norma*, *desvio* e *escolha*. Sabe-se que, convencionalmente, os signos linguísticos possuem um sentido de base ou **denotação**, e é graças a esse sistema de convenções semânticas que a língua pode levar a termo a sua função precípua de tornar possível o intercâmbio das ideias numa comunidade cultural. Mas os signos linguísticos fazem mais do que 'propiciar o intercâmbio das ideias'; eles são, também, meios de expressão de aspectos afetivos do psiquismo humano. A esta face do signo chamamos **conotação**. Ela agrega à significação uma camada informacional suplementar, capaz de densos efeitos de estilo.

Examinando cuidadosamente o tema, verifica-se que o conceito de expressividade pela via da conotação se correlaciona com a noção de *escolha*. Efetivamente, o código linguístico é um sistema de signos multifacetados. Isso implica que um mesmo conceito pode ser referido de modos diversos, mediante estruturas idiomáticas que veiculam a mesma denotação, mas que atualizam no discurso conotações variáveis. Isso possibilita ao emissor da mensagem, no nível da sua competência linguística, uma seleção ou escolha de formas que expressem não somente seu pensamento mas também sua sensibilidade e a adequação ao tema, à finalidade do ato de comunicação e ao contexto no qual ele se realiza. A operação que envolve a seleção e a combinação funcional dos signos, a partir dos recursos disponíveis no idioma, dá especificidade à forma do discurso e, em última análise, confere a ele o que se denomina linguisticamente *estilo*.

Como existem vários modos de expressão de uma mesma ideia, a estilística considera o conceito de *desvio* a partir do que é mais frequentemente utilizado e, por isso, no âmbito da 'normalidade' em relação aos outros. Essa consideração da *norma* se estabelece a partir do uso de marcas formais que se representam no idioma mais conformes ao valor de base, pelas quais a dita forma é 'naturalmente' reconhecida. Por exemplo, considera-se desvio a semântica da transposição das relações naturais de dois elementos em uma proposição, na qual a conexão que logicamente se faria com uma das palavras presentes é feita com outra, constituindo o que se convencionou chamar de *hipálage*, tal como ocorre em *O cheiro verde da folhagem*, em vez da expressão *O cheiro da folhagem verde*, naturalmente aceita. Esse desvio pode ser considerado em relação a uma 'norma' geral ou em relação a uma 'norma' estabelecida no universo do texto.

22.6 RECURSOS ESTILÍSTICOS

Todo texto deve apresentar a forma que convém às intenções de quem o enuncia. Segundo este postulado, a linguagem de um texto não é uma mera roupagem de um conteúdo, mas a única possibilidade de que esse conteúdo 'se apresente' ao leitor. E para tanto contribuem todos os dados do evento sociocomunicativo: quem enuncia, a quem o enunciado interessa, o que é relevante dizer, que efeitos de sentido são pretendidos, que estratégias discursivas e textuais podem conduzir a esses efeitos. Isso provoca uma variação da modalidade da linguagem, em consonância com as funções que a ela atribuímos no processo da comunicação. Sob esse prisma, podemos reconhecer três modalidades linguísticas que estão intimamente relacionadas com os objetivos dos seus usuários: a linguagem intelectiva, a linguagem afetiva e a linguagem estética. É claro que não existem fronteiras bem definidas entre essas modalidades linguísticas, mas é possível estabelecer alguns princípios básicos capazes de caracterizar a predominância de uma delas.

A linguagem intelectiva liga-se a uma referencialidade racionalmente concebida, isto é, realizada sob os domínios da lógica e da razão, tendendo a uma objetividade marcada pela atitude de neutralidade do falante diante do fato ou objeto que lhe serve de referência. Essa modalidade da linguagem é a que estabiliza o senso comum das nossas referências pelo processo da **denotação** – significação básica e objetiva de uma palavra, um signo, um símbolo etc. –, sem derivações ou sentidos percebidos como figurados. A imagem que consensualmente se tem dessa linguagem corresponde a um uso que idealmente reúne estabilidade semântica, neutralidade enunciativa e observância do padrão linguístico formal habitual. Com este perfil, é a que tem maior aderência ao *grau zero da escrita*, de que nos fala Roland Barthes. Em geral a linguagem denotativa é o alicerce dos textos de comunicação cuja referenciação não apresenta elevados graus de subjetividade, visto que sua decodificação é naturalmente realizada na esfera de uma percepção do mundo partilhada pela comunidade cultural suprarregional. Assim, na linguagem intelectiva, os esquemas conceptuais e os processos de cognição são sustentados por uma estruturação linguística mais ou menos previsível, sem grandes surpresas ou maiores sobressaltos, garantida pela sua estrutura, ou seja, pela representação impessoal da língua.

Mas existe outra dimensão do uso da linguagem, na qual a realidade não é percebida e concebida como algo cristalizado. Esta dimensão desestabiliza a 'representação neutra' da realidade e a distorce pelo olhar das manifestações psíquicas ou estéticas. Aqui a linguagem oscila em consonância com as emanações do espírito ou as configurações de formulação artística. Estamos, respectivamente, na esfera da linguagem afetiva e da linguagem estética. A linguagem afetiva apresenta-se sob uma forma capaz de reforçar a expressão dos sentimentos de simpatia, paixão, euforia, entusiasmo ou repulsa despertados pelas ideias enunciadas. Nela, o uso da língua com formas linguísticas específicas provoca os efeitos de afetividade e deixa transparecer, por meio dessas formas, os meios pelos quais o sistema impessoal da língua é convertido na matéria viva da fala humana. A linguagem estética, por sua vez, passa por uma elaboração que visa a um efeito impressivo provocado pelas formas criativas da linguagem com finalidade artística. Nesta modalidade, a linguagem obedece a uma conformação ditada pela estrutura interna do texto, e sua finalidade é, antes de tudo, garantir a autotelia (propriedade do texto cuja finalidade é sua própria estruturação), que confere ao texto um valor poético, um caráter de literariedade, tornando-o um monumento sobre o qual recai um olhar de apreciação estética. No texto poético, a palavra não vale tanto pelo que ela proclama; o seu valor relevante reside no que ela é capaz de provocar esteticamente no espírito do interlocutor, na medida em que se impõe à atenção dele pela própria materialidade da enunciação verbal, pelo modo, enfim, como as coisas são ditas. Isso significa que a sua função referencial se submete aos arranjos que caracterizam a função poética.

Mas é necessário compreender que os valores afetivos e estéticos da linguagem são realçados em função de certos procedimentos de organização da matéria verbal que a caracterizam. Esses procedimentos – denominados *recursos* (ou *traços*) *estilísticos* – se observam em todos os planos e níveis da arquitetura da língua. São recursos fônicos, arranjos sintáticos, modulações rítmicas, criações mórficas, combinações insólitas, paralelismos, notações gráficas etc. Todos esses, além de outros, recursos de estilo amplificam o sentido da frase, fazem do 'modo de dizer' a pedra de toque de todo o processo de interpretação e compreensão de um texto.

22.7 FIGURAS DE LINGUAGEM

Podemos definir **figuras de linguagem** como formas simbólicas ou elaboradas de exprimir ideias, significados, pensamentos etc., de maneira a conferir-lhes maior expressividade, emoção, simbolismo etc., no âmbito da afetividade ou da estética da linguagem. Portanto, é interessante ter em mente que as figuras de linguagem não valem por si mesmas, como elementos autônomos sem qualquer relação com a semântica do texto. Assim, nossa intenção vai muito além de expor uma relação exaustiva desses recursos; nosso intuito é observar sua funcionalidade no fio do discurso e perceber o quanto elas são valiosas no processo de construção do sentido da mensagem. Como as palavras, as figuras de linguagem não significam isoladas, independentes; sua significação emana das combinações de que elas participam nos contextos situacional e linguístico de sua ocorrência. Como elas estão inseridas na macrossemântica do texto, sua capacidade de expressar uma significação não depende só delas, o que torna inócuo o seu inventário, o seu mero reconhecimento sem que se tenha a devida competência linguística para perceber a sua funcionalidade no amplo complexo da textualidade. Desse modo, é preciso ver a terminologia que as identifica – e que a muitas pessoas causa justificado desconforto, quando não perplexidade ou rejeição – um instrumental para o reconhecimento técnico do fato estilístico, e não o objetivo da análise.

As figuras de linguagem podem atuar na área da semântica lexical, da construção gramatical, da associação cognitiva do pensamento ou da camada fônica da linguagem. Assim, temos o que tradicionalmente se denomina de figuras de palavras, figuras de construção (ou de sintaxe), figuras de pensamento e figuras fônicas. Dicionários de arte poética e manuais de retórica dão conta da grande variedade dessas figuras, às vezes apartadas por diferenças muito sutis. Expõe-se na sequência uma seleção das mais conhecidas e, em certa medida, de rendimento mais óbvio. Para um estudo mais detalhado, sugere-se ao leitor a consulta de um dicionário ou de um manual especializado[80].

22.7.1 Figuras de palavras

As figuras de palavras (ou *tropos*) referem-se à significação das palavras, desviando-se da significação que o consenso identifica como normal. Entre elas, destacamos:

22.7.1.1 Metáfora

É um 'princípio onipresente da linguagem', pois é um meio de nomear um conceito de um dado domínio de conhecimento pelo emprego de uma palavra usual em outro domínio. Essa versatilidade faz da metáfora um recurso de economia lexical, mas com um potencial expressivo muitas vezes surpreendente. As metáforas estão por toda parte, originando expressões cristalizadas (***olho** d'água*, ***furo** de reportagem*, ***luz** da inspiração*, ***engolir** uma desculpa*) ou dando expressão concreta a conceitos abstratos (***torcer** as palavras*, ***arranhar** a reputação*, ***colisão** de opiniões*, ***explosão** de alegria*). Como componente da função estética da linguagem, a metáfora tende para uma fusão de imagens que se afigura rara, imprevisível ou mesmo anômala. Daí sua força expressiva:

- "A Noite é uma enorme *Esfinge de granito negro* / Lá fora." ["A noite". In: QUINTANA, 2005: 205]
- "O sol vinha *esgarçando* devagar o *véu* de bruma que cobria as serras tranquilas." ["Viagem aos seios de Duília". In: MACHADO, 1976: 44]
- "lua de são jorge / lua soberana / *nobre porcelana* / sobre *a seda azul.*" [VELOSO, 1981: 84].
- "Muitas vezes julgamos ver a aurora / e sua *rosa de fogo* à nossa frente." ["Mas viveremos". In: ANDRADE, 1973: 197]

---

[80] Algumas sugestões em obras impressas: CAMPOS [1965]; LAUSBERG [1966]; MOLINIÉ [1992].

A metáfora resulta de uma operação substitutiva; a associação semântica se articula no eixo paradigmático. Trata-se de um processo que envolve termos de domínios conceptuais distintos, entre os quais promove uma assimilação mental. A eficiência do seu efeito de sentido está atrelada à intensidade dessa assimilação. Se a expressão linguística que caracteriza a metáfora for interpretada em sua literalidade, torna-se incompreensível pela impertinência semântica. Em seu socorro, a metáfora atua como o elemento redutor do desvio.

Obs.: A uma sucessão de metáforas dá-se o nome de **alegoria**:

- "A infância é uma *canoa* que naufraga / e a *bordo* não traz senão fantasmas." [JUNQUEIRA, 1994: 82].
- "Na *parede* da memória / Essa lembrança é o *quadro* que dói mais." (Belchior)

Por meio da alegoria, ideias ou realidades abstratas ganham representação concreta, geralmente por meio de narrativas, como na seguinte passagem do conto "O Diplomático", em que Machado de Assis, desdobrando um verso do poeta italiano Petrarca, retrata a indecisão que afasta o personagem Rangel de sua amada:

- "Desta vez, o muro não era alto, e a espiga era baixinha; bastava esticar o braço com algum esforço, para arrancá-la do pé. Rangel andava neste trabalho desde alguns meses. Não esticava o braço, sem espiar primeiro para todos os lados, a ver se vinha alguém, e, se vinha alguém, disfarçava e ia-se embora." [ASSIS, 1989: 96].

22.7.1.2 Metonímia

Consiste na transferência de um termo para o âmbito de um significado que não é o seu, processado por uma relação cuja lógica se dá, não na semelhança, mas na contiguidade das ideias. Diferentemente da metáfora, na metonímia a associação semântica se realiza pela supressão de termos sintáticos; logo sua articulação se dá no eixo sintagmático. Sua atuação ocorre em apenas um domínio conceptual, pois os termos que se relacionam pertencem ao mesmo campo sêmico, de maneira que um substitui o outro. A relação metonímica pode indicar interdependência, inclusão, implicação etc., como ocorre nos exemplos abaixo:

- "De repente do riso fez-se o pranto." ["Soneto de Separação". In: MORAES, 1986: 226-7]

- "Uma velha que trazia a *fome* nos ombros e nos olhos / E trazia a *seca* no ventre e no seio." ["Fábulas de João da Tarde". In: CARDOZO, 1971: 72-74].
- "Na zona da mata o canavial novo / É um *descanso verde* que faz bem..." ["Poemas da Negra". In: ANDRADE, 1966: 189]

Observa-se que as palavras *riso* e *pranto*, no verso de Vinícius de Moraes, vão além de uma simples representação mental que corresponde a cada um desses signos; convertem-se na significação mesma da alegria ou da felicidade – campo semântico de *riso* – e da tristeza ou da situação infeliz – campo semântico de *pranto*. Trata-se de uma amplificação da área de significação de uma palavra usada em lugar de outra, tomando por base uma relação de coexistência ou contiguidade: menciona-se o efeito para evocar a causa. Nos versos de Joaquim Cardozo ocorre o contrário; a fome e a seca significam seus efeitos: a excessiva magreza e a desnutrição que extingue a capacidade de gerar e manter a vida. No exemplo de Mário de Andrade, a cor sobressai (parte pelo todo) e sugere a sensação de descanso.

Outros exemplos e suas respectivas relações de contiguidade:

- o abstrato pelo concreto: Olhei o corpo no chão e fechei / "Minha janela de frente pro *crime*". [Aldir Blanc]
- o continente pelo conteúdo: *A chaleira está fervendo*.
- o atributo pelo ser: *Estão destruindo o* ***verde*** *da cidade*; *Casou-se com essa* ***morena*** *depois de um longo namoro com uma* ***loura***.
- o efeito pela causa: *Vivo do meu trabalho e do* ***suor*** *do meu rosto*.
- o autor pela obra: *Adquiriu outro* ***Portinari*** *em um leilão em Nova Iorque*.
- a marca pelo produto: *Depois de algumas* ***antárticas***, *Andrezinho decidiu não dirigir seu velho* ***Fusca***.
- o lugar pelo produto típico do local: *Deixou-se fotografar com um vistoso* ***panamá*** *na cabeça*.
- o singular pelo plural: *O* ***baiano*** *é amistoso e hospitaleiro*.

Obs.: Denomina-se **sinédoque** a variedade de metonímia que consiste em designar a totalidade de algo por meio de alguma palavra que nomeia um de seus componentes ou uma de suas partes:

- Procurava um *cantinho* onde pudesse passar a noite.
- O *bronze* repicava na torre da igreja.
- "As *velas* do Mucuripe vão sair para pescar." (Belchior)

ou, pelo contrário, designar uma de suas partes pela palavra que nomeia o todo:

- *O Brasil* vai às urnas para escolher seu novo Presidente.
- *O colégio* conquistou o bicampeonato de futebol.

Nos exemplos anteriores, *um cantinho* é parte de um cômodo, assim como *bronze* é a matéria de que é feito o sino e *vela* é parte da embarcação; *o Brasil* designa os eleitores brasileiros, assim como *o colégio* refere-se à equipe de futebol formada por seus alunos.

22.7.1.3 Catacrese

É a metáfora já incorporada à língua, geralmente para suprir a falta de um termo específico no vocabulário corrente. Trata-se, portanto, do resultado de um processo de lexicalização da acepção metafórica, razão por que os dicionários, aproximando-a das 'expressões idiomáticas', geralmente a registram. O significado assim constituído passa a fazer parte da competência lexical dos falantes, firmando-se como um traço característico da inserção destes numa comunidade linguística, que pode ser regional, profissional etc. Por isso, o conceito de catacrese deve estar intimamente relacionado com a cultura da comunidade discursiva em que ela circula. Nada impede, porém, que um uso já consumado como catacrese em uma comunidade possa ser interpretado como metáfora em outra. São casos típicos de catacrese: ***barriga*** *da perna*, ***cabeça*** *do alfinete*, ***asa*** *da xícara*, ***céu*** *da boca*, ***coração*** *da cidade*, ***barba*** *ou* ***cabelo*** *do milho*.

22.7.1.4 Antonomásia

É um recurso de referenciação (ver 10.2) por meio do qual se emprega um nome comum em lugar de um nome próprio e vice-versa. Na antonomásia, ocorre a substituição de um nome de um ser pelo de uma sua qualidade. Assim, ela constitui uma variedade da metonímia, pois discursivamente há uma relação atributiva inconfundível entre os termos relacionados no domínio conceptual eleito. A antonomásia pode ter intuito descritivo, laudatório, pejorativo, eufêmico ou irônico:

- *Poeta dos Escravos* escreveu poemas condoreiros. (poeta dos escravos = Castro Alves)
- No interrogatório, *o judas* apontou os companheiros da revolução. (*judas* = traidor)

A substituição de um nome comum por um nome próprio tem implicações discursivas relevantes. Os nomes próprios são aplicados a um único ser; logo não se enquadram, em princípio, em uma categoria de seres e não são, via de regra, dotados de significação. Por isso mesmo não figuram nos dicionários, cuja finalidade é registrar o que as palavras significam. O rendimento discursivo do nome comum em lugar no nome próprio não está no simples fato de identificar o mesmo referente, mas de revelar uma situação relevante para a situação comunicativa, visto que estabelece entre ambos uma relação de predicação[81].

22.7.1.5 Diáfora ou antanáclase

É uma espécie de trocadilho, que consiste em empregar a mesma palavra – no sentido de 'mesma forma fônica ou gráfica' – com sentidos diferentes, a fim de tirar efeito de sua ambiguidade, como no seguinte exemplo de Machado de Assis:

- "Um deles, ouvindo apregoar sete ações do Banco *Pontual*, disse que tal banco foi realmente *pontual* até o dia em que passou do ponto à reticência." [ASSIS, 1990: 156]

22.7.2 Figuras de sintaxe

O desvio estilístico nas figuras de sintaxe ocorre na organização sintática da frase.

22.7.2.1 Hipérbato

Alteração da ordem de algum termo da oração ou de alguma oração do período, de sorte que a construção resultante se torna atípica:

- "Onda e amor, onde amor, ando indagando / ao largo vento e à rocha imperativa, / e a tudo me arremesso, nesse quando / amanhece frescor de coisa viva." (*nesse quando amanhece frescor de coisa viva* = nesse frescor de coisa viva, quando amanhece) ["Entre o ser e as coisas". In: ANDRADE, 1971a: 175]
- "Minh'alma se exacerba. O fel d'Arábia / Coalha-se todo neste peito agora. / Ai! nenhum mago da Caldeia sábia / A dor abrandará que me devora!" (*A dor abrandará que me devora* = Abrandará a dor que me devora) ["Ira de Saul". In: VARELA, s/d: 76-77]

22.7.2.2 Anástrofe

Deslocamento de algum constituinte do sintagma para uma posição não usual:

- "Amo do nauta o doloroso grito / Em frágil prancha sobre mar de horrores." (*do nauta o doloroso grito* = o doloroso grito do nauta). ["Tristeza". In: VARELA, s/d: 32]

---

[81] Sobre a substituição do nome próprio pelo nome comum, ver o ensaio "O Aposto e o Intertexto". In: AZEREDO [2007].

- "De tudo, ao meu amor serei atento / Antes, e com tal zelo, e sempre, e tanto [....]. (Duas anástrofes: "De tudo ... antes" = Antes de tudo, "ao meu amor serei atento" = serei atento ao meu amor) [MORAES, 1986: 183]

Obs.: As inversões sintáticas realizadas no **hipérbato** e na **anástrofe**, além de atenderem a uma necessidade técnica da versificação (métrica, ritmo etc.), podem promover a *focalização* do elemento deslocado. No hipérbato de Fagundes Varela, por exemplo, o deslocamento do termo objeto direto *A dor* para o início da frase, além de evitar a inconveniência técnica da crase ou do hiato (*Abrandará a dor*...), põe em foco o sofrimento do sujeito poético, por sua posição privilegiada no verso[82].

22.7.2.3 Pleonasmo

Repetição de um constituinte oracional ou da significação de algum termo ou expressão. O pleonasmo é parte do amplo e variado quadro de fenômenos da linguagem em que alguma informação é oferecida de maneira redundante, como na seguinte passagem em discurso falado:

- "Só um tio só que casou e que tem filho. Em compensação, ele disparou, teve nove! Agora, já *minhas tias*, *todas elas* casaram, todas elas tiveram filhos, né?" (exemplo colhido em [VASCO, 2006])

A redundância é um traço comum do discurso, especialmente na modalidade oral, na qual funciona quase sempre como um recurso de reforço ou de retomada da informação. Há pleonasmos que são característicos de certa variedade da língua, como a dupla negação presente em *não sei não* ou *ninguém não veio*. Como recurso retórico e estilístico, o pleonasmo pode produzir efeitos expressivos de impacto, como o conhecido "Vi claramente visto o lume vivo", de Luís de Camões. No uso escrito em geral, e no literário em especial, o pleonasmo tem geralmente a função de retomar, mediante um pronome, um sintagma nominal que serve de tópico à frase. Os exemplos seguintes revelam este procedimento:

- "O corpo Sacha enterrou / No jardim; *a alma*, *essa* voou / Para o céu dos passarinhos! [BANDEIRA, 1967: 312]
- "*Tuas palavras antigas* / deixei-*as* todas, deixei-*as*, / junto com as minhas cantigas, desenhadas nas areias." [MEIRELES, 1967: 213]

[82] Mário Perini chama esse artifício de deslocamento sintático de **tópico sentencial.** Diz o linguista: "Trata-se (...) de uma função comunicativa, cujo conteúdo aproximado é aquilo sobre o qual se fala; essa função comunicativa se expressa formalmente através da colocação do elemento no início do período (...)." Ver PERINI [2006: 189-190].

22.7.2.4 Anacoluto

É a quebra da estrutura lógico-gramatical, que deixa sem função sintática algum constituinte da oração:

- "*Umas carabinas que guardava atrás do guarda-roupa*, a gente brincava com *elas*, de tão imprestáveis." [REGO, 1980: 72]
- "Foi apenas um instante antes de se abrir um sinal numa esquina, dentro de um grande carro negro, *uma figura de mulher* que nesse instante me fitou e sorriu com seus grandes olhos de azul límpido e a boca fresca e viva." [BRAGA, 1963a: 197-198]

Obs.: Entendemos que o primeiro termo da estrutura pleonástica e o termo que marca o anacoluto contribuem vivamente para a força de expressão da frase, pois criam na mente do receptor da mensagem um cenário semântico em que se processam as informações contidas no enunciado. Assim eles estabelecem, no âmbito da **pragmática**, o domínio conceptual em que suas representações se articulam[83].

22.7.2.5 Anadiplose

Utilização das mesmas palavras ou sequências de palavras no final e no início de duas frases ou versos geralmente contíguos:

- "O córrego é o *mesmo*, / *Mesma*, aquela árvore, / A casa, o jardim. [BANDEIRA, 1967: 312]

Obs.: Ao identificar o córrego, o poeta retém o atributo – *mesmo* –, que persiste topicalizado como uma ideia fixa a englobar tudo o que se segue.

22.7.2.6 Elipse

Omissão de um termo numa enunciação linguística. No enunciado, o termo elíptico é facilmente subentendido porque está presente em nosso espírito e sua compreensão se depreende do contexto geral ou da situação. Em certa medida, a elipse é o contrário do pleonasmo:

- "Jamais permitiria que seu marido fosse para o trabalho com a roupa mal passada, não dissessem os colegas que era esposa descuidada." (elipse da conjunção final *para que/a fim de que*). [COLASANTI, 1999: 63]
- "Primeiro vamos lá embaixo no córrego; pegaremos dois pequenos carás dourados. E como faz calor, veja, os lagostins

[83] A esses termos, Perini denomina tópico discursivo. Afirma ele: "O tópico discursivo tem uma função comunicativa no enunciado, que pode ser descrita como 'um quadro espacial, temporal ou individual dentro do qual a predicação principal é válida' (Chafe). (...) De posse do quadro de referência o receptor tentará inserir o resto da frase em uma 'paisagem mental' coerente." Ver PERINI [2006: 197-198].

saem da toca. Quer ir de batelão, na ilha, comer ingás? Ou vamos ficar bestando nessa areia onde o sol dourado atravessa a água rasa?" [BRAGA, 1964: 41]

No fragmento acima, ocorre a omissão dos pronomes *nós* (*vamos*, *pegaremos*, *vamos*) e *você* (*quer*), redundantes não só por virem indicados na flexão verbal, mas, principalmente, porque se trata de uma situação de fala interlocutiva. Tecnicamente, podemos dizer que o termo em elipse caracteriza a substituição de outro termo por uma entidade abstrata denominada 'zero'[84], evitando assim repetições enfadonhas que em nada contribuem para a semântica do texto. A elipse pode ser total ou parcial. A **elipse total** elimina completamente o termo na sua retomada, substituindo-o por 'zero', como no exemplo acima, e a **elipse parcial** suprime apenas parte da expressão, tornando o texto mais dinâmico e evitando o cansaço tedioso do leitor. Fora da coesão referencial, a elipse parcial conta às vezes com o conhecimento de mundo do leitor. Observemos o exemplo a seguir:

- "À frente do modernismo de 22 está, ainda, a figura imprudente de Oswald de Andrade que, em 1916, já se declarava 'futurista'. De fato, como sintetizou o crítico Benedito Nunes, o coração do modernismo é a 'confiança no futuro'. Ainda assim, um ano antes da Semana de 22, Mário de Andrade já protestava quando Oswald o chamava de futurista. Mário, o prudente, e não Oswald, o ansioso, se tornou a figura central do modernismo." [CASTELO, José. "O modernista prudente". *O Globo*, 19/1/2008]

Há no texto duas elipses parciais, representadas pelos nomes abreviados *Oswald* e *Mário* com os quais se retomam, sem dificuldade, as expressões *Oswald de Andrade* e *Mário de Andrade*. Entretanto, a expressão *Semana de 22* pode apresentar alguma dificuldade na decodificação do texto, se o leitor não souber que ela é uma elipse parcial de 'Semana de Arte Moderna, de 1922'.

Alguns poetas modernistas fizeram uso abundante da elipse em nome do estilo propício à captação dos elementos essenciais de uma cena, como no poema "Cidadezinha Qualquer", de Carlos Drummond de Andrade:

- "Casas entre bananeiras /mulheres entre laranjeiras / pomar amor cantar" [ANDRADE, 1971a: 17]

Obs.: À supressão de um termo anteriormente expresso dá-se o nome particular de **zeugma**.

[84] OLIVEIRA [2003].

- "A igreja era grande e pobre. Os altares, humildes." [ANDRADE, 1971a: 181]

22.7.2.7 Assíndeto

Ausência ou supressão estilística do conectivo aditivo numa sequência de palavras, de termos de uma oração ou de orações coordenadas:

- "As emissões de gases poluentes aumentam, o verde míngua, os desertos avançam, as geleiras derretem." [MINC, Carlos. *O Globo*, 30/10/2007]

22.7.2.8 Polissíndeto

Repetição do conectivo coordenativo numa cadeia de palavras, termos de uma oração ou orações coordenadas:

- "E se eu disser que à noite não consigo / sequer adormecer porque me agarro / à imagem que de ti em vão persigo? / Pois eis que o digo, amor. E logo esbarro / em tua ausência – essa lâmina exata / que me penetra *e* fere *e* sangra *e* mata." [JUNQUEIRA, 1994: 51]
- "Longe do estéril turbilhão da rua, / Beneditino, escreve! No aconchego / Do claustro, na paciência e no sossego, / Trabalha, *e* teima, *e* lima, *e* sofre, *e* sua!" [BILAC, 1996: 268]

Em uma sequência de termos coordenados, é natural que o conectivo aditivo só figure apenas antes do último termo, estabelecendo uma noção de limite, tal como na frase *Comprei cadernos, lápis, canetas* e *borrachas*. Tanto no assíndeto quanto no polissíndeto, essa noção de limite se anula para dar relevância a todos os termos da sequência. Além disso, de acordo com o contexto, esses recursos estilísticos fornecem ao leitor um sentido suplementar de dinamismo, ritmo, esforço, esmero etc., como ocorre nos citados sonetos de Ivan Junqueira e Olavo Bilac.

22.7.2.9 Quiasmo

Construção bimembre em que ocorre uma inversão da ordem nas partes simétricas dos segmentos envolvidos:

- "Era uma mosca azul, asas de ouro e granada / (...) / E zumbia, e voava, e voava, e zumbia." [ASSIS, 1962, ver III: 161]
- "Já não pode fumar, / Cuspir já não pode." [ANDRADE, 1971a: 70]
- "E foi de ziguezague, veio de zaguezigue." [ROSA, 1967: 104]

Invertendo a ordem dos termos, o quiasmo cria uma nova dimensão paralelística, causando no leitor, pela estrutura inesperada, um sentimento de surpresa, em consequência da ruptura da coesão recorrencial (repetição sistemática de estruturas). Os seus efeitos de sentido dependem da natureza da mensagem. No exemplo de Machado de Assis, a iconicidade da linguagem sugere o movimento desordenado do voo do inseto; no dístico de Drummond, a impossibilidade – ou proibição? – é duplamente enunciada: a uma proibição que parece normal contrapõe-se outra – realçada pela inversão – que soa absurda; na passagem de G. Rosa, a construção retrata os movimentos do caminhar de um bêbado que, aparentemente, avança e recua ao mesmo lugar.

22.7.2.10 Epizeuxe

Repetição de palavras ou grupo de palavras em uma sequência imediata:

- "Teus olhos são *negros*, *negros*, / Como as noites sem luar." [ALVES, 1986: 98]
- "*Café com pão / Café com pão / Café com pão* // Virge Maria que foi isso maquinista?" [BANDEIRA, 1967: 281]
- "No fundo do mar / estão entretidos / os náufragos. / *Tão entretidos*, *tão entretidos*, / que não sentem a água pelos seus vestidos." [MEIRELES, 1967: 386]

22.7.2.11 Anáfora

Repetição de vocábulo no início de cada verso, frase ou membro da frase:

- "Lá nas areias infindas, / Das palmeiras do país, / Nasceram – crianças lindas, / Viveram – moças gentis... / Passa um dia a caravana / Quando a virgem da cabana / Cisma da noite nos véus... / ... *Adeus*! Ó choça do monte!... / ... *Adeus*! palmeiras da fonte!... / ... *Adeus*! amores... adeus!... // *Depois* o areal extenso... / *Depois* o oceano de pó... / *Depois* no horizonte imenso / Desertos... desertos só..." [ALVES, 1986: 282]
- "Como caíram tantas águas, / *nublou-se* o horizonte, / *nublou-se* a floresta, / *nublou-se* o vale." [MEIRELES, 1967: 340]

A repetição das palavras, seja na epizeuxe, seja na anáfora ou em qualquer outro recurso estilístico (**epífora/epístrofe** – repetição ao fim do verso ou da frase; **símploce** – repetição no início e no fim do verso ou da frase; **diácope** – repetição com alternação de palavra), é um recurso de modalização que mobiliza o envolvimento do enunciador com a matéria enunciada. No exemplo de epizeuxe de Castro Alves, a repetição do adjetivo traduz noção superlativa (*negros*, *negros* = nigérrimos); no exemplo de Bandeira, a repetição da expressão icônica *Café com pão!* sugere a intermitência da força mecânica da locomotiva. Nas anáforas de Castro Alves (em *Navio Negreiro*) a organização sintática visualiza a dor da separação dos africanos (*...Adeus! /...Adeus! /...Adeus!*) e a sequência de sofrimentos que se seguem imediatamente à sua prisão (*Depois.../Depois.../Depois*). Assim, nota-se que esses recursos estilísticos, além de chamar atenção do receptor da mensagem pelo artifício da repetição em si, acrescentam a ela novas significações ou um sentido suplementar de ênfase, superlativação ou amplificação.

Obs.: O conceito de anáfora aqui apresentado corresponde ao da figura de construção tradicionalmente reconhecida nos manuais de retórica e de estilística. Modernamente, tem-se empregado o mesmo termo no âmbito da linguística textual, ao lado de seu cognato *catáfora*, para designar um mecanismo de remissão referencial no interior do texto: a anáfora é um recurso de retorno a uma informação dada ou sugerida no texto, a catáfora aponta para uma informação que será especificada mais adiante.

22.7.2.12 Hipálage

É a associação de um termo determinante a um termo que não é, logicamente, o seu determinado correspondente:

- "À passagem do menino, uma galinha sacudiu no ar parado sua *algazarra histérica*." [RESENDE, Otto Lara. "Gato, gato, gato". In: BOSI, 1997: 133]
- "[....] depois ainda moveu de leve os lábios [....] e se perdeu, a um arranco do carro, na confusão do tráfego da rua estreita e *rápida*." [BRAGA, 1963a: 196-198]
- "Essa é a glória do jardim, / com *roxos queixumes* de rolas." [MEIRELES, 1967: 337-338]

Como a hipálage é uma figura que consiste na transferência de um atributo de um ser a outro, seu efeito de sentido apoia-se na impertinência semântica provocada pela associação inadequada dos termos no fio da sintaxe. Esse expediente desloca a atenção do leitor para o objeto que o enunciador considera o de maior importância para o seu discurso – o termo determinado ilógico –, deixando o termo determinado lógico em um plano secundário. Esse determinado lógico pode estar subentendido, aumentando a complexidade semântica da expressão e concentrando mais intensamente a atenção sobre o ser que se torna o principal objeto da referência. O adjetivo *histérica* exprime um atributo próprio de seres animados – no caso, a galinha – mas o autor deslocou-o para junto do substantivo que denota o barulho produzido por ela: *algazarra*. Por sua vez, *rápido* é, objetivamente falando, o tráfego. Deslocado, o adjetivo passa a qualificar *rua* em coordenação com outro atributo – *estreita*. A coordenação é heterogênea, o que cria um inesperado efeito de síntese entre as duas características, uma estática e outra dinâmica, do espaço descrito. Por fim, o exemplo de Cecília: a tristeza da ave é identificada no ruído, para o qual se transfere a cor de suas penas.

22.7.2.13 Silepse

É a concordância ideológica, isto é, a concordância que se faz com a ideia, com o elemento que se tem em mente e não com o elemento expresso na frase. A silepse pode ser:

a) de gênero:
- "E pela minha lei / *A gente* era *obrigado* a ser feliz." (Chico Buarque de Hollanda)

b) de número:
- "*Muita gente* se irrita com a ópera; as vozes *lhes* parecem poderosas demais e os sentimentos, excessivos..." [COLI, Jorge. "Paixões sonoras". *Folha de S.Paulo*, 6/4/2008]

c) de pessoa:
- "Brasileiros e latino-americanos <u>fazemos</u> constantemente a experiência do caráter *postiço*, *inautêntico*, *imitado* da vida cultural que levamos." [SCHWARZ, Roberto. In: BORNHEIM, 1987: 93]

A silepse é um recurso de estilo cujo efeito de sentido está no proveito que o enunciador pode tirar no jogo de relações entre o que um referente tem no seu aspecto geral (explícito) e no que ele tem de particular (implícito). No exemplo *Feito o gol, **a torcida** levantou-se como uma onda; em seguida, **foram** sentando-se aos poucos*, *a torcida* é um elemento coletivo que forma um todo indiviso e como tal reage ao gol do seu time. A euforia do gol vem a um só tempo para todos os membros da torcida, mas sua dispersão depende da reação particular de cada indivíduo. A dicotomia entre o sentimento coletivo e o sentimento individual é revelada no jogo que se faz entre a concordância lógico-gramatical (*a torcida levantou-se*) e seu desvio, em razão da concordância ideológica (*foram sentando-se*), reforçado pela expressão partitiva *aos poucos*.

22.7.3 Figuras de pensamento

O desvio se dá no sentido geral da frase, no entendimento total da mensagem. Essas figuras manifestam seu rendimento no desacordo da relação de verdade entre o que se diz literalmente e a realidade da qual se fala. Assim, é fundamental o conhecimento do referente, para a perfeita apreensão do sentido que se pretende atribuir ao enunciado.

22.7.3.1 Símile

Comparação assimilativa por meio da qual uma coisa é explicitamente equiparada a outra. Essa comparação, em geral, é realizada mediante o uso da conjunção *como* ou equivalente (*tal como*, *tal qual* etc.):

- "*Como uma cascavel que se enroscava*, / A cidade dos lázaros dormia." ["Os doentes". In: ANJOS, 1976: 92]
- "À brisa a vela grande tatalava / *como quem amanhece / com uma canção na boca*." ["Derroteiro". In: CAMPOS, 2003: 263]

Para maior efeito de sentido em uma enunciação linguística, o símile realiza, mediante uma expressão conectiva, o cotejo de formas de significação diferente, de sorte que o receptor da mensagem é induzido a projetar, no termo comparado (*cidade dos lázaros / a grande vela*), propriedades relevantes do termo comparante (*uma cascavel / amanhecer com uma canção na boca*). Não chamam atenção comparações lógicas e usuais tais como *Ela era magra como sua mãe*, porque elas carecem de qualquer função expressiva singular. A finalidade do símile é orientar o pensamento do receptor da mensagem, tornando mais perceptível a relação que se pretende estabelecer entre os fatos ou seres envolvidos no processo de comparação. O símile de maior rendimento é, obviamente, o que ativa a associação de domínios conceptuais aparentemente sem correspondência; só assim o enunciador consegue delimitar o alcance singular de sua percepção e desencadear uma experiência equivalente no receptor.

22.7.3.2 Paradoxo

Espécie de enunciado que vai de encontro à opinião geral ou que sugere a falsidade de seu próprio conteúdo. Eis um dos mais conhecidos: *No mundo só há mentiras*. É um paradoxo porque, para que este enunciado seja verdadeiro, é preciso que seu conteúdo seja falso. Na escrita literária em geral, o uso do paradoxo é sempre uma aposta na legitimidade da incoerência:

- "Quem *acha* vive *se perdendo*." (Noel Rosa)
- "Nada a perder, senhora: não percais / o *instante* que em *eterno se dilata* / pondo em relevo, sobre uma hora chata, / o amor com seus prodígios naturais." [CAMPOS, 2003: 179]

- “A falta que me fazes não é tanto / à hora de dormir, quando dizias ‘Deus te abençoe’, e a noite abria em sonho. // É quando, ao despertar, revejo a um canto / *a noite acumulada de meus dias*, / e sinto que estou vivo, e que não sonho.” [ANDRADE, 1971a: 270]

No verso de Noel Rosa, o verbo *achar* significa ‘supor’, ‘estar em dúvida’; daí o *perder-se*. No texto de Geir Campos, o instante é exaltado como a oportunidade de uma experiência amorosa intensa e única. No verso de Carlos Drummond de Andrade, o tom de desencanto diante da velhice, na qual o tempo da vida (*dias*) se resume no seu contrário (*noite*). O paradoxo pode ganhar diferentes formas, como se vê nas duas figuras seguintes.

22.7.3.3 Antítese

É a relação entre duas unidades de significado – palavras, sintagmas ou enunciados – que expressam conteúdos opostos:

- “Até agora, estou entre o *elogio*, que me *desvanece*, e a *restrição*, que me *deprime*.” [RODRIGUES, 1996: 219]
- “O primeiro efeito dessa lei antifumo, radical e cheia de furos, não foi *apagar* os cigarros, mas *acender* uma grande polêmica.” [VENTURA, 1999: 30]

Por meio da antítese se realiza uma contraposição simétrica de palavras ou expressões de significação oposta, para dar relevo a uma noção de contraditoriedade que se manifesta no espírito do enunciador. O seu efeito de sentido advém da tensão latente entre as forças opostas dos campos semânticos envolvidos no processo antitético. Essa noção de oposição muitas vezes só pode ser apreendida a partir de um determinado contexto, e sua compreensão depende muitas vezes do conhecimento enciclopédico do receptor ou da situação comunicativa em que ela se manifesta.

22.7.3.4 Oxímoro

Em sentido amplo, qualquer combinação de ideias contraditórias. O oxímoro é uma variedade formal do paradoxo e pode ocorrer no interior de um sintagma ou no âmbito de uma construção coordenada:

- “E, continuando, com *segura incerteza*, deu consigo noutro local, onde se achavam os copoanheiros, com método iam combeber.” [“Nós, os temulentos”. In: ROSA, 1967: 102]
- “Mas justiça se lhe faça: o – Café Filho foi um *corrupto honesto*. Fez o diabo para servir ao patrão.” [RODRIGUES, 1996: 188]

Não se trata aqui do mero registro da coexistência dos contrários a fim de dar realce a ambos, como às vezes se expressa mediante a antítese, mas da integração deles no processo de percepção. O oxímoro é a explicitação, em sua formulação mínima, da diferença entre pontos de vista contraditórios. Na passagem do conto, a incerteza produz o acaso feliz do encontro com os amigos de copo. Tem algo em comum com o popular *escrever certo por linhas tortas*, provavelmente o mais universal dos oxímoros. O exemplo de Nelson Rodrigues é autoexplicativo: o personagem citado é corrupto de um ponto de vista, e honesto de outro.

22.7.3.5 Hipérbole

Figura de linguagem com que o enunciador se serve do exagero – quase sempre inverossímil – do sentido para conferir especial relevo a alguma informação. Muitas hipérboles constituem uma variedade da metáfora:

- "Perguntaram-me, certa vez, a minha opinião sobre d. Hélder. (...) Disse eu que nosso arcebispo *galopava*, *arquejante*, atrás de uma plateia." [RODRIGUES, 1993: 229]
- "Durante uns quinze dias o visitante saturou-se *até os ossos* de euforia paisagística." [RODRIGUES, 1996: 244]
- "Menino, me diziam: tens o olho / *maior que tua barriga*, e com as pupilas / eu comia alhos e bugalhos / e não me satisfazia." [Mal de vista. In: SANT'ANNA, 1980: 157]
- "Nem mesmo todo o oceano poderia / Lavar este padrão de covardia" [ALVES, 1986: 121]

A hipérbole é, por excelência, um recurso estilístico de modalização, pois explicita o grau de envolvimento e o interesse que o enunciador tem pelo fato enunciado. A expressão exagerada amplia o seu ponto de vista sobre a matéria apresentada, revelando seu juízo passional do fato. A associação com a ideia de grau aumentativo propicia a presença ostensiva de hipérboles no discurso coloquial, em que se cristalizam, a exemplo do que acontece com as metáforas. Alguns exemplos: *Contou um **caminhão** de vantagens*, *Perdeu **rios** de dinheiro*, *Estou **morto** de fome*.

Obs.: Não há uma designação específica para o que seria o oposto semântico da hipérbole, isto é, para o uso de uma expressão que reduz a intensidade ou grandeza de algo, seja com intenção depreciativa, seja por (afetada) modéstia, como nesta passagem de Nelson Rodrigues:

- "Em uma hora e meia de perguntas e respostas, não fui profundo uma única e escassa vez. Ou por outra: – a minha profundeza era dessas *que uma formiguinha atravessa a pé, com água pelas canelas*." [RODRIGUES, 1996: 215]

22.7.3.6 Gradação

Reunião de palavras ou expressões que se sucedem segundo uma lógica semântica progressiva:

- "A folha / Luzente / Do orvalho / Nitente / A gota / retrai: / Vacila, / Palpita; / Mais grossa, / *Hesita*, / E *treme* / e *cai*." [DIAS, 1959: 584]
- "Não podia acabar de crer que *essa figura esquálida*, essa barba pintada de branco, *esse maltrapilho avelhentado*, *toda essa ruína* fosse o Quincas Borba." [ASSIS, 1962: 571]
- "E se eu disser que à noite não consigo / sequer adormecer porque me agarro / à imagem que de ti em vão persigo? / Pois eis que o digo, amor. E logo esbarro / em tua ausência – essa lâmina exata / que me penetra *e* fere *e* sangra *e* mata." [JUNQUEIRA, 1994: 51]
- "Quero rever-te, pátria minha, e para / Rever-te me esqueci de tudo / Fui cego, estropiado, surdo, mudo / Vi minha humilde morte cara a cara / Rasguei *poemas*, *mulheres*, *horizontes* / Fiquei simples, sem fontes." [MORAES, 1986: 267-9].

Por se realizar dentro de um processo paulatino, a gradação é uma forma perifrásica de hiperbolização de uma ideia que habita o espírito do enunciador. Seu efeito está em fazer o interlocutor perceber, no fio do discurso, as várias etapas na operação de intensificação. Há gradações cujo efeito se concentra na substituição de lexemas de sentidos aproximados, sinônimos ou quase sinônimos, como no exemplo *Tomou-lhe por fim antipatia, raiva, ojeriza, ódio...*, em que as palavras que compõem a sequência gradativa pertencem ao mesmo campo sêmico de sentimento negativo. Há gradações, contudo, de maior efeito e de maior complexidade, cujo valor só se manifesta por conta do contexto em que se encontram e da relação semântica que se manifesta entre os signos no fio do discurso. Essas relações não raro envolvem conotações metafóricas que só podem ser decodificadas no confronto entre o universo textualmente concebido e a realidade que lhe serve de referência. No exemplo de Gonçalves Dias, os verbos denotam três etapas da efêmera vida de uma gota de chuva; já no texto de Vinicius de Moraes, a sequência em itálico reúne entidades heterogêneas – papéis, pessoas, projetos – que o poeta 'deixa para trás' em nome da ideia do regresso à pátria.

22.7.3.7 Eufemismo

Atenuação de um fato trágico, grosseiro ou desagradável por meio de expressões consideradas mais amenas:

- "E, mais três passos, pernibambo, tapava o caminho a uma senhora, *de paupérrimas feições*..." ["Nós, os temulentos". In: ROSA, 1967: 101]
- "*Quando em meu peito rebentar-se a fibra* / Que o espírito enlaça à dor vivente, / Não derramem por mim nenhuma lágrima / Em pálpebra demente" [AZEVEDO, Álvares de. "Lembrança de Morrer". In: BANDEIRA, 1937: 141]

22.7.3.8 Disfemismo

Uso de palavra ou expressão considerada grosseira, grotesca, nauseante ou simplesmente desagradável em lugar de outra mais branda ou neutra. É o oposto do eufemismo:

- "O quitandeiro, assentado sobre o balcão, cochilava *a sua preguiça morrinhenta*, acariciando o seu imenso e espalmado pé descalço (...) as peixeiras, quase todas negras, muito gordas, o tabuleiro na cabeça, *rebolando os grossos quadris trêmulos e as tetas opulentas*." [AZEVEDO, 2005: 263-4]
- "Havia em casa um mico, trazido do sertão por meu avô. Um dia mordeu o primo. Foi condenado a ser pendurado pelo pescoço até que a morte sobreviesse. Depois, jogado pelo rabo num canto da chácara. Eu senti a morte do macaquinho como a de gente e decidi dar-lhe sepultura cristã. Levei-o para o outro lado do riacho dos inhames, abri um buraco, forrei de tijolos, fiz a obra de misericórdia e cobri com ladrilhos velhos. Dias depois fui ver como estava e recuei de horror e nojo diante da *massa peluda, pegajosa, estufada, sem nome e fervilhando da vida de mil vermes dentro da orquestrações das moscas zumbindo*." [NAVA, 1973: 62]

Por enquadrarem o enunciador em um determinado contexto situacional pelas vias da linguagem, o eufemismo e o disfemismo são recursos estilísticos tipicamente discursivos. Esse enquadramento obedece à tonalidade de expressões politicamente corretas ou incorretas para uma determinada situação, segundo o projeto de comunicação do enunciador, que pode estar relacionado a uma atitude diplomática (eufemismo) ou de enfrentamento (disfemismo). Na produção literária, o eufemismo e o disfemismo servem a um projeto estilístico que exija, respectivamente, delicadeza ou agressividade na linguagem. O estilo romântico, por exemplo, idealizador por excelência, traz no seu projeto certos tabus linguísticos que evitam expressões desagradáveis, ignorados pelo Naturalismo, que busca nas expressões mais cruas, mais afinadas com a noção de verossimilhança, a transparência entre a linguagem e as realidades sociais mais deprimentes. Em qualquer circunstância, mediante a escolha das palavras, ocorre, propositadamente, um engajamento lexical que se subordina a um ato de fala por meio do qual o enunciador, ao mesmo tempo que revela seu envolvimento com a matéria enunciada, busca sensibilizar o destinatário.

Mas é preciso atentar para as relações entre os fatos linguísticos e os fatos sociais, pois as variações linguísticas no interior de uma comunidade são condicionadas por fatores sociológicos, culturais e econômicos, como bem comprova a sociolinguística. Os preceitos sociais são dinâmicos e, em razão disso, os conceitos de eufemismo e disfemismo variam de acordo com o estágio cultural da comunidade discursiva. Assim como a sociedade, as palavras têm sua própria história. Então, pela frequência do uso, o eufemismo ou o disfemismo podem perder o seu efeito, por acabar identificando-se semanticamente com o nome que procura disfarçar ou explicitar, e, em outros casos, o objetivo do disfarce ou da explicitação pode desaparecer, colocando ambos no grau de neutralidade.

22.7.3.9 Antífrase

Uso da linguagem com que, por superstição, malícia ou sarcasmo, se leva o ouvinte/leitor a compreender o oposto do que se declara:

- "Quarenta e um anos. Mas isso é velhice, meu Deus? Pelo contrário: – é a mulher em flor, a mulher na sua mais deliciosa plenitude. E os *excelentes rapazes* da imprensa põem-se a contar as rugas da atriz e, mais, põem-se a inventá-las." [RODRIGUES, 1996: 210]
- "Isso é que dá encanto ao costume da gente ter tudo desarrumado. Tenho uma secretária *que é um gênio nesse sentido*. Perdeu, outro dia, cinquenta páginas de uma tradução." [BRAGA, 1963b: 101]

A antífrase é um recurso típico do discurso irônico: dissimula-se o pensamento – e mesmo o sentimento – com a expectativa de que o destinatário os compreenda, ditos embora por meio de expressões que denotam o contrário. A ironia corresponde a um ato de fala necessariamente polifônico: uma voz manifesta é secundada por outra voz, 'em *off*' mas dominante, que desacredita e desautoriza a primeira. Assim, o conteúdo manifesto, desacreditado pelo ato irônico, dá lugar a um segundo conteúdo, implícito, que equivale ao contrário do primeiro. Fenômeno que extrai sua graça da sutileza, a ironia é, por excelência, um procedimento de distanciamento crítico, que envolve, porém, um alto risco: seu sucesso depende da cumplicidade cooperativa do ouvinte/leitor. Este precisa dominar e operar as regras do jogo, por mais que elas não estejam combinadas de antemão com ele[85].

Por pertencer à retórica da dissimulação, a ironia produz ambiguidades que a interpretação no nível puramente cotextual não é capaz de sanar. Para captá-la, é necessário recorrer à situação enunciativa ou ao interdiscurso, o que a situa numa fronteira entre a heterogeneidade mostrada (presença de vozes identificadas) e a heterogeneidade constitutiva (presença de vozes não identificadas). Por conta disso, ela é passível de interpretações e análises diversas, cuja extensão é difícil de circunscrever por mais que estejamos próximos de exemplos antifrásticos cristalizados. Assim, sua compreensão plena só é possível a partir da *memória discursiva* do leitor, onde se armazena o conjunto das informações relevantes para a análise textual. Na verdade, o desvendamento do texto e a apreensão dos seus efeitos de sentido dependem de uma interação entre os interlocutores, o que nos conduz aos *Princípios de Cooperação* postulados por Paul Grice – "Que sua contribuição conversacional corresponda ao que lhe é exigido para a meta ou para a direção aceitas da troca falada na qual você está engajado"[86].

Como em análise de texto não deve haver gratuidade, é conveniente que se entenda a ironia como um gesto destinado a um destinatário, não uma atividade lúdica, desinteressada e desprovida de um fim perlocutório. Assim, é preciso que se leve em conta o efeito de sentido que uma ironia engendra. Pelo conflito entre a voz do enunciador locutor e a voz implícita do outro enunciador, estabelece-se uma relação polêmica sobre a qual o discurso se constrói.

Em se tratando de um texto poético, deve-se levar em consideração como a ironia pode contribuir para a constituição da poeticidade do texto, a partir da dissonância entre o que se diz e o que se quer dizer. Afinal, no processo antifrástico, a tensão provocada pelo conflito das vozes acaba por se transformar na tensão poética do texto. Vejamos o fragmento abaixo:

- "Deus lhe pague / Pelo prazer de chorar e pelo estamos aí / Pela piada no bar e o futebol pra aplaudir / Um crime pra comentar

[85] O 'Prólogo' de PAGLIARO [1967] é uma reflexão não técnica, mas muito esclarecedora, sobre a natureza da ironia.

[86] Apud CHARAUDEAU & MAINGUENEAU [2004].

e o samba pra distrair. // Deus lhe pague / Pela cachaça, de graça, que a gente tem que engolir / Pela fumaça, desgraça, que a gente tem que tossir / Pelos andaimes, pingentes, que a gente tem que cair" (Chico Buarque de Hollanda)

Ironicamente, o texto faz referências implícitas a uma época socialmente marcada – o período da ditadura militar no Brasil. A partir desse conhecimento, que transpõe os limites frásticos do texto, podemos entender a dimensão poética do sentido textual. O poema nos remete a um confronto excludente entre o mundo da vida e do prazer, de um lado, e a esfera da repressão, de outro. Perpassa o texto a ideia básica da ironia cortante de que o único prazer que restou foi o 'prazer de chorar'.

22.7.3.10 Lítotes

Declaração de algo pela negação do seu contrário:

- "– Por favor, Nina – gemi. – *Ninguém a detesta nesta casa*, aqui você só conta amigos." [CARDOSO, 2002: 123]

Sob certos aspectos, a lítotes pode provocar a atenuação da expressão do pensamento sem prejudicar, na sua essência, o seu intento, como ocorre no exemplo acima. Mas não se pode desprezar a noção pressuposta que a lítotes evidencia, na medida em que, com a negação, ela faz indiretamente referência a uma normalidade, que é negada, ou a um ponto de vista consensual, do qual o enunciador discorda. No exemplo de Lúcio Cardoso, a expressão *Ninguém a detesta nesta casa* nega a rejeição que a personagem acredita inspirar.

22.7.3.11 Prosopopeia

Consiste em transportar para a cena enunciativa seres que logicamente não podem dela participar, tornando-os instâncias interlocutivas:

- "— Que foi? Balbucia o poeta / E a rosa : – Calhorda que és! / Para de olhar para cima! / Mira o que tens a teus pés! (...) // — São milhões! – a rosa berra / Milhões a morrer de fome! / E tu, na tua vaidade, / Querendo usar do meu nome!..." [MORAES, 1986: 348]
- "Ó mar! por que não apagas / Co'a esponja de tuas vagas / Do teu manto este borrão? // Astros! noites! tempestades! / Rolai das imensidades! / Varrei os mares, tufão!" [*Navio Negreiro*. In: ALVES, 1986: 281]

Segundo Nilce Sant'Anna Martins, a prosopopeia é uma figura retórica que diz respeito aos papéis da enunciação[87]. Assim, ela põe em cena seres ausentes, sobrenaturais ou inanimados, fazendo-os ouvir, falar, responder. Para Fontanier, não se deve confundir prosopopeia com personificação nem com apóstrofe, que normalmente a acompanham[88]. A **personificação** consiste na transferência de atributos humanos a seres inanimados ("Rio lento de várzea, / vou agora ainda mais lento, / que agora minhas águas / de tanta lama me pesam" [MELO NETO, 1994: 139]); o **apóstrofe** é a figura na qual o enunciador dirige-se a um ser distante no tempo e no espaço, tornando-o seu interlocutor imediato ("*Andrada*! Arranca este pendão dos ares! / *Colombo*! Fecha a porta dos teus mares!" [ALVES, 1986: 284].

Preferimos dar aqui uma noção mais ampla de prosopopeia, considerando que os papéis interlocutivos de enunciador e enunciatário estão numa relação dialética, já que um só se constitui com tal diante do outro (todo *eu* pressupõe imediatamente um *tu*), compondo as instâncias da cena enunciativa. Por considerar que a prosopopeia está ancorada na cena discursiva, observamos que o seu rendimento está relacionado com o imediatismo na escolha do enunciador, que prefere pôr em cena os seres distantes ou imaginários como seus interlocutores a tomá-los apenas como referentes dentro do seu contexto histórico-discursivo.

22.7.3.12 Enálage

Desvio gramatical que consiste em atribuir a um termo uma aplicação diversa da que lhe é típica.

Segundo Mattoso, a retórica greco-latina considerava a enálage no âmbito das figuras de linguagem[89]. É assim que vamos considerá-la, e o fazemos primordialmente em relação ao emprego dos modos e tempos verbais, como ocorre no uso futuro com valor modal, no emprego do presente histórico etc.[90]:

- "Eu bem *pudera*, meus filhos, levantar para vocês novamente / o que tive, tudo isso e algum sonho com destino omisso: mas se eu lhes desse agora fragmentos do meu assado / não *fora* como dar-lhes um presente usado?" (*pudera* e *fora* por *poderia* e *seria*) [CAMPOS, 2002, v.1: 100].
- "Se *entrega* a carta, não teria remorso." (*entrega* por *entregasse*) [ASSIS, 1962: 687]

---

87 MARTINS [2000].

88 FONTANIER, Pierre, "Les Figures du Discours". Paris: Flamarion, 1968. Apud MARTINS [2000].

89 CÂMARA Jr. [1977].

90 Para maior acuidade em relação ao assunto, ver a seção sobre emprego dos tempos verbais desta obra.

- "Se você fosse sincera, /ô, ô, ô, ô, Aurora. / Veja só que bom que *era*, /ô, ô, ô, ô, Aurora!" (*era* por *seria*) (Mário Lago)

A enálage constitui um mecanismo linguístico de substituição, pelo qual se desvia uma forma de sua função significativa mais regular e congruente – e por isso mesmo neutra – para um uso menos congruente – e por isso mesmo mais apta a impressionar o leitor. Esse artifício linguístico redireciona a atenção do receptor da mensagem para o campo de interesse do enunciador. No exemplo de Geir Campos, o emprego do pretérito mais-que-perfeito em lugar do futuro e do pretérito imperfeito do subjuntivo anula a noção de futuridade e da situação condicionante do imperfeito. Transplantando o evento para um passado irrecuperável, representado por um tempo verbal remoto de aspecto concluído, o enunciador anula completamente sua possibilidade de ocorrência. No exemplo da Machado de Assis, por sua vez, o emprego do presente do indicativo em lugar do pretérito imperfeito do subjuntivo traduz uma noção de certeza para aquilo que seria apenas uma condição hipotética. No exemplo da canção popular, a forma *era* atende à necessidade de rima (com *sincera*), ao mesmo tempo que acentua a perda.

22.7.3.13 Preterição

Consiste na afirmação de um fato, sugerindo pela forma do enunciado a sua negação:

- "Não direi que assisti às alvoradas do Romantismo, não direi que também eu fui fazer poesia no regaço da Itália." [ASSIS, 1962: 541-2]
- "Não rimarei a palavra sono / com a incorrespondente palavra outono. / Rimarei com a palavra carne / ou qualquer outra, que todas me convêm." [ANDRADE, 1971a: 75]

Na preterição, o enunciador negaceia com o receptor da mensagem por meio da linguagem, procurando disfarçar algo a que ele está se referindo, ao sugerir a negação de sua aderência ou engajamento em relação ao objeto de sua referência. No exemplo de Machado de Assis, autor notadamente antirromântico, é conveniente sustentar, ainda que aparentemente, a rejeição às *alvoradas do Romantismo*, para o qual *fazer poesia no regaço da Itália* representa uma atitude própria do seu programa poético. É interessante notar que o autor não só finge rejeitar o fato em si, mas também, numa atitude de ironia, sugere sua recusa em relação às formas de expressão do discurso poético do estilo romântico, fato que se pode notar na 'nobreza' declamatória das metáforas *alvoradas do Romantismo* e *regaço da Itália*.

Com essa atitude, Machado reafirma sua opção declarada pela estética do Realismo. É análogo o procedimento de Drummond, colocando a liberdade de construção do texto, em nome do sentido pretendido, acima dos preceitos formais da arte poética.

22.7.3.14 Sinestesia

É a associação de sensações que pertencem a registros sensoriais diferentes:

- "Músicas passam, perpassam finas, diluídas, finas, diluídas, e delas, como se a cor ganhasse ritmos preciosos, parece se desprender, se difundir uma *harmonia azul, azul*, de tal inalterável azul, que é ao mesmo tempo colorida e sonora, ao mesmo tempo cor e ao mesmo tempo som..." ["Região Azul". In: CRUZ E SOUSA, 1995: 558]
- "... pestanas eriçadas e negras, pálpebras de um *roxo vaporoso e úmido*." [AZEVEDO, 2005: 289]
- "O *silêncio fresco* desfolha das árvores." ["Noturno de Belo Horizonte". In: ANDRADE, 1966: 125]
- "Essa é a glória do jardim, / (...) / débil queda de folhas secas, / murmúrio de gota de água / na *umidade verde* dos tanques. [MEIRELES, 1967: 337-8]

A integração de domínios sensoriais faz da sinestesia um processo associativo análogo ao da metáfora. A construção de sentido operada pela sinestesia sempre mobiliza, porém, duas experiências concretas, ao passo que a metáfora pode associar dois domínios concretos, dois domínios abstratos, ou ainda combinar o concreto e o abstrato. Os domínios conceptuais da sinestesia não são associáveis por força de analogias estruturais. Uma metáfora como *Seu sorriso é uma estrela cadente*, a despeito da impertinência semântica da expressão, pode ser captada por associações psíquicas motivadas por atributos lógicos dos elementos envolvidos: o brilho do sorriso (dos dentes) pode ser associado ao brilho da estrela, a beleza do sorriso pode ser associado à beleza do movimento cadente da estrela. Por outro lado, numa expressão sinestésica do tipo *Gela o som, gela a cor*, as associações psíquicas não têm qualquer motivação lógica perceptível, visto que os elementos direta ou indiretamente envolvidos já são, pela sua natureza volátil, altamente subjetivos e completamente distintos. A metáfora sinestésica, portanto, corresponde a um máximo de impertinência, em virtude do princípio segundo o qual a grandeza da dissonância é proporcional à grandeza da mudança de sentido necessária para que a impertinência seja reduzida, ou, em outras palavras, proporcional à distância que separa o sentido denotativo do sentido conotativo.

Em busca da criatividade, fugindo ao rigor lógico da previsibilidade, a linguagem poética promove associações semânticas desconcertantes, à primeira vista inadequadas, criando, a partir daí, sentidos surpreendentes que só são perfeitamente compreendidos à luz da sensibilidade do espírito. Essas operações se baseiam na descoberta imaginativa de diferentes tipos de vínculos associativos que atuam permanentemente em nosso espírito sem que muitas vezes tenhamos consciência, como resultado de cruzamentos, elipses mentais, contaminações e associação de ideias. Esses arranjos sugerem certos sentidos aparentemente distanciados do seu conteúdo objetivo, ativando certas relações que estão ocultas em nosso subconsciente. Mas as representações ou sensações suscitadas por esses enlaces não se encontram nos elementos que as compõem. Elas vêm por meio de uma técnica deliberada que atua na propriedade linguística, desenvolvida com acurado instinto estético e psicológico. Esses arranjos são, na verdade, hábeis substituições do termo apropriado por outro, nas quais aquele está contido por associações metaforizadas que não raro provocam representações adicionais de caráter psíquico, dando à expressão uma multiplicidade de planos.

Essas associações mostram uma tendência a apoiar-se em valores difusamente emocionais. Seu tom e seu propósito são eminentemente psíquicos, e seu efeito resultante é essencialmente poético. Se a **sinestesia** pertence à esfera da cognição, a **hipálage** pertence ao âmbito das relaçoes sintáticas. E é aqui que ambas se entrecruzam, uma a serviço da outra, tornando-se difícil distingui-las, já que, em dados momentos, aquela é operacionalizada por esta por meio do afrouxamento dos vínculos sintáticos. Para sermos práticos, podemos dizer, *grosso modo*, que enquanto a sinestesia se realiza no plano paradigmático, a hipálage se configura no plano sintagmático, pela associação formal dos termos envolvidos. De qualquer forma, os efeitos poéticos são incontestáveis, e sua atuação é fundamental para a construção das impertinências que representam estados psíquicos nem sempre explicáveis à luz da lógica.

22.7.4 Figuras fônicas

O desvio ocorre na organização da camada sonora da linguagem, explorando o potencial expressivo dos fonemas.

Os sons da linguagem, assim como outros sons, podem provocar sensações agradáveis ou desagradáveis. Não é por outra razão que Charles Bally afirma a existência de "uma correspondência entre os sentimentos e os efeitos sensoriais produzidos pela linguagem"[91].

---

[91] BALLY [1941].

22.7.4.1 Aliteração

Repetição sistemática de uma consoante – ou encadeamento de unidades consonânticas muito parecidas – na sequência do enunciado:

- "Auriverde pendão da minha terra, / Que a *b*risa do *B*rasil *b*eija e *b*alança." [*Navio Negreiro*. In: ALVES, 1986: 283]
- "Áspe*r*a guita*rr*a *r*asga o a*r* da p*r*aça." [SECCHIN, 2002: 30]
- "Esperando, *p*arada, *p*regada na *p*edra do *p*orto, / Com seu único velho vestido cada dia mais curto." (Chico Buarque de Hollanda)
- "E as cigarras agarradas aos troncos / ensaiam na sombra suas resinas sonoras" [MEIRELES, 1967: 337-8]

22.7.4.2 Assonância

Repetição sistemática de uma determinada vogal tônica na sequência do enunciado:

- "V*i*rge Mar*i*a que foi *i*sso maquin*i*sta?" ["Café com Pão". In: BANDEIRA, 1967: 281]
- "És t*a*l e qu*a*l a n*a*u quando ao m*a*r alto l*a*rga."[92] [ALMEIDA, 1965: 72]

Somada ao evidente efeito lúdico produzido pela sonoridade das palavras, a aliteração e a assonância participam da construção do sentido segundo as especificidades temáticas de cada texto. Antes de mais nada, elas constituem recursos que chamam atenção para o dito, pela própria matéria fônica do enunciado. É relevante observar que a expressividade assume valor verdadeiramente poético quando não é aleatória, mas participa da solidariedade entre o significante e o significado, rompendo com a neutralidade característica da arbitrariedade do signo, nos termos da formulação saussuriana.

Tanto a aliteração quanto a assonância atuam no propósito do enunciador por meio da iconicidade da linguagem, produzindo *harmonias imitativas* que ratificam e ampliam de forma suplementar o sentido da mensagem, como nos exemplos acima. Na aliteração de Castro Alves, a repetição do fonema [b] sugere o som do vento e, por extensão, o som do beijo na bandeira; a repetição do fonema [p] no exemplo de Chico Buarque, pelo seu aspecto oclusivo, amplifica a ideia da imobilidade da mulher à beira do cais. No exemplo assonântico de Bandeira, a repetição do vogal [i] imita o apito prolongado da locomotiva; e no último exemplo de assonância, a repetição da vogal [a] remete, pelo seu grau de abertura articulatória, o leitor à ideia

---

[92] Este exemplo é recriação de um verso do poeta francês Charles Baudelaire – *Tu fait l'effet d'un beau vaisseau qui prend le large* – realizada pelo poeta brasileiro Guilherme de Almeida.

de amplidão e liberdade do mar aberto ao qual a caravela se lança. Assim, a matéria fônica da linguagem pode desempenhar uma função expressiva que se deve às peculiaridades articulatórias dos fonemas, quais sejam, seu modo, sua zona e seu ponto de articulação, seu timbre, sua altura, sua intensidade etc., contribuindo para a feição estética ou afetiva do enunciado.

22.7.4.3 Paronomásia

Consiste no emprego de palavras que se aproximam pela similaridade fônica:

- "Na terra da *imprevidência*, em que só se tomam *providências* depois da porta arrombada, foi preciso mais uma tragédia para que as autoridades vissem o óbvio e pensassem em agir." [VENTURA, Zuenir. *O Globo*, 2/7/2008]
- "Quando ele nasceu nasceu de *birra* / *Barro* ao invés de incenso e mirra / Cordão cortado com gilete." [BLANC, Aldir. "Gênesis". In: FERRAZ, 2005: p. 115]
- "A cidade inteira *retinia* com o *retintim* das enxadas limpando o mato dos quintais das casas que permaneceram fechadas durante o ano." [ÉLIS, 1974: 105]

O rendimento expressivo da paronomásia é devido ao realce proposital do possível conflito entre a realidade do plano da expressão – onde as formas se aproximam (*imprevidência/providências*, *birra/barro*) – e a do plano do conteúdo – onde elas se afastam. O exemplo de Zuenir Ventura põe foco no erro clássico dos remédios tardios, que optam pela cura em detrimento da prevenção. No trecho de Aldir Blanc, por outro lado, o jogo dos substantivos 'barro' (matéria) e *birra* (comportamento) cria a oportunidade para uma inesperada associação entre um fato corriqueiro e um episódio bíblico. A paronomásia se manifesta como se cada palavra penetrasse no seu parônimo pela repetição dos fonemas e, consequentemente, pela similaridade da pronúncia, criando assim uma tensão entre seu aspecto fônico e sua referência semântica.

22.7.5 Paralelismo

É a correspondência ou simetria entre duas ideias, estruturas verbais ou segmentos textuais coordenadas numa sequência enunciativa. O paralelismo pode ser sintático, semântico ou rítmico[93].

A coerência diz respeito ao nexo entre os conceitos; e a coesão, à expressão desse nexo no plano linguístico. Para que as noções de coerência e coesão sejam levadas a termo, é necessário que se considerem as operações com o princípio do paralelismo na produção textual, pois elas podem contribuir efetivamente para o rendimento expressivo do texto.

[93] Ver GARCIA [2004].

22.7.5.1 Paralelismo sintático

É a perfeita correlação na estruturação sintática da frase. Como a coordenação é um processo que encadeia valores sintáticos idênticos, presume-se que os elementos sintáticos coordenados entre si devam apresentar, em princípio, estruturas gramaticais similares. Isso significa que a coordenação sintática deve comportar constituintes do mesmo tipo.

Mas não podemos levar essa teoria às últimas instâncias, pois o paralelismo não se enquadra em uma norma gramatical rígida, já que a língua admite outros padrões sintáticos na construção frasal. Quando dizemos: *Este é um carro possante e que alcança grande velocidade*, embora a construção seja gramatical, não estamos operando com o princípio do paralelismo, pois coordenamos termos de naturezas distintas: um sintagma adjetival básico (*possante*) e um sintagma adjetival derivado (*que alcança grande velocidade*). O princípio do paralelismo seria respeitado se déssemos à frase as seguintes estruturas: *Este é um carro que tem muita força e que pode alcançar grande velocidade* – coordenando dois sintagmas adjetivais derivados – ou *Este é um carro possante e veloz* – coordenando dois sintagmas adjetivais básicos. Qualquer dessas formas é perfeitamente aceitável, pois não fere a integridade sintática do sistema linguístico.

Não sendo, como se viu, uma operação obrigatória, o paralelismo pode constituir um interessante recurso expressivo do qual o enunciador pode lançar mão para ordenar e orientar, segundo suas intenções, as ideias do receptor da mensagem, fazendo corresponder ideias similares a formas verbais similares. Isso não significa, contudo, que qualquer estrutura paralelística surta um efeito significativo para a expressividade da linguagem. A frase *Não ando a cavalo por ter medo e porque não tenho roupa adequada* contraria o princípio de paralelismo sintático, pois apresenta orações coordenadas de estruturas diferentes. A primeira (*por ter medo*) é reduzida de infinitivo e é introduzida por preposição; a segunda (*porque não tenho roupa adequada*) é desenvolvida e introduzida por conjunção. Propomos as seguintes soluções para atingir o princípio do paralelismo: *Não ando a cavalo por ter medo e (por) não ter roupa adequada* e *Não ando a cavalo porque tenho medo e (porque) não tenho roupa adequada*. A coerência diz respeito ao nexo entre os conceitos; e a coesão, à expressão desse nexo no plano linguístico. Para que as noções de coerência e coesão sejam levadas a termo, é necessário que se considerem as operações com o princípio do paralelismo na produção textual, pois elas podem contribuir efetivamente para o rendimento expressivo do texto.

É certo que as fórmulas acima propostas não traduzem expressividade significativa no processo coordenativo. Elas apresentam um grau de neutralidade que não chama atenção do receptor da mensagem. No entanto, o enunciador pode apelar para uma coordenação correlativa, adotando o uso de certas fórmulas correlatas (*não só... mas também, não somente... senão também, tanto... quanto, tanto... como, não apenas... mas ainda* etc.). Essas fórmulas funcionam estrategicamente como operadores argumentativos que encadeiam dois ou mais argumentos orientados no mesmo sentido e assinalam cada um dos sintagmas conectados envolvidos, atribuindo a ambos uma tonalidade de realce e expressividade na frase[94]: *Não ando a cavalo* ***não só*** *porque tenho medo* ***mas também*** *porque não tenho roupa adequada* ou ainda: *Não ando a cavalo* ***não só*** *por ter medo* ***mas também*** *por não ter roupa adequada.*

A correlação constitui um processo usual na linguagem da argumentação. Assim, não podemos encará-la apenas como um simples processo sintático de coordenação. Mais que isso, ela constitui um importante recurso estilístico de rendimento enfático na estrutura paralelística do discurso e, quando os elementos correlativos são bem utilizados, atuam no espírito do receptor da mensagem, despertando nele a atenção para as referências contidas nos pares coordenados.

Não podemos deixar de assinalar no paralelismo sintático o processo da coesão recorrencial, que se faz por repetição de estruturas sintáticas, ou seja, por uma série de frases que apresentam estruturas gramaticais idênticas. A repetição dessas estruturas sintáticas constrói no texto um padrão formal que afirma e reafirma o dito, num processo de amplificação que vem em socorro dos valores expressivos do texto. É preciso considerar, porém, que o sentido suplementar da repetição não é previamente estabelecido, como se fosse cristalizado na sua própria forma; ele emana do próprio texto, adere ao seu conteúdo, criando uma semântica circunstancial que amplifica as operações de referenciação.

Tomemos este exemplo de Manuel Bandeira:

> **Canção do vento e da minha vida**
> O vento varria as folhas, / O vento varria os frutos, / O vento varria as flores... / E a minha vida ficava / Cada vez mais cheia / De frutos, de flores, de folhas. // O vento varria as luzes, / O vento varria as músicas, / O vento varria os aromas... E minha vida ficava / Cada vez mais cheia / De aromas, de estrelas, de cânticos. // O vento varria os sonhos / E varria as amizades... / O vento varria as mulheres... / E minha vida ficava / Cada vez mais cheia / De afetos e de mulheres. // O vento varria os meses / E varria os teus sorrisos... / O vento varria tudo! / E minha vida ficava / Cada vez mais cheia / De tudo. [BANDEIRA, 1967: 302].

[94] Cf. KOCH [2002].

Note-se que todo o texto se vale de estruturas paralelísticas para a construção do seu sentido poético. Em obediência à temática do texto, o autor alcança a forma poética por meio de uma macroestrutura memorativa. A repetição de estruturas coordenadas em todas as estrofes sugere iconicamente o transcorrer da existência em instâncias sequenciais, mimetizando a construção da plenitude da vida, à medida que o tempo se esvai. Valendo-se do paralelismo, o autor cria um padrão recorrencial que identifica a estrutura particular do texto. Por meio das recorrências – e no texto elas aparecem em vários níveis: repetição de termos, de estruturas, de conteúdos, de recursos fônicos e tempos verbais – ele demarca, nos três primeiros versos de cada estrofe, o movimento incessante do vento e, nos três últimos, o efeito constante da ação do vento. O conjunto dessas estruturas contribui peculiarmente para a semântica do texto, acrescentando ao seu conteúdo um sentido suplementar que categoriza a existência humana como um ininterrupto vir a ser.

O paralelismo pode atuar também em certos provérbios populares que se notabilizam exatamente pelo enrijecimento da simetria de uma determinada estrutura sintática. No provérbio *Rei morto; rei posto*, a estrutura paralelística se constrói com a repetição do substantivo (*rei*) e de uma forma participial (*morto/posto*), associada a ele. Em *Casa de ferreiro, espeto de pau*, o paralelismo se realiza pela justaposição de dois sintagmas nominais internamente estruturados de forma idêntica ([substantivo] + [preposição + substantivo]). Nesses tipos de frase, o paralelismo funciona como uma técnica mnemônica para a fixação do dito. É de se notar que as elipses mentais que ocorrem nesse tipo de provérbio promovem a associação imediata, quase automática, entre as realidades expressas em cada uma das partes simétricas de cada frase, reforçando a função edificante da filosofia popular.

22.7.5.2 Paralelismo semântico

É a perfeita correlação entre as ideias coordenadas, considerando o aspecto lógico-semântico na frase. A ausência de correlação semântica constitui uma espécie de ruptura do sistema lógico da língua que resulta da associação de ideias desconexas. O paralelismo gramatical não garante a lógica do texto, pois há casos de paralelismo gramatical que não apresentam correlação de sentido ou adequação à semântica do texto. Assim, em obediência aos princípios do paralelismo, deve-se levar em conta a natureza dos elementos citados no enunciado, a fim de que se possa garantir a homogeneidade morfológica e funcional dos termos em coordenação.

A frase *Ana tem um carro a gasolina e outro importado* rompe os princípios do paralelismo, pois os elementos citados, por pertencerem a campos conceptuais distintos, não traduzem uma noção de exclusão, já que um carro a gasolina pode ser também um carro importado. Isso traduz uma ideia de impertinência semântica para o texto. Propomos a princípio as seguintes soluções: *Ana tem um carro a gasolina e outro a álcool* e *Ana tem um carro nacional e outro importado*. É evidente que o princípio do paralelismo nas soluções encontradas obedece tão somente a uma regra do sistema semântico da língua e não contribui para a expressividade do texto. Isso porque na maioria dos casos o paralelismo está apenas a serviço de uma lógica que estabelece os limites do campo perceptivo do interlocutor.

Para que o efeito de sentido do paralelismo tenha expressividade relevante, é necessário que a estrutura paralelística seja evidenciada no enunciado. Isso pode ser feito por intermédio de estruturas previstas na gramática da língua, que estão à disposição dos seus usuários, para as escolhas que melhor convierem à sua intencionalidade discursiva. Uma das possibilidades de evidenciação da estrutura paralelística é a construção apositiva[95]. A aposição constitui uma estrutura binuclear em que o núcleo primário ou fundamental de um sintagma se associa a um outro sintagma nominal que constitui o seu núcleo secundário. Em outro lugar, já observei que a aposição não é apenas uma estrutura redundante do ponto de vista sintático. O aposto constitui um recurso, decisivo como peça do componente retórico dos textos [AZEREDO, 2007]. Na frase *Ana tem um carro nacional e outro importado*, como já vimos, não há valor relevante no paralelismo entre os adjetivos *nacional* e *importado*, pois ambos estão inseridos na adjunção a um núcleo nominal sem qualquer destaque. Mas na estrutura apositiva *Ana tem dois carros: um nacional e outro importado*, o núcleo primário ganha relevo, concentrando em si a atenção do interlocutor, e os núcleos secundários, em consequência do seu enfraquecimento referencial, ficam a serviço das especificações do referente, que são evidenciadas.

A estrutura apositiva distribucional à qual a frase se submeteu proporciona a fusão de duas estruturas que, isoladas, têm o seu grau de importância. Esse grau de importância é reavaliado no resultado dessa fusão:

- 1ª estrutura – *Ana tem dois carros*.
- 2ª estrutura – *Ana tem um carro nacional e outro importado*.
- Fusão das estruturas – *Ana tem dois carros: um nacional e outro importado*.

[95] Para o sentido discursivo do aposto, ver o ensaio "O Aposto e o Intertexto". In: AZEREDO [2007].

A fusão das estruturas proporciona uma posição de destaque para o paralelismo existente entre os adjetivos que especificam o carro. Os núcleos secundários – *um* e *outro* –, aos quais esses adjetivos sintaticamente se relacionam, tornam-se termos endofóricos de natureza anafórica, isto é, cuja significação depende de porções textuais que eles recuperam no processo da coesão referencial. A perda de sua função como elementos exofóricos – que apontam para um ser do mundo – faz que as especificações indicadas nos adjetivos que os acompanham ganhem relevo. Essas operações retiram a frase de sua neutralidade e acrescentam um sentido suplementar que emana do paralelismo semântico entre as expressões adjetivas.

22.7.5.3 Paralelismo rítmico

É a simetria na construção da frase, considerando seu aspecto rítmico. O conceito de simetria envolve também a regularidade de determinadas proporções. Assim sendo, no paralelismo rítmico, os segmentos fônicos da frase ou do verso devem apresentar um certo isocronismo, que provoca um padrão prosódico cadente. Essa similicadência, quando empregada com precisão, constitui recurso de estilo de rendimento considerável, por dar relevo ao pensamento:

- "Se você gritasse, /se você gemesse, /se você tocasse, / a valsa vienense, / se você dormisse, / se você cansasse, / se você morresse... / Mas você não morre, / você é duro, José!" [ANDRADE, 1971a: 70]

A duração prosódica dos versos acima envolve o leitor em um ritmo que remete ao compasso ternário da *valsa vienense*, reduplicando o sentido da mensagem. Este expediente é fartamente usado na poesia metrificada, mas seu efeito é também notável na prosa, onde naturalmente não se observa a preocupação rítmica. Vejamos este exemplo de Guimarães Rosa:

- "As ancas balançam, e as vagas de dorsos, das vacas e touros, batendo com as caudas, mugindo no meio, na massa embolada, com atritos de couros, estralos de guampas, estrondos de baques, e o berro queixoso do gado junqueira, de chifres imensos, com muita tristeza, saudade dos campos, querência dos pastos, de lá do sertão..." [ROSA, 1969a: 23]

O autor explora um ritmo frasal no qual ressoa a cadência popular da redondilha, captando assim um momento em que se fundem realidade material e inflexão psicológica. O ritmo das redondilhas sugere o caminhar compassado da boiada, entremeado de incidentes que a forma da linguagem providencialmente denuncia.

22.7.5.4 Rupturas com o paralelismo

A falta de paralelismo pode ocasionar incongruências que provocam estranhamento na frase, em face de coordenações logicamente inaceitáveis. Mas há casos em que a ruptura do paralelismo, seja pelo seu aspecto inesperado, seja pela forma surpreendente da expressão, constitui um poderoso recurso expressivo, mormente em textos literários, como nos seguintes exemplos:

- "Eduardo e Mônica eram nada parecidos – / *Ela era de Leão e ele tinha dezesseis*." (Renato Russo)

Nesses versos, rompe-se o paralelismo semântico, pois o autor associa o signo de um personagem à idade do outro. A natureza distinta dos fatos postos em coordenação amplifica a dessemelhança de caráter entre os personagens.

- "Marcela amou-me *durante quinze meses* e *onze contos de réis*; *nada menos*." [ASSIS, 1962, v. 1: 534]
- "Tivesse aceitado *de entrar* e *um café*, calmava-me." [ROSA, 1969b: 10]
- "O temporal previsto no boletim da véspera – baixa de temperatura, rajadas de vento – é hoje dia límpido, *teoricamente errado*, mas *soberanamente azul*." [MACHADO, 1957: 115]

Nos exemplos acima, a falta de simetria é devida à natureza heterogênea dos membros coordenados. O narrador machadiano coordena a noção de tempo e a noção de dinheiro, sugerindo ironicamente uma relação amorosa centrada no interesse financeiro: o tempo de duração do amor foi o tempo da duração do dinheiro. O narrador do conto, por sua vez, dá ao verbo *aceitar* dois objetos coordenados, mas pertencentes a classes mórficas distintas. Apavorado com a ameaçadora presença de um bando de jagunços à porta de sua casa, o médico atropela-se em gentilezas. Já no último exemplo, as expressões em itálico retomam o conteúdo inicial para explicitar um contraste entre o prognóstico e a realidade. O rendimento estilístico é alcançado pela heterogeneidade dos advérbios e dos adjetivos contrastados.

Fora do texto literário, o paralelismo também tem atuação marcante:

- Palmeiras perde o jogo e a cabeça na Argentina.

O exemplo acima põe em correlação um fato do mundo exterior e um estado psicológico. A supressão da segunda ocorrência de *perder* deixa lado a lado objetos (*jogo* e *cabeça*) heterogêneos, o que configura a perda de simetria. Tendo interpretado a expressão *perder o jogo*, o leitor depara com um objeto inesperado e é obrigado a ressemantizar o verbo a fim de apreender, na expressão sintética do enunciado, a ideia de que o descontrole emocional envolve a equipe ainda durante o jogo como efeito da derrota.

- *Granofruit* – cereais e frutas. Use puro, com leite, iogurte, ou com sua imaginação.

Esse exemplo publicitário associa referentes que nos remetem a elementos pertencentes a áreas semânticas distintas. De um lado, elementos materiais que pertencem à área da nutrição – *leite*, *iogurte* – que destacam o valor associativo da preposição *com*; de outro, um elemento abstrato que é propriedade da natureza humana – a *imaginação*, agregada ao texto como um recurso. Essa combinação inusitada caracteriza a possibilidade de realização do livre desejo do consumidor em relação ao produto anunciado, sugerindo a versatilidade positiva do seu uso.

Observemos agora como a quebra do paralelismo rítmico provoca um efeito de sentido na estrutura prosódica do texto:

- "No meio do caminho tinha uma pedra / tinha uma pedra no meio do caminho / tinha uma pedra / no meio do caminho tinha uma pedra." [ANDRADE, 1971a: 12]

Considerando cada verso um período fônico de extensão determinada, percebemos que o terceiro verso da estrofe acima quebra repentinamente o ritmo prosódico da estrofe, como a sugerir o tropeço provocado pela presença incômoda da pedra, que metaforiza um obstáculo no trajeto da existência humana.

OITAVA PARTE

APÊNDICES

I – PONTUAÇÃO

ASPECTOS GERAIS

A elaboração do texto escrito envolve uma série de decisões relativas ao emprego dos sinais gráficos: espaços, letra maiúscula, pontos, vírgula, ponto-e-vírgula, dois-pontos, travessão, parênteses, colchetes, reticências, aspas, negrito, itálico etc. Estes sinais têm papéis variados, seja para fins propriamente estéticos – como os espaços e o modelo de letra –, seja para a indicação de pausas – como a vírgula, o ponto e as reticências –, seja para sinalizar a entoação da frase – como os pontos de interrogação e de exclamação – ou ainda para individualizar algum segmento – como as aspas, o negrito e o itálico.

A entoação é um recurso da fala que serve para exprimir, por exemplo, a diferença entre uma declaração, uma pergunta, uma ordem, uma exclamação. Servimo-nos ordinariamente da entoação para expressar convicção, surpresa, desalento, incredulidade, otimismo, malícia, indignação etc. A entoação é, portanto, um signo: uma expressão portadora de algum sentido. As pausas, por sua vez, são de dois tipos: as que marcam fronteiras sintáticas – e por isso são pistas para o processamento do sentido – e as que indicam atos diversos de hesitação ou procedimentos intencionais de retardamento do fluxo da informação, geralmente assinalados por reticências. Tanto as pausas quanto os torneios da entoação exprimem uma variedade de significados impossível de ser codificada pelos sinais gráficos convencionais, obviamente limitados.

Acredita-se que certos sinais de pontuação, tais como a vírgula, o ponto-e-vírgula, o ponto e os dois-pontos, correspondem a uma pausa na cadeia da fala. Não há dúvida de que o leitor faz naturalmente uma pausa orientada por esses sinais de pontuação no desenvolvimento da leitura de um texto, principalmente se essa leitura se realiza em voz alta. Essa realidade, no entanto, nem sempre se confirma na espontaneidade de um monólogo que não decorre da escrita. Isso porque, no desenvolvimento da fala, ocorrem com frequência certas inflexões advindas de hesitações ou manifestações psicológicas que não podem ser registradas em um texto formal escrito.

Assim, num processo de comunicação distenso, podemos encontrar várias pausas que não seriam assinaladas no texto escrito, ou ausência de pausa onde a linguagem formal da escrita certamente assinalaria.

Veja-se o segmento seguinte:

- "A frágil vida intelectual que o professor pretende construir nesta planície varrida pelos tufões emocionais esboroa-se como aquelas casinhas de madeira usadas para as experiências atômicas." [LIMA, 1967: 169]

Há uma ligeira pausa natural entre *emocionais* e *esboroa-se*, mas, seguindo a norma moderna, ela não vem assinalada por vírgula por tratar-se da fronteira entre o sujeito e o predicado da oração.

Para a exposição deste tema, optamos por uma metodologia diferente da convencionalmente adotada nas obras didáticas: expõem-se alguns contextos típicos de uso dos sinais de pontuação e, em seguida, apresentam-se fragmentos variados acompanhados de comentários sobre as soluções dadas pelos respectivos autores. Como se verá, há margem para oscilação entre o uso do ponto-e-vírgula e o dos dois-pontos, por exemplo. Um texto bem pontuado há de ser, é claro, aquele em que a pontuação constitui uma pista segura para a apreensão do sentido pretendido por seu autor.

CASOS GERAIS

1) VÍRGULA

A **vírgula** é tipicamente empregada nos casos de:

a) separação de orações ou termos coordenados sem a utilização de conectivo (coordenação assindética):

- "Na Índia, há milhões de sujeitos que nunca moraram. Jamais tiveram um teto, uma sala, um quarto, uma cama, uma mesa, uma cadeira." [RODRIGUES, 1996: 75]
- "De repente um traço ligeiro rasgara o céu para os lados da cabeceira do rio, outros surgiram mais claros, o trovão roncara perto, na escuridão da meia-noite rolaram nuvens cor de sangue." [RAMOS, 1981a: 65]

Obs.: Nas orações introduzidas pela conjunção *e* , pode-se empregar a vírgula:

- quando apresentam sujeitos diferentes, principalmente se temos a intenção de enfatizá-los:
- "Toda a casa era um corredor deserto, e até o canário ficou mudo." [TREVISAN, Dalton. In: BOSI, 1997: 190]

- quando os conectivos estiverem repetidos numa sequência enumerativa, caracterizando o *polissíndeto*, os elementos co-ordenados devem ser separados por vírgula:
- "Ocupados como quem lavra a existência, *e* planta, *e* colhe, *e* mata, *e* vive, *e* morre, *e* come." [LISPECTOR, 1981: 92]

b) aposição explicativa ou circunstancial em geral:
- "Fantasma de tantos homens na faixa dos 40 a 50 anos, o colesterol já não pode ser considerado a causa principal de enfartes." [o aposto precede a vírgula] (*Revista Época*, 04/06/01)
- "Um de meus mais estimados companheiros de infância era o mulato Estêvão, filho da cozinheira dos Araújo" – a vírgula precede o aposto. [VERISSIMO, E. 1974: 80]

c) separação do vocativo:
- "– Como vai a sua pessoa?
  O retinto curvou o busto e retribuiu respeitoso:
  – Como Deus é servido, *coronel*. E como passa Vossa Senhoria, *meu patrão*?" [CARVALHO, 1970: 130]

d) separação de adjunto adverbial anteposto. Opcional quando o adjunto é um advérbio ou SPrep. estritamente circunstancial (de tempo, lugar ou modo), a vírgula se torna, porém, necessária se o adjunto tem função modalizadora ou é uma oração, desenvolvida ou reduzida:
- "Três semanas depois, recebi um postal de Piracicaba." [CONY, C. H. 1995: 157]
- "Excetuando alguns problemas especiais, fazer fotografia é muito fácil e não exige conhecimentos profundos de nenhuma ciência." [KUBRUSLY, 1984: 12]
- "Se a loteria é imprevisível e a sorte difícil, o único jeito é trapacear." [SEVCENKO, 1998: 554]
- "Quando o cônsul se retirou, fiquei a fazer reflexões sobre a inesperada visita." [VERISSIMO, E. 1974: 277]

Obs.: Pode-se separar ou isolar por vírgula o adjunto adverbial na sua ordem natural, quando se quer realçá-lo:
- "Uns, *após outros*, lavavam a cara, *incomodamente*, debaixo do fio de água que escorria da altura de uns cinco palmos." [AZEVEDO, 1957: 42]

e) antecipação (topicalização) de um termo que será retomado por pronome:
   - "O corpo Sacha enterrou / No jardim; *a alma*, *essa* voou / Para o céu dos passarinhos!" [BANDEIRA, 1967: 311]

f) uso de palavras e locuções que expressam conexões discursivas em geral (adição, explicação, contraste, compensação, retificação, encadeamento, conclusão, ratificação etc.):
   - "Vivemos num mundo curioso. Tudo o que nele ocorre é global, universal e uniforme e, *no entanto*, os eventos que mais chamam a atenção são os que têm um feitio único, singular, especial." [DA MATTA, Roberto. *O Globo*, 23/1/2008]
   - "Se os piratas lotam o mercado de falsificações, a indústria não consegue vender muito, não refaz seu caixa e, *portanto*, não pode continuar investindo em pesquisa." [*Veja*, 26/11/1997: 114]
   - "Um produto que se destina, *principalmente*, ao mercado feminino deverá ter, *por exemplo*, embalagem em que predominem cores 'femininas', *isto é*, que lembrem suavidade e delicadeza." [VERDUSSEN, 1978: 142]

g) elipse do verbo em estruturas de coordenação:
   - "Uns param e vão rezar nos oratórios dos caminhos; outros, para se reabastecerem nos postos de gasolina." [MACHADO, 1957: 25]

h) separação de oração coordenada que não seja aditiva:
   - "De repente, chega na livraria alguém que não vinha para comprar livros, *pois* ignorou as prateleiras repletas de novidades." [GABEIRA, 1981a: 127]

i) acréscimo de oração justaposta para o registro de algum ato de fala (neste caso, também se usa o travessão):
   - "As coisas eram sem vida, *diziam*, sem nenhum mistério, devassadas." [DOURADO, 1973: 52]
   - "Uma família brasileira típica, *poderíamos dizer*." [MORAES, 1986: 603]
   - "– Não quero nada, *bradou* o Pestana." [ASSIS, 2004: 59]

j) emprego de coordenações por processo correlativo em geral:
- "*Não só* por observação direta e pessoal, *como* por entreouvir comentários de parentes e amigos, fiquei sabendo que a Farmácia Brasileira ia de mal a pior." [VERISSIMO, E. 1974: 149]

k) separação de orações reduzidas que não sejam constituintes imediatos de um termo da oração principal:
- "Os mais idosos, depois da janta, faziam o quilo, saindo para tomar a fresca." [ANDRADE, 1971b: 3]
- "Sempre que via aqueles condados na geografia, espremidos entre grandes países, me lembrava do Santa Fé." [REGO, 1980: 76]
- "Cinquenta anos perdidos, cinquenta anos gastos sem objetivo, a maltratar-me e a maltratar os outros." [RAMOS, 1970: 241]

2) PONTO-E-VÍRGULA

O **ponto-e-vírgula** é normalmente empregado:

a) para separar partes coordenadas de um período quando pelo menos uma delas apresenta divisão interna indicada por vírgula:
- "Como são poucos os que se lançam ao pioneirismo, poucas são as experiências inovadoras; e essas, quando vingam, sofrem o processo da imitação, que as esmaga." [VIEIRA, R.A. Amaral. Redução dos custos gráfico-editoriais. In: MAGALHÃES, 1975: 212]
- "O incêndio é a mais impaciente das catástrofes; a explosão, a mais impulsiva e lacônica; o abalroamento, a mais colérica; a inundação, a mais feminina e majestosa." [MACHADO, 1957: 189]

b) para separar orações coordenadas que tenham certa extensão em um período longo cujas partes constituem um todo significativo:
- "Talvez espante o leitor a franqueza com que lhe exponho e realço a minha mediocridade; advirto que a franqueza é a primeira virtude de um defunto." [ASSIS, 1978: 54]

3) DOIS-PONTOS

Os **dois-pontos** marcam uma suspensão do discurso a que se segue:

a) a reprodução, como discurso direto, da fala de alguém:
- "O leitor tem vontade de bater para o Departamento de Pesquisa do *Jornal do Brasil* e lembrar-lhe: – 'Vocês estão falando de um estudante, um menino, um ser humano'." [RODRIGUES, 1993: 199]

b) a especificação, comprovação ou detalhamento de uma informação (como aposto enumerativo, ex.):
   - "O homem só não foi o primeiro tema da fotografia por razões técnicas: os primeiros materiais sensíveis à luz (....) obrigavam a uma exposição na *câmara obscura* extremamente longa." [KUBRUSLY, 1984: 37]
   - "Todos os lugares conhecidos eram bons: o chiqueiro das cabras, o curral, o barreiro, o pátio, o bebedouro..." [RAMOS, 1981a: 56]

c) a transcrição de discurso alheio, como citação:
   - "Machado, uma vez mais, anteviu com surpreendente argúcia o que estava por vir: 'Quem põe o nariz fora da porta, vê que este mundo não vai bem'." [SEVCENKO, 1998: 557]

d) uma informação ou comentário a título de conclusão ou justificativa (neste caso, também se usa ponto-e-vírgula):
   - "Não se deve exigir heroísmo para ser virtuoso: a virtude deve resultar justamente do processo psicossociológico que rege a vida em comum." [LIMA, 1967: 168]
   - "Creio que Hamlet encarna o próprio intelectual: sabe agir mas não à medida do homem comum." [MENDES, 1994: 1105]

4) PONTO

O **ponto** assinala normalmente o fim de uma sequência declarativa de sentido completo sob a forma de período sintático. No exemplo a seguir há três dessas sequências:

- "Ninguém dormiu na véspera da partida. Às sete e meia da manhã estávamos todos na Central do Brasil. Ao que constava nos anais da humanidade, nunca ninguém partira para Roma daquelas plataformas." [CONY, C. H. 1995: 154]

5) RETICÊNCIAS

As **reticências** assinalam interrupções e hesitações em geral:

- "– Com certeza assaltaram o banco, e...
  – Que banco? Não está vendo que não tem banco nenhum aí?" [ANDRADE, 1971a: 132]
- "Quando eu o mandar fazer os jardins de meu palácio, direi: Burle, aqui sobre esses manacás, quero uma borboleta amare... Mas o sinal abriu e atravessei a rua correndo, pois já ia perdendo de vista a minha borboleta." [BRAGA, 1963a: 190]

6) TRAVESSÃO

O **travessão** tem três empregos básicos:

a) indica a fala do personagem em discurso direto:
- "– Ah! O senhor é que é o Pestana? perguntou Sinhazinha Mota, fazendo um largo gesto admirativo. E logo depois, corrigindo a familiaridade: – Desculpe meu modo, mas... é mesmo o senhor?" [ASSIS, 2004: 57]

b) indica o ato de fala do narrador (neste caso, também é comum o uso de vírgula):
- "– Posso saber o que houve? – *indagou* a mulher." [RUBIÃO, 1998: 209]

c) serve para delimitar um adendo, um comentário, uma ponderação que se intercala no discurso (função opcionalmente expressa com o uso dos parênteses):
- "Pouco antes do Natal – do seu último Natal – ele me pediu que o ajudasse a arrumar algumas coisas que se amontoavam no quarto dos fundos." [CONY, C. H. 1995: 185]
- "Os casamentos e uniões dentro das mesmas etnias – vale lembrar que a consciência étnica era forte – acotovelavam-se com os que reuniam africanos de origem diferente." [DEL PRIORE, 2005: 61]

Obs.: É comum o emprego do travessão antes do aposto enumerativo, como opção aos dois-pontos:
- "Não pertence aos limites deste estudo a análise da etapa anterior das três correntes humanas que vão concorrer na tarefa da chamada 'colonização' – o índio, o negro, o português." [SODRÉ, 1978: 5]

7) PARÊNTESES

Os **parênteses** têm emprego específico:

a) na indicação de uma fonte bibliográfica.

b) nas indicações cênicas (das peças de teatro, por exemplo):
- "JOAQUIM: (Enquanto ensaia o voo) Ninguém tem essa ligeireza. Essa força não é minha, é a força do Cristo. Do Cristo que está em mim! É preciso saber pular pr'a alcançar o céu." [ANDRADE, 1970: 277]

c) para esclarecer algo ou para informar o significado de alguma palavra ou expressão:
- "A obsessão pela ideia de modernização produziu duas palavras essenciais no vocabulário da segunda metade do século XX: *perestroika* (algo como reconstrução ou reestruturação) e *glasnost* (transparência)." [*O Globo*, 12/12/1999]

Empregam-se, ainda, como alternativa ao travessão, quando o enunciador insere no discurso um comentário, uma ressalva, uma ponderação.
- "Na véspera de minha partida (eu iria passar um ano sem vir em casa) fui me despedir do balão." [CONY, C. H. 1995: 100]

8) ASPAS

As **aspas** – especialmente as duplas – têm a função de delimitar:

a) trechos que estejam sendo citados textualmente:
- "'O riso nasce de uma anestesia momentânea do coração', escreveu Bérgson, referindo-se ao humorista." [SEVCENKO, 1998: 364]
- "Lá está escrito: – 'Rosa, pura contradição / Volúpia de ser o sono de ninguém / Sob tantas pálpebras'. É o epitáfio que Rainer Maria Rilke escreveu para si mesmo." [RODRIGUES, 1993: 183]
- "Peguei meu filho no colo (naquele tempo ainda dava), apertei-o com força e disse que só o soltaria se ele dissesse a palavra mágica. E ele disse a palavra 'mágica'." [VERISSIMO, L. F. *O Globo*, 22/6/2008]

b) a fala de algum personagem (cumulativamente ou não com o travessão):
- "Tratava-se dum emissário das tropas de Milton e nos trazia um ultimato lacônico: 'Declaramos guerra a vocês. Aceitam?. Respondi: 'Aceitamos. Para quando?. – 'Para hoje, às seis em ponto.' – 'Está bem. Diga ao seu comandante que estamos prontos'." [VERISSIMO, E. 1974: 58]
- "Um turista que por aqui passasse e visse a nossa cor morena, havia de anotar no seu caderno: – 'O brasileiro é um havaiano de filme'." [RODRIGUES, 1993: 143]

c) expressões que o enunciador, embora incorporando-as ao seu discurso, queira caracterizar como de autoria alheia:

- "Naquele tempo, a imprensa, quando mencionava o Sexo, pluralizava e o chamava de 'baixos instintos'." [RODRIGUES, 1996: 138]

d) expressões que o enunciador decida destacar por alguma outra razão discursiva:
- "Se por um lado toda esta flexibilidade proporcionava ao fotógrafo uma liberdade de criação muito maior, por outro, ficava muito mais fácil 'falsear a natureza'." [KUBRUSLY, 1984: 85]

9) PONTO DE INTERROGAÇÃO

O **ponto de interrogação** indica uma pausa com entonação ascendente para expressar uma interrogação direta:
- "Você não vai largar essa mala? perguntou minha mulher, tira essa roupa, bebe um uisquinho, você precisa aprender a relaxar." [FONSECA, 1975: 47]
- "A gurizada assustada espalhou a notícia na noite.
  – Sabe o Gaetaninho?
  – Que é que tem?
  – Amassou o bonde!" [MACHADO, 1979: 11-13]

10) PONTO DE EXCLAMAÇÃO

O **ponto de exclamação** marca entonação variável para um variado espectro de sentimentos – tristeza, surpresa, espanto, alegria, entusiasmo, súplica, decepção, dor etc. – que só podem ser reconstituídos graças ao contexto:
- "Cinquenta anos! Quantas horas inúteis! Consumir-se uma pessoa a vida inteira sem saber para quê! Comer e dormir como um porco! Levantar-se cedo todas as manhãs e sair correndo, procurando comida! E depois guardar comida para os filhos, para os netos, para muitas gerações. Que estupidez! Que porcaria!" [RAMOS, 1970: 241]
- "O Nino veio correndo com a bolinha de meia. Chegou bem perto. Com o tronco arqueado, as pernas dobradas, os braços estendidos, as mãos abertas, Gaetaninho ficou pronto para a defesa.
  – Passa pro Beppino!
  – Beppino deu dois passos e meteu o pé na bola. Com todo muque. Ela cobriu o guardião sardento e foi parar no meio da rua.
  – Vá dar tiro no inferno!

– Cala a boca, palestrino!
– Traga a bola!" [MACHADO, 1979: 11-13]

Obs.: Podem aparecer, em uma mesma frase, a exclamação, a interrogação e as reticências, numa conjugação de sentidos:

- "Mas que é isso?!... Um baque?..." [MACHADO, 1980: 157]

III - FRAGMENTOS COMENTADOS

1) "Perguntaram-me certa vez a minha opinião sobre d. Hélder. (1) Respondi imediatamente, como se tivesse a resposta na ponta da língua. (2) Disse eu que o nosso arcebispo era um ator que galopava, arquejante, atrás de uma plateia. (3) Sim, d. Hélder trocará o paraíso por um único e escasso espectador. (4) Precisa de alguém, e repito, de alguém que o assista, e o carregue, e brigue pelo seu autógrafo." [RODRIGUES, 1993: 229]

Comentário: O ponto (1) pode dar lugar a uma vírgula, após a qual deveríamos inserir um *e*. O ponto (4) é substituível por ponto-e-vírgula, já que a oração que se segue a ele contém um esclarecimento da anterior e possui o mesmo sujeito desta: *d. Hélder*. As duas últimas vírgulas reforçam as pausas estilísticas requeridas pelo polissíndeto.

2) "Violonista fará recital na Escola de Música da UFRJ. Essa notícia, (1) que mereceria não mais que uma notinha nos jornais de hoje, (2) foi motivo de artigos extensos e inflamados em 1908. O escândalo que mobilizou a intelectualidade da época faz cem anos no próximo dia 5 de julho. Foi quando o violonista popular Catulo da Paixão Cearense se apresentou no Instituto Nacional de Música (atual Escola de Música da UFRJ) a convite de seu então diretor, (3) o compositor erudito Alberto Nepomuceno. Naquele tempo, (4) havia uma separação clara e intransponível entre o mundo da música popular e o da clássica. O violão era um instrumento ligado à malandragem, (5) à boemia e mesmo à criminalidade. Há relatos de que a polícia circulava na Lapa à procura de homens com unhas compridas na mão direita (usadas para dedilhar as cordas do violão) e calos na esquerda. Não era raro serem levados à delegacia para 'averiguação'. Violão era sinônimo de vadiagem." [FRADKIN, Eduardo. *O Globo*, 29/6/2008. "2º Caderno"]

Comentário: Este texto está pontuado rigorosamente de acordo com as normas expostas em obras de perfil normativo. Chamo atenção para as vírgulas (1) e (2); elas delimitam uma oração adjetiva explicativa (cf. a oração adjetiva seguinte – *que mobilizou a intelectualidade da época* –, de natureza restritiva, portanto sem vírgulas). Em (3), a vírgula precede um aposto; em (4), assinala o adjunto adverbial antecipado; em (5), encadeia termos coordenados assindeticamente. Notem-se ainda as expressões entre parênteses. Trata-se de informações de fundo, suplementares. Poderiam também ser assinaladas por travessões.

3) "Quando o fazendeiro pretende enviar rês ao mercado ou mudá-la de pasto, (1) a primeira coisa de que cuida é de colocar nela a 'máscara'. // Vendados os olhos que mal percebem lateralmente os obstáculos do caminho, (2) o touro, (3) altivo e dominador, (4) reduz-se a ridícula besta desorientada, (5) tímida, (6) trêmula, (7) cujos cascos tateiam o caminho a medo. // O vaqueiro ganha, (8) então, (9) falsa superioridade que nunca tivera ao tratar com o rei dos campos, (10) altaneiro em sua força selvagem. // Assume o controle da caminhada. // Deixa o pobre animal levar-se, (11) cedendo à situação humilhante para sua fama de valente e autônomo." [LIMA, 1967: 128]

Comentário: Este texto contém cinco pontos e onze vírgulas. Os pontos, destacados pelo sinal //, têm a mesma função: assinalar uma sequência declarativa de sentido completo sob a forma de período sintático. Já as vírgulas têm diferentes papéis: em (1) e (2), sua função é separar a expressão circunstancial da oração principal; em (3) e (4), delimitar adjetivos coordenados em situação apositiva; em (5) e (6), encadear três atributos que se coordenam assindeticamente; em (7), assinalar o início de uma oração adjetiva explicativa; em (8) e (9) intercalar um advérbio conjuntivo; em (10), separar outro atributo em situação apositiva; em (11), marcar o início de uma oração gerundial frouxamente vinculada à oração principal, que a precede. As vírgulas (8) e (9) realçam o advérbio, mas são facultativas do ponto de vista sintático; nos demais casos, são necessárias. Alternativas: o penúltimo ponto poderia dar lugar à conjunção aditiva 'e'; também a vírgula (6) é substituível por um *e*; o *e* de *altivo e dominador* poderia dar lugar à vírgula. A oração *Assume o controle da caminhada* possui o mesmo sujeito da anterior e poderia estar unida a ela por ponto-e-vírgula.

4) "As mudanças no comportamento feminino ocorridas ao longo das três primeiras décadas deste século incomodaram conservadores, (1) deixaram perplexos os desavisados, (2) estimularam debates entre os mais progressistas. Afinal, (3) era muito recente a presença das moças das camadas médias e altas, (4) as chamadas 'de boa família', (5) que se aventuravam sozinhas pelas ruas da cidade para abastecer a casa ou para tudo o que se fizesse necessário. Dada a ênfase com que os contemporâneos interpretaram tais mudanças, (6) parecia ter soado um alarme.
Se as novas maneiras de se comportar tinham se tornado corriqueiras em menos de duas décadas, (7) a ousadia, (8) no entanto, (9) cobrava seu preço: que a senhora soubesse conservar um 'ar modesto e uma atitude séria, que a todos imponha o devido respeito'. E mais: que a mulher sensata, (10) principalmente se fosse casada, (11) evitasse 'sair à rua com um homem que não seja o seu pai, (12) o seu irmão ou o seu marido'. Caso contrário, (13) iria expor-se à maledicência, (14) comprometendo não só a sua honra como a do marido, (15) conforme se lia na *Revista Feminina*, (16) importante publicação do período." [HVPB, 3, p. 368-369]

Comentário: As vírgulas (1) e (2) separam predicados coordenados assindeticamente; a vírgula (3) marca a pausa entre um advérbio conjuntivo – que expressa ressalva – e a informação que é objeto da ressalva; (4) e (5) delimitam uma aposição; (6) separa um segmento adverbial anteposto à oração principal. No segundo parágrafo, (7) marca o limite de uma oração adverbial anteposta, enquanto (8) e (9) isolam um advérbio conjuntivo adversativo; (10) e (11) ladeiam uma oração adverbial realçada por um advérbio focalizador e colocada entre o sujeito e o predicado; (12) separa dois termos coordenados assindeticamente; (13) marca a pausa após um advérbio conjuntivo que expressa oposição (cf. 3); (14) precede uma informação adicional sob a forma de gerúndio, e (15) assinala uma pausa sensível antes de começar a oração adverbial conformativa.

II – CRASE

Crase é palavra de origem grega (*crasis*). Significa, etimologicamente, 'mistura', 'fusão', 'contração'. No estudo gramatical, o termo aplica-se especificamente à enunciação, em uma única vogal simples, de duas vogais iguais postas em contato, seja no interior da palavra (*leer* [forma arcaica] > *ler* [forma moderna]), seja na fronteira de duas palavras (Ela mor*a a*qui > Ela mor*a*qui).

A crase no interior da palavra se apresenta, amplamente, como um fenômeno diacrônico consolidado, diferentemente da crase que envolve fronteira sintática ou morfológica. Na fala, verifica-se oscilação entre contração e enunciação sequencial, por exemplo, em formas como *reescrever*, *cooperar*, *contra-atacar*, *contra-ataque*, escritas, contudo, com duas letras vogais em contato. Quando se trata de fronteira sintática, é comum a crase se ambas as vogais estão em posição átona, como no exemplo *Ela mora aqui*. Se, no entanto, a vogal não acentuada constitui o próprio vocábulo – como os artigos *o*/*a* e a preposição *a* –, estes podem ser absorvidos pela palavra precedente, mas nunca pela que se segue. Assim, em uma construção como *Segura a alça da bolsa*, ocorre crase no contato do *a* de *segura* com o artigo *a*, mas não no contato do artigo com o *a* de *alça*.

Ainda no domínio das fronteiras sintáticas, nossas gramáticas pedagógicas dão atenção especial ao fenômeno da crase quando esta é indicada graficamente pelo sinal grave [`] colocado sobre a letra *a*. Ele é usado sobre o *a* quando este indica, na escrita, a contração da preposição *a* com o artigo *a*/*as* ou com a primeira vogal da série demonstrativa *aquele*/*aquela*/*aqueles*/*aquelas*/*aquilo*: *Foi* ***à*** *praia*, *A loja abrirá* ***às*** *9h.*, *Não retornarei* ***àquele*** *lugar*. A presença da preposição comprova-se na comparação dessas frases com estas outras: *Foi* ***ao*** *teatro*, *A loja abrirá* ***ao*** *meio-dia* e *Não retornarei* ***a*** *este lugar*.

Está claro que o uso do sinal grave sobre o *a*/*as* que une dois segmentos sintáticos do texto só se justifica se o primeiro destes segmentos é seguido de preposição *a* (ex: *ir* ***a*** [*algum lugar*], *ser contrário* ***a*** [*alguma coisa*], *devolver* [*algo*] ***a*** [*alguém*], *assistimos* ***a*** [*alguma coisa*]) e o segundo é precedido do artigo *a*/*as*, de uma das formas *aquele*/*aquela*/*aqueles*/

aquelas ou é o próprio pronome *aquilo* (ex.: *ir a* ***a*** *praia, ser contrário a* ***a*** *compra do carro, devolver a mercadoria a* ***a*** *loja, assistimos a* ***aquele*** *filme*). Teremos, assim: *ir* ***à*** *praia, ser contrário* ***à*** *compra do carro, devolver a mercadoria* ***à*** *loja, assistimos* ***àquele*** *filme*.

Desse princípio geral deduz-se que o *a* representa apenas a preposição – e portanto não recebe o sinal grave – quando vem seguido de:

a) pronome pessoal: *Eu não me refiro* ***a*** *vocês; Vamos ficar bem próximos* ***a*** *ela*'
b) verbo no infinitivo: *Custaram* ***a*** *compreender minhas palavras; Voltou* ***a*** *frequentar* o *clube*;
c) pronome demonstrativo da série *este/esse*: *Ainda voltarei* ***a*** *esta cidade; Ficou indiferente* ***a*** *essas críticas*;
d) pronome indefinido: *Ela tem alergia* ***a*** *alguma substância?; Respondeu* ***a*** *todas as nossas perguntas; Acho que tenho direito* ***a*** *uma folguinha*;
e) formas de tratamento (salvo no caso de *senhor/senhora*): *Solicito providências* ***a*** *V.Sª.; Estes papéis podem ser úteis* ***a*** *V.Exa.*;
f) os pronomes relativos que e quem: *A pessoa* ***a*** *quem entreguei* o *dinheiro; As cartas* ***a*** *que fiz referência*;
g) nomes de lugar que não são precedidos de artigo: *Chegamos* ***a*** *Manaus; Ele retornou* ***a*** *Niterói; Pretendia ir* ***a*** *Paris*;
h) numeral não acompanhado de artigo: *Acamparam* ***a*** *dois quilômetros da cidade; Estamos* ***a*** *duas horas da capital*.

O valor indefinido mencionado no item 'd' pode ser expresso apenas pela ausência de artigo, sem necessidade do pronome indefinido *uma/alguma/qualquer*. Neste caso, é óbvio que não ocorrerá crase e, consequentemente, não se usará o sinal grave: *Não conte essa história* ***a*** *pessoas estranhas*.

Obs.:

1) Não se emprega o sinal grave indicativo de crase:
a) nas expressões cristalizadas formadas pelo adjetivo *meia*: *a meia luz, a meia voz, a meia altura*;
b) nas locuções formadas por palavra repetida: *gota a gota, cara a cara, face a face, de ponta a ponta*.

2) É, porém, facultativo o uso do sinal grave indicativo de crase:
a) antes de pronomes possessivos, já que estes são opcionalmente precedidos de artigo: *O colégio fica próximo* ***à*** (ou ***a***) *nossa casa*;

b) após a preposição *até* usada para significar limite de um movimento (no tempo ou no espaço): *Caminhamos até **à** (ou **a**) praia*; *A loja ficará aberta hoje até **às** (ou **as**) dez horas*;

c) na locução *à distância* (ou *a distância*) quando não vem especificada pela expressão de medida: *Ficaram nos observando **à** (ou **a**) distância* (cf. o uso obrigatório em *Não conseguiu ler a placa à distância de dez metros*).

3) Usa-se o sinal grave indicativo de crase em um amplo conjunto de locuções adverbiais, prepositivas e conjuntivas constituídas por substantivo feminino: *à vista*, *à prestação* (cf. *a prazo*), *à deriva*, *à frente*, *às claras*, *à queima-roupa*; *à guisa de*, *à custa de*, *à moda de*, *à mercê de*; *à medida que*, *à proporção que*. A lista é numerosa; por isso, a fonte de informação mais adequada ao assunto é o dicionário.

4) A expressão *à moda de* pode ser representada pelo uso simples de *à*, originando a possibilidade da 'crase diante de nome masculino': *bife **à** Oswaldo Aranha*, *estilo **à** Rui Barbosa*.

III - PORTUGUÊS BRASILEIRO: UM TEMA E ALGUMA POLÊMICA

INTRODUÇÃO

Todas as ciências que têm o homem como objeto de observação e análise ocupam-se hoje do que faz dele um ser vivo distinto de todos os demais: sua linguagem. Este fato expandiu consideravelmente as perspectivas de entendimento da cultura e das formas simbólicas da interação humana, graças à interface entre, por um lado, a linguística e, por outro, a antropologia, a etnologia, a psicologia, a sociologia, a história, a psicanálise, a biologia, a neurologia etc. Pode-se dizer que, se o século XIX ocidental privilegiou o olhar histórico e evolutivo na compreensão da natureza e dos bens simbólicos, o século XX, 'era dos extremos' segundo a expressão de Eric Hobsbawm[96], distinguiu-se pelo debate sobre a 'legitimidade da diferença'. Esta diz respeito fundamentalmente ao eixo **eu / outro** (neste incluídos o **tu** e o **ele**), mas se expande, a partir desse eixo, para outras polarizações, a saber: unidade *versus* diversidade, sistema *versus* uso, padrão *versus* desvio.

A relatividade domina a cena e corrói os pilares que, petrificados ao longo de séculos, sustentavam visões de mundo centradas em conceitos, formas de expressão e estilos de vida considerados modelares e muitas vezes definitivos. Para o homem moderno, os valores não são absolutos, mas produzidos por relações dadas em cada momento da história, e esta é capaz de subverter essas mesmas relações de um momento para outro. A instabilidade dos conceitos e dos valores deixa-o inseguro, e o leva a buscar novo equilíbrio no desenvolvimento de uma certa 'arte' de compreender essa complexa rede de coisas que se interpenetram e se interinfluenciam, consensualmente denominada 'realidade'. Para tanto, é necessário estar a par de tudo, ter à mão a qualquer momento e em qualquer lugar uma ferramenta que, num passe de mágica, exibe o mundo na sua totalidade e urgência, construindo-se e transformando-se. Acontecendo, enfim.

O jornal, o rádio, a televisão e agora a rede de intercomunicação por computadores são correias de transmissão da história moderna, que nos últimos duzentos anos transformaram a vida das sociedades no que já foi chamado de 'aldeia global'. Tudo está por toda parte, e esta onipresença das

[96] HOBSBAWM [1995].

coisas só é possível porque elas se apresentam não como coisas, mas como imagens, como ícones, como símbolos. Enquanto o homem conhecia apenas o código de sinais (gestos, palavras, desenhos) de seu grupo de convívio diuturno, o mundo era um só e cada símbolo o próprio rosto da realidade. E ele só passou a perceber que existem outros mundos quando deparou com códigos simbólicos distintos do seu. Foi aí que ele descobriu que a 'realidade' do seu mundo não é uma oferenda da natureza, mas uma imagem construída pelos símbolos – em particular pelas palavras – aprendidos no convívio sociocultural. No mundo contemporâneo – um corpo cujas veias e artérias são a *internet* – vivemos à mercê de um universo profuso de informações que é preciso selecionar, organizar, interpretar e entender, a fim de reconquistar o equilíbrio.

As reflexões e a teorização sobre os fenômenos simbólicos, com destaque para a linguagem humana, passaram, assim, a ocupar espaço em inúmeros ramos do conhecimento: da matemática à filosofia, da história à biologia, da física à psicanálise. Nos últimos duzentos anos, a análise do fenômeno linguístico assumiu pelo menos três feições, caracterizadas, respectivamente, pelo predomínio de um enfoque:

a) *evolutivo* – que domina o panorama do século XIX,
b) *estrutural* – que compreende as reflexões e análises desenvolvidas sob a influência de Ferdinand de Saussure e Noam Chomsky, e
c) *enunciativo* – que tem na sociolinguística e nas análises da conversação e do discurso suas expressões de maior realce.

Pode-se dizer que, antes desse longo período, o conhecimento da natureza e funcionamento das línguas estava impregnado de 'certezas' fundadas em mitos e dogmas, que se foram diluindo à medida que ficou comprovado que a variação e a mudança são inerentes à vida das línguas, que os usos orais, tanto quanto os escritos, se organizam segundo regras de gramática e estratégias interativas, e que não há línguas superiores e línguas inferiores. Como decorrência dessas descobertas e fruto das pesquisas que se desenvolveram pelo mundo no último século, várias certezas perderam fôlego, entre as quais se destacam, no que diz respeito ao estudo e ensino da língua, três tópicos: (a) a imagem de uma língua literária uniforme no papel de modelo de escrita, (b) o conceito de correção na linguagem apoiada nesse modelo e (c) o lugar da modalidade de ensino que o reproduzia: a gramática normativa, prescritiva e proscritiva. O direito à diferença cultural e à palavra que traduz essa diferença tornou-se bandeira das ações pedagógicas. Em um ensaio em que analisa aspectos da política de ensino da língua materna, a professora Ana Maria Stahl Zilles assim resume a situação brasileira:

> Entramos no século XX com 85 % da população brasileira analfabeta, estigmatizada por não saber falar português corretamente, concentrada em grande medida no campo. População – não é demais reforçar – formada de múltiplas etnias, falantes de muitas línguas e também de muitas variedades do português. Bem sabemos como o êxodo rural foi invertendo a distribuição da população, especialmente de 1950 em diante. Bem sabemos dos intensos movimentos migratórios e de tantas outras transformações sociais no país. No final do século XX, a maioria da população se concentra nas grandes cidades onde predomina *grosso modo* o português – ainda que não seja o português preconizado como padrão. Serão as variedades da língua infensas a tudo isso? Certamente não. É possível prever o rumo dessas mudanças? Talvez sim, se continuarem a existir as injustiças sociais, pois as grandes diferenças linguísticas no país são ligadas às oportunidades desiguais, à estrutura social injusta, e tendem a se aprofundar com a ampliação da exclusão, com a exacerbação do individualismo e a ausência de projetos coletivos significativos. Essas grandes diferenças, cuja existência os projetos de lei em questão negam ou diminuem, são cruciais para a formulação de uma nova política linguística para o Brasil, que deverá, entre outras questões, enfrentar a imperiosa necessidade de redefinir, em bases realistas, o padrão a ser ensinado nas escolas[97].

ANTECEDENTES HISTÓRICOS: O CONTEXTO COLONIAL

O êxito dos interesses mercantis da Coroa portuguesa e da ação missionária dos Jesuítas na América dependia, evidentemente, da comunicação verbal entre os representantes dessas instituições e a população nativa. O que de início moveu o colonizador foi a perspectiva de fazer do território ocupado uma fonte de produção de alimentos e de obtenção de recursos naturais e minerais destinados ao mercado europeu. A interação do homem branco com as comunidades diversas de nativos só foi possível, inicialmente, graças à atuação dos *línguas*, geralmente indivíduos que tinham sido trazidos à colônia como condenados e que aqui, tendo aprendido as línguas dos índios, atuavam como intérpretes. Posteriormente, essa comunicação se deu principalmente por meio da *língua geral* ou de *línguas gerais*, designação com que tradicionalmente se identifica uma língua franca de base tupi ou guarani, utilizada tanto nas transações comerciais quanto na catequese[98].

---

[97] ZILLES, Ana M. Stahl. "Ainda os equívocos no combate aos estrangeirismos". In: FARACO [2001: 143-161]

[98] Cf. FREIRE e ROSA [2003].

Outro personagem de destaque nesse cenário colonial foi o negro africano. São obviamente distintos, porém, os papéis desempenhados pelas línguas indígenas e pelas línguas de origem africana na formação linguística do povo brasileiro. As línguas africanas trazidas para o Brasil padeceram do mesmo processo de desenraizamento que vitimou seus falantes: "para os africanos deslocados, o sentido das palavras tornou-se brutalmente obsoleto ou passou a 'girar em falso', porque elas não refletiam mais a realidade africana, mas ao mesmo tempo ainda não tinham apoio na nova realidade, constituída de noções diferentes e de denominações novas (plantas, farmacopeia, caça, animais, novas técnicas e novos produtos de consumo)"[99]. Por outro lado, "o fato é que, aqui chegados, [os negros] eram separados, de modo que não ficassem juntos nem por línguas, nem por etnias, nem mesmo por famílias, a fim de serem quebrados nos seus eventuais ímpetos de rebeldia"[100].

Praticamente restrita à intercomunicação de seus usuários nativos, que eram minoria, a língua portuguesa foi minoritária nos dois primeiros séculos da colônia. Por sua serventia na catequese e no desbravamento bandeirante da terra e nas trocas comerciais, as línguas gerais foram dominantes, e as línguas africanas tinham pouca chance de sobrevivência pelas razões já aduzidas. A disseminação da língua portuguesa pelo território brasileiro cresce, todavia, a partir da segunda metade do século XVII. Segundo Caio Prado Jr., "o empobrecimento de Portugal, privado do comércio asiáti co que durante mais de um século lhe fornecera o melhor de seus recursos, força o êxodo em larga escala de sua população que procurará na colônia americana os meios de subsistência que já não encontrava na mãe pátria." E conclui: "Em um século a contar de 1650, os portugueses terão ocupado efetivamente, embora de forma dispersa, todo o território que ainda hoje constitui o Brasil"[101]. Nessa época, as poucas escolas que havia eram administradas pelos Jesuítas, geralmente empenhados em aprender as línguas nativas em prol da catequese. Na segunda metade do século XVIII, falada por um contingente maior de indivíduos provenientes da metrópole e de outras colônias, a língua portuguesa entra em outra fase, como consequência, também, das medidas administrativas do marquês de Pombal, ministro de D. José I (1750-1777). Ele expulsou os Jesuítas, consolidou a obrigatoriedade do uso da língua portuguesa nos espaços e documentos públicos e criou uma primeira rede leiga de ensino. "No Grão-Pará e Maranhão, área em que esta política foi mais incisiva, procurou-se difundir o português

[99] BONVINI, Emilio. "Línguas Africanas e Português Falado no Brasil". In: FIORIN e PETTER [2008: 33].
[100] HOUAISS [1985: 71-72].
[101] PRADO Jr. [2004: 50].

para legitimar a posse da terra e, inversamente, coibir o uso do nheengatu, visto como um obstáculo e, principalmente, temido como meio de controle dos índios pelos missionários"[102].

A vinda da corte portuguesa para o Rio de Janeiro em 1808 expande e acelera o processo de ensino da língua portuguesa nos centros urbanos. No entanto, ao preterir os professores nativos em favor de outros trazidos da metrópole, as autoridades antes contribuíam para aprofundar o fosso que havia – e ainda há – entre o uso falado brasileiro, com sua deriva própria, e a forma escrita modelada ao longo de três séculos sobre a prática escrita consagrada em Portugal.

PORTUGUÊS ESCRITO NO BRASIL

A sorte da língua portuguesa na boca e na pena dos brasileiros tem sido, desde as primeiras décadas do século XIX, tema de controvérsia e debates entre dois grupos: tradicionalistas e progressistas[103]. Estes geralmente defendendo o direito à inovação e à diferença, aqueles condenando uma e outra coisa em nome do que consideram uma prerrogativa 'dos mais antigos e verdadeiros donos da língua'. É bem verdade que hoje, iluminada pelo desenvolvimento dos estudos da linguagem, a questão se coloca em termos bem diferentes dos que, em pleno Romantismo, deram o tom da polêmica entre o romancista José de Alencar e o crítico português Pinheiro Chagas. Ainda assim, o testemunho de uma escritora brasileira contemporânea, Rachel de Queiroz[104], recusando-se a consentir que, a pedido de um editor português, a linguagem de seus textos fosse alterada, revela que ainda há um resquício de brasa sob o silêncio aparente das cinzas.

Na primeira metade do século XX, Monteiro Lobato puxou o cordão dos que estavam convencidos da fatal transformação do português em brasileiro[105], a exemplo do que ocorrera com o latim em face das línguas românicas. Era um raciocínio determinista, nutrido na teoria segundo a qual tudo se transforma inevitavelmente em outra coisa graças tão só à ação do tempo e à passagem dos séculos.

---

[102] VILLALTA, Luiz Carlos. "O Que Se Fala e o Que Se Lê: Língua, Instrução e Leitura". In: MELO E SOUZA [1997: 340-341].

[103] O filólogo Clóvis Monteiro assim resumiu o embate das opiniões: "Assim, tem estado o problema da língua nacional no Brasil à mercê das paixões de duas correntes que não se harmonizam, nem se podem entender. Uma, estimulada pela convicção de que já não é a mesma, em nossos dias, a língua aqui implantada pela gente lusa, julga-se com o direito de aceitar e defender tudo o que tende a afastá-la do padrão português; pelo contrário, aferrada a cânones clássicos antigos e zelosa da pureza do idioma, a outra se mostra prevenida contra quaisquer aquisições novas, inclusive de vocabulário, como se não fosse morta a língua que não acompanhe a evolução espiritual e social do povo a que pertença." MONTEIRO [1959: 13].

[104] Cf. "Carta de um editor português" QUEIROZ [1958: 280-283].

[105] Apud CARDOSO e CUNHA [1978: 230].

Não só brasileiros nacionalistas acreditavam nesse fatalismo; portugueses e brasileiros lusófilos temiam de tal sorte os efeitos da irrefreável mudança histórica, que trataram de exercer cautelosa e contínua vigilância sobre o uso brasileiro, denunciando os desvios e perseguindo as inovações. Alencar foi a vítima mais famosa entre os nossos escritores românticos, e Gonçalves Dias chegou a escrever uma obra em estilo arcaizante, as *Sextilhas de Frei Antão*, para provar, segundo a opinião de Antônio Henriques Leal, que a língua dos velhos trovadores também lhe era familiar.

LÍNGUA FALADA E LÍNGUA ESCRITA

Estas duas modalidades já foram tratadas como realidades estanques. Estudos modernos, entretanto, recomendam cautela na operacionalização dessa distinção conceitual, uma vez que tanto a prática oral como a produção escrita comportam instâncias de uso – gêneros textuais – e consequentes características estruturais (sinalizadores do encadeamento das unidades de informação, seleção de substantivos e verbos, construção dos enunciados, flexões nominais e verbais) que ora as distanciam (compare-se ensaio escrito por um cientista para uma revista especializada a uma conversa sobre tema trivial, numa festa de aniversário de criança), ora as aproximam (comparem-se dois discursos, um oral e outro escrito, por meio dos quais uma pessoa investida de algum poder de comando passa a um grupo instruçoes para a execução de alguma tarefa que envolva uma coordenação e/ou sequência de atos).

No caso do português do Brasil, a abordagem desse tema não podia deixar de ser contaminada pelo viés político-ideológico que opunha conservadores e progressistas. Por longo tempo, prevaleceu o ponto de vista conservador, segundo o qual a escrita é encarada como uma espécie de formato em que se petrifica o uso da língua para fins solenes em espaços intelectualmente prestigiosos, enquanto a fala seria uma atividade trivial, praticada sem outro objetivo que a satisfação de interesses circunstanciais da comunicação social mais espontânea. Segundo essa concepção, a fala seria fragmentária e desprovida de regras de gramática, e só por meio da elaboração escrita uma língua poderia atingir sua forma perfeita e verdadeira.

O interesse pela língua falada como objeto de estudo limitou-se por muito tempo à recolha de 'curiosidades' e 'preciosidades' lexicais e fonéticas de variedades da língua empregadas por grupos étnicos ou socioculturais homogêneos, em geral vivendo sem contatos regulares com os centros urbanos. Por muito tempo, pelo menos até os anos 1960 segundo o que se apura com base nas propostas dos manuais didáticos, o interesse pela oralidade nas aulas de língua materna se resumia à leitura em voz alta de textos escritos, com destaque para a expressividade na recitação dos textos poéticos. Nos anos 1960, J. Mattoso Câmara Jr.[106] publicou o que ele mesmo chamou de 'despretensiosa obra', com quatro capítulos destinados à 'exposição oral', ou seja, ao discurso oral planejado, modalidade que se aproxima muito do discurso escrito. Estes registros apenas indicam que a língua falada não era objeto de observação e análise. Noutras palavras, a fala não era estudada como atividade discursiva (até porque não se dispunha de aparato teórico-metodológico para isso), mas, no espaço da escola, como uma técnica para vocalizar o discurso de um único indivíduo (leitura em voz alta, exposição oral); e no espaço da academia, como repositório de formas em risco de desaparecimento. Compiladas e devidamente registrada sua dispersão no espaço, tais formas dariam subsídios ao desvendamento do itinerário histórico da língua e da formação histórica da nacionalidade.

O grande prestígio da forma escrita não era suficiente, porém, para encorajar análises mais detalhadas, certamente porque as motivações práticas – estimuladas pela urgência de análises para atender a propósitos pedagógicos – tinham prioridade. É nesse quadro que Júlio Ribeiro publica em 1881 a *Grammatica Portugueza*[107], que, segundo historiadores da gramaticografia brasileira, marca o início de seu 'período científico'[108].

O cenário contemporâneo é bem outro. Desde que, nos anos 1960, a Linguística se tornou disciplina obrigatória nos cursos de Letras, o estudo da língua portuguesa se ampliou e se diversificou de modo extraordinário. A análise da língua falada conta hoje no Brasil com uma pluralidade de esforços e projetos em que se articulam diversos centros de pesquisa do país[109]. Tanto se estudam as peculiaridades lexicais, fonético-fonológicas, morfológicas e sintáticas, como se descrevem os procedimentos de organização do texto na interação a distância e face a face. Oferecer um panorama do português falado no Brasil, seja nas áreas urbanas seja nas zonas rurais, é hoje o principal objetivo das pesquisas geo- e sociolinguísticas promovidas pelas universidades brasileiras.

---

[106] CÂMARA Jr. [1961].

[107] "A grammatica não faz leis e regras para a linguagem; expõe os factos della, ordenados de modo que possam ser aprendidos com facilidade. O estudo da grammatica não tem por principal objecto a correção da linguagem. Ouvindo bons oradores, conversando com pessoas instruídas, lendo artigos e livros bem escriptos, muita gente consegue fallar e escrever correctamente sem ter feito estudo especial de um curso de grammatica. Não se póde negar, todavia, que as regras do bom uso da linguagem, expostas como ellas o são nos compendios, facilitam muito tal aprendizagem; até mesmo o estudo dessas regras é o único meio que têm de corrigir-se os que na puericia aprenderam mal a sua lingua." RIBEIRO [1885: 1].

[108] ELIA [1975: 12].

[109] Ver, entre outros, AGUILERA, Vanderci de Andrade. "Caminhos da Dialetologia: os Atlas Linguísticos do Brasil" HENRIQUES e PEREIRA [2002: 77-92]; MATTOS e SILVA [1995]; CASTILHO [1998]. Estes títulos contêm bibliografias representativas.

A QUESTÃO DA LÍNGUA LITERÁRIA

O Brasil não teve o que poderíamos chamar, numa consentida e perdoável metáfora, uma infância literária. A língua em que se escreveram nossas primeiras produções já tinha sido o meio de expressão de João de Barros, humanista, historiador e gramático, e de Luís de Camões, nome maior da literatura portuguesa no século XVI. Não tivemos um período de trovadorismo, como ocorreu na França e no próprio Portugal da Idade Média. Neste como naquela, o latim, principal veículo de expressão escrita – o grego, o árabe e o hebraico ocupavam posição secundária –, fora pouco a pouco abandonado em proveito da língua que era falada pela população em geral, a mesma língua em que se convertera o próprio latim ao cabo de séculos. A língua trazida para o Brasil durante a colonização, desde a segunda metade do século XVI e especialmente no curso dos dois séculos subsequentes, encontrou aqui um contexto histórico diverso daquele em que floresceram as línguas neolatinas. Aqui, mercê de uma política que não dava a menor chance aos grupos nativos, impôs-se a língua do colonizador português. Por isso, o período colonial de nossa história literária é, em parte, um apêndice da história literária de Portugal, não obstante a obra de Gregório de Mattos, assinalada pela rebeldia.

ROMANTISMO E NACIONALISMO: A CONTRIBUIÇÃO DE ALENCAR

A renovação, no Brasil, da língua literária só se torna objeto de um programa no Romantismo. Por um lado, a independência política inspirava o anseio de romper com a tradição portuguesa em vários níveis – entre eles o da expressão literária –; por outro, o cardápio temático e estético do Romantismo – que valorizava o nativo, o peculiar, o original, o popular em detrimento, respectivamente, do estrangeiro, do universal, do canônico, do aristocrático – encontrou no Brasil um ambiente propício ao desenvolvimento de um projeto de afirmação nacional[110].

José de Alencar foi o principal realizador dessa obra. Procurando retratar a vida brasileira no campo, na selva e na cidade, elaborou, a despeito

[110] "A Independência importa de maneira decisiva no desenvolvimento da ideia romântica, para a qual contribuiu pelo menos com três elementos que se podem considerar como redefinição de posições análogas do Arcadismo: (a) desejo de exprimir um nova ordem de sentimentos, agora reputados de primeiro plano, como o orgulho patriótico, extensão do antigo nativismo; (b) desejo de criar uma literatura independente, diversa, não apenas literatura, de vez que, aparecendo o Classicismo como manifestação do passado colonial, o nacionalismo literário e a busca de modelos novos, nem clássicos nem portugueses, davam um sentimento de libertação relativamente à mãe-pátria; finalmente (c) a noção (...) de atividade intelectual não mais apenas como prova de valor do brasileiro e esclarecimento mental do país, mas tarefa patriótica na construção nacional." CÂNDIDO [1964: 11].

da visão idealizadora própria da Escola, uma literatura de ficção em que a paisagem, os costumes, os tipos brasileiros ganharam espaço em nome de um programa de realização literária sistemático, inaugurado com Joaquim Manuel de Macedo, autor de *A Moreninha*. O gênero em que se exprimiu artisticamente – o romance – triunfou no Romantismo devido às peculiaridades da sociedade que se organizava nos grandes centros urbanos a partir do segundo quartel do século XIX[111].

Recém-saído o Brasil de um período de vassalagem política, literária e cultural, nossos escritores que aspiravam a uma renovação da expressão linguística enfrentaram o obstáculo representado por forças conservadoras, tanto nacionais quanto lusitanas, que apregoavam um culto nostálgico à época de ouro da literatura portuguesa e à tradição linguística com ela identificada. Alencar reagiu repetidas vezes às críticas que lhe foram feitas, sempre justificando suas inovações, ora em nome das qualidades do estilo, ora à luz da tradição escrita clássica e do perfil estrutural da língua. Assim é que, estimulado pelo ideário político e romântico, mas freado pelo que certamente reputava como responsabilidades intelectuais e cívicas, empenhou-se em provar que inovava com um pé nas fontes clássicas e pré-clássicas da língua e com outro no compromisso de escrever numa língua em que a sociedade a que se dirigia e da qual falava pudesse identificar a própria personalidade cultural. Com efeito, no pós-escrito ao romance *Diva*, escreveu

> Compromete-se o autor, em retribuição desse favor da crítica, a rejeitar de sua obra como erro toda aquela palavra ou frase que se não recomende pela sua utilidade ou beleza, a par da sua afinidade com a língua portuguesa e de sua correspondência com os usos e costumes da atualidade; porque são estas condições que constituem o verdadeiro *classismo*, e não o simples fator de achar-se a locução escrita em algum dos velhos autores portugueses[112].

Seu ideal de língua literária acha-se resumido noutra passagem do referido pós-escrito:

> A língua literária, escolhida, limada e grave, não é por certo a linguagem sediça e comum, que se fala diariamente e basta para a rápida permuta das ideias: a primeira é uma arte, a segunda é simples mister. Mas essa

[111] "O advento da burguesia (...) criava novos problemas de ajustamento da conduta. E ao definir uma classe mais culta, irrequieta e curiosa (ao contrário da rude obtusidade das elites rurais), determinava condições objetivas e subjetivas para o desenvolvimento da análise e o confronto do indivíduo com a sociedade. Acompanhando de perto as vicissitudes do nacionalismo literário, e atendendo de certo modo às necessidades e aspirações desta nova classe, o romance se desdobra desde logo numa larga frente, que não cessaria de se ampliar e refinar." CÂNDIDO [1964: 13].

[112] ALENCAR [1977: 171].

> diferença se dá unicamente na forma e expressão; na substância a linguagem há de ser a mesma, para que o escritor possa exprimir as ideias de seu tempo, e o público possa compreender o livro que se lhe oferece[113].

Alencar, com efeito, foi fiel ao conceito de língua literária que formulou nesta passagem, e em nenhum momento fez concessão a uma dicção coloquial e distensa. Sua retórica literária, calcada na comparação, no símile, na metáfora, tem uma impostação solene, formal, respaldada na seleção do vocabulário, sempre culto, às vezes precioso e arcaizante, e no disfarce sutil da polidez da expressão e dos eufemismos. As *ousadias* linguísticas de Alencar não chegaram a ser radicais como fez crer a celeuma que recheia páginas e páginas de 'questões filológicas' e pós-escritos. A nosso ver, a contribuição de Alencar está em ter ele produzido uma obra que consumaria o prestígio do romance como gênero literário entre nós, e em ter esgotado de forma brilhante o que o Romantismo haveria de fazer pela literatura brasileira. A originalidade do estilo de Alencar, fulcrado em imagens e símiles inspirados numa visão mítico-idealizadora da natureza americana, tem seduzido gerações de leitores que nele identificaram o mais brasileiro de nossos romancistas do século XIX. Além disso, o Romantismo tinha proposta antiacadêmica e anticlássica. Talvez por isso, "as gerações modernistas e pós-modernistas – no sentido em que empregamos a expressão desde 1922 – estão muito mais próximas de Alencar que a dos seus sucessores imediatos"[114].

O ideal de uma solução dialética para a língua literária brasileira seria mais tarde defendido também por Machado de Assis na última parte – A Língua – do célebre artigo intitulado "Notícia da atual literatura brasileira: instinto de nacionalidade"[115]. Sabemos, porém, que no período que se segue à fase destes dois depoimentos, mais exatamente as duas últimas décadas no século XIX, entrariam em cena alguns atores que, sem serem romancistas ou poetas, acabaram tornando-se arautos da reação ao projeto *brasileirista* dos românticos. O Brasil vivia a transição do regime imperial para a experiência republicana e se imaginava ingresso em um tempo de modernidade institucional, cujo modelo ainda era, porém, a Europa. A figura de Rui Barbosa acabou encarnando esse ideal purista e relusitanizante, que o levou a travar com gramáticos dura batalha para provar quem era capaz de ostentar maior número de relíquias – ou, como preferiam dizer – *louçanias* da língua. Curiosamente, a boa literatura continuava a ser produzida ao arrepio dessa querela, que muitas vezes confundiu qualidade literária com ornamentação

[113] ALENCAR [1977: 169].
[114] LIMA, Alceu Amoroso. "José de Alencar, Esse Desconhecido?" ALENCAR [1965: 71].
[115] ASSIS [1962: 801-809].

retórica do discurso, e linguagem literária com conservadorismo gramatical. Basta registrar que o melhor da ficção de Machado de Assis, produzido exatamente nessa fase, não foi contaminado por ela.

Em todo o caso, é nesse embate que se forja a primeira imagem de uma expressão escrita para os chamados 'altos produtos do pensamento nacional'. Obras diversas são produzidas para ensinar a escrever segundo esse espírito conservador, e não se faz qualquer distinção entre escrever literatura e escrever obras de ensaísmo em geral. Nessa época, tomava-se a expressão 'língua literária' ao pé da letra, como o equivalente de língua escrita. Desse modo, a língua literária, supostamente uniforme na concepção idealizadora dos filólogos e gramáticos, era o modelo de toda a escrita. A tese de uma diferenciação inevitável entre os usos brasileiro e europeu da língua portuguesa era partilhada por muitos filólogos e gramáticos, mas esse reconhecimento não foi capaz de afetar o consenso sobre a 'unidade de uma expressão escrita' comum a Brasil e Portugal, comprovada especialmente na sintaxe de autores como Rui Barbosa – brasileiro – e Camilo Castelo Branco – português. Até pelo menos os anos 1950, os autores de obras didáticas e gramáticas escolares estigmatizavam as inovações da expressão linguística da moderna literatura brasileira. E mesmo algumas pesquisas 'bem intencionadas' minimizaram a representatividade dessas inovações[116].

O MODERNISMO E A EXPRESSÃO LITERÁRIA BRASILEIRA

A preocupação com a nacionalidade literária e o viés antiacadêmico são, porventura, os elos que ligam, a Alencar e aos românticos, a geração que a partir de 1922 estremeceria o panorama artístico e literário brasileiro, desta vez com um ímpeto muito mais radical, tanto nas palavras quanto nas ações e nas realizações. A preocupação já não era, então, com o vestígio colonial, mas com o percurso do projeto literário brasileiro. No diagnóstico do crítico literário Affonso Ávila,

> Fazendo reverter criticamente ao curso do projeto a noção de liberdade formal e a conscientização diante de nossa realidade, o Modernismo acabou por distinguir, no cômputo daquilo que a história da literatura nos documentava como possíveis virtualidades, o que aí consistiria num fulcro implícito de intuição própria e o que até então tinha sido, ao contrário, mero impressionismo temático ou repetição ingênua de modelos importados[117].

[116] Raimundo Barbadinho Neto, que pesquisou a expressão literária modernista no Brasil, conclui que "O sistema da língua do Brasil, no seu conjunto, ainda é o mesmo da de Portugal, sem embargo das leves diferenças de norma e da nítida existência de um estilo nacional americano e um estilo nacional português." BARBADINHO NETO [1972: 143].

[117] "Do Barroco ao Modernismo: o desenvolvimento cíclico do projeto literário brasileiro" ÁVILA [1975: 29-36].

Ressalvado o que me parece uma depreciação injusta da produção imediatamente anterior ao Modernismo, não podemos deixar de reconhecer que, a partir de 1922, radicalizam-se, em proveito de nossa identidade literária, as propostas românticas, incorporando-se ao veículo da literatura vocábulos, expressões, construções antes marginalizados como 'indignos da gente educada' ou 'estranhos à vernaculidade do idioma'.

O Movimento Modernista (expressão que, conforme a vontade de M. de Andrade, deve designar o elenco das obras efetivamente renovadoras que se produziram em vários pontos do país a partir de 1922, mais do que o conjunto de ações irreverentemente ruidosas da respectiva Semana de Arte Moderna) ampliou e consolidou o programa romântico de culto à liberdade de expressão linguística. Tenhamos presente, porém, uma diferença fundamental entre os dois movimentos: o Romantismo defendia um Brasil nativo em oposição a um Brasil pintado com tintas europeias; o Modernismo opunha um Brasil multicultural, multirracial, democrático e moderno a um Brasil monocultural, aristocrático e arcaico. Resgatando de certo modo o projeto romântico, o Modernismo se insurgia contra a solenidade e o elitismo da expressão literária cultivados no cenário da Primeira República e pregava a máxima liberdade para o uso artístico da língua, superando a associação tradicional entre uso literário e modalidade escrita. Os poetas, especialmente, buscaram caminhos variados em que se destaca a legitimação literária da língua falada. A prova disso está na extraordinária pluralidade de faces linguísticas adotada pela literatura brasileira no curso de todo o século XX. A revolução capitaneada por Mário e Oswald de Andrade teria desdobramento algumas décadas depois na inventividade lexical e sintática de Guimarães Rosa (*Grande Sertão: Veredas* [1956]), de José Cândido de Carvalho (*O Coronel e o Lobisomem* [1964]) e de Manoel de Barros (*Compêndio Para Uso dos Pássaros* [1961]). Esta produção caracteriza-se pelo artesanato e singularidade estilísticos de seus autores, em certa medida se contrapondo ao período dos anos 1930, marcados por uma produção menos interessada na forma linguística do que na relação conflituosa do homem com os meios social e natural. Sabe-se que especialmente a produção poética situada na segunda metade dos anos 1940 e no decorrer dos anos 1950 revela um retorno de temas e, sobretudo, de formas tradicionais, haja vista a produção dos poetas da chamada Geração de 45, a opção métrica de João Cabral de Melo Neto e a poesia de Drummond em *Claro Enigma* (1951)[118]. A oralidade perde espaço na poesia, mas se reafirma, altamente estilizada, na

[118] Ver, a propósito, o ensaio "Permanência do Discurso da Tradição no Modernismo", de Silviano Santiago. In: BORNHEIM et alii [1987: 111-145].

pena de Guimarães Rosa, e, bem mais realista, no discurso de Oswaldo França Júnior (*Jorge, um Brasileiro*) e João Ubaldo Ribeiro (*Sargento Getúlio*). Nestes, a dicção oral da narrativa se sustenta em construções e formas que a tradição do ensino escolar sempre estigmatizou.

Por sua vez, um vasto grupo, cujo estilo não se destaca por traços mais fortes de singularidade linguística, reúne os autores empenhados em contar histórias ou 'dar seu recado'. A grande maioria ambienta suas narrativas no espaço urbano, com preferência pelo foco em questões sociais e políticas do período da ditadura militar no país. Trata-se dos que escolhem a via pela qual a língua da literatura e a do jornal se tocam e às vezes se confundem, seja como reportagem, seja como crônica, seja como ficção. Alguns de seus representantes são Antônio Callado, Carlos Heitor Cony, Rubem Fonseca e Antônio Torres. Se é verdade que o Modernismo constituiu uma busca crítica coletiva, embora não necessariamente homogênea, de uma identidade nacional – fato que o irmana ao Romantismo – a fase que a ele se segue, seja como movimento de algum grupo, seja como pura produção individual, já não revela, todavia, aquela preocupação. Foi como se a questão da identidade linguística e literária tivesse saído temporariamente de cena.

A QUESTÃO NO RUMO DA INVESTIGAÇÃO DIALETAL

As considerações precedentes dão conta de que os escritores mais conscientes de sua importância social sempre se pronunciaram sobre a questão da língua de que se serviam / se servem para comunicar-se com a sociedade de que falam e à qual se dirigem. Alencar, Machado de Assis, Monteiro Lobato e Mário de Andrade são exemplos clássicos dessa atitude na literatura brasileira. Contudo, seguramente não trataram do assunto com a devida isenção e método apropriado. A palavra deles foi importante como alerta e como programa, mas a elucidação objetiva do assunto ficaria a cargo dos pesquisadores.

O início do século encontrava no Brasil um espaço intelectual propício à retomada da discussão sobre as peculiaridades do português do Brasil. Assim foi que, em 1920, Amadeu Amaral inaugurou a autêntica dialetologia brasileira com *O Dialeto Caipira*, Antenor Nascentes deu a conhecer suas investigações sobre *O Linguajar Carioca* em 1922, texto que teria uma segunda edição em 1953, e Mário Marroquim, com a edição de *A Língua do Nordeste* (1934), consolidou essa etapa. Em 1937, por iniciativa de Mário de Andrade, e com ativa participação de Antenor Nascentes, se realizava o Congresso de Língua Nacional Cantada; dezenove anos depois se realizaria o I Congresso de Língua Falada no Teatro, no qual Antônio Houaiss apresentou sua tentativa de descrição do sistema vocálico do português culto da área dita carioca. A essa altura, Joaquim Mattoso Câmara Jr. já tinha dado a público resultados de suas pesquisas sobre a rima na poesia brasileira[119], evidenciando, em correspondências desconhecidas no português europeu, traços peculiares à pronúncia brasileira incorporados por nossos poetas românticos (ex., rima entre *luz* e *azuis*).

O interesse pelo desvendamento das particularidades do português brasileiro cresce impulsionado não tanto por certas veleidades nacionalistas, mas, sobretudo, pelo prestígio que os estudos dialetológicos alcançariam entre nós logo após a fundação da Geografia Linguística, que, reagindo à onda neogramática do final do século XIX, se firmara como ciência. Prestigiada como estudo científico, arrimada numa metodologia de trabalho de campo considerada rigorosa, a Dialetologia imprimia à pesquisa linguística um rumo novo e promissor. O mais célebre resultado dessa reorientação no cenário brasileiro é o *Atlas Prévio dos Falares Baianos*, elaborado sob a orientação de Nelson Rossi e publicado em 1963. A este seguiram-se outros, como o *Atlas Linguístico de Sergipe*, o *Atlas dos Falares Mineiros*, o *Atlas Linguístico da Paraíba* e o *Atlas Linguístico do Paraná*[120].

Paralelamente a estes esforços, e em larga escala inspirados por eles, outros pesquisadores, não necessariamente dialetólogos, deram importantes contribuições para o conhecimento das peculiaridades lexicais do português brasileiro: são vocabulários regionais, léxicos de variados ramos de atividade econômica, glossários diversos, como os que acompanham edições de obras literárias que retrataram regiões e costumes do Brasil[121].

A QUESTÃO NA PERSPECTIVA DA ESTRUTURAÇÃO SOCIAL

É bem conhecida a afirmação do linguista francês Paul Teyssier, recentemente falecido, para quem *les divisions 'dialectales' sont au Brésil moins géographiques que socioculturelles*. Segundo ainda Teyssier, *les differences dans les façons de parler sont plus grandes, en un lieu donné, entre un homme cultivé et son voisin analphabète qu'entre deux brésiliens de même niveau de culture originaires de deux regions éloignées l'un de l'autre. La dialectologie doit être moins horizontale que verticale*[122].

Esta hipótese é, com certeza, partilhada por vários pesquisadores brasileiros, a julgar pela multiplicação das investigações dialetais de viés sociolin-

[119] CÂMARA [1953: 117-165].

[120] Para informações de projetos já realizados e projetos em andamento, ver AGUILERA [2005].

[121] São muitas as contribuições desse gênero. A título de exemplo, registrem-se as seguintes edições de obras literárias: LOPES NETO [1961]; PAIVA [1965]; ALMEIDA [1978]; CUNHA [2001].

[122] TEYSSIER [1980: 100] Tradução minha: "as divisões 'dialetais', no Brasil, são socioculturais mais do que geográficas. (...) "as diferenças nos modos de falar são maiores, num dado lugar, entre um homem culto e seu vizinho analfabeto do que entre dois brasileiros de mesmo nível cultural procedentes de duas regiões distantes uma da outra. A dialetologia deve ser vertical mais do que horizontal."

guístico em nossas universidades. Projetos como o NURC, o PEUL e o CENSO são exemplos, no Rio de Janeiro, do que acabo de dizer. O NURC, em especial, tem alcance nacional (Rio de Janeiro, Salvador, Recife, São Paulo e Porto Alegre) e é responsável por um volume respeitável de estudos dos diversos aspectos da linguagem – fonético-fonológico, morfológico, sintático, textual, interacional – haja vista o elenco de oito volumes de uma *Gramática do Português Falado*, publicados em São Paulo pela Unicamp[123]. Com efeito, é tão só da perspectiva da estruturação social que se apreende o espectro de unidade do português do Brasil: ao se olhar para a mesma classe social situada no topo da pirâmide – a classe escolarizada, com acesso a jornais, revistas e livros – ao uso escrito enfim – flagra-se uma inquestionável unidade, que, todavia, está longe de se poder identificar como a língua da maioria dos brasileiros.

Esta é uma unidade assegurada, de um lado, pela ação padronizadora e 'corretiva' da escola e, por outro, pela tendência niveladora dos meios de comunicação, que, não obstante abram espaço para outras variedades da língua – de forma episódica, frise-se bem –, jamais deixam de reforçar o chamado uso culto como ideal a imitar graças a seus aditivos de prestígio social.

Só recentemente, em função da proposta contida nos Parâmetros Curriculares Nacionais (PCNs), a política educacional vem sendo reorientada no sentido de tornar a diversidade de usos regionais e sociais da língua um tema de alcance e interesse pedagógicos[124].

A LÍNGUA QUE EMERGE DAS PESQUISAS ATUAIS

O fato é que, à medida que a realidade linguística brasileira aflora nas pesquisas que se expandem aceleradamente nas universidades espalhadas pelo país, ressurge o debate sobre a identidade linguística nacional e suas óbvias repercussões na política de ensino da língua materna[125]. Recentemente, movido pelo propósito de 'promover e defender a língua portuguesa', um deputado federal elaborou um projeto de lei destinado a disciplinar o uso de estrangeirismos no português do Brasil[126]. Linguistas de várias universidades brasileiras se pronunciaram destacando o equívoco da iniciativa do parlamentar[127] e reacendendo o debate sobre dois tópicos interligados: as

---

[123] A série teve início em 1991 com o volume coordenado por Ataliba Teixeira de Castilho CASTILHO [1991]; seguiram-se os volumes ILARI [1992], CASTILHO [1993], CASTILHO e BASÍLIO [1996], KOCH [1996], KATO [1996], NEVES [1999] e ABAURRE e RODRIGUES [2002].

[124] ROJO [2001].

[125] São numerosas as contribuições ao assunto. Além do já mencionado conjunto de oito volumes da *Gramática do português falado*, citem-se, entre outros títulos, MONTEIRO [1994], TARALLO [1989], GALVES [2001], BAGNO [2002], BORTONI-RICARDO [2005], LEMLE [1978], ILARI e BASSO [2006], CASTILHO [1998], GORSKI e COELHO [2006], MATTOS E SILVA [2004].

[126] Projeto de Lei 1.676/1999, da autoria do deputado Aldo Rebelo.

[127] FARACO [2001].

relações entre língua, sociedade e cultura e os rumos da política idiomática que convém aos brasileiros.

ALGUNS TRAÇOS CARACTERÍSTICOS DO PORTUGUÊS BRASILEIRO

São habitualmente arrolados como característicos do português brasileiro – especialmente por distingui-lo do uso lusitano corrente – os seguintes aspectos:

a) a construção *estar/ficar* etc. + gerúndio': *estamos apreciando*, *ficavam conversando*;
b) a preferência pela colocação proclítica dos pronomes átonos: ***me** solta* (em vez de *solta-**me***), *posso **te** ajudar* (em vez de *posso-**te** ajudar* ou *posso ajudar-**te***);
c) o uso de *ele* e respectivas variações como complemento direto do verbo: *guardei **ele*** (= o chapéu) *no armário*, *eu sempre encontro **ela*** (= sua prima) *na feira*;
d) a tendência para a eliminação das estruturas proparoxítonas: *cosca* (por *cócegas*), *abobra* (por *abóbora*), *me irrita* (por *irrita-me*), *me lembro* (por *lembro-me*);
e) a dupla negação: *não quero não* (por *não quero*), *ele ainda não saiu não* (por *ele ainda não saiu*);
f) o uso do presente do indicativo nas frases imperativas: *pega outro pedaço de bolo* (por *pegue outro pedaço de bolo*); não chora não (por *não chore não*);
g) a redução do sistema de pessoas do verbo à oposição entre duas formas – uma para pessoa que fala (eu) e outra para as demais pessoas, sem distinção morfológica entre singular e plural: eu ***planto*** X *tu/você/ele/nós (a gente)/vocês/eles **planta***;
h) o uso de *a gente* como expressão genérica ou indeterminadora da pessoa do discurso que inclui o enunciador: *a gente quase não sai de casa*, *não convidaram a gente não*;
i) o uso de *em* para reger o complemento verbal que designa o limite de um movimento: *foi **na** cidade*, *chegou **em** casa*;
j) o uso da forma pronominal *tu* com o verbo na terceira pessoa: ***tu** sabe onde fica o cinema?*;
k) a mistura de formas relativas a *você* e *tu*: *se ela **te** convidar*, ***você** aceita?*;
l) o uso de *lhe* como objeto direto: *não **lhe*** (= *você*) *vi na festa*.

Na sequência, dou uma notícia sobre quatro aspectos que têm ocupado vários pesquisadores nos últimos anos: (1) o sujeito pronominal redundante, (2) as construções de relativização, (3) a reorganização do sistema de clíticos pronominais e (4) o emprego dos possessivos.

SUJEITO PRONOMINAL REDUNDANTE

As gramáticas normativas sempre recomendaram a supressão do pronome sujeito quando a forma verbal – especialmente de 1ª pessoa do singular e do plural – já traz a marca pessoal: *chego*, por *eu chego*; *dissemos*, por *nós dissemos*. Efetivamente, a ausência deste é o uso típico no português europeu, de que se distingue o português brasileiro. Pude verificar isso na leitura do poema "Cântico Negro", do poeta português José Régio[128]. Há aí um verso que se reitera ao longo do poema – *Não vou por aí*. Na leitura da cantora brasileira Maria Bethania[129], porém, quase todos os *eus* foram espontaneamente recolocados. Isto revela que o português do Brasil, mesmo em sua variedade culta, está dando ampla preferência ao resgate do sujeito, ao contrário do que se passa em Portugal. Esta é a conclusão da pesquisa de Maria Eugênia Lamoglia Duarte, que investigou o assunto em um vasto *corpus* de peças teatrais brasileiras desde o século XVII até a primeira metade do século XX[130].

CONSTRUÇÕES DE RELATIVIZAÇÃO

Fernando Tarallo é o autor de uma tese de doutoramento em que expôs peculiaridades sintáticas do português brasileiro relativamente ao processo de relativização. Ele comparou estruturas dos seguintes tipos:

a) Conheço um rapaz cujo pai é marceneiro.
b) Conheço um rapaz que o pai dele é marceneiro.
c) Conheço um rapaz que o pai é marceneiro.
d) A casa em que eu moro é antiga.
e) A casa que eu moro nela é antiga.
f) A casa que eu moro é antiga.

Tarallo revela que a construção 'b' / 'e' é conhecida dos portugueses (Mário Barreto mostra que ela é encontradiça em escritores lusitanos dos séculos XVII, XVIII e XIX[131]) tanto quanto a construção 'a' / 'd'. Somente a construção 'c' / 'f' é tipicamente brasileira. Para ele, este fenômeno não é exclusivo da construção relativa, por isso não pode ser descrito como uma reanálise, pela qual o relativo teria se convertido em um complementizador. Tarallo chamou

---

[128] RÉGIO [1985: 50-1].

[129] *Nossos momentos* (Philips, 1982).

[130] DUARTE, Maria Eugênia L. "Do Pronome Nulo ao Pronome Pleno: a Trajetória do Sujeito no Português do Brasil". In: ROBERTS e KATO [1996: 107-124].

[131] BARRETO [1980: 251-261].

de 'cortadora' a estrutura relativa do tipo 'c' / 'f', uma vez que resulta do corte do pronome anafórico e da preposição que o rege. É este corte que particulariza o português brasileiro, caracterizado como uma língua de 'objeto nulo', diversamente do português europeu, que é uma língua de objeto manifesto.

– Convidaste o João? – Convidei-o.	– Você convidou o João? – Convidei.
Português de Portugal	**Português do Brasil**

CLÍTICOS PRONOMINAIS

As gramáticas normativas brasileiras ensinam que, na 3ª pessoa, o português dispõe das formas *o/a/os/as* para o papel de objeto direto e *lhe/lhes* para a função de objeto indireto. O português falado no Brasil em geral desconhece esse sistema: conforme as condições sintáticas apropriadas, as formas *o/a/os/as* são correntemente substituídas por *ele/ela/eles/elas* (*De dia ela prendia o cachorro, mas à noite deixava* **ele** *solto no quintal*), ou ficam subentendidas (objeto elíptico ou nulo, como em *Leve o guarda-chuva, mas cuidado para não esquecer* [ ] *na condução*. Quanto a *lhe/lhes*, empregam-se correntemente apenas para designar o interlocutor (*você/vocês, a você/a vocês*); para a 3ª pessoa, emprega-se normalmente *a ele/ela, a eles/elas*, com a preposição *a* servindo para marcar a função de objeto indireto. Por outro lado, o emprego comum de *a gente* em substituição a *nós* contribui para que as variações pessoais do verbo se reduzam à oposição entre três formas, duas do singular – (*eu*) *sou, posso* X (*a gente, você, ele/ela*) *é, pode* – e uma do plural – (*vocês/eles/elas*) *são, podem*. O estudo de maior abrangência sobre pronomes pessoais no português do Brasil é o de Monteiro [1994]. Omena [1996][132] analisou a variação *nós/a gente* e Vandresen [2000][133] as formas de tratamento na região Sul do país. A reorganização do sistema de clíticos pronominais na fala brasileira é o tema central dos ensaios de Galves [2001].

FUNCIONAMENTO DOS POSSESSIVOS

Há basicamente dois subsistemas de pronomes possessivos no português em uso no Brasil: um (subsistema I) restrito aos usos formais, predominante na língua escrita e próprio do discurso em que não se explicita qualquer

[132] OMENA, Nelize Pires de. "A Referência à Primeira Pessoa do Discurso no Plural". In: SILVA e SCHERRE [1996: 183-215]. E ainda, "As Influências Sociais na Variação Entre NÓS e A GENTE na Função de Sujeito". [Idem: 309-323].

[133] VANDRESEN, P. "Sociolinguística e Ensino: o Sistema Pronominal e a Concordância Verbal no Português falado na Região Sul". In: FORTKAMP e TOMITCH [2000: 229-243].

referência ao interlocutor, no qual as formas *seu/sua/seus/suas* se referem à 3ª pessoa; e outro (subsistema II) em que as formas *seu/sua/seus/suas* se referem sobretudo ao interlocutor. Neste caso, os riscos de ambiguidade são contornados pelo uso de *dele/dela/deles/delas* como 'possessivos' de 3ª pessoa. Nas variedades coloquiais e informais, servidas pelo subsistema II, é comum a utilização combinada dos dois grupos de 2ª pessoa, o que possibilita construções como *Você sabia que hoje é o aniversário do* ***seu*** (ou ***teu***) *irmão?*. Por outro lado, se o interlocutor é plural, o pronome pessoal é necessariamente *vocês* – já que *vós* é forma restrita a modelos textuais cristalizados – , e a expressão possessiva preferida é *de vocês*. Frases como *Onde estão seus pais?* ou *Gostei muito da sua cidade* são dirigidas a um interlocutor no singular. Se o interlocutor é mais de um indivíduo, a construção usual é *Onde estão os pais de vocês?*, *Gostei muito da cidade de vocês*. A substituição de *seu* – possessivo de 3ª pessoa – por *dele* foi tema de pesquisas de Giselle Machline[134].

[134] SILVA, G. M. de O. E. "Estertores da Forma SEU de Terceira Pessoa na Língua Oral: Resultados Sociais". In: SILVA e SCHERRE [1996: 295-307].

BIBLIOGRAFIA I
(Títulos de teoria em geral e descrição do português)

ABAURRE, Maria Bernadete M.; RODRIGUES, Ângela C. S. (orgs.). *Gramática do Português Falado*. São Paulo: Unicamp, 2002. (Novos estudos descritivos, v. 8).

ABRALIN. *Boletim da Associação Brasileira de Linguística*. São Paulo: FFLCH-USP, 1993.

ABREU, Antônio Suárez. *A Arte de Argumentar*. 10. ed. São Paulo: Ateliê Editorial, 2007.

______. *Curso de Redação*. 11. ed. Sao Paulo: Ática, 2003.

AGUILERA, Vanderci de Andrade. *A Geolinguística no Brasil: Trilhas Seguidas, Caminhos a Percorrer*. Londrina: EDUEL, 2005.

AKMAJIAN, Adrian; DEMERS, Richard A.; HARNISH, Robert M. *Linguistics: An Introduction to Language And Communication*. Massachusetts: The MIT Press, 1979.

ALARCOS LLORACH, Emilio. *Estudios de Gramática Funcional del Español*. Madrid: Gredos, 1970.

______. *Gramática de la Lengua Española*. Madrid: Espasa Calpe, 1994.

ALI, Manuel Said [1908]. *Dificuldades da Língua Portuguesa*. 6. ed. Rio de Janeiro: Acadêmica, 1966.

______. *Gramática Histórica da Língua Portuguesa.* Brasília: Universidade de Brasília, 1964a.

______. *Gramática Secundária da Língua Portuguesa*. Brasília: Universidade de Brasília, 1964b.

ALVES, Ieda Maria. *Neologismo: Criação Lexical*. São Paulo: Ática, 1990.

ANDRADE, Mário de. *O Empalhador de Passarinho*. São Paulo: Martins, 1972.

ANTUNES, Irandé. *Lutar Com Palavras: Coesão e Coerência*. São Paulo: Parábola, 2005.

ÁVILA, Afonso (org.). *O Modernismo*. São Paulo: Perspectiva, 1975.

AZEREDO, José Carlos de. *Ensino de Português: Fundamentos, Percursos, Objetos*. Rio de Janeiro: Jorge Zahar Editor, 2008.

______. *Fundamentos de Gramática do Português*. 4. ed. Rio de Janeiro: Jorge Zahar Editor, 2002.

______. *Iniciação à Sintaxe do Português*. 9. ed. Rio de Janeiro: Jorge Zahar Editor, 2007.

BAGNO, Marcos. *A Norma Oculta: Língua & Poder na Sociedade Brasileira*. 5. ed. São Paulo: Parábola, 2006.

______ (org.). *Linguística da Norma*. São Paulo: Loyola, 2002.

______ (org.). *Norma Linguística*. São Paulo: Loyola, 2001.

BALLY, Charles. *El Lenguaje y la Vida*. Tradução de Amado Alonso. Buenos Aires: Losada, 1941.

BARBADINHO NETO, Raimundo. *Tendências e Constâncias da Língua do Modernismo*. Rio de Janeiro: Acadêmica, 1972.

BARRETO, Mário [1911]. *Novos Estudos da Língua Portuguesa*. Rio de Janeiro: Presença, 1980.

BARROS, Diana L. P. de (org.). *Os Discursos do Descobrimento*. São Paulo: Edusp, 2000.

BAUER, Laurie. *English Word-Formation*. Cambridge: Cambridge University Press, 1983.

BAZERMAN, Charles. *Gêneros Textuais, Tipificação e Interação*. 2. ed. Organização de Ângela P. Dionísio e Judith. Ch. Hoffnagel. São Paulo: Cortez, 2006.

BECHARA, Evanildo. *Moderna Gramática Portuguesa*. 12. ed. São Paulo: Companhia Editora Nacional, 1967.

______. *Moderna Gramática Portuguesa*. 37. ed. rev. e ampl. Rio de Janeiro: Lucerna, 1999.

______. Sobre uma gramática padrão da língua portuguesa. In: PEREIRA, Maria Teresa G. (org.). *Língua e Linguagem em Questão*. Rio de Janeiro: EdUerj, 1997, p. 27-48.

BENVENISTE, Émile. *Problemas de Linguística Geral I*. 4. ed. São Paulo: Pontes, 1995.

______. *Problemas de Linguística Geral II*. São Paulo: Pontes, 1989.

BERGER, Peter L.; LUCKMAN, Thomas. *A Construção Social da Realidade*. 3. ed. Petrópolis: Vozes, 1976.

BIDERMAN, M. Thereza C. *Teoria Linguística: Linguística Quantitativa e Computacional*. Rio de Janeiro: LTC, 1978.

BLOOR, Thomas; BLOOR, Meriel. *The Functional Analysis of English: A Hallidayan Approach*. London: Arnold, 1995.

BOLINGER, Dwight [1968]. *Aspects of Language*. 2. ed. New York: Harcourt Brace Jovanovich, 1975.

BORBA, Francisco da Silva (coord.). *Dicionário Gramatical de Verbos*. 2. ed. São Paulo: Unesp, 1991.

BORTONI-RICARDO, Stella Maris. *Nós Cheguemu na Escola, e Agora?* São Paulo: Parábola, 2005.

BOSQUE, Ignacio; DEMONTE, Violeta (orgs.). *Gramática Descriptiva de la Lengua Española*. Madrid: Editorial Espasa Calpe, 1999. 3 v.

BRANDÃO, Cláudio. *Sintaxe Clássica Portuguesa*. Belo Horizonte: Imprensa da Universidade de Minas Gerais, 1963.

BRANDÃO, Helena N. (coord.). *Gêneros do Discurso na Escola*. São Paulo: Cortez, 1999.

BRONCKART, Jean-Paul. *Atividade de Linguagem, Textos e Discursos*. São Paulo: Educ, 1999.

CABRAL, Loni Grim; GORSKI, Edair. *Linguística e Ensino: Reflexões Para a Prática Pedagógica da Língua Materna*. Florianópolis: Insular, 1998.

CÂMARA JR., Joaquim Mattoso [1956]. *Dicionário de Linguística e Gramática*. Petrópolis: Vozes, 1977.

______. *Dispersos*. Rio de Janeiro: Fundação Getúlio Vargas, 1972.

______. *Estrutura da Língua Portuguesa*. Petrópolis: Vozes, 1970.

______. *História e Estrutura da Língua Portuguesa*. Rio de Janeiro: Livraria Padrão, 1976.

______. *Manual de Expressão Oral e Escrita*. Rio de Janeiro: J. Ozon Editor, 1961.

______. *Para o Estudo da Fonêmica Portuguesa*. Rio de Janeiro: Organização Simões, 1953.

CAMPOS, Geir. *Pequeno Dicionário de Arte Poética*. Rio de Janeiro: Edições de Ouro, 1965.

CAMPOS, Maria Henriqueta Costa. *Tempo, Aspecto e Modalidade: Estudos de Linguística Portuguesa*. Porto: Porto Editora, 1997.

CANDIDO, Antonio. *Formação da Literatura Brasileira*. São Paulo: Martins, 1964. 2 v.

CARDOSO, Wilton; CUNHA, Celso. *Estilística e Gramática Histórica*. Rio de Janeiro: Tempo Brasileiro, 1978.

CARNEIRO, Marísia (org.). *Pistas e Travessias*. Rio de Janeiro: EdUERJ, 1999.

CARVALHO, José G. Herculano de. *Teoria da Linguagem: Natureza do Fenômeno Linguístico e a Análise Das Línguas*. Coimbra: Atlântida, 1967. v. 1.

CARVALHO, Nelly. *O Que é Neologismo*. São Paulo: Brasiliense, 1984.

CASTELEIRO, J. Malaca. *Sintaxe Transformacional do Adjectivo*. Lisboa: Instituto Nacional de Investigação Científica, 1981.

CASTILHO, Ataliba T. de. *A Língua Falada no Ensino de Português*. São Paulo: Contexto, 1998.

______. *Gramática do Português Falado*. Campinas: Unicamp, 1991. v. 1.

______ (org.). *Gramática do Português Falado*. Campinas: Unicamp, 1993. v. 3.

CASTILHO, Ataliba T. de; BASÍLIO, Margarida (orgs.). *Gramática do Português Falado*. Campinas: Unicamp, 1996. v. 4

CASTRO GUBELLS, Carlos et alii. *Doce Ensayos Sobre el Lenguaje*. Madrid: Publicaciones de la Fundación Juan March, 1974.

CAVALCANTE, Mônica Magalhães; RODRIGUES, Bernadete Biasi; CIULA, Alena (orgs.). *Referenciação*. São Paulo: Contexto, 2003.

CAVALIERE, Ricardo. *Pontos Essenciais em Fonética e Fonologia*. Rio de Janeiro: Lucerna, 2005.

CHARAUDEAU, Patrick. *Linguagem e Discurso: Modos de Organização*. São Paulo: Contexto, 2008.

CHARAUDEAU, Patrick; MAINGUENEAU, Dominique. *Dicionário de Análise do Discurso*. São Paulo: Contexto, 2004.

CHAUÍ, Marilena. *Convite à Filosofia*. 2. ed. São Paulo: Ática, 1995.

CHIAVEGATTO, Valeria C. (org.). *Pistas e Travessias II*. Rio de Janeiro: EdUERJ, 2002.

COSERIU, Eugenio. *Princípios de Semántica Estructural*. Madrid: Gredos, 1977.

______. *Teoría del Lenguaje y Linguística General*. Madrid: Gredos, 1967.

COSTA, Sônia Bastos Borba. *O Aspecto em Português*. São Paulo: Contexto, 2003.

CRUSE, Alan. *Meaning in Language: An Introduction to Semantics and Pragmatics*. 2. ed. Oxford: Oxford University Press, 2004.

CRYSTAL, David; DAVY, Derek. *Investigating English Style*. London: Longman, 1976.

CUNHA, Celso. *A Questão da Norma Culta Brasileira*. Rio de Janeiro: Tempo Brasileiro, 1985.

______. *Gramática da Língua Portuguesa*. 2. ed. rev. e atual. Rio de Janeiro: Fename, 1975.

______. *Língua, Nação, Alienação*. Rio de Janeiro: Nova Fronteira, 1981.

______. *Língua Portuguesa e Realidade Brasileira*. 2. ed. Rio de Janeiro: Tempo Brasileiro, 1970.

CUNHA, Celso; CINTRA, Luiz F. de Lindley. *Nova Gramática do Português Contemporâneo*. Rio de Janeiro: Nova Fronteira, 1985.

DECAT, Maria Beatriz Nascimento et alii. *Aspectos da Gramática do Português*. São Paulo: Mercado de Letras, 2001.

DIJK, Teun A. van. (ed.). *Discourse as Structure And Process 1*. London: Sage Publications, 1998.

DIK, Simon C. *The Theory of Functional Grammar*. (Part 1: The Structure of The Clause). 2. ed. rev. Berlim/New York: Mouton de Gruyter, 1997.

DILLON, George L. *Introduction to Contemporary Linguistic Semantics*. New Jersey: Prentice-Hall, 1977.

DIXON, R. M. W. [1991]. *A Semantic Approach to English Grammar*. 2. ed. Oxford: Oxford University Press, 2005.

ELIA, Sílvio. *Estudos de Filologia e Linguística*. Rio de Janeiro: Grifo/MEC, 1975.

______. Romantismo e linguística. In: GUINSBURG, J. *O Romantismo*. São Paulo: Perspectiva: 1978.

EVANS, Vyvian; GREEN, Melanie. *Cognitive Linguistics: An Introduction*. London: Lawrence Erlbaum Associates, 2006.

FARACO, Carlos Alberto. *Escrita e Alfabetização*. São Paulo: Contexto, 1992.

____. *Norma Culta Brasileira: Desatando Alguns Nós*. São Paulo: Parábola, 2008.

______ (org.). *Estrangeirismos: Guerras em Torno da Língua*. São Paulo: Parábola, 2001.

FARIA, Isabel Hub et alii (orgs.). *Introdução à Linguística Geral e Portuguesa*. 2. ed. Lisboa: Editorial Caminho, 1996.

FIORIN, J. Luiz. *As Astúcias da Enunciação: As Categorias de Pessoa, Espaço e Tempo*. São Paulo: Ática, 1996.

FIORIN, J. Luiz; PETTER, Margarida. *África no Brasil: A Formação da Língua Portuguesa*. São Paulo: Contexto, 2008.

FONSECA, Fernanda I. *Gramática e Pragmática: Estudos de Linguística Geral e de Linguística Aplicada ao Ensino de Português*. Porto: Porto Editora, 1994.

FONSECA, Fernanda I. et alii (orgs.) *Pedagogia da Escrita: Perspectivas*. Porto: Porto Editora, 1994.

FONSECA, Fernanda I.; FONSECA, J. *Pragmática Linguística e Ensino do Português*. Coimbra: Almedina, 1977.

FONSECA, Joaquim. *Linguística e Texto/Discurso: Teoria, Descrição, Aplicação*. Lisboa: Instituto de Cultura e Língua Portuguesa, 1992.

______. *Pragmática Linguística: Introdução, Teoria e Descrição do Português*. Porto: Porto Editora, 1994.

FORTKAMP, M. B. M.; TOMITCH, L. M. B. (orgs.). *Aspectos da Linguística Aplicada*. Florianópolis: Insular, 2000.

FOX, Barbara A.; HOPPER, Paul J. (eds.). *Voice: Form and Function*. Amsterdam: John Benjamins Publishing Company, 1994.

FRANCHI, Carlos et alii. *Mas o que é mesmo "gramática"?* Organização de Sírio Possenti. São Paulo: Parábola, 2006.

FREIRE, J. R. Bessa; ROSA, Maria C. *Línguas Gerais: Política Linguística e Catequese na América do Sul no Período Colonial*. Rio de Janeiro: EdUERJ, 2003.

GALVES, Charlotte. *Ensaios Sobre as Gramáticas do Português*. Campinas: Unicamp, 2001.

GARCIA, Othon M. [1967]. *Comunicação em Prosa Moderna*. 24. ed. Rio de Janeiro: Fundação Getúlio Vargas, 2004.

GONÇALVES, Sebastião C. L.; LIMA-HERNANDES, Maria C.; CASSEB-GALVÃO, Vânia C. (orgs.). *Introdução à Gramaticalização*. São Paulo: Parábola, 2007.

GORSKI, Edair M.; COELHO, Izete L. (orgs.). *Sociolinguística e Ensino: Contribuições Para a Formação do Professor de Língua*. Florianópolis: Editora da UFSC, 2006.

GUERRA DA CAL, Ernesto. *Língua e Estilo de Eça de Queiroz*. Rio de Janeiro: Tempo Brasileiro, 1969.

GUISNBURG, J. *O Romantismo*. São Paulo: Perspectiva: 1978.

HALLIDAY, M. A. K. Estrutura e função da linguagem. In: LYONS, John (org.). *Novos Horizontes em Linguística*. São Paulo: Cultrix, 1976.

HALLIDAY, M. A. K.; MATTHIESSEN, Christian. *An Introduction to Functional Grammar*. 3. ed. London: Arnold, 2004.

HENRIQUES, Claudio C. *Fonética, Fonologia e Ortografia*. Rio de Janeiro: Campus, 2007a.

______. *Morfologia*. Rio de Janeiro: Campus, 2007b.

______. *Sintaxe. Estudos Descritivos da Frase para o Texto*. Rio de Janeiro: Campus, 2008.

HENRIQUES, Claudio C.; PEREIRA, Maria Teresa G. (orgs.). *Língua e Transdisciplinaridade*. São Paulo: Contexto, 2002.

HERNANZ, María Lluïsa; BRUCART, José María. *La Sintaxis*. Barcelona: Editorial Crítica, 1987.

HOBSBAWM, Eric. *A Era dos Extremos: O Breve Século XX (1914-1991)*. São Paulo: Companhia das Letras, 1995.

HOUAISS, Antônio. *O Português do Brasil. Pequena Enciclopédia da Cultura Brasileira*. Rio de Janeiro: Unibrade, 1985.

______. Sobre a linguagem de "Vila dos Confins" II. *Revista do Livro*, Rio de Janeiro, n. 10, 1958.

HUDDLESTON, Rodney [1984]. *Introduction to The Grammar of ENGLISH*. Cambridge: Cambridge University Press, 1995.

HUDDLESTON, Rodney et alii. *The Cambridge Grammar of The English Language*. Cambridge: Cambridge University Press, 2002.

ILARI, Rodolfo. *A Expressão do Tempo em Português*. São Paulo: Contexto, 1997.

______. *Introdução ao Estudo do Léxico: Brincando Com as Palavras*. São Paulo: Contexto, 2001.

______. *Introdução à Semântica: Brincando Com a Gramática*. São Paulo: Contexto, 2002.

______. *Linguística Românica*. 2. ed. São Paulo: Ática, 1997.

______ (org.). *Gramática do Português Falado*. Campinas: Unicamp, 1992. v. 2.

ILARI, Rodolfo; BASSO, Renato. *O Português da Gente: A Língua Que Estudamos, a Língua Que Falamos*. São Paulo: Contexto, 2006.

ILARI, Rodolfo; GERALDI, J. Wanderley. *Semântica*. São Paulo: Ática, 1985.

JESPERSEN, Otto [1924]. *The Philosophy of Grammar*. London: George Allen & Unwin, 1975.

KARKOWSKI, Acir M. et alii (orgs.). *Gêneros Textuais: Reflexões e Ensino*. 2. ed. rev. e ampl. Rio de Janeiro: Lucerna, 2006.

KATO, Mary (org.). *Gramática do Português Falado*. Campinas: Unicamp, 1996. v. 5.

KEMPSON, Ruth M. *Presupposition and The Delimitation of Semantics*. Cambridge: Cambridge University Press, 1975.

KERBRAT-ORECCHIONI, Catherine. *Análise da Conversação: Princípios e Métodos*. Tradução de Carlos Piovezani Filho. São Paulo: Parábola, 2006.

KOCH, Ingedore G. V. *Argumentação e Linguagem*. São Paulo: Cortez, 1984.

______. *Desvendando os Segredos do Texto*. São Paulo: Cortez, 2002.

______ (org.). *Gramática do Português Falado*. Campinas: Unicamp, 1996. v. 6.

KOCH, Ingedore G. V.; MORATO, Edwiges M.; BENTES, Anna Christina (orgs.). *Referenciação e Discurso*. São Paulo. Contexto, 2005.

KREIDLER, Charles W. *Introducing English Semantics*. London: Routledge, 1998.

KURY, Adriano da Gama. *Novas Lições de Análise Sintática*. São Paulo: Ática, 1985.

LAKOFF, George; JOHNSON, Mark. *Metáforas da Vida Quotidiana*. São Paulo: Mercado de Letras, 2002.

LAUSBERG, Heinrich. *Elementos de Retórica Literária*. Tradução, prefácio e aditamentos de R. M. Rosado Fernandes. Lisboa: Fundação Calouste Gulbenkian, 1966.

LEMLE, Miriam. *Análise Sintática: Teoria Geral e Descrição do Português*. São Paulo: Ática, 1984.

______. Heterogeneidade dialetal: um apelo à pesquisa. *Tempo Brasileiro*, Rio de Janeiro, n. 53-54, 1978.

LESSA, Luiz Carlos. *O Modernismo Brasileiro e a Língua Portuguesa*. 2. ed. Rio de Janeiro: Grifo, 1976.

LIMA, Rocha. *Gramática Normativa da Língua Portuguesa*. 18. ed. Rio de Janeiro: José Olympio, 1976.

LOBATO, Lúcia. *Sintaxe Gerativa do Português: Da Teoria Padrão à Teoria da Regência e Ligação*. Belo Horizonte: Vigília, 1986.

LYONS, John. *Introdução à Linguística Teórica*. Tradução de Rosa Virgínia Mattos e Silva e Hélio Pimentel. São Paulo: Companhia Editora Nacional, 1979.

______. *Semântica*. Tradução de Wanda Ramos. Lisboa: Editorial Presença, 1980. v. 1.

______. *Semantics 2*. Cambridge: Cambridge University Press, 1977.

______ (org.). *Novos horizontes em linguística*. São Paulo: Cultrix, 1976.

MACIEL, Maximino. *Grammatica Descriptiva*. 6. ed. rev. e ampl. Rio de Janeiro: Francisco Alves/Paris: Aillaud, Alves & Cia., 1916.

MAINGUENEAU, Dominique. *Syntaxe du Français*. Paris: Hachette, 1994.

MARCUSCHI, Luiz A. *Cognição, Linguagem e Práticas Interacionais*. Rio de Janeiro: Lucerna, 2007a.

______. *Fenômenos da Linguagem: Reflexões Semânticas e Discursivas*. Rio de Janeiro: Lucerna, 2007b.

MARQUES, Maria H. Duarte. *Estudos Semânticos*. Rio de Janeiro: Grifo, 1976.

______. *Iniciação à semântica*. Rio de Janeiro: Jorge Zahar, 1990.

MARTINET, André (org.). *Conceitos Fundamentais da Linguística*. Lisboa: Editorial Presença/São Paulo: Martins Fontes, 1976.

MARTINS, Nilce Sant'Anna. *Introdução à Estilística*. São Paulo: T. A. Queiroz Editor, 2000.

MATEUS, Maria Helena Mira et alii. *Gramática da Língua Portuguesa*. Coimbra: Almedina, 1983.

______. *Gramática da Língua Portuguesa*. 5. ed. rev. e ampl. Lisboa: Editorial Caminho, 2003.

MATTOS E SILVA, Rosa V. *Contradições no Ensino de Português*. São Paulo: Contexto, 1995.

______. *O Português São Dois... Novas Fronteiras, Velhos Problemas*. São Paulo: Parábola, 2004.

MELO, Gladstone Chaves de. *Ensaio de Estilística da Língua Portuguesa*. Rio de Janeiro: Padrão, 1976.

MEURER, J. L; BONINI, Adair; MOTTA-ROTH, Désirée (orgs.). *Gêneros: Teorias, Métodos, Debates*. São Paulo: Parábola, 2005.

MIRANDA, Neusa S.; NAME, Maria Cristina. *Linguística e Cognição*. Juiz de Fora: Editora da UFJF, 2005.

MOLINIÉ, Georges. *Dictionnaire de Rhétorique*. Paris: Librairie Générale Française, 1992.

MONTEIRO, Clóvis. *Fundamentos Clássicos do Português do Brasil*. Rio de Janeiro: Colégio Pedro II, 1959.

MONTEIRO, José Lemos. *Fundamentos da Estilística*. Fortaleza: Secretaria de Cultura e Desporto, 1987.

______. *Pronomes Pessoais: Subsídios Para uma Gramática do Português do BRASIL*. Fortaleza: Edições UFC, 1994.

MUSSALIM, Fernanda; BENTES, Anna Christina (orgs.). *Introdução à Linguística: Domínios e Fronteiras 2*. São Paulo: Cortez, 2000.

NAPOLI, Donna Jô. *Linguistics*. New York/Oxford: Oxford University Press, 1996.

NARO, Anthony (org.). *Tendências Atuais da Linguística e da Filologia no Brasil*. Rio de Janeiro: Francisco Alves, 1976.

NASCENTES, Antenor. *Estudos Filológicos*. Organização de Raimundo Barbadinho Neto. Rio de Janeiro: Academia Brasileira de Letras, 2003.

NEVES, Maria Helena de Moura. *A Gramática: História, Teoria e Análise, Ensino*. São Paulo: Unesp, 2002.

_____. *Gramática de Usos do Português*. São Paulo: Unesp, 2000.

_____. *Que Gramática Estudar na Escola: Norma e Uso na Língua Portuguesa*. São Paulo: Contexto, 2003.

_____. *Texto e Gramática*. São Paulo: Contexto, 2006.

_____ (org.). *Gramática do Português Falado*. Campinas: Unicamp, 1999. v. 7.

OGDEN, C. K.; RICHARDS, I. A. [1923]. *O Significado de Significado*. Tradução de Álvaro Cabral. Rio de Janeiro: Zahar, 1972.

OLIVEIRA, Helênio Fonseca de. *Tópicos de Gramática: Visão Discursiva*. Rio de Janeiro: Edição do Autor, 2003.

OLIVEIRA, Roberta P. de. *Semântica Formal: Uma Breve Introdução*. Sao Paulo: Mercado de Letras, 2001.

ORLANDI, Eni P. (org.). *História das Ideias Linguísticas*. São Paulo: Pontes, 2001.

PAGLIARO, Antonino [1952]. *A Vida do Sinal: Ensaios Sobre a Língua e Outros Símbolos*. Tradução de Aníbal Pinto de Castro. Lisboa: Fundação Calouste Gulbenkian, 1967.

PAULIUKONIS, Maria A.; WERNECK, Leonor dos S. (orgs.). *Estratégias de Leitura: Texto e Ensino*. Rio de Janeiro: Lucerna, 2006.

PEREIRA, Eduardo Carlos [1907]. *Gramática Expositiva: Curso Superior*. São Paulo: Companhia Editora Nacional, 1942.

PEREIRA, Maria Teresa G. (org.). *Língua e Linguagem em Questão*. Rio de Janeiro: EdUERJ, 1997.

PERES, João Andrade; MOIA, Telmo. *Áreas Críticas da Língua Portuguesa*. Lisboa: Editorial Caminho, 1995.

PERINI, Mário. *A Gramática Gerativa: Introdução ao Estudo da Sintaxe Portuguesa*. Belo Horizonte: Vigília, 1976.

_____. *A Língua do Brasil Amanhã e Outros Mistérios*. São Paulo: Parábola, 2004.

_____. *Gramática Descritiva do Português*. São Paulo: Ática, 1995.

_____. *Princípios de Linguística Descritiva*. São Paulo: Parábola, 2006.

PIEL, Joseph M. *Estudos de Linguística Histórica Galego-Portuguesa*. Lisboa: Imprensa Nacional – Casa da Moeda, 1989.

PINTO, Edith Pimentel. *História da Língua Portuguesa: Século XX*. São Paulo: Ática, 1988.

PINTO, Milton J. *As Marcas Linguísticas da Enunciação*. Rio de Janeiro: Numem, 1994.

PONTES, Eunice. *Espaço e Tempo na Língua Portuguesa*. São Paulo: Pontes, 1992.

______. *Estrutura do Verbo no Português Coloquial*. Petrópolis: Vozes, 1992.

______. *Verbos Auxiliares em Português*. Petrópolis: Vozes, 1973.

POSSENTI, Sírio. *Discurso, Estilo e Subjetividade*. São Paulo: Martins Fontes, 1988.

______ [1996]. *Por Que (Não) Ensinar Gramática na Escola*. São Paulo: Mercado de Letras, 2003.

PRADO JR., Caio. *História Econômica do Brasil*. São Paulo: Brasiliense, 2004.

QUIRK, Randolph; GREENBAUM, Sidney. *A University Grammar of English*. London: Longman, 1977.

RADDEN, Gunter; DIRVEN, René. *Cognitive English Grammar*. Amsterdam: John Benjamins Publishing, 2007.

REVISTA do Brasil. Rio Arte/Fundação Rio, ano 5, n. 12, 1990.

RIBEIRO, Branca Telles; GARCEZ, Pedro M. (orgs.). *Sociolinguística Interacional*. São Paulo: Loyola, 2002.

RIBEIRO, João. *Grammatica Portugueza*. 15. ed. Rio de Janeiro: Francisco Alves, 1909.

RIBEIRO, Júlio [1881]. *Grammatica Portugueza*. 2. ed. rev. e ampl. São Paulo: Teixeira & Irmão Editores, 1885.

ROBERTS, Ian; KATO, Mary A. (orgs.). *Português Brasileiro: Uma Viagem Diacrônica*. 2. ed. Campinas: Unicamp, 1996.

ROCHA, Luiz C. de Assis. *Estruturas Morfológicas do Português*. Belo Horizonte: Editora da UFMG, 1998.

______ [2002]. *Gramática: Nunca Mais. O Ensino da Língua Padrão Sem o Estudo da Gramática*. São Paulo: Martins Fontes, 2007.

RODRIGUES, Vera Cristina. *Dicionário Houaiss de Verbos da Língua Portuguesa*. Rio de Janeiro: Objetiva, 2003.

ROJO, Roxane (org.). *A Prática de Linguagem em Sala de Aula: Praticando os PCNs*. São Paulo: Mercado de Letras/Educ, 2001.

ROSA, Maria Carlota. *Introdução à Morfologia*. São Paulo: Contexto, 2000.

SALOMÃO, M. Margarida M. A questão da construção do sentido e a revisão da agenda dos estudos da linguagem. *Veredas*, Juiz de Fora, n. 3, 1999.

______. O papel da gramática na construção do sentido. In: VALENTE, André (org.). *Língua, Linguística e Literatura*. Rio de Janeiro: EdUERJ, 1998, p. 261-277.

SANDMANN, Antônio José. *Formação de Palavras no Português Brasileiro Contemporâneo*. Curitiba: Scientia et Labor, 1988.

SAPIR, Edward. *A Linguagem: Introdução ao Estudo da Fala*. Tradução de J. Mattoso Câmara Jr. Rio de Janeiro: INL, 1954.

______. *Linguística como Ciência*. Seleção, tradução e notas de J. Mattoso Câmara Jr. Rio de Janeiro: Livraria Acadêmica, 1969.

SEARLE, John R.. *Expressão e Significado*. São Paulo: Martins Fontes, 1995.

SHOPEN, Timothy (ed.). *Language Typology And Syntactic Description I: Clause Structure*. Cambridge: Cambridge University Press, 2002.

SILVA, Giselle M. de O.; SCHERRE, M. M. Pereira. *Padrões Sociolinguísticos: Análise de Fenômenos Variáveis do Português Falado na Cidade do Rio de Janeiro*. Rio de Janeiro: Tempo Brasileiro, 1996.

SILVA, Gustavo A. P. *Pragmática: As Representações do Eu e Seus Efeitos de sentido*. Rio de Janeiro: Enelivros, 2005.

SILVA, Thaïs Cristófaro. *Fonética e Fonologia do Português*. São Paulo: Contexto, 1999.

SILVA JR., M. Pacheco da; ANDRADE, B. P. Lameira de. *Grammatica da Língua Portugueza Para Uso Nos Gymnasios, Lyceus e Escolas Normaes*. Rio de Janeiro: Livraria Clássica de Alves, 1894.

SILVA NETO, Serafim da. *Introdução ao Estudo da Língua Portuguesa no Brasil*. 3. ed. Rio de Janeiro: Presença, 1876.

SILVEIRA, A. F. Sousa da. *Lições de Português*. 7. ed. melhorada. Revisão crítica, em consulta com o autor, de Maximiano de Carvalho e Silva. Rio de Janeiro: Livros de Portugal, 1964.

SIMÕES, Darcília. *Fonologia em Nova Chave: Considerações Sobre a Fala e a Escrita*. Rio de Janeiro: H.P. Comunicação Editora, 2005.

SOARES, Maria Nazaré Lins. *Machado de Assis e a Análise da Expressão*. Rio de Janeiro: INL, 1968.

TARALLO, Fernando (org.). *Fotografias Sociolinguísticas*. São Paulo: Pontes, 1989.

TEYSSIER, Paul. *Histoire de la Langue Portuguaise*. Paris: PUF, 1980.

______. *História da Língua Portuguesa*. Tradução de Celso Cunha. Lisboa: Sá da Costa, 1982.

TOMASELLO, Michael. *Origens Culturais da Aquisição do Conhecimento Humano*. Tradução de Claudia Berliner. São Paulo: Martins Fontes, 2003.

TRAVAGLIA, Luiz Carlos. *Gramática e Interação*. São Paulo: Cortez, 1995.

______. Gramática padrão: suas bases e ampliação das mesmas. In: PEREIRA, Maria Teresa G. (org.). *Língua e Linguagem em Questão*. Rio de Janeiro: EdUERJ, 1997, p. 49-61.

______. *O Aspecto Verbal no Português: A Categoria e Sua Expressão*. 4. ed. Uberlândia: EDUFU, 2006.

UCHÔA, Carlos Eduardo F. *O Ensino da Gramática: Caminhos e Descaminhos*. Rio de Janeiro: Lucerna, 2007.

VALENTE, André (org.). *Língua, Linguística e Literatura*. Rio de Janeiro: EdUERJ, 1998.

______ (org.). *Língua Portuguesa e Identidade: Marcas Culturais*. Rio de Janeiro: Caetés, 2007.

VASCONCELOS, Carolina Michaelis de. *Lições de Filologia Portuguesa*. Lisboa: Revista de Portugal, 1956.

VIEIRA, Sílvia R.; BRANDÃO, Sílvia F. (orgs.). *Ensino de Gramática: Descrição e Uso*. São Paulo: Contexto, 2007.

VOGT, Carlos. *O Intervalo Semântico*. São Paulo: Ática, 1977.

BIBLIOGRAFIA II
(Fontes dos textos exemplificados ou mencionados)

ACCIOLY, Marcus. *Narciso*. Rio de Janeiro: Francisco Alves, 1984.

ALENCAR, José de. *Iracema*. Rio de Janeiro: MEC/Instituto Nacional do Livro, 1965.

______. *Romances Ilustrados de José de Alencar*. Rio de Janeiro: José Olympio, 1977.

ALENCASTRO, Luiz Felipe de (org.). *História da Vida Privada*. São Paulo: Companhia das Letras, 1997. v. 2.

ALMEIDA, Guilherme de. *Flores das "Flores do Mal" de Baudelaire*. Rio de Janeiro: Edições de Ouro, 1965.

______. *Pela Cidade*. São Paulo: Martins Fontes, 2004.

ALMEIDA, José Américo de. *A Bagaceira*. 15. ed. Rio de Janeiro: José Olympio, 1978.

ALVES, Castro. *Obra Completa*. Rio de Janeiro: Nova Aguilar, 1986.

ALVES, Rubem. *A Maçã e Outros Sabores*. Campinas: Papirus, 2005.

______. *Concerto Para Corpo e Alma*. São Paulo: Papirus, 2003.

______. *Filosofia da Ciência*. São Paulo: Brasiliense, 1981.

______. *Navegando*. São Paulo: Ars Poética, 1997.

ANDRADE, Carlos Drummond de. *70 Historinhas*. 9. ed. Rio de Janeiro: Record, 1998a.

______. *Boca de Luar*. 9. ed. Rio de Janeiro: Record, 1998b.

______. *Caminhos de João Brandão*. 3. ed. Rio de Janeiro: Record, 1985.

______. *Moça Deitada na Grama*. Rio de Janeiro: Record, 1987.

______. *Poesia Completa e Prosa*. Rio de Janeiro: José Aguilar, 1973.

______. *Reunião: Dez Livros de Poesia*. Rio de Janeiro: José Olympio, 1971a.

______. *Seleta em Prosa e Verso*. Rio de Janeiro: José Olympio, 1971b.

ANDRADE, Jorge. *Marta, a Árvore e o Relógio*. São Paulo: Perspectiva, 1970.

ANDRADE, Mário de. *Poesias Completas*. São Paulo: Martins, 1966.

ANJOS, Augusto dos. *Toda a Poesia*. Estudo crítico de Ferreira Gullar. Rio de Janeiro: Paz e Terra, 1976.

ASSIS, Machado de. *Memórias Póstumas de Brás Cubas*. São Paulo: Abril Cultural, 1978.

______. *Obra Completa*. Rio de Janeiro: José Aguilar, 1962. 3 v.

______. *Páginas Recolhidas*. Rio de Janeiro: Livraria Garnier, 1990.

______. *Várias Histórias*. São Paulo: Martins Fontes, 2004.
AZEVEDO, Aluísio de. *Ficção Completa*. Rio de Janeiro: Nova Aguilar, 2005.
______. *O Cortiço*. São Paulo: Martins, 1957.
BANDEIRA, Manuel. *Antologia dos Poetas Brasileiros da Fase Romântica*. Rio de Janeiro: Imprensa Nacional, 1937.
______. *Poesia Completa e Prosa*. Rio de Janeiro: José Aguilar, 1967.
BILAC, Olavo. *Obra Reunida*. Rio de Janeiro: Nova Aguilar, 1996.
BOFF, Leonardo. *A Águia e a Galinha*. Petrópolis: Vozes, 1998.
BORNHEIM, Gerd et alii. *Tradição, Contradição*. Rio de Janeiro: J. Zahar Editor, 1987.
BOSI, Alfredo. Cultura brasileira. In: BOSI, Alfredo et alii. *Filosofia da Educação Brasileira*. Rio de Janeiro: Civilização Brasileira, 1983.
______. *Dialética da Colonização*. São Paulo: Companhia das Letras, 1992.
______. *O Conto Brasileiro Contemporâneo*. São Paulo: Cultrix, 1997.
BOSI, Alfredo et alii. *Filosofia da Educação Brasileira*. Rio de Janeiro: Civilização Brasileira, 1983.
BRAGA, Rubem. *A Borboleta Amarela*. 3. ed. Rio de Janeiro: Editora do Autor, 1963a.
______. *O Homem Rouco*. Rio de Janeiro: Editora do Autor, 1963b.
______. *Um Pé de Milho*. Rio de Janeiro: Editora do Autor, 1964.
BUENO, Eduardo. *Náufragos, Traficantes e Degredados*. Rio de Janeiro: Objetiva, 1999.
CAMPOS, Geir. *Antologia Poética*. Rio de Janeiro: Léo Christiano Editorial, 2003.
CANDIDO, Antonio. *Tese e Antítese*. São Paulo: Companhia Editora Nacional, 1964.
CARDOSO, Lúcio. *Crônica da Casa Assassinada*. Rio de Janeiro: Civilização Brasileira, 2002.
CARDOZO, Joaquim. *Poesias Completas*. Rio de Janeiro: Civilização Brasileira, 1971.
CARVALHO, José Cândido de. *O Coronel e o Lobisomem*. 3. ed rev. Rio de Janeiro: José Olympio, 1970.
CARVALHO, José Murilo de. *A Formação das Almas*. São Paulo: Companhia das Letras, 2003.
______. *Pontos e Bordados*. Belo Horizonte: Editora da UFMG, 1999.
CASCUDO, Luís Câmara. *Contos Tradicionais do Brasil*. Belo Horizonte: Itatiaia/São Paulo: Edusp, 1986.
COLASANTI, Marina. *Um Espinho de Marfim e Outras Histórias*. Porto Alegre: L & PM Editores, 1999.
CONY, Carlos Heitor. *Quase Memória*. São Paulo: Companhia das Letras, 1995.

CORREIA, Raimundo. *Poesia Completa e Prosa*. Rio de Janeiro: José Aguilar, 1961.

COSTA, Jurandir Freire. Entrevista. In: *Quatro autores em busca do Brasil: entrevistas a José Geraldo Couto*. Rio de Janeiro: Rocco, 2000.

CRUZ E SOUSA, João da. *Obra Completa*. Rio de Janeiro: Nova Aguilar, 1995.

CUNHA, Euclides da. *Os Sertões*. Edição, prefácio, cronologia, notas e índices de Leopoldo M. Bernucci. São Paulo: Ateliê Editorial, 2001.

DEL PRIORE, Mary. *História do Amor no Brasil*. São Paulo: Contexto, 2005.

______ (org.). *História Das Mulheres no Brasil*. São Paulo: Contexto, 1997.

DIAS, Gonçalves. *Poesia Completa e Prosa*. Rio de Janeiro: José Aguilar, 1959.

DOURADO, Autran. *Ópera dos Mortos*. São Paulo: Círculo do Livro, 1973.

ÉLIS, Bernardo. *Seleta*. Rio de Janeiro: José Olympio, 1974.

FAUSTO, Boris. *História do Brasil*. São Paulo: Edusp, 1995.

FERRAZ, Eucanaã (org.). *Veneno Antimonotonia*. Rio de Janeiro: Objetiva, 2005.

FONSECA, Rubem. *Feliz Ano Novo*. Rio de Janeiro: Artenova, 1975.

GABEIRA, Fernando. *Entradas e Bandeiras*. 11. ed. Rio de Janeiro: Codecri, 1981a.

______. *O Crepúsculo do Macho*. 19. ed. Rio de Janeiro: Codecri, 1981b.

GOMES, Laurentino. *1808*. Rio de Janeiro: Planeta, 2007.

HOLLANDA, Sérgio Buarque de. *Raízes do Brasil*. In: *Intérpretes do Brasil*. Coordenação, seleção e prefácio de Silviano Santiago. Rio de Janeiro: Nova Aguilar, 2000. 3 v.

HOLLANDA, Sérgio Buarque de. *Visão do Paraíso*. São Paulo: Companhia Editora Nacional, 1977

INTÉRPRETES DO BRASIL. Coordenação, seleção e prefácio de Silviano Santiago. Rio de Janeiro: Nova Aguilar, 2000. 3 v.

JUNQUEIRA, Ivan. *A Sagração dos Ossos*. Rio de Janeiro: Civilização Brasileira, 1994.

KOIFMAN, G. *Cartas de Mário de Andrade a Prudente de Moraes, Neto*. Rio de Janeiro: Nova Fronteira, 1985.

KUBRUSLY, Cláudio A. *O Que é Fotografia*. 2. ed. São Paulo. Brasiliense, 1984.

LEMINSKI, Paulo. *Melhores Poemas*. Seleção de Fred Góes e Álvaro Marins. São Paulo: Global, 2001.

LIMA, Lauro de Oliveira. *Conflitos no Lar e na Escola*. Petrópolis: Vozes, 1967.

LISBOA, João Francisco. *Crônica do Brasil: Apontamentos Para a História do Maranhão*. Petrópolis: Vozes, 1976.

LISPECTOR, Clarice. *A Descoberta do Mundo*. Rio de Janeiro: Nova Fronteira, 1984.

______. *Felicidade Clandestina*. Rio de Janeiro: Nova Fronteira, 1981.
LOBATO, Monteiro. *Obra Infantil Completa*. Rio de Janeiro: Brasiliense, 1982.
LOPES NETO, J. Simões. *Contos Gauchescos e Lendas do Sul*. Edição crítica com introdução, variantes, notas e glossário de Aurélio Buarque de Hollanda. 2. ed. Rio de Janeiro/Porto Alegre/São Paulo: Globo, 1961.
MACHADO, A. Alcântara. *Novelas Paulistanas*. Rio de Janeiro: José Olympio, 1979.
MACHADO, Ana Maria. *Conversas Sobre Leitura e Política*. São Paulo: Ática, 1999.
MACHADO, Aníbal. *A Morte da Porta-Estandarte e Outras Histórias*. 7. ed. Rio de Janeiro: José Olympio, 1976.
______. *Cadernos de João*. Rio de Janeiro: Jose Olympio, 1957.
MACHADO, Dionélio. *Os Ratos*. São Paulo: Ática, 1980.
MAGALHÃES, Aluísio et alii. *Editoração Hoje*. Rio de Janeiro: Fundação Getúlio Vargas, 1975.
MAIA, Salomão P. *Dicionário de Verbos de "Os Sertões"*. Fortaleza: Edições Demócrito Rocha, 2002.
MEIRELES, Cecília. *Obra Poética*. Rio de Janeiro: José Aguilar, 1967.
MELLO, Mário Vieira de. *Desenvolvimento e Cultura*. São Paulo: Companhia Editora Nacional, 1963.
MELLO E SOUZA, Laura de (org.). *História da Vida Privada no Brasil*. São Paulo: Companhia das Letras, 1997. v. 1.
MELO NETO, João Cabral de. *A Escola das Facas*. Rio de Janeiro: José Olympio, 1980.
______. *Obra Completa*. Rio de Janeiro: Nova Aguilar, 1996.
MENDES, Murilo. *Poesia Completa e Prosa*. Rio de Janeiro: Nova Aguilar, 1994.
MORAES, Vinicius de. *Poesia Completa e Prosa*. Rio de Janeiro: Nova Aguilar, 1986.
MORICONI, Ítalo (org.). *Os Cem Melhores Contos Brasileiros do Século*. Rio de Janeiro: Objetiva. 2000.
MOTA, Carlos G. *1922: Dimensões*. São Paulo: Perspectiva, 1972.
MOURÃO, Gerardo Melo. Apresentação. In: MAIA, Salomão P. *Dicionário de Verbos de "Os Sertões"*. Fortaleza: Edições Demócrito Rocha, 2002.
NAVA , Pedro. *Balão Cativo*. Rio de Janeiro: José Olympio, 1973.
NOVAES, Adauto (org.). *O Homem-Máquina*. São Paulo: Companhia das Letras, 2003.
______ (org.). *O Olhar*. São Paulo: Companhia das Letras, 1988.
OLIVEIRA NETO, Godofredo de. *O Bruxo do Contestado*. Rio de Janeiro: Nova Fronteira, 1996.

PAIVA, Manuel de Oliveira. *D. Guidinha do Poço*. Posfácio e glossário de Américo Facó. Rio de Janeiro: Edições de Ouro, 1965.

QUATRO AUTORES em busca do Brasil: entrevistas a José Geraldo Couto. Rio de Janeiro: Rocco, 2000.

QUEIROZ, Rachel de. *100 Crônicas Escolhidas*. Rio de Janeiro: José Olympio, 1958.

QUINTANA, Mário. *Poesia Completa*. Rio de Janeiro: Nova Aguilar, 2005.

RAMOS, Graciliano. *Memórias do Cárcere*. Rio de Janeiro: José Olympio, 1953. v. 1.

______. *São Bernardo*. São Paulo: Martins Fontes, 1970.

______. *Vidas Secas*. Rio de Janeiro: Record, 1981a.

______. *Viventes das Alagoas*. Rio de Janeiro: Record, 1981b.

RÉGIO, José. *Antologia*. Seleção e organização de Cleonice Berardinelli. 2. ed. Rio de Janeiro: Nova Fronteira, 1985.

REGO, José Lins do. *Menino de Engenho*. Rio de Janeiro: José Olympio, 1972.

______. *Menino de Engenho*. 28. ed. Rio de Janeiro: José Olympio, 1980.

RODRIGUES , Nelson. *O óbvio ululante*. São Paulo: Companhia das Letras, 1993.

______. *O Remador de Ben-Hur*. São Paulo: Companhia das Letras, 1996.

ROSA, J. Guimarães. *Primeiras Estórias*. 5. ed. Rio de Janeiro: José Olympio, 1969a.

______. *Sagarana*. 11. ed. Rio de Janeiro: José Olympio, 1969b.

______. *Tutameia*. Rio de Janeiro: José Olympio, 1967.

RUBIÃO, Murilo. *Contos Reunidos*. São Paulo: Ática, 1998.

RUDIO, Franz Victor. *Introdução ao Projeto de Pesquisa Científica*. 30. ed. Petrópolis: Vozes, 2002.

SALES, Herberto (org.). *Antologia Escolar de Contos Brasileiros*. Rio de Janeiro: Edições de Ouro, 1969.

SANT'ANNA, Affonso Romano de. *Melhores Crônicas*. São Paulo: Global, 2003.

______. *Que País é Este? e Outros Poemas*. Rio de Janeiro: Civilização Brasileira, 1980.

SANTOS, J. Ferreira dos (org.). *As Cem Melhores Crônicas Brasileiras*. Rio de Janeiro: Objetiva, 2007.

SCHWARCZ, Lilia Moritz (org.). *História da Vida Privada*. São Paulo: Companhia das Letras, 1998. v. 4.

SECCHIN, Antonio Carlos. *Todos os Ventos*. Rio de Janeiro: Nova Fronteira, 2002.

SEVCENKO, Nicolau (org.). *História da Vida Privada*. São Paulo: Companhia das Letras, 1998. v. 3.

SODRÉ, Nelson W. *Síntese de História da Cultura Brasileira*. 6. ed. Rio de Janeiro: Civilização Brasileira, 1978.

VARELA, Fagundes. *Poemas de Fagundes Varela*. Seleção, introdução e notas de Osmar Barbosa. Rio de Janeiro: Ediouro, s/d.

______. *Poesias Completas de Fagundes Varela*. Rio de Janeiro: Edições Spiker, s/d. v. 2.

VASCO, Sérgio L. *Construções de Tópico na Fala Popular*. Rio de Janeiro: UFRJ, 2006.

VELOSO, Caetano. *Literatura Comentada*. São Paulo: Abril Educação, 1981.

______. *Verdade Tropical*. São Paulo: Companhia das Letras, 1997.

VENTURA, Zuenir. *Crônicas de um Fim de Século*. Rio de Janeiro: Objetiva, 1999.

VERDUSSEN, Roberto. *Ergonomia: A Racionalização Humanizada do Trabalho*. Rio de Janeiro: Livros Técnicos e Científicos, 1978.

VERISSIMO, Erico. *Incidente em Antares*. São Paulo: Círculo do Livro, 1975.

______. *Solo de Clarineta*. Porto Alegre: Globo, 1974. v. 1.

ÍNDICE REMISSIVO

Este livro foi composto na fonte ITC Caslon 224,
10.5/13.8 e impresso em dezembro de 2008
pela Cromosete, sobre papel offset 90 g/m²